KB173985

경제언어학

언어, 방언, 경어

이노우에 후미오 저
김덕호 · 김순임 · 양민호 · 안미애 역

역락

머리말__원저자

「말」이라는, 형태도 없고 손으로 만질 수도 없는 것에 가격이 매겨져 있다. 이 책에서는 그런 현상에 대해 여러가지 구체적인 예를 소개하였다. 「말은 돈이다」라는 속담을 만들어 보았다. 물론 「시간은 돈이다(time is money)」를 본뜬 것인데, 세상에 퍼지지는 않았다. 그러나 돈으로 환산하면 알기 쉽다. 청빈하게 살고 있는 연구자에게 돈 이야기는 품위있는 이야기라고 보기는 어려우니 피하고 싶은 화제기는 하다. 하지만, 언어 현상을 고찰하는 데 돈을 이용하면 편리하다. 언어와 언어 외적 현상(국가, 민족, 지역, 성, 사회계층, 사회집단 등)과의 관계를 논할 때에 다양한 언어외적 현상들 간의 상호관계를 해석하기 어려운 경우가 있기 때문이다. 그럴 때 언어 변이의 공통 원리와 배경의 이론으로 경제를 접목하면 설명이 쉬워진다.

이 책에서는 언어 현상을 출발점으로, 경제와 언어 간에 어떤 관련이 있는가를 보려고 했다. 우선 지표상을 세분하는 형태로 언어를 다루고, 다음으로 방언과 경어에 관해서 살펴보았다.

이 책이 한국어로 번역된다고 했을 때, 학술서라서 판매가 걱정이었다. 이야말로 경제언어학의 실천인 것이다. 설명거리의 목록이 지나치게 상세한 것 같아서 마지막 부분의 경어편을 생략하도록 제안하였다. 그러나 「저서의 전체상을 보고 싶다」라는 희망과, 「경어는 한국어에도 공통되는 현상이 많다」라는 논리에 납득하고 물러섰다.

경제언어학에 관한 책으로는 Florian Coulmas의 『말의 경제학』(1992)(대수관(大修館) 1994)이 유명하여 중국어 등으로도 번역되어 있다. 졸저인 『일본어의 가격』(2000)은 2010년에 중국어 번역서가 나왔다. 2014년 여름, 중국의 언어경제학회에 참석하였는데, 출석자도 많았고 발표도 다채로웠다. 언어경제학회는 수다

밍(徐大明) 씨의 제창으로 발족한지 제5회를 맞이하였다. 그 회의장에서 Coulmas 씨와 이런 얘기를 나누었다. ≪Coulmas 씨의 저서는 1989년 베를린 장벽의 붕괴로 상징되는 유럽 경제의 변동기에 나왔다. 이노우에의 저서는 일본 경제가 거품 경제였을 때, 붕괴기에 나왔다. 중국의 언어경제학회는 중국 경제 발전기에 발족하였다. 앞으로가 재미있는 시기이다.≫ 이와 마찬가지로 한국 경제도 발전하고 있다. 앞으로의 경제언어학적 현상에 대한 해명이 기대된다.

이 책에서는 실제 데이터를 모아서 논증하기 위해 다양한 수법, 기법, 착안점을 소개하였다. 다른 나라에서 다른 시기에, 같거나 혹은 비슷한 수법을 사용하면 간단하게 대조 연구가 가능하다. 이 책이 앞으로의 경제언어학 발전의 디딤돌이자 출발점이 되었으면 한다. 한중일의 우호 관계가 악화되고 있지만, 이러한 학술적인 교류가 우호 관계의 돌파구가 된다면 더할 나위가 없다. 구사노네(草の根, 풀뿌리)적인 교류라는 표현이 있다. 그러나 더 맛있는 그리고 사람들이 좋아하는 열매의 교류가 되었으면 하는 바람이다.

일본어로 된 두꺼운 책이 한국의 뛰어난 연구자들의 훌륭한 어학 능력으로 생각보다 빨리 번역되었다. 테마에 따라서는 시기를 놓치면 가치가 떨어지는 것도 있다. 날것인 열매는 아니지만, 이 책의 이야깃거리도 신선할 때에 맛봐 주셨으면 한다.

井上史雄(이노우에 후미오)

머리말__역자

인간이 사용하는 매력적인 도구인 언어는 어떤 가치가 있는 것일까? 언어의 가치를 논할 때 언어를 숨을 쉬는 데 필요한 산소에 비유한다면 과장된 표현일까? 공기로 숨을 편히 쉴 수 있을 때는 불편함을 느끼지 못하지만, 없어지면 그 불편함을 바로 느낄 수 있는 것처럼 언어도 평소 사용할 때는 별로 그 중요함을 느낄 수 없으나 만일 주변에서 사라진다면 불편함이 이만 저만이 아닐 것임을 쉽게 짐작할 수 있을 것이다.

지금까지 언어학자로서 언어의 가치 규명은 내적인 구조에서 비롯된 현상적 규칙과 그 규칙이 가지고 있는 의미를 찾는 데에 집중해 왔다. 특히 언어의 경제성 문제는 언어 내적인 표현 면에서 이루어지는 것으로 소위 1990년대 노암 촘스키의 최소주의 이론(minimalism)과 결부된 '언어의 경제성 원리'에 대한 것이 전부였다. 즉 언어의 발음과 표현을 좀 더 쉽고 편리하게 하고자 하는 의도에서 언어 내적인 음운변화나 축약, 생략 등의 문법적인 구조의 변화를 의미하는 것이었다.

그런데 이러한 언어의 구조 분석을 통해 제시할 수 있는 내적인 가치 외에 또 다른 가치를 생각하게 해준 계기가 된 것이 바로 이 책이 아닌가 한다. 이 책에서 제시하고 있는 언어의 경제성이란 언어가 가지고 있는 경제적인(재화적인) 가치에 관심을 두고 있어 기존 언어학의 내적 관점에서 살펴본 음운 및 문법의 경제적인 변화와는 다르게, 발상의 전환을 시도한 개념으로 생각된다. 즉 언어와 경제(돈)의 상관성에 대한 문제를 천착하면서 언어의 가치에 대한 다른 측면을 다시금 생각하게 되었다. 이러한 경제언어학의 개념은 1990년대 초반 플로리안 쿨마스(Florian Coulmas) 교수를 통해 제시된 바가 있었고, 일본과 중국에서 관련 연구를 수행한 결과가 있음도 알게 되었다.

이 책을 만나게 된 것은 2012년 1월에 국립국어원의 사업 제안서를 작성하기 위해 읽게 되면서부터였다. 그 당시 국어원 사업은 언어의 외적인 가치인 경제적인 가치를 극대화할 수 있는 방안을 연구하는 내용으로 특히 방언 문화 육성 사업의 일환으로 방언 상품을 개발하는 것이었다. 연구 사업의 추진 논리를 확보하기 위해서 거의 1년 동안 이 책을 끼고 살게 되었고, 내용을 이해하면서 이 책을 번역하여 혹시 이런 분야에 관심이 있는 다른 학자들에게 도움을 줄 수 있을까 싶은 마음에 역서 발간을 기획하게 되었다. 마침 사업을 진행하기 위해 구성한 팀에 일본에서 언어학을 전공한 연구자가 있어서 공동 번역을 제안하게 되었고, 이 분들의 도움으로 이런 결실을 이루게 되었다.

이 책은 언어, 방언, 경어의 경제성이라는 3가지 큰 테마로 구성되어 있다. 제Ⅰ부는 언어의 경제에 대한 내용으로 1. 난이도로 본 경제언어학, 2. 경제재로서의 언어－국제어와 소멸 위기 언어, 3. 언어의 정적 가치, 4. 경제언어학에서 본 언어 경관, 5. 공용어화의 필요 경비－제2 공용어론의 경제언어학, 6. 독일어와 일본어의 경제언어학적 가치 변동, 7. 언어의 가치 변동－일본과 중국 등의 7가지 소테마로 되어 있다. 제Ⅱ부는 방언의 경제로 8. 방언 이미지와 사회와 경제, 9. 방언 경관의 경제, 10. 전국의 신방언, 11. 대인 배려의 신방언, 12. 도쿄의 신방언, 13. 도쿄 신방언의 중력 모델, 14. 말이 전파하는 속도－간포(ガンポ, 청각 장애인)의 글로토그램(glottogram)과 언어 연령학, 15. 음운 공통어화의 S자 커브－쓰루오카(鶴岡)・야마조에(山添) 6회의 조사 등의 8가지 소테마로 구성되어 있다. 제Ⅲ부는 경어의 경제라는 내용으로 16. 경어의 마음－경어 변화의 사회적 배경, 17. 경어 용법의 근대화, 18. 방언 경어의 시대성과 사회, 19. 세계 경어의 경제성, 20. 경어의 사회학과 경제학, 21. 경어의 지리・경제・사회－「어머니(はは)」와 「주다(あげる)」와 접두어 「오(お)」, 22. 언어 변화의 성인 후 채용－문화청 여론조사에 의한 「오(お)」의 계보, 23. 미화어 「오(お)」의 변화와 성인 후 채용－문화청 데이터의 해석, 24. 「오(お)」의 구분 사용 패턴－「오(お)의 구분 사용」 데이터 분석, 25. 「오(お)」의 구분 사용으로 본 미화어의 순환과정－「오(お) 구분 사용」 데이터의 해석 등의 10개의 소테마로 되어

있다. 이상과 같이 3개의 큰 테마에 각각 7-10개의 작은 테마로 구성되고 있다. 전체는 모두 25장으로 각 하위 주제들이 매우 흥미로운 내용으로 구성되어 있음을 확인할 수 있다. 특히 장의 시작 부분에 내용을 편하게 읽을 수 있도록 각 장의 주제를 다루게 된 계기와 설명 등을 간략하게 밝히는 머리말을 갖추고 있어서 내용을 조감하는 데 도움이 된다. 애초 원저자께서는 경어 부분을 넣지 말자고 제안했으나 경어는 한국에서도 관심이 있는 분야이고 전체를 온전히 번역하고 싶은 마음에 생략하지 않았다.

방언학자이자 사회언어학자인 이노우에 후미오(井上史雄) 교수님은 언어를 다양한 각도에서 살피는 특별한 능력을 가진 분이라고 평소 생각하고 있었다. 2014년 12월 동국대에서 열린 제51회 한일 국제학술심포지엄에서 선생님의 발표를 경청하면서 창의적인 연구 관점에 다시금 감명을 받았다. 이러한 선생님의 창의적이고 신선한 생각을 접할 수 있는 이 책을 한국어로 번역하여 출간하게 된 것을 진심으로 반갑게 생각한다.

우선 번역을 하는 과정에 삼은 대원칙은 원저자의 집필 의도를 최대한 살리기 위해서 직역을 하고 난 뒤에 다시 꼼꼼하게 살피면서 한국어의 특성을 고려하여 원래의 뜻에 어긋나지 않는 범위 내에서 표현을 조절하는 것이었다. 수차례의 반복된 직역 작업과 확인 과정을 수행했고, 한국어의 특성에 맞게 표현을 조절하면서 수차례 교차 검증을 한 결과 시작 2년 반 만에 이러한 결실을 맺게 되었다. 이 자리를 빌려 역서 번역에 적극적으로 참여해주신 공동 역자들에게 감사를 드린다. 아울러 어려운 여건임에도 불구하고 이 책의 출간을 기꺼이 도와주신 역락출판사의 이대현 사장님과 편집부에게 고마운 마음을 전한다.

아직도 원저자의 생각을 한국어로 바르게 표현했는지 혹은 잘못된 부분은 없는지 무척 조심스럽다. 하지만 우선 한국에서 이러한 분야에 관심을 가지고 있는 분들에게 미력이나마 도움을 드릴 수 있을 것이라는 기대로 위안을 삼고자 한다.

2015년 7월
역자 일동

차례

II 방언의 경제 / 161

11 대인 배려의 신방언 235

12 도쿄의 신방언 263

III 경어의 경제 / 365

I

언어의 경제

01 난이도로 본 경제언어학

❖ 이 장에서는 난이도라는 색다른 시점에서 언어에 대해 고찰하고자 한다. 일본어가 다른 외국어에 비해 어려운지 쉬운지에 대한 문제는, 속설로는 어려운 걸로 되어 있다. 이 장에서는 어떤 점이, 어느 정도 어려운지에 대해 분석적으로 기술하고자 한다. 그리고 외국어 학습에 있어 언어 자체의 난이도가 경제성과 관련이 있다는 것을 지적할 것이다. 또 일본인이 배웠을 때 효과가 높은 외국어에 대해서도 생각해 볼 것이다. 이 장의 내용은 여러 논문과 강연 자료의 원고에서 관련 부분을 모아서 다시 편집한 것이다.

1. 언어학 내부의 경제론

이번 장에서는 말의 구조와 관련한 경제성에 대해 살펴보겠다. 2차 대전 이후에 이미 프랑스의 언어학자 Martinet(1955)가 언어변화가 생길 때 경제성이 작용한다는 것을 지적한 바 있다. 통시음운론에서 다루는 음의 변화나 문법론에서 다루는 유추(類推)변화라고 불리는 현상이 실례이다. 언어변화에 경제성이 작용한다는 생각은 합리화(단순화, 명료화) 등의 술어와 관련된다. 이 경우 「경제」는 돈의 의미가 아니라 절약, 지금 말로 하면 「에너지 절약」에 해당하는 의미로 사용되고 있다.

경제성은 언어 외적인 것과 언어 내적인 것으로 나눌 수 있으며, 다음과 같이 간단하게 정리할 수 있다.

언어 외적 경제 : 언어 사용. 운용(performance) – 파롤(parole)
언어 내적 경제 : 언어 체계. 능력(competence) – 랑그(langue)

2. 언어의 난이도에 따른 위치에 대하여

언어학에는 독자적인 「경제」 용법이 있다. 언어 내적, 언어 체계의 경제이다. 이는 음운 체계의 경제, 문법 체계의 경제 등, 다양한 부문에 적용되는데, 그 중 하나가 언어 습득의 난이도에 관한 경제이다. 난이도가 낮은 언어는 습득과 사용에 있어 수고와 시간이 들지 않기 때문에 절약의 의미로도 경제적이다. 또한 수업료로 바꿔도 습득에 시간이 걸리지 않는다는 점에서 금전적인 면에서도 경제적이다.

언어 난이도는 절대적인 것과 상대적인 것의 둘로 나눌 수 있다.

절대적 난이도는 모어로 습득할 때의 어려움에 대한 것이다. 이는 언어를 몇 살이 되면 능숙하게 구사할 수 있으며, 또 몇 살이 되면 틀리지 않고 구사할 수 있느냐 등으로, 1차원적인 관점에서 경제성을 살펴볼 수 있다. 그리고 유아의 언어 습득으로 인한, 불완전한 언어 사용법이 어느 정도 허용될 수 있느냐와 교과서나 학습서에서 어느 연령쯤에 배분되는가 등도 분류의 기준이 될 수 있다.

이에 대해 상대적인 난이도는 다른 언어를 모국어로 습득한 사람이 외국어 또는 학습 언어로 또 다른 언어를 습득할 때 어느 정도 시간이 걸리는지로 짐작할 수 있다.

센노(千野 1987)가 소개한 미국 국무성의 데이터가 흥미롭다. 대학서림에서도 이를 흉내 내 똑같은 표를 만들어 내용을 새롭게 개정하였다(사토(佐藤) 2006). 관계자의 이야기에 따르면 이 표의 내용은 설문조사가 아니라 실제 수업 진행 방식 등을 보고 만든 것이라고 한다. 특히 문자 표기에 할애하는 시간은 어느 정도인가, 활용형의 암기에 어느 정도 시간을 들이는가를 고려하여 언어를 공부할 때 1년에 얼마나 진도를 나갈 수 있는지 살펴보았다고 한다.

3. 영어와 일본어의 상대적 난이도

일본어의 난이도에 있어서, 일본어가 어렵다는 속설이 위에서 언급한 데이터로 입증되었다. 일본어는 미국 외교관 훈련에서 2년간의 수업으로 보통 사람들이 중급 수준에 도달할 정도이다. 그런데 미국인이 똑같은 노력으로 네덜란드어를 공부하면 상급 수준이 된다. 언어가 비슷하기 때문에 당연하겠지만, 독일어도 2년 정도 공부하면 상급 수준에 꽤 가까워진다. 여기서는 영어 화자와 일본어 화자라는 두 경우에 나타나는, 언어 학습의 상대적인 난이도를 알 수 있기 때문에 다음의 2차원적인 표로 만들 수도 있다.

언어 내적, 즉 말 그 자체에 대해서도 언어에 차이가 있으며 학습 효율의 경제성이 항상 따라 다닌다. 일본인에게 있어서 각 외국어의 난이도는(사토(佐藤) 2006), 아시아의 모든 언어의 난이도가 낮았다(표 1). 미국인에게 있어서의 언어의 난이도나 토익 점수, 일본어능력시험 응시자 분포 등과 비교해 볼 때, 외국어의 난이도는

1. 목표 언어의 단순도
2. 목표 언어와 모어와의 유사도

에 근거해 예측이 가능하였다. 언어의 단순성이나 유사도에 대해서는 WALS(The World Atlas of Language Structures Online)가 인터넷에 자료를 공개한 덕분에 이를 측정하기가 쉬워졌다.

표 1-1 일본인과 미국인에게 있어서의 언어 난이도 표

미국인에게 있어서 미국 국무성

일본인에게 있어서 대학서림

	I 쉽다	II 조금 어렵다	III 어렵다	IV 매우 어렵다
I 쉽다	A 스와힐리어	A 인도네시아어 A 말레이어		K 한국어 (K 일본어)
II 조금 어렵다	●A 이탈리아어 ●A 포르투갈어 ●A 스페인어		A 베트남어 A 터키어	K 중국어
III 어렵다	●A 프랑스어 ●A 독일어 (●A 영어)	● 그리스어	A 헝가리어 E 타이어	
IV 매우 어렵다		●힌두어 ●우르두어	●러시아어 ●체코어 ●폴란드어	E 아라비아어

●인구어(인도 유럽어족)

A알파벳 사용
E민족 문자 사용
K한자(漢字) 사용

표 1-1에 따르면, 검정 동그라미(●)로 표시된 인도 유럽어는 왼쪽 아래 부분에 위치하고 있어 영어 화자에게는 쉬워 보인다. 또 아시아 언어는 오른쪽 윗부분에 위치하고 있어 일본어 화자에게는 쉬울 것 같다. 한편 왼쪽 윗부분에 위치하고 있는, 아프리카 동부에서 사용되는 스와힐리어는, 비록 분류사(分類辭)는 까다롭지만 영어 화자와 일본어 화자 모두에게 쉽다고 여겨지는 언어이다. 스와힐리어는 아프리카 원주민의 언어와 아라비아어가 섞여 만들어진 언어로, 통상 언어(역자주 : 통용어 lingua franca)라고 불린다. 인도네시아어와 말레이어도 쉬운 언어로 분류되지만, 이 언어들도 통상을 위해 말라카 해협 부근에서 만들어진 언어라

고 할 수 있다.

문자도 언어의 난이도에 영향을 미친다. 알파벳을 사용하는 언어(A 표시)는 왼쪽 윗부분에 많이 위치하고 있는데, 이 언어들은 일본인과 미국인 모두에게 「매우 어렵다」의 수준은 아니다. 이에 비해 오른쪽 윗부분에는 한자(漢字)를 사용하는 언어가 있다. 이 언어들은 미국인에게는 어렵지만 일본인에게는 쉽다.

4. 절대적 난이도의 차이

언어의 절대적 난이도도 객관적으로 측정할 수 있을 것이다. 이 부분에 대해서는 예전에 비해 연구가 진행되어 관련된 데이터도 축적되어 있다. 발음에 대해서는 언어별로 모음과 자음의 숫자나 체계가 이미 상당히 알려져 있기 때문에 난이도를 알 수 있다. 유아의 언어 습득 과정에서도 구별을 세분화하는 처리 방법이 지적되고 있으므로, 처리의 숫자가 많을수록 언어의 절대적인 난이도가 높다고 할 수 있다. 또 비슷한 언어 체계라면 상대적 난이도가 낮다.

문법적 난이도도 당연히 측정할 수 있다. WALS로 지구상의 지리적 분포를 알 수 있고 집계표도 만들 수 있다. 다양한 문법 현상이 있는지의 여부를 언어별로 누적하는 것만으로 문법적 난이도를 측정할 수 있다. 중국어가 간단하고, 북방의 모든 언어, 특히 에스키모어가 어려울 것이라는 것은 예전의 언어 유형론으로도 예측할 수 있다. 수업(또는 입문서)의 상당 시간을 동사의 활용형이나 명사의 격 변화의 암기에 할애하는 언어는 어렵다. 문법적 일치나 문장성분의 호응은 모어화자에게도 어렵고, 대화를 할 때 등과 같이, 문장 구조가 길고 복잡한 경우에는 틀릴 수도 있다. 이는 이런 언어 형식에 익숙하지 않은 외국인에게 더욱 어렵다.

어휘 문제도 난이도와 관련이 있지만, 어휘는 그 수가 너무 많아 절대적 난이도를 측정하기가 어렵다. 따라서 다양한 기준으로 측정할 수밖에 없다(이노우에(井

上) 2001.8.).

게다가 음성 표현을 떠나 언어를 문자로 나타내는 단계에서도 차이가 난다. 역사적으로 살펴보면, 표의문자에서 표음문자로(자세히 말하면 그림문자, 상형문자, 음절문자, 음소문자로) 세계 각지에서 문자가 변화하였다. 문자론적으로는 구성 요소의 수가 적은 쪽으로 변화・발전하게 된다. 학습과 기억을 위해서는 구성 요소의 수가 적은 쪽이 초기 투자가 적기 때문에 쉽다. 그래서 알파벳이(예전에 있었던 유럽의 식민지 침략과 현재 영어의 국제 진출도 영향이 있음) 세계적으로 확대되고 있다. 아시아 대륙의 남단에 분포하는 민족 문자는 대부분이 음절문자로, 학습의 난이도는 중간 정도라고 할 수 있다. 그러나 변종이 많고 운용 범위가 협소(하나의 국가 안에서 하나의 언어밖에 사용되지 않음)하다는 것이 어려운 점이다. 유일하게 현대까지 살아남은 표의문자인 한자(漢字)는 고립어인 중국어에는 적절하였다. 발음이 다른 방언끼리도 한자(漢字)를 사용함으로써 의사소통이 가능하다. 다만 정확히 표기하려고 하면 수천, 수만 개의 문자를 기억할 필요가 있기 때문에 교육에 시간이 많이 든다는 점이 중국어의 난이도를 높이고 있다. 한자(漢字)는 예전에 중국 문화권에서 널리 사용된 문자로, 언어 유형과 상관없이 한국어와 일본어 등에서도 사용되었다. 일본에서 한자(漢字)가 계속 사용된 이유 중 하나는, 한자(漢字)를 잘 사용하는 것이 사회적 위신(교양)으로 작용했기 때문이다. 문자 체계의 경제성보다도 문자 지식이 실제 사회에서 좋은 직장으로 이어질 수 있다는 언어 외적 경제성이 작용한 탓이다.

또한 언어 체계를 초월한 언어 사용, 즉 사회언어학적 능력과 관련해서 생각해보면, 전 세계의 언어에 대해서 알 수 있는 것은 아니지만, 역시 언어의 난이도에 차이가 있다. 일본어처럼 경어가 발달한 언어는 모어 화자에게도 어렵다. 여론조사에서도 경어에 자신 있는 일본인의 수가 적은 것으로 나타났다. 학교 교육에서는 실용적인 면에서의 경어를 충분히 가르치기가 어렵다. 먼저 아르바이트에서 매뉴얼 경어를 습득하고 그 후에 회사에 들어가 사회인이 되고 난 후에 다시 직장 내 실무 훈련(on-the-job-training, OJT)을 받는 경우가 많다. 이는 일본어에서 경어의 난이도가 높음을 의미한다.

이상을 종합해 볼 때, 일본어는 절대적 난이도에 따르면 중간 정도이다. 일본어는 경어와 문자 때문에 언어의 난이도가 높아졌다.

5. 일본어의 상대적 난이도

또 외국어로서 언어를 학습할 때의 상대적 난이도에 대해서도 측정할 수 있다. 외국어의 상대적 난이도는 앞서 기술한 것처럼

1. 목표 언어의 단순도
2. 목표 언어와 모어와의 유사도

에 근거하여 측정할 수 있다. 단순도는 다시 절대적 난이도로도 바꿔 말할 수 있다. 그리고 유사도는 음운체계, 문법 유형, 어휘(어근의 차용 관계), 문화적 배경(realia(수업용 실물 교재)) 등에 의해 측정할 수 있다. 이는 언어 습득에 있어서의 초기 투자 단계의 유사도이다.

어순은 많이 조사되어 있다. SVO, VSO, SOV 등에서 어느 것이 절대적 난이도가 높은가(인지론적으로 자연스러운가)라는 학설이 있지만, 언어의 상대적 난이도에 어순은 크게 영향을 끼친다. 언어의 어순은 습득이 까다로울 뿐만 아니라 운용에 있어서도 늘 관련이 있다. 극단적인 예가 동시통역이다. 어순이나 문법구조가 같은 언어끼리는 말하기 시작하면서 동시통역이 바로 가능하지만, 일본어와 영어처럼 어순이 서로 다르면 말이 다 끝나고 나서 전체를 통역하는 경우도 있다. 그 때는 말이 앞서 가기 때문에 통역이 상당한 두뇌 노동이 된다. 요네하라(米原) 씨의

표현을 빌리면(요네하라(米原) 1997), 이런 경우에는 도오지(ドージ, 동시) 통역의 알맹이(장음)가 빠져 도지(ドジ, 실수) 통역이 된다.

일본어와 타 언어 간의 상대적 난이도를 보면, 전체적으로는 한국어와 상호 간에 난이도가 낮다. 또 문자는 한자(漢字)를 사용하는 중국어와 상호 간에 상대적 난이도가 낮다. 구미의 언어나 아라비아어 등과의 사이에서는 상대적 난이도가 높다. 따라서 난이도라는 점에서 볼 때, 일본인에게 추천할 만한 외국어는 한국어라고 할 수 있다. 한류 덕택에 한국어 인기가 높아진 것은 좋은 일인 것이다. 중년의 부인들도 한국어를 배우기 시작하면, 영어를 배울 때의 번거로움과 크게 다르다는 것을 깨닫고 한국어에 대해 좋은 인상을 가지게 된다고 한다.

6. 난이도와 언어 학습의 경제성

난이도는 돈과도 관련이 있다. 모어라고 하더라도 학교에서 언어능력을 갈고 닦을 때, 학습 시간에 따라 습득 정도에 차이가 난다. 의무교육은 수업료를 그다지 내지 않기 때문에 비용 대 성능 비율(cost performance) 의식이 별로 없지만, 결국 국민의 세금이 언어 교육에 투입되고 있는 것이다. 절대적 난이도의 경제성이다. 우선 문자와 관련하여, 중국이나 일본에서는 한자(漢字)의 습득에 상당한 시간을 들인다. 언어 교육의 상당 부분이 한자(漢字)교육에 사용되고 있는 것이다. 불규칙 철자가 가장 많은 언어(영어)도 사정은 비슷하다. 알파벳을 사용하고 규칙성 있는 철자를 이용하는 언어(18세기, 19세기 이후 문자로 기록되어 국가 언어의 위치로 상승한 것 같은 언어)는 문자론적인 난이도가 낮다.

외국어로서 언어를 습득할 때의 상대적인 난이도도 경제성과 관련 있다. 세계의 여러 언어에는 난이도의 차이가 있다. 결국 어떤 수준에 도달할 때까지 걸리는 학습 시간에는 차이가 있다. 이것은 두 가지 요인에 의해 지배된다. 먼저 목표 언어의 절대적 난이도이다. 또 모어와의 유사성에 따른 상대적 난이도에도 지배받는다.

그 밖에도 언어 외적인 요인도 작용한다. 언어 학습에도 경제 격차가 있다. 이른바 대언어(大言語, 화자가 많은 언어)의 경우에는 시장 원리가 작용하여 교재나 사전, 음성 교재 등을 값싸게 살 수 있다(이노우에(井上) 2000.10.). 한편 소언어(小言語, 화자가 적은 언어)의 경우에는 교재도 비싸고(또는 존재하지 않음), 배울 수 있는 학교도 없다. 이와 같이 언어 지식이나 능력의 공급에도 격차가 있다. 사용하는 입장에서의 격차 이외에 습득이나 학습에도 격차가 있는 것이다.

지금은 거의 전 세계에서 영어가 제1외국어로 선택되고 있다. 절대적 난이도가 낮은 스와힐리어, 인도네시아어, 더욱이 인공어인 에스페란토어에 비하면 영어는 수업에서 가르쳐야 하는 내용이 많다. 그러나 언어 체계와 관련이 없는, 사회적 통용도나 위신 덕분에 영어는 눈덩이가 불어나듯이 사용자가 늘고 있다.

난이도와 경제는 오히려 어학 전문학교에 1년 동안 다녀서 어느 정도까지 달성할 수 있는지를 생각하는 편이 이해하기가 쉽다. 이 경우를 생각해 보면, 같은 노력으로도 외국어 학습의 달성도가 다르다는 것을 알 수 있다. 지금까지 배운 적도 없는 새로운 언어를 일본인이 1년 동안 배운다고 할 때, 한국어라면 꽤 얘기할 수 있을 정도가 될 것이다. 그러나 아라비아어는 난이도가 높아서 1년 동안 배워도 말은 할 수 있어도 문장으로는 읽고, 쓸 수 없을 정도의 수준이거나 또는 그 반대의 경우가 되기도 한다.

어차피 일정 기간을 외국어 학습에 쓴다면 비용 대 성능 비율(cost performance)이 좋은(습득하기 편하거나 도움이 되는) 언어를 선택하는 편이 좋다. 일본인이 배운다고 할 때, 단순성을 생각하면 인도네시아어나 스와힐리어, 유사성을 생각하면 한국어가 배우는 데 유리하다. 한편 세계에서의 통용이라는 면에서 보면 영어가 최고지만, 장래성을 본다면 중국어가 최고이다. 이것저것 고려하면 선택 항목이 늘어나서 오히려 고민스러울지 모르겠지만 말이다.

대학생은 이러한 차이를 입학 전에 미리 알고 싶었을지도 모르겠다. 수험생용 입시 안내서에 이를 실었으면 하고 생각했지만, 과잉 반응이 일어나도 곤란하다. 그중에는 어려운 언어라고 판단하고 도전 정신을 불태우는 어학 마니아도 있을 것이다. 또 언어의 상대적 난이도와 상관없이 그 나라의 문화를 동경하거나 취직이라는 실용성에 이끌려 해당 외국어 수업을 수강하는 학생들도 있을 것이다.

상대적 난이도는 확실히 효과라는 점에서 볼 때, 언어의 경제성과 관련이 있지만 그것만으로 가치가 정해지는 것은 아니다. 부모가 수업료를 내기 때문에 학생들은 신경 쓰지 않는다는 사정도 있다. 이야기를 넓혀 보면 말의 구조, 언어 안의 복잡함, 그리고 난이도도 모두 돈과 관련된다. 모든 언어가 평등하다는 것은 아름다운 거짓말인 것이다.

나중에 언급할 여러 지표에 근거하여 언어의 시장가치를 살펴보면, 영어 등의 서구 언어가 최고이고, 최근에 중국어가 성장하고 있으며 한국어가 일본에서는 인기가 있다. 이러한 사실로 미루어 볼 때, 일본인은 외국어를 선택할 때, 언어 습득의 난이도보다는 습득 후의 쓰임(통용도)에 중점을 두고 선택하고 있는 것 같다.

7. 센터 시험(대학 수능)의 경제성

일본인의 외국어 학습 경향을 살펴볼 수 있는 단서 중의 하나로 센터 시험(대학 수능)의 응시자 숫자가 있다(그림 1-1 참조). 영어가 압도적인 숫자이므로 그래프에서는 생략하였다. 독일어는 응시자가 조금 있지만 프랑스어보다 응시자 수가 적은 상태이다. 1997년에 중국어가 추가되면서 바로 독일어와 프랑스어 응시자 수를 추월하였다. 2002년에 한국어가 추가되었을 당시에는 한국어 시험의 응시자 수가 적었지만, 이후에 독일어, 프랑스어와 경쟁할 정도로 인기가 생겼다. 이전에는 유럽 문명국의 언어가 높이 평가되었지만 최근에는 아시아 인근 각국의 언어에 인기가 집중되고 있는 것이다. 아시아 경제의 발전이란 언어 외적인 요소인 경제 덕분이다. 중국어는 한자를 사용한다는 점에서, 한국어는 일본어와 문법이 유사하다는 점에서 이 두 언어는 일본어와의 상대적 난이도가 낮다.

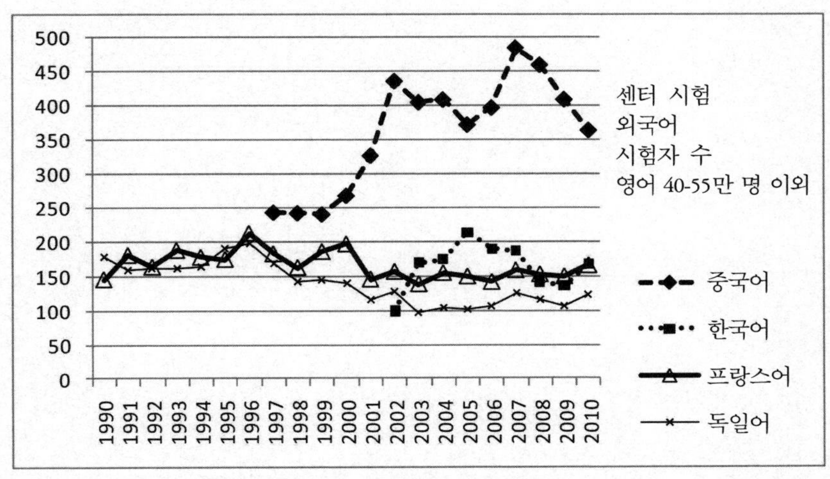

그림 1-1 센터 시험의 외국어 응시자 수 추이

센터 시험은 선택 시험이므로 응시자는 자신의 능력이나 달성도와 시험문제의 난이도, 영어 점수와 비교를 할 것이다. 전년 또는 전전년도 평균점 등 단기적 변동에도 좌우된다. 불안정한 요인은 있지만, 항간의 외국어 학습의 인기도 추이와 거의 대응하는 것으로 봐서, 센터 시험의 응시자 수는 지표로 도움이 될 것 같다.

이상으로 언어 내적인 난이도에 대해 간단히 살펴보았다. 다음 장에서는 말이 사회 속에서 사용될 때의 위상에 대해서 다루겠다.

02 경제재로서의 언어

—국제어와 소멸 위기 언어

❖ 이 장에서는 언어의 시장가치의 이론적인 면에 대해서 고찰하고자 한다. 이 장에서 다루는 현상은 일본어 모어 화자의 (제1)언어가 아니라, 외국어로서 습득해야 하는 (제2)언어이다. 이 장에서는 지금까지 써 놓은 원고 중에서 지면 관계상 생략한 내용 등을 정리하였다. 이 책에 수록할 때에 「격차 사회 언어 경제학」의 일부를 포함시켰다. 강연 자료도 포함되어 있어서 구어적 표현도 본문에 섞여 있다.

1. 언어와 경제

이 장에서는 사회언어학 또는 경제언어학의 관점에서 경제 조건을 고려하여 언어를 고찰하겠다.[1] 주로 이론에 대한 언급이다. 언어 경제라는 시점은 Coulmas (1993)의 「말의 경제학」이 선구적이다. 다만 언어 시장(language market)이라는 생각은 예전부터 있었다. 1982년에 도쿄에서 개최된 국제 언어학자 회의에서 하임즈(Hymes)가 「언어 경제」를 언급한 것이 최초의 체험으로 당시에 신선한 울림이었다. 그 후 이 방면의 고찰이 각국에서 진행되어 경제언어학이라는 영역이 성립

[1] 이하의 기술은 국립민족학박물관 연구 발표회(2000년 6월 3일)의 구두 발표를 근거로 하였다. 구두 발표에서 사용한 그래프의 일부는 그 후 간행된 저서에서 발표하였다(이노우에(井上) 2000. 10.). 발표 당일 시간 부족으로 발표하지 못했던 이론적 문제에 대해서, 특히 경제언어학의 이론에 대해서 그 후에 고찰한 것을 추가하여 기술하였다.

되었다. 지금까지 몇몇 논고에서 현대 일본의 언어 시장 상황을 살펴보았다. 그 결과 2차 대전이 일어나기 전이나 2차 대전 직후와 비교해 보면, 국민들의 관심이 실용 어학에 쏠려, 외국어 학습이 활발해지고 언어 시장가치가 명백해졌다는 상황을 파악할 수 있었다.

이번 장에서 고찰의 배경에는「언어에는 가치의 차이, 등급, 격차가 있다.」라는 사고가 있다. 이는 고전적 언어학(및 인류학)에서 배척한 사고방식이다. 하지만 현실 사회에서는 언어의 격차를 부정할 수 없다.「세계의 모든 언어는 평등하다.」라는 성가신 이론이 존재하여, 이것을 언어학 개론의 기초로 배우고 있지만 현실은 그렇게 녹록하지 않다.

시장가치는 모든 언어와 관련이 있지만, 20세기에 들어서 명백해졌고, 특히 20세기 후반에 더욱 확실해졌다. Graddol(1999)은 세계 언어의 계층 피라미드 그림을 실었다. 대언어・소언어라는 표현은 통속적으로도 납득할 수 있는 것이 되었다. 대언어와 소언어는 21세기에 더욱 서로 간에 격차가 벌어졌다고 생각된다. 즉 피라미드의 고저차(경사)가 더욱 심해지 것이다.

언어의 가치에는 지적 가치와 정적 가치가 있다. 언어의 시장가치는 지적 가치에 대응한다(이노우에(井上) 2001.8.). 또 언어의 정적 가치는 언어에 대한 애착심, 언어에 대한 충성심과 관련된다. 이것은 모든 언어에 존재하며 언어권(력)과도 관련이 있다. 이상이 전제에 해당한다.

2. 경제재로서의 언어

2.1. 생산재・소비재로서의 언어

경제학 원론에서는 재화를 경제학의 고찰 대상인 경제재와 그 외의 자유재로 분류하고 있다. 세상 물건의 대부분이 자유재에서 경제재로 바뀌었다. 예전에는 산나물이 노력을 들여 산에 들어간 사람의 것이었지만, 최근에는 산에 들어갈 때 입산료를 내거나 재배한 산나물을 돈을 주고 산다. 예를 들어 으름은 예전에는 산에 들어가 따오는 자유재였다. 하지만 지금은 채소 가게나 과일 가게에서 팔리는 경제재가 되었다. 모과라고 하는 과일이 있다. 식용으로는 사용하지 않는다. 정원수로 심지만 과실은 사고 팔지 않았다. 그런 의미에서는 모과는 자유재였다. 하지만 과실주를 자유롭게 담그게 된 후부터는 모과주도 선호하게 되어 가게에서 팔리기 때문에 모과도 경제재가 되었다. 같은 맥락에서 장수풍뎅이도 경제재가 되어 양식되게 되었다. 마찬가지로 물고기도 양식되어 방류될 경우, 돈을 내고 낚시를 해야 하는 대상이 되었다.

이와 마찬가지로 언어도 오랫동안 물이나 공기처럼 모두가 평등하게 습득하는 것이라고 여겨졌다. 즉 자유재였다. 그런데 최근에는 어떤 언어를 사용할 수 있는가에 따라 돈 버는 방법이 달라진다. 언어가 경제재가 된 것이다. 언어도, 산나물이나 곤충, 물이나 공기와 같이 변화된 것이다. 그래서 「시간은 돈이다.」라는 속담을 흉내 내어 「말은 돈이다.」라고도 할 수 있다.

하지만 언어의 가격 구조는 일반 상품이나 부동산과는 다르다. 먼저 식품이나 명화, 오래된 우표와 달리(갖고 싶어 하는 사람에 비해) 실물의 수가 적다고 해서 가격이 비싸지는 것은 아니다. 오히려 많은 사람들이 말하는 언어(예를 들어 영어)의 인기가 높아진다. 또 식품, 명화, 우표, 부동산도 상대에게 팔아넘기면 자신의 수중에는 남지 않는다. 하지만 언어는 상대방에게 가르치더라도 자신의 품에 남는다.

언어는 경제재가 되었다. 그런데 언어는 생산재일까 아니면 소비재일까. 언어 교육의 대상이 되는 언어는 생산재이다. 즉 경제재로써 교사의 생활을 성립시키고 있다. 단, 교사는 가르치더라도 언어를 잃지 않는다. 그 외에 언어는 어떤 경제재를 만들어 내는 것일까? 시, 소설 등의 문학 작품은 바로 언어를 생산재로 하여 만들어진 생산물인 것이다. 하지만 정말로 팔만한 물건이 되어 소비되는 것은 운이 좋은 일부에 불과하다. 학술 논문도 원재료가 언어만은 아니다. 조사 연구가 기본이며 언어는 표현이나 전달의 수단에 불과하다. 게다가 학술 논문은 팔 만한 물건이 되지 못한다. 거꾸로 학회비나 게재료를 지불하기까지 한다. 일반인에게 있어 언어가 생산재가 되어 무언가를 만들어낸다는 것은 생각하기 어렵다. 하지만 개인이 판매(혹은 구매)에 언어를 적극적으로 활용한다면 그 개인에게 언어는 생산재라고 할 수 있다. 즉, 제3차 산업에서는 언어를 꽤 많이 활용하기 때문에 언어는 생산재의 성격을 띤다고 할 수 있다.

이런 점에서 언어는 쌀을 전형으로 하는 작물의 씨와도 닮았다. 쌀이나 작물의 씨는 식용으로 돌리면 소비재이지만, 다음 해의 수확을 위해 파종된다면 생산재가 되는 것이다. 같은 종류의 상품을 재생산하는 것이 된다. 수확된 쌀은 다음 해를 위해 일부만 보존하고 나머지는 소비, 또는 술 등의 생산에 사용된다. 술로 팔리기 위해서 발효 시간을 거쳐 원료가 된다면 작물이 다른 상품을 생산하는 생산재가 되는 것이다. 곡물이나 작물의 씨는 같은 물건을 생산할 수 없는 고미술품 등과 성격이 다르다. 이와 같은 사정을 고려해서 언어의 경제에 대해 생각해 보자.

언어는 일반적인 생산재는 아닌 것 같다. 작물은 과잉 생산되면 가격이 떨어진다. 언어도 이와 닮았다. 어떤 나라에 일본인 관광객이 많아져서 일본어 통역관을 많이 양성했지만, 어떤 사건이 발생한 이후부터 일본인을 꺼리게 되어 일본어 통역관이 일자리를 얻지 못하게 된 것이 좋은 예이다. 또 예전에 구소련이나 동구권에서는 러시아어가 인기가 있었다. 하지만 지금은 러시아어의 인기가 떨어져, 러시아어를 배운 사람은 러시아어를 활용할 기회가 적어졌고 교사직을 잃은 사람도 있다. 그 대신에 영어가 전 세계적으로 성장하고 있다. 하지만 장기적으로 보면 언어는 과잉 생산이 되지는 않는다. 언젠가는 언어가 도움이 될 것이다. 언어가 작물의 씨와 다른 점은 공통의 언어를 가짐으로써 의사소통이 편해진다는 점이다. 로빈슨 크루소가 나중에 만난 흑인인 프라이데이에게 영어를 가르친 것이 좋은 예이다.

그러나 언어는 간단히 몸에 배지 않는다. 언어를 능숙하게 구사하기 위해서는 학습에 시간을 들이거나 수업료도 필요하다. 또한 오래 지속시키기 위해서는 손질을 게을리해서도 안 된다. 이러한 점으로 봤을 때 언어는 일용품이나 소모품이라기보다는 내구 소비재에 가깝다. 상품으로써의 언어는 자주 사용하는 것이지만 적어도 일용품은 아니다. 돌아다니면서 비교해서 구입하는 물건도 아니며, 오히려 일생에 단 한 번뿐인, 전문적인 물건인 것이다. 언어가 상품화되어 외국어로서 학습 대상이 될 때는 일단 언어를 선택할 수는 있지만, 국가나 교육기관에 의해 정해지는 경우가 많다.

언어가 생산재에 가깝다는 것은 나사산의 비유로 알 수 있다. 나사의 사이즈가 척도법, 야드파운드법, 미터법처럼 국가별로 달라서는 국제 간의 무역이 곤란하다. 이런 문제는 ISO에서 국제 규격을 통일시킨 이후로 조금 나아졌다. 제조 기계에서도 기초 모듈은 통일될 필요가 있다. 언어도 통일을 지향하면 효율적이다. 학술 용어, 기술 용어에 대해서는 영어 등과 1대1의 대응이 되는 편이 바람직하며, 이는 어휘의 근대화로 세계 각지에서 진행되고 있는 중이다. 일본어에서도 문부성이 학술용어집을 제정하여 출판하고 있다(Inoue 2001.11.). 또 과학 기술 용어의 대역은 CD-ROM 등의 형태로도 제공되고 있다. 나라나 언어에 따라 어휘의 근대화 또는 자국어화의 세력이 불충분한 탓에 대학 교육 등에서 언어 그 자체(영어 등으로)의 교체가 진행되는 경우가 있다. 단 언어가 소비재라고 해도 기초 모듈의 통일은 편리하므로 이것으로 언어가 생산재라고 하는 이유는 되지 않는다.

이상을 정리하면 언어는 보통 사람이 일상생활에서 사용할 때는 자유재이다. 또 언어를 사용한다 해서 언어가 없어지는 것은 아니므로 단순한 소비재도 아니다. 하지만 언어를 경제재로 활용하는 사람이 근대나 현대에 와서 증가하였다. 즉, 언어를 생산재로 사용하는 사람이 많아진 것이다.

2.2. 사유지와 언어

자유재에서 경제재가 된 또 다른 예로 「토지」를 들 수 있다. 톨스토이의 「사람에게 얼마나 많은 땅이 필요한가.」에서는 주인공이 바시키르인의 거주지에서 하루 걸어서 돌아올 수 있을 만큼의 토지를 가질 수 있다는 설정이 되어 있다. 주인공은 욕심을 부려 먼 거리를 달린 끝에 죽어버렸고, 결국 묘지 구덩이만큼의 토지만 손에 넣었다는 줄거리로 되어 있다. 비슷한 이야기가 미국 서부에도 있다. 아프리카나 호주의 경우, 예전에는 토지가 개인의 소유라는 사고방식이 없어서 따로 경제적인 가치를 갖지 않았다. 그러나 유럽인의 현지 진출로 토지의 소유자가 생기게 되었다. 농경에는 경계가 구분된 토지가 필요하다. 일본도 홋카이도를 개척할 때 토지를 분배하였다.

토지를 세분해서 개인의 소유로 한다는 생각을 가지지 못했던 원주민들은 예전에는 집단으로 토지를 이용하였다. 그리고 기껏해야 토지를 집단(부족)의 영역으로만 지정했을 뿐이었다. 그런데 농경이 확대되면서, 토지는 개인의 소유가 되었고 매매의 대상이 되었다. 토지가 사유재산이 되는 과정은 자유재가 경제재로 변화된 것을 의미한다. 이는 세계 역사상 각지에서 일어났던 현상이다. 일본에서도 수렵과 채집의 죠몽(縄文) 문화에서 농경의 야요이(弥生) 문화에 걸쳐 이 변화가 있었던 것으로 보인다.[2] 시대는 다르지만 언어도 비슷한 과정을 겪은 것이다.

2.3. 언어는 부동산과 유사

자신이 말하는 언어가 상품으로 팔릴지 안 팔릴지의 차이는 부동산과 비슷하다. 부모로부터 물려받은 토지가 도쿄도 23구역 안에 있다면 이용 가치가 높다.

---

2 민속학자인 야나기타 쿠니오(柳田國男)가 지명을 「이용지명」과 「점유지명」으로 나눈 것은 그 배경에 이와 같은 변천을 고려했기 때문이라고 생각된다.

하지만 과밀 지역(過密地域)이 아닌 곳의 토지를 부모로부터 상속받으면, 받아도 팔만한 가치가 없다. 이는 어떤 부모의 재산을 물려받느냐에 따라 차이가 생기는 것으로 불평등하기 짝이 없다.

개인에게 언어는 부동산과 같다. 언어는 보통 부모로부터 무의식적으로 물려받는다. 게다가 손쉽게 모어(母語)를 바꿀 수도 없는 것이다. 조상으로부터 물려받은 토지와 말에는 공통점이 있다.

유머러스한 사람이었던 고(故) Grootaers 신부는 말에 대한 강연을 부탁 받았을 때,「앞으로 영어를 마스터할 비책을 가르쳐 드리겠다.」라고 말했다고 한다. 그리고는 청중이 이에 적극적으로 반응할 때 이렇게 말했다.「그것은 바로 영어를 말하는 부모 밑에서 태어나는 것입니다.」

현대 세계에서는 각 언어들 사이에 경제적 가치의 차이가 존재하고, 이것이 사회적 불평등을 낳고 있다(이노우에(井上) 2001.8., 제6장). 영어의 압도적인 지위가 이의 전형적인 예이다. 해외여행에서 사용하기 유리한 것으로는 영어가 최고다. 국제회의의 발표나 질의에서도 영어를 많이 사용한다. 경제 교섭 등에서도 지금은 영어가 압도적이다. 세계에는 수천 개의 언어가 있지만, 그 중에서 고교 수준의 외국어 교육으로 널리 가르치고 있는 언어는 10개 전후에 지나지 않는다. 세계 언어들의 대부분은 외국어 교육의 대상이 되지 않고 국제 교섭에도 등장하지 않는다. 이런 언어들은 경제적인 가치가 없다고 봐도 좋다. 경제재가 아닌 자유재인 것이다. 말은 원래 자유재였지만, 영어처럼 극히 일부의 언어가 경제재가 된 것이다.

영어의 가치 상승은 예를 든다면 부모로부터 물려받은 일등지(一等地)의 땅값이 상승한 상황과 비슷하다. 일본어는 유럽이나 미국, 아시아의 학습자들 덕분에 최근에 가치가 상승하였다. 근처에 공업 지대가 생겨 가치가 상승한 토지와 같은 것이다. 일본어의 시장가치가 좀 더 오른다면 일본인도 이익을 얻는다. 해외에서 좀 더 일본어가 통할 것이기 때문에 여행이나 교섭이 쉬워진다. 서툰 외국어를 배우는 수고를 조금은 덜 수 있을 것이다.

말의 시장가치를 높이려고 하는 것은 부모로부터 상속받은 토지의 가치를 높이려고 하는 것과 같다. 언어의 시장가치를 의도적으로 높이는 데는 토지와 똑같은 방법이 도움이 된다. 첫 번째는 주민 또는 말하는 사람의 숫자를 늘리는 것이다. 언어의 화자 수가 늘어난다는 것은 이른바 같은 토지의 주민을 늘리는 것과 같은 것이다. 토지를 세분화하여 살게 하는 것도 좋고, 결국에 주민의 수가 넘쳐난다면, 건물을 고층화해서 주민 수를 늘려도 좋다. 이는 모어 화자의 증가에 해당한다. 하지만 지금은 「낳자, 늘리자.」의 시대는 아니다. 오히려 일본어 학습자의 수를 늘리는 것이 중요하다. 마루노우치(丸の内, 역자주 : 도쿄의 비즈니스 타운)처럼 낮에만 인구가 늘어나는 경우도 있다. 도심에 볼일만 보러 오는 사람도 있다. 이는 외국어로서의 일본어 학습자 수의 증가에 해당한다.

두 번째는 언어든 토지든 그 이용 가치를 높이는 것이다. 즉 토지나 언어에 부가 가치를 부여하는 것이다. 재치만 있다면 토지에 부가가치를 부여할 수 있다. 토지라면 그 곳을 편리하게 만들어서 사람들이 그 토지를 활발하게 활용하도록 하면 된다. 언어의 시장가치를 높이는 데도 토지와 같은 대책이 도움이 된다. 즉 언어의 이용가치를 높이는 것이다. 요즘 같으면 정보량이다. 이는 책 등의 출판물의 수량으로 계산할 수 있다. 일본어 출판물은 세계에서도 많은 편으로 거의 모든 분야의 지식을 일본어로 얻을 수 있다. 지금은 인터넷 홈페이지에서 제공되는 정보량도 추측해서 계산할 수 있다. 영어가 단연 월등하지만 일본어도 독일어에 이어 많은 정보량을 가지며 지금도 정보량을 늘리기 위해 노력하고 있다. 일본어가 정보 수집에 도움이 되는 것이다.

일본어가 도움이 된다고 여겨지면 일본어 학습자가 늘어난다. 이것은 부모로부터 상속받은 토지에 방문자가 늘어나는 것에 해당한다. 일본인 관광객을 위해 필요한, 최소한의 일본어를 사용하는 사람이나 일본 여행용의 서바이벌 일본어를 암기하는 사람도 나오기 마련이다. 영어처럼 전 세계에서 여행자가 초보적인 회화로 일본어를 사용하게 된다면 학습자 수는 눈덩이처럼 불어난다.

이상과 같이 일본어의 가치를 높이기 위한 주요 수단은 학습자를 늘리는 것이다. 일본어의 국제화를 위해서는 여러 가지 대책이 있지만, 이것은 그 중 하나이다.

일본어의 경우는 오히려 그 언어를 이용한 경제 활동이 시장가치를 좌우했던 것 같다. 일본 경제의 발전과 일치하는 형태로 일본어에 대한 인기가 생긴 것으로 보인다(이노우에(井上) 1997.10, 1998.10.). 앞으로 일본어가 시장가치 증대에 어느 정도 성공할지 흥미롭다.

2.4. 언어 상속세

현대의 세계에서 어떤 언어나 방언을 습득하느냐에 따라 경제적 유리함의 정도가 다르다는 사실은 토지나 부동산과도 같다. 그렇다면 언어에도 상속세와 비슷한 것이 생기기 마련이다. 상속세는 부의 재분배 기능을 가진다. 지가(地價)에 대응하기 때문에 도회지의 토지가 더 비싸다. 상속세 때문에 넓은 우량 택지를 분할하게 되는 것은 문제가 있다. 하지만 산간벽지의 토지를 상속받은 경우는 토지의 대부분이 가치가 없는 것이라서 도회지에 비하면 나은 편이다. 조상의 토지는 불로소득의 으뜸이므로 어쩔 수 없다. 상속의 불평등을 메우는 데에 상속세는 도움이 되고 있다.

국제사회에서 영어를 사용하는 국민의 유리함을 생각하면, 「영어를 모어로 상속받은 사람은 세금을 지불해야만 한다.」라는 논리가 생겨난다. 모어 간의 불평등을 없애기 위해서는 영어 화자로부터 세금을 받아 소수 언어의 보호에 할당하면 좋다. 영미, 캐나다, 호주 등의 국민은 영어 상속세라고 하는 세금을 지불하고, 모인 세금은 언어적으로 불리함을 겪고 있는 사람들(원주민이나 이주민)에게 돌려야 한다. 또는 영어 국민 이외의 사람들을 위한 통역에 비용을 충당하거나 학교 교육이나 외국어 교육에 배당해야 한다.

하지만 외국어 교육의 보조금에 비용을 할당하면, 현재 상황에서는 전 세계 사람들이 습득하는 외국어가 영어 일변도가 될 위험이 있다. 그렇게 되면 언어 간의 격차가 더욱 벌어져 결국 영어 제국주의의 침략을 허락하게 된다. 한편, 현재 소멸 위기에 처해 있는 소수 언어 자체의 보호 운동에 비용을 할당해야 한다는 이론도 있다. 다만 전 세계 소수 언어의 보호 운동을 진행한다 하더라도 어느 정도로 효과가 있을지는 의문이다. 일본에서도 최근에 와서야 겨우 아이누어 보호 운동을 시작해, 라디오 강좌나 변론 대회를 하고 있지만 만시지탄(晩時之歎)이다. 적어도 지금이라도 언어 다양성의 기록인 사전이나 문법서의 작성에 눈을 돌려야 할 것이다.

영어 화자는 세계 각지에서 영어를 가르치며(즉 팔며) 생활할 수 있다. 결국 무형의 말이 시장가치를 가지는 것이다. 영국이 경제적으로 정체되어 있었을 때에는 영어가 영국의 마지막 수출품이라고 조롱받았다. 그 후에도 영어는 세계적으로 시장가치가 점점 더 상승하고 있다. 한편 소수 민족 언어의 화자는 배우는 사람이 거의 없기 때문에 언어를 가르치면서 생활할 수 없다. 언어학 현지 조사자(field worker)도 언제나 수업료를 지불하는 것은 아니다. 일본어도 수십 년 전까지는 외국인에게 팔리지 않는 언어였지만 고도의 경제성장 이후 학습자 수가 증가한 덕분에 이제는 팔리는 언어로 바뀌었다. 시장가치가 생긴 셈이다. 일본어의 수요와 공급의 변천은 취학생의 증감이나 일본어 학교의 흥망성쇠를 통해 전형적으로 알 수 있다(이노우에(井上) 2000.10.).

3. 언어는 국가다

상속세를 못 받을 것 같은 언어의 화자를 영어 화자로부터 구제하는 것은 완전히 꿈에 불과하다. 이것은 지구 전체의 문제이다. 하지만 국가 내에서는 이와 비슷한 것을 하고 있다. 공용어와 같은 언어를 모어로 하는 사람, 표준어와 같은(비슷한) 방언을 말하는 사람은 학교 교육에서도, 그 후의 취직에서도 유리하다. 그런 불평등을 시정하기 위해 국민 전체에게 공용어를 가르치고 표준어를 보급시키려고 한다. 어떤 언어나 방언을 모어로 하는가에 따라 세금을 다르게 매길 수는 없기 때문에, 언어 상속세와 발상이 다르다. 돈을 받을까, 쏟아 부을까에 따라 방언 명찰, 언어 명찰(학교 벌칙용 명찰 표찰)과 완전히 다른 역발상이라고 말하고 싶지만 뿌리는 같다. 국가 내의 언어 통일성을 지키기 위해 국민으로부터 평등하게 거둔 돈을 사용하는 것이다.

국민이 낸 세금의 상당 부분이 의무교육에 사용되고 있다. 자신의 아이가 없는 사람도 의문을 가지지 않고 세금을 내고 있다. 그 의무교육의 상당부분이 국어교육에 할애되고 있고 교육은 거의 모두가 일본어로 행해지고 있기 때문에, 실제로는 국어교육에 세금이 사용되고 있는 것이다. 일본의 공용어, 일본어의 능력 침투를 노리는 것이다. 이와 같은 것은 전 세계 국가에서 시행되고 있다.

같은 말을 습득하면 의식적으로도 공동체 의식, 동료 의식, 국민 의식이 생겨난다. 「국어」에 의해 국민 의식이 만들어지는 것이다. 국가 통일에 있어서 말은 중요하다. 「말은 돈이다.」의 차원이 아니다. 「말은 국가다.」인 것이다. 이 말은 루이 14세의 발언인 「짐이 곧 국가다.」보다 보편적으로 딱 맞아 떨어진다.

가장 최근에는 외국인을 위한 다언어 표기가 늘었다. 교통 표식이나 시청, 구청의 통지도 다언어화되어 가고 있다. 이제는 국어 일변도(一邊倒)의 언어정책이 아니다. 의식하지 못하지만 세금의 상당 부분이 언어와 관련되어 있다.

4. 언어 학습에 관한 경제성

4.1. 언어 습득 수고

이상으로 언어의 경제가치에 대해 언어 시장에서 언어가 매매되고 있다는 사고를 취해 보았다. 부동산으로서의 가격은 언어라는 의사소통 시스템의 복잡함에도 지배받는다.

언어가 간단히 습득된다면, 격차가 생기기 어렵다. 만약 모자만 쓰면 다른 언어를 말할 수 있게 된다면, 그리고 모자를 간단히 만들 수 있다면 부동산으로써의 성격이 달라질 것이다. 물론 영어 모자가 잘 팔리겠지만.

실제로는 언어 습득에 시간이 걸린다. 1990년대에 여행용 번역기가 나왔다. 하지만 비싸고 완성된 문장을 찾는 데도 시간이 걸려서, 서점에서 팔고 있는 6개 국어 회화 책과 다르지 않았다. 다만 음성이 나오기 때문에 글자를 읽지 못하는 사람과 이야기할 때에는 편리할 것이다. 2002년에는 회화체를 번역해서 음성화하는 장치가 개발되었다. 소유자의 목소리를 기억시킬 필요가 있지만 자유로운 문장을 번역할 수 있는 것 같다. 「역은 어디예요?」 등의 번역은 가능할 것이다. 다만 현지어로 돌아오는 답은 장치의 성능상 번역할 수 없다. 「역은 이 방향이예요?」 「가까워요?」 등 Yes, No로 대답할 수 있는 질문을 하는 기술이 필요할 것이다. 또는 상대가 손짓발짓을 해서 대답을 해줄 만한 질문을 궁리할 필요가 있다. 레스토랑에서 달걀을 주문하려고 손짓발짓을 해서 주문했더니 살아 있는 닭이 나왔다는 그런 우스꽝스러운 이야기는 없어질 것이다. 전화로 거의 동시에 번역되는 시스템도 개발되고 있다. 생존(서바이벌)을 위해 필요한 최소한의 표현은 기계가 커버하는 시대가 되었다. 또한 도쿄해상화재보험에서는 23개 국어의 무료 통역을 전화로 시작한다고 한다(아사히신문 2002. 12. 28.). 전화 통역은 이제까지 1분에 5달러였다고 한다.

그렇다고 해서 외국어 학습의 필요성이 없어지는 것은 아니다. 지구상 사람들의 상호 교류가 늘어남에 따라 언어의 시장가치는 점점 더 명확해질 것이다. 외국어 학습으로 투자에 걸맞은 이익이 있는지에 대해 보통 사람들은 생각하지 않는다. 하지만 도쿄외국어대학 졸업생에게 「습득한 외국어가 도움이 되었는가?」라고 물어본 결과는 언어에 따라 큰 차이가 났다(도쿄외국어대학 1998).

번역의 표준 요금에 대해서는 인터넷에 공개되어 있는 정보 등을 바탕으로 비교할 수 있다. 영어나 중국어 등은 원어민 또는 원어민 수준의 언어 능력을 지닌 사람이 많기 때문에 그렇게 비싸지 않다. 그 외의 언어는 비싸다. 번역 요금은 인재의 수요와 공급에 좌우되는 것 같다. 표 2-1에 번역 요금에 대한 과거의 예를 나타냈다(아이디 1998). 다음 표에서 그 후의 변동을 볼 수 있다.

표 2-1 산업 번역의 가격(단위 : 엔 / 장)

	외국어 → 일본어	일본어 → 외국어
중국어	1200 - 2000	1500 - 2500
영어	1500 - 2000	1500 - 2500
프랑스 · 독일어 등	1500 - 2500	1800 - 3000
아라비아어 등	1800 - 3000	2500 이상

4.2. 언어 학습과 관련된 경제성

언어 학습과 관련된 경제성에 대해서도 사전의 가격을 비롯해 많은 데이터가 있지만, 이노우에(井上 2000.10.) 등에서 이미 제시하고 고찰을 더했으므로 여기에서는 간단히 설명하겠다. 또 미국 뉴멕시코 주의 언어 능력과 소득과의 관계 그래프도 이노우에(井上 2000.10.)에서 제시하였다. 개인이나 가족의 소득이 언어 능력과 관련이 있는 것으로 보인다. 2차 대전 이전의 하와이에도 유사한 집계가 있었다. 현대 일본에서도 브라질인, 한국인의 소득이나 직종과 언어능력의 관계를 조사할 수 있다. 한국 거류민단의 조사 데이터를 자세히 분석하면 비슷한 결과를 얻을 가능성이 있다(민단 조직에서는 조선어를 사용하지 않기 때문에 두 언어 능력은 관계없이 일본어 능력만이 중요하다는 지적이 있었다.).

다만 영어는 별개로, 영어 모어 화자는 일본어를 못하는 편이 나은 경우도 있다(어학 교사 등의 경우지만). 언어 능력과 소득에는 캐나다의 프랑스어 지역에 관한

표 2-2와 같은 통계도 있다. 통계에 따르면, 기업 관리직에는 영어 화자가 많은 반면에 프랑스어 화자의 직업은 농업에 편중되어 있는 등의 요인이 있어서 언어가 단순히 수입을 규정하는 것은 아니다.

표 2-2 1961년 퀘벡 주 통계

영어 화자 연간 수입 6049 달러
불어 화자 연간 수입 3107 달러

5. 국제 공통어와 세계 언어

5.1. 영어의 동심원

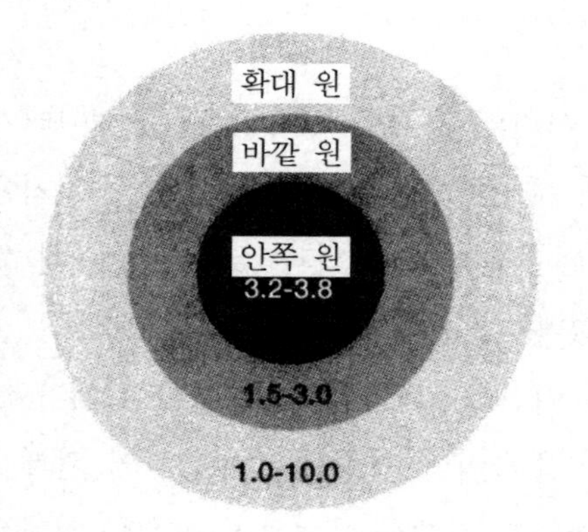

카츠루(Kachru 1985)에 의한 영어의 3개의 원. 크리스털(Crystal 1999)에 의한 사용자 수 추정 첨부(단위 억 명)

그림 2-1 영어의 동심원

현대 세계의 영어에는 3개 또는 4개의 사용자 계층이 있다. 그림 2-1은 Crystal(1999)이 작성한 동심원 그림인데, 원래는 카츠루(Kachru 1985)의 논문에 의한 것이다. 필자도 이 논문을 보았지만, 도표는 없고 겨우 2~3 줄로 적어놓은 내용이 전부였다. 아마도 그것을 읽었다고 해도 중요한 것을 놓쳤을 것이다. 그것을 크리스털이 도표로 만들어 숫자를 기입해 널리 알려졌다.

영어의 제1 언어 화자(native speaker)

는 안쪽 원의 3억 명 대이지만, 바깥쪽 원의 제2 언어 화자는 그에 가까울 정도로 존재하며, 확대된 원의 외국어로서의 불충분한 화자(경우에 따라서는 broken English)도 포함시키면 10억이 된다. 중국의 인구가 14억 전후라고 하므로 거기에 필적할 만한 숫자가 된다.

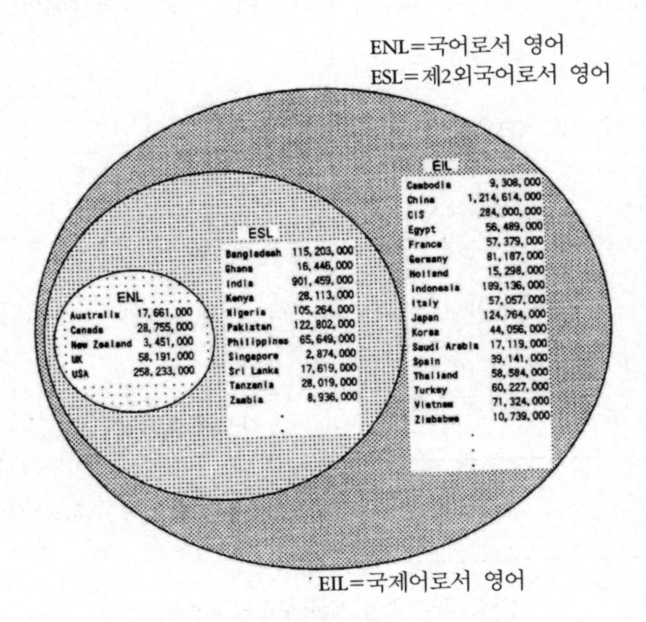

그림 2-2 영어 세력 확대의 3 단계

그림 2-2는 혼나(Honna 1999)의 도표로 그림 2-1의 동심원을 확대해 국가를 셋으로 나누어 영어 화자의 숫자를 구체적으로 기입하고 있다. 위의 그림에 따르면 아시아에서는 영어가 새롭게 보급되어 가고 있다.

5.2. 영어의 계층

그림 2-3은 그림 2-2와는 다른 방법으로 도식화한 것이다(쓰다(津田) 2005). 완전

히 같은 논리지만 피라미드의 형식에 맞춰 4단계로 만든 것이다. 그리고 카츠루(Kachru)와 혼나(Honna)의 도표에서 원의 중심에 들어가 있는 부분을 피라미드의 정점으로 하고 있다. 이에 따르면 영어 원어민은 특권 표현 계급이다. 영어의 제2 언어 화자는 중류 표현 계급으로, 영어를 외국어로 사용하는 것은 노동자 표현 계급이다. 가장 밑에는 영어와 접촉이 없는 사람인 침묵 계급이다.

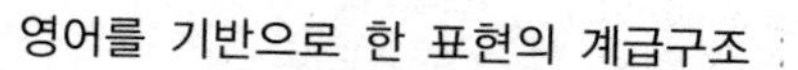

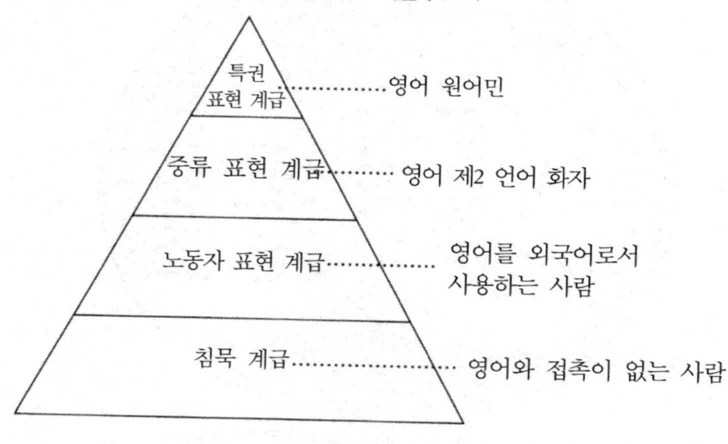

그림 2-3 영어 계급 구조의 4단계

이는 격차의 사고방식에 따른 것으로, 모양이 동심원이 아닌 것은 국제사회에서도 영어 능력에 따라 격차가 있다는 것을 근거로 삼고 있다. 두 개 이상의 언어가 동일 사회에 존재하면 격차가 생긴다. H와 L, High와 Low가 두 언어 체계 사이에서 사회적으로 차이가 생겨나는 것이다. 심지어 어떤 언어 내의 표준어와 방언 사이에서도 격차가 생긴다. 더 나아가 경어를 사용할 수 있는 사람과 사용할 수 없는 사람 등 여러 가지에서 H-L의 차이가 생긴다.

하지만 언어학을 연구하는 사람은 그런 것에는 관심을 가지지 않고 문법이라든가 발음을 분석하는 훈련을 받아 왔다. 필자도 그 중 한 사람이었지만 도쿄외국어대학에 근무하는 동안에 그것은 거짓이 아닐까라고 생각하게 되었다. 도쿄외국어대학에서 가르치고 있는 언어 사이에도 명확하게 격차가 존재하고, 가르치고 있지 않은 언어 사이에는 더 큰 격차가 존재한다.

하지만 쓰다(津田 2005)의 피라미드를 보면서 이 그래프를 뒤집어 보고 싶어졌다. 그것이 그림 2-4이다. 영어 능력의 크기로 말하면 L1인 영어 원어민은 능력이 클 것이다. L2인 제2 언어 화자는 조금 작을 것이다. L3인 외국어로서의 영어 화자는 좀 더 작다. 진짜 명칭은 EIL(English as an International Language), EFL(English as an Foreign Language)이라고 해도 좋다. 그 아래에 영어를 모른다고 일컬어지는 계급도 있지만 이 사람들도 어쩌면 「헬로, 헬로」, 「생큐, 생큐」, 「땡큐, 땡큐」 정도는 말할지 모른다는 점에서, 피라미드 삼각형의 가장 아래쪽에 조금의 면적을 부여하였다.

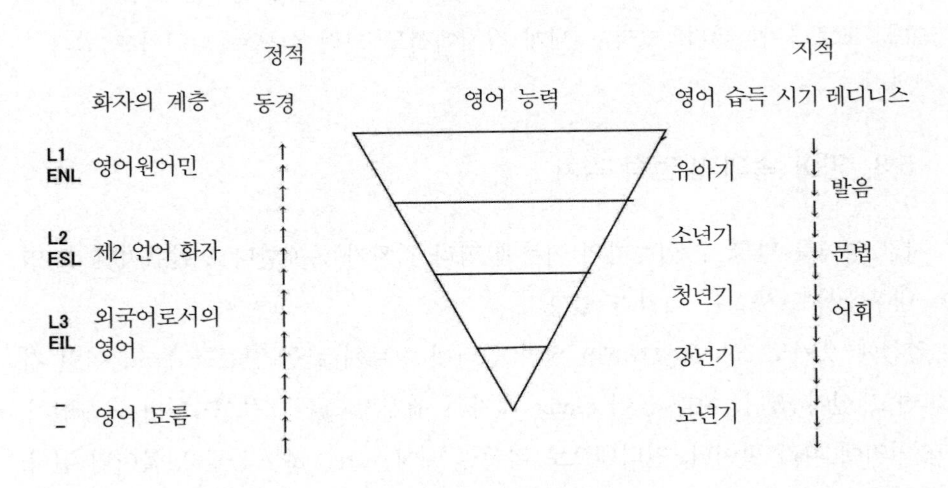

그림 2-4 영어 능력의 4단계

이것은 또 영어 습득 시기, 레디니스(습득 준비 시기)와 관련될 것이다. 영어 원어민이라는 것은 유아기에 습득한 것일 것이고 제2 언어 화자는 소년기와 그 정도의 시기에 습득한 것, 외국어로서의 영어는 청소년기, 더 나아가 장년기에 습득한 사람도 있을 것이며 영어를 모른다고 불리는 사람도 노년기에 영어를 습득하는 경우도 있을 것이다.

일본에서 지금 경관 언어학의 테마로서 거리의 다언어 표기를 보면, 전쟁 중에 「마귀와 짐승 미국과 영국(鬼畜米英)」으로 자랐던 사람도 영어를 모르면 의사가 통하지 않는다는 느낌이다. 참고로 모 대학의 캠퍼스 표시는 알파벳이다. 캠퍼스 바로 옆의 슈퍼마켓도 「Ito yokado」라고 장음부호 없이 로마자로 씌어 있다. 역을 내렸을 때 「다이에」도 알파벳이고 「쇼파즈 프라자」도 영어다. 영어를 읽을 수 없는 할머니에게 「쇼파즈 프라자 내의 다이에 입구에서」라고 말해도 다이에의 마크는 힌트가 될지 모르겠지만 알파벳을 읽지 못하면 소용없다. 할머니와 편의점에서 만나기로 하고 못 만났다는 체험담을 듣고 나중에 깨달았는데, 편의점의 간판은 지금까지 본 바로는, 알파벳 표기가 전부였다. 일본의 경우는 노년층이라도 영어를 모르면 안 된다. 그리고 세계 각지에서도 그런 식으로 되어가고 있다.

5.3. 영어 속의 방언적 격차

지금 영어를 말할 수 있는가의 여부에 따라 격차가 존재한다고 말했지만 그 영어 내부에서도 사실은 격차가 있다.

일전에 오기노 쓰나오(荻野綱男) 씨의 인터넷 정보에 관한 발표를 듣고, 이런 것을 하고 싶어 졌다. 예를 들어 center 철자의 세계지도를 그릴 수 있다. -ter인지, -tre인지에 따라 말이다. 인터넷으로 검색할 때에 「site : uk」 등을 덧붙이면 된다. 사이트가 예를 들어 .tw, .kr, .ca와 같은 각각의 국가와 조합해서 검색해 보면, 타이완, 한국, 캐나다에서 어떻게 쓰고 있다는 것을 알 수 있다. 이 결과로 Center/centre 철자의 세계지도가 완성된다. Theate/theatre의 세계지도도 작성할 수 있을 것이다. 이렇게 하면 영국 영어, 미국 영어가 지금 전 세계에 철자로 어떻게 분포하고 있는지를 알 수 있다. 그런 다음 Google maps, Google insights를 사용하면 어휘의 세계지도가 만들어진다는 것을 알게 되었다(이노우에(井上) 2011. 2.). 그리고 기대한 대로 세계 언어지도가 많이 만들어졌다.

영어가 역사적으로 세계로 어떻게 퍼졌는지는 알고 있지만, 역사적인 것과 현재는 다르지 않을까? 일본 등은 예전에 브리티시 잉글리시, 즉 영국 영어를 받아들이려 했지만, 거리에 보이는 철자는 미국 영어의 철자이다. 이렇게 하면 재미있는 세계지도를 만들 수 있다.

이것은 영국 영어와 미국 영어의 차이이다. 영어 내부에서 표준어와 방언의 H와 L의 관계에 대해서도 이미 여러 연구가 있다. 그림 2-5는 Giles(1970)에 근거해 오카모토(岡本 2006)가 그래프화한 것이다. 실제로 테이프를 재생해 여러 발음을 들려주고 이 발음들에서 어떤 느낌이 드는지를 평가하게 하였다. 상당히 오래된 조사이지만 각종 영어 원어민의 사투리와 외국어 말투의 영어가 뒤섞여 있는 것이다.

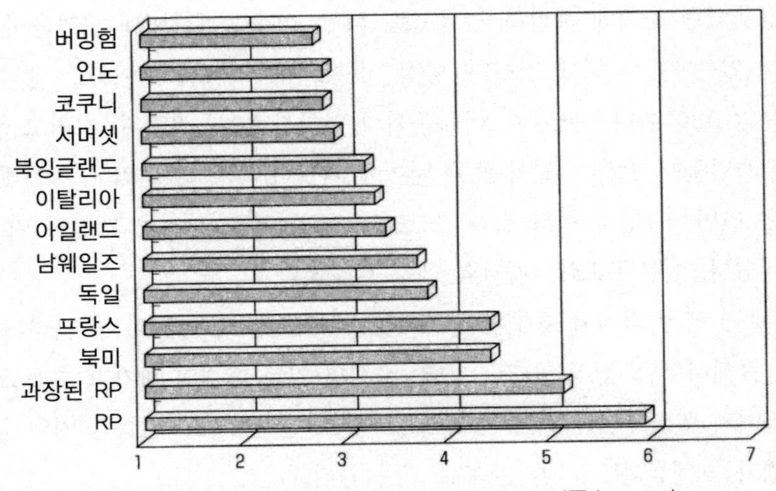

그림 2-5 영어 표준어와 방언 이미지 오카모토(岡本 2006)

위의 그래프는 아래쪽에서 위쪽으로 줄지어 있는데, RP(Received Pronunciation, 영국의 표준적 발음으로 여겨지는 「수용 발음」)와 과장된 RP, 북미, 이 3가지는 원어민 영어이다. 이들에 대한 평가는 높다. 영국에서 조사되었으므로 RP가 최고가 되었다. 그 다음으로는 프랑스어 말투(사투리), 독일어 말투(사투리)이다. 남웨일즈, 아일랜드는 「연합 왕국」에 속하기 때문에 현재는 일단 영어 원어민이라고 말해도 좋다. 이탈리아는 외국어 말투. 북잉글랜드, 서머셋, 코크니는 영국의 방언 지역이다. 마지막으로 인도 영어가 있고 버밍햄 노동자 계급과 같은 방언이 위치하는데, 이들이 최하위에 위치하고 있다. 이런 식으로 실제 발음을 들려주면, 심리학의 여러 평가어를 사용하여 플러스에서 마이너스까지 해당 언어의 위상을 매길 수 있다.

이것과 비슷한 조사를 한 적이 있다(Inoue 1999.8.). 직접 언어를 들려준 것은 아니고 각종 말에 대해 어떤 이미지가 있는지를 심리학 평가어로 물었기 때문에 전형적인 형태를 정하는 조사였다. 실제로 녹음을 들려주면 구별할 수 없는 것도 있겠지만, BBC의 아나운서는 어떤 느낌인가와 같은 것을 몇 개의 형용사로 평가한 것이다.

결과는 1차원적이 아니라 2차원으로 나타냈다. 그림 2-6의 그래프인데, 좌우는 Giles에 있었던 순서에 해당하는 것으로, 해당 언어가 표준어에 가까운지, 사투리가 섞여 있는지를 나타낸 것이다. 종합 점수로 보면, 표준 영어라고 생각되는 것은 우측의 BBC 아나운서로 이 아나운서의 영어가 RP에 가깝다. 그리고 캠브리지 대학의 사람들이 말하는 말이 표준 영어에 가깝다. 사투리가 있어 왼쪽에 위치하는 것은 리버풀, (영국 동쪽 끝의) 노포크, 스코틀랜드 각지의 방언과 미국, 호주의 영어였다. 이는 Giles의 결과와 매우 비슷하다.

실제로는 영국 각지와 호주에서 조사했기 때문에, 학생을 이 두 나라와 기타로 나누어 표시하였다. 검정 동그라미(●) 표시의 영국 학생의 평가가 그래프 좌우에 멀리 떨어져 있어 극단적인 수치를 보였다. 또 런던이라고 기록한 기입자 자신의 방언 평가는 영국과 기타가 반대로 되어 있다.

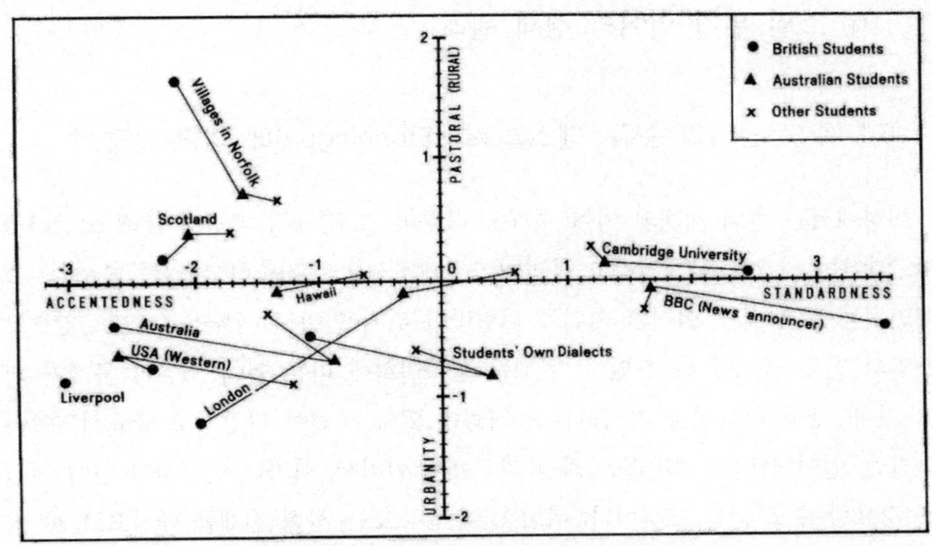

그림 2-6 영어 방언 이미지 이노우에(井上 1999.8.)

그림 2-6의 상하 축은 시골풍인지 도시풍인지에 대응한다. 노포크라는 영국의 동쪽 지방 마을, 북 스코틀랜드 등이 시골적인 느낌, 전원적인 느낌으로 이것이 위쪽에 도드라지게 위치해 있다. 아래는 도회적인 사투리로 리버풀이나 런던이 늘어서 있고, 거기서부터 호주, 미국의 사투리도 아래에 있다. 그래프의 좌우축의 넓이가 넓은 것이 중요하다. 또한 영국 학생들에게는 BBC라든가 대학 관계자가 사용하는 말이 긍정적이라고 평가하고 있다.

영국 영어 내에도 차이가 존재하여 방언 말투를 사용하면 낮게 본다. 미국 방언도 정확하게 조사해 보면(preston 1999), 예를 들어 뉴욕 도심의 사투리는 조금 낮게 본다든가, 남부 사투리는 낮게 본다. 이렇게 영어에서도 격차가 있다.

이상으로 언어의 격차가 나타나는 예를 들었다. 이들 현상의 배후에는 언어의 경제성이 숨겨져 있다. 다만 제3장에서 보는 것처럼 언어의 정적 가치도 무시할 수 없다.

6. 소멸 위기 언어의 경제 원리

6.1. 주요 언어의 순위 : 에스놀로그(Ethnologue)에 의한 화자 수

이하에서는 현대 세계의 언어 투쟁을 다루며 그 경제적 배경에 대해 고찰하겠다. 영어는 지금은 국제어라고 불리며 전 세계적으로 진출하고 있는 중이다. 그 이면에는 많은 소수 언어가 지위를 위협받아 위기 언어로 내몰리고 있고, 앞으로 소멸의 길을 걸으려 하고 있다. 현재는 글로벌화에 따른 언어 소멸이 문제가 되고 있다. 생물 다양성을 지키려는 움직임이 있다면 언어 다양성도 중요시되어야 하지만, 언어 선택의 결정권은 화자 자신에게 있어서, 학자나 연구자가 언어 선택을 강요할 수도 없는 노릇이다. 위기 언어 분포도는 사회 전체를 대상으로 한 언어 접촉의 분포도이기도 하다. 이노우에(井上 2010.11.)에서는 언어 접촉에 경제 조건이 작용한다는 것을 세계지도 레벨에서 논하였다. 발전 도상국과 위기 언어의 분포가 겹치는 점, 거꾸로 위성사진인 「밤의 지구」의 불빛으로 상징되는 것과 같은 경제 발전의 정도, GDP의 분포가 위기 언어의 지리적 분포와 거의 상보적이라는 것을 논거로 제시하였다. 다른 한편으로 대언어 분포와 역사상 대제국의 지리적 범위는 상당히 일치한다. 그리고 산악이나 밀림, 하천, 습지 등으로 교통이 단절된 지역에 많은 언어가 분포하는 것은, 국내의 변경이나 벽지에 특색이 있는 방언이 분포하는 현상과 병행적이다. 유기체, 생물 진화의 예를 빌린다면, 본래 의미의 갈라파고스화가 언어 면에서 진행된 결과이다. 자급자족의 집단이 사는 지역에서는 언어 통합과 분기라고 하는 두 가지 흐름 중 분기의 흐름이 강하게 작용하는 것이다.

이 발상과 수법은 방언지리학의 (단일의) 문화적 중심지를 단서로 한 방언주권론과 공통된다. 하지만 복수의 문화적 중심지가 있을 때에는 지도를 벗어나 그래프(산포도)를 사용하는 것이 관계를 나타내기 쉽고 게다가 수치로 논할 수 있다.

지리언어학에서 시작되어 경제언어학으로 발전하는 것이 고찰의 흐름이다.

세계 언어의 분포도는 인터넷에서 에스놀로그(Ethnologue)를 검색하면 볼 수 있다. 이것은 SIL이 만든 사이트로 다른 언어의 집계표도 얻을 수 있다. 각 언어를, 영어를 최고로 하는 계층으로 배열하려는 시도는 여러 가지가 있지만(Graddol 1999), 사용 화자의 인구수를 사용하면 좀 더 세분화해서 순위를 매길 수 있다. 구체적으로 보기 위해 에스놀로그(Ethnologue)의 화자 인구의 상위 부분을 그림 2-7의 그래프로 나타냈다. 상위 20위에 들어간 것은 유럽 각국의 언어(그래프에서는 언어명 끝에 검정 동그라미 표시(●)를 붙임)와 아시아의 각국 언어로, 일본어는 9위이다. 이들의 분포 범위를 지도상에 점이 아닌 면으로 나타낸다면 유라시아 대륙 대부분을 덮어 버린다.

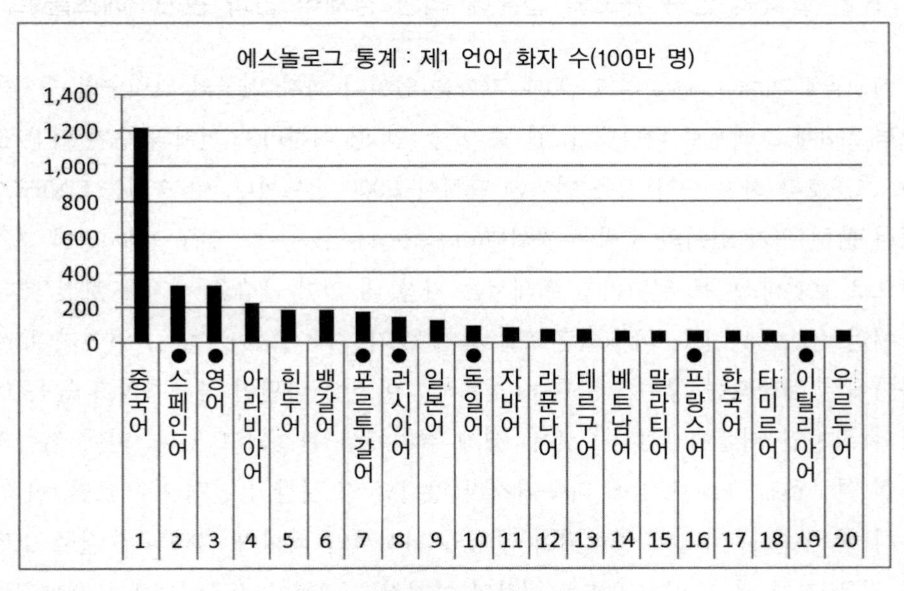

그림 2-7 화자 인구 상위 20언어

또 상위의 유럽의 각국 언어는 신대륙에서 공용어, 제2 언어로서도 사용되고 있다. 이 지역에는 위기 언어가 많다. 대언어(大言語)와 위기 언어는 글로벌한 지리적 분포로 상보적인 분포를 보이고 있다. 즉 위기 언어는 대언어(大言語) 주변부에 분포한다. 위기 언어는 또 인구 밀도가 낮고 1인당 GDP가 적은 지역에 분포한다. 경제 효율이 나쁜 지역이기 때문에 주민의 일부는 좀더 GDP가 높은 지역으로 이주하여 고수입을 얻어 풍요로운 생활을 추구한다. 이동한 곳은 인구 밀도가 점점 더 높아져 다언어 사회가 성립되지만, 다언어 상황은 경제 효과라는 점에서 보면 불리하고 그 지역의 우세한 언어로 언어 추이(language shift)가 일어난다. 이렇게 해서 대언어는 화자 수를 늘리고, 소수 언어와 위기 언어는 점점 더 화자수가 줄어든다. 「규모의 경제」는 언어에도 강하게 작용한다.

6.2. 화자의 인구 규모와 결혼에 의한 경제적 인과 관계 : 에스놀로그

에스놀로그(Ethnologue)의 7,000에 가까운 언어의 화자 인구의 자릿수별 수치를 그림 2-8에 그래프로 나타냈다. 천 명 이상, 만 명 이하라는 언어의 수가 가장 많다. 그것보다 화자 수가 적은 언어는 합쳐서 2,000 정도이다. 이 숫자는 UNESCO에서 밝힌 위기 언어의 숫자에 가깝다(이노우에(井上) 2010. 11.). 인구 1,000명이 분기점으로 보인다. 이를 설명하기 위해서는 가정 내 언어 계승을 생각해 보면 좋다.

이언어(異言語) 결혼, 국제결혼으로 화자 수가 적은(경제가치 열세) 언어가 부부 사이에서 채택되는 경우가 적다는 것은 (그 이전에 남편이 경제가치가 높은 언어의 화자인 커플이 많다는 것은) 세계 각지에서 관찰되고 있다. 언어 접촉의 사례 연구(Case study)로밖에 다루어지지 않지만 긴 시간의 간격으로 보면, 이 지극히 작은(Micro) 과정이 축적되어 언어의 거시적인 쇠퇴가 시작되어 결국 소멸의 길을 걷게 된다. 마치 「오용」이라고 여겨지는 표현이 젊은이들에게 선택되는 것이 일본어의 장기적인(몇 세기에 걸친) 언어 변화의 일환이라는 것과 유사한 과정인 것이다.

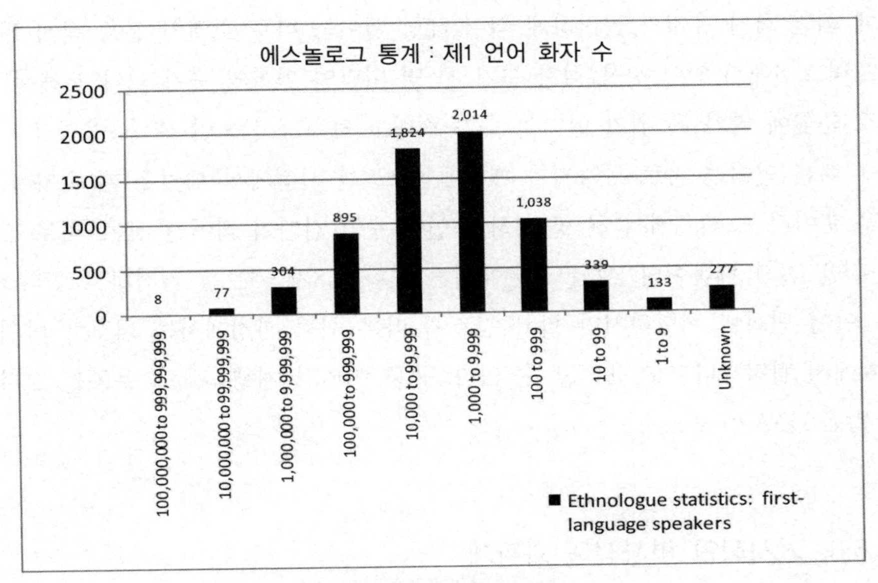

그림 2-8 화자 인구 규모에 따른 언어 수

아이들 입장에서 볼 때, 부모가 같은 언어를 말하면 아이들은 적어도 이 언어를 가정 내에서 계승한다. 부락 내 결혼이 우세하다면 인구 규모는 몇 백 명이라도 괜찮다. 하지만 혈족을 피해 동성(同姓), 토템, 사촌 관계나 가문을 고려해 넓은 범위에서 배우자를 고르는 문화가 있다고 한다면, 동일 언어를 계승하기 위한 결혼에 대략 천 명 이상이 필요하게 된다. 모든 인구 중에서 미혼의 적령기 남성이 5%라고 한다면 후보는 50명 정도밖에 없다. 마음에 드는 사람을 찾지 못해 다른 언어 사용 화자와 결혼하면 자손으로서 언어 계승이 줄게 되는 것이다. 예를 들어 한국어 화자가 어떤 지역에 이주한 경우, 같은 성씨를 가진 사람과의 결혼을 금기(터부)시하는 것을 중요시한다면 한국어 화자끼리의 결혼이 어려워져서 그 금기가 없는 다른 민족과 결혼하게 된다. 모순되지만 조선 민족의 전통을 지키면, 조선 문화나 조선어가 계승되지 않게 된다. 이러한 사태를 생각하면 어떤 언어를 유지하기 위해서는 실제로 상당수의 인구 규모가 필요한 것이다. 그 선을 무너뜨리게 되면 화자 유지가 곤란하게 되어 해당 언어는 바로 소멸의 길을 걷게 된다.

그림 2-8에서 언어 사용 화자 수가 천 명 미만인 언어의 수가 적다고 해서, 실제로 눈앞에 다가 온 위기 언어의 수가 적다고 해석해서는 안 된다. 마지막 단계에 다다른 언어는 바로 사라지기 때문에 어느 한 시점에서 세었을 때 숫자가 적었을 뿐이다. 그래프에서 천 명 이하의 언어 수가 갑자기 적어진 것은, 바로 소멸의 길을 걷기 때문이다. 보급 이론에서는 변화의 S자 커브를 지적하고 있다(제15장). 언어 변화에 적합하지만 화자 감소에 따른 쇠퇴 과정에서는 거꾸로 마지막 단계에서 빨라진다고도 해석할 수 있다. 물론 인위적 재생(revival) 운동을 고려하지 않은 경우이다(Hagege 2004).

6.3. 거시적인 역사적 인과관계

언어의 역사를 대략적으로 역사적 발전 단계와 결부시켜서 생각해 보자. 언어 접촉, 제2 언어 사용은 다음의 3가지 원인으로 일어난다.

1. 인간의 이동. 이것은 이주, 도래, 난민 등 여러 가지 형태를 취한다. 현대는 국제 이동이 경제적으로도, 교통수단으로도 간단해졌기 때문에 많이 관찰되고 있다. (이민 연구와 같은 생각을 사용하면) 호스트 사회의 공용어가 존재하기 때문에 H언어와 L언어의 차이는 노골적이다. 이주에는 경제 요인이 강하게 작용한다. 현대 언어 접촉 연구의 구체적 예는 노동 이민이나 국제결혼이다.
2. 정치 지배의 변화. 주민 이동을 동반하지 않고 지배권이 바뀜으로써 위에 덮이는 언어가 바뀐다. 예전에는 정복이나 지배자 교체가 행해졌다. 현대에도 발트 3국이나 구 유고슬라비아 등에서 국가가 재편성되어서 공용어가 바뀌는 등 지배적 언어권의 확대나 재편성이 작용한다.
3. 하지만 시공을 초월한 언어 접촉으로 매스컴의 작용도 잊어서는 안 된다. 영

어가 세계의 텔레비전에서 흘러나오게 되고 상업 광고 등에서도 눈에 들어온다. 한편 일본어가 애니메이션 등을 통해 세계와 친해지고 한국어가 드라마를 통해 주변 국가들로 흘러들어간다. 이런 것들도 넓은 의미의 언어 접촉으로 다루어져야 할 것이다. 이것은 인간의 이동도, 정치 지배의 변화도 포함하지 않는다.

이들 모든 배경에는 경제 요소가 대기하고 있다. 현대 전 세계에서 GNP, GDP와 언어의 인기 간에 강한 상관관계가 관찰된다. 다만 언어 접촉이 있어도 영향이 남는다고만은 할 수 없다. 언어 체계나 언어 의식, 언어 행동으로 나타나는 것은 장기적 또는 대규모적인 접촉이 있는 경우이다.

6.4. 언어 접촉 전형과 주변

소멸 위기 언어의 문제는 세계 대부분의 화자에게는 강 건너 불 구경하는 격이다. 언어 연구자들도 마찬가지여서 영어 관련 학회에는 많은 사람들이 모이지만 위기 언어 모임에는 일부가 모이는 데 그친다. 책 판매도 마찬가지여서, 연구자가 위기 언어의 기록에 몰두해 좋은 논문을 써도 논문이 출판되기가 쉽지 않다. 직장도 제한된다. 화자가 불리함을 겪을 뿐 아니라, 보호하고 기록해야 하는 사람을 만나기도 어렵다. 얄궂은 것은 위기 언어에 대해 기술하거나 보호 운동을 펼치기 위해서는 영어와 같은 국제어를 사용하는 편이 유리하다는 것이다. 언어 경제는 이와 같은 면에서도 냉혹하게 작용한다.

소멸 위기 언어의 연구는 동시에 언어 접촉 연구도 된다. 언어 체계로써의 변용도 일어난다. 사회언어학적으로 흥미로운 구분 사용이나 코드 전환(Code switching)이 관찰된다. 또 정반대로 거의 말하지 못하는 사람도 존재한다. 언어학 연구면에서는 언어 간섭에 흥미를 느낀다. 공시적인 변이형(variation)을 모아서 법칙을 도출해 내는 것이 가능할 것이다. 또 경관(문자)도 언어 접촉의 중요한 지표이다. 각각의 위기 언어에서 상황은 다를 것이다. 하지만 다수의 예를 모으면 그 배경에서 공통점이 떠오를 것이라고 기대된다. 이번 장에서는 이 틈새 영역의 일부를 고찰하여 언어 경제가 여러 가지 면에 반영된다고 하는 예상을 가지고 고찰하였다.

03 언어의 정적 가치

❖ 이 장에서는 언어의 정서적 가치에 대해서 논하고자 한다. 언어의 시장가치, 경제가치, 지적 가치라는 이 책 전체의 구상에서는 벗어난 주제이지만, 공평하게 다뤄야 하기 때문에 꼭 언급하지 않으면 안 된다. 너무나도 당연한 현상이기 때문에, 오히려 이런 관점의 연구는 적다. 이는 실증적 또는 계량적 연구로 연결시키기 어렵지만, 도덕적 · 윤리적 · 논리적으로는 가장 중요한 테마이다. 다양한 연구 논문 중에서 관련 부분을 발췌해서 본 장에 수록하였고, 또 수정하였다. 여기까지의 3장이 경제언어학의 서론, 또는 총론, 이론 편에 해당한다.

1. 언어의 지적 가치와 정적 가치

앞서 2장에서는 언어와 돈이 관련된다는 메커니즘에 대해서 논하였다. 언어학(나아가서는 문화인류학)의 기초에서 배우는 평등 이론의 테제, 도그마(dogma)를 뒤집은 것이다. 그러나 이것은 언어의 지적 가치에 대한 것으로, 정적 가치라는 측면을 놓쳐서는 안 된다.

언어의 가치에는 지적 가치와 정적 가치가 있다(이노우에(井上) 1993.12.). 또한 그 양쪽에 절대적 가치와 상대적 가치가 있다. 언어의 시장가치는 지적 가치에 대응하며, 언어의 정적 가치는 언어에 대한 애착심, 언어 충성심과 관련한다. 이것은 모든 언어에 있으며, 언어 권력과도 관련이 있다.

시장가치는 모든 언어와 관련이 있으며 이는 20세기에 명확하게 드러나, 20세기 후반에 특히 뚜렷해졌다(이노우에(井上) 1995.9., 1997.2.). Graddol(1999)은 세계 언어의 계층도를 제시하였다. 대언어 · 소언어 등의 표현은 통속적으로도 납득할 만하다. 그리고 이 격차는 21세기에 더욱 커질 것으로 예측된다. 즉 세계 언어들의 계층 관계, 피라미드의 높낮이의 차이가 더욱 더 명확해질 것으로 예상된다.

예전에 방언 이미지에 대한 분석을 했을 때, 지적 평가와 정적 평가가 분리되었다(제8장, 그림 8-1~8-5). 언어도 마찬가지이다. 이제까지 논했던 것은 언어의 지적 측면, 시장가치에 대해서였다. 언어의 심리적 측면, 정적 평가에 대해서 이하에서 논하고자 한다.

언어의 정적 가치는 절대적 정적 가치와 상대적 정적 가치로 나눠진다. 언어의 (상대적) 정적 가치는 (일반적으로) 지적 가치와 반비례한다.

절대적 정적 가치는 모어로서의 가치로, 유아기에 겪었던 체험이 뒷받침되어, 감정과 결합된다. 언어권(력)과 마찬가지로 누구에게나 같은 법으로, 바꿀 수 없는 말인 것이다. 단 박해를 받은 사람은 애증이 얽힌 복잡한 심리가 된다. 나치 지배하의 유대인이나, 문화 대혁명 당시의 일본인 잔류 고아 등이 그 예이다. 일본의 방언에 비유하면, 방언을 좋아하지만 부끄럽게 생각하는 분열 형태의 이미지이다(그림 8-1).

상대적 정적 가치는 외국어와 접하고, 외국어와 대비시켰을 때의 가치를 가리킨다. 이것은 지적 가치에 반비례하며, 일반적으로 외국어로서의 학습자의 수에 반비례하는 경향이 있다. 화자가 소수 언어를 사용하면, 환영받는 것이 전형적인 예이다. 인기가 없는 언어일수록 환영받고, 서툴더라도 칭찬을 듣는다. 사람 수가 문제가 아니라, 화자가 애착을 가지고 있는 언어를 사용하면, 기뻐해 준다. 예를 들면, AA 각국 사람들의 태도로, 여행자가 현지어를 사용하면 환영해 주거나, 친해질 수 있다. 지적 가치가 낮고 정적 가치가 높은 언어는 현지어를 사용하면, 칭찬을 듣고, 귀중하게 대해 주며 서툴더라도 용서해 주고, 이해해 준다. 여행할 때

현지어 인사말 정도라도 외워 두면 효과적이라고 여행 가이드북에 쓰여 있는 경우도 있다. 이에 비해 영어와 같이 지적 가치가 높고 정적 가치가 낮은 언어는 현지어를 사용해도 당연시되고 무시 받는다.

2. 일본어의 정적 가치의 변화

일본어도 예전에는 정적 가치가 높았다. 그런데 근대 · 2차 대전 이후 · 최근에 큰 변화가 있었다. 옛날에는 외국인이 일본어를 조금만 할 수 있어도 칭찬을 들었다. 하지만 최근에는 외국인의 일본어를 칭찬하지 않는다. 일본에 있으니까 일본어를 할 수 있는 것은 당연한 것이라고 생각한다(이노우에(井上) 2001.8. : 59). 이 변화는 매스컴을 봐도 알 수 있다. 「외국인 탤런트」라고 불리는, 일본어가 능숙한 외국인을 자주 본 덕분에 외국인이 구사하는 일본어를 들어도 신기하게 느끼지 않게 된 것이다. 그런 면에서 최근의 유학생은 불쌍하다. 웬만큼 잘하지 않으면 일본어를 칭찬해 주지 않는다. 시골로 여행을 가면 칭찬도 듣고, 자신감도 생긴다고 한다. 이것은 2차 대전 후의 경제 성장 이후, 일본어의 가치가 상승한 것이 반영된 것으로, 일본어의 지적 가치의 상승과 함께, 학습자가 늘어, 그 결과 일본어의 정적 가치가 떨어지게 되었기 때문이다. 지금은 외국인의 능숙한 일본어 사용이 당연하게 되었다.

예전에는 왜 외국인의 서툰 일본어를 칭찬했던 것일까? 그것은 지적 가치가 낮은 것을 정적 가치가 높은 것으로 바꿔서 해석했기 때문이다. 즉. 열등감의 역으로, 지적 가치가 낮은 것을 정당화시키기 위해, 정적 가치를 높게 잡은 것이다. 서툰 단계라도 「잘 한다.」라고 칭찬하는 그 이면에는 「일본어의 독자성 · 어려움」이라는 신념이 있었다. 그것을 강조해서, 외국인이 일본어를 배우지 않는 진짜 이유(시장가치가 낮음, 지적 가치가 부족)를 외면하고 있었던 것이다. 칭찬하는 행위에는 기특하게도 일본어 학습자를 격려하는 작용이 있다. 그러나 게으름뱅이를 만들어 버릴 가능성도 있어서, 서툰 일본어로 계속 밀고 나가는 경우도 있다.

또한 이 배후에는 암묵적으로 잘못된 국가주의와 인종 차별도 있었다. 2차 대전 전에는 중국어나 한국어 화자의 일본어를 칭찬하지 않았던 것이 그 증거이다. 일본인의 언어관, 대외 행동은 이 지적 가치와 정적 가치의 반비례 관계에 의해 지배되고 있었다.

또한 이와 반대되는 것으로 영어 완전주의가 있다. 숭고한 지적언어, 국제어의 가치를 인정해서, 영어로 말할 때의 실수나 잘못을 두려워하는 것이다. 지적 가치에 비례해서 완전함을 추구하는 경향이 있어서, 영어에 대해서는 작은 실패도 부끄러워한다. 선진국들의 언어, 백인의 언어의 경우에는 실수를 두려워하는 심리가 두드러진다. 인종과 연관지어서, 황색 인종은 일본어를 할 수 있는 게 당연하다고 생각하기 쉽다. 무의식적으로 피부색과 언어를 연관짓는 것을 엿볼 수 있다. 그와 반대로 중국어나 한국어 등을 배우려고 하지 않고, 엉터리라도 괜찮다는 심리가 옛날에는 있었다. 이에는 2차 대전 당시의 만주 이민자, 조선 거주자의 언어 능력이 반영되어 있다. 「일본어 삼위일체설」(민족 = 국가 = 언어 영역의 일치)이 암묵적으로 전제가 되어, 새로운 영토에서 「국어(일본어)」의 보급을 꾀했던 것은 이 때문이다.

최근에 해외여행이 빈번하게 되어 일반인들이 국제어로서의 영어의 가치를 깨닫게 되었다. 그래서 상대도 영어가 꽤 서툴고, 틀리면서도 영어를 사용한다는 사실을 깨닫게 되어, 영어는 「통하기만 하면 된다.」라는 주의로 바뀌게 되었다. 위험하긴 하지만, 극단적으로 지적 가치가 상하 위계로 지배되었던 의식을 가지는 것보다는 건전하다고 할 수 있다.

돈으로 환산하는 것만으로는 언어의 소중함을 놓쳐 버리기 쉽다. 언어의 정적인 면은 중요하다. 같은 언어를 사용함으로써 사람을 이어주는 작용을 한다. 넓은 의미에서의 동화작용(Accommodation)에 해당한다(Giles 외 1979). 서로가 상대방의 언어를 아는 경우에는 준의사소통(Semicommunication, 역자주 : 자신의 모어를 사용하며 서로 이해하는 현상)을 하는 경우가 있다. 자신의 모어를 사용하면, 하고 싶은 말을 할 수 있다. 하지만 말을 상대에게 맞추는 것이 심리적으로는 더 좋은 효과가 있다.

3. 언어 선택에 있어서의 정적 가치

영어는 21세기에 국제 공통어의 위치에 도달할 것이다. 영어의 세력은 지적과 정적, 두 가지의 이미지 요소에 있어서 유리하다. 영어는 국제화와 글로벌화의 심벌로 전 세계적으로 퍼져 나가고 있다. 지금 영어는 국제어로 여겨져 세계 영어(World Englishes)라는 복수형도 생겨났다.

하지만 언어 선택은 순수하게 지적 판단이나 시장의 수요만으로 지배되는 것은 아니다. 지적 또는 실용적 요인 이외에, 정적 또는 심리적 요인이 언어 선택에 영향을 미친다. 언어 선택에는 자유경제로서의 경제 원칙이 관철될 것으로 예상하지만, 심리적 또는 정적요소가 제약하거나 제어를 한다. 일본의 간판에서 볼 수 있는 유럽의 다양한 언어는 이 요소를 상징하고 있다(제4장). 언어의 선택은 백화점, 가게, 상품 등의 보다 나은 이미지와 랭킹을 위한 것으로 정적인 요인도 따른다. 서구의 높은 문화에 대한 동경심이 언어 선택에 작용하고 있는 것이다. 이들은 상징적, 감정적, 비유적인 요소이다. 즉, 정적 언어(lingua emotiva)의 사용이다.

4. 무형문화재로서의 언어

이 책의 다른 장에서는 경제면에 중점을 두고 고찰하였다. 이하에서는 다른 관점의 것을 정리해 보자.

언어는 문화이기도 하다. 게다가 무형문화재로서, 팔고 사는 것이 아니다. 조상으로부터 물려받아, 다음 세대에게 소중하게 물려줘야만 하는 것이다. 단, 이 무형문화재는 지정됐다고 하더라도 화자를 박물관에 장식할 수 없다. 귀중한 언어나 방언 화자를 인간 국보로 지정하자는 얘기도 들어본 적이 없다. 역사적 건축물은 보존할 수 있어도 역사적 방언 화자를 보존할 수는 없는 것이다.

지금 위기 언어가 화제가 되고 있다. 그러나 언어가 소멸의 위기에 처해 있다고 하더라도, 언어의 계승을 강요할 수는 없다. 겨우 기록을 남겨둘 수 있을 뿐이다. 현대에는 단순한 민속 문화나 대중문화의 계승은 평가받지 못한다. 다문화가 공생할 수 있는 사회를 외쳐도, 현실적으로는 유력 문화의 지식이 중시된다. 즉 영어나 구미 문화에 대한 지식이나 능력이 평가받는 것이다.

21세기에 들어, 소멸 위기에 처한 언어에 대한 정보가 매스컴에도 흘러나오게 되었다. 개별 언어, 소수 언어도 위험하지만, 그 하위 구분으로써의 방언의 쇠퇴는 훨씬 더 심각하다. 한번 레드북에 실린 언어나 방언은 생물과 달라서, 보호해도 개체수가 늘어나 계속 증가하는 것을 기대할 수 없다. 적어도 우리 주변의 언어나 방언에라도 관심을 가지고, 기록을 남겨서, 언어 다양성을 살릴 수 있도록 노력해야 한다.

04 경제언어학에서 본 언어 경관

❖ 4장부터는 경제언어학의 각론 또는 실증 편에 해당한다. 이 장에서는 경관에 있어서의 언어의 실체 계획에 관한 문제를 다루고자 한다. 무대는 일본이다. 이 장의 내용은 심포지엄 「변하는 언어 체제에 있어서의 언어 경관—일본의 예」(2004년 12월 11일, 독일일본문화연구소)의 구두 발표 내용을 문장화한 것이다. 그 후에 얻어진 데이터를 보충하여 구성도 바꾸었다. 독일 뒤스부르그(Duisburg) 대학에서의 심포지엄 발표 내용(Inoue 2005.12b)과 일부 겹치는 부분도 있다(뒤스부르그에서의 발표 내용은 언어 경관 이외에도 다룸). 데이터의 사용을 허락해 주신 여러분과 발표와 토론의 기회를 주신 Coulmas 씨, Heinrich 씨에게 진심으로 감사의 말을 전하고 싶다.

1. 일본의 언어 경관의 역사적 배경

1.1. 이론적 전제

이하에서는 일본의 언어 경관(Sprachlandschaft, language landscape)을 다룬다. 즉 가시적 데이터를 이용하여 언어 사용의 상황을 확인하는 것으로, 그 배경과 매커니즘을 살펴보겠다. 그리고 이를 역사적인 변천을 토대로 기술했다.

또한 이번 장은 경제언어학 분야의 실천적 연구라고 할 수 있다. 즉 언어를 경제재로 취급한다. 언어는 내구 소비재나 부동산으로서의 성격과 더불어 생산재로서의 성격을 가진다. 경관 언어학을 통해서 언어의 생산재로의 역할이 부상될 것으로 기대된다.

1.2. 일본어 표기의 복잡함

일본어 표기는 세계에서 가장 복잡하다. 거리의 언어 표시는 마치 문자론의 전람회와 같다. 표의문자(한자), 음절문자(히라가나, 가타카나), 음소문자(알파벳)를 구분해서 사용하고 있고, 그밖에 그림문자(픽토그램, 로고그램, 스마일리), 점자, 범자(산스크리트문자), 민족 문자(한글, 인도계 문자) 등도 쓰인다.

우선 현대 일본의 언어 경관을 근대 이전부터의 일본의 언어 상황 속에서 고찰해 보자. 문자 사용의 배경에는 넓은 의미에서 국제화가 있다. AD 400년 전후라고 일컬어지는 한자의 전래 이후, 표의(표어)문자인 한자가 사용되었지만, 일본어와 같은 교착어에는 문법 형식을 위한 표기법도 필요해서, 문법 요소의 한자를 작게 쓰는 센묘(宣命)체를 거쳐, 헤이안 시대에 와서는 히라가나, 가타카나가 발생하였다. 표음문자 중에 음절문자가 사용되게 된 것이다. 이 단계에서는 고대 일본의 한자권・유교권・아시아권으로의 귀속이 있었다. 무로마치 시대 이후에는 알파벳이 일본 사회의 일부에서 사용되었고, 막부 말기, 개국 이후에 사용이 확대되었다. 표음문자 가운데 음소문자를 사용하게 된 것이다. 그 경제성(초기 투자가 적음)에 주목한 지식인이 있어서, 로마자 운동이 일시적으로 왕성하게 되었지만, 근대 국가의 「국어」의 표기로서는 퍼지지 않았다. 메이지 이후 일본 사회의 서구화, 국제화가 진행되었다. 알파벳＝로마자 진출은 국제적 사회에의 귀속의 상징으로, 구미화나 미국화의 표시라고 할 수 있다.

경제언어학적으로 보면, 비경제적이고 난이도가 높은 한자(漢字)가, 교착어이고 어순이 중국어와 다른 일본어에서 사용되어 온 것은 문자 지식이 지성이나 교양의 상징적인 기능을 가졌기 때문이었다. 그러나 이하에서 보듯이 21세기에 들어와 문자 선택의 폭이 넓어짐에 따라, 한자(漢字)의 사용이 엄격하게 되는 등의 움직임도 있었고, 표기의 곤란함은 더 늘어났다.

한편 거리에서 볼 수 있는 언어 경관(문자 경관)에서는 한자(漢字)의 영향력이 약해졌고, 알파벳이 세력을 키우고 있다. 사회언어학적인 연구 목록(repertory-수비 범위, 사용 장면)을 줄이는 형태로 한자(漢字)가 계속 쇠퇴하고 있다고 할 수 있다. 제공할 수 있는 중국요리의 레퍼토리(repertory)를 늘렸지만, 손님이 서양 요리인 (손쉬운)패스트푸드나 패밀리 레스토랑으로 흘러가는 상황과 비슷하다.

1.3. 간판의 문자 역사(한자(漢字) · 가나의 사용)

경관 언어학의 연구는 과거의 것도 가능하다. 후술하는 바와 같이 현대의 현지조사에서 흥미로운 성과를 얻었지만, 일본의 경우는 역사적인 변천이 현저하다. 예를 들어 다니(谷 1989) 『일본 옥외 광고사』의 사진을 살펴보면 간판 표기의 역사를 가마쿠라 시대 이전의 상황부터 살펴볼 수 있다.

우선 고대에는 한자(漢字)가 절이나 관청 등의 간판에 쓰이는 경우가 많았다. 중세에 상업이 발달함에 따라 점포에도 업종 등의 표시를 하게 되었는데, 실물이나 도장(印), 문양이 주(主)였고, 문자는 그다지 사용되지 않았다. 무로마치 시대에서 에도 시대 초기에 걸쳐서의 병풍화 등을 보면, 무늬나 그림 모양이 사용되고 있지만, 한자(漢字)도 등장한다. 에도 전기에는 개별 상점의 옥호(가게 이름)나 상품명이 한자(漢字)나 히라가나로 표기되게 되었으며, 다른 표시도 병용되었다. 에도 후기에는 한자(漢字)나 히라가나로 가게 이름을 적었다. 「도카이도(東海道) 고쥬산쓰기(五十三次, 역주 : 에도 시대에 정비된 거리 이름)」 4종을 대충 훑어보면 한자(漢字)와 함께 가나가 많이 사용되었다는 점이 눈에 띈다(그림 4-8). 이와 같은 변천의 배경에는 데라코야(寺子屋, 에도 시대의 민간 교육기관)의 보급을 기반으로 한 일본인의 평균 문맹률의 향상이 있다.

이상의 단계에서는 주로 한자(漢字)나 히라가나가 사용되었지만, 에도 후기에는 외래어처럼 보이는 표기가 등장한다. 「우루유스(ウルユス)」는 가타카나로 표기되어 네델란드어 같은 느낌이지만, 사실은 한자(漢字) 「공(空)」을 분해한 표기이다. 또한 우키요에(浮世繪)에 VIOYM VANMITTR와 같은 무의미한 알파벳(네덜란드어를 잘못 쓴 것?)이 사용된 예가 기록되어 있다. 인상파 화가들이 우키요에(浮世繪)를 모방해서, 문자도 서툴지만 정확하게 쓰려고 했던 것과 좋은 대조를 이룬다.

막부 말기의 개국 이후, 개항지나 외국인 거주지에는 실용으로서 (외국인을 위한) 외국어의 알파벳 표기가 이루어졌다. 후쿠자와 유키치(福澤諭吉)가 네덜란드어를 학습했지만 개항지의 간판을 보고 영어로 바꾼 것은 상징적이다. 요코하마의 사진으로 막부 말기, 메이지 초기의 요코하마에(장소에 따라서) 영어 간판이 많았다는 것을 알 수 있다(그림 4-8). 메이지 이후의 문명개화의 풍조로, 간판의 문자에도 변화를 볼 수 있다. 한자(漢字) 간판이 많아진 것은 학교 교육의 보급으로 일반국민이 한자(漢字)를 읽을 수 있게 되었기 때문이다. 히라가나나 가타카나도 자주 사용되었고 가끔 알파벳도 등장한다.

에도 시대의 우키요에에 이어, 메이지의 니시키에(錦繪, 역주 : 풍속화를 화려한 여러 색으로 인쇄한 판화)에서도 거리의 간판 문자를 관찰할 수 있다. 보다 실태에 가까운 데이터로 사진도 사용할 수 있다(그림 4-6). 『본조사진사시(本朝寫眞事始)』(마루젠(丸善) 2002) 등에서 메이지 초기(19세기 말기)의 옛날 사진을 보면, 후술하는 바와 같이 대개가 한자(漢字)로 하코네나 닛코 등의 외국인을 위한 것을 제외하면 알파벳은 없었다. 메이지 이후에는 이 외에도 다양한 화상 데이터가 있어서, 조사가 진행 중이다. 수량화된 조사 데이터는 쇼와 초기의 곤 와지로(今和次郎) 등에 의한 고현학(考現學)의 연구 자료에 있을 가능성이 있다. 이 단계는 그림 4-1의 한자(漢字) 주류형을 보인다.

1.4. 문자 사용의 근대사(가타카나에서 알파벳으로)

20세기 말기에 일본에서 눈에 띈 것은 가타카나에서 알파벳으로의 변화이다. 표어로 나타내면, 「가타카나는 촌스럽다.」라는 것이다. 결론을 먼저 제시하는 형식으로 이 배경을 그림 4-1에 나타냈다. 눈에 띄는 문자 사용에 주목해서 4단계로 판별할 수 있다.

		일본어 표기 JAPANESE NOTATION	언어 사용 LANGUAGE USE		사회 SOCIETY
언어 계획 실체로부터 지위로		외래어 표기 유력 타입	타겟 지적・정적 용법	전형적 영어	사회적 배경
실체 계획 corpus planning	1	한자 우세 형태 kanji dominant type 한자어	지적 지식의 수용 일본인 대상	영국 영어 British English	1945년 이전 전체주의 한자권
	2	가타카나 우세 형태 katakana dominant type 외래어 gairaigo	영어의 정적 용법 서구문화 동화 일본인 대상	미국 영어 American English	1945~70년대 경제발전 영어권
	3	알파벳 우세 형태 alphabet dominant type 로마자 alphabet 이언어표기 bilingual notation	상징적 전달 일본인 대상	국제 영어 International English	80~90년대 버블 경제 영어권
지위 계획 status planning	4	알파벳 증가 형태 alphabet+dominant type+ 민족 문자+national notation 다언어 표기 multilingual notation	실용적 전달 외국인 대상	세계 영어 World Englishes 영어 기초지식 외래어 배제	2000년대 아시아 근접효과 국제화

그림 4-1 일본어 표기 4가지 유형과 사회적 배경

1은 한자(漢字) 우세 형태, 2는 가타카나 우세 형태, 3은 알파벳 우세 형태, 4는 알파벳 증가 형태이다. 앞의 3형태는 언어 계획론에서 말하는 실체(實体)계획의 단계(개개의 어휘 등)이지만, 4번째 형태는 지위 계획(어느 언어로 전달할 것인가)의 단계이다. 시대적 변천이 있고, 이들 표기의 배경에는 언어의 상황, 사회의 움직임, 사람들의 의식의 반영이 있다. 방언, 영어 등에 대한 태도와 병행 관계에 있다.

간판의 기초로, 원래 간판에 표기되어야 하는 내용으로써의 기업명 · 상점명 · 상표 · 상품명 등의 변천이 있다. 다양한 자료의 입수가 가능했는데, 일부는 수치화되어 있지만, 모두 같은 방향을 가리키고 있다(이노우에(井上) 2000.10.). 단 분야에 따라서 변화의 완급이 있으며, 그 이유를 합리적으로 설명할 수 있다. 최근 회사명의 상표 등록에 알파벳이 해금된 것은 상징적이다. 또한 인명 등기에는 한자(漢字)나 가나만 인정되고, 알파벳, 기호 등은 사용할 수 없다. 만약 알파벳이 허용되게 된다면, 알파벳 인명은 늘어날 것이다.

2. 현대 일본의 언어 경관

2.1. 간판의 문자 사용의 변화(도쿄 신주쿠의 가타카나의 증감)

2차 대전 이후의 언어 경관 실태 조사로, 마사이(正井 1969, 1983)가 있다. 지리학자 마사이 야스오(正井泰夫)가 1962년에 신주쿠 가부키쵸 일대의 전 업종(절, 공장 등도 포함)의 간판을 조사한 것으로, 20년 후에 커피숍에 관한 추적 조사가 이루어졌다. 1996년에는 유학생 임영희(林英熙)가 석사 논문을 위해 수행한 추적 조사를 통해(林英熙하야시(林) 1996) 35년간의 간판 언어 변화의 추이를 알 수 있게 되어서, 마사이(正井) 데이터의 가치가 더 높아졌다.

그림 4-2에 전체를 수치화한 결과를 나타내었다. 그림 4-2의 왼쪽 4개의 전 점포의 종합 그래프에는, 참고로 『본조사진사시(本朝寫眞事始)』(마루젠(丸善) 2002), 『도쿄박람도』(아라이(新井) 1987) 등의 도쿄의 수치(1880ca, 1883-1885)를 넣었다. 이것은

그림 4-1의 1.한자(漢字) 우세 형태의 단계를 보인다. 지역의 넓이는 다르지만, 시기의 차이가 그것을 상쇄할 만큼 크다. 한자(漢字)가 줄고, 가타카나와 알파벳이 늘었다. 알기 쉬운 추세로 일반 상황과도 일치한다. 또한 신주쿠에서는 1962년부터 1996년에 걸쳐서 점포의 절대 수가 증가하여, 입주자나 업종이 꽤 바뀌었다.

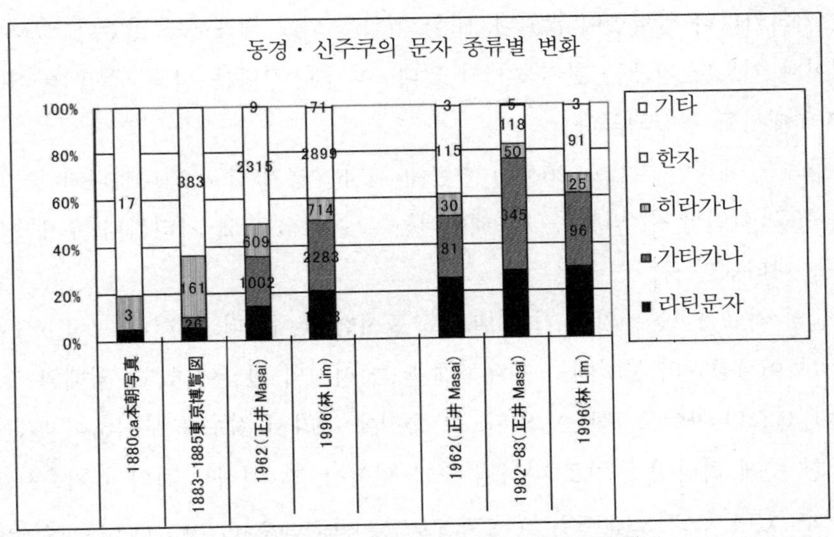

그림 4-2 도쿄 · 신주쿠의 가게 이름(표기별)

오른쪽 3개는 3회의 조사가 이루어진 커피숍의 이름에 대해서이다. 1962년에서 1980년대에 걸쳐서는 한자(漢字)가 줄고 가타카나가 늘었다. 그러나 1982년에서 1996년에 걸쳐서는 예상과 달리 한자(漢字)가 늘고 가타카나가 줄었다. 실제수(實數)를 보면, 1996년에는 커피숍 자체의 수가 줄었다. 커피숍의 쇠퇴 요인은 일본인의 집이 좀 넓어져서 손님과 집에서 얘기가 가능하게 된 것에도 있다. 1982년 당시 현대적(modern) 느낌이었던 (신설) 가타카나 가게 이름이 쇠퇴한 것이라 볼 수 있다. 또한 가타카나 이름이 촌스럽기 때문이라고도 생각할 수 있다. 실제 수를 보면, 한자(漢字)나 로마자 가게 이름이 많이 살아남았다. 1980년대에 증식(增

殖)해서 없어진 가게 이름의 구체적인 예로는 「가토레아(カトレア), 마이아미(マイアミ)」 등이 있다. 또한 2010년의 모 잡지에 실린 (전통이 있는) 유명 커피숍의 대부분은 한자(漢字)나 가나의 가게 이름으로, 요즘에는 고풍스러운 느낌의 간판이다. 가게 앞의 경관이나 가게 내의 장식 등도 이전의 것을 유지하고 있다.

업종별 집계는 생략하겠다. 앞에서 언급한 바와 같이 커피숍은 특수해서 일찍부터 가타카나나 알파벳이 많았다. 또한 어원을 봐도 외래어가 많았다. 그러나 일식집이나 기모노 가게는 한자(漢字)가 많다. 이러한 경향은 신주쿠뿐만 아니라 다른 지역에서도 관찰되었다.[1]

이상의 구체적인 자료로 20세기 후반에 한자(漢字)가 줄고 가타카나가 증가했다는 경향을 확인할 수 있었다. 이 데이터는 그림 4-1의 2. 가타카나 우세 형태의 전후를 나타낸다.

이상의 자료는 4종류의 표기를 별도로 표시한 것이었다. 그러나 그림 4-1에 나타내었듯이 4종류의 문자에는 우세하게 되는 시기의 완급이 있고, 외래의 것과의 관계나 센스의 차이도 관련이 있다. 그 순서에 따라서 점수를 부여하여 평균치를 내면 한 곳에 하나의 수치로 나타낼 수가 있어서, 전 지점을 하나의 기준으로 배치할 수 있다. 오기노(荻野)의 수량화(교호(交互)평균법)(오기노(荻野) 1980)를 적용하면, 실제 점포 수의 비율을 반영한 수치를 볼 수 있지만 계산이 번거롭다. 여기에서 이용하는(순서 변수에 해당함) 수치라면, 다른 지역의 데이터에도 쉽게 적용할 수 있고 간단하게 비교할 수도 있다.

점수는 한자(漢字) 0점, 히라가나 1점, 가타카나 2점, 알파벳 3점으로 하였다. 만약 다른 민족 문자가 사용되었다면 4점으로 하였다. 이 조사 때는 한글이 한 개

---

[1] 심포지엄이 끝난 후에 시오다(塩田雄大)가 예를 든 에피소드가 상징적이었다. 가와사키(川崎)시 번화가에 양품점의 2차 대전 직후의 사진에서 「Shioda Yoshinten」이라는 간판이 있었다고 한다. 아마 주위의 주민들도 히(ヒ)와 시(シ)의 구별을 안 했던 것일 것이다. 업종이 「양품」이므로 알파벳 표기가 분위기에 어울린다고 판단했을 테지만, 그 의의가 어중간해서 일본어를 모르는 미국인들에게는 도움이 되지 않는다.

있을 뿐이었다. 또한 한자(漢字)를 1점으로 하고 다른 것도 1점씩 많게 하면, 한자(漢字)의 사용률도 반영한 수치가 될 것이라고 생각하기 쉽지만, 실제로는 여기에서 얻어진 수치에 1을 더한 수치에 불과해서, 순서와 그래프에는 변동이 없다.

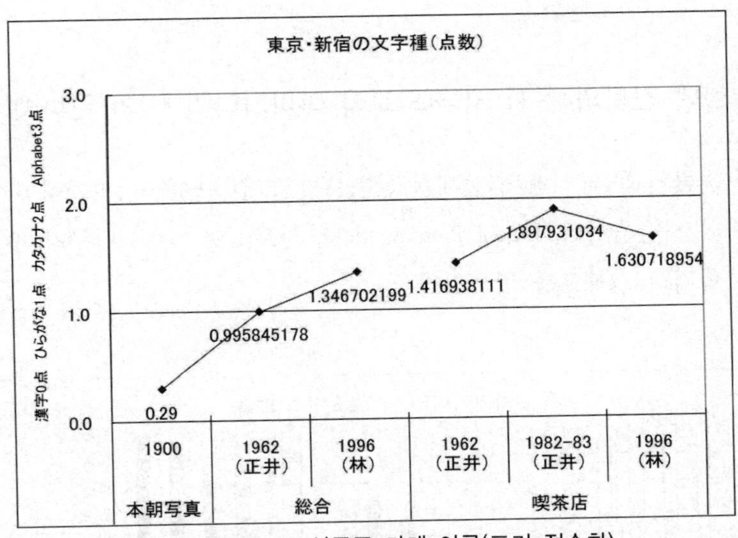

그림 4-3 도쿄 · 신주쿠 가게 이름(표기 전수화)

적용 결과를 그림 4-3에 나타내었다. 실질적인 최고점은 모두 알파벳 3점(또는 전부 민족 문자의 4점)이지만, 실제로는 나오지 않았다. 그림 4-3 왼쪽 3개는 0부근에서 1이상으로 상승한다. 즉 메이지의 한자(漢字) 주류의 단계에서 20세기 중반의 히라가나 주류의 시기, 20세기 후기의 가타카나 증가의 시기, 20세기 말기의 알파벳 증가의 시기를 하나의 수치로 나타내고 있다. 그림 4-2를 다시 봐도 어긋난 예측이 아니었다는 것을 알 수 있다.

그림 4-3의 오른쪽 3개의 커피숍 이름은 1과 2 사이에서 변동하고 있다. 히라가나와 가타카나 사이의 혼란(또는 한자(漢字)와 알파벳의 혼재)이라고 해석할 수 있다. 그림 4-2를 보면 실제로는 가타카나의 변동이 컸다는 것을 알 수 있다. 어쨌든

이와 같은 평균점을 부여함으로써 내부의 자세한 구성은 알기 어렵게 되었지만, 다른 것과의 대비가 일원적으로 가능해져 변화의 경향을 한 눈에 알 수 있다는 이점이 있다. 2차 대전 이전의 간판 표기는 1이하, 2차 대전 이후는 1에서 2 사이라고 생각하면, 이 후에 언급할, 각지에서 나타나는 다수의 예도 해석이 쉬워진다.

2.2. 현대 간판의 문자 사용(도쿄와 야마가타(山形)의 알파벳 진출)

이어서 최근의 문자 사용의 실태를 살펴보자. 그림 4-4는 야마가타현과 도쿄의 간판 문자의 사용률이다. Obata Reiman(2005), 사토(佐藤 2003), 다무라(田村 2003)의 데이터를 합쳐서 그래프를 만들었다.

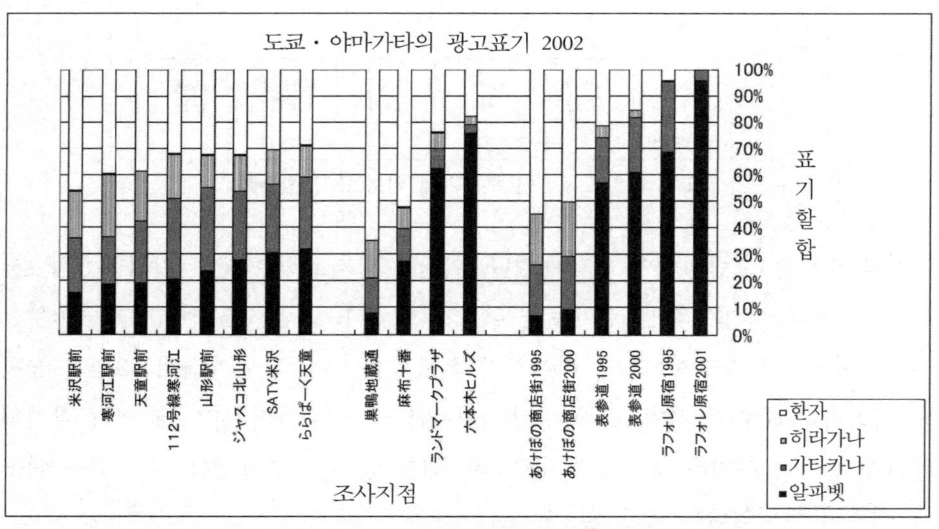

그림 4-4 도쿄・야마가타의 간판(표기별)

우측의 6개는 도쿄의 3개의 상점가(건물)의 2회의 조사 결과이다(Obata Reiman 2005). 라포레 하라주쿠(ラフォーレ原宿)는 오모테산도 부근의 쇼핑센터의 건물(1978

년 오픈)이다. 하라주쿠 오모테산도는 일본에서 가장 패셔너블한 거리라고 할 수 있다. 아케보노(あけぼの) 상점가는 도쿄 북부의 이타바시(板橋)구에 있는 극히 평범한 상점가이다. 3곳의 알파벳의 비율은 많이 다르다. 이와 대조를 이루는 것이 한자(漢字)이다. 히라가나는 한자(漢字)의 비율을 소규모로 반영한다. 가타카나는 3곳의 차이가 협소하지만, 라포레 하라주쿠의 2000년 조사에서는 줄었다. 2회의 조사에서 이 순서로 가게의 변경이 많았다고 한다. 또한 손님층의 세대도 다르다. 이런 것들이 문자 사용의 비율에 영향을 미쳤을 것으로 생각된다.

한 가운데에 위치한 도쿄 부근의 상점가 네 개의 차이도 크다. 앞의 6개의 그래프와 마찬가지로, 유행을 따르는(fashionable) 장소일수록 알파벳이 많고 한자(漢字)가 적다. 히라가나와 가타카나는 한자(漢子) 감소에 비례하는 형태로 감소 경향을 보인다. 요코하마의 랜드마크 프라자는 1993년, 롯본기 힐즈는 2003년에 개점하였다. 아자부쥬반은 오래된 상점가를 재생・활성화시키려는 계획이 있는 지역이다. 스가모지조도리(巣鴨地蔵通り)는 「할머니들의 하라주쿠」로 유명한 지역이다. 새로운 장소, 젊은 층을 위한 장소일수록 알파벳이 많다. 상점가가 만들어진 시대도 반영하지만, 스가모지조도리에 알파벳이 적은 것은 현대 노인 세대의 손님층(타깃)에 맞춘 것이라고 할 수 있다. 또한 상점가의 실제의 업종 차이도 영향이 있는데, 많은 업종이 혼재하는 장소에서 다수의 가게를 샘플로 하는 경우에는 업종의 차이가 문자 사용에 크게 영향을 끼치지 않는다.

왼쪽 8개의 막대는 야마가타현의 4개 도시의 오래된 역 앞의 거리와 새로운 쇼핑센터의 경우로, 역 앞은 이전의 예스러운 경관을 지키고 있지만, 재개발에 따른 새로운 경관도 섞여 있다. 즉 새로운 장소이거나 도시 규모가 클수록 알파벳이 많고, 한자(漢字)가 적다는 것을 알 수 있다. 그러나 도쿄 인근에서의 큰 차이에 비해, 야마가타현의 상점가는 중간이다. 도내(都内)의 종래의 상점가보다는 문자 표기가 국제화・서구화되었다고 할 수 있다.

이상을 정리하면, 젊은 층을 위한 새로운 상점가일수록 알파벳 표기가 많다. 수치를 보면, 아케보노 상점가는 스가모지조도리와 비슷하고, 오모테산도나 라포레 하라주쿠는 랜드마크 프라자와 비슷하다. 또한 Obata Reiman(2005)은 가게 이름을 결정할 때의 경제적 요인의 작용에 대해서도 고찰하고 있다.

이 데이터는 그림 4-1의 2. 가타카나 우세 형태에서 3. 알파벳 우세 형태로의 변화를 나타내고 있다. 이상으로 알 수 있는 지역 차는 일본 전체의 주권론이 아니라 오히려 도시 공간 구성 내부의 지역차이다. 이는 상업화를 반영한 것으로, 「지리는 역사를 반영한다.」라는 테제에는 들어맞는다.

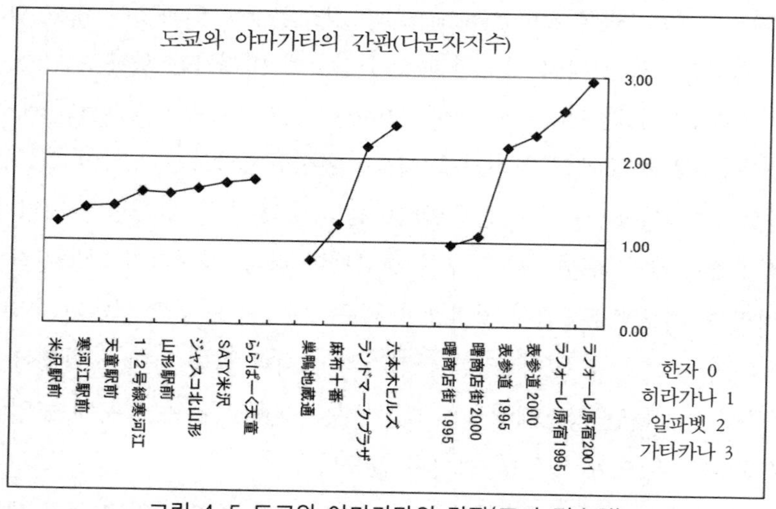

그림 4-5 도쿄와 야마가타의 간판(표기 점수화)

그림 4-4의 데이터에 앞의 것과 마찬가지로 한자(漢字) 0점, 히라가나 1점, 가타카나 2점, 알파벳 3점을 부여해서, 각지의 평균점을 산출하였다.

실질적인 최고점은 전부가 알파벳인 3점이지만, 그림 4-5에 따르면 2001년의 라포레 하라주쿠가 그 단계에 거의 도달하고 있다. 오모테산도나 롯본기 힐즈, 랜드마크 프라자는 2점보다 조금 위로, 가타카나 주류에서 알파벳으로 바뀌는 단계

라고 해석할 수 있다. 야마가타현 8곳의 차이는 1점과 2점 중간으로, 도쿄 부근의 큰 차이에 비하면 작다. 히라가나와 가타카나가 섞이는 단계(또는 한자(漢字)와 알파벳이 조화를 이루는 단계)이다. 도쿄의 종래의 상점가(아케보노(あけぼの), 아자부주반방, 스가모지조도리(巣鴨地藏通))는 1점 전후로 히라가나가 주류이고, 한자(漢字)나 가타카나가 혼재하는 단계라고 할 수 있다. 4종류의 문자의 비율을 하나의 수치로 복원하는 것은 쉽지 않고, 때로는 위험하지만, 변화에 방향성, 경향성이 있는 경우에 큰 문제는 없다.

2.3. 간판의 문자 역사를 거슬러 올라가다

이상으로 메이지 또는 2차 대전 이후의, 현대 간판의 문자의 변천을 살펴보았다. 다양한 데이터를 사용하면, 더 옛날 단계까지 거슬러 올라갈 수 있다. 그림 4-6 이하는 이미 제시했던 신주쿠의 간판 표기에 『일본옥외광고사』, 『도카이도오십삼차(東海道五十三次)』, 『본조사진사시(本朝寫眞事始)』 등의 데이터를 추가하였다.

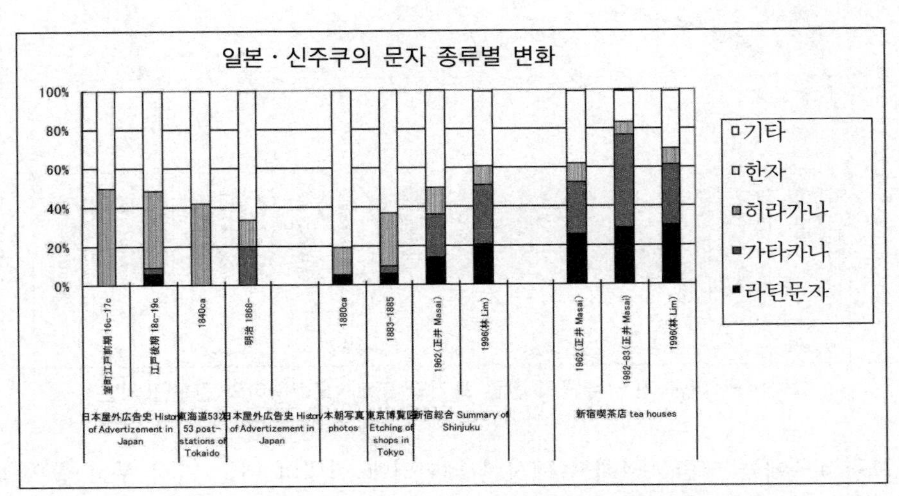

그림 4-6 과거의 간판 표기와 도쿄 · 신주쿠의 가게 이름(표기별)

그림 4-6의 왼쪽 4개에는 거의 무로마치 시대에서 메이지 시대까지의 변천을 나타내었다. 예상과 달리, 한자(漢字)가 늘고 히라가나가 줄었다. 데이터의 성격이 각각 다르기 때문이라고도 생각할 수 있다. 그러나 문맹률의 향상을 반영하고 있을 가능성도 있어서 데이터를 더 모아서 검증할 필요가 있다.

한 가운데 4개와 오른쪽 3개는 앞에서 제시한 그래프와 같은 데이터이다. 한자(漢字)의 감소, 로마자의 증가가 강조되도록 재배열해서 나타내었다.

앞서 나타낸 표기 점수화(다문자 지수)를 이용하면, 다양한 각종의 데이터를 통일적으로 다룰 수 있다. 그 후에 구할 수 있는 데이터를 추가한다. 그 중에는 데이터 수가 적어서 수치의 신뢰도가 떨어지는 것도 포함되어 있지만, 다양한 데이터를 정리해서 거의 연대순으로 고찰하는 데는 문제가 없다.

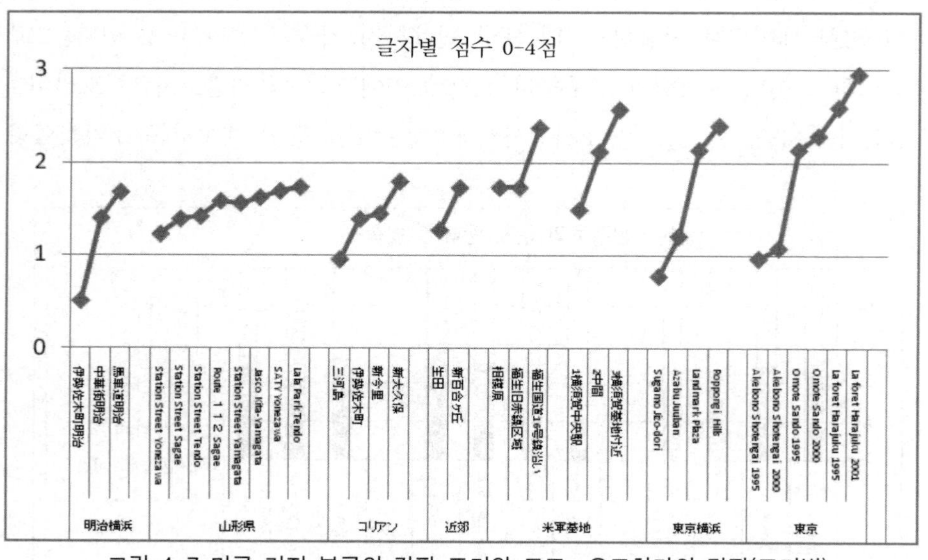

그림 4-7 미군 기지 부근의 간판 표기와 도쿄・요코하마의 간판(표기별)

그림 4-7에는 그림 4-4에서 제시한 데이터에 현대의 미군 기지 부근 등의 데이터를 추가하였다. 그래프 중앙의 훗사(福生), 요코스카(横須賀) 등이다(수도대학 도

쿄의 대학원생 리포트 2008년에 의함). 미군 기지에 가까운 지역에서는 알파벳 간판이 늘어난다는 경향을 확인할 수 있었다. 점수화하면 패션가와 비슷한 정도이다. 그래프 왼쪽 끝의 메이지의 요코하마는 이에 비해 다문자화의 정도가 완만하다.

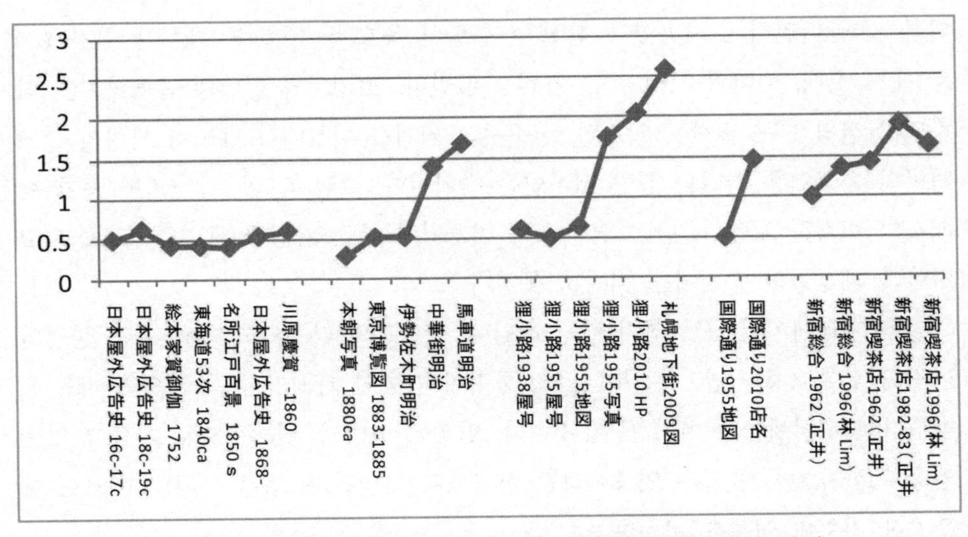

그림 4-8 과거의 간판 표기와 도쿄 · 요코하마의 간판(다문자 지수)

그림 4-8에는 에도 시대 이전의 수치를 추가하였다. 좌측 7개의 수치는 무로마치 시대에서 에도 시대 후기에 걸친 자료에 근거한 것으로 그다지 변동이 없다고 봐야 할 것이다. 수치를 보면 한자(漢字)가 많고, 그 밖에 히라가나, 가타카나가 혼재하는 단계이다. 그 오른쪽의 5개의 수치는 메이지 시대의 도쿄나 요코하마 등의 자료에 의한 것으로 요코하마의 중화거리와 바샤미치(馬車道)는 외국인을 위한 가게가 많은 거리로 높은 수치를 보인다. 한자(漢字)와 가나에 더해져서 알파벳의 사용이 평균치를 올렸다.

그 오른쪽의 6개의 수치는 삿뽀로 시의 번화가인 다누키고지(狸小路)의 80년간의 변화와 이와 대조하기 위한 삿뽀로 오도리 지하 거리의 점포명이다. 명부나 지도의 점포명만을 단서로 하는 경우와 같은 시기의 점포 사진을 대조해 보면, 표기의 비율이 다르다. 또한 Google street view와 비교해 봤더니, 실제의 가게 간판과도 차이가 난다. 또한 상품 선전을 위한 게시물이나 현수막 등을 넣으면, 가타카나나 알파벳이 더 늘어난다. 여기에서는 대략적인 경향을 제시하기 위해서 다른 것과 나란히 표시하였다. 1955년 무렵의 옥호(가게 이름)는 대부분 한자(漢字)로 에도 시대, 메이지 시대와 큰 차이는 없었다. 2010년의 인터넷 홈페이지에 의하면 상점명은 큰 변화를 일으켜, 신주쿠의 커피숍 이름이나 메이지 시대의 요코하마의 외국인용 거리를 훨씬 뛰어넘는 수치이다. 그림 4-1의 3. 알파벳 증가 형태로의 변화를 보인다. 단 그림 4-7의 미군기지 부근의 간판 표기나 도쿄, 요코하마의 패션가의 수치에는 미치지 못한다.

같은 지역에서의 큰 변화가 잘 드러났다. 삿뽀로의 다누키고지(狸小路)는 상점의 변경이 잦다고 하지만, 이전부터의 전통적인 업종의 가게가 존속해 있기 때문에, 패션가의 수치에는 미치지 못할 것이다. 업종에 따라서, 알파벳으로 기울고 있는 업종과 한자(漢字)가 많은 업종이라는 양극으로 나눠진다. 업종 구성의 변천도 다문자화 지수에 영향을 끼친다.

그 오른쪽의 2개, 나하(那覇)의 국제 거리는 그 이름과는 달리 국제화되지 않았다는 인상이 있었는데, 거리에서 찍은 사진이나 홈페이지의 가게 이름의 문자 종류를 세어 봤더니 예상이 맞았다. 오히려 그림 4-7의 야마가타현 상점가의 수치와 비교할 법한데, 야마가타시의 역 앞 거리보다 낮다. 미군 및 미국 문화와 거리를 두려는 의식이 반영되었을 가능성이 있다. 미군기지 부근에 알파벳이 많은 것과 대조를 이루고 있었다(국제 거리 상점가 사무국의 정보). 또한 2차 대전 이후에 상점가가 성립되고 얼마 후인 1955년 지도의 가게 이름의 수치와 비교해 보면, 가타카나와 알파벳이 증가해서 다문자화의 수치가 더 높아졌다.

오른쪽 끝의 5개의 수치는 비교를 위해 신주쿠의 종합과 커피숍의 수치를 다시 제시한 것이다. 메이지 시대의 요코하마의 수치와 비슷하다는 점이 인상적이다.

또한 가타카나는 20세기 전반에도 증가하였다. 국어 교과서에서 가타카나를 먼저 학습한 기반도 있고, 다이쇼 데모크라시(大正デモクラシー)라는 시대적 배경도 있었던 것 같아서, 상품명이나 상점 이름에 가타카나가 많이 사용되었다. 간판의 보통명사에서도 구스리(クスリ, 약), 구쓰(クツ, 구두), 가사(カサ, 우산) 등이 가타카나로 표기되는 경우가 많았다. 2차 대전 전의 구식민지(대만, 한국, 만주)의 사진 기록에서도 가타카나의 사용을 확인할 수 있었다(이노우에(井上) 2011.1.).

2.4. 알파벳의 침투와 표기 상대화

이상의 점수의 증가 경향으로 알 수 있는 것은 2차 대전 이후의 가타카나로의 변화, 나아가 현대의 알파벳으로의 변화이다. 바로 「가타카나는 촌스럽다.」라는 사고이다. 노래 제목, 영화 제목, 잡지 등에서도 같은 경향을 볼 수 있다(이노우에(井上) 1998.2., 2000.10., 2001.8.). 최근에는 책의 저자명을 「로마자」로 표기하는 경우도 많다. 그림 4-1의 3. 이는 알파벳 우세 형태로의 움직임이다.

또한 좀 더 새로운 경향으로 알파벳 이외의 민족 문자의 출현이 있다. 한글이나 태국 문자가 그 전형이다. 그림 4-1의 4. 알파벳 증가 형태의 단계이다. 신주쿠의 북쪽인 신오쿠보(新大久保) 근처에는 한국 요리점이 많이 생겨서, 간판에도 한글표기가 상당한 비율을 차지한다. 이와 같은 민족적(ethnic) 요리점의 진출과 외국인 인구의 증가, 아시아로의 여행자의 증가, 아시아와의 무역의 확대 등이 이러한 알파벳 이외의 문자가 증가하는 것의 배경이 된다. 이는 알파벳의 절대적 우위성이 흔들리기 시작한 것이라고 해석할 수 있다. 즉 시야가 서구에 의해 지배되는 것이 아니라, 세계로 넓어져, 세계의 언어나 문자를 상대적으로 받아들이게 된 것이다. 다언어화나 다문자화가 전 세계적으로 발전했다는 것의 반영이기도 하다. 이 배경에는 경제적 요인이 작용하고 있다. 일본어의 해외 진출에 「지리적 근접 효과」가 작용하지만, 그 반대로, 일본 국내로 유입되는 언어나 문자에 있어서도 「지리적 근접 효과」가 작용하여, 인근 국가들의 문자가 눈에 띄는 것이다.

3. 외래어 · 외국어의 침투

3.1. 간판의 다언어 사용의 증가(도쿄 신주쿠의 영어 지향)

이상에서 논한 것은 문자 표기의 면이었다. 이하에서는 언어 경관에 있어서의 언어 그 자체에 대해서 논하기로 한다. 외국어의 유입 · 영향은 초기적인 형태로는 외래어의 형태를 취하지만, 더 진행되면 외국어가 그대로 사용된다. 게다가 처음에는 단어가 유입되지만, 결국에는 글과 문장 전체가 외국어가 된다. 즉 언어정책학의 용어로 말하면, 실체 계획의 단계에서 지위 계획의 단계에 도달하는 것이다(Inoue 2001.11.). Backhaus(2007), Backhaus(2009)에 의한 다언어 사용이 전형적인 예이다.

이하에서는 지위 계획에 관한 경관을 다룬다. 어떤 면에서는 영어를 비롯한 외국어나 외래어가 압도적으로 많아지고 있다. 우선 언어 사용의 역사적 변천을, 마사이(正井) 데이터를 근거로 고찰해 보겠다. 그리고 외래 문물의 도입으로 간판에 사용된 어휘의 어원을 살펴보겠다. 이는 표기와 따로 떼서 고찰해야 하는데, 예를 들어 일본의 커피숍 이름에는 영어의 limelight를 어원으로 하는 것이 있지만, 표기로는 상식적인 가타카나의 「라임라이트(ライムライト)」 이외에도 히라가나의 「라이무라이토(らいむらいと)」, 나아가서는 한자(漢字)를 억지로 끼워 맞춘 「來夢來人」 등이 있다.

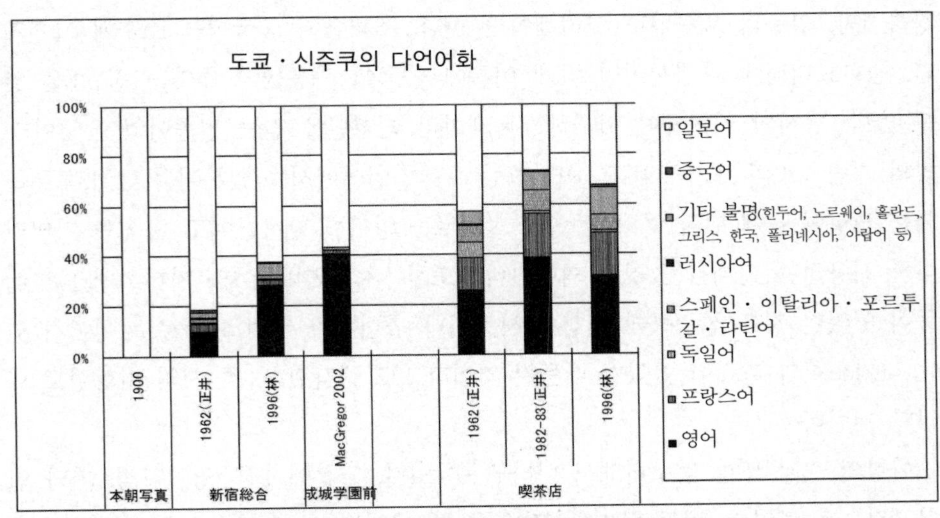

그림 4-9 도쿄 · 신주쿠의 가게 이름(사용 언어별)

마사이(正井) 데이터 및 임영희(林英熙)의 추적 조사를 바탕으로 간판에 사용된 말의 어원을 살펴보면, 그림 4-9와 같다. 우선 그림 4-9의 왼쪽 4개에는 신주쿠 이외의 데이터도 보충하였다. 『본조사진사시(本朝寫眞事始)』의 메이지 초기 19세기의 옛날 사진에는 외래어나 외국어는 사용되지 않았다. 신주쿠를 종합적으로 살펴보면, 흰색의 일본어가 압도적으로 커피숍과는 양상이 다르다. 단, 약 35년이 지나서 검정색인 영어가 압도적으로 증가하는 추세를 보이고 있다. 또한 MacGregor의 데이터에 근거하여(MacGregor 2003), 도쿄 가게들의 다언어 간판의 수치를 넣었다. 세이죠가쿠엔마에(成城學園前)라는 교외의 역 앞의 상점인데, 1996년의 신주쿠보다 외국어가 많다. 그 중에서도 영어가 압도적이다.

오른쪽 3개로 커피숍 이름 어원의 35년간의 추이를 살펴보면, 흰색인 일본어는 적고, 외국어나 외래어가 압도적으로 많아서 전체의 60%에서 70%를 차지한다. 그 중에서도 검정색의 영어가 많고, 세로줄 모양의 프랑스어가 그 뒤를 잇는다. 그 밖의 대부분도 유럽 각국의 언어들이다. 이것은 일본 전체의 서구 지향을 상징하지만, 업종의 특수성도 고려해야만 한다. 커피숍의 중국어는 소수에 그치지만, 중화요리점에 한정시키면 가게 이름에 중국어 사용률이 높다는 점 등을 알 수 있다. 당시의 커피숍이 서구화・국제화의 최첨단을 걷는 업종이었던 것이다. 앞의 그림 4-2의 표기와 비교하면, 그림 4-9의 언어에서는 일본어와 영어로 이분되는 경향이 눈에 띈다. 즉 이는 언어적으로는 영어를 받아들여도, 표기는 가타카나를 사용하는 단계라는 것을 의미한다. (또한 「시라카바(白樺)・가미고치(上高地)」 등이 있었던 것은 신주쿠에 개점한 사람이나 출신지가 직접 교통로로 이어져 있는 나가노현과 관련이 있었기 때문일 것이라고도 생각된다. 즉 지역 지향성도 있었던 것이다.)

이상의 결과 또한 점수화해서 나타낼 수 있다. 일본어 1점, 영어 2점, 기타 언어 3점으로 하였다. 이들 문자를 표시하는데 아마도 이 순서대로 비용이나 수고가 들었을 것이라는 점, 또 국내의 다언어 사용의 역사적 경향, 방향성과도 일치한다는 점에서 이와 같은 점수를 부여하였다.

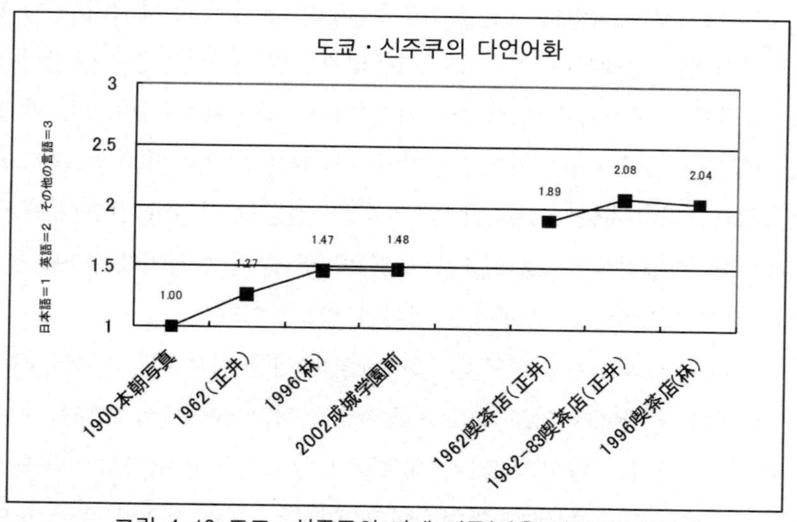

그림 4-10 도쿄・신주쿠의 가게 이름(사용 언어 점수화)

그림 4-10의 왼쪽 4개 중에서, 메이지 시대의 『본조사진사시(本朝寫眞事始)』에는 외국어가 전혀 보이지 않는다. 신주쿠의 가게 이름을 종합한 1962년과 1996년에는 영어의 미세한 진출이 보인다. 세이죠가쿠엔마에(成城學園前)의 수치는 신주쿠 1996년과 별 차이가 없다. 그림 4-9와 비교하면 영어 이외의 언어의 비율이 낮기 때문이라는 것을 알 수 있다. 오른쪽 3개의 커피숍의 이름은 추이가 완만해서, 거의 변화를 볼 수 없다. 표기는 변했지만, 어원이나 원어는 변하지 않았다고 해석할 수 있다.

외래어나 외국어의 사용률의 증가에 대해서는, 신문, 잡지, TV, CM, 상품명 등 여러 영역의 다양한 조사 결과가 있다. 세분화된 분야에 따라서 사용률의 차이가 있지만, 모두 같은 방향을 가리키고 있다. 이상의 간판에 대해서도 비슷한 고찰이 가능하다. 이 데이터는 그림 4-1의 3. 알파벳 우세 형태의 배경을 나타낸다.

3.2. 백화점의 다언어 사용의 증가(도쿄의 아시아 지향)

일본의 백화점의 다언어 표기는 예전부터 앞서 있었다. 그림 4-11은 백화점의 내부 안내도를 대상으로 하였다. 오른쪽 위의 안쪽 원에 1988년, 바깥쪽 원에 2004년의 사용 상황을 나타내었다.[2]

비교를 위한 수치도 표 4-1에 나타내었다. 16년 사이에 외국어의 사용은 1.4언어에서 2.1언어로, 총수로 보면 1.5배 증가하였다.

2 이노우에(井上 2001.8.)에서 제시한 데이터에 새롭게 보충하였다.

표 4-1 백화점 안내도의 다언어화

1988	안쪽	28점포(평균 1.4외국어)	(28+39=)총 67언어	<2.4언어/가게>일본어 포함		
2004	바깥쪽	26점포(평균 2.1외국어)	(26+54=)총 80언어	<3.1언어/가게>일본어 포함		

		영어	중국어	한국어	프랑스어	스페인어	독일어	이탈리아어
1988	안쪽	23	9	3	3	1		
2004	바깥쪽	22	11	11	6	2	1	1

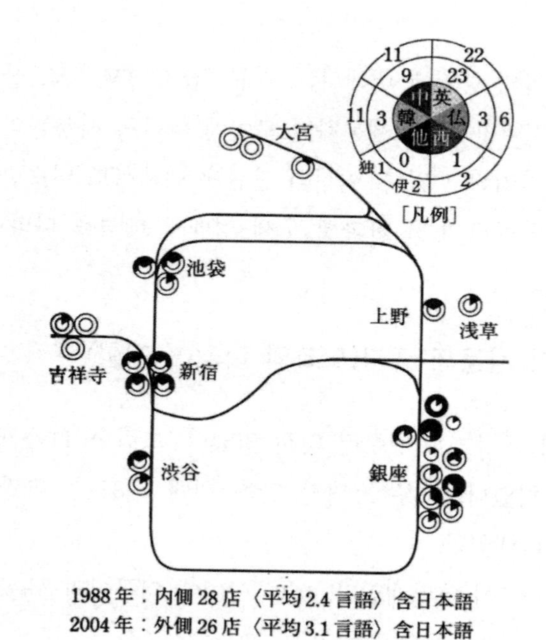

그림 4-11 도쿄 백화점 안내도(각층 안내도)의 사용 언어

그림 4-11의 도쿄도 주변의 지역차를 살펴보자. 백화점 안내 팸플릿의 다언어화는 안쪽 원의 1988년 당시, 외국인이 많은 긴자에서 퍼졌다. 또한 신주쿠에 영어와 중국어가 진출한 것이 눈에 띈다. 바깥쪽 원의 2004년에는 더욱 더 다언어화가 진행되었다. 영어(22)의 뒤를 잇는 외국어가 중국어(11)와 한국어(11)가 되었다.

이는 월드컵 한일 공동 개최(2002년)를 계기로, 공적기관에서 JECK(일영중한)를 병기하는 움직임이 있었던 것에 호응하고 있다. 그림 4-1의 4. 알파벳 증가 형태의 배경을 나타낸다. 새롭게 온 외국인(new comer)이 많이 사는 지역과 가까운 신주쿠, 이케부쿠로에 JECK가 눈에 띄는 것을 보면, 한국인과 중국인 여행객이 증가한 것이 주요 요인이겠지만, 아시아권으로의 의식적인 회귀라고도 생각할 수도 있다. 이에 반해 오른쪽 아래의 긴자 부근에서는 영어, 불어, 스페인어의 방향으로 성장하였다. 이는 유럽과 미국(구미) 지향으로, 서쪽에 이웃하는 미나토(港)구의 구미 출신 주민이나 서구에서 온 관광객을 위한 것이라고 할 수 있다. 후술할 주민을 위한 다언어 서비스와 달리, 포르투갈어가 없고, 프랑스어가 많다. 실제 손님의 희망 외에 백화점의 이미지나 수준을 위해서 언어 선택이 이루어지는 경우도 있을 것이다.

이상과 같은 상업 시설의 언어 경관에는 경제 원리가 반영되기 쉽다. 번역하는 수고와 적은 부수의 인쇄를 생각하면, 다언어화에는 비용 문제가 따른다. 매출에 손님 층이 영향을 끼치기 때문에 다언어화가 진행되는 것일 것이다. 결정은 각 점포에서 하는 것 같다. 이는 손님의 요구를 살핀 후에 만드는 것과 같다. 예를 들어 같은 미쓰코시(三越)나 이세탄(伊勢丹)이라도 지점에 따라 언어 선택이 다르다.

단 백화점의 점포내 표시 등의 다언어화는 늦다(다나카(田中) 2006).. 외국인이 알 수 있을 정도의 그림문자를 사용하는 점포가 많다. 화장실 표시가 그림문자(파란색과 빨간색의 사람)로 되어 있는 것을 비롯하여, 엘리베이터, 에스컬레이터, 비상계단 등은 문자를 쓰지 않는 경우가 많다.

이 데이터는 그림 4-1의 3. 알파벳 우세 형태의 확립 과정을 보인다. 단 여기에서 다루는 백화점 내의 안내도는 보통 눈에 잘 띄지 않는 곳에 있기 때문에, 좁은 의미의 언어 경관에는 포함되지 않는다. 입구 벽에 붙어 있는 안내도는 보통 일본어로만 되어 있고 간혹 영어가 병기 되는 경우가 있다.

또한 오사카의 백화점의 조사에서는 1990년의 「꽃박람회」에 맞춰 제작된 행정

지도가 있었다고 한다(미야지마(宮島) 1995). 아키타현의 보고에 대해서는 가하라(河原 2004) 참조.

3.3. 각층 안내의 POSA 분석

다음으로, 같은 데이터의 점내 안내도에서의 외국어 조합 패턴을 POSA를 이용해서 분석해 보자. POSA는 Partial Order Scalogram Analysis의 약어로, 다양한 데이터 세트의 조합 패턴의 발전을 숫자로 도식화하기 위한 기법이다(이노우에(井上) 2001.2.). 언어 수가 늘어날 때 어떤 언어가 추가되는지를, 위에서 아래로, 선으로 연결해서 나타내었다.

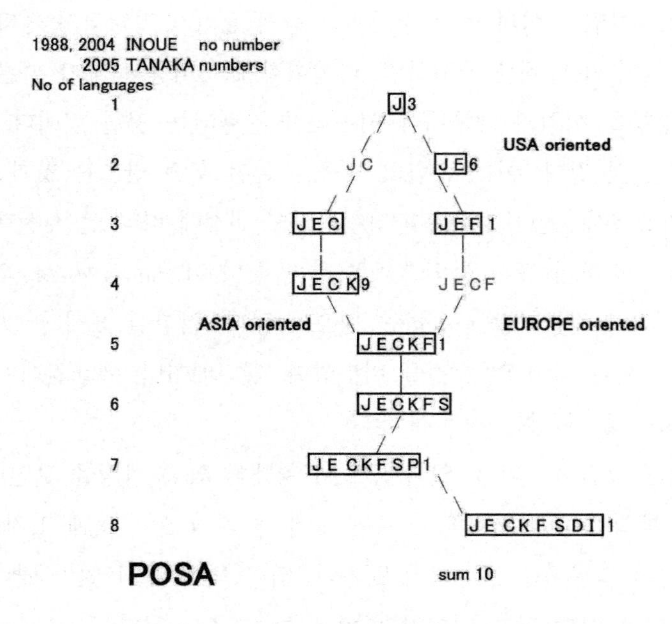

그림 4-12 도쿄 백화점 각층 안내의 POSA 분석

그림 4-12의 언어명의 장방형의 우측의 숫자는 2005년의 다나카(田中) 조사에서의 백화점의 수치를 나타낸 것이다(다나카(田中) 외 2007). 숫자가 없는 장방형은 2004년의 이노우에(井上) 조사에서의 조합 패턴이다. 사각형으로 둘러싸지 않은 두 개의 조합 패턴은 논리적으로 재구성된 세트로, 실제로는 관찰되지 않았다.

그림 4-12의 상단에서부터 루트를 살펴보자. 다언어 표기는 이 순서로 증가하였다. 과거에는 일본어만이 유일하게 사용되었다. 바꿔 말하면, 일본어 단일 언어였다. 이 패턴은 지금도 교외의 백화점에서 관찰된다. 2언어의 조합 패턴의 경우(즉 외국어가 하나일 때)는 영어가 절대적으로 사용된다. 일본어와 중국어의 조합 패턴은 전혀 없었다. 3개 언어의 조합 패턴, 즉, 외국어가 2개일 경우는 두 가지 루트가 있다. 중국어가 추가되는 루트와, 프랑스어가 추가되는 루트이다. 좌측은 아시아 지향(중국어), 우측은 서양 지향(프랑스어)의 조합 패턴이다.

1988년에는 JE의 조합 패턴이 일반적이었고, 또한 JEC의 조합 패턴이 있었다. 2004년에는 9개의 백화점에 JECK의 조합 패턴이 가장 많았다. 이 배경에는 중국과 한국의 경제 발전이 있다. 프랑스어, 스페인어, 독일어, 이탈리아어 등, 서양(구미)의 언어만이 그 후에 증가해서 이것은 함축된 의미(implicational) 스케일(제19장 2.2)을 구성한다. 우연하게도 그림 4-12의 패턴은 그림 4-11의 지리적 분포 패턴과 비슷하다. 도쿄의 동쪽 긴자에서는 서양으로 눈을 돌렸고, 서쪽의 신주쿠, 이케부쿠로에서는 동양 또는 아시아로 눈을 돌렸다. 언어지리학에서는 「지리는 역사를 반영한다.」라고 말한다. 즉, 공간은 시간을 반영하는데, 이것은 언어 경관에도 해당된다.

언어의 수가 증가할 때에 이와 같이 일정한 경향이 있다. 후술하는 바와 같이, 경제적으로 도움이 되는 유용한 언어부터 증가하여, 경제적인 수요와 공급과의 관계가 관찰된다. 도쿄 내의 지리적인 차이는 Backhaus(2009)와 고(江 2008, 2009)의 연구에 의해 분석되었다. 그 연구 결과는 이상의 경향에 맞추어 재해석되어야만 한다.

협의의 경관에는 포함시키기 어렵지만, 잡지명이나 상품명에서도 다언어 표기가 늘었고, 일본어를 알파벳, 가타가나로 표기하는 경우도 늘었다. 이에 대해서는 다른 논문에서 다루었다(이노우에(井上) 2000.10., 2001.8.).

3.4. 야마노테(山手)선 역 앞의 다언어 간판(Backhaus의 데이터)

눈에 보이는 다언어 표기에 대해서, Backhaus(2007)에서 양질의 데이터가 수집되었다. 집계 데이터를 차용했기 때문에 전체적인 결과를 대략적으로 나타내는 레이더 차트(방사형 차트)를 만들 수 있었다. 각 역 부근(역에서 야마노테 선 내측을 향해서 한 개 블록)의 간판의 언어 표시의 개수를 그림 4-13에 제시하였다. 말 그대로 단위가 다른 수치이므로, 대수(對數) 눈금을 사용하였다. 실선의 단일 언어 표기(일본어만)가 가장 많은 곳이 1,000개에 가깝고(아키하바라(秋葉原)), 가장 적은 곳이 45개(도쿄), 점선의 다언어 표기가 가장 많은 곳이 172개(시부야(澁谷)), 가장 적은 곳이 28개(우에노(上野))였다. 외측 실선의 일본어 단일 언어 표기 수십 개에서 천 개 사이로, 내측 점선의 다언어 표기가 백 개 전후이다. 간판이 많은 역이 도심부나 번화한 곳(★표시를 역 이름의 앞에 붙임)이라고 단정 지을 수는 없다. 한산한 장소에도 간판이 없지만, 번화가에서도 큰 건물이 있다면 간판의 수는 줄어든다. 단, 두 개의 선은 거의 비례 관계를 이루어, 단일 언어 표기가 많은 역에는 다언어 표기도 많은 경향이 있다. 예외는 후술하는 도쿄역 부근으로, 단일 언어 표기가 적다. 다언어 표기의 비율이 높은 것은, 전체적으로 간판의 수 자체가 적은 것도 한 요인이 된다.

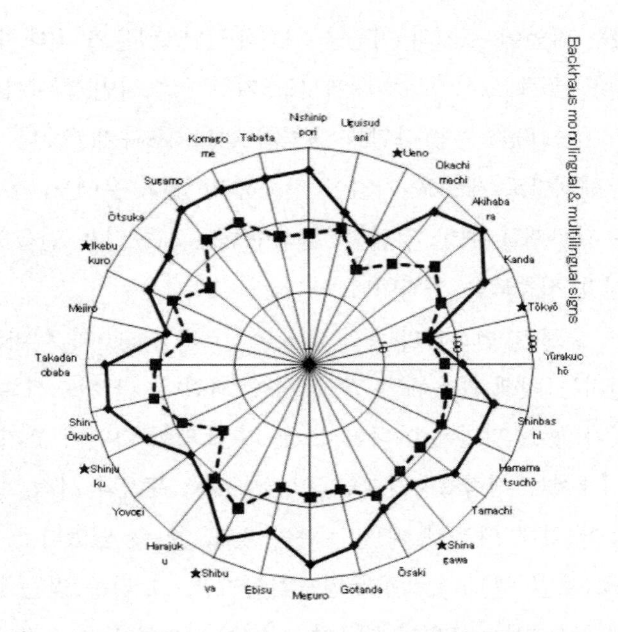

그림 4-13 야마노테선 역 앞의 단언어 표시와 다언어 표시

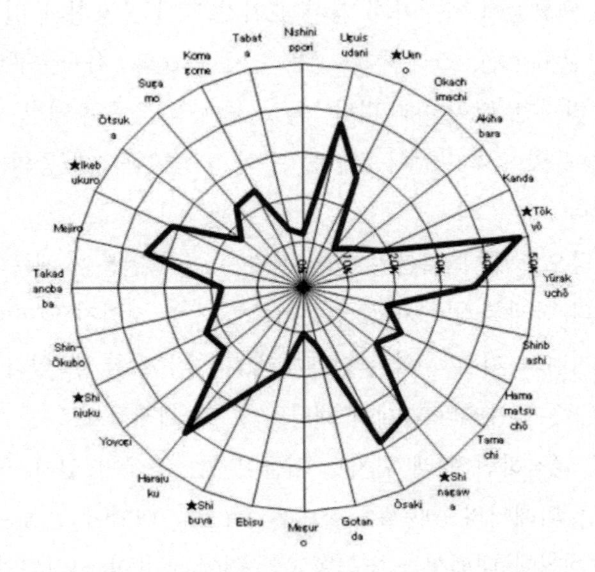

그림 4-14 야마노테선 역 앞의 다언어 표시 비율

그림 4-14에는 다언어 표기의 비율을 나타내었다. 비율의 최대치 50%를 원의 반경으로 하였다. 국제 도시 도쿄 내에서도 가장 국제적인 회사가 집중해 있는 도쿄역 부근(마루노우치(丸の内))에 다언어 표기가 많다. 오사키(大崎)나 시나가와(品川) 부근도 최근의 재개발로 새로운 기업이 진출하고 있다. 우에노(上野), 우구이스다니(鶯谷) 인근은 관광객을 위한 것일까. 하라주쿠(原宿)는 앞서 언급하였듯이 젊은층을 위한 가게가 집중되는 지역이다.

전체적으로는 도쿄의 번화가와 부도심(★표)이, 환상(環狀)의 야마노테(山手)선이 몇 곳으로 분산하는 것에 대응해서, 별 모양이 되었다. 단 반드시 번화가라고 해서 다언어 표기가 많은 것만은 아니어서, 그 다음 역이 다언어 표기가 많은 경우도 있었다. 여기에서는 생략했지만, 공적인(행정 측의) 표기와 사적, 상업적인 다언어 표기의 비율이 역에 따라서 꽤 다르다는 것도 알 수 있었다.

또한 언어별로 보면 영어(2266개)가 압도적이지만, 그 뒤를 잇는 중국어(62개)는 스가모(巣鴨), 메지로(目白)에 많고, 한국어(40개)는 신오쿠보(新大久保)에 많다. 이것은 도쿄 서부의 백화점에 아시아계 언어 표기가 많다는 경향과 일치한다. 프랑스어(20개), 포르투갈어(12개), 스페인어(8개)는 신주쿠(新宿), 이케부쿠로(池袋)에 많다. 도쿄 서부이긴 하지만 번화가에 많다. 독일어(2개)는 신주쿠에만 있었다. 이렇게 보면, 언어 경관에 있어서 다언어 표기는 주민 구성이나 손님층의 지역차를 반영하는 경향이 있다.

이 조사를 바탕으로 현대 일본의 언어 경관은 이미 일본어 내부의 표기의 문제라는 실체 계획의 단계를 넘어서서, 일본어로 표기할 것인지 영어(또는 다른 외국어)로 표기할 것인지라는 지위 계획의 단계에 들어섰다고 할 수 있다. 앞서 본 그림 4-1의 4. 알파벳 증가 형태의 단계에 해당한다. 전 세계적으로 볼 수 있는 경향이긴 하지만, 너무 급격하면 원래 위치로 되돌아가는 경우가 있다. 국립국어연구소 등에서 추진하는 외래어의 (대부분은 한자(漢字)어로의) 대체어 운동은 실체 계획의 단계이다. 지위 계획에 대해서는 초등학교의 영어 교육이 시작되었기 때문에, 아마도 영어를 조직적으로 배척하는 운동은 일어나지 않을 것이다. 앞으로의 경향에 주목해 보자.

4. 언어 경관의 정치 · 경제 · 지리

4.1. 지자체의 다언어 서비스(관동(關東)지방)

근래에는 각 지자체의 다언어 서비스가 눈에 띈다. 새로 온 외국인(new comer)이 쓰레기 분류 규칙 등을 지키지 않는 등의 불만이 인근의 주민들에게 많았다고 하는데, 시의 규칙 등을 다언어로 만들어서 배포했더니, 불평이 없어졌다고 한다(나가노 현 내에서 배포하는 분리 수거용 쓰레기봉투에는 몇 개 국어로 표기되어 있다고 함). 눈에 보이지 않는 곳에서 경제적으로 된 것으로, 심리적으로도 좋은 효과를 거두게 된 것이다. 단 목표를 좁혀서 서비스하기 때문에 일본인을 놓칠 우려도 있다. 다언어 서비스에 대해서는 다양한 연구자가 실태 조사를 실시하고 있다. 그림은 생략하지만(Inoue 2001.11., Inoue 2005.12b), 관동지방의 지자체의 다언어 서비스의 상황을 지도화한 것이 있다. 지역차가 있어서, 가나가와(神奈川)현과 도쿄 북부의 철도 역 주변에는 영어, 중국어, 한국어, 스페인어, 포르투갈어가 갖추어져 있다. 지바현 동부나 군마(群馬) 등에서는 영어가 겨우 사용되는 정도이다. 그러나 군마현 동쪽 끝에 공장이 있는 도시 등은 다언어화가 되고 있다. 이는 주민의 수요와 일치할 것이다.

사용되고 있는 언어 수의 순서로 말하면, 그 후의 연구자의 조사와 거의 일치한다. 도쿄에서 만들어 내는 행정 정보 출판물 52종에서 사용된 언어의 집계 결과를 보면, 영어 51, 중국어 35, 한글 29, 스페인어 12, 포르투갈어 10, 태국어 6, 타갈로그어 6, 프랑스어 4, 페르시아어 4, 기타로 독일어, 아라비아어, 러시아어였다(대학영어교육학회 2000). 영어를 제외하면 외국인 등록자 수의 순서와 별로 다르지 않다고 한다.

단, 주민의 요구를 반영하지 않는 점도 있어서, 예를 들어 예전의 도구(都區) 수준에서는 주민 구성에 외국인의 거주 비율을 반영하지 않은 언어 서비스가 관찰되었다. 예를 들어 아라카와(荒川)구에서 한국어 서비스가 적다는 점 등이다.

이 데이터는 그림 4-1의 4. 알파벳 증가 형태의 침투를 보인다. 단 일반적인 일본인이 알아채지 못하는 장면의 언어 경관이다.

4.2. 언어 경관과 언어 서비스

「언어 경관」은 광의, 협의의 다양한 의미로 쓰일 수 있다. 행정 등의 주도에 의한 언어 서비스는 눈에 띄지 않는 경우도 많다. 민간의 언어 서비스, 민초의 언어 서비스도 이 점에서는 공통적일 수 있다. 언어 경관과 언어 서비스의 차이를 특별히 강조하면 표 4-2와 같다.

표 4-2 언어 경관과 언어 서비스

언어 경관	언어서비스
가시적	불가시적
여행자도 위함	주민을 위함
정적 용법	지적 정보
통합성(integrative)	도구성(instrumental)[3]
경제성 중시	인권 · 권리 중시 자원봉사자에 의존
자유경제적	계획경제적

또한 민족적(ethnic) 레스토랑 등에서는 「일본 글자」나 알파벳 이외의 표기가

[3] Gardner(1985)의 용어

보이는데, 이것은 그 언어나 문자 사용자에게 있어서는 실용적이며 지적 전달의 기능을 가지며, 일본인에게는 감성적이며 정적 분위기 양성의 기능을 가진다. 민족적(ethnic)인 다언어 표기가 나타나는 매커니즘에 대해서는, 김미선(金美善 2009), 쇼지(庄司 2007)를 참조. 또한 장애우를 위한 표기에 대해서도 같은 시점에서 볼 수 있다(야마시로(山城) 2009). 이들은 주민의 편리를 위한, 지적 정보의 전달을 위한 사용이다. 이와 같은 소수자와 약자를 위한 배려가 어느 정도 미치는 지가 풍요로움의 지표가 될 것이다. 경제언어학적으로 봐서 비경제적인 경제 활동, 돈이 되지 않는 것에 할애하는 비용이 사회의 성숙도를 의미한다. 그런 의미에서는 현대 사회의 언어 경관은 모두 자유경제에 의해 구성되는 것만은 아니다. 자본주의에 대한 사회주의, 자유경제에 대한 계획경제의 요소가 크게 작용해서, 그것이 복지로 이어진다.

4.3. 언어 경관과 언어권

복지를 위한 다언어 표기와 연관 지어서 말하면, 원래 언어권에 근거한 현상에는 경제 원리가 작용되기 어렵다. 그런 점에서 일본의 언어 표기는 언어권에 근거한 것이 거의 없다. 아이누어의 표시는 이제까지 공적인 전달에 사용된 적이 없고, 의미와 연결되지 않는 형태로 지명 등에 남거나, 선물 등에서 사용될 뿐이었다. 중국어나 한국어 모어 화자를 위한 서비스도 없었다. 2차 대전 이후 진주군(進駐軍)을 위해, 또 나중에는 외국인 일반을 위해, 교통기관 등에서 만들어진 영어 표기가 이와 가까운 예일 것이다. 그러나 약자를 위한 서비스가 아니라는 점이 다르다.

즉 이전에는 경제 원리가 작용하지 않는 다언어 표기가 많았다고 성격 지을 수 있다. 언어가 경제재로서의 성격을 명확하게 한 것은 극히 최근의 일이다.

4.4. 언어 경관의 지리적 분포 패턴과 변화

이번 장에서는 지도를 적극적으로 활용하지는 않았지만, 경관 조사 결과를 지도로 만들거나 머릿속에 지도를 그려서 고찰해 보면, 유의미한 지리적 분포 패턴이 떠오른다. 이렇게 되면 다중적으로 쌓이는 형태가 되어, 분석의 규모가 다르다.

다언어 표기에 대해서는 도쿄와 같은 중심 도시, 국제도시가 변화의 최첨단을 달린다. 대략적으로 말해서, 도시와 시골의 차이가 크다. 일본 지도(또는 세계지도) 단계의 지역차이다. 이것은 대자본이 진출할 때의 경제 원리가 지배한다. 이것은 큰 세계지도에 작은 점을 이용해서 분포를 나타내는 형태로 표시할 수 있다. Google map으로 몇 개 어휘의 세계지도를 그려보면 형태가 떠오른다(이노우에(井上) 2011.2.).

분포지도를 보면, 국제화나 도시화와의 비례 관계가 보이며, 대도시 주변, 관광지 주변에서 다언어 표기가 많은 것을 볼 수 있다. 도현(都縣) 지도 단계에서의 지역차이다. 수요(손님층)에 맞춘 공급도 볼 수 있다. 이들은 언어지리학의 「이중(二重) 주권 분포」(제13, 14장)로 설명할 수 있다.

또한 시가지 내의 분포 밀도의 차이도 있다. 시가(市街) 지도 단계에서의 지역차이다. 번화가나 중심지에 다언어 표기가 많다. 관광객이 많은 거리와 주위의 시설, 관련 시설에 다언어 표기가 많다는 점 등이다. 이를 통해 다언어 표기의 지리적 첨도(집중도 대 넓이) 등의 계산이 가능할 것이다. 이 소규모의 주권 분포에 의해 「다중 주권론」이 성립한다(제13, 14장). 마사이(正井) 데이터도, 임영희(林英熙)(林)의 추적 조사 데이터도, 원래 데이터로 돌아가면 지도로 만들 수 있을 것이다. 단, 이 소규모(지리적) 분포의 단계에서는 업종이나 시설의 차이가 크고, 언어적으로는 의미가 약한 것도 있을 수 있다. 언어 경관을 경제지리학적으로 고찰하는 단서를 이쯤에서 얻을 수 있을 것이다.

또한 역이나 백화점 등 시설 내의 다언어 사용 경향에도 차이가 있어서, 평면도 등에 나타낼 수 있지만, 이것은 종래의 지리학의 개념과는 거리가 멀다.

어찌 되었든 지리는 역사를 반영해서, 알파벳 등의 신선미가 있는 표기나 다언어 표기는 중심지에서부터 물결 모양으로 퍼진다. 역사적 변화와의 관계에 있어서는, Obata Reiman(2005)에서 점포가 자주 바뀌고 새로운 가게가 많이 생기는 쇼핑센터에 알파벳 표기가 많다고 지적했다. 또한 Backhaus(2009)도 같은 기업의 표기가 새로울수록 알파벳 표기로 변한다는 예를 제시하고 있다. 언어 경관의 직접적인 관찰은 아니지만, 기업명 표기의 창업 연도별 변천도 볼 수 있다(CI Corporate Identity 등에 의해 도중에 바뀌는 경우도 있지만). 광의의 언어 경관을 형성할 수 있는 잡지명이나 책 제목이 같은 방향으로 변천한다는 것은 이노우에(井上 2000.10.), Inoue (2001.11., 2005.12b)에서 제시하였다.

4.5. 언어 경관의 보류 · 한계

언어 경관의 관찰 데이터는 언어 상황을 파악하는 데 도움이 되지만, 표층적일 수 있다. 배후의 메커니즘을 알기 위해서는 또 다른 조사법을 추가할 필요가 있다. 2005년에 오키나와(沖縄) 나하(那覇)시 국제 거리의 언어 경관을 기록했을 때에는 상점가의 사무실을 방문하였다. 1950년대 이후의 상점가 지도의 복사본을 받아서, 반세기에 걸친 변화의 데이터뿐만 아니라, 미군과의 관계나 가게의 변화에 관한 귀중한 관찰 보고를 엿볼 수 있었다.

경관을 보는 것뿐만 아니라, 관련 자료를 읽고 관계자의 얘기를 들을 필요성이 생기는 것은, 특히 언어정책이 배경에 있는 경우이다. 공용어의 강제나 외국어 사용 규제 등은 기타 사정을 알고 난 후에 분석해야만 한다. 경관의 표층만을 보면, 주민의 일상어를 오인할 경우가 있다. 발트3국과 같이 독립 후에 러시아어가 규제된 예, 프랑스, 헝가리, 태국, 한국과 같이 외국어(만)나 한자(漢字) 표기의 간판에 규제나 벌금이 부가되는 예, 캐나다 퀘벡 주와 같이 프랑스어를 우선시하는 예 등은 계획경제(또는 언어 규제, 언어 검열)에 의한 것으로, 경관에 나타나지 않는 언어에 대해서도 고찰할 필요가 있다.

4.6. 언어 경관과 경제 원리

이번 장에서는 연구의 시점 확대를 위하여, 공시론(共時論)과 통시론(通時論)의 결합을 시도하였다. 또, 역사적 변화의 해명으로 배경의 매커니즘을 밝히고자 하였다.

사회의 근대화와 언어 사용에는 법칙적인 관계가 보인다. 산업 고도화와 언어의 시장가치는 비례한다. 제3차(제4차 정보) 산업과 언어는 특히 관련이 깊다. 즉 상업 경제가 침투해서, 제3차 산업이 사회에서 중요시됨에 따라, 언어가 중요시되고, 명료한 시장가치를 가지게 되는 것이다. 각 언어의 순서가 시장가치나 경제성에 따라서 정해지며, 해당 사회에서 각각의 언어에 H와 L(high과 low)의 순위가 정해지는 것이다. 최근의 언어 경관에 이 관계가 여실히 드러난다.

일반적으로 소득 수준이 높은 주민일수록 지리적 행동반경이 넓기 때문에, 사회적 접촉 패턴을 보더라도 다언어 표기를 접할 기회가 많은 경향이 있다. 최근 화제가 되고 있는 「격차(格差) 사회」는 지리적 조건을 배경으로 해서 언어적인 면에도 반영되어 있다. 또한 시계열(時系列)적으로는 Neustupeny(2003)의 언어의 「전근대, 근대, 포스트 근대」라는 구분도 참조해야 한다.

각각의 기업이나 상점 등의 언어 표기의 경제 효과에 대해서는, 몇 가지 정보가 있다. 버블 경제기에 CI(Corporate Identity)를 위해 기업명이나 마크를 바꾸곤 했는데, 그 대부분은 국제화 또는 서구화를 노린 것으로, 외국어의 사용, 가타카나나 알파벳의 사용으로 편중된 것이었다. 각각의 상품명에 관한 연구 보고도 같은 방향을 보인다. 즉 이 장에서 다루는 언어 경관의 변동의 배후에는 매상이나 경영이라는 미시적인 경제 원리가 작용하고 있다고 할 수 있다.

4.7. 언어 경관 연구의 전망

언어 경관은 그림 4-15에서 보듯이 순환 과정을 이룬다. 경관에 나타난 언어를 보면서 사람들(받는 사람)은 언어에 대해서 의식하게 된다. 이러한 언어 경관은 시간이 지나면서 경관을 만들어내는 쪽인 보내는 사람에게 영향을 끼쳐, 표현의 기회가 찾아 왔을 때에 주위의 상황에 맞는 언어를 선택하게 한다.

이 보내는 사람과 받는 사람의 관계는 좀 더 나아가 언어 내적과 언어 외적인 것으로 나누어 고찰할 수 있다. 그림 4-16에 나타내었듯이 언어와 문자의 선택이 언어 경관에 영향을 끼치고, 받는 사람의 언어 의식에도 영향을 끼친다. 또한 도시 경관이나 경제 원리가 언어 경관에 영향을 끼치고, 받는 사람의 국민 의식이나 정체성 형성에도 영향을 끼친다. 이런 의미에서 언어 경관은 극히 중요한 의의를 가지는 것이다.

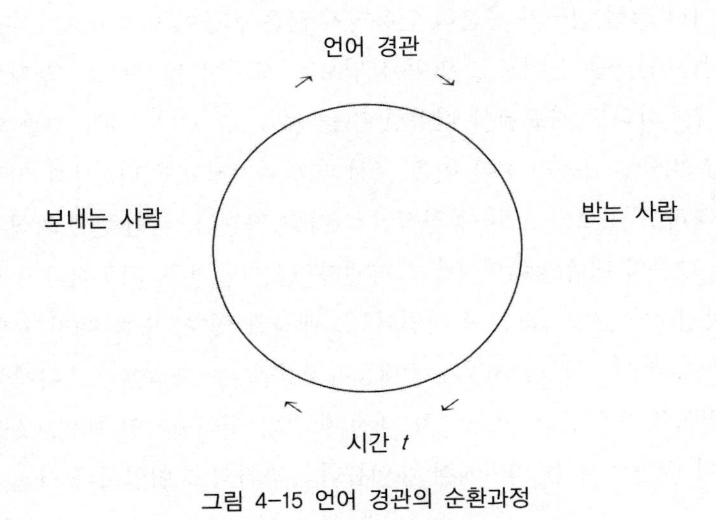

그림 4-15 언어 경관의 순환과정

	보내는 사람		받는 사람
언어내적	문자・표기 체계 언어(체계)・국어	↘ ↗	사용 구분 의식 분위기 정적 언어 의식 국어관 지적
		언어 경관	
언어외적	지역・도시 경관 (자연・인문) 경제 원리・조건	↗ ↘	국민 의식・아이덴티티 국제화 의식

그림 4-16 언어 경관 주변

지금까지 일본의 언어 경관의 역사적 배경과 현대의 실태에 대해서 고찰하였다. 언어 경관을 지배하는 배후의 원리를 찾는 것이 이 고찰의 최종 목표이다. 언어 경관의 연구는 세계 각지에서 진행되고 있으며, 관련 논문은 세계로 퍼지고 있다. 21세기에 접어들어 영어 사용이 가속화되고 있고, 호사가들의 자료 수집도 늘어났다. 다른 분야의 연구자들이 수행한 개별적 연구가 많기 때문에, 서로 간에 연락이 없어서 선행 연구가 충분히 인용되지 않은 논문이 발표되고 있다. Backhaus (2007)가 많은 연구를 살펴보고 있어서 앞으로 도움이 될 것으로 생각된다.

단순한 수치화라도 자료에서 다양한 것을 읽을 수 있다. 언어 경관 연구는 비용 대 성능 비율(performance)이 높은 조사라고 여겨지고 있다. 사회 전체의 언어 사용을 반영하고 있으며 또한 상징적인 의미를 가진다. 사람들의 의식을 반영해서, 세계적 수준의 귀속(歸屬)의식을 나타낸다. 일본의 경우, 외국어나 알파벳의 사용은 「탈아입구(脫亞入歐)」라는 움직임이 그 배경에 있다. 또한 예전의 일본 주변 지역에서의 일본어 간판의 사용은 「대동아공영권(大東亞共榮圈)」, 「아시아의 맹주(盟主)」의 의식을 반영한 것이다. 2차 대전 이전의 구식민지인 대만, 조선이나 구만주의 언어 경관은 이런 의미에서 흥미롭다.[4] 과거의 그림엽서나 사진집에서 언

[4] 또한 한반도의 지도, 서울의 시가지의 지명에서는 일본풍의 지명을 강요했다는 것을 알 수 있었다. 대만, 구만주 등의 지명도 마찬가지로 가스카(春日), 야요이(弥生) 등의 숙자훈(塾字訓, 역주 : 한자(漢字) 하나하나에 의미가 없고 전체가 하나의 의미를 나타냄)은 현지 사람들이 읽기

어 경관을 살펴보고 있는데(이노우에(井上) 2011.1.), 상점 등에서 경제적인 방책으로서의 언어 선택이 눈에 띄며, 언어정책적인 관여는 찾아보기 어렵다.

언어 경관은 언어 상황을 때로는 정직하게 때로는 극단적으로 나타낸다. 이 장에서는 언어학적 고찰에 한해서 문자와 언어를 단서로 삼았다. 단어의 의미나 어원까지 분석하면, 더 깊은 분석이 가능할 것이다. 예전에 서구에서는 일본 제품의 「일본 숨기기」가 이루어졌다. 현재와 같이 일본 제품의 평가가 높아져도, 일부러 일본과 관련짓지 않는 광고나 상점이 있다. 일본 국내에서도 외국 자본이나 외국계 기업의 진출이 보이지만, 아시아산 상품은 광고 등에서 겉으로 드러내지 않는 경향이 있다. 한편 민족적(Etic) 요리점 등에서는 손님을 끌기 위해서 다언어 표기를 한다. 언어에 따라서 목표 대상에 어필하는 것으로, 문자가 외장(外裝)의 일부, 분위기의 일부의 역할을 한다.

자유경제로서의 경제 원리가 관철되어야 하는 데에도 심리적・정적 요인이 영향을 끼친다. 행정기관의 언어 서비스 등에서는 계획경제의 면이 강하지만, 체제에 따라서 정도가 다르다.

언어 경관 연구는 앞으로 많은 자료가 보고되어, 더욱 더 깊이 고찰될 것이다. 전 세계가 글로벌화되고 미국화라는 파도가 밀려오고 있는 지금, 더 많은 연구자들의 언어 경관 연구에 대한 참여를 기대해 본다.

어려웠을 것으로 예상된다.

05 공용어화의 필요 경비

― 제2 공용어론의 경제언어학

❖ 이 장 이하에서는 언어의 지위 계획에 관한 테마를 다루고자 한다. 다른 언어와 비교해서, 모어를 사회적으로 어떻게 고찰할 것인가 라는 시점이다. 이 장에서는 제2 공용어론을 단서로 경제언어학의 관점에서 영어 공용어론의 문제점을 살펴볼 것이다. 공용어라고 부르려면, 그 나름의 사회적, 정치적, 경제적 뒷받침이 필요하다. 그러나 과거의 일본 언어정책의 단순함을 보더라도, 본래 의미의 공용어화를 실시하는 것은 곤란할 것이다. 영어의 「국제 보조 언어화」라고 바꿔 말하는 편이 훨씬 현실적으로 맞다. 이 장의 초고 논문은 중공신서(中公新書) 『논쟁 · 영어가 공용어가 되는 날』에도 수록되었다.

1. 발단 : 제2 공용어화론의 역사적 배경

「제2 공용어」는 2000년에 「21세기 일본의 구상」이라는 간담회에서 제출되어 화제가 되었다. 가와이(河合) 좌장(국제일본문화연구센터 소장, 심리학자)의 인터뷰(아사히신문 2000.4.4.)에 의하면, 「살아있는 영어교육의 충실」이라는 표현만으로는 강도가 약하기 때문에 영어를 「제2 공용어」라고 불렀다고 한다. 물의를 일으키려는 의도가 적중한 것이다.

그 후 이 일은 각종 신문의 투서란에서도 다루어졌으며, 마이니치 신문의 게시판에서도 이 논의가 이어졌다. 주간지나 월간지에서도 기사화되었다. 때마침 초등학교에서의 영어 교육도 발족되었다. 이 논쟁을 보면 문제의 발언이 국민에게 좋은 자극을 주었다고 생각된다.

사실은「제2 공용어」는 1998년 3월 19일의 예산 위원회에서 화제가 되어, 제5 분과회에서도 비슷한 논쟁이 있었다. 1999년 11월 9일의 중의원 문교위원회에서도 화제가 되었다. 그러나 국가적으로 조치나 시책(施策)이 구체적으로 논의된 것은 아니었다. 마루야 사이이치(丸谷才一 아사히신문 2000.4.5.)의 지적처럼, 정의가 없는 채로 논의만 혼자 앞서간 것이다.

또한 이제까지의 논쟁을 보고 있으면, 역사적, 언어 지정학적 시점이 부족하다. 역사적 배경을 고려하면 일본은 메이지 시대 이후 영토를 확대하면서 자동적으로「국어」를 강요해서(이노우에(井上) 2000.10.), 현지어와의 2언어 병용을 인정하지 않았다. 1968년의 오가사하라(小笠原) 반환 시에도 영어를 모어로 하는 옛 주민들의 영어 능력을 살리는 문제를 고려하지 않았을 정도였다. 제2 공용어론이 이러한 문제를 반성한 후에 대두된 것이라면, 일본인의 지금까지의 단순한 언어관에 좋은 자극이 되었을 것이다. 이 시점에는 일본의 과거의 언어정책에는 없었던, 아주 획기적인 다언어화로의 움직임의 태동이 보인다.

이하에서는 경제적 문제점에 한정해서 논하기로 한다.

2. 아시아의 영어 인기

언어의 사회적 문제는 사회언어학이 다루는 범위에 들어가지만, 그 중에서도 경제와 관련된 현상은「언어경제학・경제언어학」이라는 분야에서 다루어져도 좋다(Coulmas 1993, 이노우에(井上) 2000.10., 2001.8.). 다언어 사회의 비용은「언어경제학・경제언어학」의 중요한 연구 테마이다. 제2 공용어도 비용 대 효과, 가격 대비 성능비(benefit)의 시점에서 고찰되어야만 한다.

현대 사회에서 영어가 압도적인 힘을 가지고, 세계적으로 영어 제국주의적인 진출을 이루고 있는 것에 대해서는 구체적인 데이터에 근거한 연구도 많다(Graddol 1999). 이는 국제적인 여론조사에서도 확인되었다. 국립국어연구소가 실시한 국제 센서스에 의하면(신프로 1999), 언어의 세력에 대한 많은 질문에서 영어는 전 세계에서 인기 언어의 위치에 있다. 특히 「아이에게 가르치고 싶은 언어」라는 질문을 보면, 「영어」라는 응답이 90%라는 압도적인 숫자를 보이는 국가가 반 정도였고, 모든 국가에서 60%를 넘어서 1위였다. 그 중에서도 서유럽과 아시아, 아프리카에서 영어의 인기가 높다.

다른 지역에서는 러시아어, 스페인어, 아라비아어, 중국어 등 그 나라의 주변 지역에서 사용되고 있는 언어와 경쟁하기 때문에 영어를 선호하는 비율이 조금 떨어진다. 글로벌적 언어의 세력을 살펴보면, 각국의 공용어가 국가어로 평등하게 늘어서는 것이 아니라 계층 구조를 이루고 있는 것을 확인할 수 있다. 언어의 세력은 인근 국가들과의 다국가간 교섭이나 통상 언어로서, 스페인어나 러시아어, 아라비아어 등이 지표를 분할하는 형태로 분포한다. 동남아시아에서는 과거에는 중국어나 말레이어(인도네시아어)가 실질적으로 사용되고 있었지만, 현재는 ASEAN의 공용어로 영어가 전면에 나섰다.

일본에서는 오히려 영어의 인기가 조금 떨어졌다. 동아시아에서의 중국어와 일본어의 세력이 영향을 끼친 결과일 것이다. 제2 공용어론이 일본에서 대두된 것은, 21세기에 접어들어, 중국 문명권에서 벗어나 구미의 일원으로 들어가려는 의도의 표출이다. 또한 이는 같은 움직임을 보이는 현재의 아시아 국가의 일원으로서도 당연한 움직임으로 보인다.

3. 국제 보조 언어로서의 영어

그러나 영어의 필요성이나 중요성을 국민이 인정한다고 해도 그것이 「공용어」라는 수준에서 주장되어야 하는지는 좀 더 논의가 필요하다. 「국제 보조 언어」라는 좀 더 온화한 도입 방법도 있기 때문이다.

3.1. 국제 보조 언어 에스페란토

「국제 보조 언어」의 전형인 에스페란토어의 보급 운동은 지금도 계속되고 있지만, 예전과 같은 열기는 느껴지지 않는다. 한편 예전에 「위험한 언어」라는 딱지가 붙어서, 일본에서도 특별 고등 경찰의 수사 대상이 되었던 것과 같은 사상적인 배경은 사라졌다. 에스페란토어는 민족의 정체성과 관련되기 쉬운 언어로부터 이탈하려고 하였다. 창시자인 자멘호프(Zamenhof)는 폴란드의 안과 의사였지만, 차별받는 입장인 유대인이었던 것이 상징적이다. 또한 (언어를 단서로 한) 민족자결이 제창되어, 국경이 정해진 당시의 국제 정치 정세도 고려되어야만 한다.

에스페란토어를 모어로 말하는 사람이 없다(실제로는 에스페란토어를 하는 부부 곁에서 모어로 익힌 아이도 있지만, 지역사회에서는 존재하지 않는다). 그 때문에 국제 보조 언어로 에스페란토어는 모두에게 불리하다. 프랑스어나 영어와 같은 자연 언어를 채용했을 경우에 모어 화자만이 유리하게 되는 사태는 막을 수 있다. 그러나 에스페란토어는 나쁜 평등이라고도 할 수 있다.

에스페란토어는 유지들에게만 보급되는 형태로 국가적 언어 서비스를 요구하지 않았다. 그 점을 경제언어학적으로 말하면, 국가의 예산 비용은 제로(zero)로 보급되었다. 에스페란토어로 해외 동지들과의 교류가 가능했던 사람들에게 있어서 에스페란토어는 가격 대비 성능이 좋은 언어였다.

3.2. 영어 제국주의에서 영어 국제어화로

그러나 2차 대전 이후의 미국의 경제적 번영, 특히 20세기 후반의 냉전 구조의 종결과 함께 영어의 세계 제패가 진행되었다. 현재 영어는 실질적인 국제 보조 언어의 위치를 차지하고 있다. 전 세계 사람들이 새롭게 에스페란토어를 배운다면 틀림없이 평등하게 교류할 수는 있겠지만, 영어를 배우면 많은 사람들이 적은 추가 투자로 세계 각지의 영어학습자와 교류를 할 수 있다. 전형적인 언어 산업의 예인 영어 회화 학교도 「영어는 지구어」(Aeon 광고 2000), 「영어를 말할 수 있으면 10억 명과 얘기할 수 있다」(Geos 광고 1999)를 표어로 사용하고 있어서, 이제 더 이상 영어를 미국이나 영국이라는 국가와 관련지으려고 하지 않는다. Graddol (1999)은 『영어의 미래』에 대해서 소극적인 예측을 하고 있지만, 많은 연구자들은 앞으로 국제 교섭의 언어로서는 영어가 독주할 것이라고 예상하고 있다.

4. 공용어로서의 영어의 차별성

그러나 국제적인 교섭을 할 때에 영어를 사용한다는 것과 국내의 커뮤니케이션에서 공용어로 영어를 사용한다는 것은 정치적인 의미가 전혀 다르다. 국가의 공용어로 채용되고 있는 언어는 분명히 영어가 가장 많다. 국제연합 가맹국이 163개였을 때의 집계이지만, 영어를 공용어(의 하나)로 채용하고 있는 국가는 38개국에 이른다.

그러나 공용어의 지위와 보조 언어는 별개의 이야기이다. 공용어로 채용하려면 후술하는 바와 같이 다양한 제도와 경제적 지출이 필요하다. 싱가포르와 같은 도시국가의 경제에서는, 국제 금융 센터로서 영어 공용어화의 투자 효과를 충분히 기대할 수 있다. 그러나 일본과 같이 인구가 1억을 넘는 국가에서 영어 공용어화를 추진한다는 것은 규모가 다르다. 왜냐하면 사람에 따라서 영어를 필요로 하는 정도가 다르기 때문이다.

완전한 이중 언어 사용자(bilingual)은 이론적으로는 불가능하다. 또한 사회 전체를 봐도 언어의 사용 영역(domain)에는, 고저(High Low)의 차가 생기는 경우가 자주 있다. 현재의 일본은 「제도적(또는 비개인적) 이중언어주의(bilingualism)」이라고 불리어져, 이미 영어가 상위 언어로 일본어의 위에 있다. 영어 도입이 설령 「제2」 공용어라고 하더라도 영어를 잘하는 사람이 사회적으로 위가 되고, 일본어밖에 못하는 사람이 무시당하는 것은 충분히 예상이 되는 결과이다(그림 2-4). 영어를 잘하는 사람은 개인 소득도 늘어날 것이다. 다언어 사회에서는 언어능력이 이유 없는 차별로 이어지는 경우가 자주 있는 것이다.

5. 공용어의 필요 경비

새롭게 공용어로 채용하려면 국가에서 어떤 예산 조치가 필요하고, 어떤 경제 문제가 발생하는지 이하에서 살펴보자.

5.1. 교육비

Coulmas(1993)는 폴란드의 외국어 교육에서 러시아어 대신에 영어를 도입했을 때의 경비와 효용에 대해서, 도식화하여 설명하고 있다. 그의 계산에 따르면, 투입한 자본에 비해서 효과는 좋은 것 같다. 호주 등에서 외국어로서 일본어 교육이 유행했을 때에도 이전에 일을 하던 프랑스어 교사가 전업, 폐업의 위기에 처해 급하게 교원 양성 코스를 거쳐 일본어 교사가 되는 경우가 있었다. 이것은 외국어로서의 교사 채용의 예이지만, 원래 새로운 모어 이외의 공용어를 제도화하려면, 우선은 교원 양성이나 언어 교육이 필요하다. 류큐(琉球)왕국을 「류큐 처분」에 따라 메이지 정부의 지배하에 둔 이후에 일본어 보급을 위해서 교과서『오키나와 대화(沖縄對話)』(오키나와현 학무과 편 1880)를 만든 것이 근대 일본에 있어서의 언어정책의 최초의 발판이라고 할 수 있다. 그 후 대만, 조선, 남양제도, 구만주 등을 영유하고, 「국어」의 보급을 꾀하였다. 그러나 현지어와의 병용이나 구분 사용에 관한 지위 계획에 관한 언어정책은 희박해서, 「제2 공용어」에 관한 논의도 거의 없었다. 태평양 전쟁 때에 「대동아공영권(大東亞共榮圈)」이 제창되었지만, 언어정책적 배경은 빈약하였다.

현재 일본의 초등학교에서 영어 교육을 시작한 것도 비슷한 문제점을 내포하고 있지만, 규모가 더 크다. 「유도리(여유) 교육」이라는 이념과는 달리 수업 내용은 늘어난다. 그러므로 그 대신에 다른 것을 줄일 필요가 있다. 아마 국어(한자(漢字) 교육) 시간이, 늘어나는 영어 시간을 위해 줄어드는 대상이 될 것이다. 또한, 실질적으로 영어를 잘하는 교사가 다른 반에 지원을 가야 하는 사태도 발생할 수 있다. 이것은 교육비의 실질적 배분 문제와 관련이 있다. 또한 류큐 처분 이후의 오키나와현에서의 일본어(국어)보급과 마찬가지로 학습자가 성장할 때까지 긴 시간이 필요하다.

5.2. 행정 경비

공용어로 전체 사회에서 채용하면, 외국어 교육보다도 경비가 좀 더 든다. 이 분야의 선구자인 Coulmas(1993)는 캐나다 퀘벡 주에서 대부분의 주민의 모어인 프랑스어를 주의 공용어로 상승시킬 경우의 제 경비를 개산(概算)해서 제시하고 있다. 학교 교육 이외에 2언어를 할 수 있는 공무원의 양성, 2언어 표기와 번역의 수고, 그에 따른 급여 등도 필요하다. 또한 가맹국이 늘어서 다언어화한 EU(유럽

연합)의 언어 경비도 검토하고 있다. 번역의 수고, 시간, 급여 등은 행정 경비 중에서 상당한 비율을 차지한다. 또한 사고 처리나 긴급 공사 전에 모든 언어를 번역해야 하는 수고를 생각하면, 다언어화한 관료 기구를 위해서 효율이 떨어진다고도 할 수 있다.

현재 일본 국내의 대부분의 지자체에서 거주자를 위한 (영어나 중국어, 한국어 등의) 언어 서비스를 실시하고 있다. 또한 상업적인 (대부분은 영어의) 다언어 서비스도 퍼지고 있다. 그러나 관공서의 문서 등이 2개 언어화될 기미는 보이지 않는다. 방대한 행정 문서를 2개 언어화하는 것은 쉽지 않다. 「제2」공용어가 도대체 어느 정도의 2개 언어화를 목표로 하는 것인지 명확하지 않다. 제창자의 머리에 있는 것은 아마도 좀 더 얕은 언어 서비스일 것이다. 즉 국제 보조 언어 수준일 것이다.

5.3. 사회 경제 경비

공용어화에는 법률 문제도 얽히게 된다. 다언어로 조약문 등을 만들었을 때 해석이 문제가 되는 경우가 외교상으로 자주 화제가 되는데, 그것은 국내의 경우, 법률이나 계약서 등에서 발생한다. 마찬가지로 과학 기술 관련 전문용어도 다언어로 1 대 1의 관계가 성립되어 있을 필요가 있다. 또한, 몇 십만 단위의 제품명이나 상품명 등도 마찬가지로 2개 언어화할 필요가 있다. 국내 은행의 합병에서조차도 일본어 용어의 통일이 문제가 되었다고 한다. 회사의 다양한 문서나 문장 수준의 2개 언어화는 더 힘들어서, 준비에 상당한 유예가 필요하다. 어떤 언어를 「공용어」라고 하려면 여기까지 고려해야만 하는 것이다.

6. 공용어의 가격 대비 성능비

6.1. 제2 공용어의 비용(cost)

다언어화에는 비용(cost)이 든다. 경제적으로 자립할 수 있는 국가에서는 다언어화와 관련된 예산을 짤 여유가 있지만, 아프리카와 같은, 독립 후에 경제 기반이 확립되지 않은, 언어적으로 복잡한 국가에서는 옛 종주국의 언어에 의지하는 것이 가장 경제 효율이 높다(Coulmas 1993). 교재나 교사를 새롭게 독자적으로 개발하는 것보다, 종래에 있던 것을 활용할 수 있기 때문이다. 또한 행정, 사법, 사회 활동 등에서 언어를 2개로 하는 비용도 국가 예산을 압박한다. 결국 옛 종주국의 언어를 사용하여, 영어 제국주의를 받아들이는 편이 근대 문명의 효율적 도입이 더 쉽다.

단, 일일이 번역하는 수고에 대해서는 2가지 반응이 있다. EU에서 문제가 되었듯이 커뮤니케이션에 수고나 비용이 든다는 것은 약점이다. 그러나 어느 정도 경제가 발전한 국가라면 번역으로 언어 산업이 더 활발하게 된다. 기술이 발달하면 문자로도 음성으로도 동시통역이 가능하게 될 것이다. 게다가 다언어 처리 기술을 다른 나라에 이전해서 팔 수도 있다. 이는 화(禍)를 복(福)으로 바꾸는 것이라고 할 수 있다.

일본은 현재 경제적으로는 걱정이 없다. 그렇다기보다 제2 공용어는 언어 산업으로서 현재 활발한 영어학원이나 통신교육을 더 활성화시킬 것이다. 교육기기의 개발에도 박차가 가해져, 컴퓨터 등의 발달에도 기여할 것으로 보인다.

6.2. 제2 공용어의 퍼포먼스

영어의 도입은 일본 최대의 무역 장벽인 언어 장벽을 화자 스스로의 투자와 노력으로 낮추는 것이 되므로, 국제적인 경제적 발전에도 기여할 것이다. 외국과의 교섭도 쉬워진다. 외국 자본의 기업이 일본에 진출하고, 합병 회사를 만드는 데도 수고가 줄게 된다. 그리고 국내 기업이 해외에 진출하는 데도 저항이 약해질 것이다.

대부분의 일본인이 영어를 할 수 있게 된다면, 말이 통하지 않는다고 가이드 없는 해외여행을 주저하던 사람들도 가기 쉬운 이국적인 나라로 일본을 선택해서 일본으로 관광 올 결심을 할 것이다. 이것은 일본인들이 일본어가 통하니까, 영어가 통하니까, 또는 한자(漢字)로 쓰여 있어서 표기를 대충 알 수 있다는 이유로 한국, 대만, 싱가포르 등으로 여행을 가는 행동의 반대인 것이다. 즉 영어의 제2 공용어는 개인행동 면에서의 국제화에도 공헌한다.

7. 공용어의 비경제적 요소 : 국민 의식

이상으로 진지하게 공용어로서 영어를 채용했을 때의 경제적 비용(cost)에 대해 살펴보았다. 그러나 공용어에는 표면적인 경제로는 설명할 수 없는 면이 포함되어 있다. 그것은 마음과 감정의 문제로 국민의 정체성으로서의 언어와 관련이 있다.

20세기말의 러시아의 붕괴, 동서 냉전 구조의 종료, 동유럽의 체제 변화에 따라, 많은 독립국이 태어났다. 우크라이나, 슬로바키아 등에서는 원래 언어학적으로는 하나의 방언으로 여겨졌던 것을 하나의 공용어의 지위로 상승시켜 말의 차이를 두드러지게 해서, 독립된 「조성 언어(Ausbausprache)」로 키우려고 하고 있다.

한편 국내의 이민족이 독립이나 민족 자결을 외치고 있는 곳에서는 언어권의 문제가 심각하다. 소수민족의 언어를 억압하고 국가어를 강요하여 국민적 공동 의식을 돋우려는 국가가 지금도 눈에 띈다. 이는 모두 언어가 국민 의식의 양성에 효과적이라는 것을 알고 있는 언어정책인 것이다. 터키의 쿠르드족 문제처럼 게릴라 행동을 유발하는 경우도 있다. 인도네시아의 위기 때에도 언어 문제가 얽힌다. 싱가포르는 다언어화한 상황에서 영어를 중시함으로써 중국어, 인도네시아어, 타밀어 화자의 대립을 중립화시켜서, 통합 의식을 높이려고 하였다.

이와 반대로, 이미 단일의 국가어가 있는데, 좀 더 국제적으로 통용되는 언어를 공용어로 채택한다는 것은 국민 통일 의식의 근거를 줄이는 것과 같은 것이다. 제2 공용어론이 일본인의 의식이나 국민 통합 의식이 붕괴될 우려와 관계없이 논쟁된다는 것은 일본이 무사태평하고 평화롭다는 증거이다. 북방 영토가 반환된다면 얘기는 달라지겠지만, 현재로서는 일본은 「언어＝민족＝국가」의 삼위일체가 완벽하게 성립한다. 아이슬란드에 이은 순수성이라고 봐도 된다. 현재 일본에서는 언어가 원인이 되어 분열이 일어날 기미는 보이지 않는다. 제2 공용어론은 평화로운 나라의 평화로운 논쟁이다.

좀 더 웅대한 평화 구상과 제2 공용어론과의 관계를 살펴보자. EU는 이전의 베네룩스 3국의 경제적 협력과 통화 통합에서 발전하여, 유럽의 평화와 안정에 공헌하였다. 제1 차 세계대전 전후의 이상론에서 출발했다고 치면, 통화 통합까지 1세기 가까이 걸렸고, 이 또한 완전하게는 실현되지 않았다. 마찬가지로, ASEAN 한중일회의 등을 출발점으로 앞으로 아시아의 상호 교류가 깊어질 것을 기대해 보자. 1세기 이상이 걸리는 과정일지도 모르지만, 이상이 없는 것보다는 희망을 가질 수 있다. 앞으로 아시아 각국의 경제, 정치, 문화의 대화가 빈번해져 국가 연합체가 만들어진다면, 현존하는 국가나 국경에 지배된 좁은 애국심은 퇴출될 것이다. 그러면 대만이나 남사(南沙)제도, 센카쿠(尖閣)제도나 독도(다케시마) 등의 귀속 문제는 한 단계 수준이 낮은 문제가 된다. 이렇게 되면 국가 간의 긴장이나 분쟁이 적어져서 군사비의 삭감으로 이어지고, 국가경제로서는 최대의 효과가 증대된다.

단, 이때 영어(또는 일본어, 중국어)가 아시아 전체로 보급되는 것은 필수는 아니다. 영어를 제2 공용어 또는 국제 보조 언어로 하는 것이 직접적으로 평화에 공헌하고 군사비 삭감의 효과를 얻는 것은 아니다. 실제로 같은 언어를 계속 사용하면서 대립하는 나라도 있다. EU는 영어가 작업 언어나 보조 언어로 사용되더라도, 각국의 언어를 유지하는 자세를 취하고 있다. 완만한 국가 연합의 성립에는 오히려 언어정책으로 국가어의 지위를 보장하는 것이 필요한 것이다.

06 독일어와 일본어의 경제언어학적 가치 변동

❖ 이 장에서는 현대 세계의 주요 언어 2개에 대해서 경제언어학적으로 고찰하고자 한다. 이것은 다음 장의 일본어와 중국어의 고찰과 짝을 이룬다. 이 장에서는 학습자 수의 변동 등의 데이터를 근거로, 일본어와 독일어의 경제언어학적 가치를 살펴보았다. 먼저 세계에서 독일어와 일본어의 지위를 확인해 보았다. 다음으로 일본에 있어서의 독일어의 현상을 몇 가지 통계 자료를 근거로 파악하였다. 그 다음, 이를 이론적으로 고찰한 후 미래를 예측해 보았다. 독일어와 일본어의 지위를 논할 때에 영국의 세력을 무시할 수는 없다. 영어의 영향은 사회언어학에서 말하는 실체 계획의 면, 즉 외래어의 문제가 크지만, 이 장에서는 다루지 않는다. 지위 계획의 면만을 다룬다. 또한 모어화자의 증감이라는 문제는 일단은 무시하기로 한다. 제목은 처음에 출간되었던 논문의 제목을 조금 바꾼 것이다(Inoue 2007.1., 이노우에(井上) 2008.3b).

1. 현대 세계의 독일어와 일본어의 지위

우선 이 장을 경제언어학이라는 큰 관점에서 고찰해 보자. 다행히 독일어도 일본어도 그 나라에서는 위기 언어가 아니다. 국가어나 공용어이며, 게다가 외국의 고등교육에서 학습되는 인기 언어 중의 하나이다. 즉 시장가치가 높은 언어이다. 또한 사용 장면(도메인)도 과학기술 용어나 상업적 장면에는 영어가 계속 침투하고 있긴 하지만, 기본적으로는 아직 평화롭다.

여기에서는 국외의 장면, 즉 외국어 교육, 제2 언어 학습자에게 있어서의 세력에 초점을 맞추었다. 결론을 말하면 현대 세계에서 외국어 교육은 경제에 좌우된다. 18세기, 19세기의 호사가나 귀족 등에 의한 이국적인 언어 학습은 존재가 약해졌으며, 또한 선진국의 지식을 도입하기 위한 언어 학습은 영어 일변도로 계속 기울고 있다. 독일어와 일본어는 그런 의미에서 약 1세기동안 비슷한 지위에 있었다. 미래의 예측에도 공통의 기준을 적용시킬 수 있다. 영어와의 격차는 계속 커지고 있지만, 개발도상국 등에서 미래의 언어 수요에 따라서 독일어와 일본어는 시장 규모를 축소하지 않아도 될 것으로 예측된다.

우선 전 세계에 있어서의 독일어와 일본어의 인기 순위를 확인해 보자. 데이터는 국립국어연구소가 1990년대에 실시한 「일본어관 국제 센서스(신프로 「일본어」 1999)」이다. 각 언어들의 위치에 대해서 다양한 질문을 했는데, 그 중에서 미래를 예측하기에 적절한 질문을 예를 들어보자. 「앞으로 세계의 커뮤니케이션에서 필요한 언어」라는 질문이다. 28개국의 약 1,000명을 대상으로 한 여론조사의 결과는 국가별로 집계되어 있다. 단순한 퍼센트의 합계는 그다지 의미가 없다. 싱가포르의 퍼센트와 중국의 퍼센트를 합하면, 싱가포르의 영향이 지나치게 커진다. 퍼센트에 인구를 곱하여, 28개국 전체에서의 경향을 계산할 수 있었다. 그 후, 조사를 하지 않은 다른 나라에도 추가로 추산(推算)을 해서 전 세계의 추정치를 산출했다(기고시(木越) 2004).

그림 6-1의 일본어관 국제 센서스로 미래의 중요성을 예측해 보면, 그림 왼쪽의 순서와 같이 1위 영어, 2위 중국어, 3위 프랑스어, 4위 독일어, 5위 일본어, 6위 스페인어, 7위 러시아어이다. 전 세계적으로 영어가 압도적인 비율로 「앞으로 세계의 커뮤니케이션에서 필요한 언어」로 인정받고 있다.

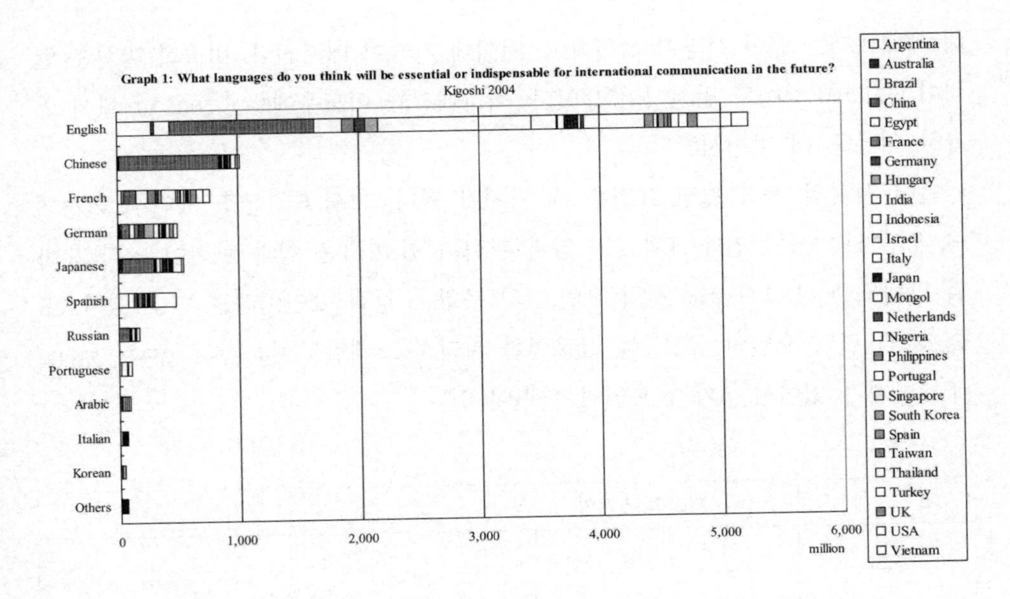

그림 6-1 앞으로 필요한 언어의 세계 추이(일본어관 국제 센서스)

이 그래프에서는 국가별로 언어별 막대의 모양을 분류하였다. 영어가 필요하다고 응답한 국가는 전 세계에 퍼져 있다. 독일어와 일본어도 분발해서 4위, 5위인데, 지리적 근접 효과가 작용한 인근 국가의 응답이 많다. 일본어가 상위권에 들어간 것은 인구가 14억인 중국의 영향이 크다. 또한 독일어도 주변 유럽의 국가들의 지지가 큰 역할을 하고 있다. 이상으로 전 세계에 있어서의 독일어와 일본어의 위치를 살펴본 결과, 이 둘의 위상이 거의 동등하다는 것을 확인하였다.

2. 언어 시장가치의 3가지 결정 요인

다음으로, 어떻게 이런 순서가 되었는지에 대해서 이론적으로 정리해 보자. 현대 세계에서는 언어 시장이 성립하고, 언어에 가격이 매겨진다. 비슷한 발상은 일찍이 Coulmas(1993)도 발전시키고 있다. 이하에서는 이노우에(井上 2000.10.)에서 언급한 이론을 더 발전시켰다.

언어 시장의 가격 결정 요인은 세 가지가 있다. 그림 6-2참조. 1.인구, 2.경제력, 3.정보량・문화인데, 1과 2는 양과 관련이 있고, 3은 질과 관련이 있다고 바꿔 말해도 된다. 1과 2는 지적 요인, 3의 문화는 정적 요인이라는 면도 있다. 또한, 가격 결정 요인의 규모, 즉 글로벌한 지리적 스케일도(지구 규모, 지역적, 개인적의) 3단계가 있어서, 3가지 요인과 관련이 있다.

		지리적 스케일				
3요소		지구 규모	지역적	개인적		
1. 인구	양	○			Ch En Hind Sp Ar Po Jp	확신지수=학습자/모어화자
2. 경제력	양	○	○		En Jp Ge Fr Sp It Ru Ch	GDP GNP 무역량
3. 정보량・문화	질	○	○	○	En Ch Ge Fr Sp Jp Ru/ En Ch Jp Ge Sp Fr	책, 인터넷 : 개인적 취미
			근접 효과	장면		

그림 6-2 언어 시장의 가격 결정 3가지 요인

2.1. 제1 요인 화자의 인구

우선 제1 요인은 화자의 인구이다. 전 세계에서 3,000 또는 8,000이라고 말해지는 언어의 지위를 단순하게 설명하는 데는 이것으로 충분하다. 세계에는 중국어, 영어, 일본어와 같이 억 단위의 화자가 있는 대언어가 있는가 하면, 화자가 수 백 명에서 수 명밖에 안 되는 소언어도 있다. 대학이나 외국어 학원에서 가르칠 것 같은 언어는 화자 수가 수천만 이상인 경우가 많다(그리스어, 라틴어, 산스크리트어, 한

문 등의 고전어를 제외). 언어의 사회적 지위와 화자의 인구 규모와의 관계를 각각 X축, Y축으로 한 산포도를 그리면, 이들 간의 명확한 상관관계를 읽을 수 있다(순위와 인구에 대해서 지프의 법칙(Zipf's law)이 성립할 가능성이 있음). 이 언어 시장의 제1 요인은 세계 전체의 글로벌한 규모, 즉 지구 규모로 결정된다. 그러나 상위에 속하는 언어의 순위는 인구만으로는 설명할 수 없다. 그림 6-3참조.

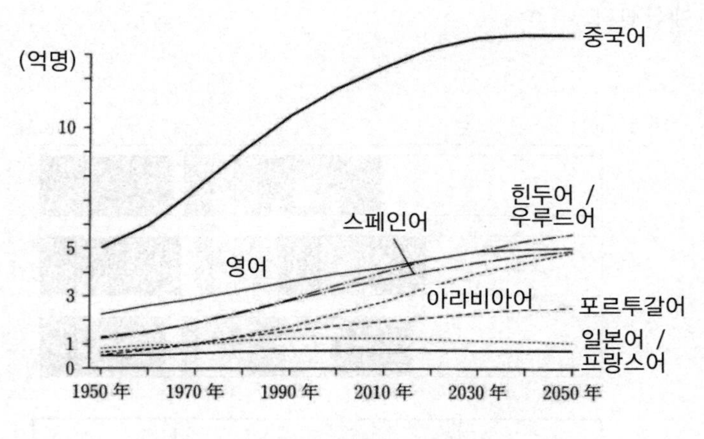

그림 6-3 제1 언어 사용자 인구(그래돌 1999)

화자 인구가 많은 순서대로 언어의 시장가치가 높은 것만은 아니다. 또한 시장가치가 높은 언어의 인구가 그다지 많지 않은 경우도 있다.

또한 인구에 대해서는 모어 화자(제1 언어 사용자)뿐만 아니라 학습자 수도 고려하면, 경제력, 시장 규모를 보다 잘 반영시킬 수 있다. 「확산 지수」는 학습자 수를 모어 화자 수로 나눈 수치이다(Breton 1988).

2.2. 제2 요인 언어의 경제력

제2 요인은 언어의 경제력이다. 상위 100개나 10개의 언어의 시장가치 또는 인기의 순서를 설명하려면 경제적 요소가 필요하다. 구체적으로는 어떤 언어를 공용어로 하는 국가들의 GDP의 합계로 계산할 수 있다. 그림 6-4참조. 독일어라면 이전의 동서 독일, 오스트리아 등의 GDP에 스위스의 GDP의 4분의 1을 더하는 방식으로 계산한다.

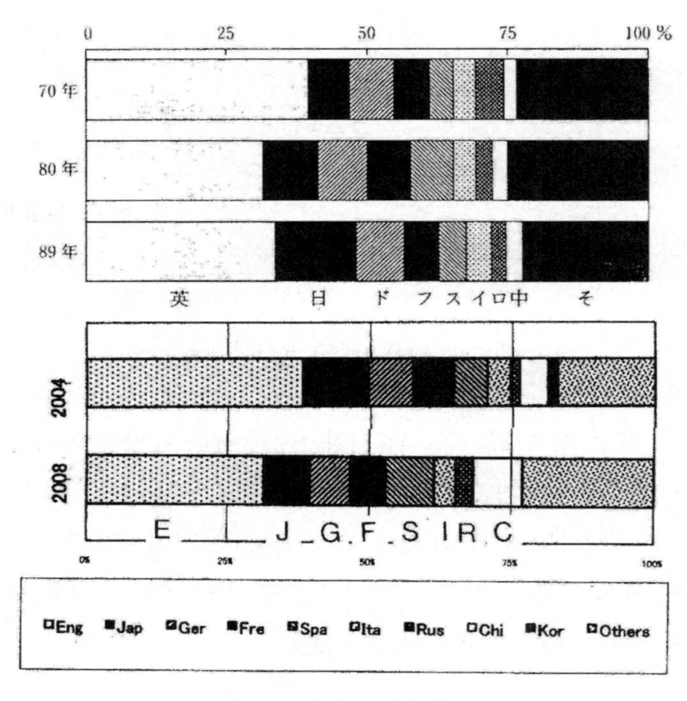

그림 6-4 언어별 경제력(GDP)

미야지마(宮島 1993)가 작성한, 1970년부터 약 10년 간격의 3회의 데이터에서는 1970년대부터 영어가 제1위, 일본어 2위, 독일어 3위였다. 버블 붕괴 후의 상황이

궁금해서 데이터를 보충했지만, 2004년의 수치로도 순서는 바뀌지 않았다. 그리고 중국어의 비율이 큰 폭으로 증가했는데, 거기에 친(陳 2009)이 2008년의 데이터를 추가하였다. 이런 상황이라면 앞으로 중국어의 경제력은 세계 제2위가 될 가능성이 있다(2010년에 현실화됨).

그림 6-1의 순위의 대부분은 그림 6-4의 경제력으로 설명할 수 있다. 이 요인은 전 세계로 규정되는 것 이외에 지역적이기도 해서 지리적 근접 효과가 작용한다. 가까운 나라일수록 수송비가 싸고, 경제적 관계가 강해서 사람들의 이동이 많기 때문이다. 일본어의 인기가 높은 이유는, 실제로는 10억 명이 넘는 중국인들의 응답 덕분이다.

과거와 미래를 포함한 긴 시간 범위의 언어경제력을 계산하는 데 도움이 되는 데이터가 있다. 그림 6-5 참조(다나카(田中) 2009). 왼쪽에 희게 나타낸 부분이 거의 영어의 경제력이다. 한가운데의 검은 부분이 일본어와 중국어의 경제력인데, 이 집계에 의하면 이미 2003년에 중국은 영어에 이어서 제2 위가 되었고, 2030년에는 제1 위가 될 것으로 추측하고 있다. 보도에 따르면, 어떤 집계에서 2010년에 중국이 미국을 앞섰다고 하는데, 중국이 다른 영어권 국가를 포함한 영역을 앞서는 날도 그리 멀지는 않다. 일본의 축소 예측은 이만저만 아니다. 아시아 국가들의 성장 예측은 크지만, 언어적으로는 여러 민족어로 세분된다. 외국어 학습에 있어서는 학습을 마친 시점 또는 더 먼 미래를 보고 언어를 선택하는 경우가 있다. 그 때 경제 요인을 고려한다면, 그림 6-5와 같은 예측도 고려해야만 할 것이다.

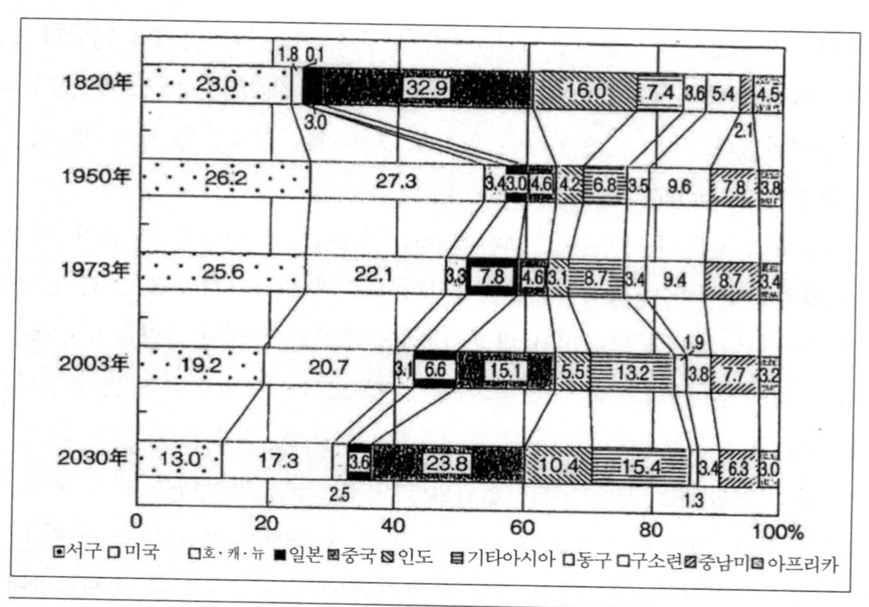

	1820	1950	1973	2003	2030
서유럽	23.0	26.2	25.6	19.2	13.0
미국	1.8	27.3	22.1	20.7	17.3
호주 · 캐나다 · 뉴질랜드	0.1	3.4	3.3	3.1	2.5
일본	3.0	3.0	7.8	6.6	3.6
선진지역 합계	27.9	59.9	58.7	49.6	36.4
중국	32.9	4.6	4.6	15.1	23.8
인도	16.0	4.2	3.1	5.5	10.4
기타 아시아 국가	7.4	6.8	8.7	13.2	15.4
동유럽	3.6	3.5	3.4	1.9	1.3
구소련	5.4	9.6	9.4	3.8	3.4
라틴아메리카	2.1	7.8	8.7	7.7	6.3
아프리카	4.5	3.8	3.4	3.2	3.0
선진지역 이외 합계	72.1	40.1	41.3	50.4	63.6
아시아가 세계에서 차지하는 비율	59.3	14.9	24.2	40.5	53.3

주 : 단위(%) 기타 아시아 국가에는 1950년부터 방글라데시, 파키스탄 포함.

출처 : Angus Maddison, 「Shares of the Rich and the Rest in the Rest in the World Economy: Income Divergence Between Nations, 1820-2030.」 *Asian Economic Policy Review* (2008) 3

그림 6-5 국가 · 지역별 경제력

2.3. 제3 요인 언어의 정보량·문화도

제3 요인으로 문화도 또는 정보량이 있다. 상위 10개 정도의 언어의 순위를 설명하기에는 현재의 경제력만으로는 부족하므로 이에 문화도가 작용한다. 앞서 언급한 고전어 학습자의 대부분은 주로 문화도로 설명할 수 있다. 옛날에는 책이 주된 정보원이었다. 근대 과학기술이 서구의 각 언어로 기술되었기 때문에 예전에는 영어, 독일어, 프랑스어는 필수였다. 또한 철학이나 문학을 원서로 즐기고 싶은 사람들도 영어, 독일어, 프랑스어를 배웠다. 그림 6-6참조. 지금에 와서는 오래된 데이터이지만, 영어가 압도적이고 일본어, 독일어, 중국어도 분발하고 있다.

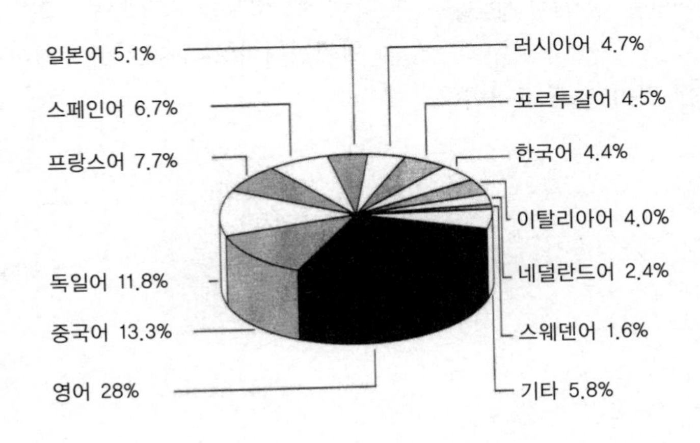

그림 6-6 언어별 출판물 비율

현재는 정보원(情報源)으로 책과 같은 종이매체보다도 전자적인 인터넷의 HP가 더 중요하다. 그림 6-7 참조(Graddol 1999). 어떤 계산에 의하면, 세계의 웹 페이지 수의 순서는 1영어, 2일본어, 3독일어, 4중국어, 5프랑스어, 6스페인어, 7러시아어, 8이탈리아어, 9포르투갈어, 10한국어였다(Pastore 2000, 쓰다(津田) 2005에 의함). 방법에 따라, 시기에 따라, 다양한 수치와 순위가 나오기 때문에, 큰 경향을 파악하는

언어	서버 추정수	%
1. 영어	332,778	84.3
2. 독일어	17,971	4.5
3. 일본어	12,348	3.1
4. 프랑스어	7,213	1.8
5. 스페인어	4,646	1.2
6. 스웨덴어	4,279	1.1
7. 이탈리아어	3,790	1.0
8. 포르투갈어	2,567	0.7
9. 네델란드어	2,445	0.6
10. 노르웨이어	2,323	0.6

그림 6-7 인터넷 사이트의 정보량

데 그치는 편이 좋다. 어쨌든 일본어와 독일어는 인터넷 정보에 있어서는 영어 다음으로 세력이 크다.

급속하게 보급된 지적 정보의 일종으로 위키피디아(Wikipedia)가 있다. 정보의 오류, 편중이 있어서 위험하지만, 인터넷 사이트 전체에서 얻어진 (좋고 나쁜 것이 섞여 있는) 검색된 정보보다 신뢰할 수 있는 경우도 있다. 또한 개인이 의도적으로 정보를 늘린다는 점이 특수하다. 위키피디아(Wikipedia)의 홈페이지의 통계를 그래프화한 것이 그림 6-8이다.

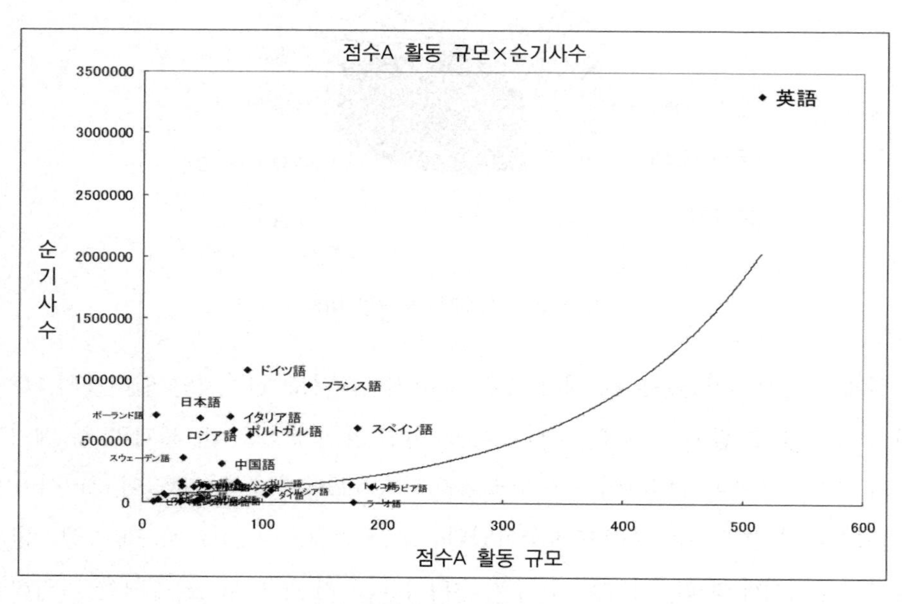

그림 6-8 위키피디아의 정보량

그림 6-8은 총 기사 수와 활동 규모를 조합한 것인데, 양쪽 모두 영어가 압도적이다. 이용자의 국적이나 모어를 불문하고, 영어가 세계적으로 이용되고 있는 것이다. 그러나 영어로 된 총 기사 수는 전체의 34.8%로 또한 가로축 점수 A의 활동 규모는 전체의 3.8%에 불과하다. 영어 이외의 언어의 사용자가 얼마나 노력하고 있는지를 말하고 있다.

총 기사 수가 2위 이하에는 독일어, 프랑스어, 폴란드어, 일본어, 이탈리아어, 스페인어, 포르투갈어, 러시아어 등이 뒤를 잇는다. 다른 데이터에서 주요 언어로 손꼽혔던 언어와 일치한다.[1] 일본어는 유럽어 속에서 어깨를 나란히 하고, (유럽어가 아닌) 아시아의 언어로서, 중국어와 함께 분발하고 있다. 단 독일어에는 리드를 당하였다. 또한 방언판 위키피디아(Wikipedia)는 흔하지 않은 존재인데, 스코틀랜드의 방언으로도 만들어져 있다.

시장가치 형성의 제3 요인은 전 세계적으로 작용하지만, 분야나 전문 영역에 따라서 다르며,「개인적 기호」의 요소도 작용한다. 요리 때문에 이탈리아어, 플라멩코 때문에 스페인어, 탱고 때문에 스페인어를 배우는 사람, 애니메이션이나 만화 때문에 일본 문화에 흥미를 가지고 학습하는 사람은 이것으로 설명할 수 있다.

2.4. 계획경제와 3요인

이상 지적한 세 가지 요인은 언어 학습에 있어서의 계획경제와 자유경제와도 관련이 있다.

1. 인구와 2. 경제력은 국가의 외국어 교육에 영향을 미치며, 계획경제의 대상

[1] 예전에 백과사전이 있었는지의 여부로 언어의 격차(정보량)를 잴 수 있을 것이라고 생각했다. 지금은 종이 형태가 아니라, 전자정보로 계측할 수 있게 된 것이다. 이 형태에서도 대언어와 소언어의 격차가 크다.

이 된다. 20세기라는 공산주의의 세기에는 정치적 이유로 초등 · 중등교육에서 러시아어가 선택되는 경우도 있었다. 그러나 20세기 말기 이후에는 경제에 의해 크게 지배되고 있다. 제2외국어로서 습득하는 경우에는 자유경제의 원리가 작용한다.
3. 정보량에 대해서는 개인적인 취향이 작용하며 자유경제가 크게 작용한다.

2.5. 교양에서 실용으로

또한, 세 가지 요인은 언어 학습에 있어서의 「교양에서 실용으로」의 변화와 관련이 있다. 중산층이 두꺼워지면서 어학 학습의 목표는 교양에서 실용으로 바뀌었다. 교양은 제3 요인의 정보와 관련이 있고, 실용은 제2 요인인 경제와 관련이 있다. 즉 제3 요인이 쇠퇴하고 제2 요인이 융성하게 되었다. 이 때문에 경제 원리의 지배가 눈에 띄고, 지리적 근접 효과가 이전보다 더 작용하게 되었다. 경제언어학적 시점에서의 고찰이 세계 각지에서 활발하게 된 것도 이러한 현실의 반영이다.

이 변화는 이론적으로는 언어 학습의 도구성(instrumental)과 통합성(integrative)의 구별(Gardner 1985)과도 관련이 있다(표 4-2). 근세적인 귀족 취미로서의 또는 지식 흡수를 위한 어학 학습으로부터의 배신을 의미한다. 사회의 산업 구조의 고도화, 국제 교류의 확대, 중산층의 증대 등의 요인이 그 근본에 있으며 이러한 변화는 불가피한 흐름이다.

이상으로 세계 언어의 순위가 매겨지는 구조에 대해서 살펴보았다. 결론적으로 세계에서 독일어와 일본어는 비슷한 위치에 있다. 현재는 영어의 영향으로 귀착되고 있는 과정이라고 할 수 있다. 그러나 위키피디아(Wikipedia)에서도 알 수 있듯이 의도적인 노력과 시책(施策)으로 생명력을 유지하는 것도 가능하다.

3. 현대 일본에 있어서의 독일어의 세력 쇠퇴

다음으로 일본 국내에 있어서의 독일어의 세력에 대해서 생각해 보자. 그 반대(독일 국내에 있어서의 일본어의 세력)는 다른 정보가 있다. 독일 국내의 일본어가 최근 중국어 인기에 눌리고 있다는 것은 대학 입학 희망자 수, 수강생 수, 성적 등으로 알 수 있다. 그러나 독일 전체의 신뢰할 만한 수량화된 데이터는 구하지 못하였다. 세계의 일본어나 일본의 외국어에 대해서는 이미 다른 책과 논문에서 논했기 때문에 생략하기로 한다(이노우에(井上) 2000.10., 2001.8.).

일본 국내에서 독일어의 인기가 떨어지고 있다는 것은 이전부터 지적되고 있고, 이는 Ammon교수가 편찬한 책(Ammon 1992)에서 다양한 관점으로 분석되어 있다. 이하에서는 새로운 실례를 데이터로 확인하기로 한다.

메이지 시대 이후 고등교육에서 독일어는 영어 다음으로 선택되었다. 특히 의학부에서는 필수였다. 대학에서는 예전에는 영어, 독일어, 프랑스어 순으로 인기가 있었지만, 2차 대전 이후에는 프랑스어가 따라 붙어서 1960년 전후에 영어, 프랑스어, 독일어의 순이 되었다. 그 무렵 러시아어와 중국어가 대학의 교양 어학으로 추가된 것도 영향을 끼쳤다. 선택의 다양성이 늘어나서 독일어의 위치는 많은 외국어 중의 하나로 떨어졌다.

문부과학성에서는 최근 전국 대학의 설문조사에서 대학 교육에서 어떤 외국어를 가르치고 있는지를 조사하였다(문부(과학)성 2002~2008). 그림 6-9 참조.

2003년 조사에서 중국어가 독일어를 역전해, 영어, 중국어, 독일어, 프랑스어의 순서가 되었다. 중국어를 선택할 수 있는 사립대학의 수가 독일어를 선택할 수 있는 사립대학의 수를 앞섰기 때문이다. 경영에 민감한 사립대학은 언어 시장의 수요 변동에도 민감해서, 민간과 학생들의 언어 수요에 응하려고 한 것이다. 또한 조선(한국)어를 개설하는 대학도 급증하고 있어서, 이런 추세라면 한국어가 몇 년 후에 프랑스어와 독일어를 앞설 가능성이 있다. 이를 보면 실용 외국어 학습으로 기울어져서, 지리적 근접 효과가 외국어 학습에 이전보다 더 강하게 작용하게 된 것이다. 역으로 독일어와 프랑스어는 개설 대학 수가 줄고 있다.

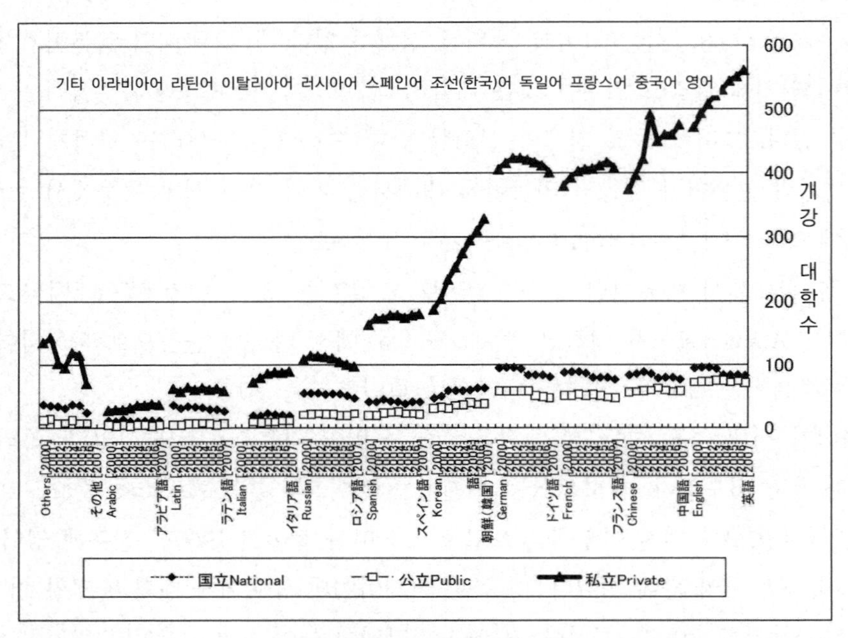

그림 6-9 외국어 과목 개설 대학 수

국공립 대학에서는 이전과 마찬가지로, 영어, 독어, 프랑스어, 중국어 순이다. 국공립은 일찍부터 이들 외국어의 수업을 개설하고 있었기 때문에 영어와 거의 같은 수로 변동이 적다.

최근에는 중국어가 인기로 구미에서도 마찬가지로, 대학에서 일본어 수강자가 줄고, 중국어 수강자가 늘고 있다. 국제적인 중국어의 인기 상승은 최근 중국의 경제 발전과 일치하고 있다.

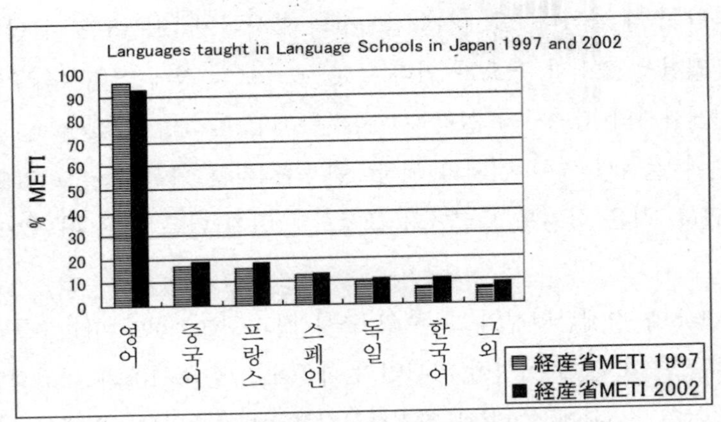

그림 6-10a 민간 회화학원 언어 1997, 2002(경제산업성)

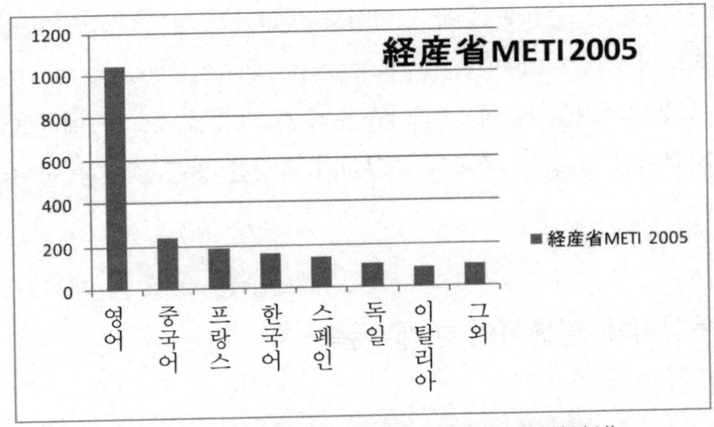

그림 6-10b 민간 회화학원 언어 2005(경제산업성)

인기의 추이는 민간 어학 학원에 잘 반영된다. 언어 산업의 전형으로서 시장 원리가 관철되기 때문이다. 일본 국내의 독일어의 인기는 하강 중으로 어학 학원에서의 개강 수도 감소 추세를 보이고 있다. 민간의 어학 학원에서 가르치고 있는 언어의 수에서도 이전부터 중국어가 영어의 뒤를 잇는 인기였다. 이노우에(井上 2000.10., 그림 3)의 그래프에 의하면, 1995년에서 1999년에 걸쳐서 독일어를 가르치는 학원 수가 줄었다. 단, 다른 잡지사의 조사이기 때문에 조사 방법이 다를 가능성이 있어서 조심할 필요가 있다. 그림 6-10a의 경제 산업성의 2회의 조사 결과는 이제까지의 잡지사의 일람과 차이가 난다(이노우에(井上) 2000.10.). 1997년에서 2002년에 걸쳐서 영어 이외의 외국어를 가르치는 학원이 늘고 있고, 종류도 다양화되었다. 작은 학원을 모집단의 대상으로 하지 않은 것은 아닌가라는 생각도 든다.

그림 6-10b에 경제산업성의 그 후의 조사 결과(취급 언어별 기업 수)를 제시하였다. 조사의 모수와 집계 기법이 바뀌었기 때문에 그림 6-10a와 직접적인 비교는 어렵다. 한국어가 6위에서 4위로 약진했고 독일어의 순위는 5위에서 6위로 떨어졌다.

NHK 어학 강좌의 수강생 수에 있어서도 독일어는 장기적으로 순위가 떨어졌고, 절대 수도 줄고 있다(NHK 방송연구부 1995, 이노우에(井上 2000.10., 2001.8.). 예전에 동서 독일이 통합되었을 때 독일어 학습자 수가 회복될 것으로 예측했었지만, 실제로는 일시적이었다. 일본 국내의 독일어의 현상은 밝은 것만은 아니라 어둡다.

4. 독일어와 일본어의 미래 예측

이하에서는 미래에 대해서 논해 보자. 독일어와 일본어의 미래를, 어두운 것과 밝은 것으로 나누어 고찰하겠다.

4.1. 어두운 예측 : 영어의 압력

세계에서 독일어와 일본어의 세력을 예측할 때 영어를 무시할 수 없다. 주요 언어의 1세기 이상의 변천을 보기에 적절한 데이터로 학술 잡지의 과학 논문에서의 언어 선택이 있다(Tsunoda 1993). 그림 6-11참조.

언어가 활약하는 장면으로서 위신(prestige)이 있다. 이는 상위에 위치하는 것으로 이 장면에서의 추세가 하위의 장면에 영향을 끼친다. 최근 100년 동안은 영어가 최고이다. 예전에는 독일어가 프랑스어와 각축을 벌여 활약했던 시대가 있었고, 일본어가 일시적으로 진출한 시대도 있었다. 아시아에서도 프랑스어보다는 독일어가 인기가 있었다. 이는 실용적인 지식의 도입을 위한 것이다.

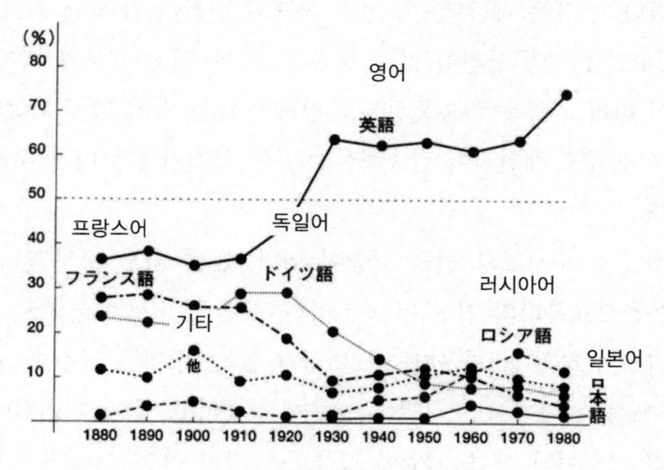

그림 6-11 학술지 언어 선택 1세기

이들은 도중 단계라고 해야 하는데, 최근에는 영어의 세력이 더 크다. 영어 제국주의는 더 강해지고 있어서 독무대의 상황이 더 강해졌다. 지정학적으로 그리고 세계사적인 시야에서 보면, 영어의 진출은 되돌릴 수 없는 톱니바퀴처럼 작용한다. 독일어와 일본어는 소위 말하는 「2류 언어」로 바뀐 것일까. 독일어와 일본어는 영어와 같은 독점 기업 언어의 뒤를 잇는다. 비슷한 위치를 유지할 것인가? 또는 오래된 상점가의 오래된 점포처럼 파산 상태가 될 것인가. 현대와 미래의

언어 상황을 설명하기 위해서는 전 세계의 사회나 경제의 여러 요인을 살펴볼 필요가 있다.[2]

4.2. 밝을 것 같으면서도 어두운 예측

4.2.1. 집적의 이익 · 규모의 경제 · 스케일 메리트(scale merit)

현재 영어 이외의 언어들의 세력이 성장한 것처럼 보여도, 일시적인 움직임일 가능성이 있다. 비유를 해 본다면, 상점 규모의 변천이 있다. 상업화의 발전에 따라 우선 소규모의 개인 상점이 많이 생겼다. 그 후 상점 규모가 커지고, 교통수단이 발전함에 따라 가까운 일용품점은 폐점하지 않을 수가 없게 되었다. 또한 최근에는 교외에 대규모 체인점이 진출해서 이전의 상점가는 셔터가 내려진 상점가로 변하고 있다.

다른 비유로는 도시로의 인구 집중이 있다. 근대 이후 도시 인구가 늘어나는 과정에서 농촌으로부터의 인구 이동에 따라, 우선 중도시가 늘었고, 그 후에 대도시로 인구가 이동하였다. 최근에는 특별구가 있는 것 같은 정령(政令) 지정 도시나 지방 거점 도시, 나아가서 도쿄권에 인구가 집중하고 있다. 지리학이나 경제학에서는 인구가 지역이나 산업, 기업에 집중되는 것의 이점(집적의 이익, 규모의 경제, 스케일 메리트scale merit)을 지적한다. 역사적으로도 집주(集住), 도시화, 인구 집중이 거의 돌이킬 수 없을 정도로 진행되어 왔다. 각 언어의 학습자도 마찬가지로 상위 언어에 계속 집중되고 있다. 이것은 현재 상황(現狀)은 밝지만, 먼 미래를 생각

---

2 UN 공용어는 당시의 전승국의 언어를 채용했기 때문에 영 · 프 · 스 · 러 · 중으로, 5개 국어가 표기된 우표가 발행되었다. 그 후 아라비아어가 추가되었다. 우표에는 사무국 소재지의 언어가 사용되게 되어, 뉴욕 영어, 주네브의 프랑스어에 이어 빈의 독일어가 등장했다. 독일어가 공용어가 아닌데 사용되고 있는 것이다. UN분담금 제1위를 근거로 일본어를 UN공통어로 추가시키려던 안은 좌절되었다.

하면 어두운 예측이다.

4.2.2. 지역 경제권과 독일어 · 일본어

한편, 지구상의 지역(대륙 또는 주)에 따라서 사정이 다르다는 예측이 있다. EU의 대부분이 공통 통화인 EURO를 가지고 있다. 아이디어가 나왔던 것이 제1차 세계대전 이후라고 생각하면, 실현까지는 80년 가까운 과정이 필요하였다. 독일어는 지리적 근접 효과 덕분에 EU권내에서는 세력을 유지하기 쉽다.

역사적으로 그 앞 단계에 있는 것이 극동의 경제권으로, CJK(중일한)의 한자(漢字)권과도 겹친다. 이전에 떠오르는 용들이라고 불렸던 유교권 또는 중국 문화권이라고 해도 된다. 현재 이들 지역의 대도시에서는 서로서로 ECJK(영중일한)의 4언어를 사용한 다언어 표기가 증가하고 있다. 이 언어 경관은 대학 등의 고등 교육에서의 언어 선택에도 반영되고 있다. 이와 관련이 깊은 것이 ASEAN이나 APEC이다. 이들 국가들이 먼 미래에 지리적 근접성으로 경제적 관계를 발달시켜 교류가 왕성하게 되었을 때에 일본어의 세력은 이 지역 내에서는 안정적일 것이다. 지구상을 몇 개에서 10여 개로 나눌 수 있는 경제권이 등장하면, 그 지역 내 상호 간에 언어 학습이 왕성하게 될 것이라는 예측이다.

단, 이 지역 내의 언어의 위치는 영구적인 것은 아니다. 이 과정은 방언의 쇠퇴 과정에서도 보인다. 이전의 소규모적인 방언차가 사라져서, 일시적으로 지방 공통어나 신방언이 세력을 얻는 것과 같은 단계이다. 먼 미래에는 일본 국내의 방언차가 적어질 것이다. 도시 주민은 다양한 주민들 간의 커뮤니케이션을 위해 공통어를 더 지향할 것이다. 도중에 발생한 것이 광역 방언화 또는 지방 공통어화로, 각 지방 특유의 말투의 잔재가 있었다. 그 후에 전국 공통어가 보급되어 각 지방 특유의 말투는 점점 사라지고 있다. 직업이나 사회계층의 고차(高次)화와 공통어 사용이 연동한다. 영어 세력의 세계 진출도 이와 비슷한 과정을 거친다고 생각된다. 공통어를 구사할 수 있는 사회계층에 (화이트칼라라는) 편중이 있었던 것과 똑같아서 외국어를 학습하는 사회계층에도 편중이 있다(그림 16-8). 크게 보면, 어느 정도의 언어 능력을 익히는가에 따라 평생 임금에도 차이가 생긴다(그림 16-11).

4.3. 어두울 것 같으면서 밝은 예측 : 자동 번역 서비스

이상은 밝을 것 같지만 먼 미래에는 어두울 것 같은 예측이었다. 거꾸로 가까운 미래에 대해서는 어두운 예측이지만, 사실은 밝을 것 같은 것도 있다. 바로 기계번역(자동번역)의 영향이다.

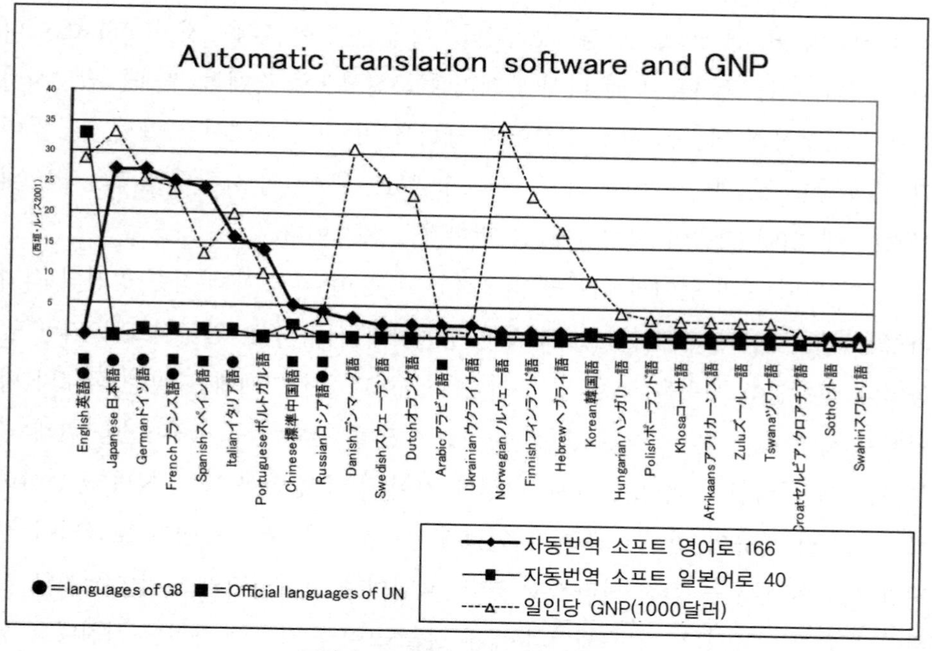

그림 6-12 번역 소프트와 경제력

현대 세계에서는 국가 간의 교류가 증가하여, 외국의 정보를 접할 기회가 많아졌다. 단, 번역이나 통역이 간단하고 싸게 가능하다면, 각 개인이 외국어를 배울 필요는 없다. 현재 인터넷 HP의 자동 번역 서비스가 급속히 실용화되고 있다. 또한 유료 소프트웨어도 많이 나왔다. 이들은 그림 6-12에서 알 수 있듯이, 영어 중심으로 영어 이외의 언어 상호 간은 그 수가 적다. G8 국가의 공용어, UN 공용어인 6개 언어를 검은 색으로 나타냈다. 국민 1인당 GNP가 큰 언어인 영어로의 번역 소프트웨어의 수가 많다는 경향을 알 수 있다. 번역의 질도 소프트웨어의 수량에 비례하는 것 같다.

또한 회화 번역 서비스도 호텔 예약처럼 정형화된 표현이 많은 회화에 대해서도 실험이 진행되고 있다. 일기예보 등도 유력한 후보이다. 그러나 이들은 웬만큼 급하지 않는 이상은 인터넷 메일로 하는 편이 더 확실해서, 회화의 번역 서비스는 통신수단이 전화 밖에 없는 경우에 한정된다.

하지만 자동번역이 보급된다 하더라도 이것 때문에 외국어 습득을 할 필요성이 없어진다고는 할 수 없다. 통역이 늘 함께하는 외국계 기업 임원도 현지어를 할 수 있는 편이 낫다.

4.4. 밝은 예측 : 파이의 증대

4.4.1. 고학력화

독일어와 일본어는 국외에서 세력을 잃지 않을 것이라는 밝은 예측을 마지막으로 내걸어 보자. 앞으로의 국제 교류의 확대와 고학력화 때문에 어학 학습의 수요는 전 세계적으로는 증대되어, 언어 학습의 수요도 늘어날 것이다. 즉 외국어 학습의 파이가 전 세계적으로 크게 될 것이라는 예측이다. 그렇게 되면 학습자의 절대 수가 증가할 가능성이 있다. 따라서 독일어와 일본어의 경제가치가 이대로 하락할 리는 없다고 기대해 본다.

단 일본의 경우에는 고학력화가 한계에 도달했고 저출산화도 진행되고 있어서 대학의 독일어 교사는 실직할 위험에 처해 있다. 성인교육이나 평생교육에 대한 기대도 있었지만, 이 기대도 이미 한류에 잡아먹히고 있다. 대시장인 중국도 기대되지만, 근접효과 측면에서 보면 독일어보다 일본어가 더 유리하다.

4.4.2. 다언어 사용의 역할 증가

밝은 예측과 결부되는 것은 커뮤니케이션권역의 확대와 산업구조의 고도화에 따른 언어 수요의 증대이다. 전 세계의 다언어화, 언어 사용의 중층화이다. 이것은 경관 언어학적으로 명확하게 알 수 있다. 서비스업 등의 다언어 표기, 다언어 서비스가 관광객에 대한 서비스의 일환으로 더 퍼질 것으로 기대된다. 여행객이 더 늘어나는 경향이므로 서바이벌을 위한 초보적인 영어는 더욱 더 퍼질 것이다. 그러나 장면에 따른 구분 사용을 동반하며, 영어만으로는 불가능한 기능을 독일어와 일본어가 인접 지역에서 담당할 것으로 기대된다.

5. 결론으로서의 밝은 예측

이상으로 독일어와 일본어의 미래를 살펴보았다. 마지막으로 밝은 예측을 소개했는데, 이것은 외국어 교육에 다소라도 관련이 있는 입장에서의 발상이었다. 영어 이외의 언어가 앞으로의 세계에서 살아남을 것이라는 예측은 다른 의미에서 중요하다. 그것은 다시 비유를 사용하면, 전 세계의 식사가 햄버거나 프렌치 프라이로 통일되는 움직임을 멈추게 하는 것으로 이어진다. 이는 전 세계 수천 개의 언어의 미래가 보장되고, 국어의 평온이 보장되는 것으로 이어진다. 언어의 세력은 다양한 시점에서 계측할 수 있지만, 외국에서의 학습이나 습득은 소위 말하는 나무의 끝부분에 가까운 부분이다. 위기 언어를 위한 대책도 필요하지만, 유력한 언어인 독일어나 일본어의 세력을 유지하는 노력도 필요하다. 이것이야말로 개인이 아니라 국가 또는 문화권으로서의 언어권의 문제로 앞으로의 세계의 언어 상황을 논하는 데에 가장 중요한 과제이다. 기본적으로는 자유경제에 지배되지만, 그것을 조절할 수 있는 의연한 정책이 필요하다. 구체적으로는 국내(언어권 내)에서의 모국어 유지와 모국어 사용 장면의 확보, 국외(언어권 외)로의 언어 보급 정책이 중요하다(이노우에(井上) 2001.8.).

07 언어의 가치 변동
— 일본과 중국

❖ 이 장에서 다루는 것은 현대 아시아의 두 개의 주요 언어의 경제언어학적 시론(試論)이다. 언어의 인기를 알기 위해서 일본어능력시험의 수험자 수의 변동 등의 데이터를 이용하였다. 학습 언어의 선택에는 경제와 함께 일본어의 난이도도 관련이 있을 것이라고 생각하였다. 중국의 경제 발전은 놀라울 정도여서 이 논문을 쓴 2002년에는 안타깝게도 이를 예측 못했지만, 이 책에 수록하면서 내용을 정정할 필요는 없었다. 일본어능력시험의 데이터는 그 후, 새로운 분석을 했기 때문에 바꾸었다. 최신 데이터를 보충하면, 21세기에 들어서의 추이가 명확하게 되겠지만, 이는 후진들에게 맡겨도 좋을 법하다.

1. 언어의 시장가치

1.1. 일본어의 시장가치

말을 돈과 관련지으면 지금까지 보이지 않았던 현상이 보인다. 일본어는 1970년경까지는 외국인에게는 팔 수 없는 언어였다. 고도의 경제 성장기 이후 서서히 일본어 학습자가 늘어서, 팔리는 언어로 변신하였다. 즉, 시장가치가 생긴 것이다. 일본어의 수요와 공급의 변천은 취학생의 증감이나 일본어 학교의 성쇠를 보면 전형적으로 알 수 있다(이노우에(井上) 2000.10.).

원래 외국어를 배우는 이유 중에는 실용과 교양이라는 두 가지 목적이 전형적이다. 원래는 서양이나 동양에서도 교양을 위한 고전어와 실리적 이용을 위한 근대어가 확실히 구분되어 있었다. 일반적으로 일본인은 교양을 쌓기 위해서나 다른 나라 문화를 이해하기 위해서 등, 허울 좋은 대답을 언어 선택의 이유로 많이 든다. 그러나 최근에는 외국어 학습의 배경으로 취직이나 소득이 조금 보이기 시작하였다. 즉 진심은 실용 언어이며, 언어의 이용 가치에 있는 것이다. 이러한 점이 최근에 일본어 교육이 융성하는 이유가 될 것이다. 아시아의 일본어 학습자의 솔직한 의견에 따르면, 일본 회사나 관광객과 관련 있는 일을 하면 수입이 늘기 때문에 일본어를 배운다는 것이다. 즉, 일본어의 시장가치의 상승에 따라서 일본어를 선택하고 있는 것이다(국제교류기금 2008).

이상과 같은 언어의 경제성은 어떤 구조를 가지고 있는 것일까? 일본과 중국의 언어 학습을 단서로 고찰해 보고자 한다.

1.2. 언어의 시장가치와 부동산의 예

「경제언어학」이라는 연구 분야가 성립될 수 있다. 언어의 경제성이라는 테마는 두 가지로 나눠진다. 하나는 언어 내적인 것으로 언어의 난이도이고, 또 다른 하나는 비언어적(언어 외적)인 것으로 언어의 시장가치와 관련이 있다. 둘 다 언어 학습이라는 관점에서 보면, 비용 대 효과와 관계가 있으며, 경제성과도 관련이 있다.

학습용 외국어로 팔리는 언어인지 아닌지의 가치는 부동산과 닮았다(제2장 2.3절). 부모로부터 물려받은 집이나 토지가 도쿄 도내인 경우는 이용 가치가 있다. 그러나 과소지(過疎地)의 토지는 상속받아도 쓸모없는 경우가 많고 팔리지도 않는다. 이는 어떤 부모의 재산을 물려받는가에 따라 차이가 발생하는 것으로 지극히 불공평하다. 언어도 마찬가지이다.

2. 일본어관 국제 센서스의 분석

2.1. 중국에 있어서의 일본어 가치-지리적 근접 효과

언어가 시장가치를 가진다면 그리고 언어 학습에 경제가 관련된다면, 현실의 경제 변동도 영향을 끼칠 것이다. 언어의 시장가치에 어떻게 작용하는가를 알아 보기 위한 적절하고 구체적인 데이터가 몇 가지 있다.

중일의 언어 시장은 최근 100년 그 중에서도 특히 최근 40년 동안에 큰 변화를 보였다. 특히 1972년의 중일 국교 정상화가 개인적으로는 인상적이다. 국교 회복 직후에 도쿄외국어대학 중국어과 졸업생 전원이 기업에 취업해서 대학원 진학자가 한명도 없었다. 이때는 정치가 작용했지만, 그 뒤에는 경제의 작용이 크다.

이와 반대의 경우인 일본어를 배우는 외국인의 수에 대해서는 일본 정부의 각 기관에서 분담하는 형태로 조사하고 있다.[1] 그 대부분은 중국을 비롯한 인접 국가들이다. 이전 데이터는 이노우에(井上 2000.10.)에서 소개하였다. 1995년 전후를 정점으로 정규분포를 이루고 있어서 현재는 유학생 수가 줄어드는 경향을 보이고 있다. 버블 붕괴와 시기가 일치한다. 그 후 정부의 대책이 효과가 있었는지 커브가 상승 곡선으로 바뀌어 유학생 수는 매년 기록을 갱신하고 있다(그림 7-1 참조). 참고로 유학생 10만 명 계획은 2003년에 달성되었다.

1 대학원 · 대학(학부) · 단기대학 · 고등전문학교 · 전수(專修)학교(전문 과정) · 준비 교육과정에 있어서의 유학생 수의 추이(각 연도 5월 1일 현재). 과정 수료까지 12년이 필요 없는 나라의 학생에 대해서 일본의 대학입학자격을 주기 위하여 문부과학장관이 지정한 과정을 가리킨다(헤이세이 11년에 발본적인 제도 개정을 하여, 새로운 과정의 지정을 함). 사사오입한 수를 사용한 표에서는 내역의 합계가 일치하지 않는 경우가 있다. 출전 : 독립행정법인 일본학생지원기구 홈페이지에서.

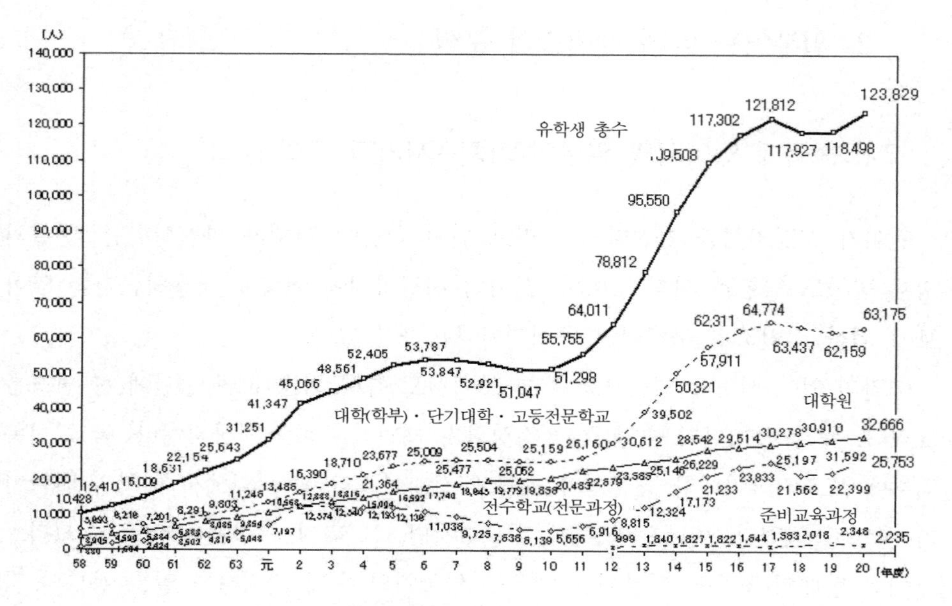

그림 7-1 유학생 수의 추이(각 연도 5월 1일 현재)

중국을 비롯한 동아시아에 대해서도 자세한 사정을 숫자로 확인해 보고 싶다. 다행히 「일본어관 국제 센서스」의 결과가 수치표로 공개되어 있다(신프로 「일본어」 1999). 이는 세계 28개국에서 실시한 대규모 여론조사의 결과이다. 단 단순 집계표만으로는 읽기 어렵다. 대학원 수업에서 수치 데이터를 이용하여 그래프와 지도를 만들어 많은 성과를 얻었다. 특히 세계지도에 표시했더니 전체적인 경향을 알 수 있었다.[2] 그 결과 나온 것이 동아시아의 특수성, 관점을 바꾸면 동아시아 전체의 공통성이다. 중국어와 일본어의 존재가 크다는 것을 알 수 있다. 가장 전형적인 것이 언어 학습의 의욕에 관한 질문이다.

2 야리미즈(鑓水兼貴)의 프로그래밍에 의한 것이다. 단순 집계표만 있으면 모든 항목을 간단하게 세계지도를 만들 수 있다. 단 여러 사정으로 데이터를 입수할 수 없어서 작업이 정지된 상황이다.

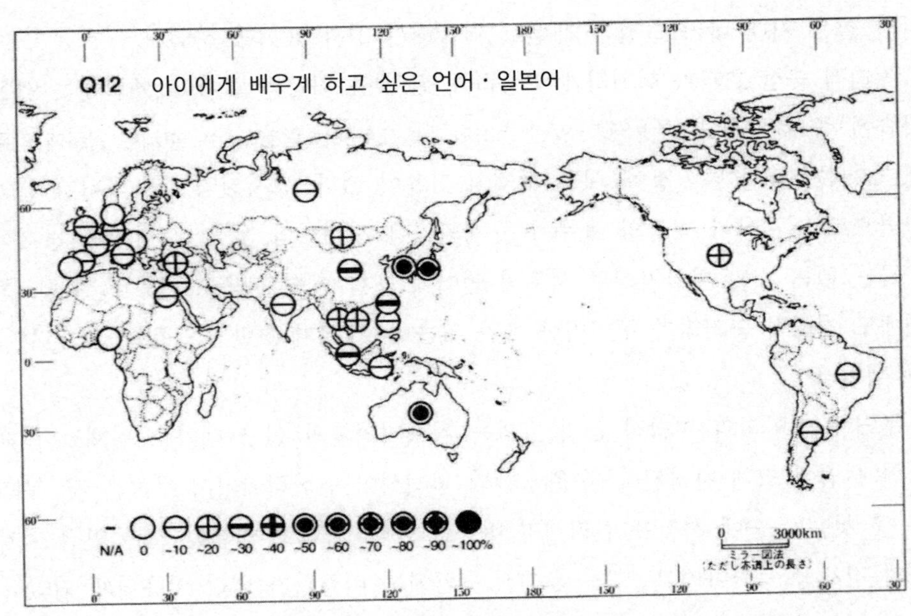

그림 7-2「아이에게 배우게 하고 싶은 언어」(일본어관 국제 센서스)

그림 7-2는「아이에게 배우게 하고 싶은 언어」에서「일본어」를 선택한 비율을 세계지도로 나타낸 것이다. 이것이 가장 진심일 것이라고 생각된다. 예전에 배운 언어라고 물으면 과거와 관계가 있고, 지금 자신이 배우고 싶은 언어라고 물으면, 자기 자신의 희망을 이루기 위해 인생의 남은 시간 등을 고려해서「없음」이라는 응답이 많이 나오게 된다. 미래에 자신의 아이에게 배우게 하고 싶은 언어라고 물으면, 미래를 예측한 후에 게다가 본인은 이루지 못했던 희망을 걸고, 이상적인 응답이 나올 것이라고 기대하였다. 그림 7-2를 보면 일본 인근 국가에서는 학습 희망자가 많아서 4할에 달한다. 중국과 대만은 2할대이다. 지리적 근접 효과가 크게 반영된 것이다.

이것이 그대로 실현된다면, 인구 크기로 봤을 때 14억 규모의 중국이 크게 작용할 것이다. 또한 이 지도에서는 싱가포르와 같은 도시국가도 미국, 중국, 러시아와 같은 거대 국가도 같은 레벨로 취급해서 결과 표시를 하였다.

지리적 근접 효과가 현저하게 작용하게 된 것은 최근의 일이다. 옛날에는 언어 학습에 종교가 크게 작용했다(성전 언어의 학습으로 이슬람교에서는 현재도 강하게 작용함). 20세기 후반에는 정치, 사회 체제의 작용이 컸다. 동서진영으로 나눠져 철의 장막으로 러시아어 학습의 유무가 규제되었던 시대였다. 중일 사이에도 경제적 교류는 없는 것과 마찬가지로 서로의 언어에 대한 학습 의욕도 낮았다. 한편, 현재에도 지리적 근거리가 무의미한 예가 있는데, 21세기 초반의 북한이 그 전형적인 예이다.

무역에 있어서의 지리적 근접 효과는 경제지리학의 연구 테마로 원재료나 제품의 운임에 크게 반영된다. 수운(水運)의 경제성이 인상적이어서 무거운 것, 부피가 큰 것은 운송에 시간은 걸리지만 비용은 싸다. 바다로 연결된 일본 인접 국가와의 경제성은 높아지고 있는 것이다. 최근에는 비행기가 널리 이용되게 되었다. 비행기의 경우는 운임은 더 비싸며 거리에 좌우된다. 단가가 비싼 것(컴퓨터 부품 등)은 환금(換金) 일수가 줄어들기 때문에 속도가 중시되어 비행기로 운반된다. 또한 본래 근교 농업의 대상이었던 작물도 가벼운 것은 비행기로 옮긴다. 운임은 도쿄 부근의 땅값, 노동의 단가에 의해 결정된다. 지구 반대쪽의 브라질과 같은 나라로부터는 어렵지만 중국과 같은 가까운 곳이라면 성립된다.

즉, 무역량에는 지리적 근접 효과가 작용하는 것이다. 무역과 같은 교류는 점점 더 커질 것으로 기대되는데, 이것은 당연히 인적 교류에도 반영된다. 고액의 또는 장기간의 거래라면, 사람이 직접 만나서 이야기하는 기회가 늘어나서 통역이 더 필요하게 된다. 일상적인 거래도 언어를 매개로 해서 이루어진다. 언어 역할의 비중이 최근에 특히 눈에 띄는데, 중일 간의 변천이 특히 크다.

2.2. 동아시아에 있어서의 일본어의 가치와 언어 시장

이상의 「일본어관 국제 센서스」의 결과를 활용한 성과가 심포지엄 보고서로 간행되었다(국립국어연구소 2002b). 조사가 실시되고 몇 년 후의 해석이기 때문에 사태의 추이를 살핀 후에 천천히 고찰할 수 있다. 그 후 한일 관계도 많이 개선되었고, 이 조사는 이미 역사적으로 가치가 있다. 제시된 것을 보면, 동아시아의 4개국의 데이터로 해석하기 쉽다. 한중일, 싱가포르 각각의 숫자의 배경을 잘 아는 사람의 분석이다.

중국의 경우는 확실히 전문가가 분석했기 때문에 유익한 지적이 많다. 아시아에 있어서의 일본어 시장의 추세를 알고, 미래를 예측하기에 충분한 고찰이 이루어져 있다. 거기에서 지적되고 있는 것은 일본어 인기의 그늘이다. 중국에서는 제1 외국어로서의 일본어가 영어에 쫓기고 있는 형태로 지위가 저하되고 있다. 처음에는 일본 버블의 붕괴가 영향을 끼친 것인가라고 생각했는데, 만약 그렇다면 경제 변동이 직접적으로 학습자의 의욕에 반영된 것이 된다. 하지만 아마도 좀 더 다양한 국내의 요인들에 의해 좌우될 것 같다. 이것은 대만과 비교해 봐야 한다. 현재의 중국의 경제 발전이 계속 이어져, 중일의 경제적 유대가 대만처럼 강해진다면 일본어의 인기가 더 높아질 것으로 기대된다. 일본과 중국 양쪽의 경제적 상황이 상호 간의 언어의 유용성을 좌우하고 또한 학습 의욕으로 이어지는 것으로 관찰된다.

또한 한국에서는 제2외국어로서의 일본어의 지위가 불안정해서, 입시 과목에 포함되는지 여부, 고등학교 등에서 일본어를 가르치는지의 여부 등에 좌우된다고 한다(이 2002). 그러나 이런 단기적인 현상 이외에, 경제발전과 상호 간의 관계의 장기적인 경향을 놓쳐서는 안 된다. 또한 싱가포르에서는 영어와의 세력 경쟁이 심하다고 한다(구즈(葛) 2002).

독일이나 한국 대학의 일본어와 중국어의 학습자 수도 경제에 좌우되는 것 같다. 최근에는 일본어를 배우는 학생보다 중국어를 배우는 학생이 더 많아졌다고 한다. 이런 중국어의 인기는 중국의 경제 발전에 관한 전망 때문일 것이다. 그렇지만 대부분의 학생들은 단기적인 예측으로 학습 언어를 선택하는 경향이 있다. 그에 반해 경제학자는 단순하게 일대일의 관계로 보지 않고, 게임 이론을 이용하여 더 큰 틀에서 고찰하는 것 같다.

이상은 대학이나 고교 등의 공교육에 있어서의 외국어 선택의 예이다. 학습자 수와 교사 수, 기관 수 등은 국제교류기금(2008) 등의 조사 결과가 있는데, 전 세계적으로는 꾸준히 늘고 있다. 그러나 언어의 경제적 가치를 실시간으로 정확하게 반영한 것은 거리에 있는 일본어학원의 종류이며, 또한 방송이나 학습서에 의한 자율적인 학습이다. 유감스럽게도 숫자로 파악하기는 어렵다. 「일본어관 국제센서스」가 단서가 되지만, 1개국 1,000명 규모의 조사로는 0.1% 정도의 학습자에 대한 것도 충분히 파악할 수 없다.

단, 앞에서 언급한 보고서(국립국어연구소 2002b)에는 현지 학자의 고찰이 더해져서, 그 지적이 도움이 된다. 사회에서 실용 언어를 요구하고 높은 능력을 요구한다면, 학습자도 그에 따를 것이다. 한편, 현지에 진출한 일본 기업의 설문조사에 따르면, 현지인을 고용할 때에 전문적인 지식을 요구하는 경우는 있어도, 일본어 능력을 요구하는 경우는 적다고 한다. 영어로 의사소통이 가능하기 때문이다. 이것은 헝가리에서도 마찬가지였다(이노우에(井上) 2003.3.). 또한 일본어 학습자의 도달 욕구 수준은 영어 학습자에 비해 낮다.

3. 일본어 능력의 국제적 차이와 경제

3.1. 일본어능력시험의 난이도와 시장가치

이상의 보고서 데이터에서 본 것은 국민 전체에 있어서의 일본어의 위치였다. 여기에서는 일본어 학습자에 한정시켜서, 일본어의 경제적 요소에 대해서 살펴보겠다. 시장가치와 일본어 능력 간에 관계가 성립될 수 있다. 이하, 구체적인 데이터에 근거하여 살펴보겠다.

이하의 집계표의 출발점은 일본어 능력이 시장가치나 모국어와의 유사성에 따라 지배되는가라는 의문에서이다. 근접 효과가 작용하는 언어 중에서도 한국어는 언어유형론적으로도 어휘나 문자 등도 일본어와 유사성이 크다. 즉 상대적 난이도가 낮다. 한편, 중국어는 문자의 공통성은 있지만 언어유형론적으로는 다른 형태여서 상대적 난이도가 높다. 이 인접한 두 언어를 비교하면 경제 원리가 어느 정도 작용하는지를 알 수 있을 것으로 예측된다.

또한 언어학적 요소가 사회언어학적 현상에 어떻게 작용하는지를 생각해 본 적이 있다. 게르만어 국가의 영어 능력이 뛰어난 것은 TOEFL 등의 국제적인 숫자로 확인할 수 있지만, 절대적인 차이라고는 할 수 없다. 일본어능력시험에 대해서는 인접 효과나 경제 발전이 작용한다는 것을 알 수 있었다. 문자에 대해서는 문자 유형(표의문자인지, 표음문자인지, 문자의 종류가 많은지, 읽는 방법이 불규칙적인지) 등과 문맹률과의 관계를 본 적이 있다. 중국과 대만의 문맹률의 차가 크다는 것을 알고, 언어적인 요인이 약해지고, 사회적인 요인이 강하다는 것(이 경우는 학교 교육의 보급)을 알 수 있었다.

직접적인 동기는 헝가리에서 반 년 정도 지내면서, 동구와 서구의 인접 국가들의 일본어 교육과 언어 시장의 실제를 살펴본 경험에 근거한다(이노우에(井上) 2003. 3.). 동아시아의 학생들에 비해 일본어 능력이 떨어진다는 인상을 받았다. 헝가리의 일본어 능력이 낮은 것인지, 아니면 주변 국가들의 일본어 수준도 다 낮기 때문에 눈치를 채지 못하고 있는 것인지 궁금해졌다. 동구권은 왜 일본어의 수험자 수도 절대적으로 적고, 학력이 높은 수험자의 비율도 낮은 것일까? 즉, 시야가 좁으면 높은 산은 만들어지지 않는 것일까? 헝가리의 일본어 사정을 파악하기 위한 객관적인 데이터가 필요하였다.

그래서 확인의 수단으로 국제교류기금의 『일본어능력시험보고서』가 도움이 될 것 같았다. 일본어능력시험의 응시자 수, 수험자 수가 수험 지역별, 급수별로 제시되어 있다. 중국은 시험 장소가 몇 군데 있고, 동구권 등은 인접 국가까지 가서 시험을 쳐야 하기 때문에 시험 장소와 국가, 국적과는 일치하지 않는다. 또한, 수험자 수가 적은 장소도 많기 때문에 한 해의 결과만으로 결론을 내는 것은 위험하다. 최근의 수험자 수를 통계 프로그램에 입력해서 그래프를 만들었다.

또한, 합격률을 국가별로 제시하면, 경우에 따라서는 교사의 열의나 기량도 알려지기 때문에 공개하지 않는다고 한다. 단, 앞에서 언급한 센서스 보고서(국립국어연구소 2002b)에서는 합격률을 제시하고 있다. 급수별 합격률은 4년간 해외 총평균으로 1급 36.8%, 2급 26.2%, 3급 52.0%, 4급 45.1%이다(구즈(葛) 2002). 상급일수록 어려운 것 같다.

국가별 일본어 능력의 차이는, 1급 수험자로 대변되는 것은 아닐까? 기금의 표를 입력해서 그래프를 만들어 최근의 1급 수험생의 증가 경향을 보기로 하였다. 주요 국가만을 그래프로 만들어 본 결과, 결과가 뚜렷하게 나타났다. 그 후, 이토류사쿠(伊東隆作) 씨(당시 헝가리, Karoli대학 강사)가 이 그래프를 보고 자극을 받아, 과거의 데이터도 입력해서(엑셀 집계표와 그래프도), 이노우에(井上)에게 제공해 주었다. 이토(伊東) 씨가 작성한 1999년 이전의 그래프에서는 5년 동안에 조금씩 변하는 형태를 이루고 있다. 이하에서는 20세기 말의 5년 동안을 대상으로 분석을 해 보고자 한다.

3.2. 일본어능력시험 1급 수험생의 추이

그림 7-3에서는 1급 수험생의 비율이 높은 순서로 8개국을 재배열해서 그래프를 만들었다. 그림 7-3에서 가장 눈에 띄는 것은 일본 국내의 1급 수험생(검정색)이 많다는 점이다. 일본 국내의 수험생은 실제로는 국적과 모어가 다양하다. 단, 유학생의 비율과 같다고 보면, 대부분이 한국, 중국, 대만 등, 동아시아 (구)한자(漢字)권이다. 불과 몇 개월의 체재(滯在)로 일본어 능력이 향상된다는 것을 보여준다.

의외였던 것은 중국의 성적이 좋다는 점이다. 언어적 유사성으로 봐서 한국인이 좋은 성적에 도달할 것이라고 예측했지만, 그래프에서는 중국이 2위이다. 이하 일본어의 인기가 높은 나라에서는 그에 비례하듯이 1급 수험생의 비율이 높다 (나중에 시험 장소와 국가를 더 늘린 그래프도 만들었지만, 그림 7-3의 경향과 일치했음).

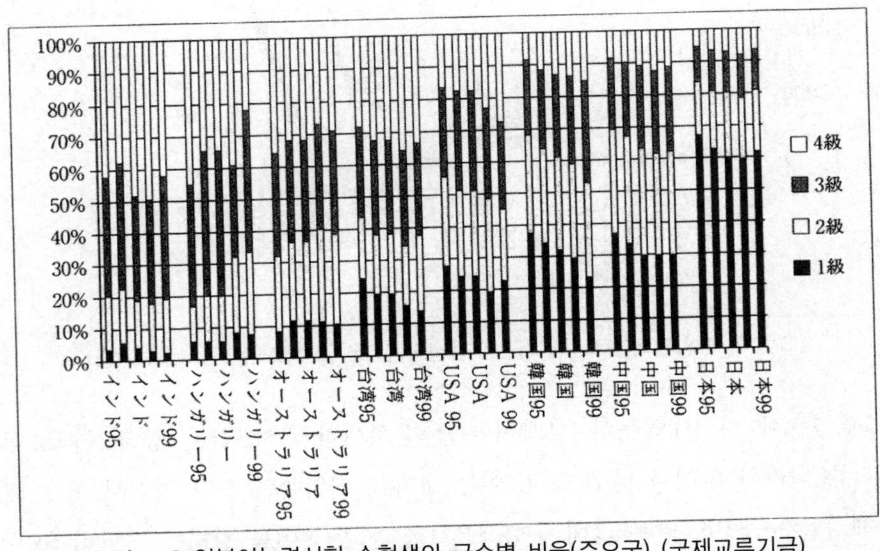

그림 7-3 일본어능력시험 수험생의 급수별 비율(주요국) (국제교류기금)

그러나 2000년 이전의 그래프에서는 중국과 한국의 차이가 거의 없다. 게다가

1995년까지 거슬러 올라가 보면, 약간이지만 한국이 더 높다. 대학 입시의 수험 과목에 들어가는지, 고등학교의 제2외국어 과목에 일본어가 들어가는지 등과 같이 한국 내의 사정에 따라 달라지는 것 같다(이 2002).

각 국가의 내부를 살펴보면, 상위 5개국에서는 1급 수험생의 비율이 계속 줄고 있다. 이것은 3급, 4급의 수험생의 비율이 늘었기 때문으로, 상위 등급뿐만 아니라, 중간 단계나 초급자도 능력시험을 치르게 되었기 때문일 것이다. 이 메커니즘을 알기 위해서는 비율이 아니라 실제 수(實數)를 참조할 필요가 있다.

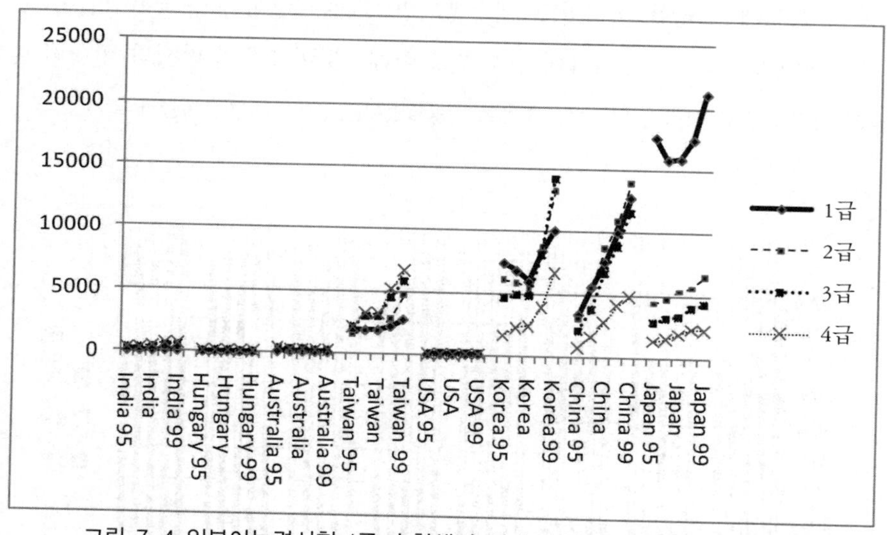

그림 7-4 일본어능력시험 1급 수험생의 실제 수(주요국) (국제교류기금)

그림 7-4에 나타내었듯이, 실제 수(實數)의 차이가 커서, 일본, 중국, 한국, 대만은 다른 나라와 차이가 너무 크다. 이들 국가를 제외하면 수가 적어서 이 그래프로 해석할 수 없다. 일본 국내 수험생은 1급 등 일본어를 잘하는 사람이 많지만, 중국, 한국은 1, 2, 3급의 수험생 수가 비슷하고, 4급 수험생은 적다. 대만은 4급 수험생이 많다. 1급 수험생의 비율은 수험 국가의 경제 상황도 반영하는 경향이

있다.

또한 대부분의 나라에서 5년간의 수험생 수가 늘고 있는데, 특히 중국의 성장이 크다. 중국의 1급 수험생은 1999년에는 한국을 넘어섰다. 한국과 대만은 2～3배로 늘고 있지만, 중국은 5배 이상으로 증가하였다. 일본어(시험)의 인기가 생겼다고 볼 수 있다.

앞서 언급했듯이 상급으로 올라갈수록 어렵기 때문에, 일반적인 상태라면 1급 수험생은 매년 계속 쌓여서 수험자 비율이 높아지는 것은 당연하다. 또한 어떤 나라가 일본어 교육을 새롭게 시작했을 경우, 처음에는 4급 수험생이 많지만 시간이 흐르면 1급 수험생의 절대 수가 증가하게 된다.

중국과 한국을 비롯하여 많은 나라에서 수험생 수가 늘고 1급 수험생의 수가 늘었으나 1급 수험생의 비율이 줄고 있다는 것은 초급 수험생이 증가했다는 것을 의미한다. 이것은 언어 외적 즉, 대부분은 경제적 요인이 현대의 일본어 교육에 영향을 미치고 있다는 것을 시사한다. 왜냐하면 언어 내적인 난이도의 변동은 없기 때문이다.

3.3. 일본어능력시험 1급 수험생의 국가별 비율

이상으로 주요 국가의 5년간의 추이를 살펴보았다. 중국이 존재감을 보여서, 다른 나라들과 비교해 볼 만하다. 이하에서는 2000년의 전 세계의 수치를 이용해서 분석을 시도하였다. 2000년판에서 1급 수험생이 많은 순서로 나라를 재배열하여 그래프로 만들었다.

그림 7-5에서 우선 눈에 띄는 것은 일본 국내의 1급 수험생가 많다는 점이다. 중국의 비율은 여기에서도 눈에 띄어 2위를 차지하였다. 이하 일본어의 인기가 높은 나라에서는 그에 비례하듯이 1급 수험생의 비율이 높다. 재외 동포의 계승어 교육과 관련 있는 남미 국가는 각별하다.

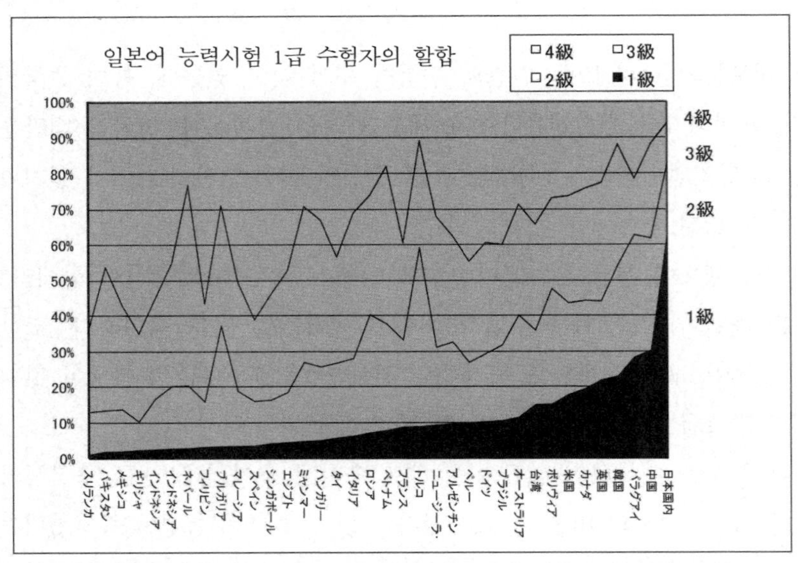

그림 7-5 일본어능력시험 1급 수험생의 비율(2000년) (국제교류기금)

사실은 수험생의 비율만 보는 것은 잘못된 판독이다. 이를 보기 위해서는 절대 수를 알 필요가 있다. 여기에서도 비율이 아니라 실제 수를 참조하여 그림 7-6에 나타내었다. 수험생의 절대 수의 차이가 큰데, 일본 국내, 중국, 한국과 대만이 그 수가 압도적으로 많아서, 단위가 다르다. 다른 나라는 적다. 이어서 동아시아나 남미 등이고, 호주나 미국은 극히 소수여서 수백 명의 수험생밖에 없다.

살펴 볼 지역을 늘려서 좀 더 큰 경향을 보면, 일본어의 인기가 높은(지리적으로 인접하는) 지역일수록 수험생의 수가 많고, 또한 1급 수험생도 많다. 언어적 유사성의 요인은 그다지 작용하지 않는 것 같다. 단 합격자 비율의 데이터가 있다면, 또 다른 결론이 나올 가능성이 있다.

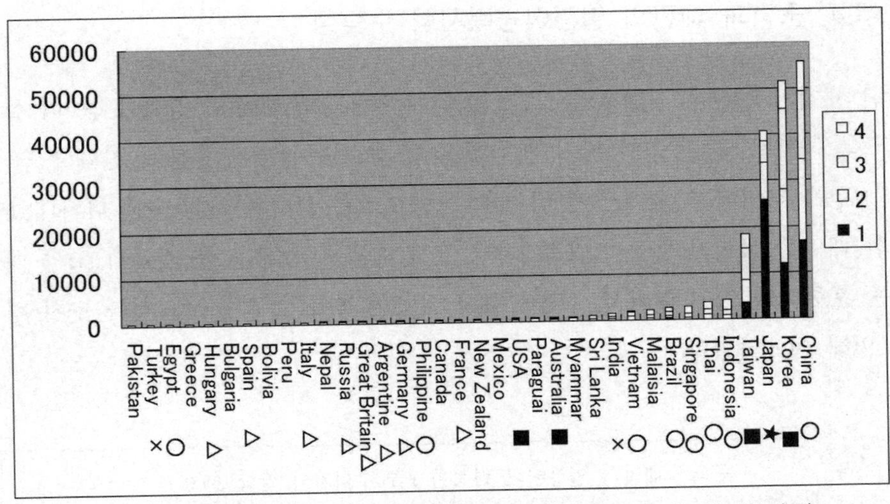

그림 7-6 일본어능력시험 1급 수험생의 실제 수(2000년) (국제교류기금)

국가명 뒤의 ○나 ■는 일본어관 국제 센서스에 근거한 28개국의 4가지 유형이다(이노우에(井上) 2001.8의 그림 1-10).

■ 1. 일본어능력 있음
○ 2. 일본어 도움이 됨
× 3. 일본어능력 없음
△ 4. 일본어 도움이 안 됨

유형 1과 2는 수험생 수가 많다. 유형 4는 수험생 수가 적다. (국민 전체를 대상으로 한) 국제적 여론조사의 결과와 능력시험 수험생의 실제 수는 상관관계가 꽤 있는 것으로 보인다. 그러나 언어 유형과 관련짓는 것은 어렵다.

3.4. 중국과 대만의 일본어능력시험 수험생

전 세계의 양상을 살펴보았으므로 여기에서는 중국 내부의 상황을 좀 더 살펴보도록 하자. 수험생 수가 많기 때문에 수험 장소별 집계가 충분히 신뢰할 수 있는 경향을 보인다. 그림 7-7에 비율을, 그림 7-8에 실제 수험생 수를 나타내었다. 또한 대만은 국교가 없는 것으로 되어 있기 때문에 국제 교류 기금의 조사 대상에는 포함되어 있지 않아서, 교류협회의 비슷한 종류의 조사 보고서를 수치 비교를 위해 이용하였다.

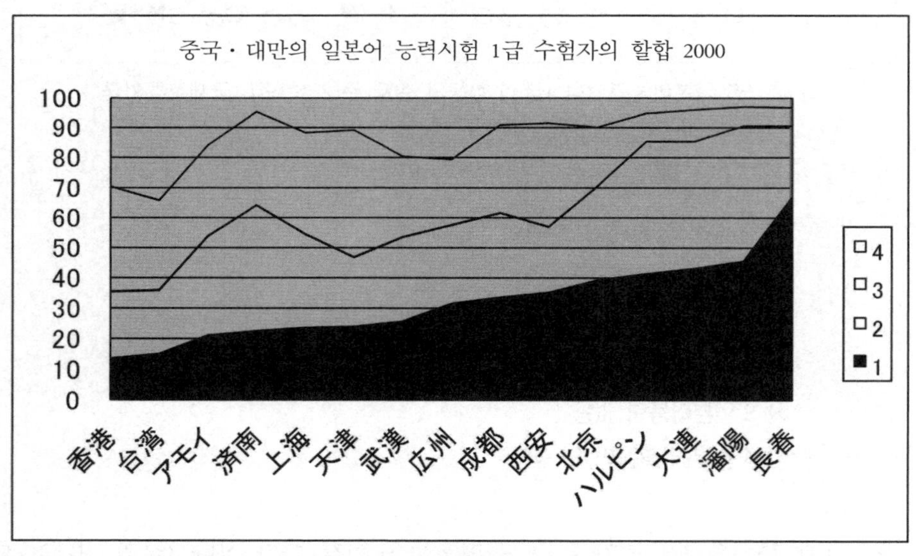

그림 7-7 중국・대만의 일본어능력시험 1급 수험생의 비율(2000년)

그림 7-7에 의하면, 1급 수험생의 비율을 보면, 장춘(長春), 심양(瀋陽), 다렌(大連), 하얼빈과 같은 동북 3성(구만주)의 대도시가 상위이다. 중국 조선족이 거주하며, 그들 사이에서 한국어와 일본어의 유사성, 학습의 난이도가 쉽다고 알려졌기 때문이기도 하다. 하위는 중국 남부의 홍콩, 대만, 샤먼 등으로 영토와 정치적으로

변동이 있었던 지역이다. 「북고남저(北高南低)」라 정리할 수 있다.

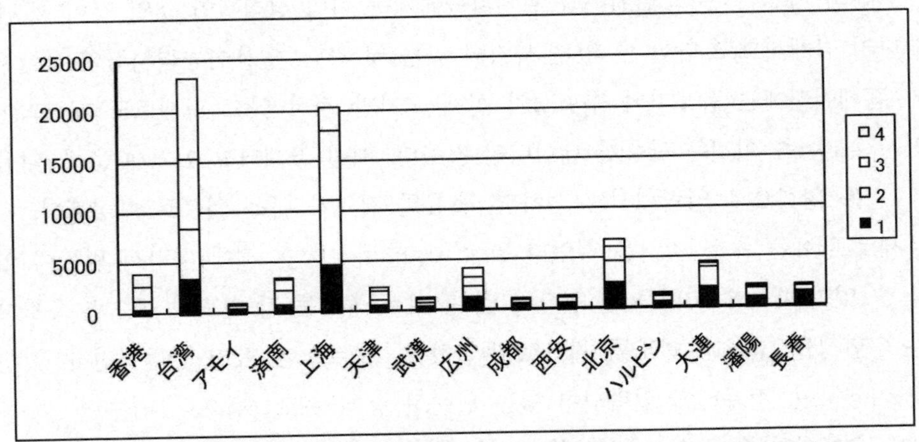

그림 7-8 중국 · 대만의 일본어능력시험 1급 수험생의 실제 수(2000년)

그림 7-8에 의하면 1급 수험생의 수는 그림 7-7과 거의 반대의 경향을 보인다. 장춘(長春), 심양(瀋陽), 다렌(大連), 하얼빈과 같은 동북 3성은 수험생 수가 적고, 대만과 상하이가 압도적으로 많다. 즉, 동북 3성은 소수 정예가 시험에 응시하고, 중국 남부에서는 많은 사람들이 시험에 응시하는 경향이 있는 것이다. 중국 내외의 경제 상황(경제 발전의 격차)의 반영이라고도 볼 수 있다.

일반적으로는 경제가 발전하면 (또는 발전을 위해서는) 넓은 시장과의 교류가 필요하게 되어, 언어적으로 다른 지역이나 사람들과의 교섭이 필요하게 된다. 즉 경제와 외국어 학습은 관련을 보인다. 중국 내부에서 동북 지방의 수험생 수가 적은데 1급 수험생의 비율이 높다는 점과 남부의 수험생 수가 많은데 1급 수험생 비율이 낮다는 점은 바로 이 메커니즘의 반영이라고 봐도 좋다. 전 세계적으로 보면, 국가의 경제 사정 이외에 일본과의 교류(지리적 인접 효과)가 크게 작용하였다. 전 세계적으로 살짝 보였던 경제의 영향이 중국어권 내부에서 더 명확하게 모습을 드러낸 것이다.

3.5. 일본어능력시험 보고서의 가치

이상의 사실은 분석 위원이나 관계자들에게는 이미 상식적인 것일 것이다. 단, 그다지 공개적으로 말할 수 없는 사정이 있는 것 같다. 일본어능력시험의 보고서와 홈페이지에는 응모자와 수험생의 실제 숫자만 적혀 있고 퍼센트도 계산되어 있지 않다. 즉 이것은 귀중한 데이터인 것이다. 매년 공개되고 있기 때문에, 다음과 같은 형식으로 입력해서 분석하면, 훌륭한 결과가 나올 것으로 예상된다.

세로 열에는 수험 지역을 넣었다(국가와 대학은 미공개임). 해에 따라서 변동이 있을 수 있기 때문에 고민을 할 필요가 있다. 가로 줄에는 각 연도의 급수별 응모자와 수험생을 넣었다. 연도를 세로로 배열하면, 세로로 긴 표가 만들어진다. 이것을 이용하면, 컴퓨터에 입력되어 있는 단순한 통계 프로그램으로, 급수별(또한 전체의) 수험생의 수, 그 비율의 연도별 추이를 간단하게 계산할 수 있으며 그래프도 만들 수 있다. 급수에 점수를 매기면, 1개의 수치로 변환할 수 있다. 그 비율로 수험지에 순위를 매길 수도 있다. 또한 응시자와 수험생의 실제 수의 변천 등도 알아볼 수 있다.

중국에 있어서의 일본어 능력은 또 다른 하나의 지역차를 나타낸다. 중국 북부 지역의 수험생의 (총 인구에 대한) 비율이다. 이것이 중국 동북지방의 전쟁 전의 상황에 영향을 받은 것인지, 아니면 중국의 「조선족」들이 말하는 것처럼 「일본어가 모어인 한국어와 유사해서 배우기 쉽다.」라고 하는 얘기에 따른 것인지 확인해 보고 싶어졌다. 비슷한 상황은 몽고어 화자의 일본어 능력과도 관련 있다. 이것은 수험 장소별 집계로 어느 정도 예측이 가능할 것이다.

합격자 수가 명확하지 않은 것은 아쉽지만, 단 앞서 언급한 국어연구소 보고서에 있는 것을 보면 어딘가에서 입수가 가능할 것 같다. 이것을 입력할 수 있다면, 좀 더 자세한 분석이 가능하다. 합격률을 보면 다른 것도 알 수 있을 것이다. 단순하게 실력을 확인해 보는 것인지, 준비를 충분히 해서 현실에 도움이 될 만한 수준이 된

후에 수험하는 것인지, 수험 결과에 따라 생활이나 직업이 관련되는지 등. 이것은 일본어 학습자의 조사 데이터가 보고되어 있기 때문에 명확하게 알 수 있다.

추가 데이터로 국가와 지역의 인구, 진학률, 대학생 수, 문맹률, GDP, 일본어 교육기관 수, 교사 수, 일본 기타 국가에의 유학생 수 등을 넣어서 상관관계를 보면, 어떤 요소가 일본어 교육에 작용하는지의 메커니즘이 드러날 것이다(도쿄외국어대학의 대학원 수업에서 일본어관 국제 센서스의 원본 데이터를 이용하여 성과가 있었는데, 그와 비슷한 것을 할 수 있음).

더 나아가 적절한 통계 프로그램을 이용하여 다변량해석법(多変量解析法)(인자분석, 주성분분석, 클러스터분석) 등을 적용하면, 지역에 따른 증감 경향의 유형을 알 수 있다. 아시아 인접 국가들의 상승 경향도 알 수 있고, 훨씬 이전으로 거슬러 올라가면, 버블붕괴로 상징되는 일본 경제의 파탄이나 노동자 규제 등이 어떻게 작용했는지도 알 수 있을 것이다. 또한 각 국가와 수험지의 사정을 반영한 특징도 알 수 있을 것이다. 급수에 따른 차이가 크게 나오겠지만, 연도와 수험 지역의 차이를 보기에는 여기에서의 시도와 같이 1급 합격자에만 주목해서 분석하는 것이 효율적이다. 이러한 테마는 학생들의 졸업논문이나 석사 논문 등으로는 최적이다.

4. 일본어의 경제언어학적 고찰

현재 얻을 수 있는 통계 수치를 충분히 분석함으로써, 경제언어학의 원리와 법칙성을 이끌어낼 수 있을 것이라고 기대해 본다. 언어 학습의 열의와 도달 정도에 작용하는 것이 언어인지 비언어인지, 즉 난이도인지 경제 요인인지 등, 이노우에(井上 2000.10., 2001.8.)의 이론의 검증이 가능하다. 대학 진학률이 높아지고, 시장경제가 침투하면, 교역을 위해서 일본어를 사용할 기회가 늘어난다. 일본어 능력에 따라 직업 선택의 자유가 (좋은 방향으로) 확대된다. 중국의 경우는 요인이 난이도에서 경제로 변화하는 과정에 있는 것 같다. 상대적 난이도의 중국과 한국의 차이를 이용하여, 나아가 대만, 싱가포르 등과 대비시켜 보면 경제적 요인의 중요성을 알 수 있을 것이다.

중국에서의 일본어 인기는 이상에서 본 것처럼 수험생 수의 증가, 특히 3, 4급과 같은 초급 수험생의 비율의 증가라는 현상으로 잘 알 수 있다. 그러나 국립국어연구소 보고서(2002b)에는 비관적인 관점이 있다. 중국 교육기관에서의 외국어 선택 경향을 봤을 때, 영어 제일주의가 되고 있어서, 일본어의 지위는 내려가고 있다고 한다. 한편, 중국의 고학력화는 일본어 학습자 수의 증가에는 크게 공헌한다.

또한 중국에서 온 유학생에 대한 원조의 확대도, 일본어의 시장가치 증대에 좋은 방향으로 작용한다. 종래에는 국비 유학생과 사비 유학생의 격차가 컸지만, 중간 대우가 나타나기 시작하고 있다. 사비 유학생과 일본어학원 재학생에 대한 보조금이 발족됐다. 단, 이 사이에 낀 사비 대학원생은 곤란한 상황에 처해 있다. 가족의 문제가 있고, 연구와 생활을 유지하는 두 가지 의무를 동시에 해낼 필요가 있다. 또한 대학원에 대한 희망을 품고, 입학해도 일본에서는 실제로 박사 학위를 주지 않는 경우도 많다. 일본의 대학원이 엄격하기 때문이다. 일본어 학습자의 시장을 적정하게 유지시키기 위해서는 다양한 대책이 필요할 것 같다.

이상으로, 동아시아의 일본어 시장을 구체적인 데이터로 살펴보았더니, 언어적 유사도에 따른 난이도보다는 경제적 관련이나 경제 발전에 좌우되는 경향이 있다는 것을 알 수 있었다. 단 대략적인 경향이어서, 경제적 요소가 몇 년 후에 어떤 현상에 반영되는지 등의 상세한 고찰까지는 이루어지지 못하였다. 만약 과거의 경향성을 방식화, 수치화할 수 있다면, 미래의 예측에 도움이 될 것이다. 또한 구미를 비롯하여 세계 각지에서 지금 일어나고 있는 대규모적인 언어 시장의 변동(영어제국주의)과의 대비도 가능할 것이다. 단순한 현상의 기술에 그치지 않는 어떤 규칙성을 찾아내는 연구가 앞으로 필요하다. 경제언어학의 고찰에 있어서는 현재의 중국과 일본과 같이 변화 중인 현상에 대한 기술이 효과적이다.

방언의 경제

08 방언 이미지와 사회와 경제

❖ 이번 장에서는 방언 이미지와 방언의 사회적 자리매김에 대해 논하겠다. 구체적으로는 NHK의 여론조사에 따른 방언 이미지의 지리적 분포를 보여주고, 이를 규정하는 요인을 논하며 여기서 작용하는 경제적 요인에 대해 고찰하겠다. 일본어의 모든 방언의 경제적 위치, 즉 방언의 경제가치에 대한 논문(이노우에 2007.10.)의 일부로 준비했지만 독립해서 별도의 장으로 다루겠다. 또 이노우에(2009.10.)의 원고에서 글자 수가 초과되어 삭제된 부분을 이 장에서 추가하였다.

1. 이론적 자리매김

이번 장은「방언경제학」 또는「경제방언학」이라는 연구 테마의 실천이다(쿠루마스 1993, 이노우에 2000.10., 2001.8.). 방언 선물, 방언 네이밍은 넓은 의미에서 언어경관의 관찰에 해당하며(아몬 1992, Inoue 2005.12b), 또한 응용 언어학 분야에도 속한다. 연구사적인 개관은 이이토요 외(1982~), 고바야시 외(1996) 등을 참조하기 바란다.

2. 방언 이미지와 경제 조건

2.1. NHK 현민성 조사(1996)의 전국 분포 지도

방언에는 다양한 이미지가 따라 다닌다. 전국의 방언 이미지는 예전에 200개 평가어로부터 도출한 다변량 해석 결과(이노우에 1980.3.)를 바탕으로 선정한 16 평가어에 대해 분석하였다(이노우에 1989.10., 1994.4.). 방언 이미지는 지적 이미지와 정적 이미지 두 가지로 나눌 수 있으며, 일본의 모든 방언을 4가지 유형으로 분류할 수 있다. 그 결과가 깔끔하게 나왔고, 내용이 인용되는 경우도 많았지만, 이는 대학생 설문 조사를 바탕으로 한 것으로 데이터의 신뢰성에 자신감을 가질 수 없었다. 이후 다마이 이외(2001)의 추가 조사가 이루어졌고, 시간이 흐른 후에 같은 방법으로 조사를 해도 똑같은 결과를 얻을 수 있었다. 한편 NHK의 「현민 의식 조사」에서 방언 이미지와 관련된 항목이 다루어졌는데(NHK 1979a, 1979b, 1997a, 1997b), 이때도 비슷한 결과를 얻을 수 있어 더욱 자신을 가지고 분석할 수 있었다.

이 책에서는 방언을 파악하는 방법으로 그래프가 아닌 지도 형태를 선택했다. 이 지도는 「무엇을 어떤 식으로 말하는가?」가 아니라, 「방언을 어떻게 파악하고 있는가?」를 나타내는 지도이다.

그림 8-1에서 1996년 NHK 조사의 지도를 보겠다. 여론조사의 형태로 「사투리가 있는 것은 부끄러운 일입니까?」(지적 이미지)라는 것과 「지역 말을 좋아합니까?」(정적 이미지)라는 것을 피조사자들에게 물었다.

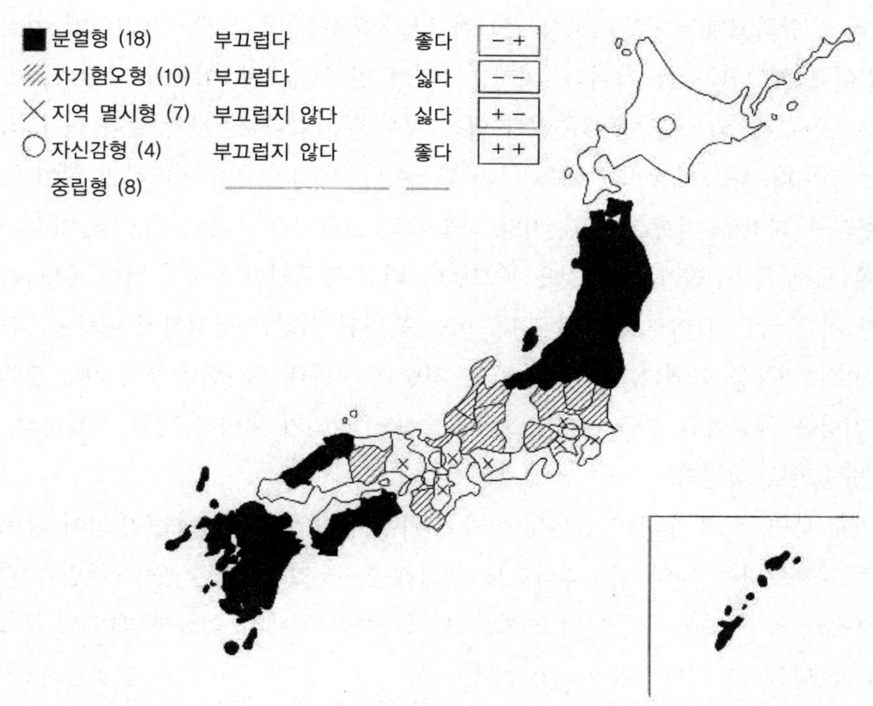

그림 8-1 방언의 지적 · 정적 이미지 지도 신 5가지 분류(NHK 1996)

현별로 긍정적 답변에서 부정적인 답변의 비율을 빼서 이 비율이 전국 평균보다 높은지 또는 낮은지를 기준으로 각 현을 색깔별로 나눴다. 크게 4그룹으로 나뉘는데, 그림 8-2를 참조하여 극단적인 값을 취하지 않는 현은 중립 형태로 따로 표시하지 않았다. 그 결과, 도시를 중심으로 동심원을 그리며, 중앙이 하얗고 양 끝이 검게 보인다.

○ 표시는 대도시로, 교토 · 오사카 · 도쿄와 홋카이도의 경우, 「사투리가 있는 것은 부끄럽지 않다」, 「지역 말이 좋다」라는 「자신감 있는 형태」로 나타났다. 말에 대한 이해와 자신감이 있는 유형이다.

× 표시는 그 주변의 긴키 지방과 지방의 통근자가 많은 현으로 「지역 말이 싫

다」라고 답하였다. 주로 대도시 근교가 많고 도시로 통근하는 샐러리맨 가정의 의견이 크게 나타났을 것이다. 여기는 「지역 멸시형」으로 이름을 붙였다.

▨ 표시, 그 외부에는 「사투리가 있는 것은 부끄럽다」, 「지역 말이 싫다」라고 하는 현이다. 대도시권에서 더욱 더 바깥쪽이다. 도치기 현 · 이바라키 현이 높고 호쿠리쿠 지방을 비롯해 긴키 지방 바깥쪽도 포함된다. 「자기 혐오형」이다.

■ 표시, 「사투리가 있는 것은 부끄럽다」라고 답했지만, 「지역 말이 좋다」라고 답한 것은 국토의 외곽 부분에 많다. 이는 분열된 심리를 반영하기 때문에 「분열형」으로 이름을 붙였다. 도호쿠 · 규슈 지방과 시마네 현 등이 포함되며, 오키나와 지방은 극단적인 값을 취하였다. 이는 사토(2004)가 말하는 방언 주류사회, 변경 방언과도 겹친다.

크게 보면, 도쿄 부근과 일본의 변방 지역에서 방언을 파악하는 방법이 다르다. 방언 자체보다는 지역 이미지라고도 생각해볼 수 있다. 또한 순수 현민과 다른 지역에서 온 현민을 구분하여 별도로 도식화하면 위에서 언급한 대도시 근교의 반응을 나눌 수 있다(그림 8-4, 8-5).

「지역 말이 좋다」라고 하는 정적 플러스 평가가 많은 곳은 홋카이도 · 교토 · 오사카(○)와 도호쿠 지방, 츄고쿠 · 시코쿠 · 규슈의 모든 현(■)에서 게이한 지역을 중심으로 하는 ABABA 형태의 주권(周圈) 분포(또는 중간이 높은 재떨이와 같은 분포)이다. 「지역 말이 좋다」라는 평가는 도쿄를 제외하면 뒤에서 언급하는 방언 선물이 많은 곳과 일치한다. 방언 자체의 특징과 관광객이 많은 것도 영향을 주지만, 주민이 방언에 대해 정적 플러스 평가를 내리는 것, 즉 애향심 · 애착심을 가지는 것이 방언 산업의 기반을 이룬다고 이해할 수 있다(이노우에 2007.2.).

이에 비해 「사투리가 있는 것은 부끄럽지 않다」라고 하는 지적 플러스 평가(○, ×)는 대도시 중심의 주권 분포이다. 이 분포는 뒤에서 설명하는 표준어형의 분포(그림 9-2)와 비슷하다. 사람들이 자신의 방언과 표준어를 비교하여 평가하면 상당 부분 공통점이 있다(이노우에 2007.2.).

이 결과는 (세세한 수치는 다르지만) NHK의 제1회 조사(NHK1979a, 1979b)와 일치한다. 방언형 사용률과 관련해, 사토(2004)의 방언 세력 지도와 현 단위의 인구 규모, 경제 규모와 관련이 있다. 또한 주민의 사회계층 구조와도 관련된다. 방언 이미지가 실제 방언 사용과 사회적 조건을 연결하는 중간 항목으로 작용하고 있는 것이다.

2.2. NHK 방언 이미지의 신구 비교 방침

그림 8-1의 NHK 조사 지도에서는 지적 이미지와 정적 이미지에 따라 4그룹으로 나누어, 도시를 중심으로 거의 동심원을 그렸다. 다음으로 설명할 부분은 4그룹의 현별 소속을 재검토하고, 많은 그래프를 통해 이를 설명할 수 있도록 하겠다.

앞서 실어 놓은 일본 지도는 도쿄와 게이한 지역을 양쪽 눈으로 하는 주권 분포를 시각적으로 보여주기에는 좋다. 그러나 전국 평균치를 기준으로 약간의 차이나 큰 값의 차이를 구별하지 않고 색칠하였기 때문에 오해가 있을 수 있다. 아이치 현 이외에는 납득이 가지 않는 색과 위치가 된다.[1]

각 현의 값의 차이를 세밀하게 보여주기 위해 다음의 산포도로 나타내었다. 또한 1996년의 조사에서는 3항목을 조사했지만, 3항목째는 제2항목과 상관관계가 높았기 때문에 이번 분석에서 제외하였다. 이노우에 2007.2., NHK 2010.(p.156)에 실려 있는 그래프와 현을 구분하는 방법이 다르다. 4장의 그래프 전부를 설명할 수 있도록 현의 분류를 변경하였다. 또 특색이 있고 그래프 상에서 합칠 수 있는 도도부 현(앞서 언급한 그림 8-1)은 다른 기호를 부여하였다. 이 외에 다른 현은 점으로 표시하였다.

---

[1] NHK 1997a에서는 편차 수치로 단계를 표현했다. 다만 복수의 다단계를 한 장의 지도로 표현하면 해석하기가 어려워진다.

특히 도쿄와 긴키 지역 대도시와 인접한 현의 분류를 변경하였다. 그림 8-2, 그림 8-3에서 전국 평균을 기준으로 한 원의 4사분면의 분류에 잘 대응하는 분류가 되었다. 그래프 상의 위치와 어긋나는 것은 경계적인 성격을 지닌 몇 현에 불과하고, 게다가 값의 차이도 작아 그래프 상에서 눈에 띄지 않는다. 다만 츄고쿠・시코쿠 지방 등은 그래프 상에서 하나로 묶이지 않는다. 이는 각 현 주민의 의견이나 이미지가 일치하지 않는 것으로, 조사 샘플 수가 적은 것도 원인이 될 것이다. 또한 4가지 분류에 포함시키지 않은 현은 츄부 지방과 츄고쿠, 시코쿠 지방 소속으로 그래프의 원점 부근에 구성되어 결국 전국 평균에 가깝고 특징이 없는 현인 것이다. 이와 같은 시행착오를 거쳐 더 나은 분류를 할 수 있었다.

아래에서는 먼저 1996년 조사와 1979년 조사의 모든 결과를 비교하고 다음 1979년 조사의 순수 토박이와 외지인을 비교하겠다.

2.3. NHK 신구 조사의 산포도 비교

그림 8-2는 1996년의 조사 결과를 나타낸다. 먼저 전체의 패턴을 살펴보도록 한다.

오른쪽 위쪽부터 시계 방향으로는 주권 분포를 나타낸다. 오른쪽 위쪽에는 대도시를 포함한 도쿄도, 교토부, 오사카부, 홋카이도가 구성되었다. 홋카이도는 개척지로 전국에서 인구가 모였기 때문에 표준어를 사용하고 있다고 생각한다. 이것이 「자신감형」이다.

오른쪽 아래는 대도시 근교의 현과 아이치 현(총 7현)이다. 조사 당시 (구가 있는) 정령 지정 도시를 포함하거나 그에 가까운 현이다. 고도의 경제성장과 함께 인구가 집중되어 급격히 주택지가 개발된 지역이기도 하다. 「사투리가 있는 것은 부끄럽지 않다.」라고 이해를 표명함과 동시에 「이 땅의 말이 싫다.」라고 답한 사람이 많다. 이것이 「지역 멸시형」으로, 원래는 여기에 살고 싶지 않았던 사람들의 의견이다.

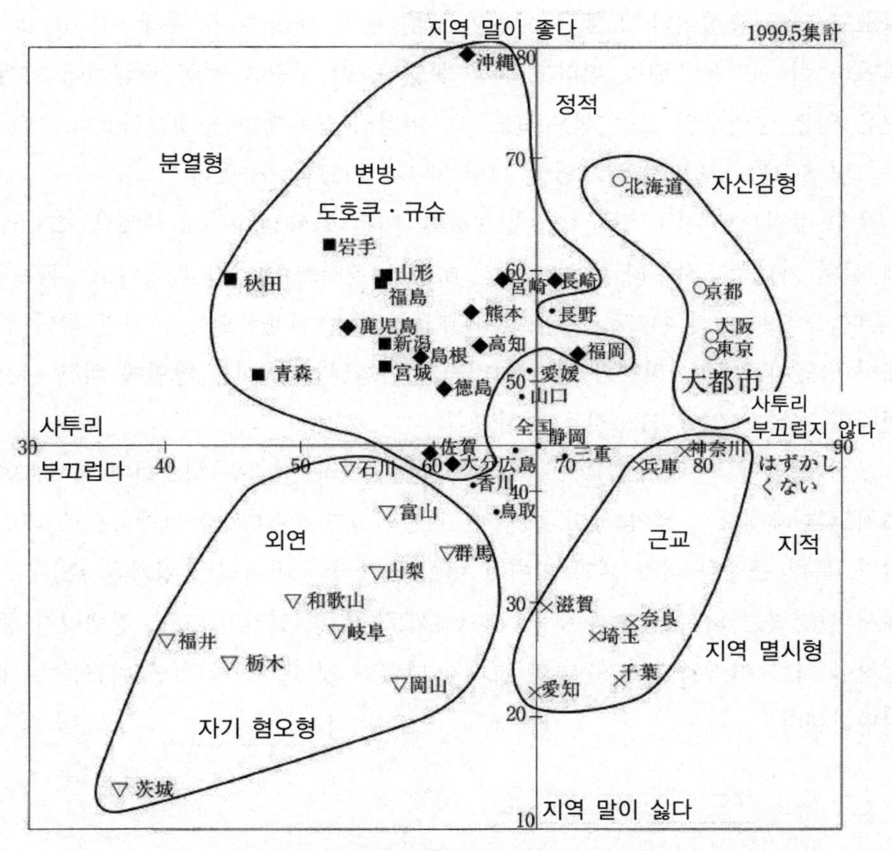

그림 8-2 NHK 전국 현민 의식 조사(1996) 전원

왼쪽 아래 부분은 「자기 혐오형」으로 이름 붙였다. 이 지역은 「사투리가 있는 것은 부끄럽다.」 그리고 「이 땅의 말이 싫다.」라고 하는 저평가 지역이다. 근교로 불리는 현의 더욱 바깥쪽을 「외연」이라고 부른다(총 10현). 긴다이치(1977)의 악센트를 중요시 한 「나카와(가운데 동심원) 방언」과 속한 현이 비슷하지만 세트가 되는 「우치와(안쪽 동심원)」 「소토와(바깥쪽 동심원)」에 속해 있는 현이 어긋나기 때문

에 여기에서 그 명칭은 사용하지 않겠다.

왼쪽의 윗부분은 「분열형」이다. 「좋다.」라고 말하지만 한편으로는 「부끄럽다.」라고도 답한 유형이다. 도호쿠 지방과 규슈 등의 현이 여기 속해 있다(총 18 현). 필자는 이 지역을 「변방」이라고 이름 붙였다. 이 부근의 전국 평균치에 가까운 현은 일본 중앙부의 모든 현으로(총 8현) 이상의 분류에서는 생략하겠다.

그림 8-2는 17년 전의 그림인 그림 8-3과 비교할 수 있다.

우선 총점으로 전국 평균치를 비교하면, 이전 조사(1979)부터 새로운 조사(1996)에 걸쳐 가로축 「사투리」는 65%에서 67%로 플러스 평가가 늘어나고, 세로축의 「좋다」도 38%에서 44%로 플러스 평가가 늘었다. 전체적으로 17년간 국민 전체에서 방언의 지적 이미지와 정적 이미지가 향상되었다. 이는 방언에 대한 세상에 견해의 변화가 있었다는 것을 시사한다.

구성된 패턴 전체로는 1979년과 1996년의 결과는 매우 비슷하다. 4사분면의 배치도 전체적으로 닮아 있다. 그림 8-3에 의하면, 「싫다」가 아래쪽으로 내려가 있다. 특히 근접한 나라 현과 아이치 현이 극단적인 마이너스 평가를 보였다. 뒤에서 설명하는 외지인 그래프(그림 8-5)에서도 알 수 있지만, 고도 경제성장 중에 정착한 다른 지역에서 온 주민의 평가가 낮았던 것 같다. 각 현별 비교는 뒤에서 설명하겠다.

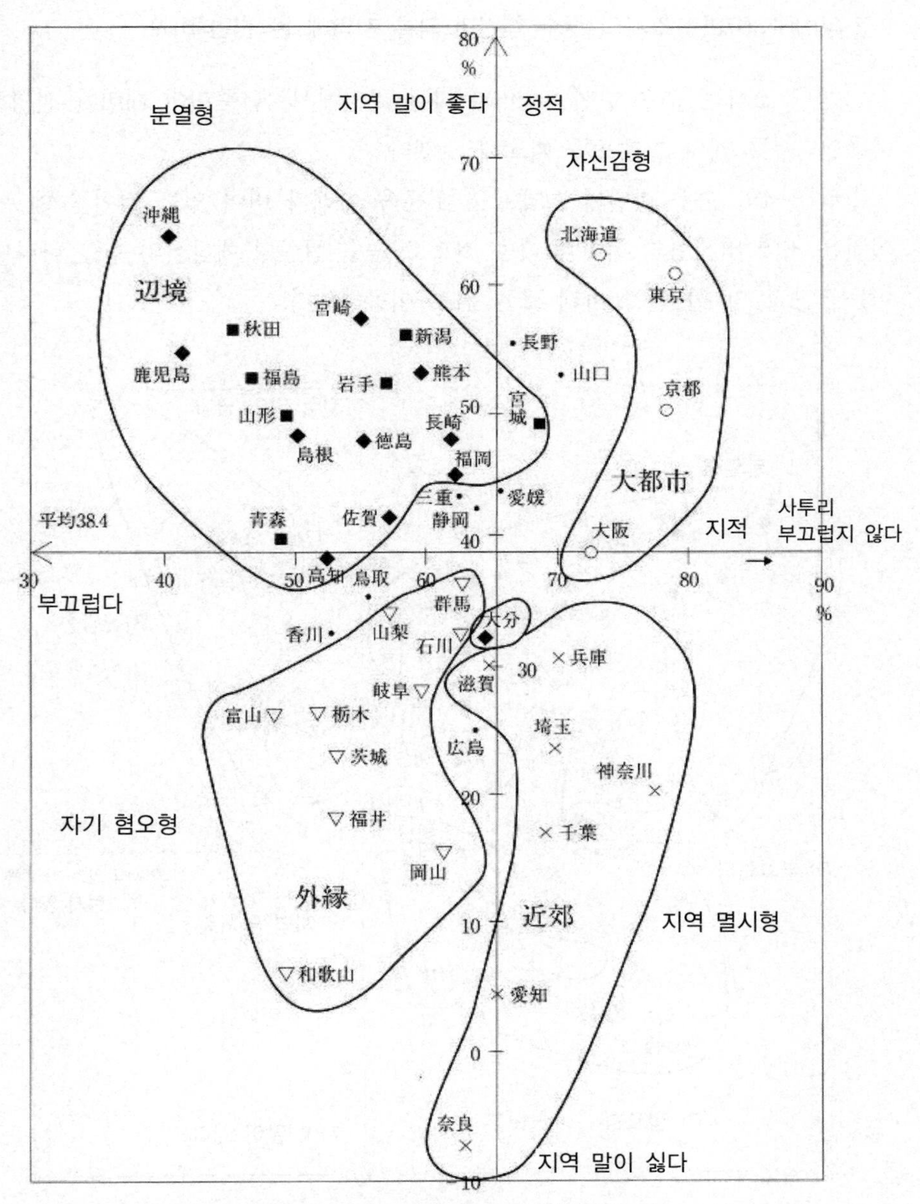

그림 8-3 NHK 전국 현민 의식 조사(1979) 전원

2.4. NHK1979년 조사의 순수 현민과 다른 지역에 온 현민 비교

1979년 조사는 순수 현민(토박이)과 다른 지역에서 온 주민의 대비가 선명하게 나타난다. 두 개의 그래프를 비교해 보겠다.

그림 8-4의 순수 현민의 그래프는 오른쪽 아래가 비어 있는 것이 눈에 띈다. 이것은 지역 멸시형의 현이 없다는 것으로 순수 현민의 애향심의 힘을 나타낸다. 이는「근교」의 현 왼쪽 아래 또는 위로 이동하였다.

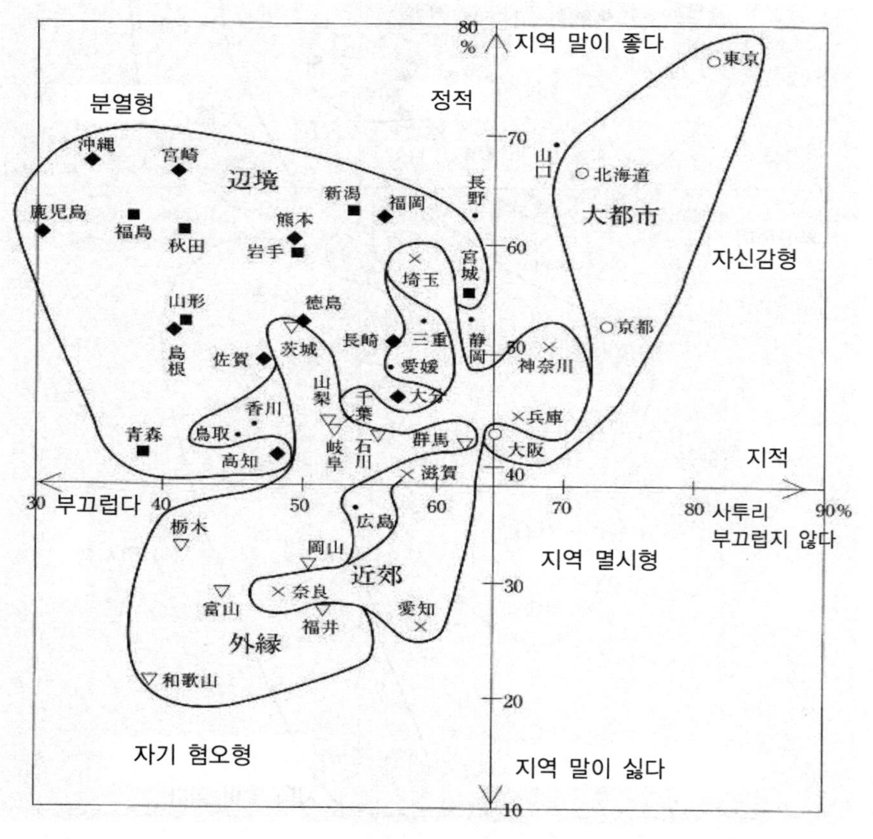

그림 8-4 NHK 전국 현민 의식 조사(1979) 순수 현민

또한 「대도시」 중에 도쿄가 오른쪽 윗부분에 나타나 극단적인 값을 취했다. 에도코(순수 도쿄출신) 또는 도쿄 토박이로서의 자신감과 자부심이 명확하게 드러난 것이다. 「외연」의 현도 값이 커져 왼쪽 아래쪽에서 위쪽으로 움직였다. 「도호쿠, 규슈」의 위치는 크게 변하지 않았다. 방언 이미지가 확립된 탓도 있지만, 현민 중에 다른 지역에서 온 주민의 비율이 적은 탓도 있다. 현의 숫자로 보면 왼쪽 윗부분이 압도적이며, 이것은 순수 현민이 「분열형」으로 방언을 취급하고 있다는 것이 된다.

그림 8-5는 같은 해인 1979년에 다른 지역에서 온 주민의 데이터와 비교해 보면 명확해진다. 그래프 전체가 아래쪽에 배치된다. 이것은 모든 도도부 현에서 다른 지역에서 온 주민이 「좋다.」라고 하는 비율이 낮다는 것을 나타낸다. 또한 도쿄를 유일하게 예외로 하지만, 많은 현이 오른 쪽에 위치하고 그래프의 왼쪽은 비게 된다. 다른 지역에서 온 주민은 「사투리는 부끄럽지 않다.」라고 답하였다.

「근교」 및 「외연」의 현이 오른쪽 아래의 제4사분면 왼쪽 아래에 위치하여 극단적인 값을 갖게 된다. 「싫다.」라고 하는 지역 멸시형의 이미지(반응)는 이를테면 다른 지역에서 온 사람들의 편견인 것이다. 다만 조사 당시, 소득 배가 계획이 효과를 거둬 젊은 인구의 대이동이 있었고, 교외 단지에 사는 사람이 증가하여 토지를 소유하고자 하는 욕심이 생겼다. 부동산 버블이 시작되고, 베이비 붐 세대가 원거리 통근을 시작했다. 교외의 현에 살았던 사람은 가능하면 직장과 주거하는 곳이 가까워지기를 원했을 것이다. 어쩔 수 없이 교외에 살았던 사람의 불만이 자신의 거주지의 말에 대한 낮은 평가로 나타났다고 볼 수 있을 것이다. 도쿄나 오사카 등에서 일하는 사람의 입장에서 보면, 근교의 주거 지역 부근의 방언이 그들에게 강하게 들렸을 것이라는 사정도 생각해 볼 수 있다(경어는 도시에서 발달하고, 학력과 소득이 많은 전문직 화이트칼라가 사용하는 경향이 있다. 이 책 제Ⅲ부 참조). 또한 다른 지역에서 온 주민의 상당수는 집단 취직 등으로 도호쿠 지방과 규슈 지방에서 도시로 이동한 사람들에 해당한다. 이들은 공통어화가 불충분한 단계에서 도

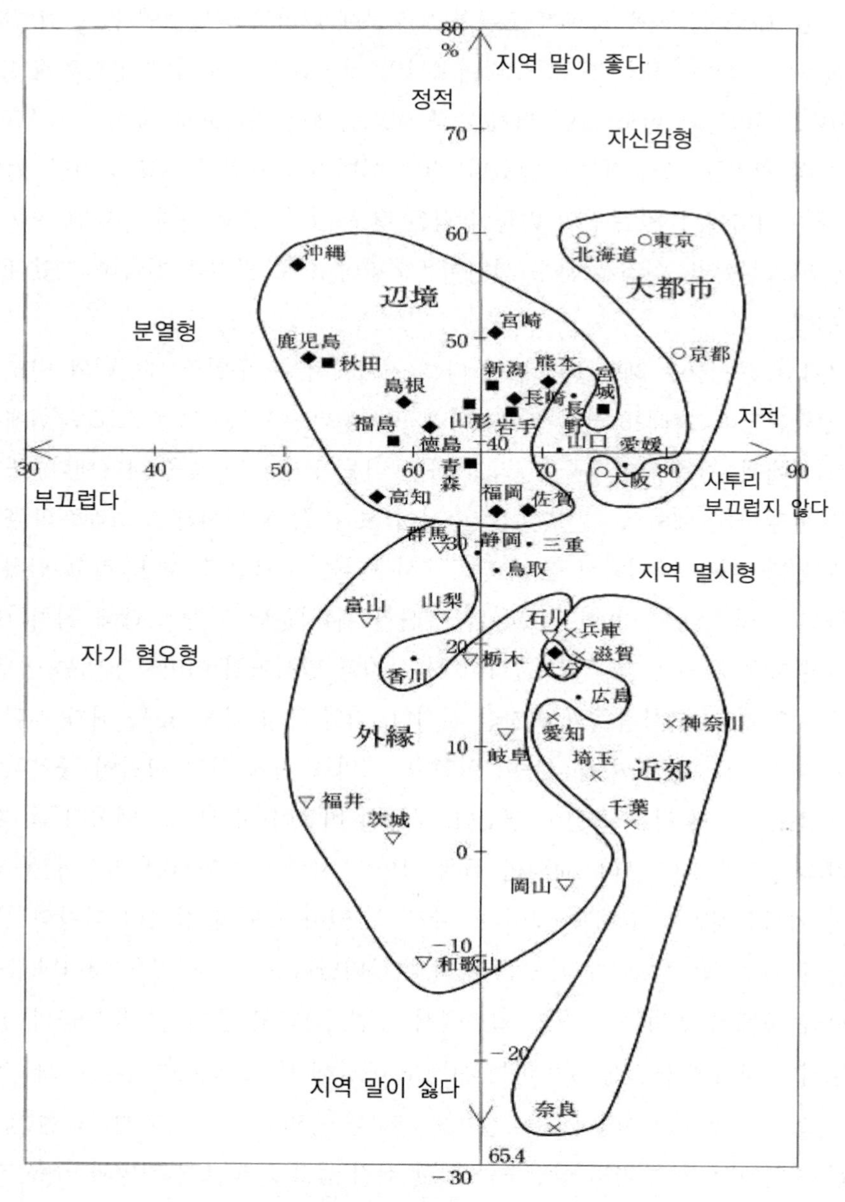

그림 8-5 NHK 전국 현민 의식 조사(1979) 외지인

시로 이주하여 동료의 말(습관, 행동)에 놀림 받으며 방언 콤플렉스를 가지게 되어 방언 살인 사건까지 발생한 시대를 겪었다(그림 8-10). 도시와 근교에 정착한 다른 지역에서 온 주민에게 있어「표준어를 말할 수 없거나, 사투리가 튀어나오는 것은 부끄러운 일이라고 생각하십니까?」라는 질문에 대한 답은 자신의 말에 대한 평가라고도 할 수 있겠다. 자기를 부정하지 않기 위해서「부끄럽지 않다.」라고 정당화해야 한다. 즉 오른쪽으로 움직이는 것이다. 또한 이러한 태도는 일찍이 방언을 차별하고 박멸하려고 하는 풍조에 대한 반발이기도 하며 나중에 방언이 플러스로 평가 받아「오락적 유형」을 취해 액세서리 형태로 사용되는 흐름의 전조이기도 하다.

그림 8-5의 다른 지역에서 온 주민의 그래프를 자세히 살펴보면 아래쪽 부분에 나라 현, 와카야마 현, 오카야마 현이 구성되어 있다. 대도시에서 상당히 떨어져 있지만, 도호쿠 지방・규슈 지방과 같은 국토의 양 끝은 아니다. 긴키 지방의 중심부에서 떨어진 곳, 즉「외연」인 셈이다. 또한 오이타 현와 히로시마 현이 오른쪽 아래의 근교・지역 멸시형에 가까운 곳에 구성되어 있지만, 이것은 그림 8-3의 1979년도 데이터와 모두 일치한다. 이는 다른 지역에서 온 주민의 영향 정도를 의미한다.「대도시」중에서 오사카의 평가가 전국 평균보다 낮다. 오사카에 살았던 다른 지역에서 온 주민이 오사카 방언을 낮게 평가하였다. 그림 8-4의 순수 현민의 그래프에서도 마찬가지이다. 이는 오사카 방언의 방언 상품이 제2차 세계대전 이전부터 많았다는 것과는 연관되지 않는다.

이상과 같이 NHK 조사에서 나타난 방언 이미지는 현 주민의 성격, 특히 제2차 세계대전 이후 대규모의 인구 이동을 고려해 본다면 해명이 될 것이다.

2.5. 현민 소득과 방언 이미지의 상관관계

한편, 이상의 그래프는 국토의 새로운 주권 분포를 나타냄과 동시에 소득 수준을 기본으로 하는 민도(民度) 등과도 대응하고 있음을 알 수 있다. 표준 어형 사용률이 현민 소득 및 인구 규모와 높은 상관관계를 나타내고 있는 것을 예전에 3차원 그래프로 나타냈다(이노우에 2007.10. 그림 3.9). 익숙하지 않은 사람은 그래프를 이해하기 힘들었을 것이다. 그래서 여기에서는 3차원 그래프를 대신하여 2가지 요소를 기준으로 한 산포도로 나타내겠다. 그림 8-6은 현민 소득과 표준 어형 사용률의 산포도이다. 근사 직선은 생략했지만, 이들이 높은 상관관계를 나타내는 것은 그래프를 보는 것만으로 알 수 있다. 즉 현민 소득이 표준어 사용 비율과 높은 상관관계를 가지고 있음을 알 수 있다. 이는 또한 다음과 같이 방언 이미지와도 깊은 관계가 있다.

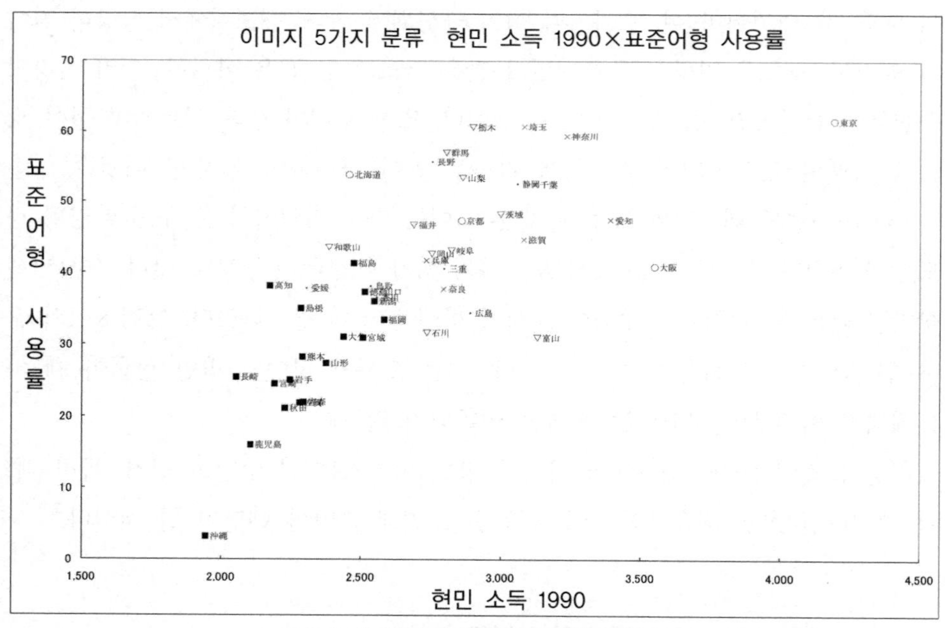

그림 8-6 현민 소득과 표준어형 사용률

다만 양쪽의 인과 관계를 잘못 이해해서는 안 된다. 일인당 소득 수준이 높은 지역의 말은 일반적으로 명성을 갖게 되어 높은 평가를 받기 때문에 그 말이 표준어로 (과거에) 채용된 것이다. 반대로 표준 어형을 사용하면 소득 수준이 올라간다는 방향의 인과 관계는 지역 전체로 생각하기는 어렵다. 예전에 오키나와 현에서 방언 박멸 운동이 있었을 때의 표준어 보급론자의 논리가 바로 이러한 단편적 논리로(다니가와(谷川) 1970) 표준어를 습득시킨 학생을 도시로 내보내 계층의 상승 및 개인 소득의 증대를 도모하고자 한 것이었다.

그러나 뒤에 언급하는 그림 8-8과 같이 공통어를 사용하는가, 방언을 사용하는가는 직업 선택과 관련되며 동시에 소득과 관련되면서 고정관념으로 잡혀있다. 다만 개인 수준의 표준 어형 사용률(사용 능력)이 직업과 소득과 어느 정도 관련되어 있는지는 증명된 것은 아니다. 그래서 제3회 쓰루오카 공통어 조사의 재분석이 기다려진다.

그림 8-6은 NHK 방언 이미지 조사와의 대응을 보기 쉽게 하기 위해 그림 8-2에서 8-5까지 공통의 기호를 부여하였다. 앞에서 오른쪽 방향으로 도는 주권 분포를 재현하는 형태로 오른쪽 윗부분에서 왼쪽 아랫부분으로 움직인다. 즉 방언 이미지는 표준어와 얼마나 가까운가에 따라 좌우되며 현민 소득과도 관련된다고 이해할 수 있다.

○ 표시인 「자신감형」의 대도시는 표준 어형을 많이 사용하고 소득도 많다. ■ 표시인 「분열형」의 도호쿠 지방과 규슈 지방은 소득도 낮고 표준 어형도 사용하지 않는다. 이 둘은 깔끔하게 나뉜다.

이들 사이에 끼이는 근교의 현인 × 표시의 「지역 멸시형」은 소득이 조금 낮아진다. 외연의 현인 ▽ 표시의 「자기 혐오형」은 소득이 더욱 낮아지는 경향이 있다. 이 둘은 주로 소득으로 분리되며 표준 어형 사용률로는 분리되지 않는다. 어느 쪽으로도 분류되지 않는 츄부와 츄고쿠 시코쿠 지방의 모든 현은 그림 8-6에서도 중간에 위치한다. 도호쿠, 규슈 지방 등 변방의 현은 표준 어형 사용률과 현민 소득이 모두 낮고 다른 현과 비교해 보았을 때 매우 잘 나뉜다.

바꿔 말하면 그림 8-6의 현민 소득과 표준 어형 사용률은 오른쪽 위에서부터 왼쪽 아래쪽으로 거의 주권론적 입장으로 늘어서지만 원래 표준어형 사용률이 주권론적 분포인 것이다(그림 9-2). 그림 8-2에서 8-5까지의 방언 이미지는 오른쪽 위로부터 시계 방향으로 표준어 사용률과 거의 일치한다. 수치로 보면 대도시와 도호쿠, 규슈 지방은 「좋다.」가 많다.

국토의 중앙과 외곽은 정확히 재떨이와 같은 모양으로 파악된다. 재떨이 같은 분포는 방언 상품의 숫자로도 나와 있다(이노우에 2007.10.). 정적 이미지에 관해서는 대도시와 변방(도호쿠 지방과 규슈 지방 등)에서 강하게 나타난다. 소득은 극단적이다. 표준어 사용률로 말해도 소득으로 말해도 타당한 위치를 차지하고 있다.

2.6. 소득과 방언 이미지의 형성 과정

이와 같은 결론을 바탕으로 다시 한번 검토하면 대도시 근교, 외연, 변방이라는 분류는 그림 8-6의 세로축, 표준 어형 사용률과 대응되지만, 가로축의 현민 소득은 근교와 외곽의 차이 등과도 대응하고(대도시 교토와 홋카이도를 제외하고), 전체와도 매우 잘 대응한다. 근교와 외곽은 표준어 사용률에서는 차이가 나지 않는데 소득에는 차이가 있다. 사람들이 「사투리」가 부끄럽다고 생각하는 비율에 해당한다. 다른 지역에서 온 주민이 많고 고향 사투리가 남아 있는 사람의 이해가 빨라 「사투리는 부끄럽지 않다.」라고 답한 현은 근교에서 그러한 다른 지역에서 온 주민 덕분에 현민 소득이 높아졌다고 이해할 수도 있다. 아무튼 경제 조건에 따라 방언 이미지는 상당히 좌우된다.

이것은 사람들이 고소득 지역에 이끌려 이동하는 경향을 근거로 설명할 수 있다. 도호쿠 지방과 규슈 지방에 사는 사람은 그러한 소망이 없는(다른 인생관을 갖지 않을 수 없었다) 사람들이다. 그러한 대가로 애향심을 가진다. 대도시에 사는 사람은 이미 편리한 생활을 경험한 사람으로 대도시에 애착을 품는다. 그 중간의 「외곽」이나 「근교」의 현에 사는 사람은 어중간한 위치에 있어, 「지역의 말」에 애착을 품을 수 없게 되었다. 중간 위치의 근교와 외곽의 현은 전국 평균보다 「싫다.」에 가깝다. 즉 현민 소득이 극단적으로 높은 대도시와 적은 도호쿠, 규슈 지역에서의 방언 이미지는 「좋다.」가 많지만, 그 중간의 현은 「좋다」가 적다. 이러한 결과는 다른 지역에서 온 주민의 엄격한 평가가 영향을 끼친 것이다.

말의 차이에 대한 이미지는 여러 계기로 조성되고 전승될 것이다. 목욕물의 온도 2도 차이에는 민감하지만, 수온 10도와 12도 또는 온수 50도와 52도의 차이는 알기 어려운 것처럼 자신이 거주하는 현을 기준으로 하면 다른 현과 상대적 위치는 미묘한 차이라도 알아차릴 수 있다. 이 임계값의 작용으로 자신의 거주지 말을 평가하고 있는 것이다. 다른 지역의 말을 듣고, 「비슷하지만 방언이 세다.」라든지, 「같은 성별, 연령인데 표준어를 사용한다.」 등과 같이 느낄 수도 있다. 많은 조사를 보면 말의 겉모습에 나타난 세련의 정도가 평가에 반영되는 것이다. 이들이 쌓여서 자신의 말을 평가하는 것이다.

또한 거주지를 방문한 다른 지역에서 온 주민의 평가를 들을 수도 있을 것이다. 이에 대해서는 예전에 전국의 교육위원회를 대상으로 통신 조사를 실시하여 방언과 민속에 대하여 질문했을 때, 방언 이미지는 생각한 적도 없었기 때문에 「기입 불가능」으로 적혀 있었던 적이 있다. 지방의 지식인으로 외지에 나가본 일이 적은 사람이라면 있을 수 있다는 반응이다. 방언 이미지의 초기 조사를 대학생에게 의뢰한 것은 이러한 점에 관해서는 정답이었다(이노우에 1989. 10.). 각 지역의 학생들이 모이기 때문에 방언의 차이를 알아채기 쉽고, 주관적 이미지나 감지하는 방법도 화제가 되기 때문이다. 단지 세대에 치우침이 존재하므로 현에 따라서 답변수가 충분하지 않아 답변의 추이에 편향이 있었다. 이러한 점에서 NHK의 조사 데이터는 통계적으로 충분히 신뢰할 수 있는 샘플에 근거하고 있다.

최근에는 텔레비전 프로그램에서 전국 각지의 방언을 화제로 삼는 경우도 있다. 드라마 상에서 지역 방언을 사용하기도 한다. 이를 통해 각지의 방언 및 자신의(살고 있는 땅의) 방언에 대한 이미지가 형성되는 경우도 있다. 방언 이미지가 NHK의 제2회 조사 후에 더욱 더 바뀌었을 가능성이 있다(플러스가 되었다). 이것은 과거 조사에서의 연령 차이를 봐도 알 것이다.

소득 수준은 표준어 사용률과 연관되며 또한 방언 이미지와도 밀접한 관계를 보여준다. 소득 수준이 말의 이미지를 지배한다. 경제가 말의 이미지에 영향을 끼친다는 것이다. 다만 이는 표준어형 사용률과 함께 이를 그래프화함으로 밝힐 수 있었던 경향이다.

그림 8-6의 가로축으로 알 수 있는 것처럼 현민 소득 자체가 전국에서 거의 주권 분포를 나타내고 있다. 지금까지 택시 요금이 도시별로 다르다는 것, 편의점 구인 광고의 시급이 다른 것에 대해서는 알고 있었다. 또 최저임금이 지방별로 정해져 있고, 차이가 있다는 것도 알고 있었다. 더욱이 일인당 평균 소득은 신문의 일람표 등으로 본 기억이 있다. 그러나 최고의 도쿄와 최저의 오키나와에서 2배 이상의 차이가 있다는 것은 그래프로 시각화하면서 드러났다. 즉, 도쿄에서 벌어 오키나와에서 생활하는 것이 좋다.

호텔 숙박에 대해서도 같은 가격이라면 고급 호텔의 저렴한 객실 쪽이 싼 호텔의 비싼 방보다 이익일 것이다. 방을 한 발 나섰을 때 시설이나 서비스가 다르기 때문이다. 하루 묵는 것이 아니라 여러 날을 묵게 되면 그 차이가 더 벌어진다. 오랫동안 살아온 도나 현의 차이는 이 차이를 더욱 더 확대시킨 것이라고 말할 수 있겠다. 도시에서 절약하는 생활을 하는 것은 괴롭지만, 정비된 인프라를 활용하면 좋다. 소득 수준이 낮은 현에서는 일반적으로 집세와 물가도 싸기 때문에 편하게 지낼 수 있다. 하지만 도시적 서비스를 기대한다면 스스로 외출할 수밖에 없다.

그러나 일반인이 이러한 경제 격차를 얼마나 의식하고 소득 수준에 대해서 어느 정도 화제로 삼는 것일까? 여행지에서 똑같은 요리가 싸다는 것을 알고, 또 다른 한편으로는 건물이 오래되고 복장이 검소하다는 것을 알아챌 지도 모르겠다.

택시가 싸지만 잡기 힘들다고 느낄지도 모르겠다. 또 살아보고 인프라 이외에 다른 미묘한 차이를 발견하여 「뒤쳐져 있다.」「오래된 상태 그대로다.」「알뜰하다.」라고 평가할 수도 있을 것이다. 이는 소득의 절대 금액을 몰라도 전체의 인상으로 판단하는 것일 것이다.

3. 방언 이미지의 원인과 결과 : 방언 콤플렉스

방언 이미지는 언어적·비언어적의 두 가지 요인으로 설명할 수 있다(이노우에 1989.10.). 방언 이미지의 발생 메커니즘을 두 가지 원인으로 설명해보겠다.

언어적으로는 발음이나 억양 등이 공통어와 다르면 마이너스가 된다. 어휘로는 LAJ 가사이 데이터 표준어형 사용률(이 책 그림 9-2)과 일치하는 경향을 나타낸다. 또 발음이나 억양 등이 공통어와 다른, 마이너스 방언 이미지가 된다.

예를 들어 도호쿠 방언이 지적으로 낮게 평가되는 것은, 모음과 자음에 대한 이미지의 반영이기도 하다. 우선 모음 이미지는 자기중심적으로 받아들이게 되는데, 각종 모음을 단독으로 들려주면 각 지역 출신자들은 자신의 공통어 발음과 같은 발음을 긍정적인 이미지로 파악한다(이노우에 2008.5a). 공통어와 모음이 다른 도호쿠 지방이나 시마네 현(이른바 즈즈 사투리(ズーズー弁))과 오키나와 현의 방언은 불리하게 작용한다.

자음 이미지는 일본어의 의성어 의태어에서 탁음은 부정적인 이미지와 결부되는 경우가 많기 때문에 어중 등에서 가(カ)행·타(タ)행의 자음이 탁음이 되는 도호쿠 방언은 불리하다(도기(ドギ), 도고(ドゴ), (ゴドㅌゴド)처럼 발음된다). 악센트 구분이 없는 방언은 억양이 강하게 작용하여 말끝이 올라가는 어조가 됨으로 부정적인 이미지와 결부된다(이노우에 2008.5a). 기타간토(북관동) 방언은 이와 같은 요인이 작용하여 부정적인 이미지가 된다. 경어가 발달한 방언은 (교토·오사카 등 각

지역에서 성을 중심으로 발달한 시가지 죠카마치(城下町)처럼) 언어행동 즉 말의 사용법에도 배려를 잘 갖추고 있어 좋은 인상을 준다(이 책 18장). 이에 비해 이른바 무(無)경어 방언은 거친 말로 생각되어 부정적인 이미지와 결부된다.

비언어적으로는 지역 이미지나 지역 사람 이미지가 낮으면 방언 이미지가 마이너스가 된다. 지역 이미지는 기후나 지형 등의 자연지리학적 배경에 지배됨과 동시에 문화 수준(文化度)이나 현민성(民度) 등에 대응되는 경향을 보인다. 지역 이미지가 낮은 것은 다양한 사회적 배경과 관련 있다. 현민 소득과 일치하는 경향을 나타낸다. 이는 뒤에서 언급하는 인구, 경제력, 정보량 등의 요인과도 비슷하며 땅값도 연관된다. 또 고정관념으로서의 지역민 이미지의 반영이기도 하다. 교토 방언과 오사카 방언은 방언 이미지로는 다르게 파악되지만, 듣고 판별 할 수 있는 사람은 적다. 과거에 방언 이미지가 지역 이미지를 반영한다고 이해했지만(이노우에 1989.10.), 더욱 더 그 안쪽을 들여다보면 경제적・문화적 요인이 그곳에 숨어있다.

방언 이미지의 차이는 다른 현상에도 영향을 끼친다. 언어적으로는 방언 전파와 연관된다. 그리고 긍정적인 이미지의 방언은 주위에서 받아들이기 쉽다. 다만 이전에 생각했던 것처럼 표준어만이 위신(prestige)에 따라 일방적으로 모든 방언에 영향을 줄 뿐만 아니라 뒤에서 언급하는 신방언(이 책 제10장 이하)처럼 각지의 방언이 도쿄 등의 도시부로 들어오는(역류하는) 경우도 있다. 방언에서 왔다는 것을 의식할 수 없는 것도 있지만, 방언에서 왔다는 멋스러움, 숨겨진 위신(covert prestige)이 작용한 경우도 있다.

비언어적으로 지적 마이너스인 방언 이미지는 방언 콤플렉스가 원인이 된다. 집단 취업의 시대에 사회 문제가 된(주로 도호쿠) 방언 콤플렉스는 위에서 언급한 방언 이미지로 많은 부분을 설명할 수 있다. 고졸자의 진로, 가족 수입, 외지에서 돈을 벌어 오는 사람의 비율 등으로 도시와 벽지가 보기 좋게 나뉘지만(사토 2004), 지리적 분포 패턴을 살펴보면, 표준어형(또는 방언형) 사용률과 비슷한 패턴을 보인다. 제2차 세계대전 이후의 고도 경제성장기에는 사람들 앞에서 방언을 말할 수 없다는 등의 보고가 있었고 자살이나 살인까지도 일어났다. 이에 비해 간사이 지방 방언 화자는 외지나 공적인 장소에서도 간사이 방언을 자신 있게 사용하는 경향이 있다. 즉 이미지・의식과 행동・실태의 일치가 엿보인다.

4. 방언의 경제와 사회

또한 일본의 모든 방언을 독립 언어로서의 근접성이라는 관점에서 평가해 보자. 일본어를 세계의 모든 언어 속에 자리매김시키기 위해서 인구, 경제력, 문화력(정보량)의 세 요인을 생각해 보았다(이 책 제6장, 이노우에 2007.10.). 이는 다음과 같이 일본 각지의 방언에도 적용된다.

세 요소 모두에서 (도쿄와 간사이의) 도시 방언의 세력이 크고, 도시 방언의 지적・정적 이미지의 장점을 설명할 수 있다. 인구가 많은 지역의 말은 다른 지역과의 상호 협상에서 사용될 수 있는 기회가 많다. 도쿄와 긴키 지방의 경우에는 방언을 말하면 그것에 대해 의식하는 사람의 비율이 적지만, 인구가 많고 간사이 방언이면서 특히 오사카 방언은 「도시 방언」으로 특별히 취급받고 있다. 이에 비해 류큐 방언은 방언 화자의 비율은 높지만 인구수가 적다. 경제력으로 오사카의 말은 방언적 특색도 갖추고 있으며, 오사카 부 사람들의 평균 소득도 많다. 오사카 방언의 생명력은 배후에 있는 경제력이 위신으로 작용하고 있다. 이에 비해 변방의 방언은 경제력 면에서 불리하다. 정보량은 방언 출판물, 방언 공연 예술, 방언 방송 등으로 간사이 사투리는 활발히 사용된다. 또 역사적으로 교토 방언에서 축적된 정보는 다른 방언에 비해 압도적으로 많다. 이에 비해 다른 방언으로 기록된 정보는 적다. 도도부 현별 방언 이미지를 현민 소득 등의 경제력을 나타내는 모든 지표와 비교해 보면 강한 상관관계가 보인다(이노우에 2007.10.).

표 8-1 방언 경제와 도시화

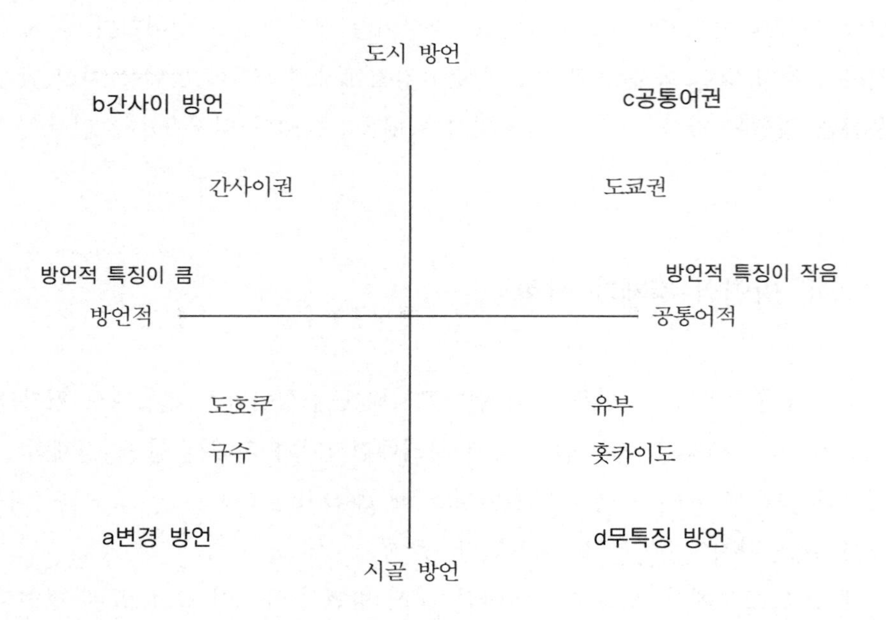

표 8-1에 나타낸 것처럼 인구, 경제력, 문화력(정보량)의 세 요인이 모두 높은 것은 c 도쿄권·공통어권 방언에 이어 b 간사이 방언의 도시 방언, 그 뒤를 일본 대부분을 차지하는 d 무특징 방언의 순이다. 마지막은 도호쿠와 규슈 지방의 a 변경 방언으로 인구, 경제력 요인이 낮다. 다만 방언 자체에 대한 정보량은 b 간사이 방언과 a 변경 방언이 많다. 이는 방언적 특징이 크게 바뀌고 있다는 평가가 있기 때문이다.

이상과 같이 사회 속에서 방언의 위치는 방언 자체의 언어적 특징에 지배됨(사실은 수도와 문화 중심지와 교류에 지배된다.)과 동시에 지역의 경제 여건에도 지배된다. 방언은 순수 언어학의 연구 대상이 될 뿐만 아니라 경제와 사회 속에서 자리 매김이 된다.

언어·방언이 부동산과 비슷한 성격을 가진다면, 토지 가격과 방언과는 대응할 것이다. 다른 논문(이노우에 2007.10.)에서 전국적인 지역 차이를 보았다. 전국 평균 땅값과 앞에서 설명한 LAJ 가사이 데이터 표준어형 사용률의 산포도에 따르면(이노우에 2007.10. 그림 10), 땅값이 비싼 현에서는 표준어형을 많이 사용한다. 현은 크게 두 그룹으로 나눌 수 있다. 도쿄를 정점으로 하는 대도시를 포함한 현 사이에 상관관계가 보이고 나머지 현 사이에도 느슨한 상관관계가 보인다. 그러나 여기에서 바로 인과 관계를 논한다는 것은 위험하다. 전국적으로는 표준어형 사용률과의 대응이 보였지만, 또 다른 분석에 의하면 전국(도도부) 현별 땅값은 앞서 이야기한 것처럼 현별 인구, 현 평균 소득과도 대응된다. 이는 각 요소 간의 산포도를 그리면 두드러진다. 도쿄와 대도시가 다른 현을 제치고, 또 다른 현에서 미약하지만 중앙과 주변의 차이가 있다.

다음으로는 좀 더 좁은 지역을 다루어 보겠다. 도시와 농촌, 산촌의 땅값의 차이와 말의 평가 차이에는 관련이 있을 것 같다. 주민이 평소 하는 말의 표준어형 사용률에 차이가 있고, 격식 있는 장면에서 공통어 사용 능력(구분 능력)에도 차이가 있다. 또한 주민의 말 전체의 이미지(오래된 이미지라든가 난폭한 이미지라든가)와도 관계가 있을 것 같다. 이것은 현 수준의 지역 차이에 해당된다.

방언의 가치를 좀 더 작은 지역에서 관찰해보면, 땅값이 비싼 장소의 말은 높이 평가되는 경향이 있다. 고급 주택지에 사는 사람의 말은 고정관념이 있어 품위라고 생각한다. 아파트 가격에 대한 연구에서도 중심지 또는 가까운 역에 도착하는 시간 등 이외에 지역의 이미지도 아파트 가격에 영향을 준다고 한다. 도쿄 부근의 땅값 분포 지도에 따르면, 버블 붕괴 이전이나 이후에도 커다란 경향은 변하지 않았지만, 도심부에서는 서쪽이 땅값이 비싸고, 철도 연선에서도 서쪽이 비싸다. 예전에 쇼난 쪽부터 시계 방향으로 땅값 상승이 진행되었던 경향이 지금도 남아있다. 말의 평가도 마찬가지이다.

도쿄 근교에서는 도쿄역으로부터 철도상의 거리에 따라 동시에 가까운 역으로부터의 거리 규정에 따라 땅값이 결정된다. 그러한 규칙과 비슷한 경향을 나타내는 것에 언어 지도가 있다(오누마 · 사나다 1978, 하야시 오오키이 1982에 재수록). 이는 사이타마 현 남부의 언어지리학적 조사의 결과를 표준어형 사용률에 따라 정리한 것이다. 게이힌 도호쿠선 철도 노선을 따라 공통어 사용이 활발하다고 이해할 수 있었다. 이 지도에 땅값 분포를 합쳐놓은 것이 그림 8-7이다. 검정 동그라미는 표준어형과의 일치도(40 항목 중)를 화자별로 나타낸다. 땅 모양의 농도는 1985년의 땅값을 나타낸다(1000엔/m²). 땅값이 비싼 곳의 조사 대상자는 표준어형을 많이 사용하는 경향이 있다(관동 대지진 이후 피해가 적었던 오미야 지구로 이주한 도쿄 사람을 위해서이기도 하다).

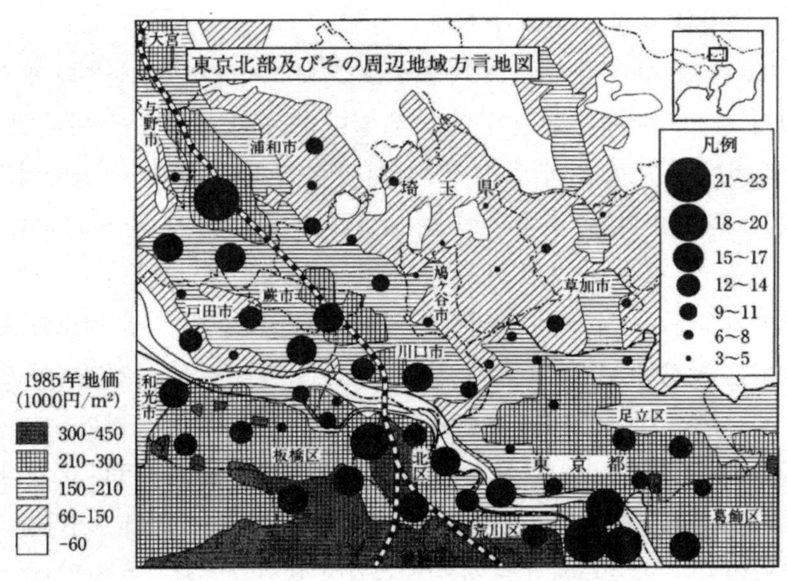

그림 8-7 도쿄 · 사이타마의 표준어형과 땅값

또한 그림 8-7의 지리적 분포는 표면적으로는 철도(까지의) 거리에 좌우되고 땅값과 관계가 있는 것 같지만, 사실 지역의 직업 등이 작용할 가능성이 있다. 지금까지의 사회언어학적 조사에 따르면, 방언 사용도와 직업, 심지어는 학력과도 상관관계가 보인다(이 책 제16장). 그림 8-7을 보면, 조사 대상자의 직업별 분포는 명확하지 않지만, 철도에서 거리가 먼, 땅값이 싼 지역의 조사 대상자의 직업은 농업일 가능성이 있다. 사이타마 현의 표준어 사용에 대한 지역차도 주민의 사회 구성을 반영할 가능성이 있다.

5. 공통어 사용 능력과 사회계층

이상과 같이 땅값 또는 평균 소득과 방언 사용률과의 관계를 설명하는 중간 항목으로 직업·학력 등의 사회계층에 따른 차이를 생각할 수 있다. 공통어 사용 능력과 직업 선택의 자유도와는 비례하며 공통어를 자연스럽게 구사한다면 다양한 직업에 종사할 수 있다. 이에 반해 방언사용 능력(방언력)은 한정된 평가밖에 얻을 수 없다. 현재는 이중 언어(bilingual)가 아닌 이중 방언(bi-dialect)(방언과 공통어의 구분) 능력의 변동이 있으며 방언 사용 능력의 축소가 엿보인다. 방언을 사용할 수 있어도 이것이 장래 삶의 전망으로 이어지지 않기 때문이다.

야마가타 현 모가미 지역의 중학생 조사에서는 방언의 사용 정도가 장래에 어디에서 살고 싶은지(고등학교 졸업 후 상경 한 후 유턴하여 고향에 돌아오고 싶은지)라는 전망과 관련이 있는 것으로 나타났다(이노우에 1985.2.). 방언이 얼마나 가치를 창출할 수 있을지는 개인의 장래 전망에 달려있는 것이다. 이는 조상의 토지가 가치를 창출하는가와 평행하며, 언어가 부동산과 닮아 있다는 것을 보여준다. 즉, 방언의 경제가치를 판단하는 것은 개인이며, 특히 언어를 활용하는 직업을 선택하는 데 있어 크게 작용한다. 개인적 차이가 지역 전체에 반영된 것이다.

언어지리학적 연구에서는 NORM(Non-mobile Old Rural Male)(토박이 노년 시골 남성)을 조사 대상자로 삼기 때문에 지역 전체의 언어 상황을 반영하지 않은 경우가 있다. LAJ에서는 전국 2,400 지점과 밀도가 높기 때문에 도시부도 포함하여[2] 어느 정도 지역의 직업도 반영할 수 있었지만, 전반적으로 1차 산업 종사자의 방언 사용을 보여준다.

지금까지는 지표상의 분포를 주요 발상으로 방언과 땅값, 인구, 경제력, 철도 거리, 사회계층 등의 관련성을 다루었다. 무엇이 방언 사용의 진정한 규정 요인인지에 대해서는 앞으로의 연구 과제이다. 언어 현상은 착안점이나 지표가 많기 때문에 계량적 연구가 적합하며(이노우에 2001.2.), 무료로 채택할 수 있기 때문에 보급학의 대상으로도 최적이다.

6. 방언 사용의 경제와 사회

방언과 경제의 관계를 이야기할 수 있는 데이터로 대학생을 대상으로 한, 간략한 설문 조사 결과가 있다. 뒤에서 언급할 경어와 영어 사용(그림 16-7, 그림 16-8)과 같은 설문 용지에 실시한 4종류의 언어 변종 중에서 도호쿠 지역의 방언 화자와 공통어 화자에 대한 결과를 산포도로 조합해 보았다.

---

[2] LAJ 제4집 참고 지도 Ⅳ 산업도 참조. 「지점(地点)의 산업」으로 상업이 거의 주요 도로를 따라 이어지고 있다. 「오오키이(大きい)」의 데카이(デカイ) 전파 등이 주요 도로를 따라 늘어서 있다는 것은 지적되고 있지만, 상업 지역 주민이 다른 지역 사람과의 접촉의 빈도에 따라 새로운 어형을 빨리 도입했을 가능성도 있다. 각 피험자(조사 대상자)의 직업을 「일본 언어 지도 해설 방법」에 따라 집계해 보았다. 공용어화하기 쉬운 「상업 · 일하는 사람」의 비율은 현에 따라 차이가 크다. 대도시 부근에 많지만 예외도 있다. 각 현 조사 담당자의 배려에 좌우되었는가? 현별 표준 어형 사용률의 많고 적음(의 예외)을 설명할 정도의 경향성도 보이지 않았다. 하지만 향후 지점 (화자)별 방언 · 공통어 사용의 분석이 진행되면 화자의 직업과 학력, 병역의 유무, 더욱이 지역 산업과의 관계가 분석 테마가 될 것이다. 또 중심 도시와의(도로) 거리 · 왕래 횟수도 공통어화에 영향을 끼칠 것 같다(이노우에 1994.4.).

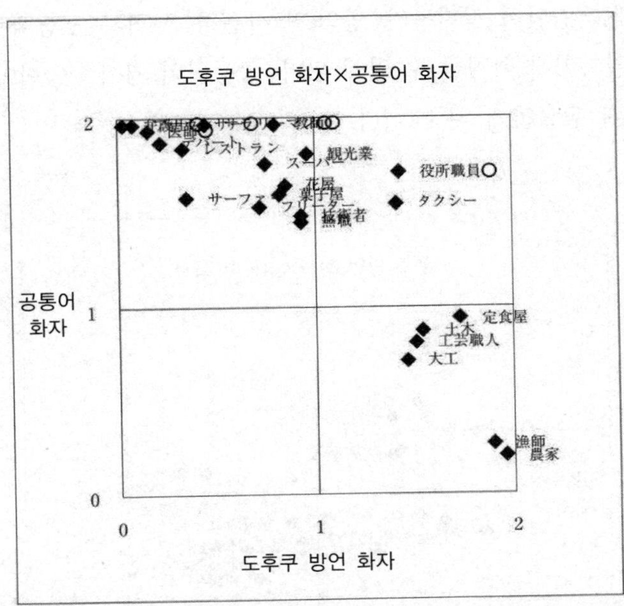

그림 8-8 도후쿠 방언 화자와 공통어 화자의 직종 이미지

그림 8-8에 따르면, 도호쿠의 방언 화자와 공통어 화자에게 적합한 직종은 거의 반비례 관계를 나타낸다. 그림의 ○는 이른바 화이트칼라 직종이지만, 왼쪽 윗부분의 공통어 화자에 집중해 있다. 블루칼라 또는 제1차 산업종사자는 오른쪽 아래인 도호쿠 방언 화자와 연관이 있다. 관공서 직원, 택시 기사 등은 도호쿠 방언과 공통어 모두를 사용할 수 있다고 기대되고 있다.

뒤에서 언급하는(그림 16-9, 그림 16-10) 것처럼 같은 형식의 학생 설문 조사에 따르면, 직종과 연봉은 밀접한 관계가 있다고 파악되고 있다. 실제로 각종 통계에 따르면, 전문직, 화이트칼라, 그레이칼라, 판매업, 블루칼라(제1차 산업 종사자) 순으로 연봉이 내려간다. 또 이것은 경어・영어 능력과 거의 비례한다고 파악되어 말의 올바름 의식의 높이와도 관련이 있다고 파악되고 있다. 이와 함께 취업을 위한 기초 훈련 기간과 노력(재능) 등과도 비례 관계가 인정된다.

이상의 관계를 간단히 정리하면, 방언(만 사용하는) 화자는 경제적으로 풍족한, 이른바 좋은 일자리에 취직할 수 없게 된다. 공통어의 지식 · 능력이 사회적 지위의 확보 상승에 필요하게 된 것이다.

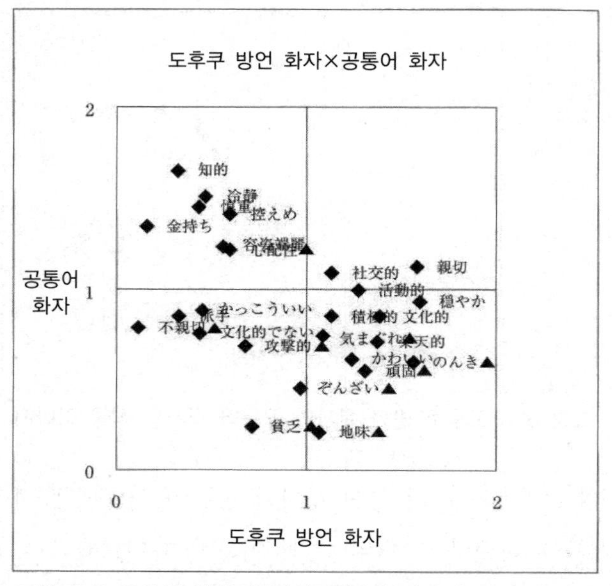

그림 8-9 도후쿠 방언 화자와 공통어 화자의 성격 이미지

그림 8-9에서는 도호쿠의 방언 화자와 공통어 화자의 성격 이미지를 조사한 결과를 나타낸다. 여기에서도 이들은 거의 반비례 관계를 나타낸다. 도호쿠의 방언 화자는 오른쪽에 표시된 것처럼 「평온, 태평, 낙천적」인 것과 동시에 「완고, 변덕」과 같이 부정적인 평가와 결부되는 경우가 많다. 공통어 화자는 윗부분에 표시된 것처럼 「지적, 부자, 냉정」 등의 긍정적인 평가와 결부된다. 「친절, 사교적」인 것은 도호쿠 방언과 공통어 모두를 잘 구사하는 사람과 연관된다. 이바라키 방언을 비롯해 다른 방언도 부정적인 이미지와 연관되는 경향이 많다(하야노 2008).

그러나 많은 지표가 왼쪽 아래에 위치하여 공통어와도 도호쿠 방언과도 강한 관계를 나타내지 않는다. 경제적 요소의 반영인 「부자」는 왼쪽 아래 부분에 구성되고 「가난」은 가장 아래쪽에 구성되었다. 즉 「부자」는 공통어 화자와 연관되며 「가난」은 도호쿠 방언 화자와 결부된다. 개인의 경제적 상황과 방언·공통어 사용에는 느슨한 이미지와의 관계를 느낄 수 있다.

지금까지 소설이나 드라마에서는 종종 방언에 대한 선입견을 이용하여 이를 보강하여 증폭하는 형태로 사회적 차별, 경제적인 관계를 암시하는 경우가 있었다. 이로 볼 때 방언(공통어)은 확실히 경제적 가치를 지니고 있다.

7. 방언의 3가지 사회적 유형의 변천

일본의 방언은 세 개의 사회적 유형을 겪었다. 전쟁은 박멸의 시대, 제2차 세계대전 이후에는 중립(기록)의 시대, 지금은 오락의 시대이다. 시대를 확대해 더욱 더 자세히 살펴보면 다음과 같다. 근대 이전에는 문화적 중심지의 이동을 고려하였고 근대 이후에는 사회적 자리매김의 변화를 생각했다. 일본어 방언의 역사는 사회적 자리매김을 고려하여 5개의 유형으로 나눌 수 있다(표 8-2).

표 8-2 방언의 사회적 유형

	유형	시대명	시대	방언의 가치평가	사용능력
이전 역사 1	방언 멸시	교토의 말 시대	에도전기	독립	방언 우위
이전 역사 2	동서 대립	에도 말 시대	에도후기	독립	방언 우위
제1유형	방언 박멸	표준어 시대	메이지~제2차세계대전 이전	마이너스	방언 우위
제2유형	방언 기술	공통어 시대	제2차세계대전 이후	중립	양립
제3유형	방언 오락	도쿄 말 시대	제2차세계대전 이후~헤이세이	플러스	공통어 우위

7.1. 이전의 역사 1(前史 1) 교고토바(京言葉)의 시대 근세 이전

일본어 방언의 역사적 형성 과정을 생각해보자. 일본어 기원론과 관련되지만, 야요이 문화의 담당자가 원시 일본어를 사용하고 있었다고 생각된다(이노우에 2000.10., 2000.2. 제3장). 이후 동일본에도 일본어 영역이 확산됐는데, 만요슈(만엽집)에 기록된 나라 시대의 동국 방언은 중앙어로 바뀐 것은 별로 없었다. 무로마치 시대의 크리스천 선교사가 기록한 모든 방언에는 현대의 방언 차이의 싹이 보인다. 에도 시대를 통해 각 번(藩)의 특징이 발달하였다고 생각한다.

에도 시대 이전에는 수도인 나라나 교토의 말이 우아한 언어로 간주되고, 지방의 말은 뒤떨어지는 것으로 평가되었다. 가마쿠라 시대에는 동일본 무사들의 말이 높이 평가되었으며, 교토의 귀족이 모방했다는 기록도 있지만, 전체적으로는 교토의 말이 가장 높은 것으로 평가되었고 그에 비해 방언은 폄하되었다.

7.2. 이전의 역사(前史 2) 에도어 시대 근세 후기

에도 시대 후반에는 에도의 인구 증가와 문화의 번영에 따라, 교토의 말과 에도의 말의 평가가 함께 높아져 동서 대립의 시대가 되었다(도쿠가와 1981). 동일본에서는 에도어 쪽이 인기가 높아져 「에도 말의 시대」가 되었다. 방언집에서도 에도의 말과 대조되는 것이 나타나게 되었다.

7.3. 제1 유형 표준어 시대 방언 박멸

근대 이후의 방언을 제1 유형으로, 방언을 박멸의 대상으로 취급하는 생각이었다. 즉, 「방언은 나쁜 말이다. 없애는 거다.」라는 생각으로, 제2차 세계대전 이전에는 이런 견해가 많았다. 제1 유형의 「표준어 시대」라고 이름을 붙였지만, 「일본 국민은 국어를 익히지 않아서는 안 된다.」, 「국어라는 것은 도쿄의 말을 바탕으로 하는 표준어이며 전 국민은 그것을 사용해야만 한다.」라고 생각했다. 이를 위해서는 학교 교육의 보급이 가장 좋은 수단이었다. 오키나와와 도호쿠 지방의 「방언 명찰(후다)」을 사용한 것은 방언 박멸 운동의 전형이다(호카마 1981, 이노우에 2007.2.).

7.4. 제2 유형 공통어 시대 방언 기술

그러나 객관적・중립적 기록의 대상으로 방언을 취급하는 방식도 있다. 이것은 제2 유형이라고 볼 수 있다. 이것은 에도 시대부터 현대까지 이어지고 있는 흐름이다. 제2차 세계대전 이전부터 이어지고 있는 방언 엽서와 방언 순위표가 이러한 흐름을 구현한다.

제2 유형으로 이러한 움직임이 두드러지는 것이 「공통어의 시대」에서 「방언 기술의 시대」라고 해도 괜찮다. 제2차 세계대전 이후, 국어 교육의 세계에서도, 일본어 교육의 세계에서도 「표준어」라는 말을 그만 사용하고 이를 「공통어」로 바꿔 부르도록 했다. 그 때 방언에 대한 가치 평가가 중립이 되었다. 공통어와 방언 양쪽을 구분하여 사용하면 좋겠다는 생각이었다. 학생들은 때에 따라 적절하게 공통어도 사용하고, 방언도 사용할 수 있는 것이 목표가 되었다. 바로 공통어・방언의 공존・양립 시대이다.

7.5. 제3 유형 도쿄 사투리의 시대 방언 오락

최근에 두드러지는 것은 제3 유형으로 방언을 오락의 대상으로 보는 것이다. 예를 들어 이는 대중매체에 방언이 등장하거나, 방언 대회가 열리는 등 「방언 회복」의 움직임과도 관련된다. 즉, 표준어・공통어의 가치가 변화한 것이다. 대중매체와 상품에서의 방언 사용 등을 고려한다면 1970년대 후반부터 방언 붐이 시작된 것이다. TV 드라마 등에서의 「방언 리얼리즘」이 영향을 주었다. 이는 방언을 활용하는 흐름이기도 하고, 이 때의 방언은 스타일이나 액세서리로써의 방언으로도 볼 수 있다(고바야시 1996, 다나카 2010).

한편 도쿄 사투리와 각 지역의 방언의 관계를 살펴보면, 「도쿄어화・도쿄 방언화」 현상이 관찰된다. 특히 서일본 각 지역에서 마쓰복쿠리(マツボックリ, 솔방울), 숏파이(ショッパイ, 짜다), 슷파이(スッパイ, 시다), 뎃카이(デッカイ, 크다), ~챳타(~チャッタ, 해버렸다), 와칸나이(ワカンナイ, 모르겠어) 등과 같은 도쿄의 속어적인 말투가 퍼지고 있다.

근대의 3 유형의 변화는 공통어의 사용 능력과 관계가 있다. 예전에는 젊은 사람들조차도 공통어를 사용하지 않았기 때문에 방언을 박멸의 대상으로 파악했다. 제2 유형은 방언도 공통어도 어쨌든 사용할 수 있는 상태일 때의 이야기이다. 현재의 젊은 사람들은 오래된 방언 즉, 노년층이 사용할 법한 방언을 잘 구사할 수 있는 능력을 상실하기 시작했다. 반면 공통어는 자유롭게 구사할 수 있다. 그렇게 되면 예전에 잃어버렸던 것에 대한 향수의 형태로 오락으로써의 방언이 등장하게 된다. 방언 상품이 각지에서 팔리고 방언 네이밍을 하는 것도 제3 유형이다.

8. 신문 투서의 방언관 추이

제2차 세계대전 이후의 3가지 유형의 변천을 여실히 보여주는 것이 신문 투고란의 논조이다(구마가이 2009). 그림 8-10 참조. 쇼와 30년대(1955~1964)까지 방언 박멸 유형에 해당되는, 방언 「교정」을 논했던 투서가 있던 것은 의외였다. 방언의 지위가 변하고 중립적인 「멸시 비판, 미디어 비판」이 우세하게 된 것은 쇼와

40년대(1965~1974)라고 생각된다. 방언이 「중요」하다고 하는 논조가 계속 증가하였다. 이는 대중매체에서의 방언 리얼리즘의 출현과 관계가 있다. 오락 유형에 속하는 투서는 이러한 범위에서는 관찰되지 않은 것 같다.

앞으로 국민의 방언 사용 능력이 더욱 더 한정되어 방언의 희소가치가 인정되고, 방언이 경제적인 가치를 가지게 될 가능성도 있다. 이는 바로 방언 격동의 시대의 종언을 보고 있는 것이 된다.

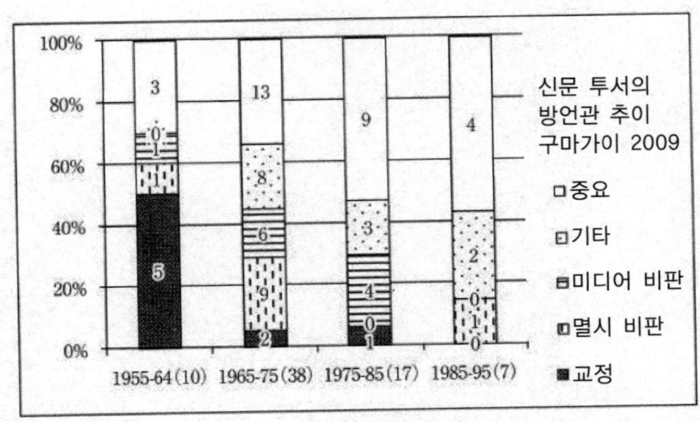

그림 8-10 신문 투서의 방언관 추이

09 방언 경관의 경제

❖ 이번 장에서는 방언의 사회적 위치에 대해 논고를 고쳐서 제시하겠다. 앞 장과 같은 원고에 근거하지만 테마에 따라 두 장으로 나누었다. 앞 장에서는 개인의 소득이나 자산과 방언의 관련성을 살펴보았지만 이번 장에서는 지역사회 전체에서 방언이 산업으로 성립하는가를 고찰하겠다. 방언 상품과 그 주변을 한정지어 특히 경제면에 대해서 다루었다. 구체적인 데이터에 근거해 분석했지만 아직 부족한 자료가 있다. 각각의 방언 자리매김도 불충분하기 때문에 이는 앞으로의 연구 과제로 둔다. 원래 이노우에(2007.10.)의 일부로 집필했지만, 페이지 수가 넘어 다시 쓰라는 주문이 있었기 때문에 독립된 원고가 되었다. 또 이번 장과 같은 취지의 논문은 이노우에(2007.2.)에도 수록되어 있다.

1. 방언 산업(1) 방언 상품

방언을 사용해서 행하는 경제적 활동을 「(응용)방언 산업」이라고 칭한다. 이는 「언어 산업」의 하위구분으로 하나의 언어 안에서 방언 차이를 이용하는 것을 가리키며, 「외국어 산업」의 친구 정도로 생각할 수 있다. 다만 대부분은 비유적인 용법이다. 또 (외국어와는 달리) 방언을 이용해 살아가는 개인은 적기도 하고, 업종으로 확립되어 있는 것도 아니다. 이하의 방언과 관련해 경제적인 활동이 새롭게 생겨나고, 자본을 투자하여도 회수되지 않는 일도 많다. 이러한 방언 산업은 오히려 개인 또는 단체의 의무감이나 자기만족을 위해 시행하는 경제적이지 못한 경제활동이다(이노우에 2005.10, Beal 2009).

방언 경제가치의 상징은 「방언 상품」 「방언 굿즈(goods)」 「방언 네이밍」의 종류일 것이다. 이것은 2종류로 나눌 수 있다(히다카 1996a). 양쪽 모두 눈으로 보고, 시각적으로 인지할 수 있고, 사진 등으로 기록할 수 있다. (1) 「방언 상품」 「방언 굿즈」는 구체적인 물건으로 존재하고 대부분은 구입할 수 있다. 이에 비해 (2) 「방언 네이밍」은 구체적인 물건과의 관련성은 희박하고, 대부분 네이밍 그 자체를 구입하는 것은 아니다. 다만 양쪽의 경계는 애매하다.

「방언 상품」의 하나는 「방언 리스트」로 「방언 순위표」 「방언 일람표」의 형태를 취한다. 예전에는 방언 그림엽서가 번성하였는데, 이는 당시의 방언 회화문을 기록한 것으로 귀중하다. 이런 종류에는 공통어 번역이 붙어 있는 것이 많다.

또 하나는 「방언 네이밍」이다. 「방언 네이밍」은 방언을 의미 전달 수단인 「명명」으로써 의식해서 이용하는 것인데 고유명사(의 어원)로 이용한다. 상품명이나 가게 이름, 시설명, 행사명 등 최근에 많이 보인다. 상품의 캐치 프레이즈나 해설(의 일부)이 방언인 것도 있다.

이상의 두 종류 모두 문자로 표시되어 언어 경관의 하나인 방언 경관을 형성한다. 이것 이외에 음성 경관(sound scape)를 형성하는 현상도 있고 방송이나 녹음 미디어(카세트테이프, CD, DVD) 등에서도 방언이 사용되고 있다.

1.0. 방언 상품

각 지역에 방언 관련 상품이 있지만 각종 정보를 종합하여 그래프나 지도로 나타내면(그림 9-1), 재떨이와 같은 분포가 된다(이노우에 2007.2.). 국토의 변방(도호쿠, 산인, 규슈 등)과 중앙(간사이)이 높은 분포를 보인다. 표 8-1의 a 변경 방언과 b 간사이 방언이 여기 해당된다. 방언 자체의 특징이나 관광객이 많은 것도 이에 영향을 끼치지만, 주민의 방언에 대한 정적 플러스 평가, 즉 애착심이 방언 산업의 기반이 된다고 볼 수 있다.

방언 산업의 하나의 전형으로서 방언 상품에는 ①언어적 가치 즉 방언 자체의 특색(의식)과 ②관광 가치 즉 원거리의 관광객 수 그리고 ③정적 가치 즉 화자의 애착심이 작용하고 있다.

방언 산업의 또 다른 종류인 방언 문학, 방언 예술, 대중매체의 방언, 방언 보존 운동, 방언 이벤트, 방언 대회, 방언 연극 등에 대해서는 언어적 가치가 작용하지만, 관광객 이외의 정적 가치가 크게 작용될 것 같다. 게이한 방언의 생명력에는 현재의 인구 규모나 경제력의 크기도 영향을 주지만, 역사상으로 오랜 문화의 중심이었던 것도 작용한다. 방언의 생명력에서 사회적 활동이 중요한 것은 지구상의 유력 언어 대 위기 언어와 같은 모양이다.

1.1. 방언 상품 정리 시스템

먼저 지역차를 다뤄보겠다. 이전에 지도로 경향을 나타내었다(이노우에 1989.4.). 이후 데이터가 늘었기 때문에 새로이 표 계산 프로그램에 입력해 이를 분석했다.[1]

이 데이터에는 다음의 정보를 입력하였다. 1, 2, 3이 분류를 위한 최저 정보로 4와 5가 있으면 다른 정보로부터 얻은 것과 차이점 그리고 공통점을 판별할 수

[1] 데이터에 방언 상품과 방언 네이밍 양쪽의 정보가 들어가 있으므로 다른 논문에서 더 자세히 분석할 계획이다. 그림엽서는 1장을 1점으로 계산했다. 단독으로 입수하는 경우도 많고 세트를 복원하는 것이 곤란한 점, 세트로 판매할 수 있다는 것은 방언 시장의 크기를 나타낸다고 볼 수 있다는 점(정보량이 많은 것) 등이 이유이다. 그림엽서는 막대가 더 짧다고(6 분의 1 또는 8 분의 1로 축소) 생각해도 좋지만 그래도 전체 패턴은 변하지 않는다. 또 홋카이도의 아이누어도 여기에서는 집계에 포함시켰다. 또 이 표의 자료는 현물 및 사진 · 인터넷 정보 등이다. 배경에는 더 많은 종류가 있다. 예를 들어 가고시마 현지의 메모(1992.9.2.)에 따르면 16 종류(색의 차이, 크기 차이 등으로 세밀하게 나누면 21 종 + ?)이 발견되었지만, 현물은 몇 점밖에 사지 않았다.

있다. 실제로는 첫말을 제외하고 제목에서 바로 뒷말 등 복수의 말이 있는 편이 다른 사람이 실어 놓은 정보와 판별에 도움이 된다.[2]

1 지역 지방 분류+자치성 번호 시스템 현 번호 2자리

2 종류 수건, 발, 그림엽서, 키홀더, 인형, 찻잔 등

3 제목 지명+분류, 「쓰가루 방언 순위표」 등

4 첫말 세로 쓰기의 경우 오른쪽 위, 가로 쓰기의 경우 왼쪽 위의 단어

5 게재된 말 수 또는 행 수

6 소재 현물의 수납 장소, 사진 번호, 게재된 문헌 등

1.2. 방언 상품 규정의 3요인

그림 9-1에 의하면 현별로 차이가 크다. 교토・오사카・아이치・아오모리현 부근, 고치, 가고시마, 오키나와가 상위이며, 대도시와 국토의 외곽이라고 하는 양극에서 차이가 두드러지게 눈에 띈다. 이는 한 가운데가 높은 재떨이를 연상시킨다. 다른 데이터(도쿠가와 1979 및 니가타현 수집가의 홈페이지, 모 마스코트의 홈페이지 방언 관계)를 그래프로 만들어 비교했지만,[3] 결과는 대략 비슷했다.[4] 이들을 상호

---

[2] 발매 연도・발행 연도・발행 장소 등의 정보는 없는 경우가 많다. 입수・채집 연도를 덧붙이면 나중의 분석에 도움이 된다. 컬렉션의 소재어(所載語)・표현을 모두 전자 파일로 입력하면 일반 대중이 아는 해당 방언의 특징이 부각될 것이다. 현대의 방언 사용 양상과 비교해 보면 어떤 단어・표현이 쇠퇴하고 또 지속되고 있는지 알 수 있을 것이다.

[3] 도쿠가와 (1979)는 260 종류. 가고시마, 교토, 아오모리, 야마가타의 순으로 이노우에 데이터와 비슷하다. 니가타 현은 약 260 종 이상으로 니가타 현이 압도적으로 많다. 보통은 알아채지 못하는 작은 마을 것도 있고 그 근처 야마가타 현과 기후 현의 것도 많다. 다른 현은 적다. 수집가의 행동 범위 (지리적 근접 효과)에 좌우된다는 것이다. 이것을 고려한다면 전체의 분포 경향은 비슷하다. http://www.alles.or.jp/ ~ masunoya/goods/goods1.htm. 히다카(2004)의 그림엽서 데이터는 가고시마, 교토, 아오모리, 이시카와, 오사카, 후쿠오카의 순으로 간토는 거의 없고 매우 비슷하다.

[4] 예전 이노우에 데이터(이노우에 1989.4.)는 출신지 야마가타가 많다고 하는 경향이 있었지만, 그

보완해 그림 9-1의 지리적 분포 경향이 신뢰할 수 있다는 것을 나타낸다. 또한 그림 9-1과 비슷한 그래프는 이노우에(2007.2.)에도 수록되어 있지만 그래프 집계의 모수가 다르다.

그림 9-1의 지리적 차이는 방언의 경제가치의 지역차를 나타내는 좋은 예라고 말할 수 있다. 전국 분포를 보면 이러한 차이는 대도시 오사카 · 교토나 규슈 · 도호쿠 각 현(게다가 국토의 끄트머리 현)에 많다. 이것을 설명하기 위해서는 언어적 가치, 관광 가치, 정적 가치의 세 요인의 복합이라고 생각하는 것이 좋을 듯하다.

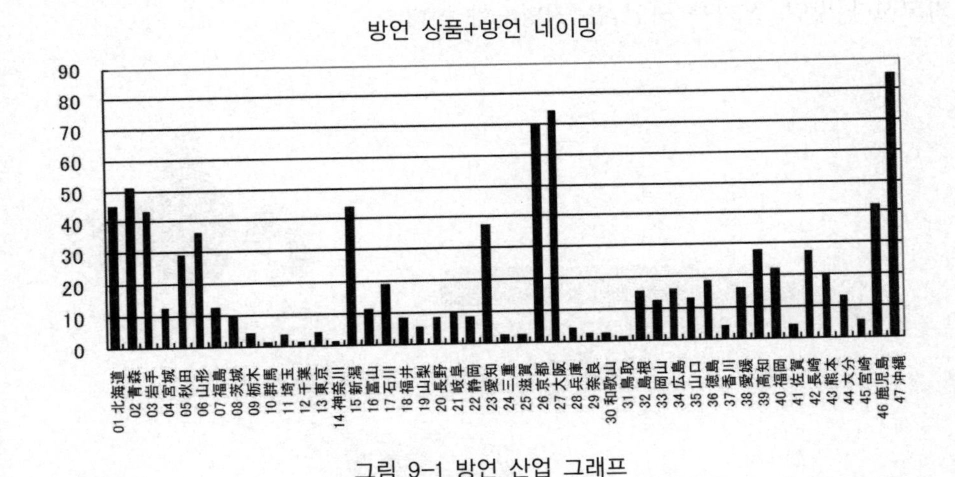

그림 9-1 방언 산업 그래프

후 학회 출장 등으로 각지에서 열심히 찾은 탓인지 출신지 · 거주지의 치우침은 눈에 띄지 않게 되었다. 또한 학생을 위한 방언책 등에 수록된 방언 상품(약 230 종) 및 인터넷 정보도 목록에 넣었기 때문이기도 하다. 수집가로는 도쿠가와 무네타카(야마가타 현 미카와 마을에 소장), 시바타 타케시, 히다카 고이치로 등이 있지만 일부 밖에 목록이 공표되어 있지 않다. 한편 시가 현의 방언 상품은 아직 찾아 볼 수 없지만 현지 연구자의 에세이에서도 「제로」라고 보고 되고 있다. 또한 NHK의 기획 「21세기에 남기고 싶은 고향의 말」의 응모 건수는 지방 방송국 담당자의 열정과 아이디어에 따라 차이가 났다(시바타 2001).

1.3. 규정 요인1－언어적 가치 : 방언적 특징

방언 상품의 규정 요인의 하나로 방언 자체에 특징이 있다는 것이 전제가 된다. 즉 언어(학)적 가치이다. 예를 들어 그림 9-2는 **LAJ** 가사이 데이터의 표준어형 사용률의 분포를 극단적인 형태로 반영한다. 공통어와 비교해서 방언적 특징의 크기 의식 등과 비례 관계를 생각할 수 있다. 효고 현(고베)의 방언 상품이 적은 것에 비해 교토・오사카의 방언 상품이 많은 것 등을 볼 때, 방언자체의 지명도(지역민・관광객 인식)도 방언 상품에 관계하는 것 같다. 「교토 방언, 오사카 방언, 가고시마 방언, 쓰가루 방언」은 지명도가 높다.[5]

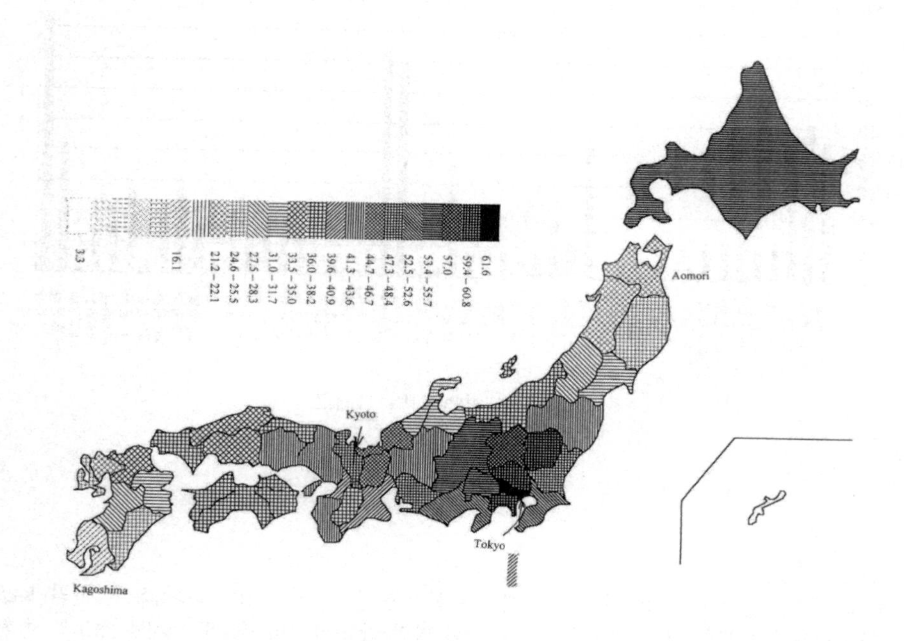

그림 9-2 가사이 표준어형 전국 분포

[5] 모든 방언의 「지명도」는 예를 들어 인터넷에서 「～ 방언」 「～ 사투리」 「～ 말」 「～ 말투」 등의 단어를 검색하면 예상이 된다.

1.4. 규정 요인2–관광 가치 : 관광객 수

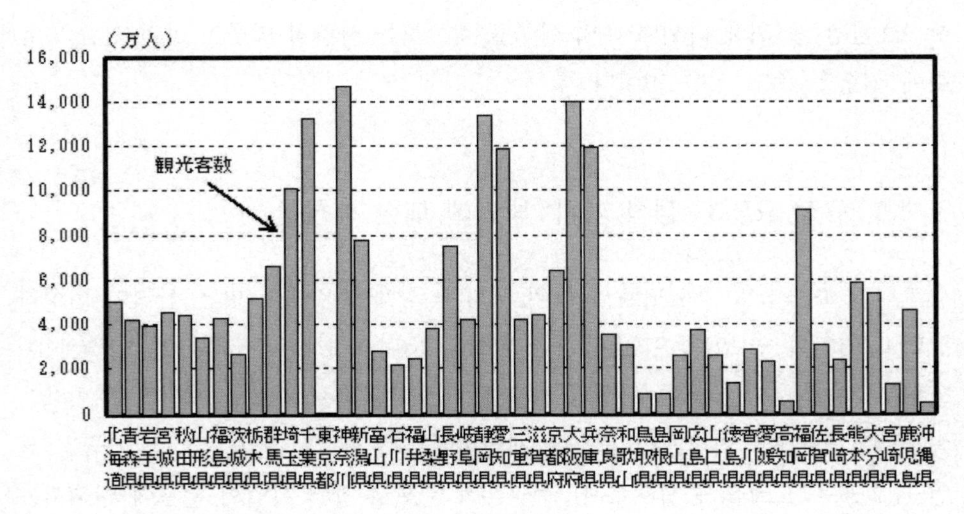

비고 1. 일본관광협회 「전국관광동향」에 의해 작성.
2. 도쿄도는 관광객 수를 공표하지 않았다.
3. 고치현은 현 이외 관광객만을 대상.

그림 9-3 현별 관광객 수(2001년도)

방언 상품의 규정 요인 두 번째로 많은 관광객 수를 생각할 수 있다. 같은 현 내, 동일 시내에서 정밀한 지리적 분포를 보면, 관광 상품 가게 등에서 구입할 수 있는 것이 많기 때문에 관광객이 많다는 요소가 필요하다. 하지만 그림 9-3 현별 관광객 수의 통계와 비교하면, 통계 수치와 맞지 않는다. 관광객 수는 대도시 부근이 많고, 각 도도부 현의 인구와 도쿄에서의 거리로 상당 부분을 설명할 수 있다고 한다.[6] 이것은 실로 지리학 중력 모델(이 책 제13장)에 의한 설명이다. 다른 대도시에서의 거리도 고려해 보면 이를 더욱 더 잘 설명할 수 있을 것이다. 그렇다고 해도 관광객 수는 도쿄 부근에 많고 방언 상품의 수는 먼 곳에 많기 때문에

6 2004년도 연례 경제재정보고 http://www5.cao.go.jp/jj/wp/wp-je04/04-00502-08.htm

양자는 언뜻 보기에는 반비례한다. 대도시 근처의 현에는 근거리 관광객(당일치기 「행락객」)이 많고, 이들은 방언 상품에 흥미를 갖지 않기 때문일 것이다. 즉, 먼 곳으로 「관광」을 위해 나서며 추억 상품을 찾으려는 사람의 비율이 방언 상품의 종류에 영향을 주고 있을 것이다.

1.5. 규정 요인3－정적 가치 : 방언에 대한 애착심

그림 9-1은 중앙 게이한과 국토의 변방과 경계 지역에서 방언 산업이 번성하였다고 해석할 수 있다. 이는 게이한 중심의 도너츠 상태의 주권론적 분포(언어지리학에서 말하는 ABABA 분포)로 설명할 수 있다. 언뜻 봐서 기묘한 지리적 분포지만, 이는 한 가운데와 가장자리가 높은 재떨이에 비유할 수 있겠다. 그런데 규정 요인 1, 2 모두 도쿄를 중심으로 한 주권론적 분포로 방언 산업의 분포에 대해서는 충분한 설명력을 갖지 못했다. 애착심, 즉 방언의 정적 긍정적인 이미지가 다음의 규정 요인으로 거론할 수 있다.[7] 이는 그림 9-1을 근거로 하여 나중에 언급하겠다.

2. 방언 산업(2) 방언 네이밍

방언 리스트의 친척 방언 네이밍, 즉 상품명 등 고유명사에 대한 방언 적용을 보자. 방언의 의도적 사용, 즉, 명시된 방언(아몬 1992)이다. 히다카(2005)에서는 인터넷 검색 결과가 사용되어 방언이 손님을 끄는 데 활용되고 있는 실태를 알 수

[7] 간토에서 볼 때, 정적 이미지가 마이너스가 되는 오사카 사투리가 플러스 이미지인 교토 사투리와 다르지 않은 점은 맞아 떨어지지 않지만(이노우에 1989.10.), 지역 출신자를 어떻게 취급해야 할지를 중시해야 할 것이다.

있었다. 그래프화했지만 방언 굿즈와 비슷한 경향을 보였기 때문에 그림 9-1에 포함시켰다. 방언을 사용한 상품은 전국적인 판매권에서도 발견되었다. 지역(로컬) 판매권이나 고향 특산품에도 방언이 사용되고, 또 가게나 시설의 이름에도 방언이 활용된다. 방언명이 붙은 (공공)시설의 예를 아래에 나타냈다. 외국어와 같은 발음(울림), 또는 외국어처럼 꾸민 표기가 활용된 예도 있다.

가데루(カデル) = 친구 축에 끼워주다, 삿포로
데간스(でがんす) = 이옵니다, 츠루오카 방언
온보라도(オンボラード) = 느긋이, 가나자와 방언
기나하이야(きなはい屋) = 오세요, 이요 방언

발음(울림)이 좋은 말은 상품명이나 가게 이름으로 유효하다. 방언을 사용하면 새로이 생각해 내는 것보다 손쉽고, 로마자처럼 가로로 쓰는 외국어보다도 친근감을 품을 수 있다. 방언의 가치를 유효하게 활용하는 시대가 된 것이다. 또 간사이 방언은 길거리 간판이나 표시에서 볼 수 있는 비율이 많고(후타노 1999) 일본 국내의 다른 방언 지역에서도 사용된다(이노우에 2011.2.).

또 식품의 표시 등에 「알아채지 못하는 방언」을 쓴 것은[8] 고향 사람을 위한 것이므로 이해도를 생각해서, 더욱이 「특유어」이기 때문에 이를 공통어로 표현하지 않고(이노우에 2000.2.),[9] 방언으로 표시한 것은 별도로 다루어야 할 것이다.

---

8 「알아채지 못하는 방언」의 실례는 형태가 공통어와 일치하지만 의미가 어긋나는 것, 공적인 장면에서 사용되고 있기 때문에 전국에서 통한다고 굳게 믿고 있는 것, 또 음식 이름 등 각종의 것들이 있다. 현대 일본어 방언 주변에는 다양한 변종이 있다. 전국 공통어의 중간 단계로서 지방 공통어, 지역 공통어 local standard는 일찍부터 지적되고 있다. 류큐 방언에서 「ウチナーヤマトゥグチ(우치나야마토구치)」나 「トン普通語(돈 보통어)」, 가고시마의 「カライモ普通語(標準語) 가라이모 보통어(표준어)」가 그것에 해당된다. 또 각지에 반공통어화 단계가 보인다. 더욱이 개별 단어나 문법 현상 등으로 전국적으로 알려진 「유명한 방언형」과 반대로 지역 주민이 공통어라고 굳게 믿는 「알아채지 못하는(알아채기 어려운) 방언」이 있다. 각각 각지의 방언 사회 경제적 지위를 배경으로 생겨난 것이지만 지면 관계상 자세한 설명은 생략하겠다.

9 공통어에는 있는데 어느 지역에 존재하지 않는 「누락어」의 반대말이다.

3. 방언 산업의 성쇠(消長)

방언의 경제성을 상징하는 방언 산업은 앞으로 번창할 것인가? 방언 리스트를 중심으로 봤을 때, 방언 상품으로 취급할 수 있는 시장 규모는 작다. 또 방언이 팔 수 있는 물건이 될 수 있을지는 그 고장의 풍습에 따라 차이가 있고, 관광객이 많지 않으면 장사가 되지 않는다. 팔리는 가게의 입지도 제한된다. 방언 상품의 열악함은 단가가 낮은 데에 있다. 수학여행이나 관광객이 사는 것은 몇 백 엔에서 천 엔 정도의 것이다. 큰돈을 벌려고 해도 안 되는 이유는 스테디셀러(지속적으로 팔리는 것)가 적은 것으로도 알 수 있다. 방언 산업은 어차피 아이디어 산업, 즉, 틈새 산업에 그친다(이노우에 2000.10.). 각 지역의 방언 그 자체의 쇠퇴와 함께 방언 상품도 밀려나가고 있다. 또한 공통어화의 진행과 소득 수준의 향상에 따라 사용(게재)어수 한 단어 당 단가가 비싸지고 있다. 방언 그림엽서와 같이 회화를 기록한 것이나 방언 수건, 방언 발과 같이 낱말 수가 많은 것(한 낱말 당 일 엔 이하)은 적어지고 방언 찻잔이나 T셔츠와 같이 낱말 수가 적은 것(한 낱말 당 백 엔 이상)이 최근 들어 눈에 띈다. 방언 그림엽서는 극단적인 성쇠를 보였지만 이는 커뮤니케이션 미디어로써 그림엽서 자체의 성쇠의 반영이다(사쿠라이 2010).

방언 산업 중에도 방언 네이밍에 대해서는 현재 증가 추세이다. 이는 방언 오락 유형과 연동하여 방언의 정적 가치, 희소가치를 이용하고 있다. 후타노(1999)에 따르면 오사카 방언을 사용한 가게 이름의 간판은 착실히 증가하고 있다. 상품명에서도 동일한 경향이 보인다.[10]

또 방언 회화나 단어 낭독을 충실하게 기록한 녹음 테이프나 비디오는 교육용・연구용으로 만들어지는 것이 주이며 산업으로써 성립되기 어렵다.

---

10 상표 등록의 기록을 되짚어보면 언제부터 증가했는지 알 것이다. 간판의 다언어 사용과 관련도 흥미롭다. 전국 전화번호부 및 상가 명부 등으로도 예상이 된다.

4. 방언 출판물의 모든 유형(문학과 예술)

아래에서는 문자나 음성에 의한 예술 등을 언급하겠다. 그 지리적 분포를 설명하는 데에는 언어적 가치, 관광 가치, 정적 가치의 3가지 규정 요인 중에서도 언어적 가치와 정적 가치가 크게 작용할 것이다. 고향의 방언 화자를 대상으로 한 기획이 많기 때문이다.

4.1. 방언 문학

방언 상품에 인접해 있고 때로는 경계를 정하기 어려운 것은 방언 출판물과 방언책이다. 이 중 아주 작은 책으로(후술하는 「방언 연구 문헌 목록」에 실릴 것 같지 않은 선물 가게 등에서 팔리는) 방언집은 앞에 설명한 그림 9-1에 포함시켰다.

전형적인 것은 방언 문학 작품이고 방언의 「의도적 사용」에 해당한다(아몬 1992). 이소가이 외(1981)에 방언 문학 리스트가 있다(그래프는 이노우에 2007. 10. 그림 3-8). 1위부터 열거하면 도쿄, 교토, 오사카, 홋카이도, 히로시마, 이하 규슈의 모든 현이다(다만 작가 수만을 알려준 것으로, 작품 수로 하면 조금 차이가 난다). 방언 문학에서는 작가의 출신지와 관계하여 소설의 무대가 되기 쉬운 토지의 방언이 등장한다고 설명할 수 있다. 현별 인구와 비례 관계를 보이지만 방언 상품과는 일치하지 않는다. 즉 방언적 특징 등은 방언 문학과 관계가 없는 것처럼 보인다. 후술하는 방언시의 분포가 방언 상품과 유사하여 방언색의 풍부함과 비례하는 것처럼 보이는 것과는 다르다.

한편 예전에 논한 것처럼(이노우에 2000.10.), 방언 문학에서 방언 사용의 정도에는 단계(정도의 차이)가 있다. 방언 사용 패턴에 착안함으로써 출판물 내용의 격식 정도를 계측할 수 있다. 주체가 되는 문장에서 방언 단어를 사용해서 해설하는 것, 회화문의 일부가 방언적인 것 등은 방언 문학이라고 말할 수 없다. 회화문의 방언이 뒤섞인 「무대 방언」은 방언 문학에 넣어서는 안 된다. 회화문이 철저하게 충실한 방언인 것은 방언 문학이라고 칭해도 좋지만 실제로는 독자에게 알기 쉽고 절충적인 표현이 되는 경우가 많다.[11] 주체가 되는 문장도 방언이라고 하는 작품은 적고 간사이 방언의 책도 드물게 보이는 정도이다. 머리말 · 후기가 방언인 책은 더욱 드물다. 또 기술 내용도 세상 이야기에 적합한 것이 많다. 딱딱하고 평론적인 것은 드물게 보이지만, 학술적인 내용을 방언으로 기록한 것은 더욱 더 적다.

또 문장어와 방언은 대립관계에 있어서 문장어에는 말의 지역차나 방언이 없을 것이라는 기대가 있다. 실제로 「알아채지 못하는 방언」이 나오더라도,[12] 독자는 작가의 개인적 특색 또는 다양한 표현의 하나로 생각하기 때문에 이를 지역차라고 생각하지 않는 것이 많다(시바타 1958, 1988a).

4.2. 방언시 · 만화와 방언 번역

방언시는 말의 면에서 리얼리즘을 추구하는 도달점이다. 아오모리현 쓰가루의 방언시가 유명하지만 방언적 특징이 많은 각 지역에도 있다. 예전에 가와사키 히로시(1998)가 조사한 것을 지도 및 그래프로 만들었다(이노우에 2000.10.). 방언시는 긴키에 밀집해 있고 도호쿠 · 규슈에 많다. 또 방언 상품의 경향과 거의 일치한다.

만화 · 그림 연극에서도 각지의 방언이 나온다. 서일본 방언의 우세가 관찰되는

11 예외적으로 다니자키 준이치로와 이노우에 히사시와 같이 뒤에서 언급하는 방언 리얼리즘을 노리고 다른 방언 네이티브 화자의 체크를 받아 대화를 옮기는 문학자도 있다.

12 「알아채지 못하는 방언」의 연구사에 대해서는 하시모토(2005) 참조. 개념은 1970년 시바타 세미나에서 읽은 Hard(1966)(일본어역 하루도(1972))의 「(제) 1 차 (방언) 특징」「(제) 2 차 (방언) 특징」의 구별에서 영감을 얻었다. 시루문스키의 1931년의 기술까지 거슬러 올라가 현대 신천지 · 뉴타운의 방언 형성까지 사정권에 들어온다는 개념이다. 1983년의 실례를 나타낼 때 더 간결하고 알기 쉽게 이름 붙이려고 노력했다.

것은 등장인물에게 활발한 캐릭터가 설정되어 있어 방언 이미지를 고정관념으로 이용하고 있다고 생각되지만 작가의 출신지에 좌우되고 있을 가능성도 있다.

창작은 아니지만 방언이 문장으로 나타나는 것 중에 방언 번역이 있다. 최고봉은 성경일 것이다.[13] 류큐(오키나와)어 번역은 에도 시대에 나타났다. 간사이 방언은 일부만 있다. 도호쿠 지방의 게센어 번역은 4대 복음서 모두이며 여기엔 녹음된 CD도 딸려 있다(야마우라 2004 외). 그 외에 일본국 헌법, 매춘 방지법 등이 방언으로 번역되었다. 문학 작품인 「도련님(보짱)」은 각지의 방언으로 번역되었다. 또 여러 문학 작품의 일부가 각지의 방언으로 번역되었다.

이상과 같이 문학 상의 많은 시도는 자기 실현, 자기 표현을 위해 모어로 방언을 사용하는 것으로, 방언 산업으로 성립될 정도의 것은 아니다. 경제적으로(출판물의 매출을 올리기 위해) 방언을 사용한 예는 눈에 띄지 않는다. 지역 차의 관점에서 보면 작가가 한정되어 있고, 예도 적기 때문에 조심할 필요가 있지만, 방언 상품의 규정 요인(언어적 가치, 관광 가치, 정적 가치)을 무너뜨릴 정도는 아니다.

4.3. 민화 · 방언 담화 · 방언 연구서

방언이 충실하게 문자로 기록되는 것은 민화나 방언 담화의 문자화가 대부분이다. 옛날 이야기는 앞서 언급한 소설이나 시와 달리 예술이라고 생각하지 않고, 민속학의 연구나 기록의 대상이다. 민화집이 말투 그대로 문자화되어 간행되어 녹음도 여기 딸려 있는 것이 있다. 이것은 민속학 또는 문법 현상의 연구 대상이다. 또 무대에서(관광객용으로 또는 아이들 용으로) 이야기되는 경우가 있지만, 대부분은 경제적으로 수지타산이 맞지 않는 자원 봉사 활동이다.

방언에 대한 전문서, 전문 논문은 일본방언연구회(1990, 2005)의 데이터에서 현

13 불교 경전의 방언 번역은 모르겠지만 신란(親鸞 : 신란이 창시한 정토신종의 한 종파)의 탄이초(歎異抄)는 간사이 사투리가 있다. 이슬람교 코란에 대해서는 원리적인 번역은 있을 수 없다.

별로 집계할 수 있다(그래프는 이노우에 2007.10.). 이러한 종류는 류큐 방언·도호쿠 방언 등과 같이 방언적 특색이 많은 지역에 많고, 또 현 내의 방언 차이가 큰 곳에 눈에 띈다(상위는 오키나와, 도쿄, 니가타, 아마미, 야마가타이다.). 하지만 방언 사용률(이노우에 2007.2) 등과 깔끔한 관계성을 나타내지는 않는다. 이는 아마 고향 방언 연구자의 생산력에도 좌우되기(연구 논문은 수요와 상관없이 생산된다.) 때문일 것이다.

4.4. 인터넷 방언

최근에는 인터넷 상에서 찾아볼 수 있는 전자 정보도 중요하다.[14] 개인의 일기나 휴대전화 메시지의 문장 등에서 방언이 사용되는 경우가 있고, 구어적 표현 속에 각지의 방언을 섞는 경우도 있다. 그러나 전자 정보의 압도적 부분은 문장어·표준어가 떠맡게 되어 방언은 주변적 기능에 지나지 않는다.

최근에는 방언 입력이 가능한 워드프로세서 프로그램이 있다. 이것은 워드프로세스 프로그램인 「이치타로」에 탑재된 ATOK(에이토크)의 방언 버전이 나와 있는 것으로 알 수 있다. 휴대전화에서 방언 입력을 사용하는 것도 타겟으로 삼고 있다. 2002년 2월 ATOK 15에 「구어 간사이」 모드를 탑재한 것을 시작으로 ATOK에서 「구어 홋카이도 도호쿠」 「구어 규슈」, ATOK 17에서 「구어 중부 호쿠리쿠」, ATOK 2005에서 「구어 츄고쿠 시코쿠」를 추가하였다(자유민국사 「현대 용어의 기초지식 1991~200년판」 참조). 이후에는 간토가 추가되어 거의 일본 전국을 커버하였다(지금 오키나와 방언은 대응하지 않고 있다.). 또 방언 번역 프로그램도 있다.[15] 여기서 간사이 방언과 같은 광역 방언의 경제적 유리함이 두드러지게 눈에 띈다.

---

14 예를 들어 다음을 참조. 「호베리구(ほべりぐ)」 http://hougen.atok.com

15 하나의 예로 Osakanizer가 있다. 오사카 사투리부터 홋카이도, 나고야 이외의 다른 유명한 방언으로 홈페이지에서 언어 변환을 해주는 것이다. http://www.ash.or.jp/ ~ take / osaka

5. 방언 상연 예술과 방언 이벤트

이상에서 방언이 문자로 나타난 경우를 예로 들었다. 이하에서는 음성으로서의 방언 사용을 다루겠다. 언어 경관(linguistic landscape)에 대해 음성 경관(sound scape)이라고 불리는 현상이다.

박물관에서 비디오나 테이프로 항상 방언 회화가 흘러나오는 것은 각지에 있다. 전국적인 것으로는 오사카 민속학 박물관의 옛날 이야기가 철저하다.[16] 또 청량음료 자동판매기에서 그 지역의 방언이 흘러나오는 것도 있다. 이것은 예전에 간사이 지역의 모 민영 철도에서 차장의 방송에 간사이 방언을 금지한 것과는 반대의 흐름이다.

방언은 격식 있는 장소에서 사용되지 않는 경향이 있다. 우선 연설에 나타난 방언을 보면, 예전 NHK의 「청년의 주장」에서는 음성을 들으면 발음이나 악센트로 출신지를 알 수 있는 경향이 있었지만 이후의 「청년 메시지」에서는 지역을 짐작하기 어렵다. 출연자의 공통어 사용 능력이 높아진 덕택이다. 글자 모양으로는 지역 차이를 알 수 없다고 생각한다.

5.1. 방언 예술・방언 예능

방언을 음성화한 경우, 「방언 예술」로 합쳐진 사회적 활동이 있다. 전통 예능에서 방언을 사용하는 것으로 사츠마 교쿠(狂句) 등이 있다. 하카타에서 와카, 사가의 희극, 오키나와 방언극 등은 역사가 오래되어 민속 예능의 전통이 이어져 있다. 길거리 공연에도 미카와 만자이(万歳)처럼 방언을 사용한 것이 있지만 지금은 실용화되지 않았다. 센다이 인형극(죠루리), 치쿠젠 비파에 의한 헤이케 이야기,

16 오미야 철도 박물관에서도 몇 군데의 방언(과거도 포함)이 흘러나올 기획이었지만, 2011년 현재 그런 이야기는 들리지 않는다.

야마가타현 구로가와노・구로모리 가부키 등은 방언을 의도해서 사용한 것은 아니다.

이에 비해 방언극은 본래 공통어로 상연될 것이라고 기대되는 근대 희곡을 방언으로 연기한 것이다. 센다이 방언을 사용한 셰익스피어 극, 이와테현 게센 지방의 게센어에 의한 창작극 등이 있다. 야마가타현 츠루오카 시에서도 방언 창작극의 전통이 있다. 이 배경에는 텔레비전 드라마, 그 고장 프로그램의 방언 리얼리즘이 있다. 이전에는 라쿠고 등에서 시골 사람을 나타내기 위해 각지의 방언을 섞은 「무대 방언・보편적 방언・표준 방언」을 사용했던 것에 비하면 방언 리얼리즘이 투철하다고 말할 수 있다.

5.2. 방언 가요(송)

민요에서는 방언이 사용되지만, 민요는 널리 전파되기 때문에 공통어화가 진행된다(아사노 1966). 이에 비해 의도적인 방언 가요가 몇 가지 있다(이노우에 2000.10.).[17] 1995년에는 랩 「DA・YO・NE」의 유행을 계기로, 각지의 「방언랩」이 만들어졌다(이노우에 2000.10., 2007.2.). 인구가 많고 현민 소득이 많은(매출이 예상되는) 인구 백 만 명 이상의 정령 지정 도시(삿포로, 센다이, 도쿄, 나고야, 오사카, 히로시마, 하카타)의 버전이 만들어졌다. 2005년에는 아키타 방언의 「커다란 옛날 시계」가 전국적으로 인기를 얻었다.

오키나와 붐으로 시마우타(아마미 군도에서 불리는 민요)가 많은 사람들 사이에서 불리면서 류큐 방언도 노래로 등장했다. 류큐 왕국의 말은 예전에 다른 나라 언어라고 해서 일본어로부터 분리되어 메이지 이후의 「류큐 처분」 다음에, 방언으

[17] 제2차 세계대전 이후 유행했던 오사카 사투리의 「가이모노 부기 : 쇼핑 부기(買い物ブギ)」에서는 「옷상, 옷상, 고레난보(オッサン、オッサン、コレナンボ)」와 같은 가사가 사용되었다. 간사이 사투리의 「스키나라 스키다토 유토쿠레(好きなら好きだと ゆうとくれ)」은 교과서에도 실렸다.

로 취급되었던 것으로 현재 시마우타도 반 정도는 외국어로 취급되고 있다고 보고 있다. 또 독일 전통, 방언 민요(아몬 1992)를 참조. 이 배경에는 악기를 연주하며 부르는 젊은이들의 이야기가 노래에 등장한 것이 있다.[18]

5.3. 방언 대회와 지역 정체성

방언 이벤트도 방언 산업으로 주의를 끈다. 방언 대회는 마을 부흥의 수단으로써 일시적 행사로 행해지는 경우가 많다. 방언 대회는 오키나와・아마미・규슈・도호쿠 등 방언적인 특징이 풍부한 지역에서 행해진다. 이는 방언 상품의 분포와도 상당한 관련을 보이지만 간사이에서 적은 관련성을 나타내는 점은 차이가 있다. 방언 애호 모임, 방언 보존 운동, 지역 진흥 이용 등과도 관련된다.[19] 고바야시 다카시 외(1996)에 각지의 방언 대회 행사가 실려 있다. 야마가타 현 미카와 마치의 17년간의 경위에 대해서는 사토(2006)에 자세히 설명되어 있다. 또 하라(2004)에는 오키나와・아마미 방언의 예가 많이 실려 있다.

6. 대중매체에 의한 방언의 복권(음성)

위에서 살펴 본 음성에 관한 방언 예술은 일회성으로, 노래를 제외하면 팔리는 물건으로서의 성격은 희박하다. 아래에서는 대중매체에서의 방언 사용을 다루겠

18 최근에는 인터넷에서 가사 검색을 할 수 있다. Kashinavi에서 검색한 결과 「라 탈락 어형(ら抜きことば)」 또 「잔(じゃん)」, 「멧챠(めっちゃ)」 등 각지의 젊은이 말은 꽤 사용된다. 하지만 「베(べ)」 등은 수도권의 젊은이들이 사용하기 시작하였기 때문에 가사에서의 사용은 적다.

19 아오모리 현의 「쓰가루 사투리의 날」은 이나 갓페이 씨의 노력・인기에 의해 지속되고 있다. 최근에는 2001년 1월과 2월에는 시즈오카 현 방언 대회가 하마마츠에서, 2001년 3월에는 정조(正調) 이바라키 사투리 대회가 오오아라이에서, 2006년 5월에는 도야마에서 방언 대회가 열렸다.

다. 시청률이라고 하는 가면을 쓰고 실제로는 경제원칙이 관철되는 세계이다. 이 세계에서는 제2차 세계대전 이후「방언의 복권」및「방언 리얼리즘」이 두드러지게 눈에 띈다.

6.1. 방언 (텔레비전) 프로그램

대중매체에서의 방언 사용은 제2차 세계대전 이후 확대되었다. 히다카(1986)와 후쿠다(1994)에 의하면, 1976년에는 간토와 간사이를 제외한 전국 방송국에 100편의 방언 프로그램이 있었다.「고향 말 프로그램」의 제작 편수는 다음과 같다(수도권, 긴키권을 제외하고 1976년과 1994년의 수치를 +의 앞뒤에 표시하였다). 도호쿠(13+14), 츄부(8+6), 츄고쿠 · 시코쿠(10+9), 규슈 · 오키나와(54+33)이다. 18년간 3분의 2로 그 수가 줄었다. 1995년의 간사이 지역 조사에서는 간사이 텔레비전 방송국의 자체 제작 프로그램 587편 안에 간사이 방언 프로그램이 28%(164편)를 차지하고 있어 다른 지역에 비해 방언 프로그램의 수가 압도적이었다. 만담 · 버라이어티 프로그램, 대담 · 인터뷰, 시청자 참가 프로그램 등이 많다. 간사이 예능인 사회자는 전국 프로그램에서도 활약하고 있고, 이들은 순수 간사이 방언만을 사용하는 것이 아니라 알기 쉬운 간사이 방언을 사용해서 성공했다(진노우치 외 2005). 2005년에는 텔레비전에서 말에 대한 프로그램이 활발하게 제작되었지만 그 중에 탤런트의 방언 사용을 다루는 것이 프로그램에 등장하였다.

방언의 활력을 상징하는 것은 방언 뉴스로, 1960년의 라디오 오키나와 개국 이후 오키나와 방언을 사용한 뉴스가 계속되고 있다. 또 오사카나 나고야의 방송국에서도 오키나와 방언을 단발적으로 내보내는 경우가 있다. 이상의 방언 사용의 지리적 분포 패턴은(이노우에 1989. 5.) 대략 방언 상품이나 방언 출판물의 경향과 일치한다.

또 인터뷰 등에서 방언을 사용한 경우에 자막(서브 타이틀)을 붙이는 것은 화자의 자존심과도 관계되는 문제였지만, 20세기 말 민영방송의 프로그램에서(오사카의 「탐정 나이트 스쿠프」에서) 강조하고 싶은 표현이나 회화 전체에 자막을 붙이게 되면서부터는 이에 대한 저항감이 약해졌다.

방언을 프로그램의 대상으로 다루는 것은 방언 교양 프로그램이다. 이것은 이전부터 있었지만 일시적으로 줄어든 감이 있었다. NHK에서는 방송 75주년을 기념해서 방언 특별 프로그램을 제작하였다. 「21세기에 남기고 싶은 고향 말」에서 각 현별로 1주씩 이후엔 재방송도 되고, 비디오, DVD로도 만들어졌으며, 책의 형태로도 나왔다(NHK 2005). 인터넷에서 회화 부분도 들을 수 있다.[20]

6.2. 방언 리얼리즘과 방언 지도(指導)

텔레비전의 「방언 리얼리즘」의 계기는 1966년 NHK 연속 TV드라마 「오하나한」의 마츠야마 말이었다. 그 전에 텔레비전 드라마 「세 놈의 사무라이」(1963~1969)의 한 사람이 오카야마 방언을 사용해 관심을 불러 일으켰다. 허구로서의 드라마 세계에 현실적·사실적 방언이 어울리지 않는 것처럼 예전에는 받아들였다. 「방언 복권」의 상징적인 일이었다. 그 후에 영화에서도 자막이 달린 방언 사용이 많아졌다.

이러한 움직임 속에 「방언 지도(指導)」라고 하는 직업이 생긴다. 종사하는 사람의 단체도 생겼지만 자신이 자유롭게 구사하는 방언의 방송은 드물었기 때문에 불안정한 직장이다(오하라 1990). 이는 외국어 교육에서 수요(학습자)가 적은 언어로 개인 지도를 하는 것과 같다. 모어로 습득한 사람이 지도하는 것이 보통이며, 배우(경험자)가 좋고, 학자나 아마추어는 안 된다고 이야기한다. 배우·탤런트가 다

20 홈페이지에서는 각 현의 시청자로부터 전해진 단어·표현 일람을 공개하고 있지만 그 후 삭제된 것처럼 보인다. 취재 테이프가 중요하지만 보존·공개안은 좌절되었다. 초상권과 저작권이 얽혀있기 때문이다.

른 방언을 완벽하게 습득해서 연기한다고 하는 이야기는 듣지 못했다. 이들은 그 장면만 암기한다. 후술한 것처럼 방언은 시달림의 존재로 학습 대상은 되기 어렵다는 것이다. 한편 거꾸로 방언을 교정하는 직업으로 「구어(회화) 교실」이 있다. 지방 출신자가 도쿄어(특히 악센트)를 익히려고 하는 것도 일종의 방언 교육이다.

산업의 전형이라면 방언을 가르치는 학교가 있어야 하기 때문에 예전에 「오키나와어 학원」이 생겼다. 「오키나와・어학원」이 아니고 「오키나와어・학원」이었지만 그 후의 정보는 얻을 수 없다. 독학할 수 있는 방언 입문서도 많지 않다(이노우에 2000. 10.).

6.3. 방언 탤런트와 방언 광고(커머셜)

대중매체에 등장하는 탤런트 중에는 방언을 「팔 만한 물건」으로 삼는 사람이 있다. 이는 방언으로 돈을 버는 것으로 개인에게는 경제적으로 이익이 된다. 예전부터 살펴보면, 간사이(가미가타) 예능인이 간사이 방언을 라디오에서 사용한 것이 있다. 방언 사용의 일례는 제2차 세계대전 이전의 미스・와카나로 SP레코드에 남아 있는 「전국 부인 대회」에서 이즈모 방언, 히로시마 방언, 도쿄 방언을 사용하고 있다. 제2차 세계대전 이후에는 오락 프로그램의 사회자가 간사이 방언을 사용하는 것이 당연시되었다. 21세기에 들어서는 「나마타레」(사투리를 사용하는 탤런트)라고 불릴 정도로 많이 등장하였다.

또 외국인은 보통 공통어를 말한다고 생각되기 때문에 방언을 사용하는 외국인은 탤런트로 취급되는 경우가 있다.

방언은 텔레비전이나 라디오 광고에도 의식적으로 사용되며 등장하게 되었다. 상품에 치우침이 있어 친근감을 갖게 하기 위해 방언이 사용되는 경향이 있다. 즉 대중매체에서 방언이 경제가치를 발휘하게 된 것이다.

7. 방언의 사회적 자리매김

이상의 두 장에서는 방언이 사회 속에서 어떻게 자리매김되고 있는가를 다루었다. 표준어 · 전국 공통어의 보급에 따라 방언 화자는 줄고, 방언의 사회적인 위치가 변화하였다. 박멸 · 기술 · 오락이라고 하는 세 가지 유형의 변천은 방언의 쇠퇴 과정과 연동된다. 결국 이것은 일본어뿐만 아니라 다른 언어의 방언에도 적용되는 것으로(아몬 1992, Beal 2009) 또 한번 말하면 사회의 근대화와도 연동될 것이다.

10 전국의 신방언

❖ 이번 장 이후에서는 신방언에 대해 다루겠다. 신방언은 눈앞에서 진행되고 있는 언어 변화이다. 신방언의 발생과 전파 과정을 실제 조사를 통해 관찰한다면, 다양한 레벨에서 경제 원리의 작용을 알 수 있다. 지금까지 체계로서의 방언 전체를 다루었다면 지금부터는 단어와 문법 현상 등의 개별 언어 현상을 다루고, 경제와의 관계를 고찰하겠다. 이번 장에서는 전국 각지의 실례를 들었다. 10장 이후의 네 개 장은 두 개의 강연과 강의 내용을 입력하여 통합했고, 이와 함께 논문 두 편과 책, 강연 원고의 초안 등을 포함시켰다. 이 장에 포함된 것은 Duisburg 대학의 집중 강의, 도류문과대(都留文科大)의 강연, 음성학회 강연, Methods 구두 발표의 일본어 번역, 「유명한 방언」 메모 등이다.

1. 방언의 세 가지 테마

앞으로 다룰 여러 장의 테마는 「신방언」이다. 이론의 중심을 현대 일본어에 두고, 언어 변화의 일환으로 신방언을 파악해 보겠다. 특히 이론적인 세 가지의 테마(1. 현대 일본어의 움직임, 장기적 변화의 일환 2. 진행 언어 변화로서의 신방언 3. 개별 현상 배후의 법칙성의 이해)를 다시 한번 고려해 보고 싶다. 또한 방언을 볼 때, 「경제방언학」을 토대로 하고, 이를 배경으로 삼아 생각해 보고 싶다. 방언을 사용할지의 여부는 돈에 지배되고, 여기에는 경제학과 관련된 원리가 작용하고 있다고 생각한다.

신방언은 진행 중인 언어 변화라고 생각할 수 있다. 「언어가 변화하는 일본어는 언제나 바뀌는 것이다.」라고 말한다. 젊은 사람을 상대로 말할 때는 괜찮지만, 무슨 실버 교실이나 60세 이상의 노인들이 있는 문화센터에서 「일본어는 변화한다. 이런 식으로 「라(ら)」 빼기 말(ら抜きことば)이 퍼지고 있다. 신방언이 각지에서 생겨나고 있다.」라고 이야기를 하면 「어린 시절 사용했던 말과 다른 말을 사용하는 것은 괘씸하다.」 「라 탈락 어형을 들으면 몸서리쳐 진다.」라는 반응이 있다. TV에서도 학자가 「말은 바뀌는 것이다.」라고 하면, 「그런 말을 하는 일본어 학자는 괘씸하다.」라는 투서가 들어오기도 한다.

그러나 일본어의 변화는 부정할 수 없다. 또한 신방언은 언어 변화의 하나의 전형이다. 신방언의 데이터를 보면, 지금 전국 각지에서 여러 가지 새로운 말투가 생겨나고 있지만, 여기에는 몇 가지 특징이 있다. 그 중 하나는 문법적인 단순화가 일어나 간단한 말투가 퍼진다는 것이다. 그리고 강조 표현 「도테모(とても, 매우)」 또는 「다이헨(たいへん, 매우)」이라는 말투가 전국 각지에서 생겨나고 있다. 이 두 가지 이외에도 최근에는 새로운 대인 관계 표현이 확산되고 있다고 생각한다.

2. 신방언의 정의

지금 세상에서 새로운 방언이 생긴다는 것에 대해 의표를 찔린 것 같았다. 「신방언」라는 이름을 붙였지만, 방언의 불완전한 습득의 가능성도 부정할 수 없고, 일시적이거나 임시방편적인(fudged) 표현은 아닐까라고 생각했다. 그 후에 비슷한 사례가 전국에서 모였다. 「라 탈락 어형(ら抜きことば)」도 같은 변화 패턴이다. 그래서 작업 원칙으로 신방언을 정의하는 데 있어 아래의 3가지 조건을 고려했다.

젊은 세대를 대상으로 사용자가 많아지고 있을 것,

사용자 자신도 방언으로 취급하고 있을 것,

공통어로는 사용하지 않는 말투일 것.

「신방언」의 정의는 임시적인 것으로 필요에 따라 바꿀 생각이었지만, 크게 바꿀 필요는 없었다.

① 먼저 세대 차이이다. 「신(新)」이라는 점에서 젊은 세대에서 많이 사용되는 것이 조건이 된다. 무엇이 신방언이냐라고 하면 현대의 젊은 세대에서 증가하는 방언을 말하는 것이지만, 방언 사용이 증가하고 있다고 말하는 데에는 연령별 조사가 필요하다. 이것은 많은 사람을 살펴보면 알 수 있다. 초기에는 확실히 젊은 세대에 많다는 것을 보여주기 위해 많은 사람을 조사했다. 그러나 비슷한 사례가 많아졌기 때문에 가끔은 거기에 살고 있는 사람의 의식(평소의 경험과 관찰)을 말해 달라고 하는 것만으로도 알 수 있다. 「젊은 사람이 사용한다.」「중년 이상은 사용하지 않는다.」라든가 「아이의 말투다.」「요즘 자주 들린다.」 등의 방언에 대한 지식이나 의식을 물어보는 경우가 있다.

② 다음은 문체 차이이다. 「방언」이라는 점에서 표준어나 공통어와 달리 평상시의 말로 사용되는 것이 조건이 된다. 이것은 장면별로 조사해보면 확실히 알 수 있다. 이것도 초기에는 많은 사람들에게 장면별로 사용 상황(구분)을 물어 집계했다. 지금은 적은 인원에게 그 구분 의식을 물어도 예상된다. 「친구와는 사용하지만 TV에 나온다면 (또는 작문과 같이 격식을 차릴 때에는), 말하지 않는다.」라고 대답해 주었다.

③ 마지막으로 형태이다. 마찬가지로 「방언」이라는 것을 말하는 데 있어서는 표준어나 공통어와 형태가 다를 필요가 있다. 이것은 지역 주민에게 의지할 필요가 없다. 사전이나 문법책에서 확인하면 된다(가장 최근의 사전에는 적극적으로 신어나 속어를 채택하는 경우가 있으므로 주의할 필요가 있다.).

이 외에 지역에서 차이가 난다든가, 일시적인 유행어가 아니라는 것을 판별하기 위한 기준도 필요하겠지만 보통은 이 세 가지 조건으로 충분하다. 또 시대적인 제한은 두지 않도록 했다. 언어 변화의 일종으로 과거로부터 이어진다는 것을 이야기하기 위해서는 제2차 세계대전 이후라든지 근대라든지의 시대적인 제한을 두지 않는 편이 낫다.

3. 신방언 발견의 경위

제2차 세계대전 이후에 일본에서는 공통어화만 진행될지 궁금했다. 그런데 그렇지 않다는 현상에 대해서 단편적인 보고가 있었다. 다음 절에서 설명하는 것처럼 시모키타 반도의 「쿠스굿타이(くすぐったい, 간지럽다)」로, 새로운 방언형이 젊은 세대로 확산되고 있다는 것을 관찰할 수 있었지만, 이는 예외로 다루었다. 이론적으로 이를 펼치기 위해서는 마세(1971)의 자리매김 정리가 참고가 되었다. 방언형에서 다른 방언형으로 대체되는 나가노 현의 사례가 보고되었다. 홋카이도에서 방언 조사를 했을 때, 공통어화라고 말할 수 없는 변화에 대한 항목을 한정하여 대형 컴퓨터에서 처리해보니 유사한 사례가 모였다. 컴퓨터에서 한번에 다변량 해석법을 돌려보면 단순화해 봐도 대략적인 경향을 파악할 수 있었다. 그때까지는 개별 단어와 항목을 별도로 보고 있었지만, 이제는 전체를 바라보는 습관이 생겼다. 또한 매사를 다차원적으로 파악하는 훈련도 되었다.

4. 시모키타 반도의 신방언 모쵸카리

그림 10-1의 단어 「쿠스굿타이(くすぐったい)」는 신방언이 발견한 최초의 예라서 기억에 남는다. 1964년에 학창시절에 혼슈 북단 시모키타 반도에서 시바타 다케시 선생님의 조사를 실시하였다. 다양한 말의 지리적 분포를 조사했는데, 이를 통해 공통어화가 얼마나 진행되어 있는지를 알 수 있었다.

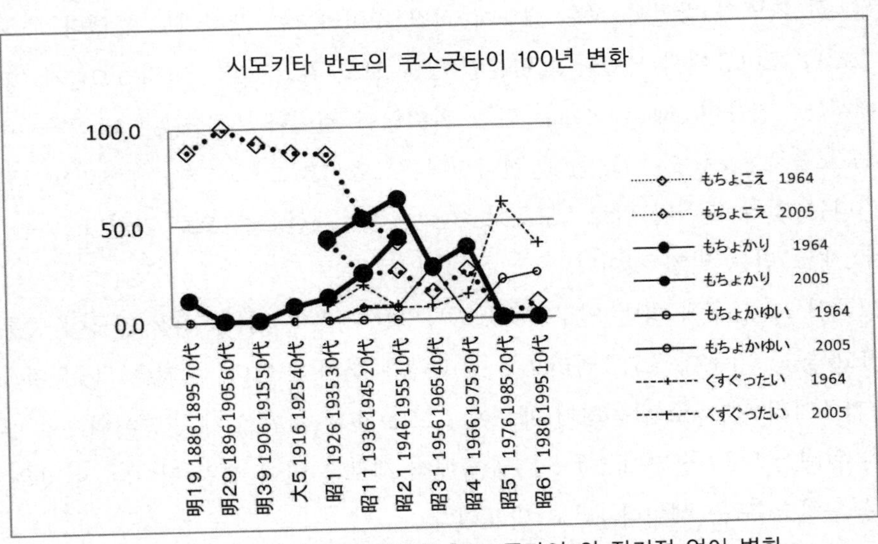

그림 10-1 시모키타 반도 신방언 「쿠스굿타이」의 장기적 언어 변화

첫 번째 취락의 모든 주민에게 실시했던 데이터 집계를 맡아 그래프를 만들었다. 그 조사는 메이지 태생부터 쇼와 제2차 세계대전 전후 태생 정도까지가 조사대상이었지만, 「쿠스굿타이(くすぐったい)」를 묻자, 「모쵸카리(もちょかり)」라는 말이 나왔다. 시바타 선생님이 그 그래프를 사용하여 수업에서 설명하면서 「젊은 세대에서 이 말투가 늘어나고 있는데, 이것은 「모쵸카리(もちょかり)」라는 말투로..., 어, 이노우에 군, 그래프가 잘못된 거 아냐? 공통어 「쿠스굿타이(くすぐった

い)」가 늘어나고 있지 않나? 「모쵸카리(もちょかり)」가 늘어날 리가 없잖아.」와 같이 말했다. 필자도 「다시 한번 자료를 재검토해 보겠습니다.」라고 말하고, 집에 돌아와서 조사표를 확인했다. 그리고 다시 한번 연령별로 자료를 집계했다. 그래서 「확실히 「모쵸카리(もちょかり)」가 젊은 사람들 사이에서 증가하고 있습니다.」라고 다음 수업시간에 보고했다. 「그런 일이 있을 리가!」라는 반응이었다. 필자도 「어째서 「모쵸카리(もちょかり)」가 늘고 있는지 모르겠습니다.」라고 말했다. TV가 때마침 전국적으로 보급되고 공통어화가 진행되고 있던 시대였다. 이런 특별한 말투, 한 지역의 방언이 젊은 세대에 퍼질 것이라고는 생각지도 못했다.

그러나 조사표에서 사람들이 덧붙인 말을 보고 알았지만, 「가리(かり)」가 이 지역에서는 「가유이(かゆい, 가렵다)」라는 의미였던 것이다. 「모쵸(もちょ)」라는 것은 「모쵸모쵸(もちょもちょ, 간질간질)」한다거나 「고쵸고쵸(こちょこちょ, 간질간질)」 간질거린다는 것과 관련된 말로 「모쵸모쵸(もちょもちょ)한 느낌으로 가렵다.」라는 것으로 새로 만든 말일 것이다.

그래서 그 다음에 방언 연구회에서 「특별한 경우가 하나 있다. 전국이 공통어화하고 있는 가운데 「모쵸카리(もちょかり)」가 퍼지고 있다. 이것은 「가유이(かゆい)」가 「가리(かり)」로 발음되기 때문에 그 「かゆい(가유이)」가 민간어원으로 결합하기 위해서 「쿠스긋타이(くすぐったい)」에서 새로운 말이 생긴 것이다. 이것은 아주 특수하고 드문 예이다.」라고 발표했다.

그러고 나서 몇 년이 지나 대학에서 수업을 하며 신방언의 이야기를 한 후, 나중에 학생들의 리포트를 모으면서 보니 한 리포트에 「선생님은 몇 번이나 수업 때 신방언 이야기를 하고 또 다른 수업 시간에 시모키타 반도의 「모쵸카리(もちょかり)」의 이야기를 했다. 「모쵸카리(もちょかり)」도 신방언은 아닌가?」라고 써 있었다. 그 리포트를 보고 「아, 그런가?」라고 생각했다. 필자는 「이것은 예외다.」라고 말했지만, 예외가 아니라 이밖에도 더 있는 것은 아닐까라고 생각하는 계기가 되었다. 지금도 그 리포트를 쓴 학생에게 감사하고 있다.

그리고 20년 후, 1984년에 아오모리 현 출신의 학생이 졸업논문에서 같은 부락에서 조사를 해주어 신방언인 「모쵸카리(もちょかり)」가 실제로 퍼져가고 있다는 것을 확인시켜 주었다.

또 20년이 지난 2005년의 일이다. 어떤 대학에서 이 그래프를 보여주면서 이야기를 했다. 수업 후에 여학생이 다가와서 「선생님, 작년에 방언 조사를 하셨습니까?」라고 말했다. 「작년에는 규슈에도 갔었고 그리고 신슈에도...」라고 말하니 「그거 말고요. 시모키타 반도의 조사는 하신 겁니까?」라고 물었던 것이다. 「그런가, 1964년에 조사를 하였다. 1984년의 그래프도 보여주었다. 작년은 2004년이었다. 작년에 했으면 좋았을 텐데.」라고 생각했다. 「이제는 안되겠지.」라고 생각했지만, 「1년 늦게 해도 괜찮겠지. 한번 해보자.」라고 생각하여 1년 늦게 조사해 보았다. 제1회 조사에서 증가하였고, 제2차 조사에서 계속 증가하고 있었던 「모쵸카리(もちょかり)」였지만 그것이 더욱 늘어날 것이라고 생각했는데, 2005년 데이터를 보면 늘어나지 않았다. 오히려 줄어들어 버렸고 대신해서 증가한 것이 「쿠스굿타이(くすぐったい)」였다. 「모쵸카리(もちょかり)」라는 신방언의 세력은 있었지만, 역시 21세기에 들어서면서 아쉽게도 공통어화가 진행되었던 것이다. 그러나 3번의 조사 결과를 연결해서 100년간의 말의 변화를 알 수 있었다.

그림 10-1에서는 제1회와 제3회의 조사 결과를 나타냈다. 생년월일을 바탕으로 10살 간격으로 집단 구분(cohort, 역자주 : 통계상 인지를 공유하는 집단)하여 집계했지만, 2번의 조사 모두에 협력한 세대는 30년간에 불과하다. 점선의 오래된 말투 「모쵸코에(もちょこえ)」는 1964년에는 중년 이상의 세대에서 우세한 말투였지만, 2005년에는 사용하는 사람이 적어졌다. 굵은 선으로 표시한 「모쵸카리(もちょかり)」는 1964년에는 30대 이하에서 증가했다. 2005년에는 그 세대가 더욱 더 사용률을 높이고 있었다. 그러나 그 후에 나타난 세대는 사용하지 않게 되었다. 2005년의 젊은 세대에는 「모쵸카유이(もちょかゆい)」도 있었지만, 공통어의 「쿠스굿타이(くすぐったい)」가 진출하고 있다.

신방언인 「모쵸카리(もちょかり)」는 1964년부터 2005년에 걸쳐 같은 연령층에서 폭등을 보이고 있다. 일상의 사용률은 그리 많지 않겠지만 40년 동안 과거의 젊은 세대가 중년층이 되는 동안에 보급되었을 것이다. 그러나 40년 후의 젊은 세대에게는 퍼지지 않았다. 예전의 방언이 공통어화를 통해 「중홍 방언」 또는 「고방언」으로 변한 경우이다.

조사 대상 인원이 적기 때문에 장담할 수 없지만, 연령 곡선을 대략적으로 살펴보면 보급 과정과 쇠퇴 과정이 비슷한 패턴을 나타내는 것처럼 보인다. 좀 더 크게 보면 유행어는 보급의 급격함과 같이 급히 쇠퇴(촌스럽게 들려 사용되지 않게 되는)하는 경향이 있다. 천천히 확산되는 신방언을 비롯한 언어 변화는(다른 어형에 밀린 형태라면), 느리게 쇠퇴하는 경향이 있다. 일반적으로 보급 과정과 쇠퇴 과정은(모두 S자 커브를 그리는) 대칭 관계를 나타낸다는 가설을 제시할 수 있다(제22장 2절).

5. 홋카이도의 신방언 「아오탄(あおたん)」

신방언을 계통적으로 조사한 것은 홋카이도이다. 홋카이도 「신방언」의 전형은 무릎이나 얼굴 등을 강하게 부딪쳤을 때 생기는 「아오아자(青あざ, 푸른 멍)」를 가리키는 말투인 「아오탄(あおたん)」이다. 일본해(역자주 : 한국의 동해) 연안의 한 마을의 전수 조사 결과를 보면 대부분의 항목은 신구 두 형태의 교체 패턴이다. 즉 노년층의 말이 쇠퇴하고, 초등학생과 중학생은 다른 말투를 사용하며 그리고 중년층에서는 두 가지 말투가 섞여있는 패턴이다. 조사 결과를 연령별 선 그래프로 표시하면 중앙에서 교차하는 것이 표준이다. 연령 커브가 가파른 곳을 살펴보면 공통어화도 신방언화도 비슷한 속도로 진행될 거라는 예측이 가능했다.

이 중에서 1차 조사의 세대 차이로 세 가지 형태의 교체가 보이는 드문 경우도 발견되었다. 그림 10-2의 홋카이도 어촌 「아자가 데키타(あざが できた, 멍이 들었다)」

의 경우, 노년층은 「부치지 욧타(ブチジ ヨッタ)」라고 하며, 중년층은 「부스쿠로쿠 낫타(ブスクロク ナッタ)」라고 말한다. 그리고 젊은 세대는 「아오탄 데키타(アオタン デキタ)」라고 말한다. 어떤 집에서 조사하고 있을 때 마침 삼 대가 모여 있어 이를 확인해 보니, 할아버지와 아버지와 아들이 각각 이 세 가지 말투를 사용하고 있는 것을 알 수 있었다. 들어 보니 이들은 지금까지 서로 몰랐다고 한다. 특별히 서로 말도 하지 않는 가족 관계도 아닌 것 같다. 아마 이 말을 집안에서는 그다지 하지 않았기 때문일 것이다.

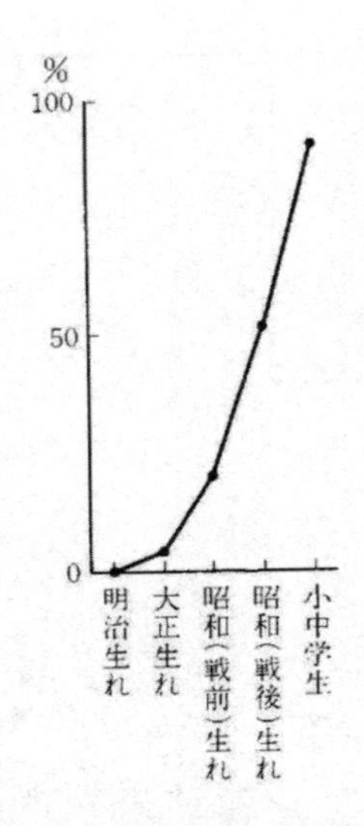

그림 10-2 홋카이도 해안부의 「아오탄」의 연령 차(소화 52(1977)년)

그림 10-2에 나타낸 것처럼 「아오탄(あおたん)」은 어촌의 젊은 사람에게 급속히 퍼지고 있었다. 지금까지 들어 본 적이 없는 말투였기 때문에 홋카이도대학의 수업에서 설문 조사를 했다. 큰 강의실에서 마이크를 사용하는 수업은 힘들지만 이럴 때 편리하다. 출신지별로 정리하여 「아오탄(あおたん)」은 홋카이도에 한정된 신방언이라는 것을 알 수 있었다. 그런데 그 후에 도쿄에 부임하여 「아오탄(あお

たん)」 이야기를 했더니 도쿄에서 태어나 자란 학생이 「자신도 사용한다.」라고 말했다. 그럴 리가 없다고 생각했지만 이것도 설문 조사를 해 보았다. 확실히 도쿄 부근에도 이 말이 퍼져 있는 것을 알 수 있었다. 전국의 중학교에서 설문 조사를 해보니 더욱 더 퍼져 있었다(그림 10-3 참조). 홋카이도 내에서의 전파도 빨랐었고, 혼슈 각지에 불똥식 전파도 빨랐다.[1] 이 말이 처음에는 청소년의 은어나 속어의 느낌을 가진 말이었기 때문일 것이다(이노우에 1988.5.). 어떤 책에 따르면 이 말은 교도소 안에서 범죄자들 사이에서 이전부터 사용되어 왔었다고 한다.

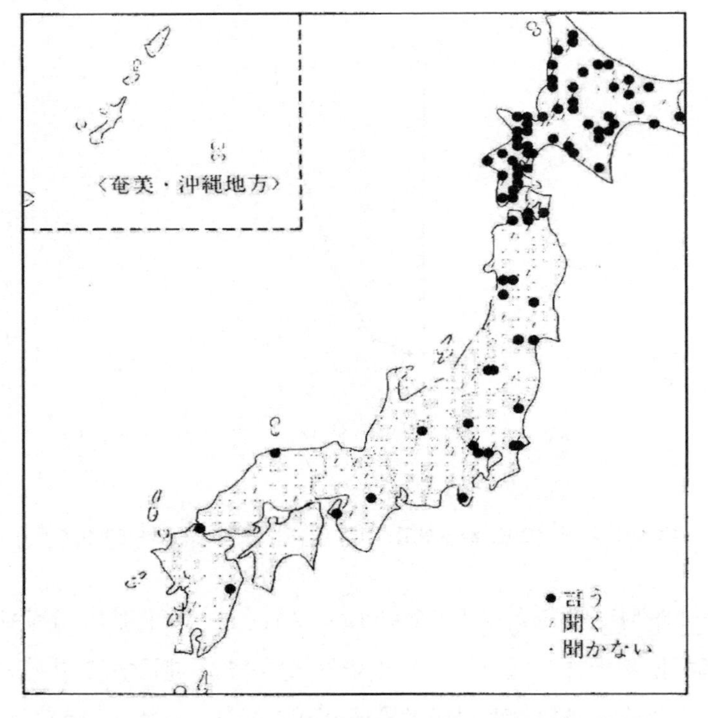

그림 10-3 「아오탄」의 전국 중학생 분포(1983년)

[1] 2010년에 완성된 호쿠리쿠 글로토그램에 따르면 (이노우에 외 2011), 아오탄(アオタン)은 일시적으로 호쿠리쿠 지방의 젊은 세대에게 보급되었지만 이후 젊은 세대에서는 또 쇠퇴해진 것 같다.

역사언어학에서는 언어 변화가 규칙적일지 그렇지 않을지에 대해 100년 전부터도 논쟁이 있었다. 신방언의 전파를 감안하면 문제 해결의 단서를 얻을 수 있을 것이다. 현상 관찰로 진행 중인 변화를 볼 수 있기 때문이다. 대략 다음과 같은 과정을 생각할 수 있다.

법칙으로 예외가 없는 규칙적인 음운 변화는 있을 수 있다. 이는 아이가 말을 배울 때 일어날 수 있다.

그러나 그 변화가 다른 사람에게 전해질 때에는 어휘적인 전파의 형태를 취한다. 단어의 사용 차이로부터 전해지는 방법에 차이가 난다. 따라서 예외 투성이의 법칙이 되어 버린다.

그것을 체계적으로 정리하기 위하여 문법 변화가 일어난다. 활용의 일부를 유추하여 바꾸고 정리하는 변화이다.

6. 홋카이도 「나마라(なまら)」 이자 제로 변화

신방언은 전국 각지에 퍼져 있지만, 먼저 북쪽에서부터 살펴보기로 하겠다. 홋카이도에서 태어난 신방언 중에 「나마라(なまら)」라는 말이 있다. 어원은 「나마라 한쟈쿠(なまら半尺, 어설)」이다. 이 말은 「나마한카(生半可, 어설픔)」라는 말과 같고, 강조와는 관계가 없었지만, 그것이 「나마라(なまら)」로 줄어들어 그 후에 「난마라(なんまら)」라는 말투가 생겨났다. 최근에는 「난마(なんま)」라고도 말하는 것 같다.

이것은 「이자 제로(zero) 변화」에 해당한다. 은행 이자가 거의 붙지 않는 이자 제로 그러한 변화와 결합해 이 변화를 명명했다. 「야하리(やはり, 역시)」나 「아마리(あまり, 별로)」처럼 「리(り)」로 끝나는 말투가 있지만, 거기에서부터 다양한 말투가 파생되었다. 「야하리(やはり)」는 「얏파리(やっぱり)」 「얏파시(やっぱし)」 「얏파(やっぱ)」

라고도 한다. 「야하리(やはり)」는 옛날부터 사용된 말이다. 강조 어투로 「얏파리(やっぱり)」가 되고, 「얏파리(やっぱり)」의 「리(り)」가 변화하면, 「얏파시(やっぱし)」가 되고, 더 나아가서 「얏파(やっぱ)」가 되어 제로가 된다. 이것이 이자 제로 변화이다. 「아마리(あまり)」 쪽도 「안마리(あんまり)」가 나온 다음에 「안마시(あんまし)」라는 말이 나왔고 「안마(あんま)」라는 말이 나왔다. 이외에도 이자 제로 변화에 해당하는 것이 있지만, 홋카이도의 「나마라(なまら)」도 그것과 비슷하다. 강조 어투로 「난마라(なんまら)」라고 하는 것이 그와 같은 것으로 「라(ら)」가 결국 빠졌다. 더욱이 제로가 되어 「난마(なんま)」가 되었다.

일본어에서 새로운 말투가 나올 때 2음절 기반이라는 말이 있고, 「이(い)」는 형용사를 만들기 위해 「루(る)」는 동사를 만들기 위해 활용어미로 필요한 것이지만, 짧은 것을 만들려고 하면 이 마지막 부분을 제외한 부분(어근)이 2음절이 된다. 활용 어미를 합하면 3음절이 되지만, 2음절 있으면 단어로 어떻게든 의미가 통한다. 그래서 「무즈이(むずい, 어렵다)」라든가 「사보루(さぼる, 게을리하다)」 등의 말투가 생긴 것이다. 홋카이도의 「나마라(なまら)」도 단 하나의 말이지만 몇 가지 일본어 변화의 공통점이 엿보인다.

그런데 「나마라(なまら)」는 니가타 지방에서도 사용한다. 니가타 현의 방언 상품 중에 「방언 센베이」라는 것이 있고, 이 겉 포장지에도 「나마라(なまら)」라고 쓰여 있다. 안에 들어있는 센베이(전병) 자체에도 다른 방언 데누구이(손수건)에도 「나마라(なまら)」라고 써 있다. 역시 「나마라(なまら) = 도테모(とても, 매우)」라는 것이다.

홋카이도와 니가타 어느 쪽이 먼저냐는 문제지만, 일단 정설은 니가타 지역에서부터 퍼졌다고 보고 있다. 니가타 현에서 홋카이도로 이주한 사람들이 많았기 때문에 니가타 사람들이 홋카이도에 「なまら半尺(나마라한자쿠)」라는 말을 가지고 갔다. 그러므로 니가타 지역의 「なまら(나마라)」가 홋카이도에서도 퍼졌다고 알려져 있다.

7. 전국의 강조어 신방언

이런 강조 표현은 사실 전국 곳곳에서 사용되고 있다. 나고야에서 산 기념품에 「도에랴(どえりゃー)」라고 표기되어 있었다. 「도에랴(どえりゃー)」는 「다이헨(대단함)」이라는 의미지만, 「도・에라이(ど・えらい)」의 「에라이(えらい)」가 「에레(えれー)」, 나고야에서는 「에랴(えりゃー)」가 된 것으로 「도에랴(どえりゃー)」라고 발음되는 것이다. 그리고 더 짧아져 「데라(でら)」라고 말하며 「데라우마(でらうま)」라는 맥주가 생겨났다. 기린맥주에서 현지 맥주를 만들었을 때, 나고야 공장에서는 이 맥주를 「데라우마(でらうま)」라고 이름 붙였다.

그런데 서쪽으로 가면 오사카에서는 「멧챠(めっちゃ, 굉장히)」라고 말한다. 원래는 「무챠구챠(無茶苦茶, 무지막지)」이었지만 「메챠구챠(めちゃくちゃ, 엄청)」라고 말하게 되었고, 「멧챠(めっちゃ)」가 지금의 「멧타(めった)」 또는 「멧사(めっさ)」라고도 한다. 원래의 어원을 거슬러 올라가면 고어의 「무사토(むさと)」에서 이 말이 유래했을 가능성이 있다.

야마구치 현의 「부치(ぶち)」도 「다이헨(大変, 매우)」이라는 의미로, 과자에 사용되고 있었다. 후쿠오카에는 「치캇빠(ちかっぱ)」라는 과자가 있다. 오래전에 후쿠오카의 방언 연구자가 「요즘 젊은이들이 치카라잇빠이 스키데스요(力いっぱい好きですよ, 힘껏 좋아한다)라고 하더라고요.」라고 가르쳐 주었다. 조금 기다리다 보니 「치카라잇빠이(力いっぱい)」가 「치캇빠(ちかっぱ)」가 되었다. 미야자키 지역의 과자에도 「데게우메(てげうめ)」라고 쓰여 있기는 하지만, 어원은 「다이가이(たいがい)」이므로 어째서 이 말이 「다이가이(たいがい, 대개)・다이타이(だいたい, 대체로)」라는 의미가 「다이헨(大変, 매우)」이 되었는지 그 비약 과정을 알 수 없다. 사가 현의 「가바이(がばい)」는 갑자기 유명해져서 이 이름이 붙은 과자의 종류도 많이 나왔다. 현 내의 비슷한 말투를 모아 재구성(reconstruction)해보면 의태어의 「가바리(ガバリ)」에서 이 말이 유래된 것으로 생각된다. 규슈 서쪽에서는 어말의 「리(り)」는 자주 「이(い)」로 변화한다. 규슈 각지에서는 이외에도 여러 가지 말투가 있다. 강조어는 항상 임팩트가 강한 표현을 요구하기 때문에 강조어에서 각지의 신방언이 생겨나기 쉬운 것이다.

8. 유명한 방언형의 경제적 가치

언어학 본래의 연구 대상인 언어 현상에 대한 부분(언어정책론에서 말하는 실체 계획 또는 언어 안의 현상)에 대해 여기에서 정리하고 고찰을 추가해 보자.

개별 방언형에 대해서도 경제적 가치의 차이가 있다. 유명한 방언형이 여기에 해당한다. 상품의 매출에 공헌한(또는 공헌할 것 같은) 몇몇 단어나 표현은 상표로 등록되어 후발 주자가 쓰려고 하면, 이를 매입할 필요가 있다. 라면 등의 상품명이 전형적인 그러한 예이다. 또한 지방의 기념품 등에서는 도호쿠 지방의 「멘코이(めんこい)」 나고야 지방의 「우먀(うみゃー)」 간사이 지방의 「오오키니(おおきに)」 「스캬야넨(好きやねん)」, 규슈 지방의 「우마카(うまか)」 등과 같이 많은 상품에 사용되는 표현이 있다. 이것은 개별 단어·표현이 매출로 이어진다는 것을 경험적으로 알고 있기 때문일 것이다. 교토의 「오이데야스(おいでやす)」, 야마구치의 「오이데마세(おいでませ)」, 이와테의 「오덴세(おでんせ)」와 같은 환영의 인사 표현은 지금 전국 각지에서 교통 표지, 관광 가이드의 캐치 프레이즈로 표기되기 시작했다. 실제로는 사용되지 않는 표현이 경제가치를 가졌다고 평가할 수 있다.

이들은 동시에 각지의 방언 상품(목록)에 나타날 빈도가 높다. 일반 일본인도 이해 어휘로 알고 있는(사용 어휘로 실제로 사용해 보일 기회는 보통 적은) 「유명한 방언형」이기도 하다. 그 반대되는 개념이라고 할 수 있는 「알아채지 못하는(기츠카나이) 방언」(시노자키 외 2008), 「알아채기 어려운(기츠카레니쿠이) 방언」(오키 1992)은 그 성격상 경제가치와 연결되지 않는다.

NHK의 기획 「21세기에 남기고 싶은 말」의 설문 조사에서는 감사와 인사의 말씀이 상위에 오르는 경향이 있고(시바타 2001),[2] 방언 상품의 (형태가 공통어와 차이가 있고 의미를 짐작할 수 없으며 소멸하고 있는 말의) 목록과 반드시 일치하지 않는다.

방언은 문화재이며, 어휘 체계 등은 화자가 파악하는 방법과 마음을 반영한다. 「특유어」는 공통어로는 부족한 의미 영역을 표현하는 말로 보통은 한 마디로 직역할 수 없으며, 단어나 문장으로 설명할 수밖에 없다. 지역에서는 귀중한 문화재라고 여겨 일부는 가치를 인정받아 유명세를 타고 있다. 홋카이도, 아오모리 현의 시바레루((シバレル) 사무이(さむい, 춥다)로는 전부다 표현할 수 없는, 추위가 아주 심함), 아즈마시이(アズマシイ)(≒ 기분 좋다, 상쾌하다, 편안하다; 영어로는 comfortable), 나가노 지역의 즈쿠(ズク)(≒끈기) 등이 있다.

이상과 같이 지금의 방언은 새로운 경제가치를 가지고 사용되기 시작하였다.

---

2 방언 상품에 나오는 단어와 같다고 생각했지만 실제로는 차이가 크다. 현별로 숫자가 다른 것은 모으는 방법과 열정의 차이에 따른다.
http://www.nhk.or.jp/aroom/kotoba/, http://www.nhk.or.jp/bunken/bookjp/b42464j.htm

11 대인 배려의 신방언

❖ 이번 장에서는 신방언의 구체적 예를 대인 관계에 대한 배려 표현의 관점에서 다루겠다. 신방언은 진행 중인 언어 변화이지만, 신방언의 발생에서도 일정한 경향을 엿볼 수 있다. 그 중에서도 대인 관계 조절에서 사용될 만한 현상이 최근 신방언 속에 상당히 존재하는 것에 주목하여 하나의 장으로 정리했다. 개별 현상을 많이 모아 그 배후에 있는 법칙성을 이해하려는 시도이기도 하다. 그리고 이 장에서는 이 책의 제16장 7절에서 말하는 패틱(phatic)화 (또는 담화 표지화)에 관련된 현상을 언급하게 될 것이다. 이번 장은 강연이나 강의를 입력한 것과 논문의 초고 등을 기반으로 작성한 것이다.

1. 시즈오카의 권유 표현「코(こ)」

현대 일본어에서는 권유 표현을 비롯하여 인간관계의 조절에서 사용될 것 같은 말투가 새롭게 많은 형태를 만들어 내고 있다. 몇 가지 사례를 바탕으로 이 표현의 발생과 보급의 과정을 확인해 보도록 한다.

시즈오카 시에서는「기테코(来てこ, 와 봐)」라는 말이 커뮤니티 센터의 명칭인「kiteco」에서 사용되고 있다.「기테구다사이(来てください, 와 주세요)」 또는「기나사이(来なさい, 오세요)」의 뜻이다. 시즈오카에서 태어나서 자란 시즈오카대학 학생이 이웃 도시에 가정교사로 나가면서 이 말을 학생들에게 사용했더니 학생들이 이 말을 몰랐다고 했다. 그래서 「코(こ)」를 사용하는 것은 시즈오카 시의 좁은 지역뿐인 것으로 보인다. 이것을 시즈오카 시의 시설 이름에서 사용하고 있다. 어원으로 보면 「기테고란(来てごらん, 와보렴)・기테고란나사이(来てごらんなさい, 와 보세요)」이다. 좀 더 거슬러 올라가보면 「고란지루(御覧じる, 보시다)」라든가 「고란(ご覧, 보심)」이라는 말이 「기테고(来てご)」, 「기테코(来てこ)」가 되었다. 최근에 시즈오카에서 이 표현을 발전시킨 것일 것이다. 이것은 명령이라든가 의뢰를 나타내는 표현이지만, 명령이나 의뢰에는 여러 가지 표현이 필요하다. 난폭하고 강제적인 명령은 좋지 않기 때문에 조금 완화된 표현이 필요하게 된 것이다.

2. 「쟌(じゃん)」의 발상지 야마나시 현

한편 시즈오카 현 바로 옆의 아이치 현 동쪽의 미카와에서는 「쟌다라린(じゃんだらりん)」이라는 말이 있는데, 미카와의 유명한 말이라고 한다. 「이이쟌(いいじゃん, 좋잖아) 우마이다라(うまいだら, 맛있어 보이면) 다베테미린(食べてみりん, 먹어 봐)」처럼 사용하며 역시 대인 관계에서 사람에게 능동적으로 사용되는 표현이다.

「쟌(じゃん)」이 널리 퍼진 것도 대인 관계와 관계가 있다. 이 「쟌(じゃん)」의 출생에 대해서는 여러 가지 학설의 가능성이 있다. 이러한 표현은 아이치 현 미카와의 「쟌다라린(じゃんだらりん)」에 대한 야마나시 방언과 관계된 신방언으로 생각해 볼 수 있다.

야마나시 방언은 방언 구획으로는 일본의 동쪽 방언이며, 츄부(중부) 지방의 방언 또는 동쪽 츄부 방언의 하나로 볼 수 있다. 수도권에 지금 새로운 방언이 확산되고 있지만 그러한 의미로 보자면 야마나시 방언은 수도권 방언에도 포함된다. 표준어형의 사용률을 분석해보면 야마나시는 조금 고풍스러운 표준어를 사용하는 지역이다(이노우에 2004.10.).

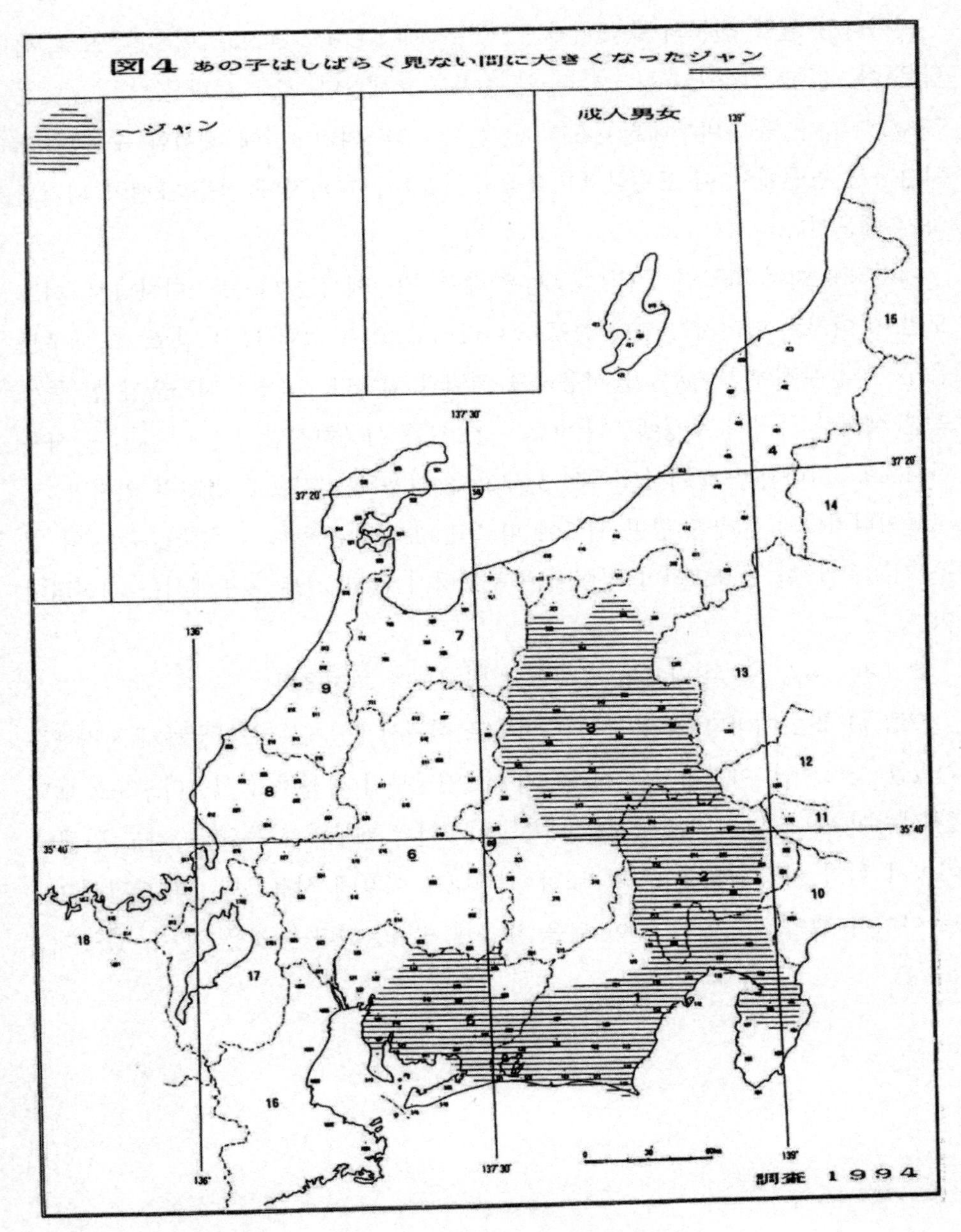

그림 11-1 「쟌」의 사용 지역(에바타)

야마나시 일일 신문의 홈페이지는 「미루잔(見るじゃん, 보잖아)」이지만, 도쿄 사람은 이 「미루잔(見るじゃん, 보잖아)」의 용법을 오해한다. 도쿄 사람은 「미루잔(見るじゃん, 보잖아)」을 「미루데쇼(見るでしょ, 볼거지)」의 의미로밖에 해석할 수 없지만, 야마나시 방언에서 이 표현은 「미요(見よう, 보자)」란 의지나 권유 표현이 되기도 하기 때문이다.

에바타(1999)에 따르면, 「잔(じゃん)」은 츄부 지방에서는 나가노, 야마나시, 시즈오카, 아이치로 이어지는 연속 분포를 나타내고 있다. 그림 11-1 참조. 그 대부분은 동사의 부정에 「응(ん)」을 사용하는 지역과 겹친다. 그러나 시즈오카 현 동부쪽만 예외로 동사의 부정에 「나이(ない, 없다)」를 사용하지만, 「잔(じゃん)」도 사용한다. 요코하마와 도쿄에서도 「잔(じゃん)」을 사용하는 것으로 알려져 있지만, 도쿄・가나가와의 상세한 방언 지도에 따르면(이노우에 편 1988.2.), 「잔(じゃん)」의 경우 시즈오카 현과 요코하마 사이에는 분포하지 않고 간토 지방에서는 격리되어 있다.

그 「잔(じゃん)」은 어디에서 발생했고 언제부터 퍼졌을까?

그림 11-2는 에바타 씨가 작성한 지도로 여기서 「언제부터 사용하기 시작했는가?」를 살펴보면, 야마나시와 시즈오카는 「옛날부터 사용하고 있었다.」라고 대답한 사람이 있다. 다른 지역에서는 대부분이 「어릴 때부터 사용했다.」라고 말했다. 아이치 현의 가장자리에서는 「제2차 세계대전 이후에 사용했다.」라고 말했으므로 아이치 현의 서쪽에서는 이 말을 새롭게 받아들였다는 것을 알 수 있었다.

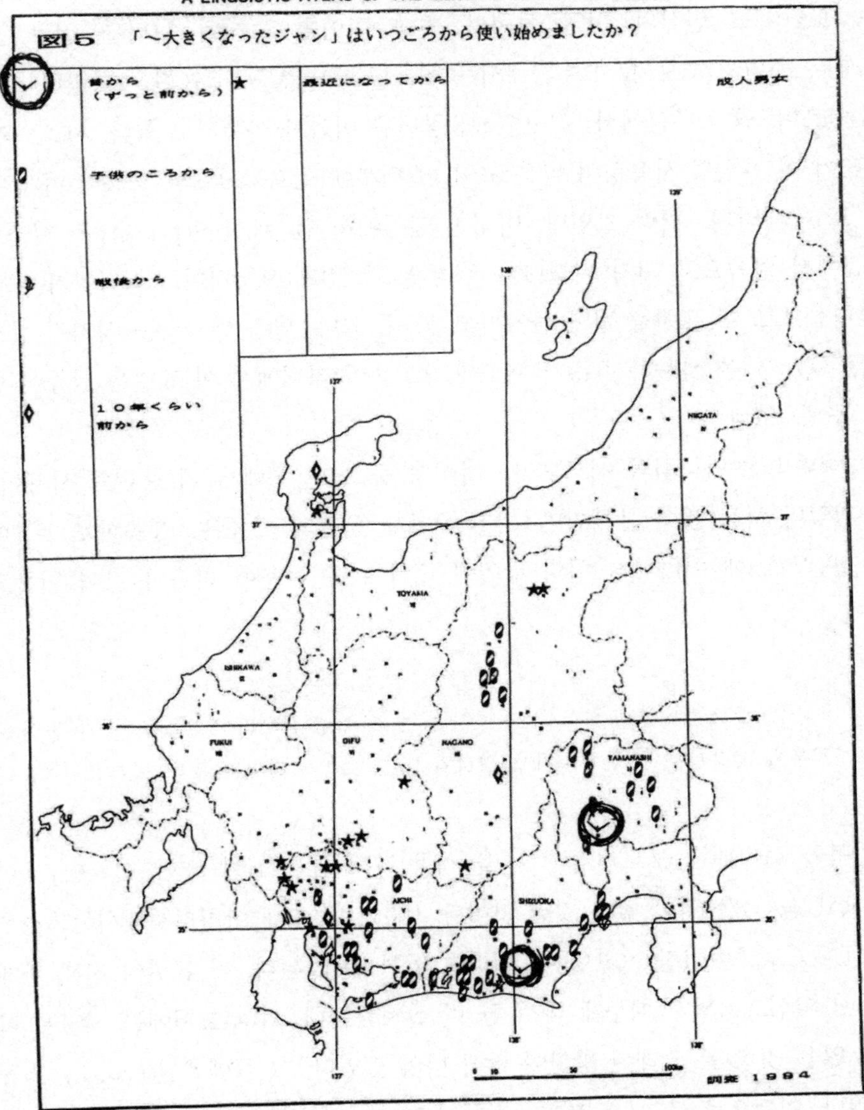

그림 11-2 「쟌」의 사용 개시 시기(에바타)

이노우에(1991.3.)에서는 몇 가지 항목에서 「쟌(じゃん)」이 나오는 항목을 조사했다. 도카이도 연선의 지역 차이와 연령 차이를 동시에 나타낸 글로토그램(glottogram)의 시즈오카 시 부근에서는 최고령 노년층도 이 표현을 활발히 사용하고 있으며, 양쪽 부근에서는 노년층과 중년층 이하가 사용하고 있다. 시즈오카 시 부근이 이 표현의 사용량이 많은 곳이 된 덕분에 글로토그램의 모양이 마치 후지산 또는 피라미드처럼 보인다. 이러한 관점에서 볼 때, 「쟌(じゃん)」은 시즈오카 부근에서 양쪽으로 퍼져 나갔다고 추정할 수 있다. 요코하마, 더 나아가 도쿄는 그 다음으로 이 표현을 받아 들였다고 볼 수 있다. 뒤에 언급하는 것처럼 동사의 부정 「응(ん)」을 사용하지 않기 때문에 요코하마 자체에서 이 표현을 만들어 냈다고 볼 수 없다.

그렇다면 야마나시와 시즈오카·아이치 중 어느 쪽에서 이 표현의 사용이 오래 되었나 하는 것이 문제지만, 가장 오래된 문헌의 기록은 「풍속화보」로, 메이지 38년(1905)에 야마나시 현의 방언에 대하여 쓴 논문에 다음과 같이 기록되어 있다.

> 「ジヤン ソオ丶 丶 丶、イ 丶丶丶丶는 ジヤナイカ라고 말하는 것과 동일 경우에 따라서는 ジヤン이라고 말하지 않고 ジヤァ라고도 말한다.」(미타무라 1905)

반복을 나타내는 오도리점 「丶」을 사용한 예문은 「소우쟌(そうじゃん)」「이이쟌(いいじゃん)」을 찍어 놓은 것일 것이다. 100여 년 전에 야마나시에서는 「소우쟌(そうじゃん)」, 「이이쟌(いいじゃん)」이라고 말한 것이 된다. 이 표현의 전후 관계나 문맥이 의심스러웠기 때문에 다시 한 번 살펴봤는데, 이 보고서에는 지금은 사용되지 않을 것 같은 오래된 방언이 많이 나와 있었다. 그 중에 「쟌(じゃん)」이 들어가 있다. 이것으로 볼 때, 이미 이 표현이 그 당시의 야마나시의 방언으로 확립되어 있던 것을 문헌에 적었다고 해석할 수 있다. 고후 지역 젊은이가 1905년경에 새롭게 이 표현을 말하기 시작한 것은 아닌 것 같다. 그렇다면 「쟌(じゃん)」은 백몇십 년 전에 이미 야마나시 지역에서 사용된 것으로 볼 수 있다.

이것이 첫 번째 증거인데, 그렇게 생각해보면 「(쟌じゃん)」이 야마나시의 용법과 차이가 있음을 알 수 있다. 「쟌(じゃん)」을 권유의 「미요(보자, 見よう)」나 「미마쇼(見ましょう, 봅시다)」의 의미로 사용하는 것은 야마나시뿐이다. 지금의 신방언을 여러모로 살펴보니, 어떤 말투가 다른 지방에 전해질 때에는 가장 간단하고 듣기 편한 용법이 퍼지는 것으로 보인다. 말이 전파된 뒤에 점점 사용하면서 시간이 지나고 나면 말투(용법)가 퍼지는 것이다. 나가노 부근에서 확산되고 있는 「아츠이시나이(暑いしない)」, 「이쿠시나이(行くしない)」와 같은 추량 표현에 해당하는 신방언도 시간이 지남에 따라 용법이 확산되고 있다(오키 2003).

「쟌(じゃん)」의 용법이 가장 많이 사용되는 곳은 아무래도 야마나시 현 같다. 왜 「쟌(じゃん)」의 용법이 야마나시에서 폭 넓게 사용되는지를 생각해보면, 그 동안 오래 사용해 왔기 때문이라고 해석할 수 있다. 이 말을 사용한지 100년 이상이 지났기 때문에 야마나시에서 이 말의 용법을 더 넓힌 것이다.

「쟌(じゃん)」은 이후에 어떻게 되었을까? 나이 드신 분들은 마치다 시 등의 다마 지역에서 사용하고 또 요코하마에서도 사용한다. 젊은이라면 가나가와 현과 도쿄도 전체에서 사용하고 있다. 그림 11-1로도 알 수 있듯이 가나가와 현에서나 서쪽의 쇼난 지역에서는 이 말이 사용되지 않았다. 「쟌(じゃん)」은 옛날에 「어촌에서 사용되는 말투(하마 언어)」이라고 해서 요코하마의 말이었던 것이다. 그것이 도쿄로 불똥이 튀는 것처럼 들어 왔다고 생각된다. 시즈오카로는 야마나시에서 퍼져 온 것이 아닌가 싶다. 그리고 시즈오카에서 요코하마로 퍼졌다. 그것이 도쿄로 들어왔다고 생각된다. 불똥이 떨어진 것처럼 요코하마, 도쿄로 번져온 것이다. 그리고 그것이 또다시 전국으로 퍼져나간 것이다.

「쟌(じゃん)」은 요코하마를 통해 도쿄에 들어간 뒤 전국에 퍼졌다. 문화청의 여론조사에 따르면, 그림 11-3과 같이 10대에서는 전국의 80%가 사용하고 있다(문화청 국어과 2001). 긴키 지방에서는 「얀(やゃん)과 얀카(やゃんか)」를 사용하고, 「쟌(じゃん)」을 받아들이지 않았기 때문에 그림 11-3은 긴키 이외의 거의 모든 곳에 보급되었다는 것을 의미한다.

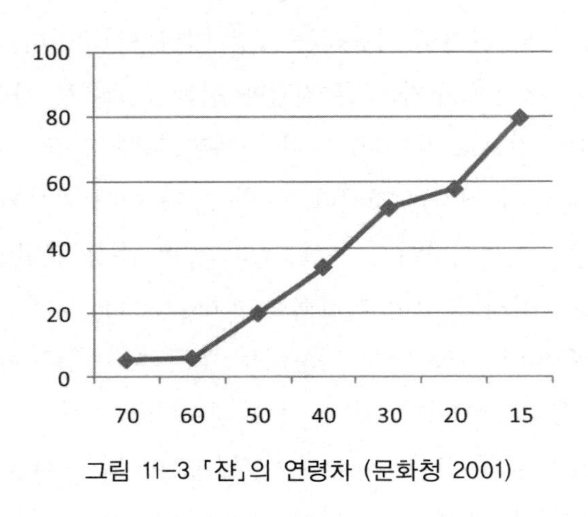

그림 11-3 「쟌」의 연령차 (문화청 2001)

또한 고토 열도의 후쿠에 시에서도 이전부터 이 말을 사용했다는 보고가 있다(우에무라 1970, 이케스에 1985). 마세 씨가 다원 발생설을 채택하는 것도 이해할 수 있지만, 초기의 불똥과 같은 전파로도 이 현상을 설명할 수 있다.

그리고 어원에 대해서는 「데와나이이카(ではないか)」의 축약으로 볼 수 있다. 막부 말기에 「에에쟈나이이카(ええじゃないか)」라는 민중 운동이 있었고, 이 말은 이세 신궁에 참배까지 갔다는 것이지만, 도요하시가 「에에쟈나이이카(ええじゃないか)」의 발생이라고 한다. 「쟈나이이카(じゃないか)」를 줄이면 「쟌카(じゃんか)」가 된다. 적어도 막부 말기에 도요 근처에서는 「쟌(じゃん)」을 사용하지 않았다고 추정할 수 있다. 미카와의 「쟌다라린(じゃんだらりん)」은 실제로는 메이지 시대 이후에 퍼진 말투가 아닐까 생각된다(「다라(だら)」는 에도 시대부터 사용되었다).

3. 「-응쿠나루(-んくなる)」의 사용 지역

최근 서일본으로 퍼져 나가고 있는 「～응쿠나루(～んくなる)」라는 말은 「쟌(じゃん)」과 관계가 있다. 도키미(1996)에 따르면 「이쿠(行く)」의 부정 과거형이 「이카나쿠나루(行かなくなる)」가 아니라 「이칸쿠나루(行かんくなる)」라고 하는 지역이 서일본 일대부터 야마나시 현까지 최근에 확산되고 있다. 그림 11-4을 보면 「이칸쿠나루(行かんくなる)」가 확산되고 있는 지역은 츄부 지방에서는 야마나시 현의 서쪽 절반, 나가노 현에서는 남쪽, 그리고 시즈오카 현 서쪽 절반이다. 야마나시 부근이 경계선이 되고 「이카나이(行かない)」 등의 「나이(ない)」와 「응(ん)」은 옛 경계와 일치하고 있다.

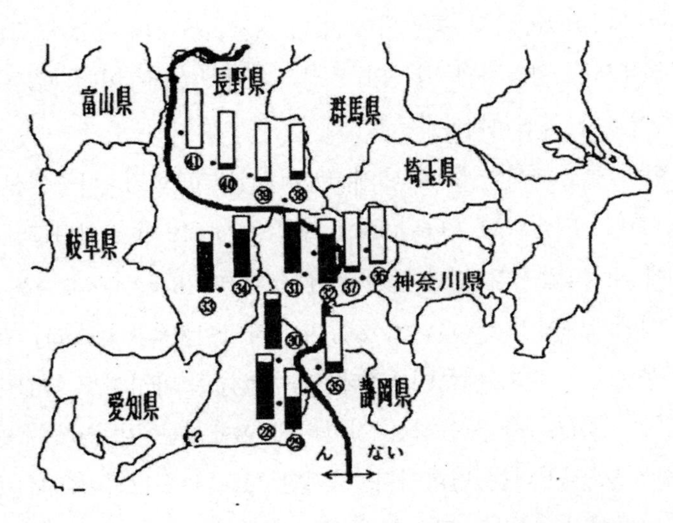

그림 11-4 「-응쿠나루」의 사용률과 「응」의 분포 지역

그림 11-4에서 알 수 있듯이 이 경계선을 경계로, 동쪽에서는 「이카나이(行かない)」 「가카나이(書かない)」 또는 「이카네에(行かねえ)」, 「가카네에(書かねえ)」라고

하며, 서쪽에서는 「이칸(行かん)」, 「가칸(書かん)」이라고 말한다. 이에 대응하여 동쪽에서는 「이카나이(行かない)」, 「이카나캇타(行かなかった)」, 「이카나쿠나루(行かなくなる)」라고 말하며, 서쪽에서는 「이칸(行かん)」, 「이카난다(行かなんだ)」, 「이칸요우니나루(行かんようになる)」라고 말했다. 「이칸요우니나루(行かんようになる)」는 긴 문장의 말투라서, 이후에 「이카나쿠나루(行かなくなる)」라는 새로운 말투가 생겨났다.

앞에 설명한 것과 같은 이치이다. 왜 「쟌(じゃん)」이 발생했냐는 것이다. 이 말의 어원은 「데와나이카(ではないか)」나 「쟈나이카(じゃないか)」라고 생각된다. 야마나시 현에서는 「쟌(じゃん)」을 만들어 낸 이유가 있었다. 동사의 부정으로 「나이(ない)」를 사용하는 동일본에서는 형용사의 부정도 「다카쿠나이(高くない)」로 「나이(ない)」가 사용되며 명사문의 부정도 「가지데와나이(火事ではない)」처럼 「나이(ない)」이다. 모두 「나이(ない)」로 통일되어 있다. 한편 동사의 부정에 「응(ん)」을 사용하는 서일본에서는 형용사와 명사의 부정은 「나이(ない)」이기 때문에 부정표현이 다른 지역어보다 복잡하다.

야마나시 현의 동쪽에서는 「이카네에(行かねえ)」라고 한다. 서쪽에서는 「이칸(行かん)」이라고 한다. 그렇다면 「나이(ない)」와 「응(ん)」은 동일하다고 볼 수 있다. 그렇기 때문에 막부 말기의 민중 운동 「에에쟈나이카(ええじゃないか)」라는 말을 들었을 때 「에에쟈나이카(ええじゃないか)」의 「쟈나이카(じゃないか)」 부분을, 「나이(ない)」와 「응(ん)」은 같기 때문에 「쟌카(じゃんか)」로 바꾸어도 똑같다고 생각할 수 있다. 이것은 「응(ん)」을 사용하는 야마나시 현에서는 일어날 수 있는 변화로 시즈오카 현에서도 일어나는 변화이다. 하지만 도쿄나 요코하마에서는 절대로 일어나지 않는 변화이다. 이것도 하나의 방증이다. 「쟌(じゃん)」의 발생은 동사의 부정형 「응(ん)」을 사용하는 지역에서는 백 몇십 년 전에 일어난 변화일 것이다. 나가노 현에서는 「쇼가나이(しょうがない)」를 「쇼간(しょうがん)」이라고 한다. 이것도 「나이(ない)」와 「응(ん)」 용법의 혼동으로 인한 표현이다.

시간이 지나 20세기 말에서 21세기가 된 지금, 예전과 완전히 똑같은 일이 일어나고 있다. 야마나시 현 중앙부의 「나이(ない)」와 「응(ん)」의 방언 경계선을 경계로 「이카나쿠나루(行かなくなる)」라는 지역과 「이칸쿠나루(行かんくなる)」라는 지역으로 분리되고 있는 것이다.

4. 「쟈네(じゃね)」의 확대

「잔(じゃん)」에 대해서는 또 이러한 관련 현상이 있다. 최근에 「쟈네(じゃね)」라는 말투가 생각났다. 전철 안에서 사이타마 현의 고교생이 「쟈네(じゃね)」라고 하는 말을 확인하고, 치바 현에서도 말하는 것을 들었기 때문에, 「개인의 말투가 아니고 상당히 퍼져 있구나.」라고 생각해 설문 조사를 하였다. 도쿄 도내의 대학에서 물어 보니 얌전한 여학생도 이 말을 「사용합니다.」라고 말한다. 「아시타 아메난쟈네(明日、雨なんじゃね)」라고 말하는 것 같아서 이 여학생에게 「남자 친구에게 얌전한 여학생으로 보이고 싶을 때에는 그런 말을 사용하지 않지 않나요?」라고 물으니 이 여학생은 「아니, 아무렇지도 않게 사용합니다.」라고 답한 것이다.

치바현의 서쪽 끝 우라야스 시에 있는 메이카이 대학의 대학원에서 이 이야기를 했더니, 대학원생이 「사용합니다.」라고 말한다. 우라와에서 태어나서 자란 학생이 사용한다고 말하고, 치바 현의 이치하라라는 더 먼 곳에서 온 학생도 이 말을 사용한다고 했다. 도쿄 도 안에서 온 학생들은 「저도 사용하지만, 조금 말투가 다르다.」라고 말했다.

도쿄 도(에도가와 구)에서 온 학생들은 「훈쟈네. 하렌쟈네. 아메쟈네. 아메쟈네(降んじゃね。晴れんじゃね。雨じゃね。飴じゃね。)」였다.

치바현 우라야스 시는 「후룬쟈네. 하레룬쟈네. 아메쟈네. 아메쟈네(降るんじゃね。晴れるんじゃね。雨じゃね。飴じゃね。)」이다.

치바현 이치하라 시의 학생은 「후룬쟈네. 하레룬쟈네. 아메(↘)쟈네. 아메(↗)쟈네)(降るんじゃね。晴れるんじゃね。雨じゃね。飴じゃね。」이다.

도쿄 도 안쪽과 치바 현 우라야스 사람들은 오래 전부터 이 말을 사용했으며, 단독으로 발음하면 아메(雨, 비)와 아메(飴, 사탕)를 구별하는데, 「쟈네(じゃね)」를 붙였을 때는 구분하지 않게 된다. 그런데 이치하라 시의 조금 후미진 곳에서 「쟈네(じゃね)」를 받아들인 것이 시기적으로 아마 늦었을 것이다. 그렇기 때문에 「쟈네(じゃね)」를 붙일 때도 내리는 비(후루아메)와 빨아먹는 사탕(나메루아메)을 구분하고 있는 것이다. 그리고 동사 쪽도 「내린다(降る후루)」는 두고(頭高)형, 「개이다(晴れる하레루)」라고 하면 두 번째 음절이 높은 표현이지만, 「훈쟈네(降(↘)んじゃね)」가 아니라 「훈쟈네(降(↗)んじゃね)」, 「하렌쟈네(晴れ(↘)んじゃね)」가 아니라 「하렌쟈네(晴(↗)れんじゃね)」인 것이다.

공통어	도쿄도 구내	치바현 우라야스시	치바현 이치하라시
후루노데와나이카	훈쟈네↗	후룬쟈네↗	후룬쟈네↗
하레루노데와나이카	하렌쟈네↗	하레룬쟈네↗	하레룬지쟈네↗
아메데와나이카	아메쟈네↗	아메쟈네↗	아메쟈네↗
아메데와나이카	아메쟈네↗	아메쟈네↗	아메쟈네↗
아버지 생육지	가나가와현	도쿄	이치하라시
어머니 생육지	치바현	우라야스시	마츠도시

그림 11-5 수도권 「쟈네」 발음

도쿄 도내에서 태어나서 자란 대학원생이지만 이 발음만 들으면 마치 이바라키 현의 무형(일자형) 악센트 사람의 말처럼 들린다. 도쿄 사람들이 바보 취급하는 것 같은 말투와 악센트를 지금의 학생들이 사용하고 있는 것이다.

이 3명의 발음은 다행히 인터넷에 공개할 수 있었다(이노우에 2008.12.). 이것을 그림 11-5에 나타냈다. 「산세이도, 언어 경제학, 인토네이션」 등으로 검색하면 나온다(제27회). 인터넷 페이지에서 스피커 그림을 클릭하면 음성이 들린다.

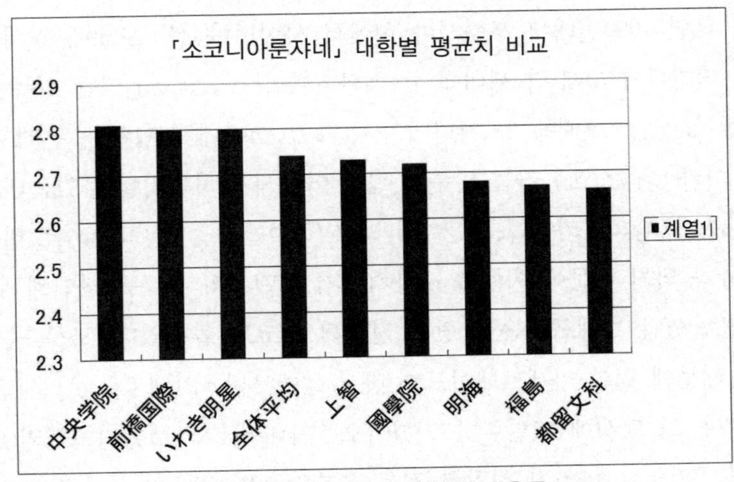

그림 11-6 「쟈네」의 대학별 사용률

그래서 도쿄 도내까지, 그리고 여학생까지 이 말이 퍼져 있다는 것을 생각하며 조사 지역을 넓혔다. 설문 조사로 모은 데이터를 입력해 보니 그림 11-6과 같이 되었다. 그리고 이 말의 사용 정도를 점수화했다. 최고점이 3점, 최저점은 0점으로 하였다. 대학별 데이터로 쓰루 문과대학은 야마나시 현, 후쿠시마 대학과 이와키 메이세이 대학은 후쿠시마 현, 마에바시 국제 대학은 군마현, 메이카이 대학과 츄오 학원 대학은 치바 현에 있다. 고쿠가쿠인 대학과 죠치 대학은 도쿄라서 전국에서 학생들이 모인다. 여기에서는 남녀 차이를 무시하고 전체 평균으로 보았지만, 치바 현, 군마 현, 후쿠시마 현의 사립 대학에서는 「쟈네(じゃね)」를 사용하는 사람이 꽤 많다. 남학생이 많다는 것을 반영한 데이터라고 할 수 있다. 그러나 도쿄 도내라든가, 후쿠시마 대학의 교육학부, 쓰루 문과대학은 「쟈네(じゃね)」의 사용량이 적다. 지역 이외에 교육 정도나 교원 지망을 선호하느냐와도 이 말의 사용 사이에 관계가 있을지도 모르겠다.

취학 연령 시기의 거주지별 집계 및 조사표의 예문별 집계는 그림 11-7, 그림 11-8에서 볼 수 있다. 관련된 4 종류의 표현 중에서 가장 사용률이 높다.

생각해 보면 1980년대에 후쿠시마 현에서 사이타마 현・도쿄에 걸쳐 철도 역 부근에서 10대에서 70대 각 세대에서 「데와나이카(ではないか)」라는 항목을 조사했다(이노우에 1985.3.). 그때에 「~쟈나이카(~じゃないか)」에 해당하는 선택지가 있었다. 「쟈나이카(じゃないか)」라는 말투를 평소 어떻게 말하는지를 물었는데, 「~쟈나이카(~じゃないか)」의 「카(か)」를 붙이지 않고 「나이(ない)」를 「네(ね)」로 바꾸면 「쟈네(じゃね)」가 되기 때문에 이것을 사용하는지 어떤지의 여부를 확인해 보기 위해서였다. 출판했던 그래프로는 어형을 정리해 놓고도 몰랐었다. 조사표는 직전에 폐기했기 때문에 원본 카세트테이프를 다시 들어보니 「쟈네(じゃね)」는 전혀 나타나지 않았다. 그 당시에는 말한다고 했어도 「쟈네카(じゃねか)」라고 「카(か)」가 붙어 있었다. 「카(か)」를 빼기 시작한 것은 요즘의 20년 정도이고 「카(カ) 탈락」 변화의 일환이다(이노우에 2008.5a). 이것은 아마 북간토 지방 어딘가에서 발생한 것이라고 생각한다.

이 「쟈네(じゃね)」는 「쟌(じゃん)」의 흉내로 나타났다고 생각한다. 「쟈나이카(じゃないか)」의 「나이(ない)」를 「응(ん)」으로 바꾼 것이 「쟌카(じゃんか)」와 「쟌(じゃん)」이었다. 「응(ん)」을 사용하지 않는 지역에서는 「응(ん)」이 아니라 「나이(ない)」나 「네(ね)」를 사용하는 편이 이해하기 쉽다. 그렇기 때문에 「쟌(じゃん)」을 동일본 식으로 바꾸어 「쟈네(じゃね)」로 한 것은 아닐까하고 생각한다. 앞서 야마나시 현을 경계로 동쪽은 「나이(ない)」 서쪽은 「응(ん)」으로 나누어져 있다고 지적했지만, 「나이(ない)」를 「네(ね)」라고 하는 지역에서 「쟈네(じゃね)」가 퍼진 것이라고 생각한다.

5. 「베(べ)」의 도쿄 진출

같은 의미를 나타내는 말로, 최근 「베(べー)」가 (축약한 「베(べ)」의 형태로) 도쿄 안에서도 사용되고 있다. 「베(べ)」도 추량 표현으로 대인 관계에 대한 현상이다. 지방에서의 사용 상황이 자세히 조사된 후에 도쿄에 유입된, 드문 신방언이다. 도쿄 도내의 「베(べ)」의 사용에 대해서는 이노우에(2003.7.)에서 언급하고 있다.

에도 시대에 에도 시내 안에 「베이(べい)」의 사용자가 있었던 것은 시키테 삼바 「우키요부로・우키요도코(浮世風呂・浮世床)」의 용례로 알 수 있다(쓰치야 1981, 2009). 이후에 에도에서는 세력이 약해졌고, 근대 이후에는 간토 지방에서도 쇠퇴 경향을 보였다. 이것이 다시 등장했다는 이야기다.

「베(べー)」의 사용 상황에 대해서는 오래된 자료가 있다. 20세기 초의 「구어법 분포도」에도 나와 있고(국어 조사위원회 1906), 도호쿠 간토 지방에도 널리 분포하고 있었던 것이 알려져 있다. 이후에 히라야마(1961)의 보고가 있었고, 의지와 추측의 용법에 따라 분포가 다른 것도 알 수 있었다. 최근에는 「방언 문법 전국 지도」(국립국어연구소 1989~2006)로 보다 상세한 분포를 알 수 있다. 1980년대 전국 중학생 분포 조사도 있었지만(이노우에・오기노 1984), 도쿄 도내에서는 보고되지 않았다. 이노우에(1985.2. p.194)에서는 도쿄에서 야마가타 현에 걸친 종합 그림을 보여주고 있지만, 간토 지역의 젊은 세대는 사용을 중지하여 도쿄 도내에 「베(べ)」의 사용자는 없었다. 한편, 동일본 각지의 글로토그램 조사에서도 「베(べ)」의 사용 여부가 조사되었으며, 젊은 세대에서 활용의 단순화가 진행되고 있음을 알 수 있었다 (이노우에 2003.7.).

아래에서는 최근의 실태를 살펴보겠다. 2008년에 대학생 조사를 실시한 결과, 문맥에 따라 다르지만 베(べ)의 사용자가 있음을 확인할 수 있었다. 그림 11-7에 설문 조사 결과를 항목별 평균 점수로 나타냈다. 「소코니아루베(そこにあるべ)」, 「아메다베(雨だべ)」, 「이이베(いいべ)」 등의 많은 용례를 들어 조사해 보았다. 이것 이외에도 「ㅅ스(っす)」, 「ㅅ쇼(っしょ)」, 「쟈네(じゃね)」 등도 물어보았다(다른 항목은 다른 곳에서 언급하겠다.). 동일본의 대학생 174명을 대상으로 한 소규모 조사였지만 취학 연령기의 거주지별로 보면, 「베(べ)」는 도쿄 출신도 사용한다(또는 듣는다). 이 말은 동일본의 신방언이지만 도쿄에 진출해서 「도쿄 신방언」이 된 셈이다.

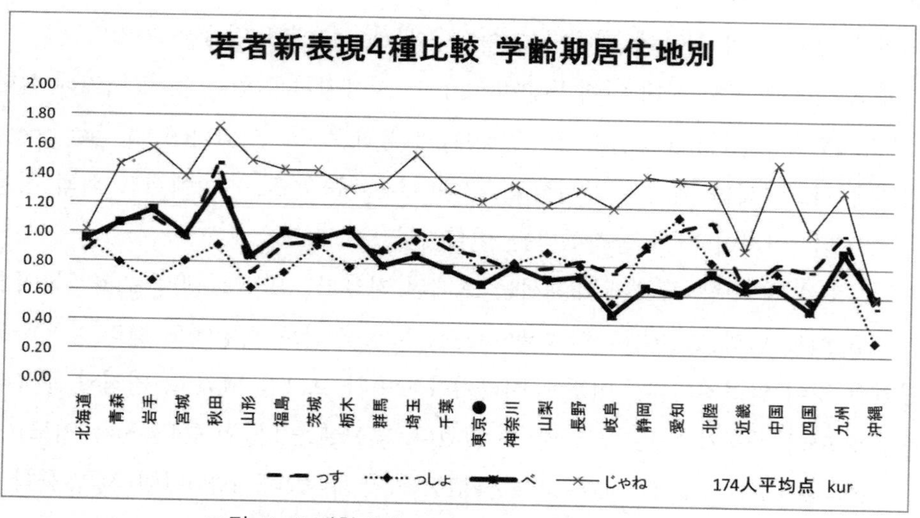

그림 11-7 대학생 「ㅅ스, ㅅ쇼, 베, 쟈네」 지역 차

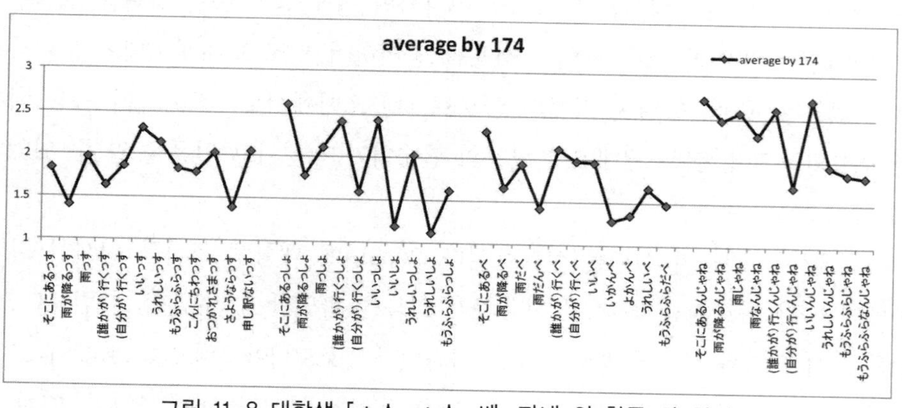

그림 11-8 대학생 「ㅅ스, ㅅ쇼, 베, 쟈네」의 항목 간 차이

「베(べ)」는 문맥에 따라 사용 양상이 다르다. 그림 11-8에 항목별로 모두의 사용률을 나타냈다. 「아루베(あるべ)」, 「이쿠베(行くべ)」라는 동사와 「이이베(いいべ)」라고 단순화된 형용사가 자주 사용되면서 「요칸베(よかんべ), 이칸베(いかんべ)」라는 예전 불규칙 형용사 활용형은 사용되지 않게 되었다.

「베(べ)」는 보컬 그룹의 한 사람(SMAP의 나카이 마사히로, 1972년생, 가나가와 현 후지사와 시 출생, 1990년대부터 활약)이 텔레비전 프로그램 안에서 퍼트렸다는 설이 유력하다. 그는 가나가와 현 쇼난 지방에서 태어나서 자랐기 때문에 그곳 방언에는 「베(べ)」를 사용한다.

1980년대에 도카이도 연선에서 각 연령층의 말을 연령층별로 듣고 다녔다(이노우에 1991.3.). 그 보고서를 다시 살펴보니, 「이코우(行こう)」를 「이쿠베(行くべー)」라고 하는 말투가 쇼난 지방의 젊은 세대 중심으로 퍼져 있었다. 다만 당시의 10대(1970년경 출생)의 수는 줄었다. 지난 해 쇼난 출신 학생의 보고서에서 새로운 것을 발견했다. 지역의 각 세대별 사람의 「베(べ)」 사용법을 조사해보니 노인들이 「베(べ)」를 사용하고 중년 이하에서는 사용하지 않고 있었다. 그런데 젊은 사람이 또 다시 「베(べ)」를 사용했다. 기묘한 세대 차이이지만, 「베(べ)」가 부활 또는 회복되었다고 생각하면 좋겠다.

쇼난 지방은 제2차 세계대전 이후 고급 주택지, 별장지라는 이미지가 생겨났고, 쇼난 번호의 차량 번호판이 인기가 있을 정도였다. 그곳 젊은 사람들이 지역 평가가 높은 것을 배경으로 자신의 말에 대해 자신감을 가지고 그 지역의 방언을 내세우고 있다고 생각해도 좋겠다. 탤런트 개인이 대중매체에서 사용한 것이 주효했을지도 모르지만, 그 배경에는 쇼난 지방의 젊은 세대의 지지가 있었던 것이다. 10년 전에 도쿄 사람이 「베(べ)」를 사용한다는 정보를 얻었지만, 일시적 유행일 것이라고 생각했었다. 그 사람 개인의 영향일지 모르겠지만, 일시적인 유행은 아니었다.

다만 학생에게 물어 보니 현재 「베(べ)」를 사용하는 것은 시부야의 번화가에

떼 지어 모인 젊은이들로, 「갸루오(ギャル男)」 등으로 불리는 사람들 같다. 또한 「베(べ)」가 오래 전부터 성인 일부에서 사용했다는 것에 대해서는 이전의 저서를 참조하기 바란다(이노우에 2003.7.).

6. 쇼나이 글로토그램으로 보는 신방언 「베(べー)」

「베(べ)」는 앞으로 더욱더 확산되지 않을까 생각된다. 왜냐하면 도호쿠・간토 지방의 상당히 넓은 지역에서 사용되고 있으며, 다른 지역으로도 확산되고 있기 때문이다.

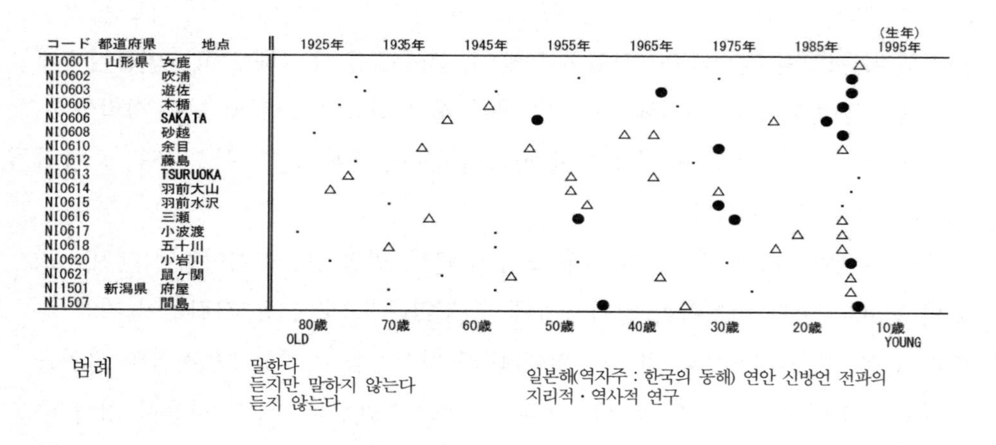

그림 11-9 쇼나이 글로토그램 「베」

글로토그램은 그림 11-9에 나타낸 것처럼 1차원에는 화자의 연령, 다른 차원에는 지리적 위치를 나타내는 기법으로 일본의 방언학에서 독자적으로 발전하였다. 이 조사 기법은 현재 일본의 많은 지역에 적용되고 있다. 조사 항목 대부분은 어휘 및 문법이다(이노우에 2008.5a). 이 기법에 의해 신방언이 지방에서 인접 지역으로 전파되거나 지방에서 도쿄로 유입되는 것이 의심 없는 형태로 표시되었다(이노우에 2003.7.).

야마가타 현의 쇼나이 지방의 「베(べー)」의 사용자에게 관심을 갖게 된 것은 20세기 말이다. 저자는 야마가타 현의 쇼나이 지방, 쓰루오카 시 출신으로 야마가타 현 지역에서는 「베(べー)」를 사용하지 않았지만, 최근 10년 20년 사이에 「베(べ)」가 퍼지게 되었다.

일본해(역자주 : 한국의 동해) 연안의 글로토그램 공동 조사 항목으로 「베(べ)」를 넣었는데, 쇼나이 지방과 그 부근의 젊은 사람 일부가 「이코(行こう)」를 「이쿠베(行くべー)」와 같이 말하는 것을 알 수 있었다(이노우에 2008.3c). 이것은 그림 11-9에 제시하였다. 검정 동그라미(●)가 「베(べー)」를 사용하는 화자로 오른쪽 부분의 젊은 사람들에게 많다. 이곳의 중학생들은 모두가 「베(べー)」를 사용하기 시작했다. 중년들도 「베(べー)」를 사용하고 있다. 사카타 시내의 성인과 그림 윗부분의 아쿠미 군의 중학생이 많고, 쓰루오카 시의 남부와 니가타 현에서도 「베(べ)」를 사용한다.

쓰루오카 근교 야마조에 지구의 면접 조사에서는 아오모리 이외의 지역에서 「베(べ)」를 익힌 사람을 포함해서 「베(べ)」를 「사용한다.」라고 답한 사람이 154명 중 15명으로 젊은 사람이 「베(べ)」를 사용하고 있음을 알 수 있었다. 30년 전, 15년 전 조사(이노우에 2005.12a)에서는 알아채지 못했던 현상이다. 「듣는다.」라고 답한 사람 중에 「내륙에서 사용한다.」라고 부연 설명한 사람이 있었다.

이전의 쇼나이 지방 조사는 주로 NORM(Non-mobile Old Rural Male, 농촌토박이 할아버지)을 상대로 했다. 이 조사 자료에 의하면, 쇼나이 지방에서는 예전에 「베(べ)」를 전혀 사용되지 않았다는 것을 알 수 있었다. 1969년 「쇼나이 방언 지도」를 위한 조사(메이카이 대학 일본어학과 인터넷 홈페이지에 공개)는 쇼나이 지방 전역을 돌아다녔는 데도 불구하고 「베(べー)」를 들어본 적이 없었다. 이후에 젊은 세대를 포함한 조사에서도 「베(べ)」를 들어본 적이 없다. 쇼나이 지방의 북쪽(과 모가미 지방 서쪽)의 4세대 Z조사 「시요(しよう)」, 「고요(来よう)」에서도 쇼나이 지방에서는 「우(う)」만 나타났으며 내륙 쪽 모가미 지역에서는 「베 · 뻬(べ · ぺ)」가 나타났다 (1981년 실시, 이노우에 2000.2. p.238f).

전국 중학생 음성 조사에서는(이노우에 1997.3.) 야마가타 현의 쇼나이 지방의 하치만 중학교의 협조를 받았다(1994년). 이 학교 학생의 대부분이 1979년(쇼와 54년)에 태어났다. 이들은 그림 11-9의 비어있는 연령층에 해당한다. No.214 「이코(行こう)」에서 이쿠베(行くべー)를(도) 사용한다고 응답한 사람은 31명 중 1명이었다. 또 쇼나이 4개 고등학교의 반복 설문 조사(이노우에 1994.3.)에서는 「시요(しよう)」와 「고요(来よう)」를 설문 항목에 넣었지만, 선택지에 「베(べー)」는 넣지 않았다. 「기타」에 「베(べ)」가 기입되어 있을 가능성이 있지만, 2008년에 원조사표를 폐기했기 때문에 조사한 내용을 다시 살펴보는 것이 현재는 불가능하다.

이상의 보조 정보로부터 생각해 보면, 「베(べー)」는 20세기 말에 쇼나이 지방의 도시부(사카타) 등에서 산발적으로 사용되기 시작하여 21세기에 들어와(사카타 지방의 영향이 크다) 북부의 중학생에게 급속히 확산되었다고 해석할 수 있다. 글로토그램을 다시 한 번 검토해 보면 중년층에 「베(べー)」의 사용자가 있는 것은 쇼나이 지방 안에서도 다소 큰 도시이다. 「베(べー)」의 사용 지역인 내륙 지방과 중간이 되는 지역에서는 「베(べ)」의 사용이 늦어지고 있다. 이를 힌트로 삼아보면 「베(べー)」는 현청 소재지인 야마가타의 말이 시가지로 「불똥」처럼 유입된 것이다.

같은 야마가타 현의 현청 소재지인 야마가타 시에서는 「베(べー)」를 사용하지만, 산악 지대를 사이에 둔 쇼나이 지방에서는 「베(べ)」를 사용하지 않았다. 메이지 시대가 되어 쇼나이 번은 내륙의 여러 번을 합하여 「야마가타 현」이 되었으며, 번으로는 소규모였던 야마가타 시에 야마가타 현청을 두게 되었다. 메이지 시대 이후 같은 현이 되었고 100년 이상 지난 후에 현청 소재지의 말투를 도입한 것이 아닌가 싶다. 이후에 내륙 지방에서 이주해 오는 사람들이 많아졌을 것이다. 쇼나이 지방에서 「베(べー)」를 들을 기회가 많아졌기 때문에, 「베(べー)」의 사용은 내륙 지방이라는 관련성이 희미해졌다. 도호쿠 지방의 여섯 개 현 중에서 예외적으로 「베(べー)」를 사용하지 않는 쇼나이 지방이 도호쿠 방언색을 강하게 나타낸 것이다.

이것은 도쿄의 영향은 아닌 것 같다. 원래 쇼나이 사투리・쓰루오카 사투리 색이 옅어진다면 표준어・공통어 또는 도쿄 사투리의 영향이라고 생각했지만, 이것과는 다른 움직임이 있는 것이다. 바로 인접한 방언끼리의 영향이며 방언 내부에서의 변화의 움직임이고 신방언의 전형인 것이다. 야마가타 현 내륙 지방에서 쇼나이 지방으로 근대(특히 제2차 세계대전 이후)에 들어와 나타난 불똥과 같은 전파는 쇼나이 지방의 글로토그램이나 그 외에서도 관찰되고 있다. 「와카라나이(分からない)」의 와간네(ワガンネ), 「쿠레루(呉れる)」의 게루(ケル)가 전형적이다(이노우에 2003.7.). 쓰루오카・사카타 지역이라고 하는 도시에서는 높은 연령층을 포함한 거의 모든 세대가 이 말을 모두 사용하고, 주변의 농촌에서는 젊은 사람만이 사용한다. 어중의 r음운 탈락도 오랜 시간을 거쳐 산발적 변화(어휘적 전파 lexical diffusion)로 볼 수 있다(이노우에 2000.2.).

또 아키타 현의 남서쪽 끝에서도 「베(べー)」를 사용하지 않는 지역으로 되어 있지만, 같은 일본해(역자주 : 한국의 동해) 글로토그램 조사의 일부 항목에 「베(べー)」가 진출해 있는 것을 알 수 있었다(이노우에 2008.3c, 히다카 2011). 「다메다베(だめだべ)」는 노년층 사용자도 있었다. 또한 말투 그대로를 문자화했다고 하는 옛날 이야기 모음집에 따르면, 아키타 현의 남서쪽 끝에서도 가끔 「베(べー)」를 사용하는 예가 나타났다(이노우에 1979.12.). 그런 점에서 옛날 이야기 모음집에서도 사용 예를 볼 수 없었던 야마가타 현의 쇼나이 지방과는 사정이 다르다. 아키타 현의 남서쪽 끝에서는 오래 전부터 「베(べー)」가 진출해 있었던 것일 것이다. 도쿄와 야마가타 현 모두 「베(べー)」가 퍼져 있다. 이 말의 의미는 앞으로 더욱 더 넓은 지역으로 퍼질 것이라고 예측할 수 있다.

이상과 같은 「불똥」에 의한 전파는 글로토그램을 사용하면 확인하기 쉽다. 다만 글로토그램 조사는 보통 교통로를 따라 이루어지므로 에바타(2001, 2006)의 지적처럼 다른 경로로「땅을 타고」전파되었을 가능성도 부정할 수 없다. 무엇보다 언어 지도에서도 분포 영역의 영토가 격리되어 있는 도시일 경우에는 불똥에 의한 전파로 해석된다(옛날 형태가 격리된 장소에 잔존했을 가능성도 부정할 수 없다.).

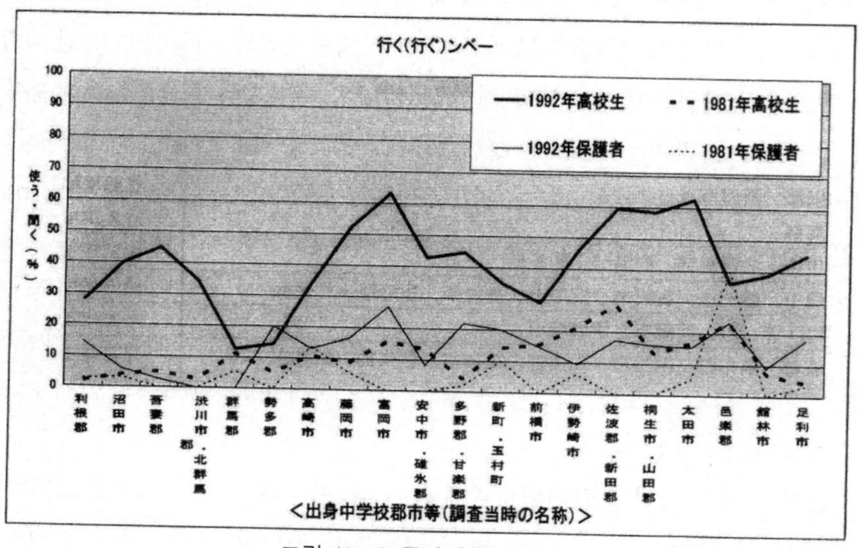

그림 11-10 군마 현의「응베」

「베(べー)」는 도호쿠 간토 지방 각지에서 사용되었지만, 지금 곳곳에서 신방언형을 만들어내고 있다. 그림 11-10에 나타낸 것처럼 군마 현에서는「응베(んべえ)」라는 말투,「이쿠베(行くべえ)」가 아니라「이쿤베(行くんべえ)」라는 말이 퍼지고 있어 1992년 고교생의 사용률이 증가하고 있다(사토 1994).

후쿠시마 현에서는「베(べえ)」가 방언적인 말투라고 해서「바이(ばい)」로 변화를 일으키고 있다(시로이와 2005). 예전의 ai> e:의 음운 변화「잘못된 회귀」라고도 간주했었지만, 이 방언에서 종조사「나이(ない)」가 정중한 느낌으로 사용되고 있는 것과도 관계가 있다. 이바라키 현에서는「다베(だべ)」에서「다헤(だへ)」가 만들어졌다(사토 1992). 「단베(だんべ)」에서 「닷페(だっぺ)」로 바뀐 것도 간토와 도호쿠 지방 각지에 나타난다. 일본 곳곳에서 「베(べえ)」에 관한 신방언이 확산되고 있다.

7. 「베(べ)」 보급의 이유

최근의 진출이나 눈앞의 변화를 지질학의 「동일성의 원리」(uniformitarian doctrine)와 마찬가지로 과거부터 길게 이어진 장기적 언어 변화와 같은 계열로 본다면, 변화에 합리적인 이유가 있을 것이다. 즉, 언어 체계 안에서 경제 원리가 작용하고 있는 것이다. 다른 신방언도 마찬가지며, 대부분 변화의 이유를 알 수 있다.

「베(べ)」에 대해서는 문법적 표현의 분석적 경향으로 설명할 수 있다. 추량 표현의 「무(む)」는 예전에는 [mu]라고 하는 일정한 형태 · 발음을 유지하고 있었다. 그러나 음운 변화와 형태 변화를 위해, 현대어의 「우 · 요우(う · よう)」에 의한 추량 표현은 가나 표기는 둘째치고라도 발음에 있어서는 독립적인 형태를 갖지 않는다(「가코, 오키요, 시요(書こう, 起きよう, しよう)」와 같이 5단 활용에서는 [o:]의 형태, 일단 활용에서는 [jo:]의 형태밖에 없다). 이에 비하면, 「가쿠베, 오키루베, 스루베(書くべ, 起きるべ, するべ)」 등은 동사의 종지형에 「베(べ)」[be]를 붙이는 단순한 용법이며 게다가 「베(べ)」라고 하는 1음절이 독립해 있다. 분석 경향도 부합되고 전달도 편리하다. 추량 표현의 전국 분포는 츄부 지방의 「라 · 즈라(ら · ずら)」를 비롯해, 사용 빈도수가 많은 문법 현상으로써는 지역차가 크지만, 간토 · 도호쿠 지방의 「베(べ)」는 후세에 사용 지역이 넓어졌을 가능성도 있다고 생각해 볼 수 있다(고바야시 2004). 「베(べ)」가 경제언어학적으로 유리한 말인 것이다.

8. 「ㅅ쇼(っしょ)」의 대인 배려

또 하나는 인간관계 조절 또는 정중성(Brown & Levinson 1987 다나카 이외 2011) 등에 관한 이야기다. 대인 관계 또는 인간관계를 배려한 표현이 신방언 속에 섞여 있다. 「ㅅ쇼(っしょ)」가 그 예이다. 홋카이도에서는 「이쿳쇼(行くっしょ)」, 「아룻쇼(あるっしょ)」, 「이잇쇼(いいっしょ)」 등이 갑자기 퍼졌다(그림 11-11). 홋카이도에서는 이 말을 활발히 사용하고 있으며, 심지어 홋카이도 사람들은 이 말을 표준어라고 생각하고 있다. 「소코니아루베(そこにあるべ)」, 「이이베(いいべ)」라는 것은 홋카이도 사투리지만, 작은 「ㅅ(っ)」으로 시작하는 「ㅅ쇼(っしょ)」 또는 짧은 「쇼(しょ)」는 표준어라고 생각하고 있다.

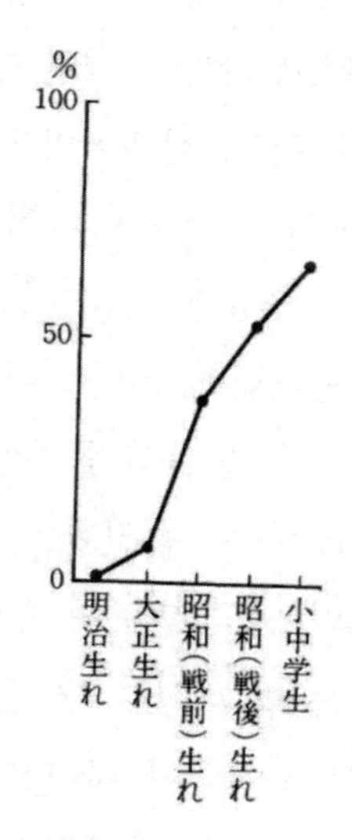

그림 11-11 홋카이도 해안부 「이잇쇼」의 연령 차(1997년)

그런데 이 표현을 사용하는 사람이 치바 현 · 도쿄의 대학생들 사이에도 늘어나고 있다.

「ㅅ쇼(っしょ)」를 치바 현에서도 사용한다는 이야기를 바탕으로 기사라즈 출신의 학생이 졸업논문에서 이를 조사하였다(시미즈 1996). 기미츠 시는 규슈에서 제철소가 이전한 곳으로 규슈 사람이 많이 이사한 곳이다. 그 때 홋카이도의 무로란 제철소에도 소수의 가족이 이주하였다. 이 학생은 졸업논문에서 「ㅅ쇼(っしょ)」의 용법을 조사하였는데, 고등학생을 대상으로 이 말을 사용하는 사람과 사용하지 않는 사람으로 나누어 그 부모의 출신지를 보았다. 그 결과 홋카이도에서 이주해 온 부모를 가진 고교생은 「ㅅ쇼(っしょ)」를 활발히 사용하고 있고, 그렇지 않은 고교생은 이 말을 사용하고 있지 않는다는 것을 알았다. 이 결과를 통해 살펴보니 아무래도 「ㅅ쇼(っしょ)」는 홋카이도에서 전해진 것 같다. 규슈 사람은 치바 사람에게 바보로 취급되므로 규슈 사투리를 사용하지 않으려고 공통어를 습득했다. 그런데 홋카이도에서 온 부모와 자녀는 「北海道のことばは標準語っしょ(효준곳쇼)(홋카이도의 말은 표준어죠.)」라는 느낌으로 이 말을 표준어라고 생각해 그대로 사용한 것이다.

이 졸업논문을 쓴 학생은 그 후에 소부선을 이용하며 도쿄로 통근하게 되었는데 어느 날 연하장에 「최근에는 소부선 안에서 「ㅅ쇼(っしょ)」를 듣는 비율이 많아진 것 같다는 생각이 듭니다.」라고 써서 나에게 보냈다. 필자도 이 말을 실제로 들었기 때문에 도쿄 부근의 조사에 「ㅅ쇼(っしょ)」를 넣어 보았다. 그렇게 조사해 보니 절반 이상의 학생들이 「ㅅ쇼(っしょ)」라고 답했다(그림 11-7, 그림 11-8). 그때까지 그다지 주목하지 않았던 것이지만, 실제로 귀를 기울여 들어 보면 「ㅅ쇼(っしょ)」를 사용하는 사람이 상당히 증가하고 있는 것이다. 많은 예는 「소코니아룻쇼(そこにあるっしょ)」 또는 「이잇쇼(いいっしょ)」라는 말투이다. 이것은 「데쇼(でしょ)」에 해당하는 말투의 「데(で)」가 간략해진 것으로, 「데쇼(でしょ)」가 「ㅅ쇼(っしょ)」가 되어 발음이 편해져 퍼지고 있다. 또한 시즈오카에서도 「ㅅ쇼(っしょ)」를 들었고, 마에바시에서도 「ㅅ쇼(っしょ)」를 사용하고 있다는 이야기가 들리고, 히타치에서도 사용한다는 사람도 있다(이노우에 외 2002). 세 곳 모두 타 도시에서 전

입해 온 사람들이 상당히 많은 대도시이다. 그래서 이 말이 대도시에서부터 퍼지는 것이 아닐까하는 생각이 든다.

9. 「ㅅ스(っす)」의 경어적 용법

「ㅅ스(っす)」라는 말투도 대인 관계에 대한 문제이다. 「데스(です)」가 「ㅅ스(っす)」가 되어 「이쿳스요(行くっすよ)」라고 말한다. 이것도 대학생을 대상으로 조사해 보면 가장 많은 예는 「이잇스(いいっす)」로 조사한 대학생의 30% 정도가 사용한다(그림 11-7, 그림 11-8). 「데(で)」가 간략해진 것이기 때문에 「ㅅ쇼(っしょ)」와 「ㅅ스(っす)」는 계열적으로 동일하다. 그런데 「ㅅ스(っす)」는 좀 다른 기능을 가지고 있다.

경어가 재편성되고 있다는 것이다. 정중한 말투와 그렇지 않은 말투를 교과서에서는 두 가지 또는 세 가지로 나눈다. 두 가지는 「데스마스체(ですます体)」와 「다체(だ体)」지만, 그 위에는 「데고자이마스체(でございます体)」가 있다. 그래서 세 단계이다. 하지만 「데아리마스(であります)」라는 말투도 있다. 「데아루(である)」라고 하는 말투도 문장에서 사용하는 경우가 있다. 「다(だ)」나 「데아루(である)」에 해당되는 계열이 매우 다양하지만, 그렇다면 또 하나의 형태가 등장했다는 이야기다. 「소우데스(そうです)」와 「소우다(そうだ)」의 중간에 해당되는 말투이다.

실제로 이 말은 선배 등에게 사용하면 좋다고 한다. 그러나 인터넷에서는 이 말을 「후배 어조」라고 부르고 있다. 선배에게 「다(だ)」는 사용하기 어렵다. 「데스(です)」라고 하면 너무 격식을 차리는 말투니 「소웃스(そうっす)」라고 말하면 딱 좋다고 한다. 이전에는 일본인의 인간관계를 윗사람 · 아랫사람으로 깨끗하게 나눌 수 있었다(19장 8절). 윗사람에게는 「데스마스(ですます)」체로 말한다. 동년배나 아랫사람에게는 「다(だ)」체로 말해도 괜찮다. 그렇게 하나의 선으로 구분되어 있었지만, 최근에는 아무래도 인간관계를 파악하는 방법이 달라진 것은 아닐까? 친한지 친하지 않은지의 여부도 있고, 명백하게 윗사람은 아니지만 조금 위로 대접하고 싶은 인간관계도 만들어졌다. 그렇기 때문에 새로운 말투로 「ㅅ스(っす)」가 등장한 것이 아닌가 싶다. 그렇게 되면 말하기가 편리하기 때문에 아직은 사용률은 낮지만, 이것도 향후에는 퍼질 것이다. 「ㅅ스(っす)」에 대해서는 제16장 2절에서 논하겠다.

10. 일본어는 변화한다

인간관계의 조절에 해당될 만한 실례를 몇 가지 들었지만 이것으로 마무리 짓고자 한다. 필자는 이 장에서 신방언을 통해 일본어가 변화하는 흐름을 볼 생각이었다. 지방 출신이라고 하는 경우가 있을지도 모르겠지만, 도쿄의 말에 지방이 영향을 미치고 있다는 것을 말하고 싶다. 어떤 지역에서 등장해 채용되는 데에는 이유가 있었다. 그렇기 때문에 퍼진 것이다. 그렇다고 하면 같은 이유로 다른 지방에도 퍼지고, 또 도쿄로도 퍼진다. 도쿄에 퍼지면 도쿄를 새로운 발판 삼아서 또 전국으로 퍼진다.

거의 전국에 확산된 말투인 「라 탈락 어형(ら抜きことば)」에 대해서는 여기에서 설명하지 않았다. 이것은 츄부 지방에서 야마나시 현으로 흘러들어가 야마나시 현에서 도쿄의 야마노테(업타운)로 들어가 거기에서 변두리로 퍼져, 지금은 전국으로 확산되고 있다(이노우에 1998.1.).

자신이 사용하고 있는 말, 또는 친구가 사용하는 말에 조금 더 관심을 가져 보면 다양한 것들을 알 수 있다. 「그런 말투가 있어? 이상해.」라고 생각해도 「이상하네.」라고 단정짓는 것이 아니라, 「어째서 사용하는 것일까?」라고 생각해보면 그 말이 퍼지는 이유를 알 수 있다. 그렇다면 장래에 이것이 퍼질까라는 예측을 하는 것도 가능하다.

말이라는 것은 우리 일상에서 사용하는 것이지만, 어떤 말을 사용하고 있는지에 귀를 기울여보면 여러 가지를 알 수 있어 즐겁다.

12 도쿄의 신방언

❖ 이번 장에서는 지방에서 도쿄로 들어온 신방언의 예를 다루겠다. 특히 라 탈락 어형(ら抜きことば)와 레 첨가 어형(レタスことば)와 같은 문법적 변화에 중점을 두었다. 평상시의 말로는 도쿄 사람의 일상어와 지방 사람의 방언이 같은 Low 레벨로 상호 평등하게 말을 주고받는 것이 가능하다. 이 기제는 「우산 모델」로 설명할 수 있다. 이번 장에서 언급한 구체적인 예를 축적해 보면 다음 장과 같은 수리적 처리가 가능하게 된다. 이번 장은 Duisburg 대학의 집중 강의 내용 등을 정리하여 작성하였다.

1. 도쿄 신방언 「우잣타이(うざったい)」

지금까지 전국 각지의 신방언을 조사했지만, 도쿄에서 사용하기 시작한 말투도 사실 지방에서 먼저 사용한 사례가 많이 발견됐다. 아래에서 실례를 들어 보겠다.

예전의 방언 연구에서 생각한 것은 방언에 영향을 주는 것이 사회적으로 높은 위치에 있는 표준어・공통어로 이들이 전국 각지의 방언에 영향을 끼쳐 위에서 아래쪽으로 말에 영향을 준다는 생각이었다. 하지만 아무래도 다른 것이 아닌가 라는 생각이 든다. 신방언이 각 지역으로부터 도쿄로 들어온다. 결국 뒤에서 언급하는 우산 모델(그림 13-10)을 사용해보면 다음과 같은 설명이 가능하다. 즉, 우산을 조금 기울였을 때 물방울이나 빗방울이 우산의 가장자리를 쓱 타고 내려오는 것과 같은 형태로 각 지역의 말투가 도쿄로 들어오는 것이 아닌가라고 생각한다.

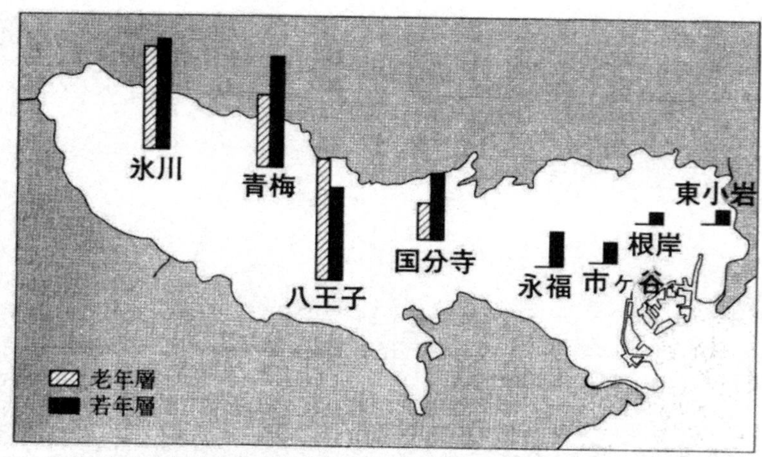

그림 12-1 「우잣타이」의 도쿄 8개 지점의 노년층과 젊은층의 사용률

「우잣타이(うざったい)」는 다마 지역에 발생한 방언이지만, 야마노테(업타운)의 젊은이를 거쳐 도쿄 도내로 들어왔다. 1983년의 오기노 씨와의 공동 조사에서 이 말을 「도쿄 신방언」이라고 이름 붙였다(그림 12-1 참조). 노년층 사용자는 다마 지구에서만 나타나지만, 젊은층의 사용은 야마노테(업타운)와 시타마치(다운타운)까지 퍼져 있었다. 2010년에는 몇몇 전자사전 항목에 이 말이 포함되고 「1980년대에 하치오지의 방언에서 퍼졌다」까지 기록되어 있다.[1]

도쿄의 신방언의 예를 하나 더 추가하면 「치가캇타(違かった)」가 있다. 이 말이 후쿠시마 현의 근처에서 발생하여 기타간토 지방을 거쳐 도쿄의 시타마치(다운타운)로 들어온 과정을 글로토그램(지리×연령)의 현장 조사로 확인할 수 있었다. 이

---

[1] 예전에 「고지엔(廣辭苑 : 일본의 유명 사전)을 노려라.」로 젊은이 말을 조어(造語)하는 움직임이 있었다. 「고시엔(甲子園 : 일본 고교야구의 개최지)을 노려라.」를 모방한 표어이다. 「할머니는 하루아침에 되지 않는다.」 등 유머 있는 말투가 주를 이루었다. 「우잣타이(うざったい)」는 그 당시 도쿄에 들어와 화자의 의식 · 의도와 상관없이 확산되어 사전에 실렸다.

후에 전국의 신방언의 예를 문헌으로 수집할 수 있었다. 이외에도 다양한 말이 있어서 이를 바탕으로 전국의 예를 사전으로 정리하고(이노우에 · 야리미즈 2002), 그 중에서도 도쿄의 신방언을 일본 지도 한 장으로 만들 수 있었다(그림 12-2). 또 후술(13장)하는 것처럼 도쿄와 교류가 많고 적음에 지배되는 것을 알 수 있었고 인구와 거리의 두 가지 요소로 인해 「중력 모델」을 적용할 수 있다는 것을 알 수 있었다.

2. 도쿄 신방언의 발전

그림 12-2의 일본 지도를 토대로 하여 도쿄의 신방언 이야기를 발전시켜 나가겠다. 출처는 N생명의 판매원을 위한 팸플릿이다. 이 팸플릿은 판매원들이 생명보험을 권유하기 위해 전국을 돌기도 하고, 도시의 경우에는 지방 출신들도 많기 때문에, 방언 지도를 보여주면 지방 사람들도 기뻐하지 않을까 해서 만들어졌다는 비화가 있다. 이 팸플릿에는 과자 만들기에 대한 힌트나 식물 재배 방법 등의 내용에 방언이 포함되어 있다.

이 지도는 N생명이 부탁한 회사에서 만든 것으로 「사전 <새로운 일본어>」(이노우에 · 야리미즈 2002)를 보고, 지방에서 도쿄로 들어온 신방언을 지도로 만든 것이다. 동그라미로 표시한 것은 해당 방언의 발생지를 나타낸다. 중요한 말투만 지도에 넣었지만, 지도를 좀 더 완벽하게 만들고 싶어서 다시 자료를 읽고, 지방에서 도쿄로 들어온 말투를 지도 속에 전부 포함시켰다.

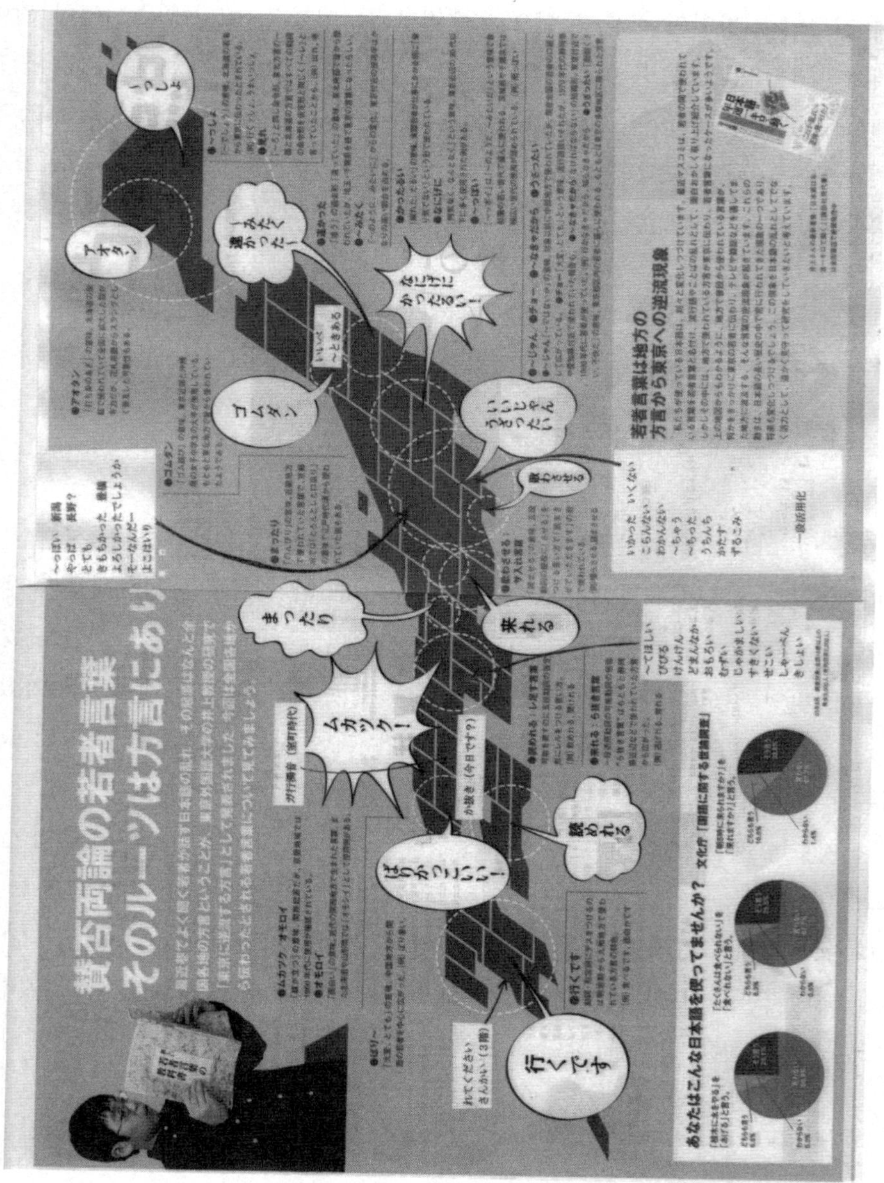

그림 12-2 도쿄 신방언 전국 지도

태평양 쪽과 일본해(역자주 : 한국의 동해) 쪽에도 여러 단어가 적혀 있지만, 대체로 츄부 지방과 도카이 지방, 긴키 지방에서 들어왔다고 생각되는 신방언을 화살표로 연결해 작성하였다. 원래는 미야기 현에서 들어온 말투는 3개, 시즈오카 현에서 들어온 말투는 10개와 같이 현별로 표시를 하고 싶었지만, 지도화하는 작업이 번거로워 이를 줄여서 나중에 엑셀 데이터로 만들었다(이 책 13장).

이 지도 안의 말풍선 속을 살펴 보겠다.「미타쿠(みたく)」,「치가캇타(ちがかった)」「고무단(ゴムだん)」「나니게니(何氣に)」,「갓타루이(かったるい)」,「이이잔(いいじゃん)」,「우잣타이(うざったい)」 등이 쓰여 있지만, 이런 말은 지방에서 발생해 도쿄로 들어온 것이다.

그 중에서 시즈오카 현의「우타와사세루(歌わさせる)」의 해설이 태평양 쪽에 씌어 있다.「사 첨가넣기 말(さ入れことば)」로,「우타와사세루(歌わさせる)」는「우타와세루(歌わせる)」의 의미이며, 5단 동사의 사역형으로「사세루(させる)」를 붙인 말투이다. 이것은「요마(사)세루(讀ま(さ)せる)」와「요마(사)세테이타다키마스(讀ま(さ)せていただきます)」의 말투로도 사용되고 있다.

그리고 고치 현에「요메레루(讀めれる)」라고 쓰여 있는 말은「레 첨가 어형말(れ足すことば)」이라고 불리고 있다(제5절 참조). 이 말은 가능의 표현을 나타내는 5단 동사의 가정형으로「레루(れる)」를 붙이는 말투로「요메레루(讀めれる)」 또는「기케레루(聞けれる)」라고 한다. 이들은「라 탈락 어형(ら抜きことば)」가 발전한 말투이다(이노우에 2003.7.).

이것으로 보아 신방언은 츄부 지방이나 북간토, 긴키 지방에서 도쿄에 들어온 말이 많다. 그것보다 더 먼 곳에서 들어온 말은 찾는 데 고생한다. 홋카이도에서「아오탄(あおたん)」이 들어왔고,「이잇쇼(いいっしょ)」,「이쿳쇼(行くっしょ)」라는 말이 최근에 홋카이도에서 치바 현으로 들어와, 치바현 기미츠를 거쳐 도쿄로 퍼지고 있다(이 책 11장 8절).

3. 규슈에서 온 신방언

규슈 각지에서 독자적인 신방언의 일부가 보고되고 있지만 도쿄로 들어오는 것은 드물다. 처음부터 그림 12-2의 지도에 포함시켰던 것은 「이쿠데스(行くです)」라는 말투이다. 형용사에 「데스(です)」를 붙이는 말투는 도쿄에서는 제2차 세계대전 이전부터 있었다고 알려져 있지만, 올바른 일본어는 아니었다. 제2차 세계대전 이후가 되어서야 이 말이 허용되었다. 「우츠쿠시이데스(美しいです)」라는 말에 대해 규슈 사람은 이 말을 인정하는 경향이 있다. 하지만 도쿄의 야마노테(업타운)의 노인들은 이 말을 올바른 말투라고 생각하지 않고, 「우츠쿠시이데스(美しいです)」를 인정하지 않았다. 지금은 「형용사+데스(です)」가 허용되었다.

그러나 동사까지 「데스(です)」가 확산되어 「이쿠데스(行くです)」라고 말하게 되는 것은 좀 더 있어야 할 것이다. 규슈에서는 앞서서 「이쿠데스(行くです)」를 사용하는 경우가 있다(이 책 16장 2절 참조). 방언 조사에 따르면, 앞선 세대까지 이 표현이 사용되고 있었기 때문에 좌담회 기사 등에서도 이 표현을 찾아 볼 수 있다. 문법적인 단순화와 연결되기 때문에 아마 앞으로도 더 퍼지지 않을까라고 생각한다(이노우에 1998.1.). 「야마데스(山です)」, 「가와데스(川です)」처럼 명사에는 「데스(です)」가 붙는다. 「우츠쿠시이데스(美しいです)」나 「이이데스(いいです)」처럼 형용사에도 「데스(です)」가 붙게 되었다. 이렇게 되면 동사에도 이것이 적용되지 않을까라고 생각했지만, 이것은 100년 후 정도라고 생각했었다. 필자가 살아있는 동안은 퍼지지 않을 것이라고 생각했다. 그러나 후술하는 제16장 2절과 같이, 「데스(です)」가 변한 「읏스(っす)」에서는 명사・형용사 이외에 동사에도 「데스(です)」가 붙게 되었다.

그 다음으로 규슈에 추가로 기입한 것은 「레테쿠다사이(れてください)」이다. 「고노가미니카카레테쿠다사이(この紙に書かれてください)」와 같은 말투로 본격적인 보고는 오이타 현의 예였다(히다카 1996b). 오이타 현의 방언 학자가 병원에서 듣고

이 말이 서서히 퍼져나가고 있다고 말했다. 규슈 북부에서는 1975년대(쇼와 50년대)에 들었다는 보고가 있다(오카노 노부코 사신). 덕분에 어디에서 이 말의 전파가 더 빨랐는지가 어느 정도 짐작이 간다. 최근에는 도쿄에서도 이 말을 들을 수 있게 되었다(이노우에 1999.5.).

그리고 「산가이(三階)」를 탁하지 않게 「산카이(三階)」라고 하는 말투도, 규슈가 처음이었다. 「잇카이, 니카이, 산가이, 욘카이, 고카이, 롯카이, 나나카이, 하치카이, 규카이(いっかい, にかい, さんがい, よんかい, ごかい, ろっかい, ななかい, はちかい, きゅうかい)」라고 하는 것이 현재의 바른 일본어다. 꼼꼼한 규큐 화자는 잇카이(1층), 니카이(2층)와 욘카이(4층) 이상이 「카이」로 발음하기 때문에 산가이(3층)도 「카이」로 통일시켰다. 모두가 「카이(かい)」로 괜찮다고 했기 때문에 단순화한 것이다. 본래는 「응(ん)」이 붙는 수사 뒤에는 연탁이 일어나고, 산본(サンボン), 산벤(サンベン), 산겐(サンゲン)(三本, 三辺, 三軒)처럼 탁음이 된 것이다. 도쿄 부근에서 「산카이(さんかい)」가 확산되고 있다는 것은 알고 있었지만, 문화청에서 전국 조사를 실시한 덕분에 지역 차이를 알 수 있었다(문화청 국어과 1998). 압도적으로 규슈에서의 사용률이 높았기 때문에 규슈 사람이 이 형태를 퍼트렸다고 생각한다.

그림 12-2의 지도를 본 느낌은 도쿄와 교류가 많은 현에서 들어온 신방언이 많다는 것이다. 규슈는 거리도 멀고, 규슈 사람들이 도쿄에 올 빈도수도 적기 때문에 필자의 이론으로는 규슈에서 들어온 신방언의 수가 적은 편이 낫다. 이외에도 분명히 규슈 기원의 신방언이 있지만 그 수는 적을 것이다. 그러나 3개 정도가 발견되었기 때문에 조금 더 발견될 가능성이 있다.

다만 규슈에서는 반대의 현상이 있어 규슈 사람이 표준어라고 생각하며 사용하고 있지만 실제로 도쿄에서는 사용되지 않는 것이 있다. 이를 「지방 공통어」라고 한다. 예를 들어 「요마나이데시타(読まないでした)」와 「이카나이데시타(行かないでした)」의 「나이데시타(ないでした)」라는 말을 가고시마에서 사용하는 것이 화제가 되었다(기베 1995). 아이와 함께 도쿄에서 가고시마로 이사한 어머니가 자녀의 초등학교 선생님이 이상한 말을 사용하고 있다고 투서한 것이다. 「이카나이데시타(行かないでした)」라고 초등학교 교사가 말하지만, 이것은 표준어가 아니라고 쓴 것이다. 그랬더니 그 투서에 대한 반론으로 「가고시마에서는 이것이 당연한 말투다. 도쿄에서 온 사람이 불평하지 마라.」라는 논쟁이 있었다고 한다. 하지만 수도권에서는 「이카나이데시타(行かないでした)」라고는 말하지 않는다. 이후에 문화청의 여론조사(1997)에서 이것이 다루어져 가고시마 현과 도야마 현에서 이 말의 사용이 많은 것을 알 수 있었다.

이것은 「이쿠데스(行くです)」와 관련이 있는데, 규슈 사람은 「데스(です)」의 형태를 메이지 시대 초기부터 채용하고 있었던 것 같다. 규슈 사람이 「데스(です)」라는 말투를 도쿄보다 일찍 발달시킨 것 같다. 이제 그 움직임이 도쿄로 들어갈 것으로 보고 있다.

4. 라 탈락 말(ら抜きことば)

라 탈락 어형(ら抜きことば)에 대해서는 아주 예전부터 다양한 자료가 있는데, 이를 통해 보면 100여년 전에 도카이 지방에서 라 탈락 어형(ら抜きことば)이 생겨났다는 것을 알 수 있다(이노우에 1998.1.). 또 도쿄에서는 라 탈락 어형(ら抜きことば)이 쇼와 초기에 사용되기 시작했다는 것이 보고되고 있다. 구어의 세계에서 사용률이 높아진 것도 알려져 있다(그림 12-3).

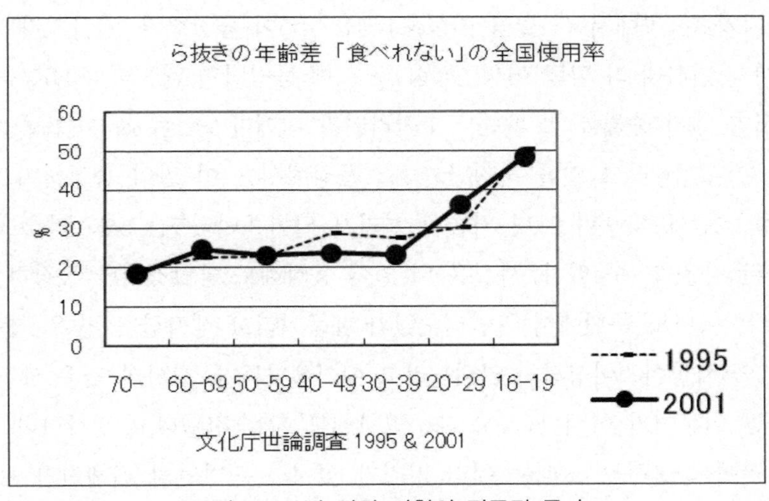

그림 12-3 라 탈락 어형의 전국적 증가

지금은 라 탈락(ら抜き) 가사를 이용한 노래도 있다. 하마사키 아유미, 가하라 토모미, Max가 노래한 것이다. 인터넷의 가사 검색 서비스인 kashinavi로 이것이 간단하게 검색되기 때문에 살펴보았더니 라 탈락 어형(ら抜きことば)을 이용한 노래 가사가 큰 폭으로 증가한 것을 확인할 수 있었다. 드디어 노래에서도 라 탈락 어형(ら抜きことば)이 등장하게 된 것이다. 노래에 리듬이 있기 때문에 이런 것이 더 나온 것은 아닐까? 젊은 사람이 연주하면서 부르기에 편한 형태, 스스로 가사를 쓰고 자신이 멜로디를 붙이기 때문에 등장한 것이다. 리듬에 맞기 때문에 라 탈락 어형(ら抜きことば)을 선택할 수 있다. 5.7.7 음조로 만드는 것이다. 아마 미레루(見れる), 이레루(居れる) 등의 라 탈락 어형을 사용하고 있는 사람이기 때문에 자연스럽게 나오는 것이다. 조금 나이가 든 사람들이면서, 라 탈락 어형을 사용하지 않는 사람이라면 그런 말이 머리에 떠오르지 않을 것이다.

지금은 노래만 봤는데, 문장의 어떤 분야에서 라 탈락 어형이 진출했는지를 살펴보면 확실히 설명할 수 있다. 주의력이 미치지 않는 곳에서부터 라 탈락 어형(ら抜きことば)이 출발한 것이다. 개인 에세이 등이다. 신문으로 말하면 지방지의 젊은 기자가 쓴 곳에서 라 탈락 어형(ら抜きことば)이 등장한다. 전국지가 되면 데스크에서 확인하니 라 탈락 어형(ら抜きことば)이 등장하지 않는다. NHK 등에서도 아나운서가 현지 중계를 할 때는, 「고치라카라 미레마스(こちらから見れます, 이쪽에서 볼 수 있습니다)」라고 말을 하지만, 뉴스 문장에서는 이 말이 등장하지 않는다.

그러한 흐름에 맞추다 보니 지금의 시기가 되어 「미레루(見れる)」가 노래에 등장하게 된 것을 알 수 있다. 사실은 더 일찍 등장해도 좋았겠지만 등장하지 않았다. 그것은 아마도 주변에서 확인해주었기 때문이라고 생각한다. 젊은 가수가 노래할 때 옆 사람이 「이상하지 않니?」라고 애기했다든가, 회사의 높은 사람이 「이것은 바른 일본어가 아니다」라고 해주었기 때문에 수정됐다고 생각한다. 이외에도 신방언이 등장하는 노래는 여러 가지가 있지만 신방언의 전체적인 보급률이 높아지면 문장에 등장하거나 책에도 등장한다.

학술 논문, 일본어 학자가 쓴 학술 논문에서는 아직까지 라 탈락 어형의 예를 보지 못했다. 그러나 학회 발표에서 구두로 말하는 사람은 있다. 역시 주의력의 문제이다. 하지만 지금은 발견되지 않을까? 학술지는 심사위원의 체크가 심하기 때문에 나중이나 되어야 가능할 것이다.[2]

또한 「국회 회의록」이 인터넷에 공개되어 방대한 구어 데이터의 분석이 가능하게 되었지만, 국회 속기록에서는 라 탈락 어형을 올바른 일본어로 정정해서 싣고 있다고 한다(마츠다 2008). 이 점에 대해서는 「국회 회의록」이 충실한 문자화 자료라고 말할 수 없다.

[2] 나온다고 한다면 다른 분야일 수도 있다. 기네스북과 같은 것이지만 누가 최초로 사용했는지. 일부러 논문에 사용해보면 어떨지. 심사위원이 알아채는지 못하는지.

5. 레 첨가 어형(れ足すことば)

5.1. 레 첨가 어형의 전국 분포

라 탈락 어형이 발전된 현상이 있다. 「레 첨가 어형」로 불리는 것으로(아오야마 1986) 그림 12-4 「노메레루(飮めれる)」의 전국 중학생 분포에 해당한다. 이것은 외국인은 외울 필요가 없고, 일본어 교사도 가르칠 필요가 없다. 그러나 젊은 사람들 사이에서 꾸준히 확산되고 있다. 그림 12-4에서 알 수 있듯이 츄부 지방에서 상당수의 중학생이 「요메레루(讀めれる)」나 「노메레루(飮めれる)」라고 말하게 되었다. 도쿄에서도 이 말이 지금 퍼지고 있다고 생각한다.

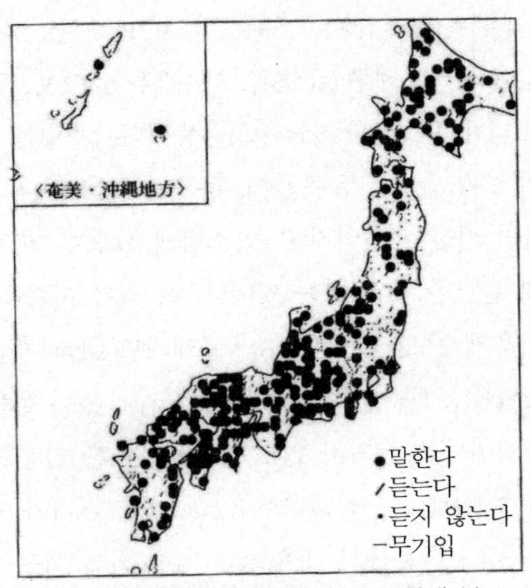

그림 12-4 레 첨가 어형의 전국 중학생 분포

5단 활용 동사의 가능 표현은 「노메루(飮める)」로 충분할 터인데, 「노메루(飮める)」에 「레(れ)」를 붙여 「노메레루(飮めれる)」라고 하고 있다. 이것은 「라 탈락 어형」 덕분이다. 「라 탈락 어형」이 선행하여 철저히 사용되고 있는 지방에서는 일단 동사의 가능형이 모두 「레루(れる)」로 끝나게 된다. 「데라레루(出られる)」가 「데레루(出れる)」, 「기라레루(着られる)」가 「기레루(着れる)」, 「미라레루(見られる)」가 「미레루(見れる)」가 되었다. 또한 다수의 라(ラ)행 5단 동사도 가능형은 「레루(れる)」로 끝난다. 그렇게 되면 가능형은 「레루(れる)」로 끝나는 일이 많다는 인상을 받게 된다. 그래서 「노무(飲む)」에 대해서도 「노메루(飲める)」로 충분한데, 「노메레루(飲めれる)」라고 하는 불필요한 「레(れ)」를 붙이기 시작한 것이다. 이것은 언어의 경제성에 근거한 단순화에 대한 설명이다.

또 하나의 발생 이유가 있다. 명확(명석)화에 따른 설명이지만, 이것도 언어의 경제성에 근거한다. 가능 동사의 발생에 따라 자동사・타동사의 구분이 헷갈린 경우가 생겨났지만 레 첨가 어형 덕분에 오해를 사전에 막을 수 있다. 헷갈리는 예는 「가나구가 도레루(金具が取れる)」, 「곳소리 치카즈케루(こっそり近づける)」, 「가와가 무케루(皮がむける)」, 「하게루(はげる)」, 「모게루(もげる)」, 「하가 누케나이(歯が抜けない)」, 「센오 츠나게나이(線をつなげない)」 등이다. (그렇게 할 수 있다는 의미의 「도루(取る), 치카즈쿠(近づく), 무쿠(むく), 하구(はぐ), 모구(もぐ), 누쿠(抜く), 츠나구(つなぐ)」에 근거함.) 가능 표현인지 (자연스럽게 그렇게 된다는 의미의) 자동사인지[3] 문맥으로밖에 판단할 수 없다는 것이다. 레 첨가 어형을 채용하여 「도레레루(取れれる)」, 「치카즈케레루(近づけれる)」, 「무케레루(むけれる)」, 「하게레루(はげれる)」, 「모게레루(もげれる)」, 「누케레나이(抜けれない)」, 「츠나게레나이(つなげれない)」라고 하면, 가능의 의미가 혼동되지 않고 통한다. 또한 가능형의 오래된 말투는 수동형과 「도라레루(取られる), 누카레나이(抜かれない), 츠나가레나이(つながれない)」와 같기 때문에 자동사・타동사의 대응(루(る)/ 레루(れる))과는 혼동되지 않았다.

「레(れ) 첨가 말」이 확산되면 일본어를 외우기가 편해진다. 가능형의 말투는 5단 동사도 일단 동사에 모두 「레(れ)」를 붙이면 되기 때문이다. 그래서 향후 100

---

[3] 「近づける(치카츠케루)」는 타동사.

년 후에는 「요메레루(讀めれる)」가 증가하지 않을까 싶다. 1980년대에 도쿄의 어린이들 사이에서 이 말을 사용하는 사람이 있다는 이야기를 듣고 조사 항목에 넣은 적이 있었는데, 그 때에는 도쿄 어린이가 잘못 기억한 것이라고 생각했다. 그런데 이후 중학생 사이에서 이 말이 퍼졌다.

어느 TV 프로그램에서 이런 것을 방영했다. 도쿄의 치과에서 몰래 촬영을 한 것이다. 치과 의사 및 접수 받는 여성이 「레루(れる)」를 사용하는 것이 방영되었다. 아마 취재반과 협의 하에 치과 의사가 사용하는 것을 보고한 것일 것이다. 그래서 치과 의사에게는 「목적은 나중에 설명하겠으니 진료 장면을 녹화하고 싶다.」라고 말하고 녹화한 것일 것이다. 그리고 「레(れ) 첨가 어형」의 장면만을 골라서 방영한 것 같다는 생각이 든다. 확실히 이 말을 사용하는 사람이 있다는 것을 찾아낸 것이다. 필자도 다른 곳에서 이 말을 들은 적이 있다. 이런 식으로 도쿄에서도 이 말이 확산되고 있는 것이다.

이후에 「방언 문법 전국 지도」가 나왔고, 이를 통해 전국의 노년층의 방언 사용 상황을 알 수 있었다. 그림 12-5 점이 찍혀 있는 지역에서 노년층이 이 표현을 사용했던 것을 알 수 있었다. 의외였지만 이 표현은 100년 전에 태어난 사람의 말로 시즈오카 현 부근과 고치 현, 오카야마 현과 오이타 현과 같이 띄엄띄엄 떨어진 지역에서 사용되고 있었다. 아마 도쿄에 들어간 것은 시즈오카 현 근처의 말투라고 생각한다. 이 근처는 라(ら) 빼기 어형의 최초의 보고가 있었던 땅이고, 예전에 「가스(貸す)」를 「가세루(貸せる)」, 「가리루(借りる)」를 「가리레루(借れる)」라고 말하기도 하고 동사의 활용을 새롭게 체계화하려는 움직임이 있었던 지역에 해당하기도 한다.

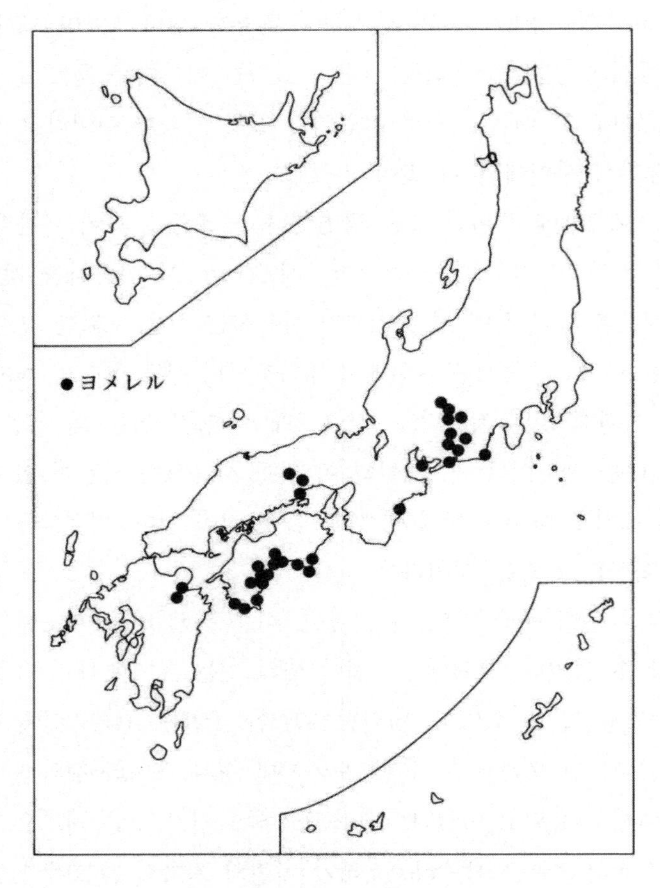

그림 12-5「요메레루」 전국의 노년층 분포

고대 이후에 동사에 r이 붙는 말은 자발의 의미와 연결되며 동사에 s가 붙는 말은 사역의 의미와 결부되는 경향이 있었다. 문법론에서는 품사로 나눈 다음, 자동사와 타동사로 나누거나, 수동(자발 · 존경 · 가능)과 사역의 조동사로 분석하기도 하지만, 방언 화자의 머릿속에서는 거기까지 분석하지 않기 때문에 알기 쉽고 사용하기 편한 말투를 독자적으로 만들어 낼 수 있었던 것이다.

5.2. 도쿄도 구내의 지역 차이

도쿄의 れ(레) 첨가 말의 최초 보고가 하치오지로, 이곳이 도쿄의 서쪽이었다는 것도 관계가 있지만, 도쿄 안으로 들어온 신방언의 지역 차이를 살펴보면, 도쿄의 도 구내에서도 지역 차이가 있다. 업타운(야마노테)과 변두리(시타마치)에서는 젊은 사람의 말에 차이가 있고, 업타운(야마노테)의 젊은 사람은 츄부 지방에서 생겨난 말투나 하치오지 근처에서 생겨난 표현을 받아들인다. 그에 비해 도쿄 변두리의 젊은 사람은 기타간토(북관동)에서 생겨난 말투, 후쿠시마 현이라든가 이바라키 현에서 생겨난 말투를 재빨리 채택하는 것이다.

어느 날 전철 안에서 학생들과 이야기를 하고 있었는데, 「치가캇타(違かった)」라고 말했다. 「치가캇타(違かった)」는 후쿠시마 현에서 생겨나 기타칸토에서 들어왔지만, 변두리에서 많이 사용한다. 그리고 이 말을 한 사람에게 「출신이 변두리(시타마치)죠?」라고 말하면, 「네」라고 말했기 때문에 「맞다.」라고 생각했다. 저녁에 대학에서 돌아올 때, 그 학생들과 함께 변두리(시타마치) 방향으로 가는 전철을 탔으니까 「이 전철을 타고 있으니 변두리에 살고 있는 것이겠지?」라고 말해도 맞는 것일 것이다. 바보처럼 말투만 가지고 맞았다고 생각하며 기뻐했다. 어찌되었건 「치가캇타(違かった)」라는 말은 후쿠시마 현에서 생겨나, 이바라키 현과 도치기 현으로부터 변두리로 들어왔다. 그 후에 업타운(야마노테)으로 퍼져 왔던 것이다.

대학의 선택도 도쿄 안에서 차이가 있다. 도쿄의 서쪽 편에 있는 대학이라고 하면, 요코하마・가나가와에서 통학할 수 있는데, 치바에서 다니는 경우는 별로 없는 것 같다. 그리고 치바에 대학이 있으면, 하치오지에서 치바에 있는 대학에 다니는 사람은 적고, 이바라키라든가 치바 또는 도치기 등에서 다니는 사람이 많다. 도쿄의 치요다구 근처 또는 게이힌 도호쿠 선을 경계로 사람의 움직임이 나뉘는 것 같다. 「요메레루(読めれる)」의 보고도 도쿄보다 서쪽이 발상지이므로 도쿄의 젊은 사람들 중에서도 서쪽의 사람들이 이 말을 사용하는 것이다.

5.3. 상황 가능과 능력 가능

또한 서일본 각 지역과 도호쿠 지방 등에서는 상황 가능과 능력 가능을 구분하여 사용할 수 있어, 「노메레루(飲めれる)」와 「노메루(飲める)」를 구별한다. 「고노 규뉴와 구삿테이루카라 노메레나이(この牛乳は腐っているから飲めれない, 이 우유는 썩었기 때문에 마실 수 없다)」와 「와타시와 이치도니 규뉴 이치릿토루와 노메나이(私は一度に牛乳 1リットルは飲めない, 나는 한 번에 우유 1리터는 마실 수 없다.)」와 같은 구분이다. 상황 가능과 능력 가능은 「고노 규뉴와 구삿테이루카라(この牛乳は腐っているから, 이 우유는 썩었기 때문에)」라는 상황이며 「이치도니 규뉴 이치릿토루와(一度に牛乳 1リットルは, 나는 한 번에 우유 1리터는)」이란 능력이다. 일본의 북쪽과 남쪽에서는 이 둘의 구분이 있으며 일본어로는 새로운 구별이 발생했다.

원래 두 가지 말이 있다면 어떻게든지 이 둘을 구별하려는 움직임이 있다. 다음 6절에서 다루는 「아메가 훗타라(雨が降ったら, 비가 오면)」와 「아메가 후레바(雨が降れば, 비가 오면)」도 두 가지 말투가 있는 이상 둘 사이에 차이가 있을 것이라고 구분 짓는다. 또한 예를 들어 단어지만 고가타(작은 칼)와 나이프(나이프)를 구별한다. 고가타(작은 칼)라고 말했지만 나이프라는 말이 들어오면서 이 말을 구별하려고 하여 서양풍은 「나이프」로, 일본풍은 「고가타」로 구별하는 것이다. 규뉴(우유)와 미루쿠(우유)는 다른 것으로 취급한다. 또한 부도슈(포도주)와 와인(포도주)은 다르다고 한다. 부도슈(포도주)는 자신의 집에서 담근 것에 대해서도 말할 수 있지만, 와인(포도주)은 팔고 있는 것을 의미한다. 자신의 집에서 와인(포도주)을 만드는 것은 조금 이상하다. 전문점에서 팔고 있는 것은 결코 부도슈(포도주)가 아니다. 레스토랑에서 「부도슈(포도주) 1병 주세요.」라고는 말하지 않는다.

이러한 종류로 「미라레루(見られる)」, 「미레루(見れる)」, 「요메레루(讀めれる)」, 「요메루(讀める)」 양쪽을 사용하면 「미라레루(見られる)」, 「요메레루(讀めれる)」는 상황 가능의 쪽이며, 능력 가능・상황 가능의 구별을 새로이 발생시켰을 가능성도 있다. 우선 「요메레루(読めれる)」라는 말투, 「레(れ) 첨가 말」은 지방에서 도쿄로 들어온 도쿄 신방언이다.

6. 아메가 훗타라(雨が降ったら, 비가 오면)

「아메가 훗타라(雨が降ったら, 비가 오면)」는 문법 교육과 일본어 교육과도 관련이 있기 때문에 살펴보겠다. 「아메가 후레바 후네와 데나이다로(雨が降れば、船は出ないだろう, 비가 오면 배는 출항하지 않을 것이다.)」라는 공통어를 보여주고, 이곳의 방언으로 말하면, 「후레바(降れば)」의 부분은 어떻게 말하는지를 물어본 결과가 있다. 「번역 방식」의 조사법이다. 「아메가 훗타라 후네와 데나이다로(雨が 降ったら、船は出ないだろう, 비가 오면 배는 출항하지 않을 것이다)」라고 대답한 사람은 긴키 지방에 압도적으로 많다. 도쿄 사람들은 「아메가 훗타라(雨が降ったら)」와 「아메가 후레바(雨が降れば)」 모두를 말할 가능성이 있으므로, 조금 망설이지 않을까라고 생각했다. 지도에서 보면 「훗타라(降ったら)」는 분명히 간사이 지방에서 퍼진 말투다. 최근까지 퍼지는 과정 중에 있었기 때문에 「아메가 후레바(雨が 降れば)」와 「아메가 훗타라(雨が降ったら)」의 구분하고 있다. 제대로 설명하는 사람도 있지만, 변화의 중간 단계에서 무리하게 이를 구분 지으려는 가능성도 있다. 그러나 변화가 진정되어 버리면 과도기의 설명이 없어져 버리는 것은 아닐까 생각된다.

가정 표현에 대해 석사 논문과 박사 논문을 쓴 사람이 소설에서 메이지 시대 이후의 용례를 찾아서 분석하고 있지만, 이렇게 지역 차이가 있는 것을 모른다. 필자는 표준어 분석을 할 때도 지역 차이를 고려하는 편이 좋다고 생각한다. 중학생들 사이에서 어떻게 되었는지를 살펴보면, 간사이 지방에서도 별로 사용되지 않는다. 이것은 신방언에 해당되는 것일까? 「아메가 후레바(雨が降れば)」가 표준어의 말투, 문어적인 표현이라고 한다면, 구어적 표현으로 「타라(たら)」가 확산되고 있다. 간사이 지방에서 「타라(たら)」가 확산되고 있는 것으로, 신방언의 정의 안에 넣어도 좋지 않을까 싶다. 일본어는 항상 변화하고 있다고 말할 수 있는, 적당한 예가 될 것이다.

7. 우산 모델

도쿄 신방언은 다음 그림 13-10의 「우산 모델」로 설명할 수 있다. 도쿄에 들어오면 도쿄 말은 멋있다고 받아들여지는 것으로 도쿄 말이 전국적으로 확산될 가능성이 있다. 우산 위에서 아래로 흐르는 공통어의 흐름 외에 방언끼리 또는 방언과 도쿄의 말이 수평 방향 좌우로 영향을 준다. 도쿄의 말은 특별하다는 식으로 보일 수 있지만 실제로 그렇지는 않다. 보통 구어체는 도쿄의 말도 지방의 말도 동격으로 파악할 수 있다.

도쿄의 말, 보통 말은 뉴스의 아나운서가 사용하는 것과 같이 학생들이 보고서 같은 데서 사용할 것 같은 격식 있는 말인 표준어 · 공통어와는 다르다. 도쿄에도 방언이 있다. 도쿄 사람들이 평소에 사용하는 말은 도쿄 방언이라는 것이다. 그 레벨로 말하면 도쿄와 지방의 방언이 서로 동격이라는 것이다.

대학에서도 같은 일이 있다. 예를 들어 동아리 등에서 어떠한 현의 출신자가 방언을 말하면 의외로 재미있기 때문에 그 동아리나 서클에 그 방언이 퍼진다고 한다. 특히 방언을 말하는 학생이 활발한 학생이라면 그 학생의 말이 「왠지 재밌네.」라고 말하면서 모두가 따라한다.

이것은 우산 끝 부분끼리의 상호 영향인 것이다. 「방언이라는 것은 추레하다.」라고 취급되던 것이 예전이었다면 지금은 그렇지 않다. 이런 현상을 통해 방언에도 장점이 있다는 것을 느끼고 있다.

8. 신방언 보급의 연속(年速)

8.1. 보급 연속(年速) 종합도

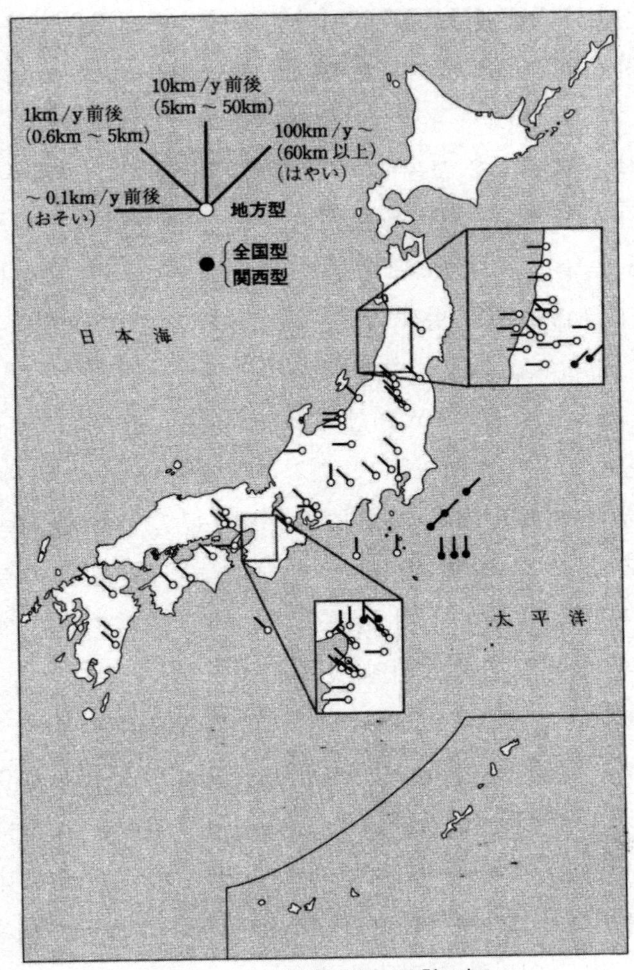

그림 12-7 신방언 연속 종합 지도

그림 12-6은 신방언의 종합 지도이다(이노우에 2003.7.). 이 지도는 현지에서 제대로 조사된 신방언이 어느 정도의 속도로 퍼졌나를 보여준다. 「밋페(みっぺ)」라는 말은 후쿠시마 현에서 퍼져 야마가타 현 근처 상당 지역의 젊은 사람들과 도치기 현에서도 일제히 퍼졌다. 그렇다면 이 말은 30년 동안 100km 또는 200km의 거리만큼 확산되었다고 볼 수 있다. 이외에도 다양한 방법을 사용하면 50년 전 자료와 비교하여 해당 방언이 지금은 몇 km 정도 확산되었는지 등을 알 수 있는 것이다.

그렇게 계산된 모든 것을 모은 것이 이 지도이다. 범례가 있지만 방언 확산 속도계라고 생각하면 좋겠다. 왼쪽을 향하고 있는 것은 속도가 느린 것으로 1년에 0.1km 미만의 속도이다. 그리고 조금 속도가 올라 비스듬히 되어있는 것은 연속(年速) 1km이다. 똑바로 위를 향하고 있는 것은 연속(年速) 10km이며 좀 더 기울어져 있는 것은 연속(年速) 100km 이상이다.

좀 더 위인 연속(年速) 1,000km 이상의 예가 있는지 생각해 보았다. 지난 해 헝가리에서 일본어 교육에 종사했을 때, 헝가리의 유학생이 오사카 외국어 대학에서 유행했던 말을 퍼트린 적이 있었다. 이런 경우를 방언의 확산 속도가 연속(年速) 10,000km라고 할 수 있을 것이다. 외국에서 누군가가 말을 퍼트리면 불똥이 튀는 형태로 해당 말의 확산이 더 빨라질 가능성이 있다. 그러나 일본 국내에서 이 정도 속도의 확산은 역시 무리일 것이다.

속도의 기울기를 대강 살펴보면, 도카이도에서는 연속(年速) 1km 정도의 각도가 많다. 일본해(역자주 : 한국의 동해) 쪽은 평평한 것이 많아 연속(年速) 0.1km 미만이 많다. 그리고 도쿄에서 북쪽도 연속(年速) 1km 정도가 많지만 이것은 철도의 연선 조사다. 철도 연선의 각 역에 내려서 조사를 하면, 말의 확산 속도가 연속(年速) 1킬로 정도로 계산된다. 일본해(역자주 : 한국의 동해) 쪽은 철도 연선이 아닌 곳도 조사하고 있다. 그리고 어쩌면 일본해(역자주 : 한국의 동해)는 서로 간의 교통이 실제로 별로 없을지도 모른다. 그것은 신칸센과 특급 노선의 운행 횟수 · 승객 수로 알 수 있다. 일본해(역자주 : 한국의 동해) 쪽을 통과하는 손님의 수는 적다. 특급의 횟수도 도카이도 신칸센과 도호쿠 신칸센에 비하면 적다. 그리고 또 하나는 일본해(역자주 : 한국의 동해) 쪽에는 지방 도시만 있을 뿐, 전체를 통틀어서 설명할 만한 사람의 흐름이 없다. 니가타 시는 니가타 현에서밖에 영향을 미치지 않으며, 도야마시는 도야마 현에서밖에 영향을 미치지 않는다고 생각한다.

8.2. 마라톤의 비유

방언 확산의 연속(年速)을 측정하는 방법에 대해서는 마라톤의 비유가 유효하다. 전체적인 속도가 어떻게 되었는지를 볼 때, 마라톤에서 몇 시에 출발해 몇 시간 후에 도착했는지처럼 2시간 걸렸는지 3시간 걸렸는지로 알 수 있는 것이다. 그러나 만약에 중간에 포기해 버리면 속도를 모르게 된다. 일본해(역자주 : 한국의 동해) 쪽도 그럴 것이다. 니가타 시에서 출발해 말의 확산이 대단히 빠른 속도로 진행되었다고 하더라도 니가타 현의 경계에서 확산이 끝나면 목표 지점까지 오지 않기 때문에 속도를 모르게 된다는 것이다. 아마 그래서 일본해(역자주 : 한국의 동해) 쪽은 확산 속도 그래프가 가로 방향으로 나타나서 속도가 느리게 보였다고 생각된다.

8.3. 연속(年速)의 측정 방법

규슈 지방에도 선이 그려져 있는데 규슈 지방의 젊은 연구자들 덕분에 넣을 수 있었다. 데이터가 동일본 쪽에만 치우쳐 있기 때문에 다른 사람의 자료를 포함했다. 규슈 지방은 이것으로 보아 일본해(역자주 : 한국의 동해) 쪽보다 확산 속도가 빠르다. 평균 연속(年速) 1km의 속도다.

이와 같은 작업을 전 세계에서 하고 싶다는 생각이 들었다. 독일 마르부르크는 방언학의 전세계 센터라고 해도 좋을 정도이다. 마르부르크에 들렀더니 그쪽에서도 같은 일을 하고 있었기 때문이다. 독일 마르크부르크는 1900년대 초의 방언 조사 자료와 20년 전의 방언 조사 자료를 비교하여 이런 현상이 얼마나 확산되었는지에 대한 지도를 작성하고 있었다. 독일 측의 사람은 80년밖에 지나지 않아서 이 정도밖에 퍼지지 않았다고 하지만, 필자가 지도를 보며 직접 측정해 보았더니, 연속(年速) 1km보다 조금 작긴 하지만 연속(年速)으로 계산해보면 0.3km 정도였다. 그래서 결국 일본의 확산 속도와 그렇게 크게 다르지는 않다고 생각했다. 다른 나라에서도 어쩌면 같을지 모르겠다. 미국은 좀 더 빠른가? 나라마다 다르다고 생각했다. 1년 동안 어느 정도 확산이 진행되는가는 그다지 생각하지 않는다. 하지만 여러 곳에서 이 작업을 해보면 재미있을 것 같다. 1년에 1km라기보다는 사실은 1세기에 100km라고 하는 단위가 훨씬 좋겠다고도 생각하지만, 그것을 확인하기 위해서는 꽤 오래 살지 않으면 안될 것 같다.

표현에 따라 속도가 다른 것도 있을 것 같다. 신방언에는 전국형과 지역형이 있고, 도쿄에서 일제히 전국으로 퍼진 말투와 지역 한정의 신방언이 있다. 「쟌(じゃん)」이라는 말은 야마나시 또는 시즈오카 근처에서 발생하여 도쿄로 들어올 때까지는 연속(年速) 1km 정도였다. 그런데 도쿄에 들어오자마자 순식간에 확산되어 규슈 지방의 중학생도 지금은 「쟌(じゃん)」이라고 한다(그림 11-3). 그래서 도쿄에서 확산되면 확산 속도가 연속(年速) 10km에서 100km 정도가 된다. 한편 지방형 신방언은 작은 지역에 천천히 퍼진다.

그리고 유행어의 퍼지는 방법도 조사했다. 유행어는 사실 연속(年速) 1,000km 이상 된다. 그러나 유행어는 1년 정도 지나면 금방 잊혀지지만, 신방언은 잊혀지지 않고 그대로 확산된다. 유행어와 신방언의 차이에 대해서는 그래프로 그린 것이 있고 다른 책에도 씌어 있다(이노우에 1985.2.).

그러한 유행어와 비슷하게 퍼지는 신방언도 있지만, 역시 대부분은 도쿄에서 퍼진다. 도쿄에서 퍼지는 것은 확산이 빠르다. 대중매체를 타게 되면 빠르지만,

대중매체도 텔레비전도 아닌 만화로 말을 기억하는 경우도 있다.

「우잣타이(うざったい)」라는 말이 좋은 예다(그림 12-1). 유쾌하지 않거나 불쾌하다는 의미로 예를 들면 「가미노케가 마에니 다레테 우잣타이(髪の毛が前に垂れてうざったい, 머리카락이 앞으로 내려와 불쾌하다.)」라든가, 그리고 지금 중학생들이 「아노코와우잣타이. 나카마하즈레니시요(あの子はうざったい。仲間はずれにしよう, 저 애는 불쾌해. 우리 쪽에 넣지 말자.)」라고 한다. 자신에게 불쾌하다는 것을 나타내는 것이다. 그래서 자살하거나 사람을 죽이거나 한다. 도쿄의 서쪽 외곽에서 도쿄의 업타운(야마노테)으로 들어올 때는 이 말의 확산 속도가 연속(年速) 1km 정도였다. 이 말은 1980년대에 확산되기 시작해 도쿄의 변두리(시타마치)까지도 퍼지고, 또한 도쿄에서 퍼질 때는 연속(年速) 100km 정도가 되었다. 이것은 초창기 만화에 등장하였다(NHK 2010).

언젠가 히로시마의 시철에서 뒤에 앉은 여고생이 그 말을 사용하고 있었기 때문에 메모를 했다. 밖을 보면서 원폭 돔의 메모를 하는 척했지만 나중에 여고생이 이야기를 그만둔 걸 보니 그 말을 듣고 메모하는 걸 들킨 것 같았다. 이후에 구마모토의 고교생은 「우잣타카(うざったか)」라고, 「카(か)」를 붙인다는 보고가 있었기 때문에 말의 확산 속도가 연속(年速) 100km 정도에서 진행된 것 같다. 유행어와 비슷한 확산 방식이라서 도쿄에서도 이 말이 빨리 퍼졌다. 단어에 따라 다르고 시대에 따라서도 다르다. 에도 시대는 이 말이 천천히 퍼졌지만, 제2차 세계대전 이후에는 빨리 퍼졌다. 지금 도쿄에서 이 말이 퍼지는 속도는 정말 빠르다.

9. 인터넷과 대면의 경제 효과

인터넷의 작용에 대해서는 필자는 다른 사람이 생각하는 것과 다르게 생각한다. 만나지 않아도, 메일이나 인터넷으로 전 세계 또는 일본 전체와 교류할 수 있

게 되었다. 그렇기 때문에 말도 빠르게 퍼질 것이라고 생각하는데 그렇지 않다. 인터넷이나 전자메일을 주고받는 상대는 실제로 아는 사람이 많다. 일본의 경우 휴대전화가 보급되었지만, 어떤 사람이 조사해보니 휴대전화로 자주 이야기하는 상대는 항상 만나는 상대와 일치했다. 휴대전화라든가 전자메일의 보급으로 멀리 있는 사람과의 상호 작용이 증가하였는지를 본다면, 실제로는 그다지 차이가 없다. 인터넷이나 휴대전화로 메시지를 주고받는 상대도 이를테면 항상 만나는 사람이 많다. 항상 만나는 사람 사이에서 말이 퍼진다. 예를 들어 도쿄 사람이 「우잣타이(うざったい)」를 메일에서 사용하여 규슈 지방의 누군가에게 이 말을 전할지도 모른다. 그 사람이 학교의 자기 반에서 사용할지도 모른다. 그러나 그 사람이 반에서 인기가 없으면, 그 사람이 「우잣타이(うざったい)」를 사용해도 그 반에서 퍼지지 않는다. 그렇기 때문에 인터넷 등과 같이 전자적인 교류가 아무리 늘어난다고 해도 역시 실제로 만나는 쪽이 말의 확산에 영향을 준다는 것이 필자의 생각이다.

그러나 보통 사람들은 달리 이야기한다. 인터넷이 보급되었기 때문에 멀리 있는 사람과 교류가 가능하게 되었다고 한다. 옛날부터 원거리 통화는 가능했었지만, 전화 요금이 비쌌다. 그런데 전화로 언제나 이야기할 수 있게 되었기 때문에 일본 속의 말이 균일하게 되었다고는 말하지 않는 것 같다. 텔레비전의 영향은 있는 것 같지만 그것은 제대로 조사하지 않으면 안 된다. 사소한 문제지만 필자는 언어적 영향력을 발휘하기 위해서는 얼굴을 맞대는 것이 중요하다고 생각하고 있다.

광고에서 어떤 아줌마가 나와 「아타시모 고레 츠카우테만넨(あたしもこれ使うてまんねん, 나도 이거 사용하고 있고만요 - 방언형 말투)」라고 말하면, 예쁜 여배우가 말하는 것보다 효과가 있다는 이야기가 있다. 「저런 예쁜 사람이 나와도 상관없다. 그러나 옆의 아줌마가 좋다고 하니까 반드시 좋은 것임에 틀림없다.」라고 한다. 그리고 친구가 예를 들면, 「그 선생님의 수업이 재미있어.」라고 하면 수강하고, 「이

것은 편리하다.」라고 말하면 「그럼 사 보자.」라고 하는 마음이 생긴다. 텔레비전 광고에서 「이것이 편리하다.」라고 해도 별로 효과가 없다는 연구가 있는데 그것과 말도 마찬가지다.

텔레비전에 나왔다든가, 메일링 리스트에서 말을 소개해도 그다지 효과가 없다. 그러나 눈앞에서 조금 사용해 보여주면, 「그 사람이 이러한 장면에서 사용했더니 재미있었다. 그럼 나도 사용해 봐야지.」하며 사용해 볼 수 있는 것 같다. 대면 커뮤니케이션의 영향력이 있다는 것이다. 실제로 얼굴을 맞대면 상당히 다르다. 그리고 아마 누구라도 똑같다고 생각하겠지만, 무언가를 부탁할 때, 어떤 수업을 함께 들은 사람에게는 전화나 메일로 「저기 설문 좀 부탁해도 될까요?」라고 말할 수 있을 것이다. 그러나 아마 명단만 본 것이라면, 여러 가지 자기소개를 적으며 이렇게 중요한 것이고 박사 논문을 위해서라고 설명하고 나서야 설문에 겨우 대답해 준다고 생각한다.

정리해 보자. 거리・경제라는 테마로 보면 심리적 거리를 줄이기 위해서는 대면이 유효하다는 것이다. 돈과 연관해서 생각할 수도 있을 것이다. 돈과 시간을 들여 어떤 사람을 만나도 그것으로 대인 거리를 좁힐 수 있다면 지불한 돈에 걸맞는 효과가 있는 것이다. 앞으로 「그 때 만났다.」라는 것으로 말이 통해 어떤 부탁을 하기 쉬운 경우가 있다. 결국 신방언의 전파에도 경제가 영향을 미친다고 말할 수 있을 것이다.

13 도쿄 신방언의 중력 모델

❖ 이번 장에서는 단순화한 중력 모델을 신방언에 적용하는 것이 가능하다는 것을 논하겠다. 중력 모델은 깔끔하게 맞아 떨어지지 않는다는 비판도 있지만, 진행 중인 언어 변화, 특히 많은 어휘 현상에 적용할 경우에는 딱 맞아 떨어진다. 또한 중력 모델과 같은 계량적 방법은 개별 현상에 적용하면 교란 요인이 강력하게 작용할 수 있지만, 많은 현상에 적용하면 대부분의 법칙이 작용하기 때문에 큰 경향을 파악할 수 있다. 진행 중의 언어 변화로서 도쿄 신방언의 예를 다수 분석할 수 있었기 때문에 이 이론도 설득력이 높아졌다.
일본에서는 신방언, 즉 진행 중인 언어 변화(어휘・문법의 변화)가 지금 다시 생겨나 퍼지고 있다. 도쿄의 젊은 세대에게 도입된 신방언을 「도쿄 신방언」으로 명명했다. 그 지리적 분포에 대해서 데이터베이스를 만들고 「현의 대응(correspondence) 분석」 등으로 분석했다. 도쿄 신방언의 현별 사용률은 지리적 거리와 반비례 관계로 나타낸다. 즉 지리적 근접 효과가 작용한다. 그러나 오사카 부근 사용률의 높이가 나타내는 것처럼 인구도 사용률과 관계가 있다. 이들 두 요소는 지리적 분포를 설명하는 데에는 단순화한 「중력 모델」(인구/거리)이 더 적합하다는 것을 시사한다.

1. 중력 모델이란

1.1. 중력 모델과 방언 주권(周圈)론

이번 장에서는 눈앞에서 진행 중인 언어 변화, 게다가 어휘를 주체로 한 변화에 중력 모델을 적용하여 진실 여부를 확인한다. 대도시 간의 말에 관련해서(말 이외에 대해서도) 중간 지역을 뛰어 넘어 영향을 주는 것은 자주 관찰되고 있다. 국토 전체의 전파에 소위 방언 주권론이 진짜더라도 그 중간 단계가 항상 하나의 문화 중심지에서 「땅을 기는 것 같은 전파」가 아니라, 「불똥과 같은 전파」, 「이중 주권론」을 포함한다. 그것은 방언 연구에서 주장되고 있는 상식이었다. 단 별도의 현상에 대해 지적되는 경우가 있어 모든 항목에 항상 들어맞는 것은 아니다. 「불똥」의 가치와 인구 규모의 기여에 대해서는 찬반 논쟁이 있었다. 지리적 전파에 지리적 거리 이외에 인구를 고려하는 것이 중력 모델의 발상이지만, 이 모델의 성립 여부에 대해서 파악하는 방법은 두 가지가 있다.

첫째로 각 지역 방언의 영향력을 보는데, 여기에는 뉴턴의 만유인력 법칙과 흡사한 견해가 있다.

「인력(引力)은 질량의 곱에 비례하고 거리의 제곱에 반비례한다.」라고 생각하는 것이다. 이 중력 모델에 의하면 무거운 것은 인력이 크다. 지리학에서는 인간과 물자의 이동이 도시 인구의 곱에 비례하고, 거리(의 제곱)에 반비례한다고 생각한다. 이러한 발상에 의하면 어떤 산속의 작은 마을의 말에 영향을 주는 힘은 바로 옆의 작은 마을과 약간 떨어진 지방 도시와 멀리 떨어진 대도시가 거의 동일하다는 것이 된다.

다만 천체와 인문 현상은 다르고 현실을 설명하려고 하면 거리 측정 방법은 간단하지 않다. 직선거리가 아니라 교통망(도로, 철도)의 운임, 소요 시간, 대기 시간도 포함(빈번한 운행인지의 여부) 등 다양한 산정 방법이 있다. 이렇게 생각해보면 대도시 간에는 다양한 교통수단을 갖추고 있고, 단시간에 왕래할 수 있다는 것도 고려해야 한다. 말・방언의 전파도 대도시에서는 쉽게 멀리까지 도달한다고 생각할 수 있다. 더욱이 천체와 달리 화자가 사는 도시와 마을은 고립되어 있지 않다. 전체적인 네트워크가 있다. 도쿄 부근의 수도권(간사이권)은 개별 도시로 보는 것보다 전체로 가지는 힘이 더 크다. 지방형・도쿄형의 전파 속도 차이는 현실의 교통수단, 왕래 차이의 반영이라고 봐도 좋다.

중력 모델에 따르면 상호교섭이 많은 장소 간에는 말이 전해지기 쉽다. 또 중력 모델은 도달 시간과도 관련이 있다. 방언이 활발히 사용되었던 시절, 즉 제2차 세계대전 이전을 생각해보면 당시의 교통수단으로는 철도, 버스, 도보가 주된 것이었다. 대도시끼리의 왕래라면 반나절(6시간) 정도로 멀리까지 도달할 수 있었다. 이 정도만으로 일본 지도에 기록할 정도의 거리를 이동할 수 있었다. 하지만 도시에서 시골로 가는 교통은 버스 편을 활용해도 반나절 동안 매우 좁은 범위밖에 이동할 수 없고, 일본 지도로 표시하기 어려울 정도의 거리였다. 방언의 전파 방법에도 비슷한 기제가 작용했을 가능성이 있다. 대도시에서 다른 도시로는 빨리 퍼진다. 그러나 지방 도시에서 교외로는 천천히 퍼진다.

또 지방형 신방언은 에도 시대 이전에 각지에서 활발히 발생했을 것이다. 중력 모델에 따르면, 중심 도시에서 떨어진 곳일수록 그 영향이 적다. 즉 변방이라 불리는 도호쿠 지방과 규슈에서는 각 도시의 각 번에서 독자적인 자신의 말이 생겨났을 가능성이 있다.

1.2. 중력 모델 연구사

지리적 전파에 뉴턴의 중력 법칙과 비슷한 원리가 작용한다는 것에 대한 연구는 오랜 역사를 가지고 있으며 넓은 학문 분야에 적용되고 있다. 방언학에 중력 모델을 적용한 시도는 Chambers & Trudgill(1980)에 소개되었다. 수식은 다음과 같고, 거리를 제곱하는 고전적인 계산법이다.

$$Iij = S \cdot \frac{PiPj}{(dij)^2} \cdot \frac{Pi}{Pi + Pj}$$

여기서 Iij는 중심지 i와 중심지 j의 영향력(Influence)

P는 인구(Population)

d는 거리(Distance)

S는 언어적 유사도(Similarity)를 나타낸다.

그러나 Britain(2002, 2004, in press)이 언급한 것처럼 여기에는 한계가 지적되고 있으며 비판도 있다. Labov(2002)는 중력 모델과 비슷한 폭포수 모델(Cascade model)을 제창하며 미국 방언의 발음과 어휘에 이를 적용했다. 발상으로는 지리학에서의 W. Christaller의 중심지 체계 모델과 공통의 계층 구조를 생각하는데(Inoue 1997.10.), 이것은 일본에서의 「이중 주권(周圏)론」과도 유사점이 있다(이노우에 2008.5a). 또 Nerbonne et al(2005)은 중력 모델 연구사의 뛰어난 전망을 토대로 네덜란드 방언의 많은 항목에 이를 적용했지만 기대했던 성과를 얻을 수 없었다고 보고하고 있다. 하지만 언어 외적 요인이 언어 변화에 어느 정도 영향을 미치는지를 살펴보기 위할 때에는 중력 모델이 응용 가치가 있다. 일본어 방언에도 중력 모델이 적용될 가능성은 여러 번 지적되었지만 본격적으로 공식이 적용되었던 것은 아니었다(이노우에 2001.2.).

어휘 항목에 중력 모델의 적용은 음성적 · 음운적인 항목의 적용보다 적절하다고 판단된다. 음운 체계의 유사한(변화를 제한하는) 언어 요인을 전제로(Chambers and Trudgill 1980) 할 필요가 없기 때문이다. 또 어휘 항목은 다수 존재하며 서로 독립적이고 비언어적 요인(예를 들어 지리)의 영향을 받기 쉽다. 공간적인 전파 과정은 어휘 확산(lexical diffusion) 이론이 제창될 수 있는 기반이 되었다(Wang 1979). 하지만 이 과정은 기본적으로 랜덤이기 때문에 다수의 항목에 적용하는 것이 바람직하다(Nerbonne et al 2005).

2. 신방언의 정의와 성격

이번 장에서 다루는 신방언은 다음과 같이 표준어로는 일부 반대의 성격을 지닌다. 「신방언」은 세 가지 조건에 의해 정의된다(제10장 2절, 이노우에 1998.1.). 「비표준어의 언어 형식이며, 비공식적인 상황에서 젊은 세대에서 더 사용되는 것」이다. 바꿔 말하면, 「신방언」은 전형적으로 「진행 중인 언어 변화」이며, 「아래로부터의 변화」이다. 경우에 따라서는 사람들의 의식에 반하여 「언어 혼란」으로 비난 받을 수도 있다. 유사한 예는 해외 방언에서도 볼 수 있다. 영어는 발음·문법·어형에 대한 사회언어학적 변이에 관한 연구에서 다양한 현상이 다루어지고 있다. 다른 언어의 신방언에 대해서는 이노우에·야리미즈(2002)를 참고하기 바란다.

3. 신방언 사전의 데이터

3.1. 신방언 사전

일본어의 많은 신방언 현상은 보고서 등을 참고하기 바란다(이노우에 1985.2., 1998.1., 2001.2., 2003.7., 2007.2., 2008.5a). 신방언형의 전국적인 데이터는 1983년에 일본 각지의 중학교 우편 조사로 수집되었다(이노우에·오기노 1984). 더 많은 신방언형이 지금까지의 프로젝트로 조사됐다. 이와 병행하여 일본 전체의 신방언이 사전의 형태로 모아졌다(이노우에 1993.11.; 인터넷에서도 공개, 이노우에·야리미즈 2002). 이 사전은 신방언에 대한 각지역의 다양한 정보가 집약되어 있다. 젊은층·노년층 세대별 조사 결과와 현재 방언 상태의 기술 등이다. 이 사전의 데이터는 지금 컴퓨터에 축적되어 있으며 일 년에 수차례 업데이트되면서 확대되고 있다. 그 증보판에서는 도쿄 부근에서 도쿄로 들어간 신방언이 많다는 것이 더욱 명료하게 드러냈다. 이 사전의 전체 항목을 분석한 결과로 일본의 모든 현에서 적어도 10개 이상의 신방언형이 발견될 것이라는 것이 밝혀졌다.

또한 다음의 사실을 알 수 있었다. 신방언은 도쿄 자체에서도 사용된다. 이들은 사용법이 표준 일본어와는 차이가 있어 아직 비표준어적으로 간주되고 있기 때문에 「도쿄 신방언」이라고 부를 수 있다(이노우에 1998.1.). 최근의 조사에서 구체적인 사례가 더 늘어났다.

3.2. 신방언 사전과 종합적 분석

그림 13-1 신방언의 전국 분포

그림 13-1의 지도는 사전에 수록된 항목의 전체 분포를 보여준다. 모든 항목에 대해서 사용 지역을 현별로 집계한 수치 행렬을 바탕으로 현별 합계를 계산한 것이다.[1] 도쿄나 오사카와 같은 대도시 근처에서 신방언에 대한 보고가 많다는 것과 상관관계가 나타났다(이노우에 · 야리미즈 2002). 이것은 많은 신방언이 대도시 근처에서 적극적으로 채택되어 사용되기 때문이라고 생각된다.[2]

3.3. 도쿄 신방언의 데이터 행렬

「도쿄 신방언」은 신방언 중에서도 최근 도쿄의 젊은이들에게서 사용되고 있는 신방언을 말한다. 앞서 언급한 신방언 사전에 축적된 지리 정보에서 도쿄에서 사용되는 신방언의 상당수가 실제로는 도쿄 밖에서 생겨나 인근 현에서 도입되었다는 것을 알 수 있었다. 이 책 제10장 「아오탄(あおたん)」, 제11장 「잔(じゃん)」, 「베-(べー)」, 제12장 「ㅅ쇼(っしょ)」, 「우잣타이(うざったい)」, 「라 탈락 어형(ら抜きことば)」이 있다. 그 밖의 예는 이노우에(1998.1., 2003.7.) 등을 참조하기 바란다.

이번 장의 분석에서는 사전의 최신 데이터에 근거하여 도쿄에서도 사용하게 된 지방 출처의 신방언을 발췌했다. 우선 대표적인 도쿄 신방언의 발생지를 보여주는 개관 지도가 만들어졌다(그림 12-2). 이 지도는 도쿄 부근에서 생겨난 신방언이 많고 먼 곳에서 생겨난 것은 적다는 경향을 보인다.

도쿄 신방언의 지리적 경향을 통계적으로 분석하기 위하여 신방언 사전 데이터에서 숫자 데이터의 행렬을 만들었다. 행에는 단어를, 열은 현으로 구성되었다. 도쿄 신방언으로 집계에 사용된 것은 다음의 70개 항목이다. 추정되는 발생 지역에 따라 나누었다(그림 13-4의 어형의 그룹화에 이용하였다). 다만 본문 중에서 설명을

---

1 야리미즈 가네타카의 작업에 의한 것이다.

2 많은 조사가 대도시 근처에서 행해지고 있다는 사실에 대한 가능성도 있지만, 그 외의 지역 조사도 많은 것은 이노우에(2003.7.) 소재(所載) 조사 지역 지도에서도 알 수 있다.

생략했지만 「노메레루(ノメレル)」 등과 같이 독립적으로 각지에서 발생한 것도 있으므로(그림 12-5, 이노우에 2003.7.), 임시적 분류이다. 활용에 관한 것은 일상의 사용 빈도수가 많아 전형적인 예를 들어 집계했다. 또 사전에 도쿄에서 사용이 기록되지 않은 항목도 있었기 때문에 본문에서 언급한 것처럼 도쿄에서의 사용은 48개 항목이다. 츄부・긴키・간토 기원이 많다.

홋카이도 (7개) : 아오탄(アオタン), ~ㅅ쇼(~ッショ), 이쿳쇼(イクッショ), 우마잇쇼(ウマイッショ), 미래(ミレ), 데레(デレ), 간가에레(カンガエレ)

도호쿠 (6개) : 고무단(ゴムダン), 이이베(イイベ), ~도키아루(~トキアル), ~미타쿠(~ミタク), 치가캇타(チガカッタ), 오모시이(オモシイ)

간토 (12개) : 갓타루이(カッタルイ), 우잣타이(ウザッタイ), 나니게니(ナニゲニ), 이캇타(イカッタ), 이쿠나이(イクナイ), 고란나이(コランナイ), 와칸나이(ワカンナイ), ~챠우(~チャウ), 칫타(~チッタ), 우친치(ウチンチ), 가타스(カタス), 즈루코미(ズルコミ)

츄부 (18개) : ~잔(~ジャン), 이이잔(イイジャン), 쵸-(チョー) ~나캬다카라(~ナキャダカラ), 요코하이리(ヨコハイリ), 얏파(ヤッパ), 도테모(トテモ), 키모치캇타(キモチカッタ), 요로시캇타데쇼우카(ヨロシカッタデショウカ), 소난다(ソーナンダー), ~ㅅ포이(~ッポイ), 아멧포이(アメッポイ), 우타와사세루(ウタワサセル), 샤베라사세루(シャベラサセル), 요마사세루(ヨマサセル), 고레루(コレル), 니게레루(ニゲレル), 네레루(ネレル)

긴키 (14개) : 맛타리(マッタリ), ~테호시이(~テホシイ), 비비루(1)(ビビル(1)), 비비루(2)(ビビル(2)), 겐켄(ケンケン), 도만나카(ドマンナカ), 오모로이(オモロイ), 무즈이(ムズイ), 쟈카마시이(ジャカマシイ), 스키쿠나이(スキクナイ), 샤-펜(セコイ, シャーペン), 키쇼이(キショイ), 무카츠쿠(ムカツク)

츄고쿠 (5개) : 교오데스?(キョウデス?), ~바리(バリ~), 바리캇코이(バリカッコイイ), 바리아츠이(バリアツイ), 가(ガ)행 비탁음(ガ行鼻濁音)

시코쿠 (3개) : 요메레루(ヨメレル), 노메레루(ノメレル), 기케레루(キケレル)

규슈 (5개) : 이쿠데스(イクデス), 다베루데스(タベルデス), 오모시로카데스(オモシロ

カデス), 레테쿠다사이(レテクダサイ), 산카이(サンカイ)

3.4. 도쿄 신방언의 전국 분포

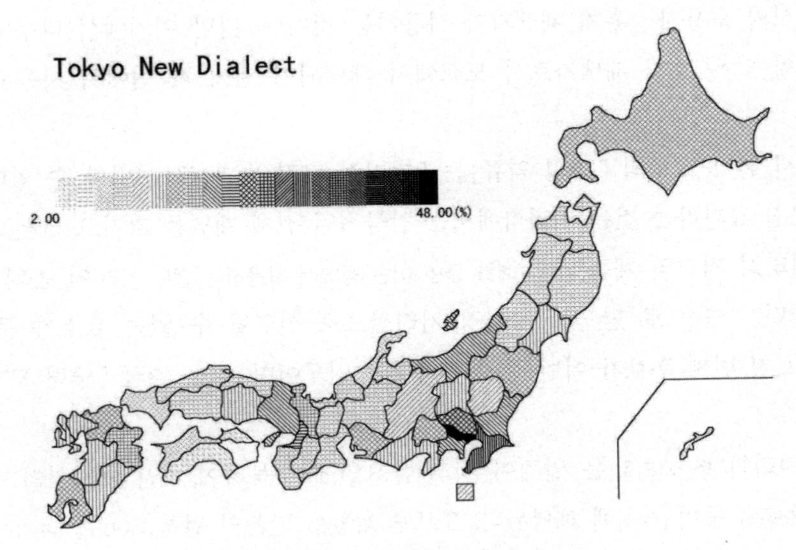

그림 13-2 도쿄 신방언의 전국 분포

이 데이터 행렬로 각 현에서 사용되는 단어(도쿄 신방언)의 수를 나타내는 지도가 작성되었다. 현별 합계 지도(야리미즈 작성)를 그림 13-2에 나타냈다. 이로써 도쿄 신방언의 지리적 경향을 밝힐 수 있었다. 도쿄 신방언의 최대 사용수는 당연히 도쿄이며 모두 48개 단어가 사용되었다. 그리고 많은 단어가 북쪽 현에서 도쿄로 들어오게 되었다. 또 더 많은 단어가 서쪽 인근 현에서 들어오게 되었다. 그 외에 보소(房總) 반도 앞바다의 사각형은 이즈 제도(諸島)의 수치이다.

지리적 거리를 뛰어 넘어서 오사카 부근도 많다. 상당수의 단어가 서쪽 오사카나 교토와 같은 문화의 중심지에서 들어 왔다. 이것은 방언의 분포에서 중력(또는 인구)을 고려해야 된다는 것을 나타낸다.[3] 다른 관점에서 보면 국토의 북쪽에서 생긴 단어는 적고, 먼 서일본의 현에서 온 단어도 제한적 숫자이다.

현별 사용 단어 수에 대해서는 두 가지 해석이 가능하다. 하나는 발상지 또는 그 부근의 부나 현에서 초기 채택자로 도쿄에 수출하고 있는 것과 다른 하나는 도쿄에서의 수용자・후기 채택자가 사용하는 것이다. 다만 여기에서 다루어지는 대부분의 말은 초기 채택자로서 도쿄에서 채택되기 전에 각 현에서 사용되었던 말이다.

위에서 본 도쿄로의 「침입 역류」는 「지리적 근접 효과」로 설명할 수 있다. 지리적 근접 효과라는 것은 지리학에서는 암묵적인 전제 개념을 가지고 와서 그 지표인 지리적 거리의 계측 수단(예를 들면 이번 장에서 사용하는 철도 거리)이 논의의 대상이 된다. 다음으로 단순히 지리적 거리만으로 설명할 수 없는 요소가 문제가 된다. 그 첫 번째 후보가 이번 장에서 다루는 인구이며, 이는 결국 「중력 모델」과 연관된다.

언어지리학(방언지리학)은 일찍이 지리적 요인에 주목하여, 「인접 지역의 원칙」(시바타 1988b) 등이 거기에 해당된다. 또 「변경(邊境) 잔존의 원칙」(시바타 1988b), 「주변 분포의 원칙」(시바타 1969)은 중심지에서의 거리에 착안한 것으로 「지리적 근접 효과」를 반대로 본 셈이다.

[3] 또 하나의 해석이 가능하다. 오사카 방언의 위신이다. 하지만 그것은 다른 지역에서는 의식되지 않는다. 방언 이미지 조사에 따르면(이노우에 2007.2.), 일본의 주요 방언, 오사카 방언은 지적 평가에서도, 정적 평가에서도 최고로 자리매김되지 않는다. 한편 교토 방언은 정적으로 비교적 높게 평가된다. 교토의 인구는 오사카보다 작고, 도쿄 신방언의 사용률과 일치한다. 다만 일본 전체로는 방언을 도시성에 따라 분류하는 것도 가능하며, 이노우에(2007.2.) (및 이 책 표 8-1)에서는 「도시 방언」으로서 공통어권과 간사이 방언을 거론하며 다른 「시골 방언」과 대립시켰다.

4. 도쿄 신방언의 지리적 분포 패턴

4.1. 도쿄 신방언에 의한 현의 대응(correspondence) 분석

대응(correspondence) 분석이 위와 같은 수치 행렬로 적용되었다.[4] 이 기법은 요인 분석과 같은 종류의 다변량 분석에서 이전에 일본에서 자주 적용된 하야시의 수량화 이론 제3류와 유사하다(Kumagai 1993). 그림 13-3은 현별로 제1, 제2차원의 값을 구성한 것이다.

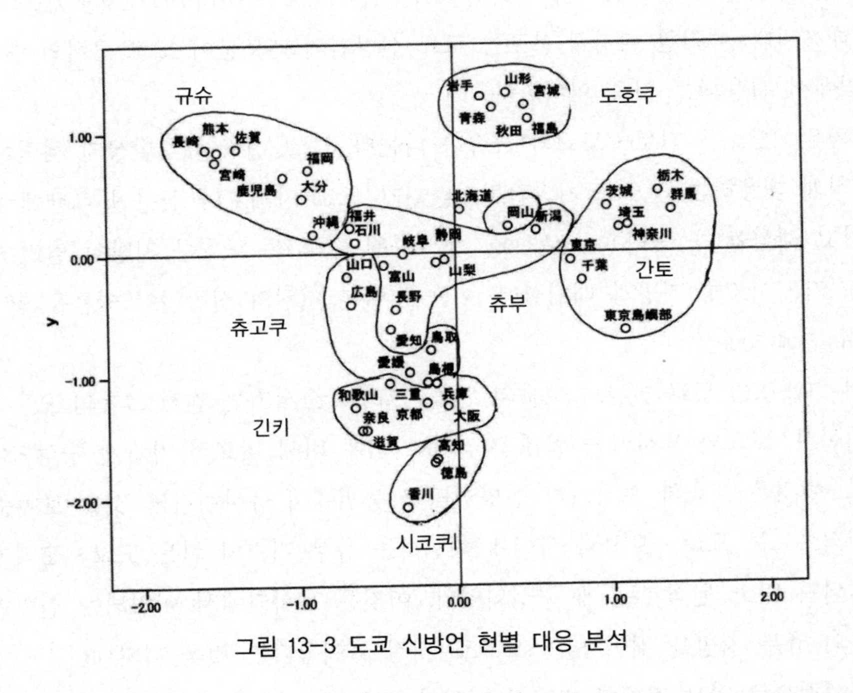

그림 13-3 도쿄 신방언 현별 대응 분석

그림 13-3의 그래프는 현별 사용법이 상대적으로 유사한 지를 보여준다. 현 이

4 SPSS V.14에 의한 것이다. 또한 이 작업은 메이카이 대학의 대학원생 고겐(江源)이 한 것이다.

름만 적힌 그래프는 해석하기 어렵기 때문에 지방별로 에워쌌다. 또 그림 13-3과 그림 13-4는 계산은 같지만 다른 출력 값으로, 상관계수는 1차원이 0.056, 설명률은 1차원이 0.124, 2차원이 0.108이다. 3차원 이하와 비교해 보았을 때 그렇게 높은 것은 아니고, 지리적 분포가 많은 변수에 의해 지배되고 있다는 것을 나타낸다(또 그림 13-3과 그림 13-4에서는 실제 일본 지도에서 동서 차이와 관련짓기 쉽도록 1차원의 플러스(+) 마이너스(-) 값을 거꾸로 나타냈다. 어느 쪽이 플러스(+)가 될지 마이너스(-)가 될지는 해석할 필요가 없다).

그림 13-3을 일본 지도와 비교해 보기 위해서 일본 열도의 가운데를 접어서 일본을 말발굽 모양으로 기울이거나 또는 위쪽으로 구부리면(시코쿠를 제외) 서로 잘 대응된다. 이러한 지리적 분포는 도쿄 신방언의 대부분이 도쿄 근처의 연속된 지역에서 사용되는 것을 의미한다.

1차원(가로축)은 간토・도쿄와 규슈를 나눈다. 도쿄 신방언의 발상지 세력이 크고 작게 대응하는 것으로 기타간토(북관동)가 도쿄 자체보다 신방언 채택에 앞서 있다고 해석할 수 있다(이노우에 1998.1.). 2차원(세로축)은 도호쿠 지방이 멀리 떨어진 긴키・시코쿠 지방과 대립한다. 이는 서일본 기원의 신방언이 있음을 암시한다(이노우에 2003.7.).

이 그래프는 도쿄는 간토 그룹의 왼쪽, 그리고 오사카는 긴키 그룹의 오른쪽에 위치한다. 도쿄와 오사카는 실제 지리적 거리에 비해 비교적 가깝게 구성되어져 있다. 이것은 도쿄와 오사카가 신방언의 사용법에서 유사하다는 것을 보여준다. 지리적으로는 도쿄・오사카 사이에 해당하는 츄부 지방의 현은 도쿄・오사카와 연결되지 않고 원점 부근에 구성되었다. 이것은 오사카에서 이입되는 신방언이 중간의 츄부 지방을 뛰어 넘어 도쿄로 직접 들어왔다는 것을 나타낸다.[5]

결과적으로 일본 전체의 지리적 패턴이 그림 13-3의 그래프로 표현되었다. 그

---

5 대중매체에서의 사용을 위한 것도 있겠지만 땅을 타고 전파되어 대면 커뮤니케이션으로 퍼졌을 가능성도 크다.

래프에 따르면 신방언의 지리적 분포가 대략적으로 재생・재현되었다. 대응(코레스폰던스) 분석의 적용은 이렇게 Cichocky(1993)에서 적용된 것과 같이 효과적이었다.

4.2. 도쿄 신방언형의 현의 대응(correspondence) 분석

대응(코레스폰던스) 분석은 어형에도 적용 가능하다. 그림 13-4에 나타냈다. 이 그래프는 그림 13-3과 대응하는 그래프이다. 지리적인 대응 관계를 설명하기 위하여 지금까지의 자료 수집 과정에서 원래의 발상지로 간주되는 지역에 따라 분류하고, 지방마다 선으로 둘러쌌다. 그 분류와 어형 전체는 이번 장의 3.3 절에 나타냈다. 그래프의 왼쪽 윗부분이 규슈, 아래가 긴키, 오른쪽 중간이 간토, 위쪽 중간이 도호쿠에 기원이 있다고 생각되는 어형으로, 전체적으로는 그림 13-3과 잘 대응된다.

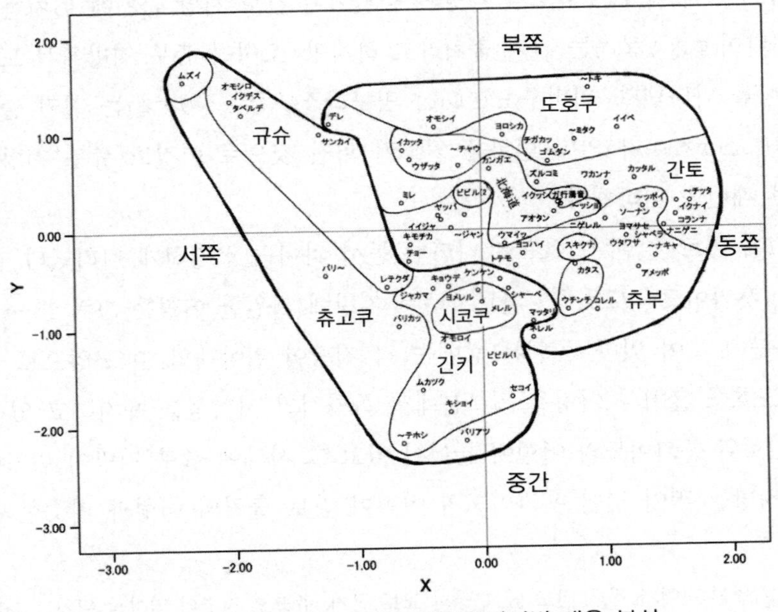

그림 13-4 도쿄 신방언 단어별 대응 분석

다만 그림 13-3의 현에 비해 어형이 그룹을 만들지는 않는다. 같은 지방에 속하는 어형도 규슈·긴키·도호쿠를 제외하면 넓은 범위로 퍼진다. 홋카이도 기원의 어형이 도호쿠를 뛰어 넘어 원점에 가까워지고, 간토와 뒤섞인다는 것이 흥미롭다. 이 어형이 재빠르게 도쿄 부근에 도입된다고 판단된다.

다른 어형도 다른 지방 기원의 어형과 뒤섞여 있다는 것을 생각해보면, 이 데이터는 각 현에서 다른 지방의 신방언을 수용한 후의 상황을 나타냈다고 생각된다. 뒤에서 언급하는 그림 13-10의 우산 모델로 말하면, 도쿄에서의 전파에 해당하는 제3 단계에 들어선 신방언도 섞여있다.

또 개별 단어의 위치를 보면, 같은 지방에서 생겨난 다른 어형과 동떨어져 있는 것도 많다. 이 그래프로 해석이 달라진 어형도 있다. 이 중에서 가(ガ)행 비탁음(鼻濁音)은 무로마치 시대에 크리스천이 비젠(備前) 지방에서 사용하지 않게 되었다고 적은 것을 데이터에 넣은 것으로,[6] 다른 신방언과 시대도 성격도 다르다. 현재의 지리적 분포의 확대는 츄고쿠 지방과 동떨어져 간토 지방 근처에 위치한다. 또는 스키쿠나이(すきくない)는 긴키 출처라고 하지만, 오히려 츄부 지방에서 도쿄로 퍼진 경향을 나타낸다. 비비루(ビビル)(2) 빗쿠리스루(びっくりする)는 긴키 출처의 고와가루(こわがる)(1)가 의미 변화를 일으켜 퍼진 것으로 이것도 츄부 지방을 경유해 퍼진 패턴을 나타낸다.

그림 13-4에 따르면, 굵은 선으로 나타낸 동서 차이는 선명하게 나타났다. (동일본으로 묶음) 홋카이도·도호쿠·간토·츄부 지방에 기원한 어형은 그림 13-4의 오른쪽 윗부분에 모여 있다. 동일본 중에는 각 지방이 위아래의 띠 모양으로 늘어서 있다. 도호쿠 출처의 어형은 윗부분에서 독자적인 지역성을 유지하고 있다. 그 아래에 간토와 홋카이도의 어형이 늘어서 있고 그 아래에 츄부 지방이 위치한다. 도호쿠 지방을 뛰어 넘어 홋카이도의 어형이 간토 출처의 어형과 비슷한 지

---

6 츄고쿠 지방 기원의 단어가 적은 것도 있고 당시 교토 근처, 츄고쿠 지방의 역사적 위치를 나타내는 것으로 집계 데이터에 넣었다.

리적 확산을 보인 것은 흥미롭다. 홋카이도(특히 삿포로)의 인구 크기가 영향을 미쳤다면 이는 뒤에 언급하는 것처럼「중력」의 중요성을 보여준다. 또 홋카이도에서 간토 지방으로의 집단적 이주에 따른 영향에 대해서는 제11장 8절과 이노우에(1998.1.)에서 논했다. 그 외에 홋카이도의 방언 이미지(공통어에 가깝다는 의식)도 도움이 되었을 가능성이 있다(그림 8-1). 또 11장 5 절에서 언급한「이이베(いいべ)」는 그림 13-4에서는 오른쪽 윗부분인 도호쿠 영역에 구성되어 있다.

긴키 아래의 서쪽인 서일본은 그래프 하단부터 왼쪽에 위치한다. 서일본 중에서는 규슈 출처의 어형이 왼쪽 윗부분에 구성되고 독자적인 지역성을 유지하고 있다. 긴키 기원의 어형도 일부를 제외하면 다른 것과 섞이지 않는다. 시코쿠의 어형은 긴키 안에 포함된다.

또 그림 13-3, 그림 13-4는 이노우에(2001.2. 제12장)의 전국 중학교 설문 조사의 하야시(林)의 수량화 제3 류의 적용 결과와도 비교해 볼 수 있다. 조사한 지 20년 이상이 지났기 때문에 신방언의 분포가 변화한 것을 알 수 있다. 이상은 개별 어형의 지리적 분포도로도 나타낼 수 있는 일이지만, 자료 지도가 방대해지기 때문에 게재할 수 없었다.

5. 중력 모델의 적용

이상으로 도쿄 신방언의 전국 분포의 지리적 근접 효과가 확인되었다. 도쿄(및 인근 지역) 대 떨어진 지역(서일본과 북일본)의 대비는 분명하며, 지리적 거리가 도쿄에 받아들이는 새로운 단어의 양에 영향을 미친다는 경향성을 파악할 수 있었다.

5.1. 철도 거리와 인구

지리적 요인을 보다 구체적으로 확인하기 위해서는 철도 거리를 이용할 수 있다. 철도 거리는 선행 연구에서 표준 어형의 지리적 분포를 설명하는 데 효과를 준다고 언급되었다.[7](이노우에 2004.9a, 2004.9b, 2007.2., Inoue 2006.5., Gooskens 2005). 철도 거리는 다음의 두 가지 이유로 「지리적 근접 효과」를 측정하는 데 편리한 수단이다.

1. 잘 변하지 않는 것.
2. 철도 통로는 오래된 커뮤니케이션 통로(예 : 경제적인 방법으로 대도시(경제적 중심)를 연결하는 오래된 도로)의 복사 또는 반복일 것.

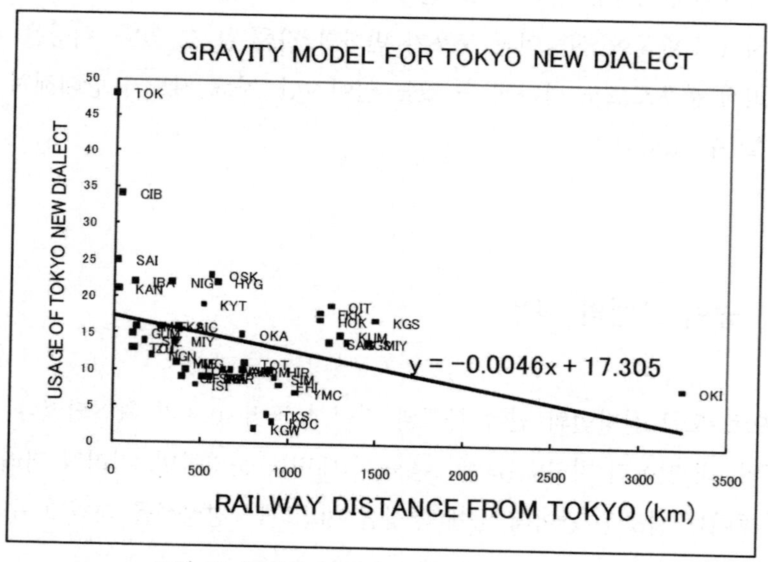

그림 13-5 철도 거리와 도쿄 신방언의 사용률

[7] 이번 장에서는 이노우에 2004.9b, 2004.12. 등과 같이 도쿄와 현청 소재지와의 1980년대 철도 거리를 이용하여 현 전체의 값으로 정했다.

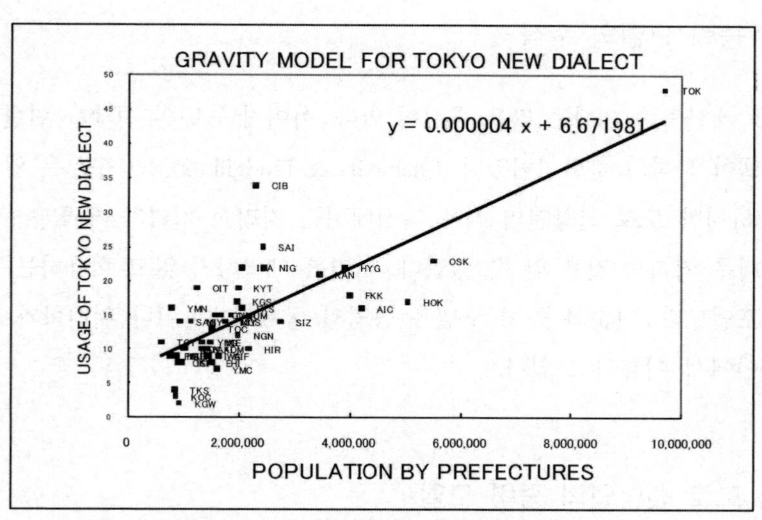

그림 13-6 인구와 도쿄 신방언 사용률

도쿄에서 철도 거리를 적용하면 도쿄 신방언의 사용률은 철도 거리와 반비례 관계를 나타낸다. 즉 지리적 근접 효과를 확인할 수 있었다. 그림 13-5는 산포도와 근사직선을 나타낸다. 하지만 철도 거리만으로는 사용 경향을 설명하기에 충분하지 않다. 현의 인구를 고려해 보면 전체적인 모습을 보다 명확히 설명할 수 있다. 대도시인 오사카가 도쿄의 말에 영향을 미쳤다는 것에 대해서는 이전부터 지적이 있었다. 그림 13-6의 산포도에서처럼 부나 현의 인구는 도쿄 신방언의 사용량에 비례하고 있다. 이러한 사회 지리학적인 경향은 도쿄와 단기적 또는 장기적인 인구 이동, 유출입으로 설명할 수 있다.

이상의 기제는 전파의 중력 모델로 설명할 수 있다. 거리와 인구라는 두 요인의 움직임은 그 복합적인 중력 모델이 도쿄 신방언의 지리적 분포 패턴을 보다 잘 설명한다는 것을 보여준다.

5.2. 중력 모델의 수식

중력을 계산하는 데에는 많은 수식이 있다. 아이작 뉴턴의 천체를 위한 고전적 중력 모델이 분석의 출발점이었다. Chambers & Trudgill(1980)의 수식은 앞서 언급하였다. 하지만 도쿄 신방언의 적용 과정에서는 지리적 거리가 제곱(평방)이 되면 영향이 너무 커지는 것을 알 수 있었다. 거리를 제곱하지 않고 적용하는 것이 단순화의 포인트다. 단순화 중력 모델은 상업의 국제경제학이나 지리학과 같은 다양한 분야에서 이용되고 있다.

5.3. 도쿄 신방언의 중력 모델

여기에서 중력은 거리를 제곱하지 않고 다음과 같이 계산된다.

≪인구/철도 거리≫

그러나 이론적인 문제가 있다. 도쿄에서 철도 거리의 사용은 도쿄의 거리 자체를 0km로 가정해야 한다는 것을 의미한다. 도쿄를 위한 중력은 단순히 계산하면 무한대가 된다. 대신 여러 수치가 다음 분석을 위해 도쿄에 주어졌다. 일례를 들면 다음과 같다. 첫 번째 시도의 철도 거리는 약 1km로 가정되었다. 도쿄의 행정 및 금융 센터 및 황궁이 도쿄역에서 약 1km임을 감안하였다. 인구를 이용하여 이것으로 도쿄를 위한 중력 9,683,892 / 1의 값이 생겨났다. 그림 13-7 참조.

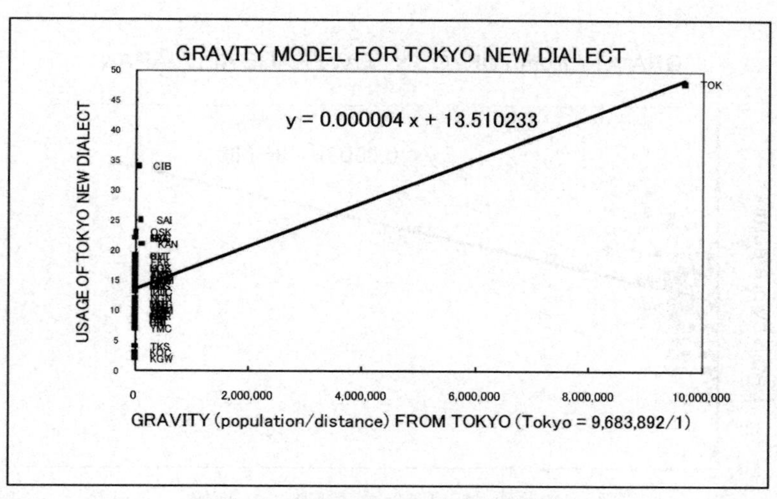

그림 13-7 중력과 도쿄 신방언 사용률

≪인구/철도 거리≫와 같이 계산된 중력 계산은 성공적으로 보인다. 세로축의 신방언 사용률과 가로축의 중력(=인구/거리) 사이에 관련성이 보인다. 그림 13-7의 근사 직선은 강한 상관관계를 나타낸다. 가파른 근사 직선이 나타내는 것처럼 중력과 도쿄 신방언의 사용량과의 상관관계는 크다. 다른 현은 왼쪽에 구성되어 있어 중력에 의해 구별할 수 없었다. 이 강한 상관관계는 도쿄와 크게 떨어진 수치이기 때문일지 모른다. 이것은 도쿄의 거리가 1km라고 설정해 두었기 때문에 즉 도쿄의 중력이 인구와 동등하게 설정되었기 때문이라고 생각된다. 바꿔 말하면, 도쿄를 위해 할당된 숫자는 너무 컸다. 도쿄를 위한 다른 계산식은 이를 피하기 위해 고안되었다.

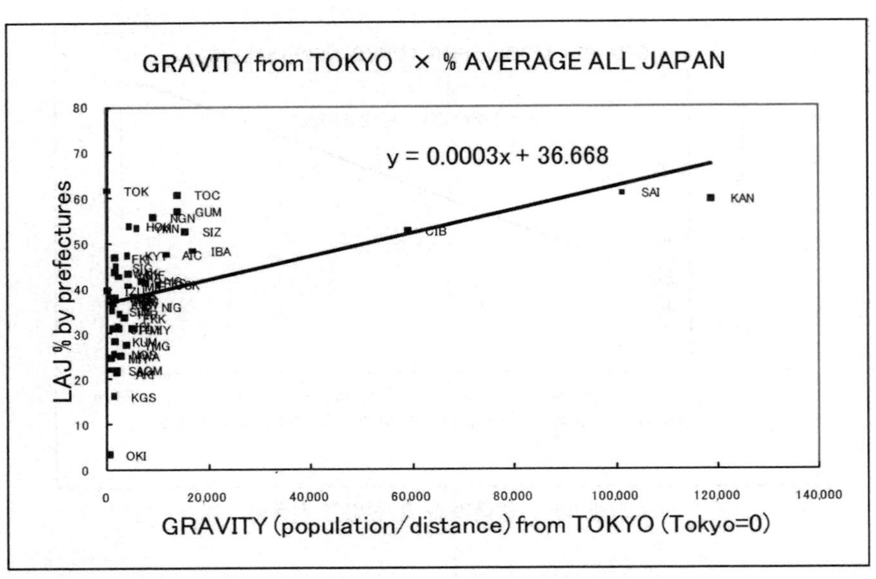

그림 13-8 중력과 도쿄 신방언 사용률(됴쿄=0)

예를 들어 그림 13-8에서 도쿄의 값을 0으로 하였을 경우에는 전체의 사용률과 중력과의 상관관계를 보일 뿐만 아니라 도쿄 인근의 현도 서로 분리되어 그림 13-7보다 판별이 쉽고 분석은 성공했다고 말할 수 있다. 그 외 다른 숫자를 사용한 그래프도 만들어 보았지만, 이번 장에서는 그래프를 제시하는 것은 생략하겠다.

더욱이 도쿄 자체의 데이터를 빼고 시도함으로써 다른 현의 사용률과 중력 간에 상관관계가 있는 것으로 나타났다.[8] 그림 13-9 참조. 다른 현, 특히 인근의 현이 식별되었다. 도쿄 인근의 현은 비교적 큰 중력과 큰 사용률을 나타낸다. 오사카와 같은 대도시도 큰 수치를 나타내 식별되었다.

---

[8] 이것은 Chambers & Trudgill(1980)의 영국 데이터 적용과 유사하다.

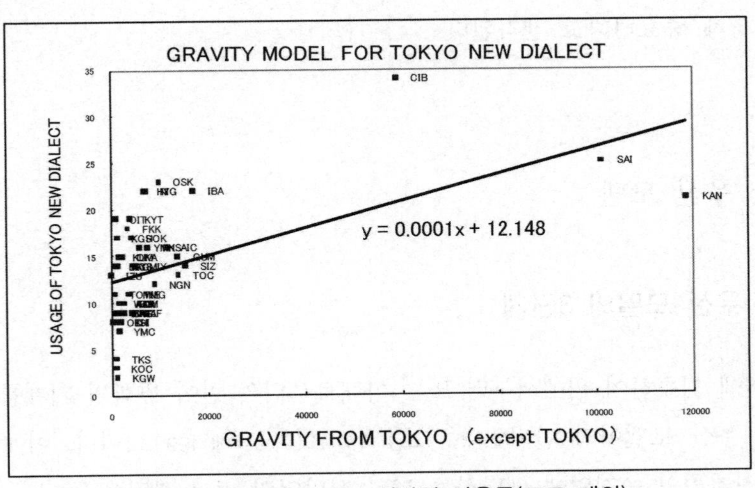

그림 13-9 중력과 도쿄 신방언 사용률(도쿄 제외)

이상의 근사 직선이 시사하는 것처럼 중력과 도쿄 신방언의 사용률에서는 매우 명확한 상관관계가 관찰되었다. 이 중력 모델은 현 사이의 거리만을 사용하는 다른 모델보다 어휘 사용률을 더 잘 설명할 수 있다. 이러한 결과는 간략화된 중력 모델이 도쿄 신방언의 지리적 분포에 잘 맞아 떨어지는 것을 보여준다. 중력 모델의 복수 적용 결과를 보면 모두 거리 및 인구의 합성 값이 어휘 사용에 더 알맞은 설명을 해준다.

다음 사항은 강조할 만한 가치가 있다. 철도 거리는 지리적 분포의 설명을 위한 편리한 수단이다. 도쿄 신방언은 주로 가까운 현에서 유입되었다. 크고 그러나 먼 도시인 오사카 또한 도쿄 신방언에 영향을 준다. 즉 인구 규모가 영향을 미친다. 인구의 중력은 이렇게 확실히 영향이 있다. 현대 방언 상황 설명은 주민의 이동, 이주, 이민 등을 고려할 필요가 더 생겼고, 새로운 개척지에서의 방언 형성 등도 배려할 필요가 있다. NORM(Non-mobile Old Rural Male)의 데이터만으로는 이제 충분하지 않다. 이것은 인간적인 접촉 요인이 현대의 방언의 전파를 위해 중요하다는 것을 보여준다. 대면 방식(face to face)의 커뮤니케이션은 현대에도 언어 전파를 위해 중요하다고 생각된다.

6. 우산 모델

6.1. 우산 모델의 3단계

신방언에 기초하여 위에서부터 또는 아래로부터의 언어 변화의 기제를 설명하기 위해 우산 모델이 고안되었다. 그림 13-10(이노우에 1998.1.)이다. 이에 따르면 우산 가장자리의 움직임에 해당하는 도쿄 신방언의 전파 과정은 적어도 세 단계로 나눌 수 있다.

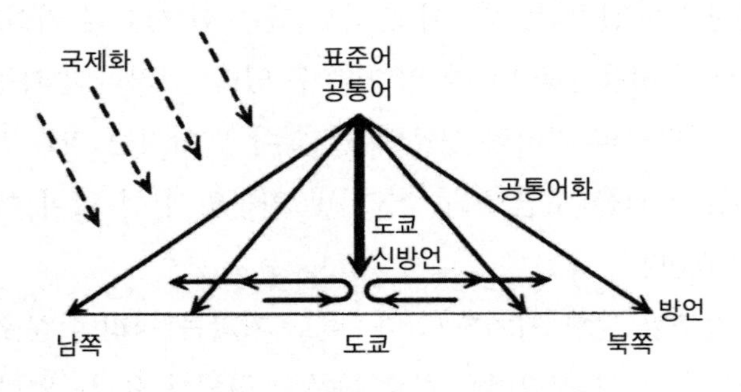

그림 12-6 우산 모델과 신방언

1. 시골에서의 상호 전파 (국토 양 끝에서 도쿄 방향으로 화살표)
2. 도쿄로의 유입 (도쿄 중앙, 위쪽으로의 움직임)
3. 도쿄에서 일본의 다른 지역으로 전파 (도쿄에서 국토의 양 끝으로 화살표)

이번 장에서는 주로 지역 방언에서 도쿄 신방언으로의 전파 제1 또는 제2단계가 분석되었다. 구어 수준에서 도쿄의 일상어는 다른 지역 방언과 같은 상황이다. 우산의 가장자리에 있고, 그것들은 언어 표현을 서로 평등하게 교환한다. 젊은이들 간의 숨겨진 위신(covert prestige)으로 도쿄에서 보급될 만한 방언적 표현의 설명이 가능하다. 남자다움 또한 전파를 위해 때때로 중요하다. 지리적 근접성은 이와 같은 전파를 위해 중요한 역할을 한다. 이 모델의 가로축은 남북의 거리를 나타낸다. 다만 인구 규모도 영향을 미치기 때문에 중력 모델을 이 단계에서 적용하여 가로축의 표시를 「남」과 「북」이 아니라 「중력」으로 바꿔도 괜찮다.[9]

제3단계 지역 방언에 도쿄 신방언의 전파도 이번 장의 데이터에 반영되어 있다.[10] 어떤 말투가 도쿄 신방언으로 채택되면 보다 더 새로운 전파 단계가 빈번하게 관찰된다. 새로운 말투는 일본 내 젊은이들에 의해 채택된다. 속어적 · 구어적 표현은 대중매체에서 빈번하게 사용되기 때문에 이 단계의 전파는 대중매체가 영향을 미친다. 기존에 알려져 있던 도시성 또는 대도시의 위신이 이 단계의 기본 기제이다.

6.2. 표준어화 및 신방언

우산 모델이 지적하는 표준어화에 대해 간단하게 언급할 필요가 있다. 우산 위에서 전해지는 빗방울처럼 위로부터의 변화이다. 표준어 전파의 세 가지 역사적 단계가 이전에 제안되었다(제8장 7절, 이노우에 2004.12.). 첫 번째, 오래된 수도 교토에서의 동심원; 두 번째, 현대의 수도 도쿄에서의 동심원; 그리고 세 번째, 매스미디어로부터의 물결이다. 시골에서 도쿄로 신방언의 (제2단계) 전파는 현대 도쿄에서의 동심원 물결의 제2 단계와 반대 경향으로 해석할 수 있다. 또한 우산 모델 바깥쪽의 빗방울로 표시된 국제화 부분은 다른 장에서 살펴보겠다(그림 14-5). 언

9 더욱이 현 평균 소득 등도 밀접한 상관관계를 보인다(이노우에 2007.10.).
10 도쿄 신방언 분포 데이터 중에는 도쿄에서 지역 방언으로 다시 전파되는 현상이 포함되어 있다.

어 접촉론 · 언어 간 방언학 분야에 해당된다(이노우에 2007.2.).

6.3. 중력 모델의 적용 예

일본어는 간단하고 안정된 음운 체계가 있기 때문에 음성적인 변화는 조금 밖에 관찰되지 않았다.[11] 영어와는 다른 점이다. 그러나 문법, 어휘 변화는 많은 예가 관찰된다. 도쿄에 유출입되는 지리적 전파의 전체 과정은 일본어의 신방언 형성, 그리고 표준어화를 설명하기 위해 제안된 전파의 우산 모델에 적합하다.

신방언은 현대 세계의 많은 언어에서 보고되고 있으며, 미국 및 영국 영어에서 진행 중인 변화의 일부는 전형적인 예이다. 우산 모델은 표준어화의 세력이 강한 언어에서 「아래로부터의 언어 변화」를 설명하는 데 매우 적합하다고 생각된다. 이것은 영국 영어나 독일어, 그 밖의 세계 많은 언어에 응용 가능하다. 하지만 미국 영어에 관해서는 위로부터 표준어의 흐름이 명확하지 않기 때문에 적용된 효과가 분명하지 않다. Labov(2002)의 cascade model로 더 잘 설명될 수 있다.

7. 중력 모델에 관한 결론

이번 연구에서 다음과 같은 현상이 구체적인 데이터에 근거하여 확인되었다. 지리적 거리는 전파를 설명하기 위해서 중요하다(이노우에 2004.9b, Inoue 2006.5.). 이번 장에서 「철도 거리」의 적용은 유효했다. 여기에서 논의하지 않지만 열차의 빈도와 소요 시간 · 교통비도 상관관계를 보이는 것 같다.[12]

---

[11] 다만 [g]의 변화(「가」행 비탁음(ガ行鼻濁音)의 쇠퇴)는 전국적으로 대도시 중심의 전파를 보이며 중력 모형에 의해 설명되는 것을 나타낸다.

[12] 다양한 요소의 작용을 비교해 보면 중력 효과의 정도도 확인할 수 있을 것이다.

지역의 인구, 인구 규모도 새로운 형식의 전파에 영향을 미친다. 지리적 거리와 인구의 결합으로 「중력 모델」은 신방언의 지리적 분포를 보다 잘 설명할 수 있다. 중력 모델은 Chambers & Trudgill(1980)에 의해 제창되었지만, 다양한 보류와 전제가 필요하며 딱 맞아 떨어지지 않는다는 비판이 있었다. 이번 장에서 다룬 것이 개별 어휘・문법 현상인 점, 최근의 전파인 점이 중력 모델과 잘 맞아 떨어진 이유일 것이다.

지금까지는 개별 언어 현상에 대한 적용이 많았다. 언어 현상의 전파는 기본적으로 랜덤(무작위) 과정을 포함하기 때문에, 그런 의미에서 많은 현상 전체에 적용하는 것이 적절하다(Nerbonne et al 2005). 하지만 많은 현상은 또 내부에 과거의 다양한 전파를 포함한다. 네덜란드의 일부 방언의 분포에 대해서도 아마 형성 과정에 다양한 경향이 섞여 있었을 것이다.[13] 일본어의 표준어에 대해서는 다변량 해석을 적용한 결과, 교토 중심의 전파와 도쿄 중심의 전파와 같이 두 가지로 나눌 수 있었다(이노우에 2004.9b, 2004.10., 2007.2.). 문헌 초출 연도 데이터를 넣어 전체를 분석했을 때에는 깔끔한 경향을 보이지 않았지만, 초판 연도를 14세기 이전과 15세기 이후로 나누었을 때 다른 경향이 도출되었다. 복잡한 요인의 분리에는 수고와 시간이 걸린다.

중력 모델은 진행 중의 언어 변화와 어휘 현상에는 맞아 떨어진다. 인문 현상의 지리적 전파는 기본적으로 인구의 크기(또는 인구 밀도)에 좌우될 것이며 적절한 분석 대상을 고르면 적용 가능하다. 거리를 제곱하지 않고 간략화된 중력 모델은 많은 어휘를 종합하여 다루었을 때에 적절하게 맞아떨어진다고 생각된다.[14]

13 네덜란드 전체 방언의 공용어화를 다루면 중력 모델이 맞아 떨어질 가능성이 있다. 하지만 발음의 방언 차이가 크기 때문에 수치가 흐트러질 가능성도 있다.

14 이번 장에서는 아래의 구두 발표에 근거하여 대폭적으로 삭제・증보・개정을 거듭한 것이다. 그 자리에서 W. Labov, J. Nerbonne, W. Cichocky, D. Britain 비롯한 많은 분들로부터 귀중한 의견을 얻었다.
Gravity model of diffusion for Tokyo new dialect forms, METHODS 13, 2008.8.8, Leeds, England.
나중에 다음의 인터넷 저널에 실렸다.

말의 전파에 관한 중력 모델은 기본적으로 인간 커뮤니케이션의 전체 모델이기도 하다. 대면 커뮤니케이션이 중요했던 시기에는 사람들의 일상적인 이동을 반영한다. 1960년대에 야마가타 현 쇼나이 지방의 방언 분포 조사 때에 중심 도시로 나가는 횟수를 물어본 결과 근교는 한 달에 몇 번, 멀리 떨어진 곳은 일년에 몇 번이라는 차이가 났다. 왕복에 걸리는 시간을 생각하면 연간 왕복 시간은 거의 일정한 경향을 보였다. 거리(Distance) × 빈도(Frequency) = 일정(Constant) 하다는 공식을 세울 수 있다.

$$D \times F = c$$

일반 농민에게 쇼핑, 그밖의 「여가」에 할애할 수 있는 시간이 예전에는 거의 일정하였다고 생각할 수 있다. 커뮤니티 외부와의 커뮤니케이션 기회에 지역 차이가 있는 것이다. 이것도 중력 모델의 설명 요인으로써 도움이 된다.

또 혼인 권역의 조사 항목에서도 산간 취락은 같은 취락 내의 내혼이 많고 평야부의 취락에서는 취락 밖의 외혼이 많다는 경향을 보였다. 이것은 어머니로부터 아이에게 주는 영향의 많고 적음과 연관이 있고, 친족끼리 교류의 기회가 많아짐에도 불구하고, 영향을 끼치기 때문에 이것도 중력 모델의 작용 배경을 설명할 수 있다.

다수의 예를 모아 수량화하여 처리함으로써 일정한 경향이 도출된다. 이것은 다른 현상, 다른 지역, 다른 언어에도 응용 가능하다. 더 단순한 계산에 의해 다시 확인할 수 있다. 앞으로의 연구 발전에 기대를 걸고 싶다.

Leeds Working Papers in Linguistics and Phonetics No. 15.

14 말이 전해지는 속도
−간포(ガンポ, 청각 장애인)의 글로토그램과 언어 연령학

❖ 이번 장은 언어 연령학이라는 발상을 위한 일련의 과정이다. 야마가타 현 쇼나이 지방의 에도 시대와 메이지 시대의 방언집을 기초로 하여 현대의 방언 조사 결과를 방언 지도와 글로토그램으로 만들어 방언으로 말을 할 때 어느 정도 속도로 주위에 전달되는가를 확인하고자 했다. 이번 장은 2005년도 일본어학회 추계 대회 강연「말이 전해지는 속도」(센다이 2005.11.12)의 전반부에 대폭 개정을 더한 것이다. 강연 후반부는 별고에서 논하겠다.

0. 시작하며

이번 장의 목적은 세 가지이다. 하나는(제1절), 방언의 지역 차와 연령 차를 동시에 알 수 있는 유용한 기술로써 글로토그램의 이론적인 자리매김을 위해서이다. 이를 위해 언어지리학에 있어서의 시간이「비 실시간」이고, 연령 차가 나타내는「미카케노지칸(見かけの時間, 겉보기 (가상)시간 : 현장 시간)」, 과거의 조사와 문헌 자료가 나타내는「실시간」과 성격이 다르다는 것을 논했다. 또 하나는(2, 3절), 방언 현상이 지리적으로 확산되는 속도에 대한 자료 제시이다. 야마가타 현 쇼나이 지방의 긴카(キンカ, 청각 장애인)로부터 간포(ガンポ)로의 변화에 대하여 과거의 방언집 두 개와 방언 지도를 비교하고, 또 글로토그램의 연령 차를 대조 확인하여 전파

의 연속(年速)을 추정하였다. 마지막은(제4절) 일본어의 방언·공통어의 지리적 전파를 설명할 수 있는 우산 모델의 증보판이다. 기존의 우산 모델은 현대의 공통어화와 신방언의 설명을 위해 만든 것이지만 과거 교토에서의 전파도 고려하여 우산 모델을 확충시켰다.

1. 언어 변경론과 시간·연대

이번 절에서는 먼저 언어 변화와 시간의 문제를 이론적으로 정리하겠다. 언어지리학이 이번 장의 출발점이다. 언어지리학(방언 지리학)은 방언 구획이라고 하는 정태적(공시적) 분석과 대응하는 형태로 등어선(의 묶음)의 연구를 창출하고, 방언 분포 패턴의 종합적·통계적 파악의 길을 걸었지만, 다른 한편으로는 방언의 변화라고 하는 동태적(통시적)·언어사적인 연구를 발전시켰다. 언어지리학은 역사 언어학에 있어서의 어사 재구성의 3가지 방법의 하나로 자리매김할 수 있다(이노우에 2000.2.). 다른 두 가지는 비교 방법(비교 언어학·비교 방언학)과 내적 재구성 internal reconstruction(Hoenigswald 1960)이며, 이들의 공통점은 상대 연대만 복원할 수 없는 것이다. 실제로 언어사를 논하기에는 과거의 문헌 등을 통해 절대연대를 추정·확정할 필요가 있었다. 또한 이상의 자리매김이 된 시대에는 연령 차가 절대연대 추정에 기여한다고 하는 관점은 없었다. 이후 1960년대에 Labov를 선두로 하는 사회언어학의 실증 연구가 지질학의 동일성(齊一性)의 원리를 원용하고, 눈앞의 언어 차이를 과거로부터 이어지는 언어 변화의 연속으로 파악하여 견해가 바뀌었다(Labov 1972).

언어지리학의 동태적·통시적 연구 영역에서 방언 분포라고 하는 지리적 차원과 변화라고 하는 시간의 차원을 맞추어 고찰하면, 변화·전파의 속도라는 관점이 나와야 마땅하지만 도쿠가와(1972)의 선구적인 업적이 나오기 전까지는 실증적 고찰이 적었다. 그 원인의 하나는 언어지리학의 처리 시간이 상대적인 것이었다는 것이다. 과거 문헌 자료와 연령 등에 따라 절대적인 시간과 연결할 수 있게 되면서 전파 속도의 연구가 가능하게 되었다.

지금까지 전파 속도에 대해 알려진 구체적인 데이터를 몇 가지 글로토그램으로 다루어 보았다(이노우에 2003.7.). 이번 장에서는 이론적인 자리매김을 하고자 한다. 언어사를 알기 위해 방언 지리학이 연령 차를 이용한다면, 그 기법의 발전으로 연령층 별 언어 지도(또는 과거의 언어 지도의 추적 조사)를 생각할 수 있고 그것을 발전시키면 글로토그램이 만들어진다.

(0) 상대 연대 : 언어지리학 비현실 시간

먼저 그림 14-1을 사용하여 이론적으로 정리해 보겠다. 출발점의 언어(방언) 지리학은 0과 같이 나타내고 있다. 언어지리학은 이면성을 가지고 있다. 한쪽 면은 공시적으로 방언차를 표시하여 분석하는 수단이며, 다른 한쪽 면은 통시적으로 언어사를 재구성하는 방법이다. 제2의 면은 역사 언어학의 한 분야로 한 가지 약점이 있다. 언어지리학의 방법은 방언 지도에 표시된 어형의 신구, 즉 상대 연대를 추정하는 데 도움이 되는 것뿐이고, 지도상의 변화가 일어난 절대연대는 몰랐다. 이것은 실제시간의 길이를 수반하지 않는 것으로, 그림 14-1의 0에 나타낸 것처럼 비실시간(unreal time) 조사 기법이라고 말할 수 있다.[1]

[1] [14] 이러한 점은 지층학과 흡사하고, 또 기존의 고고학 출토 순서 및 토기의 편년에 기초한 상대 연대와도 흡사하다. 이후에 어느 것이라도 방사성 탄소의 측정이나 화산재, 연륜 등에 의해 절대연대를 알 수 있는 기법이 발달했다.

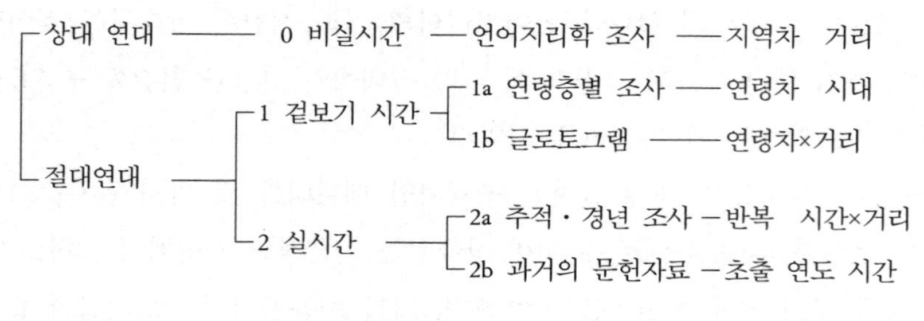

그림 14-1 언어 변화 · 연령차 조사법

시바타 타케시는 언어지리학에 있어서 역사 재구성의 작업 원칙으로 다음의 두 가지를 꼽았다.

1. 「인접 지역의 원칙」(시바타 1988b)
2. 「변경(邊境) 잔존 원칙」(시바타 1988b) · 「주변 분포의 원칙」(시바타 1969)

명칭에 차이가 있지만 두 번째가 상대 연대를 추정하는 기법으로, 야나기타 구니오가 주창한 「방언 주권론」과 같은 발상이다. 그러나 음운 · 악센트 · 문법 등 체계성이 큰 현상에는 「역주권론」이 적합하다는 논의와 어휘에는 공통의 발상에 근거한 「고립 변천론」이 성립된다고 하는 논의도 있어 항상 적용 가능한 것은 아니다.

두 원칙 모두 지리적 분포 패턴을 파악한 것으로, 특히 두 번째는 지리적 거리를 이용하는 것이지만, 그것으로 평가하고 있는 것은 아니다. 시바타(1969)는 역사의 추정을 보강하기 위하여, 연령 차와 화자의 의식에 대한 이용도 고려하였다. 또한 시바타(1988b)에서는 제3원칙으로 「고유 변화의 원칙」도 포함하고 있는데, 「단어에는 각각의 역사가 있다.」라는 생각에 근거하는 것이며, 언어면에 대한 원칙이다. 많은 항목의 종합적인 분석이 활발해진 현재는 오히려 분포 패턴의 공통성에 주목하는 견해가 적합하다(이노우에 2001.2.).

유럽의 언어지리학에서도 같은 원칙과 기준을 발전시켜 방언뿐만 아니라 다른 언어 사이에도 적용하였다(코세리우 1981). 바루토리의 기준은 다음과 같다(코세리우 1981). 일부 번역어를 바꾸었다. 각각의 지역 · 단계에 속하는 단어는 오래되었다고 하는 가설이다.

a 「고립 된 지역의 기준」
b 「주변 지역의 기준」
c 「넓은 지역의 기준」
d 「나중에 영유(領有)된 지역의 기준」[2]
e 「소멸 단계의 기준」

바루토리의 기준으로는 3번째에 「넓은 지역의 기준」을 들고 있지만, 문화 인류학의 고전적인 가설(age and area hypothesis (concept))과 공통된다.

(1) 절대연대 : 연령 차의 겉보기 시간

이상의 언어지리학적 연구에 근거한 단순한 추정의 보조 수단으로써 연령 차를 이용하는 것이 일찍부터 고려되고 있었다. 즉 겉보기 시간(apparent time, 역자주 ; 겉보기 시간을 현장 시간이라고도 번역할 수 있다)의 이용이다.

시바타(1969)는 역사 재구성의 수단으로 연령 차를 중시한다. 또한 여론조사 등의 연령 차를 볼 때 조심해야 할 일을 일찍부터 지적하고 있었다(시바타 1978). 뒤에서 언급하듯이 「겉보기 시간」을 구성하는 것으로도 중요하기 때문에 「언어 연령학」이라는 연구 방법이 가능하다(이노우에 2008.5a). 연령 차는 항상 언어 변화를 반영하는 것은 아니다. 말의 세대 차는 「라이프 스테이지 언어」와 「코호트어(동일한 출생연도 집단어)」로 구분할 수 있고, 언어 변화를 반영하는 것으로도 구별할 수

2 Trudgill(2004)의 식민지 차(colonial lag)에 해당된다.

있다(이노우에 2007.2.,2008.5a).

(1a) 현장 시간 : 연령층별 조사의 연령 차

「언어 연령학」의 제1 기법은 그림 14-1의 1a이다. 이것은 연령층의 다른 기술 자료 또는 방언 지도의 비교이다.[3] 동시에 조사한 노(중)년 층, 젊은 층의 언어 지도가 일반적이다. 만일 어떤 어형의 용법과 지리적 분포가 연령층에 따라 다르다는 것이 확인되면 신구를 추정할 수 있다. 그러나 연령 차를 그대로 받아들이는 것은 위험하고 유보가 필요하다. 언어 습득은 성인 이후에도 행해져 성인이 신조어를 채용하는 경우가 있다. 조부모나 부모가 아이의 말투를 (표준어라고 착각) 재빨리 채용하는 경우도 있다. 반대로 아이가 부모나 주변 사람들로부터 오래된 말투를 배우는 경우도 있다.

성장함에 따라 말을 바꾸는 현상인 연령 계제(年齡階梯 age grading)도 중요하다(Boberg 2004). Age grading(연령 계제)를 나타내는 현상의 표시에는 조사 시의 실제 연령이 적합하다. 수십 년 후에 반복해도 같은 나이 곡선을 그린다. 여론조사에서는 나이가 들면서 생각이 보수적이 되는 듯한 물음으로 관찰된다. Age grading(연령 계제)의 전형적인 예는 경어 관계이다. 어머니에게 「하하(ハハ)」라고 하는 표현의 습득에 대해서는 시간을 두고 많은 도시에서 조사되었는데, 초등학교 때에는 사용하지 않고 중고등학교에서 사용하게 된 점은 공통성을 보였다(제21장, 이노우에 1999.5.). 이에 비해 언어 변화를 나타내는 경우는 제15장에서 사용하는 코호트(출생 연도)의 그래프화가 적합하다. 수십 년 후에 조사하여도 어떤 세대의 사람들은 처음에 익힌 현상을 바꾸지 않기 때문에 그래프가 후 세대에까지 연장되어 연속

---

[3] 1a 연령별 조사와 1b 글로토그램은 현장 시간(연령)과 지리를 동시에 본다는 점에서는 공통적이지만 그리는 방법이 다르다. 방언 지도 두 개 이상의 연령층으로 나누어 그려 배열하는 기법과 지리적 평면을 선으로 단순화해서 연령을 자세하게 살펴보는 기법의 차이지만, 글로토그램에서는 전파의 속도를 측정하기 쉽다는 장점이 있다. 그림 2a, 2b에 비하면 1a, 1b의 차이는 작지만 하위 구분이라는 점은 공통이다.

된다. 여론조사에서는 민주주의적인 생각이 제2차 세계대전 이후 꾸준히 퍼진 것이 일반적이다. 언어 현상에서는 발음이나 문법을 비롯하여 「언어의 혼란」이라고 하는 많은 현상이 이 패턴을 보여준다. 즉, 진행 중의 언어 변화에 해당된다.

라이프 스테이지에 따른 언어 차이에 대해서는 유아어(육아어)(도모사다 1997), 아동어(야나기 외 1997), 젊은이 말(요네카와 1996), 어른 말(이토이 2003), 아저씨 말(오자키 1999) 노인 말 등이 지적되고 있어, 언어 변화와는 연결되지 않는다. 역할어(긴스이 2003)로써의 노인어와의 관계에 대해서는 다른 논문에서 논하겠다.

이상의 유보를 고려한 후에 연령층별 방언 지도의 고찰이 이루어지면 두 연령층 사이의 분포 영역을 비교하여 최근의 전파 속도를 계산할 수 있다. 여기에서는 연령 차라고 하는 현장 시간을 이용할 수 있다.

(1b) 현장 시간 : 글로토그램의 연령 차 × 거리

이와 같은 내용의 발전으로 「언어 연령학」의 제2 기법, 연령 차, 즉 현장 시간과 지역 차를 동시에 고찰하는 조사법이 있다. 그림 14-1의 1b이다. 「글로토그램」(glottogram ; 지리 × 연령도)이라고 하는 방법은 일본에서 개발된 것으로 연령 차와 함께 지리적 분포를 같은 그림에 나타내기 때문에 전파 속도에 대한 단서를 제공한다는 장점이 크다. 단지 지역의 선택 등에 대한 비판이 있다(에바타 2001, 2006). 평균 수명이 길어지고 있기 때문에 일생 동안 관찰할 수 있는 언어 변화도 많아질 것으로 예상된다(이노우에 2008.3a). 만약 운이 좋다면 1시점의 조사에서도 10세에서 90세까지의 80년간의 시간 범위(time span)의 방언 사료로 얻을 수 있다. 그러나 등어선의 타입을 생각했을 때, 변화를 이야기할 수 있는 것은 경사 등어선과 연령적인 등어선이다.[4] 지리적 등어선은 변화(방언차)의 정체를 보여, 연령 차를 이용할 수 없기 때문에 변화의 연대 측정에는 도움이 되기 어렵다(이노우에

[4] 대부분의 경우 20세기 이후 현대 사회에서는 이노우에(2003.7.)에서 언급한 것처럼 전파 속도가 증가하여 예전과 달라져 버렸을 가능성이 있다.

1975.6.).

(2) 절대연대 : 조사의 실시간 차

언어 변화의 실태를 파악하려면 절대연대를 아는 것이 필요하다. 언어 변화의 절대\연대는 실제로 변화가 일어난 시기의 정보가 있으면, 즉 실시간(real time)의 이용이 가능하다면 추측할 수 있다. 그림 14-1의 2이다. 가상 시간과 달리 신뢰할 수 있는 정보를 얻을 수 있다.

(2a) 실시간 : 추적 · 경년 조사

다음 기법은 좁은 의미의 실시간의 이용이다. 그림 14-1의 2a에 해당한다.

과거의 역사 재구성 기법으로 같은 조사를 수십 년 후에 실시함으로써 실시간의 차이를 활용할 수 있다. 지리적 전파 속도를 알기 위한 시간축의 도입은 언어지리학적 조사를 몇 년이나 후에 반복함으로써 얻을 수 있다. 즉 시기가 다른 방언 조사의 비교이다. 과거의 조사가 이용 가능하다면 그 후의 반복(추적 · 경년) 조사로 현재의 지리적 분포를 비교할 수 있다. 에바타(2006)의 언어 지도는 10년 간격으로 나이 드신 분과 젊은 사람의 2세대 조사를 반복한 것으로 2a에 해당함과 동시에 1a를 병용한 뛰어난 방법이다. 독일어 방언의 예도 참조(Herrgen 2003). 이 경우 전파 속도는 다음과 같이 두 조사의 연대 차와 분포 범위의 확대를 비교하면 계산할 수 있다.

(a) 어형의 분포 범위
(b) 두 조사 연대 차

이러한 종류의 비교 가능한 데이터를 얻기 위해서는 먼저 몇년 전에 행해진 언어지리학적 조사를 찾아 동일한 조사를 반복해야 한다. 또는 먼저 조사를 하고 그 데이터가 충분히 오래되기를 기다려야 한다.

(2b) 실시간 : 과거의 문헌 사료 · 역사적 자료

때로는 가령 과거 문헌 사료에 의해 초출 연도의 절대연대를 확정할 수 있는 경우가 있다. 그림 14-1의 2b이다. 일본어사 연구자가 방언학과 같은 현상에 주의를 하기 시작하여 방언사의 연구가 진행되어(고바야시 2004, 사코노 1998), 과거의 문헌과 조합할 수 있고 많은 단어의 사용 절대연대가 분명해졌다. 즉 절대적인 시간의 축이 방언 연구에 구체적으로 도입된 것이다. 이상적인 경우는 역사적 문헌 자료에서 어형의 출현 절대연대와 지리적 분포를 모두 결정할 수 있고, 방언 현상의 지리적 전파 속도도 계산할 수 있다.

지리적 전파 속도를 알기 위해서는 거리, 즉 지리 축의 도입이 필요하다. 이 경우 전파 속도는 다음 두 가지를 비교하면 계산할 수 있다(도쿠가와 1972, 1993).

(a) 중심지에서 분포 지역(의 가장 먼 끝 지점)까지의 거리
(b) 초출 연도과 현재 사이의 연수

그러나 몇 가지 문제가 있어서 유보가 필요하다. 신방언형이 변방 · 시골에서 발생하여 나중에 문화적 중심지에 채용되는 현상(도쿄 신방언)이 근대 일본에서 지난 수십 년 내에만 여러 종류가 관찰되고 있다(제10-13장 이노우에 1998.1., 2003.7.). 같은 방언 역류 현상은 과거에도 일어나고 있었을 것이다. 따라서 중앙의 언어를 기록한 사료에 있어서의 출현은 사상 최초의 어형 출현을 의미하는 것은 아니다. 또한 일반적으로 사전에 있어서의 기재 · 채용은 항상 실제 사용보다는 나중이다. 그러나 해당 어형의 사료 초출보다도 실제 사용이 빠르다고 생각하면 이러한 문제는 피할 수 있다. 다수의 단어를 집합으로 취급하면 「대수(大數)의 법칙」에 의

해[5] 개별 편차가 그다지 영향을 받지 않는다.

이 기법은 과거의 서기(書記) 기록이 있는 방언에 한하여 적용된다. 만약 넓은 지리적 범위에서 오랜 역사를 다루려고 한다면 방언사를 취급하는 언어의 수는 한정된다. 아마도 중국이 최적일 것이다. 기원 전후에 만들어진 가장 오래된 방언 사전(양웅(楊雄)의 「방언」)과 넓은 국토가 있기 때문이다. 이 사전의 소재(所載)어는 일본 학자의 컴퓨터 기법에 의해 지도화되었다(마쓰에 1999). 로망스 제어(어군)는 풍부한 문헌의 전통과 지리적 확장 배경이 있기 때문에 두 번째 후보로서 적합하다. 일본어도 8세기에 풍부한 문헌이 나타나 문화적 중심지로부터 2,000㎞의 지리적 확대가 전망되기 때문에 부적절하지는 않다. 이것은 넓은 의미에서의 실시간 조사에 따른 속도 계산이다. 긴 시간 범위(time span)에서 넓은 지역의 전파를 알 수 있다.

이상과 같이 1절에서는 지리적 분포와 변화의 절대연대와의 관계에 대해 고찰하고, 언어 지도와 글로토그램이란 조사・표시 기법의 이론적 자리매김을 시도하였다.

2. 쇼나이 방언 「간포(ガンポ)」의 변화

변화의 절대연대를 고려한 구체적인 예로 다음의 어휘 현상을 다루고자 한다. 이 예는 과거의 문헌 사료에 의한 실시간의 차이와 현재의 연령 차에 의한 현장 시간을 이용해서 지방적 규모의 전파 속도를 알 수 있다. 지역 방언에 있어서 전파의 기본 메카니즘을 확인하기 위해서는 작은 지역에서의 조사가 중요하다. 그

5 대수의 법칙은 현실의 예를 늘리면 확률은 일정 값에 가까워지는 법칙이다. 「베르누이 대수의(弱) 법칙」이라고도 한다. 주사위를 많이 던지면 어떤 수든 나올 확률이 6분의 1에 가까워진다. 보험은 이 대수의 법칙의 개념을 기반으로 성립된다.

러나 지역의 방언은 역사적 문헌이 별로 눈에 띄지 않고, 언어지리학적 연구의 반복도 그다지 행해지지 않는다. 드문 경우가 야마가타현 쇼나이 방언이다.

그 1항목 「츤보(聾, 농청각 장애인)」의 방언 지도는 지금까지 공개된(이노우에 1973, 2003.7.) 영어 자막으로 다시 게재한다. 그림 14-2 참조(원래 그림을 인터넷에 공개할 예정[6]). 1969년에 실시한 언어지리학적 조사의 결과로 피험자의 대부분은 조사 당시 70세 이상으로, 즉 19세기 출생이다. 그림에 따르면 ■ 「긴카(キンカ)」는 이 지역의 북쪽과 남쪽에 떨어져 분포한다. ○ 「간포(ガンポ)」는 중심지의 쓰루오카 시 주변에서 사용되어 분포 영역은 거의 원형을 보이며 전형적인 새로운 형태 확산 분포 패턴이다. 「ABA 분포」를 나타내는 것으로, 중앙의 간포(ガンポ)가 새롭고 주변의 긴카(キンカ)가 오래된 것으로 추정할 수 있는 전형적인 예이다. 언어지리학의 작업 원칙인 「변경 잔존의 원칙」에 따라 변화의 상대 연대를 확실하게 예상할 수 있었다. 또한 아베(1997)가 제시한 방언 지도(고바야시 요시하루 1939의 통신 조사)에 따르면, 긴카(キンカ)가 병용 형태로 쓰루오카 시 부근에 분포하고, 간포(ガンポ)도 쇼나이 남서부 가장자리에 분포한다. 또한 쇼나이 북부에는 옷치(オッチ)가 분포한다. 그림 14-3에서도 나오는 어형으로 「난청」과 「벙어리(啞)」의 의미를 구분하지 않은 표현이다. 쇼나이 북부에서는 일부 단어에 대한 의미 구별이 적은 경향이 있다(이노우에 2000.2.).

6 이노우에(2003.7.)에 수록된 그림이다. 이 때는 글로토그램을 제시하지 않고 캐나다에서의 국제회의, METHODS 12, Moncton 2005.8.에서 이용했다.

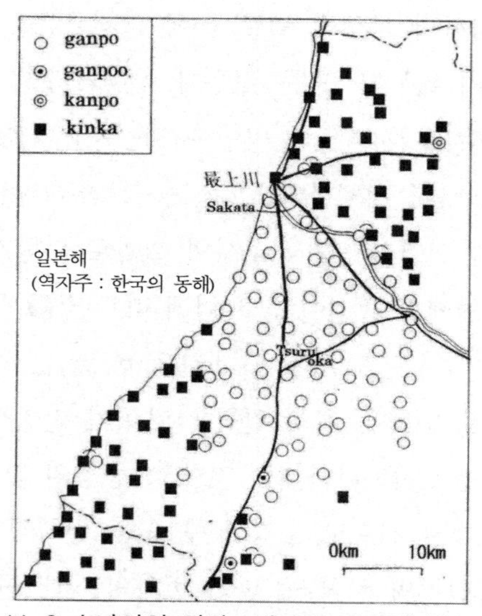

그림 14-2 쇼나이의 킨카 · 간포의 지리적 분포 1969

이 언어지리학적 조사를 실시한 후, 지리와 나이를 조합한 조사 기법인 글로토그램이 지역에 적용되었다. 글로토그램은 보통 선형 지역의 연령 차를 보여주기 때문에 지역 전체의 상황을 보지 못한다는 약점이 있다(에바타 2001). 이를 피하고 넓은 지역의 연령 차를 확인하기 위해 또 다른 기술도 적용되었다. Z조사가 그것이다. Z조사라고 부르는 것은 조사 지역이 직선이 아니라 (모양이 Z와 반대지만) 지그재그 선이기 때문이다. 조사 지역은 야마가타현 쇼나이 지방의 북부와 중부에서 그림 14-2(및 이노우에 2000.2., 2003.7.)와 같이 선으로 나타내고 있다.

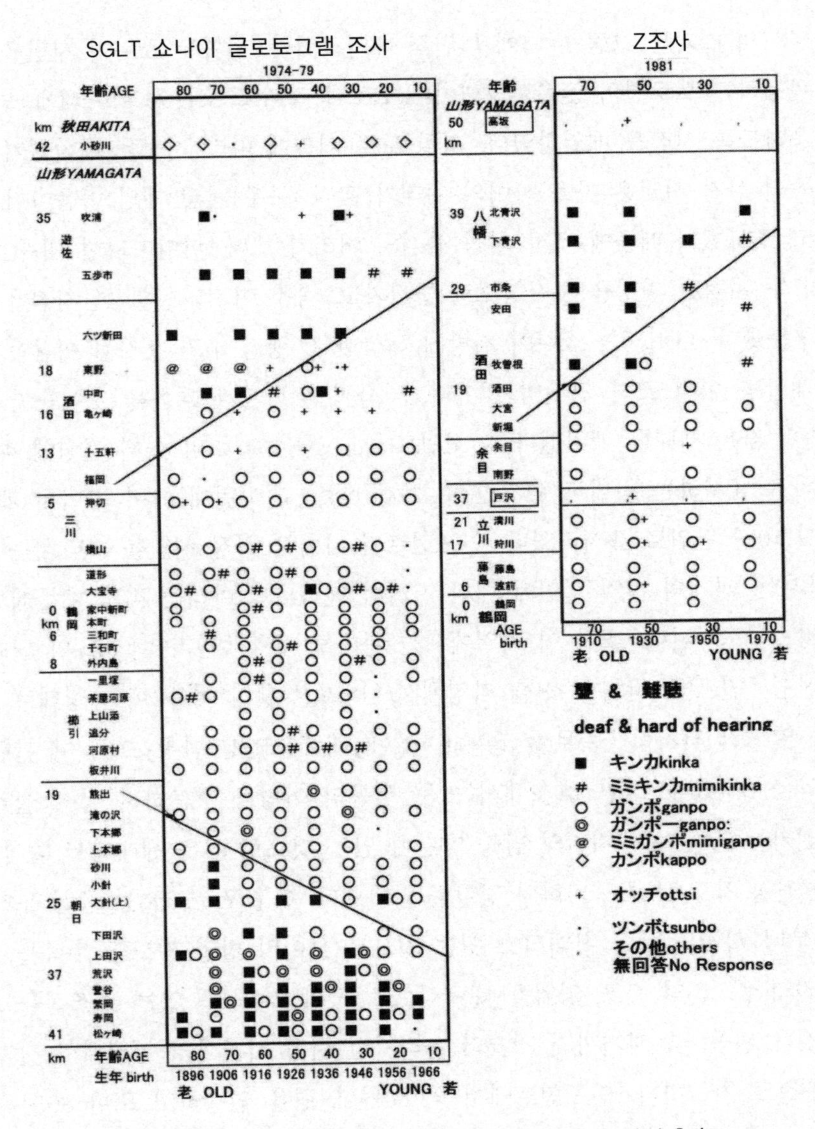

그림 14-3 쇼나이의 글로토그램(glottogram)과 Z조사의 「간포」

두 조사의 결과를 그림 14-3에 나란히 배열하였다. 왼쪽은 쇼나이 지방을 남북으로 관통하는 도로변의 글로토그램이다. Z조사 결과도 오른쪽 위아래에, 남북으로 대응하도록 지점을 배열하였다. 거의 도로 거리에 따라 지점을 배치했기 때문에 남쪽의 산간 지역은 마을 사이의 거리가 짧다. 북부는 몇 개의 마을마다 간격을 두고 조사했기 때문에 조사 지점 사이의 거리가 크다. 야마가타현 내륙(모가미) 지방의 두 지점은 지명을 사각형으로 둘러싸고, 북부 아키타현의 한 지점은 선을 그어 구분했다. 나머지는 쇼나이 지방에 해당한다. 행정 구획과 지점 이름은 헤이세이 대합병 이전 조사 당시의 것이다. 역사적인 시간의 흐름을 보여주기 위해 오른쪽에 젊은 세대를 배치했다. 인포먼트(informant, 피험자)의 실제 연령에 따라 1세 단위로 표시하는 방법도 있지만(이노우에 2008.3c), 이번에는 이 방법을 채용하지 않고 10년 단위로 표시하였다. 인포먼트의 나이는 현장 시간을 나타내는 것에 불과하지만, 과거의 지역 방언에 대한 지리적 전파의 실마리는 적기 때문에 활용하지 않으면 안 된다. 또한 이 지역에서는 아마도 구형 「긴카(キンカ)」의 퇴화 과정과 신형 「간포(ガンポ)」의 진출 과정에서 「버려진 것의 이용」이란 형태로 의미 구분을 일으킨 것처럼 「츤보(聾, 농청각 장애인)」과 「노인성 난청」으로 이 관련 어형을 얻을 수 있다. 그림 14-2에서는 두 항목의 어형을 구분하지 않고 실었다.

■ 긴카(キンカ)는 이 지역의 남북 양단에 있는 것으로 젊은 세대에서 줄어들고 있다는 연령 차로 보아도 퇴화의 경향을 나타낸다. ○간포(ガンポ)는 중심 도시 쓰루오카부터 지금도 계속 확대되고 있는 것으로 보이며 방언 지도의 추측을 보강한다. 긴카(キンカ)의 분포 영역을 대략적으로 구획 지을 수 있는 보조선을 그었다. 이것을 왼쪽, 즉 과거까지 거슬러 올라가면 현장 시간과의 관계에서 전파 속도의 추정도 가능하다. 인포먼트에서 약 80년 연령을 연장하고 또한 80년 정도 전에 보조선이 교차한다(보조선의 위치와 기울기에 따라 연수는 폭이 있어 100년 이상 먼저 교차하도록 선을 긋는 방법도 있다). 간포(ガンポ)는 19세기 전반 또는 18세기 후반에 전파가 시작됐다고 생각하면 앞뒤가 맞는다.

이 항목에서는 절대연대의 단서도 있다. ■ 킹카는 중심 도시 쓰루오카에서 18세기에 쓰여진 오래된 방언집 「(쇼나이) 浜荻(하마하기)」(호리 1767)에 실제 기록되어 있다. 19세기에는 또 다른 방언집 「쇼나이 방언고」(구로가와 1891)가 출판되어 「귀가 들리지 않는 사람」의 의미로 새로운 형태의 ○간포(ガンポ)가 기록되어 있다. 이 두 책의 간행 사이에 쓰루오카에서 변화가 일어난 것이 틀림없다. 긴카(キンカ)는 도호쿠 각지에서도 사용되지만, 간포(ガンポ)는 쇼나이에서만 사용되기 때문에,[7] 1767년과 1891년 사이, 즉 에도 시대 말기 또는 메이지 초기에 간포(ガンポ)가 쓰루오카에서 발생하여 퍼진 것일 것이다. 이 말이 나타난 이후 최대 약 240년(2009~1767), 최소 약 120년(2009~1891)이 된다.

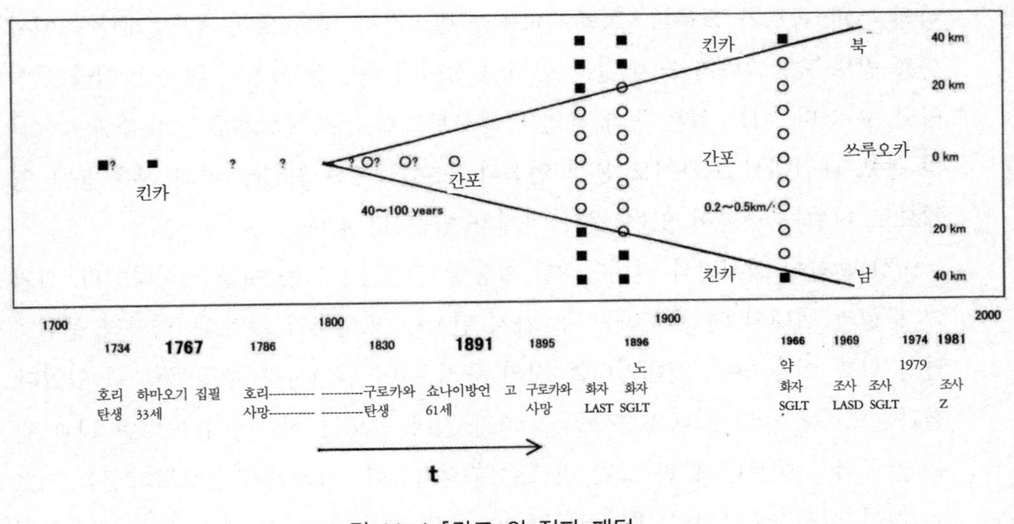

그림 14-4 「간포」의 전파 패턴

그림 14-4에서는 지리적 분포와 연령 차 및 과거의 방언집 출판 연대 등을 조합하여 신형 간포(ガンポ)의 전파 과정을 단순화하여 보여 주었다. 상하의 지리적

7 앞서 언급한 바르톨리 제3의 기준인 「넓은 지역의 기준」에 따른다.

거리를 단축하고 좌우의 연령 차를 연장하여 나타냈다. 대략 보조선을 그어 만나는 곳을 보면, 쓰루오카의 1800년 전후이다. 그러나 보조선을 긋는 방법에 따라 연대가 이동하므로, 1767년과 1891년 사이의 언제인지를 확인할 수 없기 때문에 「간포」의 발생이 1767년 이전이었을 가능성도 부정할 수 없다.

그림 14-2의 방언 분포도에서 「간포」의 분포 영역은 쓰루오카 중심으로 거의 원형을 보여준다. 제2차 세계대전 이전・이후의 다른 방언 분포 조사에서도 크게 다르지 않다. 간포(ガンポ)의 가장 먼 분포 지점은 쓰루오카에서 30km로 대략의 반경은 20km이다. 이 수치를 토대로 발생 연대를 1800년 전후(현재까지 200년 정도)로 계산하면 연간 속도는 최소 0.1km, 최대라도 0.4km에 불과하다. 지금까지 본, 전국 분포를 나타내는 다수의 말투(이노우에 2003.7.)의 「연속 1킬로」라는 전형에 비해 전파 속도가 느리다. 교통・교류가 빈번하지 않은 일본 동쪽 해안 쪽에서 사용 빈도수가 그다지 크지 않고 공적인 장면에서는 잘 쓰이지 않는 말이라고 설명할 수 있다. 이는 일본 동쪽 해안의 글로토그램(이노우에 2008.3c, 이노우에 외 2011)의 분포 패턴에서 도카이도 본선 연선과 도호쿠 본선 연선에 비해 작은 분포 영역으로 나뉘는 경향이 있는 것과 관계가 있는 것 같다.

이상과 같이 실시간과 절대연대를 사용할 수 있는, 드문 예를 제시하였다. 과거의 문헌과 현대의 연령 차라는 두 가지 단서는 모순되지 않았다. 역사적 문헌과 연령 차를 이용하여[8] 절대연대를 거의 특정 지어 방언사를 재구성할 수 있었다. 결과적으로 신방언 형태의 간포(ガンポ)의 전파 속도는 지금까지 논의된 것과 같은 전국적인 예보다 훨씬 느린 것으로 추정되었다. 지금까지 글로토그램을 기초로 하여 실시간으로써의 과거의 문헌과 현장 시간으로써의 연령 차를 이용하여 전파 속도의 추정을 시도했다.

---

[8] 역사적 문헌과 연령 차이 이용에는 게이한(교토와 오사카) 지역이 1번이다. 도호쿠 지방은 센다이가 유리하고 에도 시대의 방언집 발행도 3번 이상 있으며 메이지 이후에도 빈번하다. 예전에도 방언 연구는 시장 경제에 지배되어 센다이와 같은 대도시는 집필자도 많고 구매층도 두텁다는 점에서 유리했다.

3. 전파 속도의 유형

이노우에(2003.7.)에서는 더 많은 예를 들어 종합도로 정리했다(그림 12-6). 자료의 일부는 과거의 문헌, 즉 실시간 자료와 비교하지만 대부분은 각지의 글로토그램 조사를 바탕으로 한다. 즉 현장 시간의 자료에 따른다. 글로토그램 활용의 예를 보여준 셈이다. 이를 통해 다른 신방언 현상의 지방적, 전국적인 전파도 확인할 수 있었다.

다만 연속(年速) 1km로 개괄한 숫자는 개략적인 것으로 예외도 있다. 많은 예를 보고 다수의 법칙이 작용한다고 파악했지만, 연속(年速)을 살피기 위해서는 더 많은 예로 확인해야 한다. 이후에 전파 속도를 알 수 있는 단어의 예는 증가하고 있다. 결론적으로 연속 1km 대가 많아 전형적인 형태로 보인다. 모두 연속(年速) 1km 대 ±1자리(0.1km 대에서 10km대)라는 정리에 모순되지 않는다. 예외는 개별적으로 설명할 수 있다. 또 가사이 데이터(가사이가와니시 1981)[9]에 의한 표준어형의 전국 분포와 초출 연도를 대조해 본 결과에서도(이노우에 2004.10.) 전파속도가 연속(年速) 1km가 좀 넘는다고 추정되었다.

3.1. 다른 전국 분포의 예

일본어사의 지식과 방언 분포를 결합하여 전국적 전파 속도를 논한 성과는 실제로 여러 종류로 공표되어 있다. 그 증거로 다음과 같은 예를 들 수 있다.

어휘에 대해서는 아베(2001)가 개별 항목의 각각의 어형으로 분포의 크기・위치와 발생 연대를 결부하고 있다. 고바야시(2004), 히코사카(2006) 등에서도 이러한 종류의 지적이 있고, 전파속도가 연속(年速) 1km 전후라는 가설을 뒷받침하고

9 「일본 언어 지도」 LAJ 표준어형을 현별로 계산한 수치 데이터이다.

있다. 나카모토(1983)는 류큐 방언에서 분포 범위의 크기와 상대 연대를 결부시켰다. 연령과 지역 가설(Age and area hypothesis)와 같이 간단하게 적용하는 것은 위험하지만, 한번 생각해 볼 여지가 있다. 또 고바야시(1982)의 신체 명칭에 대해서 오키나와가 오래되었다는 지적은 고전적인 가치를 갖는다.

어휘 중에서도 외래어의 방언 차이에 대해서는 「언어 간 방언학」이란 테마로 종합 지도가 만들어져 에도시대 「나가사키 서양어」의 확산에 큰 경향성이 있다는 것을 보여주었다(이노우에 2007.2.). 또 한자어의 방언 차이에 대해서도 종합적인 분포도가 공개되었다(사나다 · 도모사다 2007, 사와무라 미유키 작성). 이것을 전파의 연속(年速)과 관련 지어 고찰할 수 있다.

어휘에 관해서는 실물(실물교재, realia) 유입의 시대와 방언 차이도 전파 속도를 알 수 있는 단서가 된다. 도자기가 「세토모노(瀬戸物)」 「가라츠모노(唐津物)」 어느 쪽으로 불리는지의 동서 차이 「자가이모(じゃがいも)」와 「사츠마이모(さつまいも)」의 작명과 전파 루트 · 시대와의 관계 등 실물의 유입 · 전파의 절대연대를 알 수 있는 것도 많다(도쿠가와 편저 1979, 사토 료이치 2002). 연속(年速)에 관해서는 가설과 모순되지 않는 것 같다.

음운에 대해서는 시바타(1959)의 선구적인 고찰이 있고 현대 일본어 모든 방언에 반영하는 음운 현상은 무로마치 시대 또는 고작(구 가나츠카이(仮名遣い)에 반영할 수 있을 정도) 헤이안 시대 중앙어의 후예로 간주되는 것을 확인할 수 있었다. 이후 류큐 방언 음운의 일부가 나라 시대의 특수 가나츠카이(仮名遣い)를 반영하였을 것이라는 가능성이 논의되고 있다(우에무라 1977). 어쨌든 교토에서 가고시마 · 아오모리까지 1000km 헤이안 시대부터 현대까지 1,000년 전후라는 숫자로 말한다면 연속 1km의 개괄과 모순되지 않는다.[10]

---

10 음운 현상에 대해서는 다른 언어 변화와 마찬가지로 규칙적인 「내생적(内生的) 변화」와 전파에 의해 주로 단어별 채택에 따른 「외생적(外生的) 변화」의 구별이 가능하다(이노우에 1985.2, 2000.2). 예외 없는 규칙적인 음운 변화가 실제로 언어 공동체에 존재하는지는 현재의 변이 이론으로 말하자면 오히려 의심할 존재이다. 가행 요음(クヮ) 등에 대해서는 외생적인 전파가 작

악센트에 대해서도 방언 차이 차용어(한자어) 악센트를 결부시키는 역사언어학적 수법으로 거의 중세에 동서 차이가 발생했다고 추정되어(긴다이치 1980), 이것도 연속(年速) 1km라고 생각된다. 다만 악센트에 관해서는 「역주권(周圈) 분포」가 전형적으로 맞아 떨어지며 도시의 규범 의식이 변화를 억제하는 압력이 된다.

문법에 대해서는 개별 사실 이외에 오오니시(1995)에 의한 동사・형용사의 「활용의 유형」이라고 하는 방법이 나왔다. 규슈가 복잡성을 유지하고 도호쿠가 단순화하는 경향이 있지만, 일본 전체로 보았을 때에 헤이안 시대의 고전 문법의 활용 체계로부터의 변화로 간주할 수 있는 것은 연속(年速) 1km 전후 가설과 모순되지 않는다. 또 우에무라(1975)는 먼저 사키시마(先島)의 동사 연용형의 용법이 고대일본어 이전의 용법을 반영한다고 주장했지만, 그 후에 또 다른 가능성을 고려하였다.

경어에 대해서는 가토(1973) 이후, 전국의 분포를 크게 파악하려는 연구가 나왔다. 경어사에서 말하는 절대 경어에서 상대 경어로의 변화(츠지무라 1968), 또 경어용법 전체의 정중어화(이노우에 1999.5.) 등은 방언 차이로도 반영하고 있다. 연속(年速) 1km 전후로 교토에서 전파되었다고 설명할 수 있다(그림 18-1). 이상의 각종 언어 현상으로 나누어 살펴봐도 연속(年速)의 기본적 가설은 유지될 수 있다.

각지의 방언 특색과 고어를 결부시키는 개괄법이 자주 사용되는데, 도호쿠와 규슈의 방언(어휘와 문법)이 만요슈(만엽집)와 연관되어 긴키와 간토의 방언이 근세문헌의 현상과 연관되는 것도 평균 연속(年速) 1km에서 얻어진 경향과 모순되지 않는다(이노우에 2000.4.).

용하였다고 생각되어 전국적인 음운 분포와 어휘 전파의 연속을 대비하여 공통점을 찾아보는 것은 어렵지 않다.

3.2. 해외의 연속(年速)을 뒷받침해주는 예

일본 이외의 관련 현상에서도 전파 속도의 단서를 얻을 수 있다. 언어 자체에 대해서는 인도 유럽 어족의 확산 이론에서도 비슷한 수치가 주장되었다(렌프루 1993). 외국어 방언의 예에서도 프랑스어의 질리에롱, 도저 이후 몇 개의 단어로 연속(年速)의 예측이 가능했다(도저 1958, 코세리우 1981). 독일어・네덜란드어에서도 실증적 연구가 있다(Herrgen 2003). 미국・캐나다의 북부 도시의 음운 변화는 속도가 약간 빠른 것 같다(Chambers et al 2002).

3.3. 전파 속도에 영향을 주는 언어적 요인

더욱 고찰을 해보면 전파의 정도・속도는 여러 언어적・비언어적 요소에 영향을 받는다. 고찰 예를 늘려서 전파가 느린 경우, 빠른 경우에 대한 몇 가지 법칙성을 지적할 수 있었다.

언어적으로 속도는 문제 어형의 사용 빈도수와 관계하며, 또 어형의 사용 영역・장면도 전파의 속도에 영향을 준다. 이 요인은 표준어화도 관련이 있다. 표준어형 전파 속도의 3단계를 생각해 초출 연도와의 관계를 깊이 연구함으로써 연속(年速)을 알 수 있는 단서를 얻게 된다(이노우에 2007.2.,2004.10.). 또한 근대로 접어들면서 어형이 표준어로 채택되고 인쇄 및 대중매체에서 사용되면 그 어형은 전국 전파의 기회가 늘어나고 속도가 오른다.

3.4. 전파 속도에 영향을 주는 비언어적 요인

비언어적으로는 역사적 시대와 지리적 조건이 전파 속도에 기본적으로 작용한다. 시대의 영향이 크기 때문에, 전파는 근대에 와서 빨라지고, 근대적 교통수단이 있는 지역에서도 빨라진다. 방언의 전파 속도는 20세기에 가속된 것 같다. 옛날에는 취락 간의 커뮤니케이션이 적고 전파 속도도 느렸다. 교통수단의 근대화 이후 전파 속도가 빨라진 것 같다. 대중매체가 발달한 경우에는 속도가 더 빨라졌다.

글로토그램 기법은 어느 나라에서나 적용할 수 있다. 연속(年速)에 관해서도 다른 나라의 방언과 비교할 수 있다. 연속(年速) 1km를 출발점으로 해서 다른 언어 지역에서도 전파 속도의 일반적 경향을 조사할 수 있다. 국내적인 관심에 치우치기 쉬운 방언 연구에, 국제적 관점을 가지고 와서 범언어적인 시각을 갖게 하는 것과 연관될 것이다. 또 「이중 주권론(周圈論)」이나 「중력 모델」도 고려하여 복잡한 전파 현상을 어떻게 단순화할지 생각해야 한다.

4. 전파의 우산 모델 개정판—전파의 3단계

일본어의 표준어화에 대해서는 일종의 미신이 있어, 메이지 유신 1868년 근대화 이후 표준어화만이 진행되었기 때문에 새로운 방언형은 근대화 이전의 봉건 시대에서만 나타났다고 생각되어 왔다. 하지만 21세기에 와서도 여전히 신방언형은 많이 생겨나고 진출하고 있다. 예전에 이노우에(1998.1.)에서 현대 일본어의 신방언 전파에 대해 「우산 모델」을 제창한 바 있다(그림 13-10). 도쿄의 말도 또한 일상생활에서 구두로 사용된다는 점에서는 다른 방언과 같은 조건이 작용한다. 시골에서 문화적 중심지 도쿄에 구두의 일상어로 방언 형태가 도입되는 것은 당연하다. 우산 모델에 따르면 우산의 모서리에서 일어날 것 같은(즉 지방 방언에서의) 신방언의 전파는 느리다. 하지만 일단 도쿄의 말로 채택되면 급속하게 전파된다. 도쿄로부터의 전파는 어느 정도 보급되면 대중매체를 타는 탓도 있어 빠르다. 지금까지 살펴 본 글로토그램에서의 개별 전파의 예를 통해 이상의 우산 모델의 실용성이 입증되었다고 말할 수 있을 것이다.

표준어형(가사이가와니시 데이터)에서도, 다변량 해석을 적용한 결과에서도 유사한 경향이 보였고, 도쿄 · 교토로부터의 철도 거리와 신방언 전파 간에 관련이 깊다는 것이 관찰되었다(이노우에 2004.9b). 현별 표준어 사용률과 철도 거리를 각각 가로와 세로 차원으로 구성해 보면 각 현의 값을 한 개의 점으로 나타낼 수 있다. 이를 바탕으로 한, 새로운 그래프를 통해 표준어 보급의 역사적 3 단계를 확인할 수 있었다. (1) 예전 교토 중심의 느린 전파 (2) 근대 도쿄 중심의 급속한 전파 (3) 현대의 대중매체를 통한 급속한 전파이다.

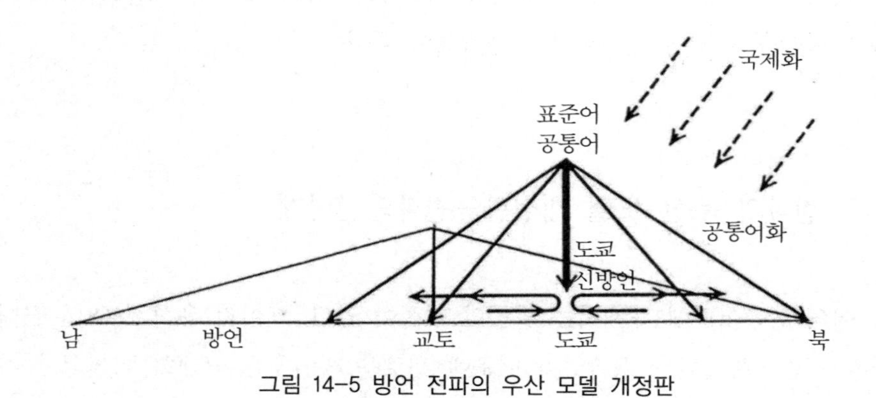

그림 14-5 방언 전파의 우산 모델 개정판

이상과 같이 우산 모델을 확대하여 표준어화의 3단계를 반영할 수 있도록 했다. 그림 14-5는 우산 모델의 개정판으로, 왼쪽에 교토 중심의 완만한 삼각 모형을 추가했다. 옛 교토에서 전국으로 천천히 전파되었던 과정이다. 이것으로 우산 모델은 복잡해졌지만 일본어 변화의 상당 부분을 표현할 수 있게 되었다.[11] 또한 좌우의 차원은 지리적 위치를 나타내지만, 단순히 거리를 나타내는 것이 아니라, 인구 규모가 큰 도시끼리는 영향도 크다고 생각해 중력을 나타낸다고 생각하는

[11] 신방언의 전파만을 나타낸다면, 왼쪽 교토를 위한 낮은 삼각 모형은 불필요하다. 경우에 따라 구분할 예정이다.

것이 좋다.

지금까지 방언 연구의 시간적 차원의 절대연대(年代)의 위치, 지리적 차원의 거리를 논하고, 양자의 결합으로 전파 속도(年速) 측정 기법을 나타냈다. 개별적으로 논의되어 온 모든 현상을 정리하여 논한 다음 「언어 연령학」의 과정(道程)에 오르고 싶다.

15 음운 공통어화의 S자 커브

—쓰루오카(鶴岡)・야마조에(山添) 6회의 조사

❖ 앞 장까지는 방언의 언어 변화에 대해 신방언을 실마리로 논했다. 신방언의 전파는 전국적인 전파와 야마가타 현 쇼나이(庄內) 지방의 지역적 전파, 모두의 실례를 들었다. 그것을 뒷받침해주는 것으로, 전국의 표준어형의 역사적 전파 과정에 대한 졸저『변화하는 방언, 움직이는 일본어』로 제시했다. 좁은 지역의 표준어 보급을 다룬다면, 조합해서 네 가지를 망라하게 된다. 제Ⅱ부 마지막 부분으로 이번 장에서 시도해보겠다.
음운 공통어화에 대한 연구는 제2차 세계대전 이후에 크게 진전되었다. 쓰루오카 시는 특히 주목할 만한 가치가 있는 지역이다. 이번 장에서 다루는 것은 야마가타 현 쓰루오카 시와 근교의 야마조에 지구에서 지리적・사회적으로 거리가 있는 2지역이다. 각각의 지역에서 3번씩 현장 조사를 실시하여 분석했기 때문에 실시간으로 지리적 전파를 입증할 수 있다. 중간 규모의 도시와 근교 농촌 사이에는 지리적 거리를 뛰어 넘는 이상의 사회적 거리가 있고 전파가 쉽게 되지 않는다는 것을 확인할 수 있었다. 이노우에・에가와・사토・요네다(2009)에 고쳐 씀.

0. 들어가며

음운 현상 공통어화 연구는 제2차 세계대전 이후에 활발히 진행되었다. 특히 야마가타 현 쓰루오카 시와 그 주변 야마조에에서는 총 6차례의 현장 조사가 실시되었는데,[1] 조사 결과 전체를 종합적으로 정리해 본 결과, 언어 변화가 S자 커

[1] 이번 장에서는 쓰루오카 제3회 조사 보고서 준비 과정에서 에가와 기요시・사토료 이치・요네

브를 그리며 진행된다고 판단된다.[2] 이 발상을 바탕으로 그래프에 대응해 보면 언어 변화의 소요 연수(시간)를 계산할 수 있다. 그 결과, 이전 변화의 발생부터 종료까지 총 100년 이상 걸릴 것으로 추정했다. 또한 쓰루오카 구 시내와 근교 농촌에서는 전파 단계에서 보았을 때 수십 년에 해당하는 차이가 있는 것을 알 수 있었다. 이후에 새로운 데이터를 얻어, 한꺼번에 그래프 중첩에 대한 새로운 작성법을 착안하였기 때문에 다시 한 번 생각해 시도하였다. 이번 야마조에 제3회 조사의 데이터가 늘었기 때문에 새로운 계산법을 적용하여 선행 연구의 결과를 재검토했다. 그 결과, 변화 전체가 완료되기 위해서는 200년 가까이가 필요하다고 생각하게 되었다.

1. 연구의 자리 매김

1.1. 선행 연구 1–보급의 S자 커브

언어 변화의 보급 전파의 과정에서 S자 커브가 관찰되는 것에 대해서는 지리학・생물학 등에서 선구적인 연구가 있고, 이는 보급학이라는 형태로 일반화되었

다 마사토와 이노우에 후미오의 미팅에서 영감을 얻어 수시로 고쳐나갔다. 학회지 편집위원회의 요청에 의한 개정 도중에 에가와 기요시 씨가 돌아가셨다(2009년 2월 16일). 최종 원고를 볼 수 없었던 것이 유감이다. 2007년 3월, 제3회 야마조에 조사에서 바쁘지만 도움을 주신 주민 여러분께 깊이 감사드린다. 또한 구청장 사토 시게가즈 씨(도노지마), 사이토 미노리 씨(시타야마조에)를 비롯하여 많은 분들의 신세를 졌다. 조사원은 다음 8명이었다. 이노우에 후미오, 고겐, 사토 다카시, 스즈키 아키라, 다카다 미에코, 다케다 히로시, 야마시타 아케미, 양민호. 현지 조사는 헤이세이(平成) 18, 19년도 과학 연구비 보조금(기초 연구 C6) (18520362) 「일본해(역자주 : 한국의 동해) 연안의 신방언 전파의 지리적 역사적 연구」(대표 이노우에 후미오)에 따른 것이다. 데이터 정리・집계・그래프 작업에는 메이카이 대학 미야타 연구 장려 특별 연구비로 겐노 히사유키・아라이 도모코・곽벽란, 양민호 씨의 협력을 받았다.

[2] 다양한 보급 현상으로 볼 수 있지만 복장 등의 유행 현상, 독감 등의 전염병에서 전형적으로 관찰된다.

다(로저스 1971). 언어학의 세계에도 이것이 도입되어 개설서에서도 소개되었다(Aitchison 1981, Denison 2003 등). 이론의 실증으로써 완벽한 것은 학교 등에서 한정적으로 라디오와 텔레비전과 관련된 제품의 보급이 S자 커브로(고다이라 · 다카하시 2001) 관찰되었다. 그러나 제2차 세계대전 직후부터 라디오 · 흑백 TV · 칼라 TV · VCR, 컴퓨터, 인터넷 접속률 등에서도 여러 단계에 걸쳐 깔끔한 S자 커브가 관찰되었다.[3] 미노카와(2008)의 데이터로도 실례를 관찰할 수 있다.

일본어에 대한 검증은 쓰루오카 조사의 동일한 출생 연도 집단(코호트)의 그래프화로, 공통어화의 「에가와 · 노모토 모델」이 소개되고(에가와 1973, Nomoto 1975), 그 이론적 전개로써 S자 커브에 해당되는 현상이 도출되었다(Yoneda 1997, Inoue 1997.12., 이노우에 2002.11.). 시모키타 반도 가미타야의 경년 조사의 적용에도 S자 커브의 패턴이 보인다(이 책 10장, 이노우에 2000.2.). 최근에 이와 관련된 연구로는 요코야마 · 사나다(2007), 요코야마 · 아사히 · 사나다(2008)의 연구가 있다. 이 연구들을 통해 쓰루오카 공통어화의 3차 조사와 오카자키 경어의 2차 조사 결과에 이를 깔끔하게 적용할 수 있다는 점, 그것으로 장래가 예측 가능하다는 점 등을 알 수 있었다. 문화청의 여론조사에서도 10년 이상의 간격으로 동일 항목의 추가 조사를 실시하고 있기 때문에 세대별 그래프를 중첩시키는 수법으로 S자 커브(일부분)의 패턴이 관찰된다(이 책 제21장 「아게루(あげる)」).

다만, S자 커브의 가설의 근거와 그 계산식에는 여러 종류가 있다(Denison 2003 등). 그 중에서도 정규 분포의 누적 커브설이 유력했다. 하시모토(2006), 요코야

[3] 제품의 경우, 중기의 대량 생산 덕분에 단가가 싸지는 것도 급속한 보급에 박차를 가한다. 하지만 보급 말기에 기세가 쇠약해지는 것은 단가와 모순된다. 경제력이 떨어지는 가구의 경우에는 신제품이 언제가 되어도 엄두조차 나지 않는 사정이 작용한다 하더라도, 교체 수요 등으로 남은 것이 돌기 때문에 말기에는 급속하게 모든 가구에 보급되어 있을 것이다. 현실로 보급 말기에 기세가 꺾인 것은 가정의 경제 사정 이외에 새로운 기기와의 접촉 기회의 많고 적음이 작용한다. 또 수용에 열성적이지 못한 개인이 어느 세상에건 있다는 것으로도 설명된다. 즉, 보급의 S자 커브 형성의 기본 메커니즘은 접촉 · 수용의 개인차가 존재한다고 생각할 수 있다. 여기에는 당연히 지역 차이(인구 밀도와 교통망)가 작용한다.

마・사나다(2007)는 로지스틱 곡선을 적용했다. 예전에는 손으로 그린 개략적 그래프가 사용되기도 했다(Aitchison 1981). 아래의 설명은 야리미즈 가네타카의 계산에 의한 그래프를 이용하였다. 정규 분포의 누적 커브이다.

1.2. 다차원 다변량 S자 커브

요코야마・사나다(2007)는 다차원 다변량 S자 커브를 구상하고 있지만, 이것은 이노우에(2000.2.)의 「수조 모델」과 비슷한 발상이라고 할 수 있다.[4] 3차원 수조 모델에서 S자 커브를 생각하면 새로운 현상의 문체적 상승에서도 S자 커브를 적용할 수 있다고 생각된다.[5] 문체의 S자 커브의 통계적 연구는 앞으로의 연구 과제이다(미야지마 1977, 이노우에 2008.5a, 오기노 2006).

지리적 전파에 S자 커브를 적용하는 것이 가능하다는 것은 Haegerstrand(1967)의 발상에서도 밝혀졌다. 이론적으로는 발생 직후와 지리적 전파의 초기 단계에서는 S커브가 완만하고, 중기에는 급속하게 증가하며, 말기에는 다시 완만하게 될 것이라고 생각한다. 글로토그램에 의한 관찰로는 미야자키 현의 젊은층의 「이켄캇타(イケンカッタ, 갈 수 없었다)」가 현의 경계를 뛰어 넘는 데 시간이 걸리고, 일단 한 번 넘은 후부터 가고시마 현에 급속히 보급된 현상은 중기의 급속한 보급의 극단적인 예라고 할 수 있다(미야자키국제대학 1997). 다른 많은 사회언어학적 변이를 사

---

4 「수조 모델」은 1993년 7월에 Milroy 씨를 초청한 오사카대학의 구두 발표로 전날 밤 3차원화를 떠올리다 OHC로 제시한 것이었다.

5 실례로는 비속어와 신방언의 지위 상승이 있다. 예를 들어 「이자 제로 변화」(10장 6절) (의태어 등의 말미의 리(リ)가 시(シ)로 변화하고 마지막에는 탈락하는 변화가 있다. 「야하리, 얏파리, 얏파시, 얏파(やはり、やっぱり、やっぱし、やっぱ), 아마리, 안마리, 안마시, 안마(あまり、あんまり、あんまし、あんま)」 등 에서는 예전에 비속어 취급 받은 어형이 일제히 문장 속에서 사용되게 되었다. 또 신방언의 지위 상승은 「우잣타이(うざったい)」, 「우자이(うざい)」 또는 「챠린코(ちゃりんこ)」가 일상어, 일반적 단어로 회화나 문장에 나타났다. 「라 탈락 어형(ら抜きことば)」도 문장어로 등장했다.

용자층의 심리 등과도 연동하는 형태로 이를 다차원이라고 판단해 정리했지만(이 책 제20장, 이노우에 2008.5a), 모든 유형의 전파에 보급의 S자 커브를 적용할 수 있을지는 확실하지 않다.

1.3. 선행 연구 2—쓰루오카·야마조에 조사에 적용

이번 장에서 다루는 야마가타 현 쓰루오카 시의 공통어화 조사에서는 근교인 야마조에 지구에서의 관련 조사와 함께 S자 커브가 관찰되었다(이노우에 2000.2.). 제2 차 세계대전 이후, 약 20년 간격으로 쓰루오카 시내에서 이루어진 3회차 공통어화 조사에서 100년간의 연령 차이(겉보기 시간)와 조사 연도(실시간)의 변화를 알 수 있었다. 100년 이상 걸릴 장기적인 변화의 진행을 그래프를 통해 해석할 수 있었다. 이노우에(1995.6.)에서는 출생 연도(코호트)에 의한 절대적 연령대의 이동 기법을 채택하여 음운과 악센트 각각이 S자 커브의 일부(후반과 전반)를 형성한다고 판단하였다. 이를 연령층의 확산으로 보고 100년 이상의 변화 과정을 그래프화할 수 있었다. 다만 그래프는 음운과 악센트 연령층을 통계 소프트를 이용하여 어긋나게 해서 그렸다.

이 기법은 근교 야마조에의 경우에도 적용하였다. 더욱이 다변량 해석법(하야시의 수량화 제3류)으로 조사 항목을 구분하여 변화의 분류를 할 수 있었다. 이를 통해 에도 시대 이후 장기간에 걸친 국어사적 변화와 근대, 특히 제2 차 세계대전 이후의 공통어화를 판별할 수 있었다. 쓰루오카와 야마조에의 조사어 31개어의 개별 발음·악센트에 대해서도 세 번의 조사를 연결하는 기법으로 100년 전후의 변화를 살펴보면 S자 커브를 형성하고 있는 것을 확인할 수 있었다(이노우에 2005.12a, 2009.3b, 국립국어연구소 2007).

2. 쓰루오카(鶴岡)・야마조에(山添) 조사에 대하여

2.1. 쓰루오카 제3회 조사

쓰루오카 조사는 대규모이면서 장기적인 경년 조사로서 세계에 자랑할 만하다. 쓰루오카 제3회 조사 보고서(국립국어연구소 2007)는 제4회 조사를 목표로 집필되어[6] 이후에 간행되었다. 이 조사 결과를 그래프화할 때쯤, 간행 준비 중에 다양한 방법을 시도했는데, 출생 연도 집단(코호트)을 이용하였고 동시에 11년 간격으로 구분한 연령층으로 나누어 발간되었다. 일반 여론조사와 같이 16세부터 시작되는 연령이므로, 10년 간격이라면(인원도 아주 적음) 젊은 세대나 노인 세대에 5년 만큼의 연령층이 생겨 각 항목의 그래프에서 때때로 부자연스러운 커브를 나타냈다. 하지만 11년 간격이라면 소수의 연령층이 없어져 깔끔한 그래프가 그려진다는 것을 알 수 있었다. 또 제3회 조사의 간격은 약 22년 간격이라고 볼 수 있는데, 이는 이번 장에서도 이용하겠다. 이것은 요네다의 아이디어이며, 자세한 내용은 제3회 조사 보고서를 참조하기 바란다.

쓰루오카에서 세 차례의 조사 결과를 그림 15-1에 나타냈다.[7] 음운 분야의 3회 조사가 전체적으로 S자 커브(의 후반)를 그리며, 악센트 분야의 3회 조사가 전체적으로 S자 커브(의 전반)을 그린다는 것을 알 수 있었다. 또 악센트 득점이 각 조사 때마다 급격히 증가함도 알 수 있었다.

[6] 집필은 에가와 기요시, 이노우에 후미오, 사토 료이치, 요네다 마사토(알파벳 순서)에 따랐다. 그래프화는 양민호가 하였다.

[7] 이전에 이용한 그래프는 가로로 길었지만(이노우에 2000.2.) 이번에는 S자 커브의 장기적 변화 속에 시각적으로 파악하기 쉽게 하기 위하여 세로로 길게 하였다.

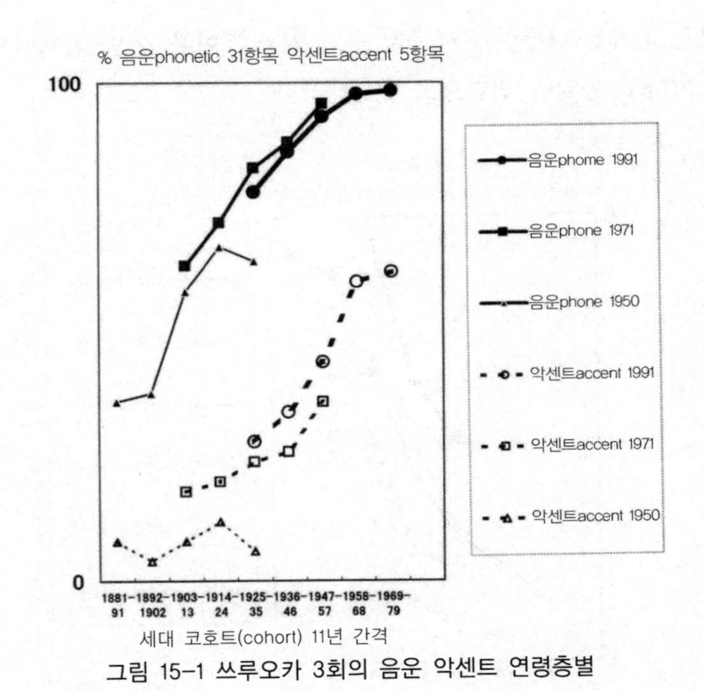

그림 15-1 쓰루오카 3회의 음운 악센트 연령층별

2.2. 야마조에 3회 조사

쓰루오카 시 근교 농촌의 야마조에 지구에서는 쓰루오카 시내와의 차이를 살펴보기 위하여 동일 항목을 포함한 면접 조사를 실시하였다. 거의 15년 간격으로 1976년, 1991년, 그리고 2007년 3월에 조사를 실시하였다. 제3회 쓰루오카 조사와 제2회 야마조에 조사는 같은 1991년이다. 야마조에는 지금은 국도변에 건물이 계속 늘어서 있지만, 예전에는 논을 사이에 두고, 「젠고」(在鄕)라고 불리는 순수 농촌 지구였다. 동시에 조사한 쓰루오카 시 도노지마(外内島)는 기획 단계에서는 쓰루오카 구시내와의 중간 단계를 보여줄 것이라고 기대했지만 실제 조사 결과는 야마조에와 그다지 큰 차이가 없는 농촌적인 것이었다(이노우에 2000.2.). 쓰루오카 시에 쵸손(町村)이 합병(1955)된 후 얼마 되지 않은 지역으로 국도에서 벗어난 전업

농가가 많은 취락을 다루었기 때문일 수도 있을 것이다. 이번 집계에서는 야마조에도 도노지마도 동일한 집단으로 취급하겠다.

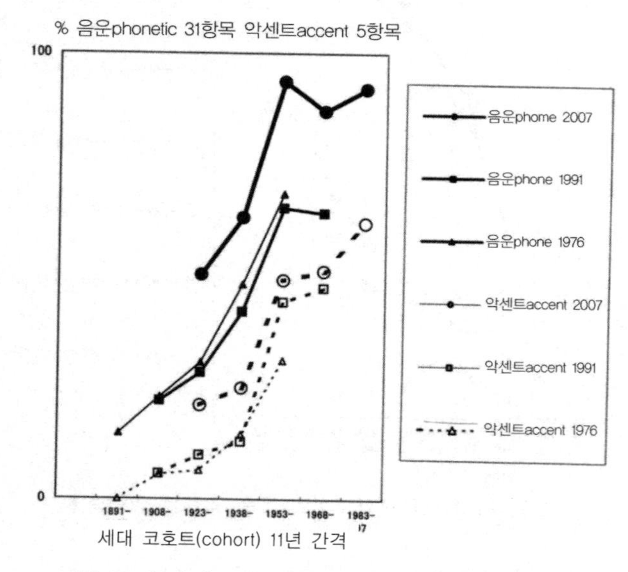

그림 15-2 야마조에 3회의 음운 악센트 연령 층별

야마조에 제3회 조사의 음운 31항목의 집계 결과는 조사 후에 바로 출력할 수 있었다. 제3회 쓰루오카 조사 결과도 나와 있어 이를 조합해 생각해 볼 수 있었다. 야마조에 조사는 15년 간격으로 실시되었기 때문에 연령층도 15년 간격으로 했다. 그림 15-2에 나타낸 것은 속보판 정도로, 조사한 내용을 재검토하지 않은 데이터이다.[8] 하지만 음운・악센트 각각이 거의 S자 커브에 해당되는 결과로, 쓰루오카의 결과와도 닮아 있어 대략 신뢰할 수 있는 조사 결과라고 할 수 있다. 세 번째 조사에서 악센트와 음운 모두의 점수가 대폭 증가하였다는 점이 주목된다.

8 조사원에 유학생도 포함되어 있어 듣기 능력에 차이가 있을 수 있으므로 이전의 2번 조사와 마찬가지로 테이프를 편집한 후에 한 사람의 귀로 다시 듣는 것이 바람직하다.

S자 커브의 변화를 사교춤인 슬로우·퀵·퀵·슬로우에 비유한다면(Aitchison 1981), 마침 빠른 단계에 접어 들어 공통어가 급속하게 보급되었기 때문이라고 생각해 볼 수 있다. 또 15년간 발생한 사회 환경의 변화도 이유일 것이다.[9]

3. 평균치법—야마조에·쓰루오카 데이터에 적용

3.1. 사회조사 및 언어 연령학

이노우에(1995.6.)의 출생 연도에 따른 절대연대(年代) 이동법은 각 조사 연도와 음운·악센트의 점수를 살펴보고 이를 시행착오로 이동한 것이었다. 이후에 통계 소프트웨어인 Excel의 산포도를 사용하여 조사 연대를 가감하면서 꺾은선 그래프의 상대적 위치를 어긋나게 하는 것을 이용하여 시행착오를 거듭했다. 이것을 그림 15-3에 나타내었다. 이 그림은 3회 조사의 음운·악센트 6개의 선이 연결되어 보이게 나타낸 것으로, 이노우에(1995.6.)와 Inoue(in press)보다 깔끔하게 나타낼 수 있었다. 음운에서는 제2회에 10년분, 제3회에서 6년분의 급격한 증가(성인이 된 후 20년간의 습득 또는 구분 능력의 확대)가 있었다고 생각했다. 또 악센트에 대해서는 제1회 1950년의 음운에 비해 80년이 늦었다고 생각했고, 제2회에 20년분, 제3회에서도 10년분의 급격한 증가가 있었다고 생각했다. 6개의 선을 연결하면 S자 커브처럼 보인다. 이것은 실태 조사의 결과로 한 시점의 연령 차이라는 공시적 변이가 장기간의 통시적 변화의 1단계를 보여준다.

9 새로 생긴 국도 우회 도로 사이에 주택 단지가 생겨, 현 내(전국) 각지의 출신자가 정착했다. 또 수도권에서 U 턴한 가족도 섞여있다.

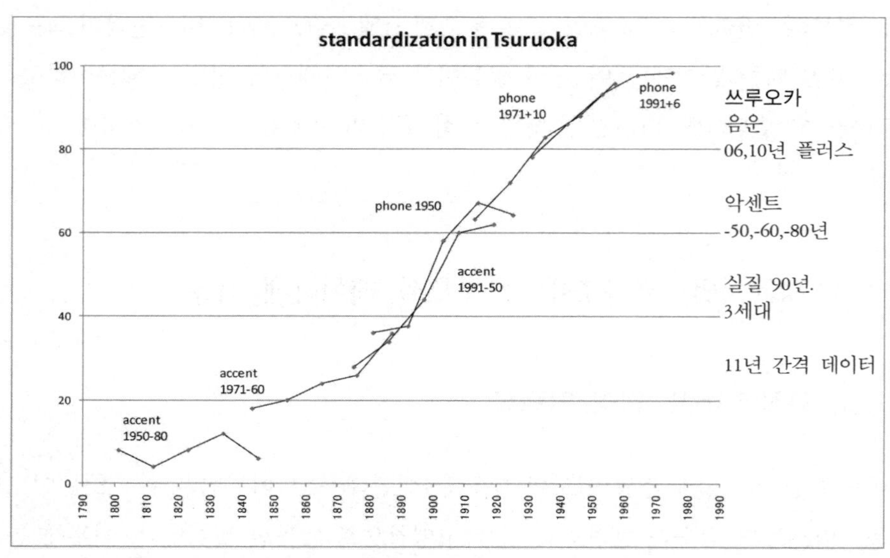

그림 15-3 쓰루오카 3회의 음운 악센트 코호트(cohort) 이동

여기엔 더욱 더 정확한 기술이 요구되고 있다. 이에 걸맞은 수치에 따라 적절하게 이동할 수 있다면 좀 더 깔끔하게 이론적인 S자 커브에 겹칠 것이다.

조사자 전원의 평균 점수를 이용하려 했지만 불편한 점이 있다. 예전에는 아이들이 많고 고령자가 적었기 때문에 젊은 세대의 수치가 작용되었다. 지금은 아이들과 젊은 세대가 적고 노인이 많기 때문에 고령자의 수치가 강하게 작용된다. 샘플 전체의 평균치라면 조사지나 시기에 따라 다르다.

이러한 사정은 그림 15-4의 쓰루오카 3회 연령별 피험자(조사대상자) 비율로 알 수 있다.[10] 젊은 세대인 15~19세와 20~25세의 합계는 1950년에는 27% 정도를 차지하지만, 1991년에는 17%로 그 수가 격감하였다. 또 55세 이상의 장년층(그림의 검은 색 테두리)은 1950년에는 14% 정도였지만, 1991년에는 27%로 거의 두 배

10 쓰루오카 조사 3회 요약 보고서(국립국어연구소 2007)에서는 15세부터 69세까지의 연령층을 11년 간격으로 구분한 「보고서 간격」을 취했다. 하지만 그림 15-3에서는 제1, 2회 쓰루 오카 보고서와 같은 10년 간격(젊은 층은 5년 간격)으로 표시되어 있다.

가 되었다. 1950년에는 34세 이하와 35세 이상에서 거의 절반씩 되었지만, 1991년에는 35세 이상이 60% 이상(약 3분의 2)을 차지한다. 이러한 경우에는 각 조사 항목의 전체 샘플의 평균치가 1950년에는 젊은 세대의 수치에 좌우되고 1991년에는 장년층의 수치에 좌우된다.

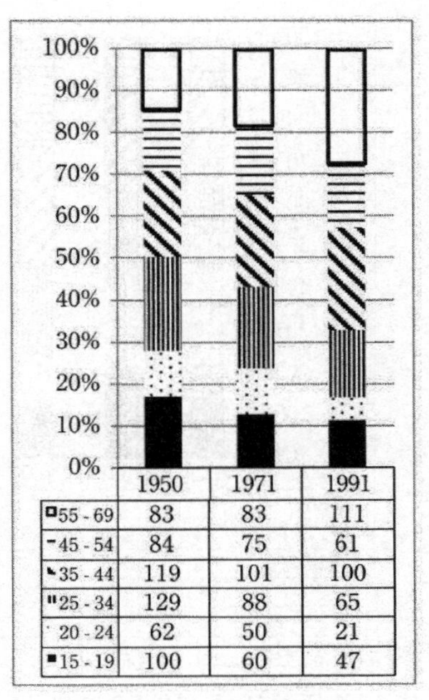

	1950	1971	1991
55-69	83	83	111
45-54	84	75	61
35-44	119	101	100
25-34	129	88	65
20-24	62	50	21
15-19	100	60	47

그림 15-4 쓰루오카 3회의 연령층별 피조사자 비율

전체 샘플의 평균 연령은 1950년에는 35세 전후(즉 1915년경 출생), 1991년에는 40대 후반(즉 1945년경 출생)으로 추정된다. 조사 자체는 약 40년의 간격이 있지만, 평균 연령으로 보면 약 30년 밖에 떨어져 있지 않게 된다. 전체적으로 경년 변화를 보려면 실제로는 40년보다 작은 시간 차이를 보게 된다.

이것은 쓰루오카 시의 인구 구성 전체에 변화가 있었기 때문이다. 2011년 무렵에 예정되어 있는 쓰루오카 제4회 조사에서는 저출산 고령화 때문에 이 연령층별 격차가 더욱 심화될 것으로 예상된다.

이 연령의 구성 변화는 지역 차이도 동반한다. 그림 15-5의 야마조에의 3회 연령별 피조사자(인포먼트)의 비율을 살펴보자.[11] 10세 전후부터 25세까지 젊은 세대의 합계는 1976년에는 20% 정도를 차지하지만, 2007년에는 10% 정도로 반이 줄었다. 또 56세 이상 장년층(그림의 검은 색 테두리)은 1976년에는 25% 정도였지만, 2007년에는 50% 이상으로 거의 두 배가 늘었다.

전체 샘플의 평균 연령은 1976년에는 40대 초반(즉 1930년대 초반 출생)이다. 2007

11 야마조에에서는 음운 항목에 대해서 10세 전후부터 80세 연령대까지 넓은 연령층을 조사 대상으로 한 것과 15년마다 조사 결과를 15세 간격으로 나타낸 것이므로 두 그래프의 모양은 비슷하지만 해석에 주의가 필요하다.

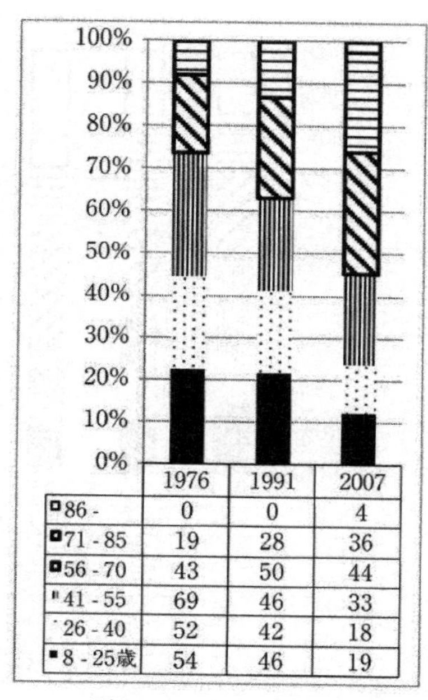

	1976	1991	2007
86 -	0	0	4
71 - 85	19	28	36
56 - 70	43	50	44
41 - 55	69	46	33
26 - 40	52	42	18
8 - 25歳	54	46	19

그림 15-5 야마조에 3회의 연령층별 피조사자 비율

년에는 평균 연령이 54세(1953년 출생)이므로, 조사 자체는 30년의 간격이 있지만, 평균 연령으로 보면 약 20년밖에 차이가 나지 않게 된다. 또한 똑같이 1991년에 실시한 조사에서의 평균 출생 연도의 경우, 쓰루오카 제3회 조사에서는 1945년 경, 야마조에 제2회 조사에서는 1940년대 초반이므로 야마조에 쪽이 나이가 많게 된다. 이는 쓰루오카와는 달리 노년층을 70대 미만으로 자르지 않았기 때문이기도 하다.

2007년 쓰루오카 근교 농촌의 야마조에 지구에서는 저출산이 더욱 더 심화되고 또 청년층의 출타(다른 도시로의 이동)가 증가되어 젊은 세대를 거의 찾을 수 없는 상황이었다(더 극단적인 경우로 산간부의 경계 마을에는 장년층만이 사는 상황도 있다).

여기에서 인구 구성에 대해 정리해 두자(Inoue 2008.5b). 일본과 같은 평화 복지 위생을 갖춘 국가는 전반적으로 성인 이후의 자연 감소가 적다. 즉 각 연령층은 경년 조사를 해도 구성원이 갑자기 줄어드는 것은 아니다. 이러한 경향은 고령화로 인해 더욱 더 장년층까지 확대되었다. 사회 증가・사회 감소도 일본 전체로는 적다(해외 이주도 전체적으로는 많지 않다; 외국인이 일부 지역에서 증가하여 연령 구성에 편향이 나오고 있지만, 언어 조사나 방언 조사에서는 보통 무시된다). 다만, 사회 증가・사회 감소는 지역 차가 크고 대도시에서는 청년층이 비대해지고, 대도시 부근에서는 중장년층과 유년층이 증가한다. 농촌부나 산촌부에는 노년층이 많다. 고도 성장기의 베이비 붐 세대의 대규모 인구 이동의 패턴은 지금도 재생산되고 있다.

수도권의 인구 구성을 지도화해 보면 깔끔한 주권(周圈) 구조가 나타난다. 그 소규모적인 것을 쓰루오카 구 시내와 주변 지역에서도 볼 수 있다. 구 시내 상가의 「셔터(문 닫힌) 거리」가 경관에 나타난 특징이다.[12]

이러한 상황에서 사회언어학적 연구를 진행하기 위해서는 적절한 언어 연령학적 고찰과 대책이 필요하다. 각 연령층에서 공통어 사용이 어떻게 변해왔는지를 살펴보려면 연령대별로 고찰해야만 한다.

3.2. 연령층 평균치의 평균

이상의 사정을 감안하여 「평균치의 평균」에 대해 아래에서 검토하겠다. 「각 연령층의 평균치의 평균」은 전체를 대표하지 않기 때문에, 「주민 전체의 총 평균치를 취해야 한다.」라는 것은 통계학의 기초 지식이지만, 데이터의 상황에 맞춰 (평균치가 아니라) 최빈(가장 빈도가 많은)값과 중간 값을 사용하고, 이동 평균법을 사용하는 것과 동일하게 사회 조사의 데이터에서는 다른 발상이 필요하다.

젊은 세대의 비율이 옛날과 지금은 다르기 때문에 하나의 가능성으로써 중간 값을 사용할 수 있지만, 샘플 수가 적고 연령층의 수가 적은 경우에는 위험하다. 이번에는 5년씩 연령층을 나누어 있기 때문에 중간 세대의 값을 사용하게 되는데, 농촌에서는 이 중견 세대가 적은 경우가 있을 수 있다. 짝수 4 또는 6년씩 연령층으로 나누어 계산해도 까다롭다. 또 하나의 가능성은 가중치(웨이팅)이다. 이것은 여론조사 등에서 젊은 세대의 수가 적을 때 사용되어 왔다.

위에서 언급한 사회 증가, 사회 감소를 감안할 때, 사회언어학적 조사에서 연령대별로 가중치를 부여할 때도 해당 지역 사회의 상황에 맞추어 인구 구성을 기준으로 하는 것은 부적절하다. 일본 전체 인구 구성을 고려하는 것이 하나의 생각

12 언어 경관으로는 한자어·한자 표기의 가게 이름이 오래된 상점가에서 눈에 띄고, 외래어와 알파벳 표기가 눈에 띄는 교외 쇼핑 센터와 대조적이다.

이지만, 그래도 제2차 세계대전 이후의 베이비붐(단카이 세대)과 베이비 붐 2세라는 인구 구성의 치우침이 있다. 언어의 세대 차이를 「겉보기 시간」으로 이용하는 입장에서 보면, 오히려 각 연령층의 구성 인원을 동등하게 여겨 이에 가중치를 부여하는 것이 좋다.

이와 같은 각 연령층의 동등한 가중치라는 것은 사실 「평균치의 평균」과 같은 것이다.[13] 각 연령층에 동일한 가중치를 부여한다는 아이디어는 반복 조사・추적 조사・경년 조사 등으로 불리는 모든 조사에 적용해도 괜찮다. 각 조사의 경우, 실시간으로 연령층・출생 연도 집단(코호트)을 현장 시간으로 처리하려면, 각 조사의 각 코호트 조사 결과의 평균치를(가중치 없이) 독립적으로 다루어야 한다. 꺾은선 그래프의 겹치기 등을 이용하는(각 연령층의 피조사자 수를 고려하지 않음) 것은 사실 암묵적으로 위와 같이 처리하고 있는 것이다.

지금까지 각 연령층의 평균치의 평균을 다루는 것의 의의를 설명하였다.

3.3. 평균치법의 적용

조사 시 각 연령층의 수치가 S자 커브의 일부를 형성한다면 각 연령층의 평균치의 평균으로 지역 사회 전체의 모습을 대표할 수 있다. 이는 다양한 실태 조사 결과를 1개의 수치로 나타내는 발상이다. 이것이라면 연령층에 의한 인원수의 치우침이 영향을 주지 않는다. 그래프는 나중에 올리겠지만, 쓰루오카・야마조에 모두 5년씩 연령층을 나누어 집계했기 때문에 5년씩 평균치가 중간 세대의 수치와 일치하는지가 신뢰성의 단서가 된다. 쓰루오카 조사는 11년씩 구분한 그래프가 공개되어 각 연령층 인원수의 불균형이 적어진 것도 이번 작업의 처리에 유리하게 작용했다. 쓰루오카 조사에서는 평균치가 연령층 커브의 거의 중앙에 위치

[13] 통계학의 상식을 뒤집는 것으로 코페르니쿠스적 전환이라고도 말할 수 있으며, 콜럼버스의 달걀과 같은 발상이기도 하다. 이런 아이디어가 이번 장의 골자이기도 하다.

하여 전체를 잘 대표한다고 보인다. 야마조에 조사에서는 연령층 커브가 원래 복잡하고 중간 연령층이 치솟는 현상이 있어(인원수가 적기 때문이기도 함.) 그다지 전체를 대표한다고는 말할 수 없지만(나중에 게재하는 그림 15-9), 쓰루오카 조사와의 비교를 위해 동일한 방법을 적용했다.

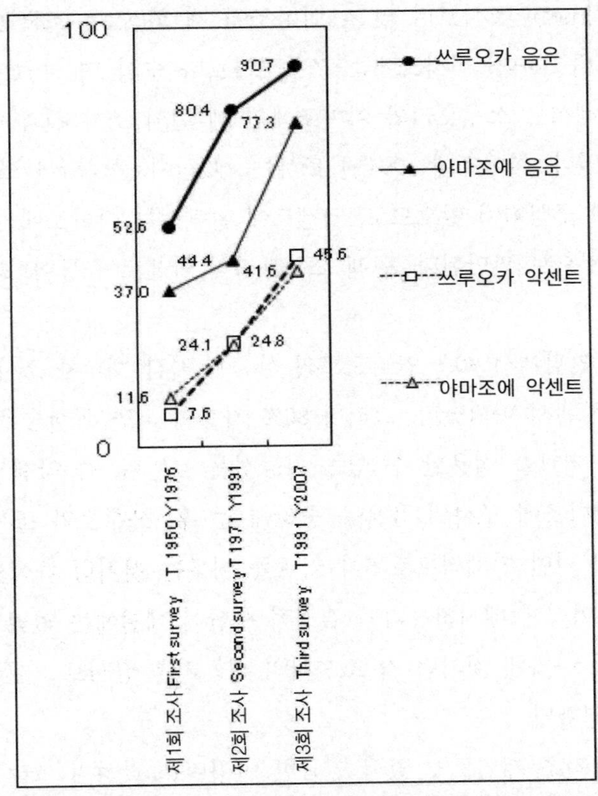

그림 15-6 쓰루오카·야마조에 각 3회의 음운 악센트 평균치

그림 15-6은 쓰루오카·야마조에에서 각 3번씩 실시된 음운과 악센트의 조사를 5년씩 구분한 연령층의 평균치로 산출하여 6개의 선으로 나타낸 것이다. 가로축에는 3번의 조사를 나열했다. 쓰루오카 조사(굵은 선)는 1950년부터 약 20년 간

격이고 야마조에 조사(가는 선)는 1976년부터 약 15년 간격이며 절대연대(年代)는 1991년 조사를 제외하면 어긋난다. 음운은 실선과 검정색 표시로, 악센트는 점선과 흰색 표시로 나타냈다.

음운에 대해서는 쓰루오카와 야마조에의 차이가 크고, 양쪽 모두 세 번의 조사에서 눈에 띄는 상승을 나타내고 있다. 절대치로는 야마조에 제2회(1991) 조사는 쓰루오카 제1회(1950) 조사보다 낮고, 야마조에 제3회(2007) 조사는 쓰루오카 제2회(1971)조사와 비슷하다. 야마조에는 쓰루오카보다 수십 년 늦었다고 판단된다.

악센트에 관해서는 쓰루오카와 야마조에의 세 번의 조사 결과 수치는 매우 낮고 거의 겹쳐 있다. 야마조에 1991년 조사는 제2회에 구성되어 쓰루오카 1991년 조사는 제3회에 구성되어 있으므로, 악센트에 관해서는 야마조에는 쓰루오카보다 약 15년 늦은 것으로 판단된다. 원래 쓰루오카의 악센트 공통어화가 늦어졌기 때문이다.

음운의 50% 안팎에서 80% 안팎으로의 상승은 각각 제1 차 조사의 20년 후 또는 30년 후 조사에서 나타났다. 그러나 80% 가까이 되면 급상승은 기대할 수 없다. 그래서 S자 커브를 적용할 수 있는 가능성을 보인다. 즉 악센트 곡선을 왼쪽으로 옮기고 야마조에 조사의 음운을 중앙에 둔 후, 쓰루오카 조사의 음운을 오른쪽으로 이동시키면 전체적으로 S자 커브를 이루는 것처럼 해석할 수 있다. 각 그래프를 서로 어떻게 배치하는가의 결정적 수단이 예전에는 없었지만, 이번에는 이 그림 15-6에 나타낸 것처럼 각 조사시의 평균치를 단서로 기존의 S자 곡선을 겹쳐보도록 노력했다.

그림 15-7의 기초 개념도는 앞서 언급한 야리미즈 작성의 그래프(정규분포의 누적)이다. 연령대별 평균치의 단순 평균을 S자 커브 상에 구성했다.[14] 연령대별 평균치와의 대응을 목표로 S자 커브 상의 값이 일치하는 위치에 각 조사 위치를 기록하였다.

---

14 변화의 절대연대(100년 이상 걸림)를 나타내기 위해서는 이 정도 연령대의 폭이 필요하다.

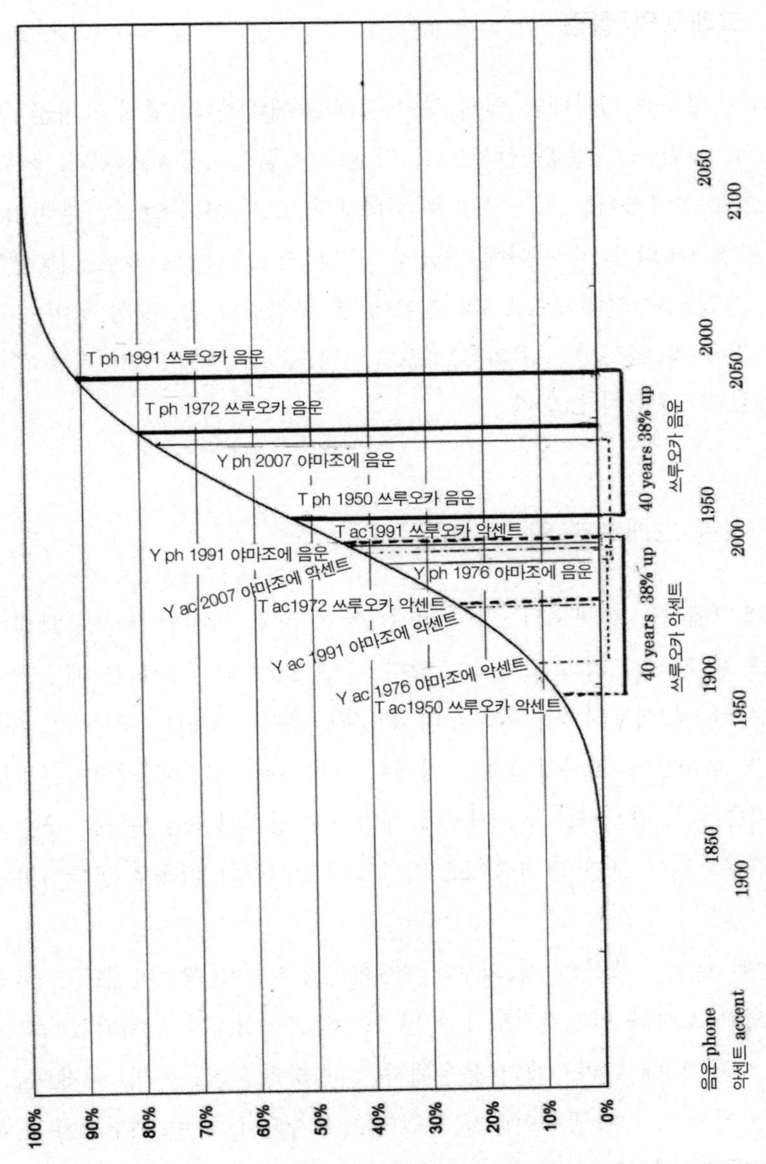

그림 15-7 쓰루오카 · 야마조에 S자 커프 각 3회의 음운 악센트 평균치

3.4. 그래프의 설명

연대와의 대응을 나타내기 쉽게 하기 위해 두께와 선의 형태를 바꾼 수직선을 아래쪽으로 그렸다. 음운은 실선으로, 악센트는 점선으로 나타냈다. 쓰루오카는 굵은 선으로, 야마조에는 가는 선으로 나타냈다. 조사 실시 연도를 실마리로 실제 조사 연도(실시간)의 격차 사이에 평균치가 S자 커브을 어느 정도 이동했는지 알 수 있다. 그래프는 전체적으로 S자 커브에 잘 부합했다. 또 시험 삼아 단순한 경사 직선 위에 각 조사의 수치와 그래프를 구성해 보았지만, S자 커브 쪽에서 더 적절한 커브의 중첩이 보였다.

3.5. 경년 그래프로 알 수 있는 것

그림 15-7에서는 쓰루오카・야마조에 총 여섯 번 조사의 음운・악센트 수치가 그래프 상 간격과 거의 일치하고 있다. 경년 조사 기간으로 볼 때 쓰루오카(굵은 선) 조사의 제1회부터 제3회까지 약 40년간, 음운・악센트 모두 약 38% 상승을 보였다. 쓰루오카 조사의 음운・악센트 각각 38% 상승에 해당되는 가로축의 기간은 비슷하다. 평균치를 S자 커브에 배열하는 방법이 적절했다는 것을 말한다. 40년을 평균화해서 보면 전체적으로 거의 1년 당 1%의 비율로 공통어화가 진행된 것이 된다.

야마조에(가는 선) 조사의 제1회부터 제3회까지 약 30년간 악센트는 30% 차이로, 쓰루오카 조사와 마찬가지로 1년 당 1%씩 공통어화가 진행되었다고 해석할 수 있다. 이에 비해 야마조에의 음운에서는 40% 상승되었는데, 이것으로 볼 때 제3회 조사에서 급속한 공통어화가 있었다고 생각된다. 다만 쓰루오카 조사와 가로축의 기간을 비교해 보면 약 30년분에 해당된다. S자 커브의 이론으로 보자면 중간의 빠른(퀵) 단계에 해당되므로 지난 30년간 수치의 급상승이 있었다고 해석할 수 있다.

쓰루오카의 40년간, 그리고 야마조에의 30년간 조사의 간격을 단서로 삼아 그림 15-7의 앞뒤에 기간을 기입할 수 있다. 음운과 악센트에서 S자 커브 상의 위치가 다르기 때문에 그림 15-7의 하단에는 2종류의 기간을 보충하여 기입했다.

이상에서 변화의 소요 기간도 계산 가능하며, 음운과 악센트 각각에 대해 그래프 하단에 쓰루오카 조사의 조사 연도를 기입했다. 정규 분포의 누적 곡선이라는 특성상, 무한소에서 무한대까지의 변화이며, 0%, 100%라는 점은 이론적으로 있을 수 없다. 하지만 100가지 예를 모아 한 가지 예(100명 조사에서 1명)를 변화의 시점 또는 종점으로 본다면 1%에서 99%를 양끝으로 볼 수 있다. 쓰루오카 조사의 40년간의 증감을 S자 커브 상에서 이동하여 연장해 보면 소요 시간이 200년 미만으로 1% → 99%가 될 것이라고 간주할 수 있다. 200년 미만의 공통어화 소요 연수이라는 것은 「100년 이상」이라는 과거의 추정치(이노우에 2000.2.)보다 크다.

4. S자 커브에 쓰루오카 · 야마조에 데이터 붙이기

이상의 시도를 더욱 발전시킬 수 있다. 그리고 각 조사의 연령 차이가 S자 커브에 맞아 떨어지는지를 검토할 수 있다.[15] 그림 15-1과 그림 15-2의 그래프를 같은 비율로 해서 그림 15-7의 S자 커브에 붙이면 된다. 여기에서는 S자 커브에 잘 겹치도록 스무징 기법을 적용한 그래프를 사용한다.[16] 그림 15-1, 그림 15-2를 살펴보고 음운 · 악센트의 결과가 S자 커브에 맞아 떨어진다고 추측했지만, 실제로 그림 15-7의 원래 그래프를 기초로 해서 음운 · 악센트의 평균치를 붙여 넣

15 전체 현상도, 개별 현상도 S자 커브를 이루는 것이라는 프랙탈(Fractale)과 비슷한 생각은 Aitchison(1981)에도 소개되어있다.

16 엑셀에 의한 것이다. 계산식은 불분명하지만 그래프의 수치로 근사 곡선을 계산한다고 생각한다.

기 한 결과 잘 겹쳤다. 기간을 계산해서 동일한 축척으로 만든 쓰루오카・야마조에 조사 모두 5살 간격의 연령층 그래프를 사용했다. PC 화면에서 작업할 수도 있지만 실제로는 OHP용 투명 시트에 그래프를 복사해서 살펴보고 평균치와 맞춰가면서 붙였다. 또 전체를 쓰루오카・야마조에의 음운・악센트 4개로 나누어 그림 15-8과 그림 15-9에 붙였다.[17]

그림 15-8, 그림 15-9에서 음운은 실선으로, 악센트는 점선으로 표시했다. 쓰루오카는 굵은 선으로, 야마조에는 가는 선으로 표시하였다. 각 조사의 제1회는 △, 제2회는 □, 제3회는 ○로 표시했다.

그림 15-8은 쓰루오카 3번 조사의 음운・악센트의 평균치를 대입한 것으로 이것은 깔끔한 패턴으로 나타났다. 몇 개의 연령 커브가 S자 커브에 가까워지고 보기도 편해졌다. 전체적으로 그래프의 중간 위치에서는 연령 차이가 크지만 처음의 낮은 값과 끝의 높은 값은 연령 차이가 적다. 특히 사용률의 고저 극단적인 위치(80% 이상, 20% 이하), 즉 S자 커브의 슬로 위치에서 변화가 완만해진다.

각 조사 연도의 연령층 커브는 S자 커브를 재현하도록 모방한 것처럼 보인다. 이는 예전부터 이노우에(1995.6.)에서 절대연대(年代) 이동법을 적용한 것과 거의 동일하다. 당시에는 관찰에 의존하여 3번의 쓰루오카 조사 커브가 겹치도록 몇 개의 그래프를 만들고, 그 결과가 S자 커브가 되었다. 이번에는 그것과 반대 순서가 되지만, 동일한 데이터이므로 종합적으로 비슷한 패턴이 나왔다.

[17] 더욱이 그것을 3번의 조사로 나누어 평균치의 위치가 S자 커브와 일치하도록 붙이면 그림의 6개의 선도 중복이 많아지지만, 3회 조사의 상대적 위치가 어긋나 버리므로 이번에는 시도하지 않았다. 제1회 △, 제2회 □, 제3회 ○의 위치가 S자 커브와 겹치지 않는 부분이 있는 것은 그것 때문이다.

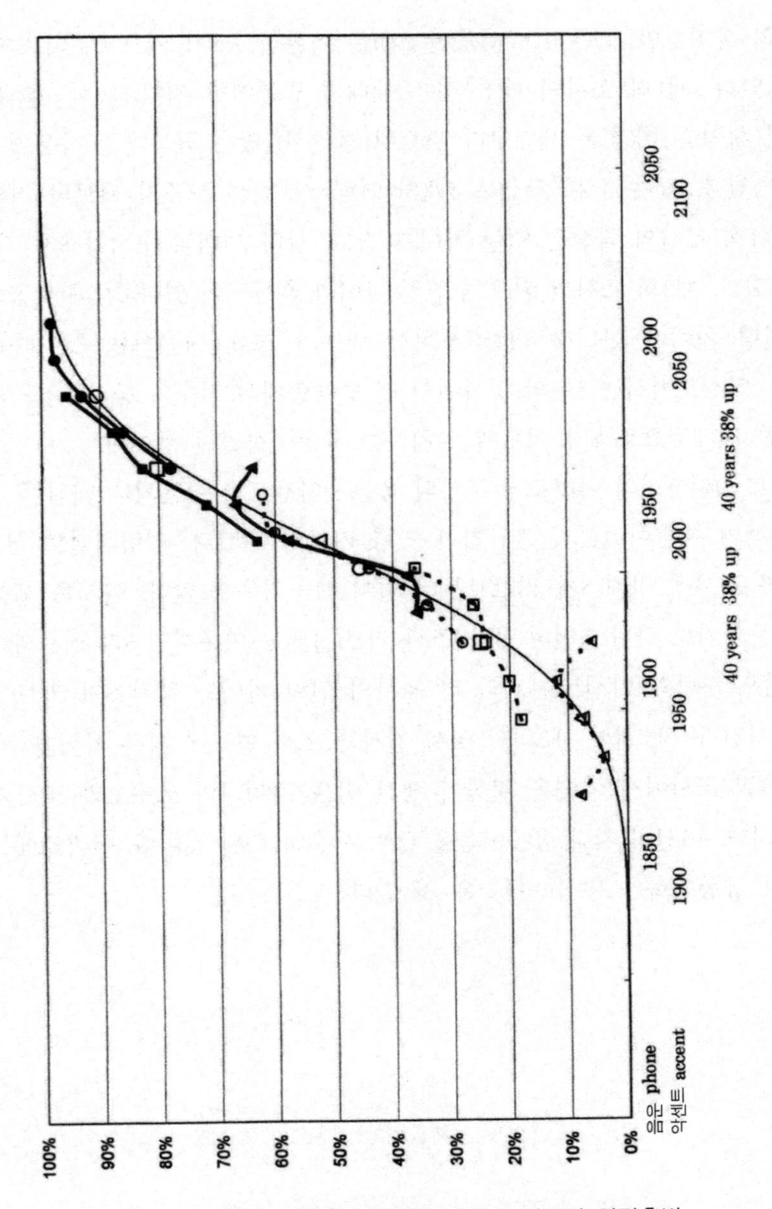

그림 15-8 쓰루오카 3회의 음운 악센트 평균치 연령층별

자세히 살펴보면, 음운의 3개 곡선(실선)은 이론적인 S자 커브로부터 약간 어긋날 뿐이었다. 제1회 조사의 가장 젊은 세대의 공통어화 지연(점수가 낮음)은 당시 「사회적 활약층」이(젊은 세대보다 필요에 몰려서) 많은 공통어를 사용했다고 설명할 수 있다(시바타 1978). 악센트 3개의 연령 커브(점선)도 S자 커브와 거의 일치한다. 제1회 조사의 곡선은 연령 차이가 작고, 상하 세대의 수치가 S자 커브에서 벗어나 있다. 제2회 조사의 커브는 연령 차이가 혼동되어 있다. 전파 보급의 초기에는 연령 차이가 아니라 다른 사회적 변수가 크게 작용하는 것이다(이노우에 2008.5a). 악센트에서는 3번의 조사에서 전 연령층에서 점수의 증가(치솟음)가 관찰되었지만 전체적으로 S자 커브에 일치하는 공통어화였던 셈이다.

그림 15-9의 3번의 야마조에 조사의 음운・악센트의 평균치를 대입한 것은 인원수가 적기 때문이었는지 불규칙한 연령 커브가 되었다. 연령대별로 살펴보면, 쓰루오카 조사에 비해 S자 커브로부터 떨어지는 경우가 많다. 이것은 샘플 수가 적기 때문이기도 하다. 3번의 음운 조사 커브(실선)는 이론적인 S자 커브와 어긋난다. 그래프 하단의 악센트(점선)의 각 조사의 연령 차이는 각각 S자 커브에 거의 맞아 떨어진다. 제1회와 제2회의 조사 결과는 조사 연도에 따른 차이가 적다. 그러나 제3회 조사에서 치솟음 현상이 생긴 점은 1950년의 쓰루오카 조사의 상황과 흡사하다. 15년이 지나 공통어음을 많이 사용하게 된 것이다. 야마조에에는 쓰루오카보다 공통어화가 수십 년 늦은 것 같다.[18]

[18] 다만 판단을 유보할 필요가 있다. 조사자의 듣기 능력에 차이가 있을 수 있으므로 이노우에 혼자서 다시 듣고 효과를 확인할 필요가 있다.

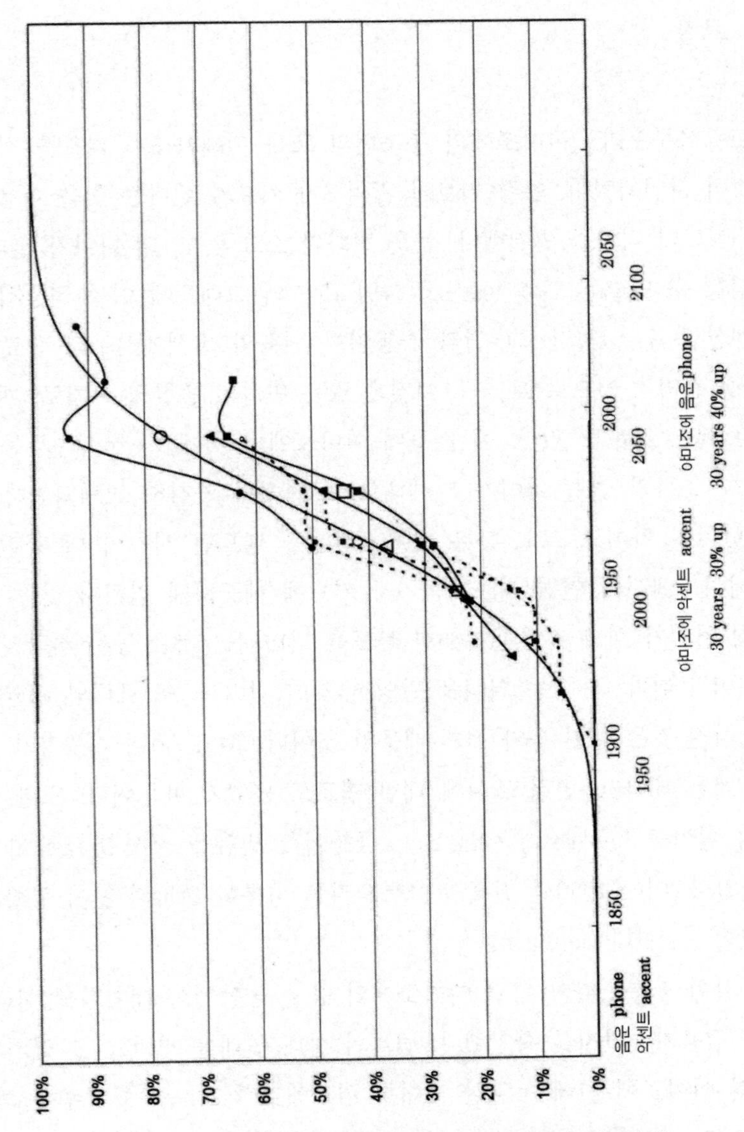

그림 15-9 야마조에 3회의 음운 악센트 평균치 연령층별

5. 고찰

이상으로 쓰루오카 · 야마조에의 총 6번의 조사 전체가 S자 커브를 적용할 수 있다는 것이 확인되었다. 연령 커브가 거의 S자 커브가 된다는 것을 이용하여 총 6개 조사 연도의 격차를 연결했다. 음운 변화의 소요 연수, 더 나아가 절대연대(年代)를 추정할 수 있고(이노우에 1995.6.), 그림 15-7의 그래프에 이를 적용시켜 소요 기간을 계산할 수 있었다. 그 결과 공통어화 변화의 발생에서부터 종료까지 총 200년 남짓 걸리는 것으로 보였다. 이것은 많은 변화의 종합적 수치로, 개별 변화에서는 더 빠른 경우도 있다. 예를 들어 야마조에의 휘게(フィゲ, 수염) 등의 발음은 첫 번째 조사의 연령 차이가 2 세대로, 60년에서 완전히 교체되었다(이노우에 2000.2.). 단어별 차이도 크고 다른 단어 · 현상을 넣으면 시간이 더 걸린다.

다만, 야마조에서의 연령 커브에는 S자 커브에 깨끗하게 겹치지 않는 것이 있었다. 연령 차이가 적고 평평한(플랫)한 분포를 나타내는 것은 농촌 취락의 균일성을 나타내어[19] 취락 내 평등 의식을 반영한 것일 것이다. 또 세대와 평균점의 관계가 흐트러진 것은 인원 수가 적기 때문일 것이다. 20대, 30대 거주자가 농촌 지역에서는 적은 데다가, 면접 조사에 대한 협조도 낮았기 때문이다. 또한 이 세대가 사회적 활약층으로서(10대 청소년보다) 공통어적 발음을 구사할 필요가 있었을 가능성도 있다. 이는 1950년 전후의 쓰루오카를 비롯한 전국의 언어 상황과 비슷하다고 말할 수 있다(시바타 1978).[20]

이상과 같이 쓰루오카와 근교 야마조에의 음운 공통어화 데이터를 처리하여 S자 커브가 적용가능한지를 확인했다. 변화의 상대 연대를 짐작할 수 있기 때문에 쓰루오카와 야마조에 간에 동일한 세대를 비교해보면 20~30년 전후에 해당하는

19 현재는 계층 차이가 무너져서 계층 차이 의식도 붕괴되어 가고 있다. 「예전에는 사마(サマ)를 붙인 집」이 몰락한 것도 상징적이다.

20 당시 야마조에 조사의 커브와 겹치게 하지 않았다. 근거가 빈약했기 때문이다. 지금의 수법이라면 가능하다.

전파 속도의 차이를 보였다. 양 지역의 먼 곳을 측정해도 4km 안팎이라는 거리와 비교해보면 전파 「연속(年速) 1km」(이노우에 2003.7.)라는 개관적 발상과 너무 다르다. 중간 규모의 도시와 농촌이라는 지역성의 차이, 구성원의 직업의 차이가 영향을 주었을 것이다. 평야 농촌 지역 간 말의 공통성을 생각해 보면, 지방 도시와 농촌과는 상당히 큰 언어 차이가 있다. 예전에 경어에 대해 지적했지만, 음운에서도 차이가 큰 것을 알 수 있었다.

실태 조사에서 얻은 이와 같은 지역 차이(중간 규모의 도시와 근교 농촌의 말의 차이)는 사회계층에 따른 차이와 연결시켜 해석할 수 있다. 여기에서 화자들의 통속적인 고정관념이 생겨 때로는 대중매체 등에 의해 증폭된다. 이 책 제Ⅱ부 시작 부분인 8장으로 논리가 되돌아간다. 방언 이미지가 실제 방언 사용을 재현하게 된다. 또 제8장 6절, 16장 10절, 11절에서 언급한 것처럼 언어 능력(공통어와 방언의 사용능력)은 수입 등의 경제 조건을 지배한다. 언어 현상과 경제는 다시 관련을 보인다. 이렇게 생각해 보면 방언은 중립적인 언어 기술의 대상으로 끝나지 않는다. 방언이 사회적 차별의 수단으로도 사용될 수 있기 때문에 한층 더 그 메커니즘의 규명과 문제 해결의 방향을 지향할 필요가 있다.

방언은 지금 쇠퇴하고 있다. 행복인지 불행인지 젊은 세대에서는 방언에 의한 차별을 느끼기보다는 오락의 대상으로 방언을 취급할 정도의 여유를 가지고 방언을 다루게 되었다. 방언 대신에 등장하고 있는 것은 영어 사용 능력에 대한 새로운 차별과(제2장), 경어의 사용 능력과 관련한 오래 전부터의 차별이다. 제Ⅲ부에서는 경어로 관점을 옮긴다. 경어의 사용법 자체가 오랜 역사를 바탕으로 변화하고 있다. 그 배경에서도 경제적 · 사회적 요인을 파악할 수 있다.

6. 종합적 고찰

이상 이 책의 제Ⅱ부에서는 방언에 관한 경제성에 대해 고찰하였다. 후반에서는 공통어와 신방언에 대해 전국적 전파와 지방적 전파를 다루고 변화 시기와 전파의 속도를 고찰했다. 지리적 전파의 전형이 연속 약 1km라고 생각했지만(이노우에 2003.7.), 그렇게 모순되지 않는 결과를 얻을 수 있었다. 개별 항목을 보는 것이 아니라 많은 항목과 현상을 정리해 보면 큰 경향이 파악된다.

전파의 배경에는 언어적 경제성(단순화나 명석화, 정리해 보면 합리화)이 있으며, 또 비언어적 경제성(거리와 교류의 빈도, 소득과 위신 등)이 작용한다. 이미 논한 내용들이 있기 때문에(이노우에 1998.1., 2000.2., 2003.7., 2007.2., 2008.5a) 여기에서는 생략하였다.

경어의 경제

16 경어의 마음
―경어 변화의 사회적 배경

❖ 이 장에서는 제3부의 도입으로, 경어에 대해 많은 현상을 정리해서 논하고자 한다. 현대 경어의 변화 경향을 다양한 예를 들어 사회적 배경 속에 고찰하였다. 예전에는 일본어의 경어가 화제의 인물 간의 상하 관계나 존경의 마음을 나타내는 것이라고 여겨져 왔다. 그러나 현대 일본어의 경어는 오히려 이야기 상대와의 친소 관계를 나타내는 것으로 변화하였다. 이것은 사람들의 의식(즉 마음)이 변했기 때문이라고 설명할 수 있다. 이 장에서는 경어를 단서로 의식의 변화를 나타내는 것이 주된 목적이었지만, 경제적인 요인에 대해서도 언급하였으며 이는 경어와 경제와의 관계를 보기에 아주 적절하다. 이 장의 주요 내용은 심포지엄의 발표 자료를 바탕으로 한 것으로 발표회장에서는 다양한 그림을 제시하며 간단하게 설명하였다. 이 책에 수록하면서 17장 이하에 나오는 그래프와 같은 것을 제시하는 것은 피하였다.

1. 경어의 기능 변화와 경어 습득 시기

일본어의 경어는 장기적으로 기능이 변화하였다. 그 배경을 살펴보면 언어 체계, 그 자체에 근거하는 것도 있고 사회나 문화에서 유래하는 것도 있다. 여기에서는 인간의 마음과 관련되는 현상을 예를 들어 살펴보겠다.

경어는 고대에는 터부로, 자연물이나 신이나 천왕을 언급할 때 사용되었다. 그러한 경어 사용 양상은 현대에 와서도 지방에 남아 있다. 그 후 경어는 인간의 신분과 상하 관계를 나타내기 위해 발달하였다. 규슈(九州)방언의 경어 사용에서 그

러한 경향이 보인다. 현대에는 더 변질되어 친소(좌우) 관계 표시로 기우는 경향이 있다. 「후배 말투」라고도 불리는 「ㅅ스(っす)」도 그런 예 중의 하나이다.

경어의 역사적 변화의 방향과, 개인의 생애에서 경어 습득의 방향은 반대의 양상을 보인다. 이것은 습득과 변화의 원추 모델로 나타낼 수 있다(그림 21-1). 개인의 경어 습득과 역사적인 경어 변화는 역방향을 보이고, 정중어인 「데스마스(ですます)」는 일상체(常体)의 확대인 경어체(敬体)로 어릴 때부터 배운다. 또한 가족(身内)에게 쓰는 「엄마(はは, 하하)」라는 표현은 고등학교에 들어가는 단계에서 몸에 밴다(단 상대에 따라서 장면적으로 구별함). 더욱이 방언 사회에서는 공통어화의 정점으로써 경어가 몸에 밴다.

2. 중간 경어 「ㅅ스(っす)」의 보급

최근 수도권에서 관찰되는 젊은 층의 새로운 표현인 「ㅅ스(っす)」는 중간 경어의 탄생이라고 할 수 있다. 표 16-1에 나타내었듯이 「で」/de/가 촉음(促音) 「っ」/Q/로 변하는 변화이다. 「데스(です)」의 활용형 모두 이와 유사한 예가 있다.

이것은 경어와 「다메언어(다메구치, タメ口)」 사이에 들어갈 만한 중간 경어라고 할 수 있다. 「후배 말투」라는 명칭이 상징하듯이 인간관계를 손위와 손아래로 이분하는 것이 아니라 더 자세하게 나타내기 위한 새로운 표현이라고 봐도 무방하다. 또한 표 16-2와 같이 일본어 술어문의 주요 3종인 명사문, 형용사문, 동사문 모두에 「ㅅ스(っす)」가 붙게 되었다(?는 수용 여부에 의문이 남는 표현). 이와 같이 체계성이 명확하므로 「ㅅ스(っす)체」라고 부를 수 있다.

표 16-1 「っす」의 활용형 기원

です	desu	→	Qsu	っす	후배 말투
でしょ	desho	→	Qsho	っしょ	북해도
でした	deshita	→	Qhita	っした	개인어

표 16-2 「っす」의 용법

명사문	형용사문	동사문	
雨っす	いいっす	行くっす	후배 말투
雨っしょ	いいっしょ	行くっしょ	북해도
?雨っした	?いいっした	?行くっした	개인어

현대어에서는 정중어 체계가 계속 세분되고 있다. 순서대로 열거하면 「데 고자이마스(でございます)체」 「데스마스(ですます)체」 「っす체」 「데 아루(である)체」 「다(だ)체」가 된다. 「데스마스(ですます)체」라고 하지만 현대어에서는 품사에 따라 「명사+데스(です)」, 「형용사+데스(です)」, 「동사+마스(ます)」로 구분해서 사용한다. 이 구분은 번거롭기 때문에 언젠가는 「데스(です)」로 통일될 것이라고 예전에 예측한 적이 있다(이노우에(井上) 1998.1.). 그러나 동사에 「데스(です)」를 붙이는 「이쿠데스(行くです, 갑니다)」 등은 그다지 쓰이지 않았다. 하지만 「데스(です)」의 「데(で)」를 「っ」로 바꾼 「っす」는 먼저 용법이 퍼져서 모든 품사에 붙게 되었다. 「아멧스(雨っす, 비입니다)」와 같이 명사에, 「이잇스요(いいっすよ, 좋아요)」와 같이 형용사에, 나아가 「이쿳스요(行くっすよ, 갑니다)」와 같이 동사에도 붙는다. 「오하욧스(おはようっす, 안녕하세요)」, 「오쓰카레사맛스(お疲れさまっす, 수고하셨습니다)」와 같은 인사말에도 사용된다. 단순화가 진행되어 모두가 「ㅅ스(っす)」로 끝난다.

현대 경어에서는 눈앞의 상대에 대한 배려를 가장 우선시하는 경향이 있기 때문에 중간 단계의 정중어는 그러한 요구에도 맞아 떨어진다. 현대 경어에서는 존경어와 겸양어는 본래의 용법을 계속 잃어가고 있어서 정중어와 연동해서 사용된

다. 즉 경어 용법이 재편성되는 흐름에 있다. 또한 「ㅅ스(っす)」체의 분석은 아직 불충분하지만 이 문체에서는 제3자에 대한 존경어와 겸양어가 연동되어 사용되는 예는 없었다. 예를 들어 「學長がいらっしゃるっす」, 「後援會長にお礼を申し上げるっす」와 같은 용법이 있다고는 볼 수 없다. 「학장님이 옵니다(學長が來るっす)」 「후원 회장님에게 감사의 인사말을 합니다(後援會長にお礼を言うっす).」가 있을 법한 표현이다. 따라서 문체를 크게 「경어체(敬体)」와 「일상체(常体)」로 나눌 때는, 「ㅅ스(っす)」체는 「일상체(常体)」에 속한다고 봐도 무방하다.

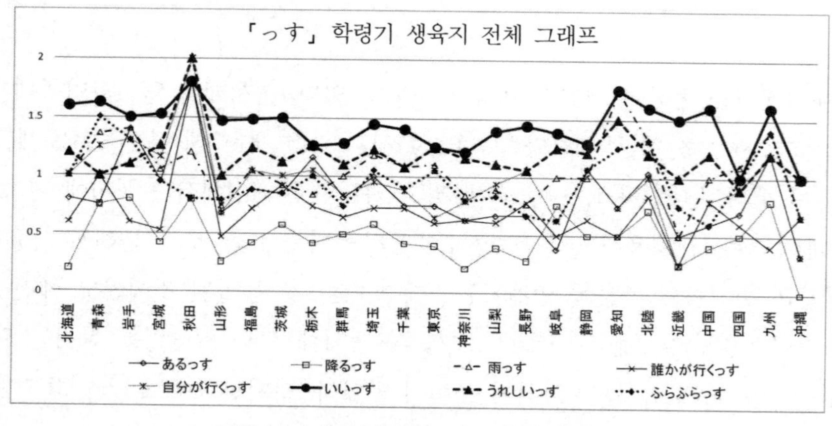

그림 16-1 「ㅅ스(っす)」의 사용률(대학별)

현대 동일본 대학생들의 사용 상황을 그림 16-1에 나타내었다. 형용사인 「좋습니다(いいっす).」, 「기쁩니다(うれしいっす).」, 「죄송합니다(申し譯ないっす).」가 자주 사용되고, 동사는 뒤쳐져 「데스(です)」와 「마스(ます)」의 품사별 구분에 대응한다. 또한 학령기의 거주지와 항목별 총 평균의 그래프는 그림 11-7, 그림 11-8에 나타내었다.

이와 같은 중간 경어의 진출은 인간관계를 어떻게 파악하는가의 변화라고 하는 언어 외적인 조건(즉 마음)이 언어의 사용 조건에 영향을 끼친 것이라고 이해할 수 있다.

3. 아르바이트 경어 「니나리마스(になります, -가 됩니다)」의 이미지

새로운 말투의 진출 배경에는 받아들이는 방법, 즉 마음이 있다. 「매뉴얼 경어 · 편의점 경어 · 패밀리 레스토랑 경어 · 아르바이트 경어」 등, 다양하게 불리고 있는 최근의 경어는 지식인들의 비난을 받는다. 그러나 널리 퍼지는 데는 심리적인 이유가 있다고 생각된다. 그림 16-2는 진노우치(陣内 1998)의 「니나리마스(になります)」의 이미지 그래프를 다시 만든 것이다. 그래프 오른쪽 끝에 전 항목의 플러스 마이너스의 총 평균을 나타내었다. 「니나리마스(になります)」가 최고이고, 다음으로 「です」, 마지막이 「데고자이마스(でございます)」이다. 좌우의 축에는, 플러스이미지가 큰 평가어부터 배열하였다. 굵은 선인 「니나리마스(になります)」는 모두 평균 0점의 선보다 위로, 「정중」, 「호감을 가질 수 있다」, 「부드럽다」 등의 좋은 인상과 연결된다. 즉 경어와 다른 표현을 개발해서 새로운 인간관계를 만들어 가는 것이다. 이것이 진출의 이유일 것이다. 점선의 「데스(です)」는 중간적으로, 「니나리마스(になります)」와 반대의 경향을 보이며, 「심플」한 점이 플러스로 평가된다. 긴 점선의 「데고자이마스(でございます)」는, 의외로 「정중」과 「호감이 간다.」 이외에는 평균 0점의 선보다 아래에 있는 경우가 많다. 이 표현은 「딱딱하고 기계적으로 호들갑스럽다.」라는 이미지로, 무례하다는 인상을 줄 것 같다. 이와 같은 이미지를 젊은 층이 가지고 있다면, 「니나리마스(になります)」의 보급은 당연하다고 할 수 있다.

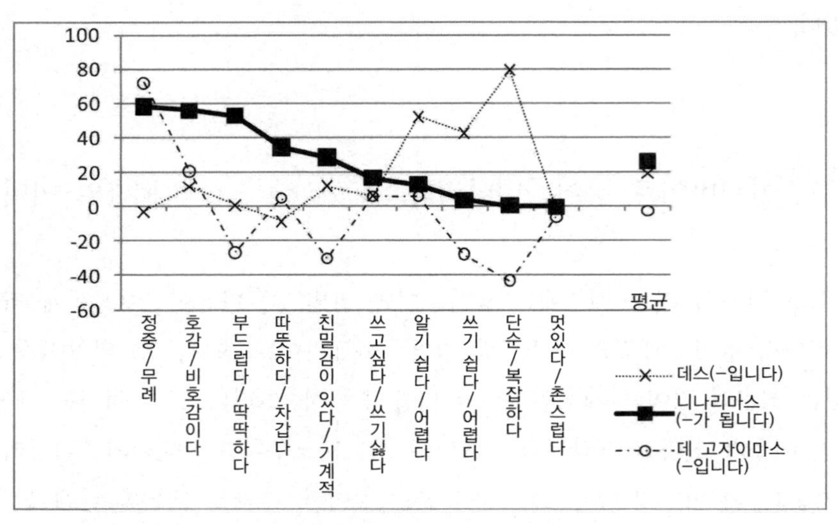

그림 16-2「~가 됩니다」의 이미지(진노우치 1998)

4. 현대 경어의 정중어화

일본어의 경어는 화제 인물 간의 상하 관계를 나타내는 것에서, 이야기 상대와의 친소 관계를 나타내는 것으로 변화하였다. 존경어나 겸양어도 정중어와 연동해서 쓰이는 것이 지표가 된다. 일본어 경어 변화의 장기적인 경향에 대해서는 아래와 같이 정리할 수 있다(제18장).

A. 언어 내적 요인
①절대 경어에서 상대 경어로(경어 자체의 정중어화)
②경의 저감의 법칙(언어 보편적)
B. 언어 외적 요인
③경어 사용의 민주화・평등화(상하 관계에서 좌우(친소) 관계로)
④방언 기원의 경어(무(無)경어)

5. 경어의 이론 분류

경어의 이론 분류로는, 후술하는 표 20-2「현대 경어의 6분류」와 같이 기본적인 3분류, 구체적으로는 6분류로 표시할 수 있어서(이노우에(井上) 2007.5.), 왼쪽 위에서 오른쪽 아래로의 장기적인 변화를 읽을 수 있다. 이것을 바탕으로 공손(Politeness)이론과도 관련지어서 현대의 변화 경향을 파악할 수 있다. 전체적으로「니나리마스(になります, 가 됩니다).」를 전형으로 하는 매뉴얼 경어가 융성하는 방향으로 움직이고 있다. 이 배경에는 누구에게, 어떤 경우에 심리적 거리를 표현해야 하느냐는, 인간관계를 파악하는 방법에 변화가 생겼다. 예전의 경어는 고정적인 신분을 배경으로 화제에 등장하는 제3자에 대한 경의를 표했지만, 현재는 눈앞의 상대에 대한 배려를 우선시하게 되었다. 이것은 사람들 사이의 마음 자세(배려)의 변화와 관련이 있다.

6. 경어의 변화와 사회

이상과 같이 경어 용법의 변화는 사람들의 사고방식(즉 마음)이 변했기 때문에 발생한 것이라고 설명할 수 있다. Sapir-Whorf의「언어 상대(성이)론」에서는 언어와 문화의 2항 상호 영향을 논하였는데, 이에 대한 비판 의견도 있다. 종래의 언어 상대(성이)론에서는 개인이 습득하는 언어와 사회 집단의 공유 재산으로서의 언어를 충분히 식별하지 않고, 언어와 외계의 제약이나 의존 관계를 논해 왔다. 그러나 개인 레벨의 언어 습득과 언어 형성을 중간 항에 넣어, 순환 과정으로 이를 이해하면 영향 관계를 더 명확하게 설명할 수 있다.

여기에서는 개인이 습득한 언어에 따라서 외계의 인지와 인식이 다르다는 것과 사회나 환경이 변하면 언어에도 영향을 미친다는 것을 나누어 생각하기로 한다. 어휘에 대해서 언어와 언어 외적 요소의 관계를 생각해 보면, 그림 16-3과 같은 상호 영향 관계가 성립한다(이노우에(井上) 2008.5a). 오른쪽 아래에서 시계 반대 방향으로 설명하겠다.

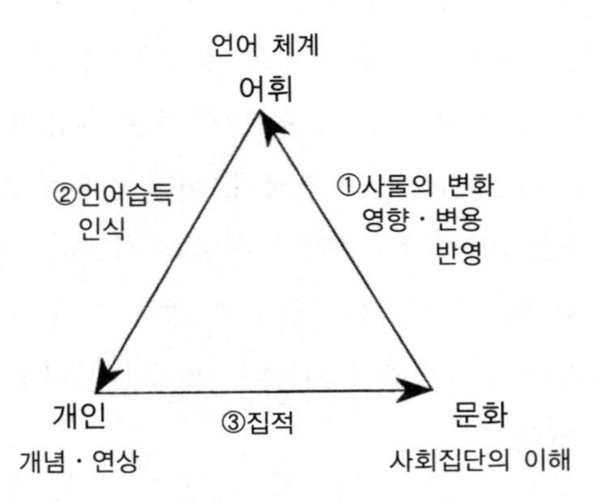

그림 16-3 언어와 사회의 규정 삼각형

① 기술의 진보나 문화의 수용으로, 어떤 문화나 사회의 사물이 변하면, 그것을 나타내는 언어 면에도 변화가 일어난다. 신물신어(新物新語)의 발생이 그 전형이다. 즉 문화 요소의 변화는 언어(특히 어휘)에 영향을 끼친다.

② 한편, 어떤 어휘를 습득함으로써, 개인이 개념과 사물을 보는 법을 몸에 익혀, 사물의 인지와 인식의 방법을 바꾼다.

③ 개인의 인식 차이가 집적되면, 사회와 문화 전체에서 인식의 변화가 일어난다.

이렇게 해서 어휘와 개인과 문화는 서로 가위, 바위, 보와 같은 관계를 형성한다. 이와 같이 견해를 바꾸면 언어는 나선상의 발달과 변화를 이루게 된다. 즉 어휘는 사회나 문화에 따라서 변한다. 어휘뿐만 아니라, 문법도 관련되고, 경어가 특히 이 규정 관계를 반영한다.

이 모델에 의하면, 언어 상대(성이)론도 설명할 수 있을 뿐만 아니라, 인지언어학의 지식과 사회언어학의 성과도 관련지을 수 있다. 개인이 인생의 다양한 시기에 익히는 언어 사상(事象)에 따라서, 개인의 인지 방법이 달라지며, 그것이 개인의 집합으로서 사회 전체의 인지 체계를 바꾼다. 다른 구성원과의 상호 작용은 후술하는 동화작용(Accommodation) 이론(제21장 4절)에서 설명할 수 있지만, 그 과정은 담화 분석이나 회화 분석을 통해서도 힌트를 얻을 수 있다. 심리언어학의 지식으로서의 「단순 접촉 효과」(요코야마(橫山) 2006)는 경의(敬意) 저감의 법칙이 작용하는 근본도 설명할 수 있다. 개인 사용자가 많아지면, 그 언어 행동 결과가 축적되어 집단 전체의 언어 행동이 변한다. 즉 사회 전체의 인지 방법이 바뀌어 결국에는 언어 체계도 변화를 일으키게 되는 것이다. 이렇게 해서 사회로서의 인지의 변화는 언어 체계에 변화를 불러일으킨다. 즉, 그림 16-3은 어휘나 경어와 관련된 현상 뿐만 아니라 문법 현상 일반, 언어 행동 등에도 들어맞는다.

7. 문법화 · 어휘화와 패틱(phatic, 의례)화

경어 접두사 「오(お)」는 일본어 경어의 긴 역사적 변천에 입각하면, 긴다이치 교스케(金田一京助 1959)의 학설에 따른 「터부 → 절대 경어 → 상대 경어」라는 장기적 용법의 변화가 「어휘화」되어 개개의 단어에 고정된 것이라고 할 수 있다(쓰지무라(辻村) 1968). 한편, 위에서 논했던 경어 변화에 입각하면, 현대 경어는 이제 더 이상 종래의 경어론으로는 설명이 불충분한 단계에까지 그 성격이 변하였다. 그 일부는 공손(Politeness)이론(다키우라(瀧浦) 2005), 또는 담화 공손(Discourse Politeness) 이론으로 설명할 수 있다(우사미(宇佐美) 2002, Usami 2003).

한편, 현대 경어의 변화의 흐름 중의 하나를 「의례화 · 교화(交話)화 · 교감화(phaticalization)」라고도 한다. phatic화는 문법화의 앞에 오며[1], 문화인류학에서 말

하는 phatic communion을 표현하는 방향으로의 변화이다. 즉 언어 커뮤니케이션의 정적(emotive) 요소를 중시한다. 현재 일본 각지에 퍼지고 있는 신방언의 일부도 의례(phatic)화로의 과정을 보인다. 추량 표현이나 대인 배려의 「데와나이카(ではないか)＞잔, 자네, ㅅ쇼(じゃん, じゃね, っしょ)[2]」 등이다(제11장). 또한 의례(phatic)화는 「담화 표식화」라고 표현해도 좋은 현상을 동반한다.

8. 경년(経年) 변화를 알 수 있는 8개의 「오(お)」 어휘의 세대 차 평균치

이상에서 논한 경어의 변화는 미화어 「오(お)」의 최근의 증가 경향에도 반영되고 있다. 여성에 의한 「오(お)」 남용의 심층 심리를 밝힘으로써, 사람들의 인간관계 심리(즉 마음)가 말에 반영되는 메커니즘을 알 수가 있다.

「오(お)」가 증가하는 법칙에 관하여 문화청 전국 여론조사 데이터를 이용하여 사용률의 평균치를 남녀와 세대 별로 나누어 계산하였다. 그림 16-4에서 경년 변화를 알 수 있는 8개 어휘의 세대 차이의 평균치를 보자(추가 보충한 7개가 포함된 그래프는 그림 23-13 참조). 세대 차는 겉보기 시간을 나타내며, 9년이라는 조사 세대의 차는 실시간을 나타낸다. 각각의 조사 연도의 연령이 아니라, 동일 세대 출생

---

1 문법화의 예는, 「たけ(丈)」를 어원으로 하는 「だけ」와 같은 조사화, 「どんだけ」와 같은 간투사(間投詞), 「もの＞もん」의 종조사화를 들 수 있다. 방언의 공헌으로는 「ばんた」(佐賀), 「なもし」(松山)와 같은 인칭대명사의 조사화의 예가 있다. 「いいの？ いいの！ まあ早いこと！ 歸ること！」 등의 조사는 mood 표현의 수단으로 바뀌었다. 인사는 원래 접촉을 위한 의례적 수단으로, 「さようなら, じゃあ, したっけ」 등도 본래의 의미를 잃고 의례적인 요소를 전달하는 수단으로 바뀌었다. 「오(お)」와 같은 경어적 요소나 지소사(指小辭)는 어휘화가 고정된 예로 화석화라고도 할 수 있다. 그러나 진행 중인 변화로서 어휘적 확산(lexical diffusion)을 나타내는 경우도 있다.

2 「じゃん」은 먼저 추량용법이 퍼졌다. 발상지인 야마나시(山梨)에서는 권유 용법도 의지 용법도 발달했다. 관동의 「じゃね」나 나가노(長野)의 「しない」는 추량이 기본이다.

집단(cohort)에 따라서 배열하였다. 9년 간격의 조사에서 10세 간격의 연령층을 제시하는 것은 대담(혹은 대략적)하지만, 1년의 차이보다 큰 변화가 예상되는 경우에는 이 경우에 얻어지는 정보가 더 크다.

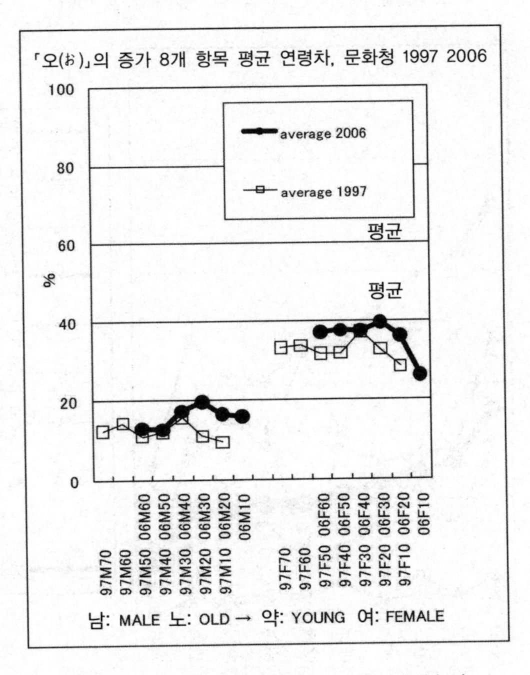

그림 16-4 30대 주부가 선도하는 「오(お)」

「오(お)」의 증가에 대해서 그림 16-4의 그래프로 알 수 있는 것은 다음과 같다. 우선 그림 16-4에서 좌우로 나타낸 남녀 차가 크다. 또한 남녀 모두 30대의 사용이 가장 높다. 즉 30대 이하는 9년 후에 「오(お)」의 사용률을 확대한 것이 된다(여성은 40대 이상에서도 그러하다.). 2회의 조사에서 가장 높은 연령층을 「30대 여성이 주도하는 변화」라고 칭해도 좋다.

9. 미화어 「오(お)」와 직업

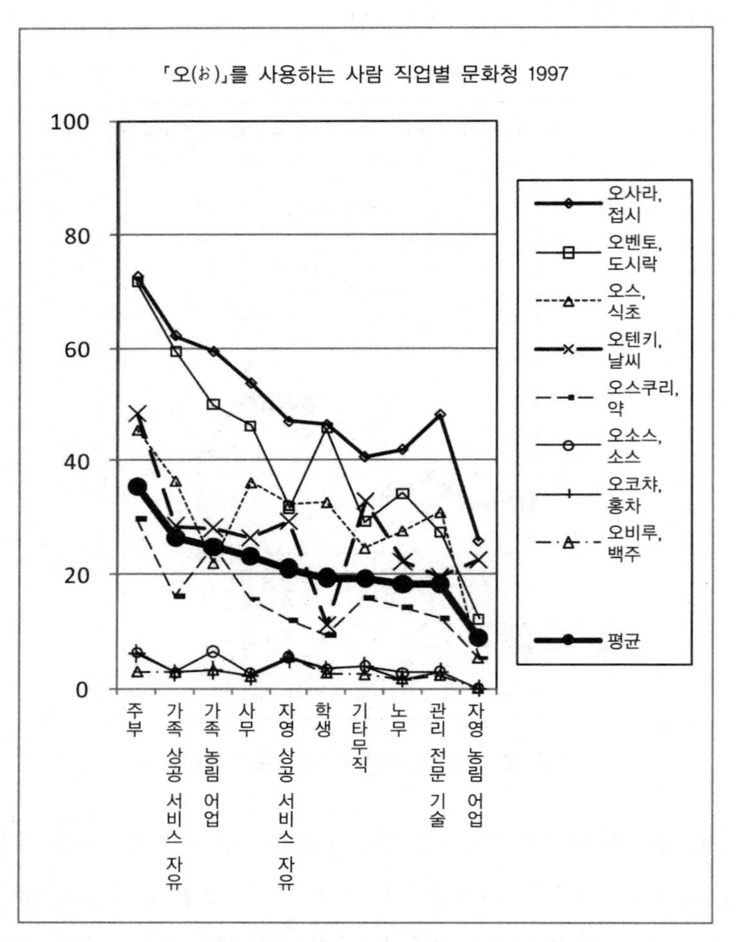

그림 16-5 「오(お)」를 사용하는 사람(직업별)

그림 16-5에서 각각의 어휘와 직업과의 상관관계를 보면, 거의 모든 어휘에서 좌측의 여성이 많은 직업에서 「오(お)」의 사용률이 높다. 그래서 「주부」의 사용률이 최고치이다. 「오(お)」의 사용률은 육아를 하는 30대 여성이 선도하는 것으로

볼 수 있다. 근세의 「유모(乳母) 말」, 근대의 「유치원 말」, 「육아어(유아어)」와 관련이 있을 수 있다. 또한 이것은 베이비 토크(baby talk), 모성어(motherese)의 일종으로, 유아에게는 (다양한 의미에서) 「상냥한 말」을 사용한다는 심리가 그 배경으로 생각할 수 있다(Miyake 1999).

이 배경에는 여성의 연령별 유식자(有職者) 비율의 추이가 있다. 그림 16-6과 같이(내각부 2009), 여성은 결혼, 특히 출산에 따라서 이직하는 경우가 많아서 소위 「M자 고용」의 패턴을 보인다. 전업 주부는 30대 여성이 많다. 또한 여성의 라이프 스테이지(life stage-아이의 연령)별 희망 노동 방법의 그래프는 더 선명한 M자 고용의 패턴을 보인다.

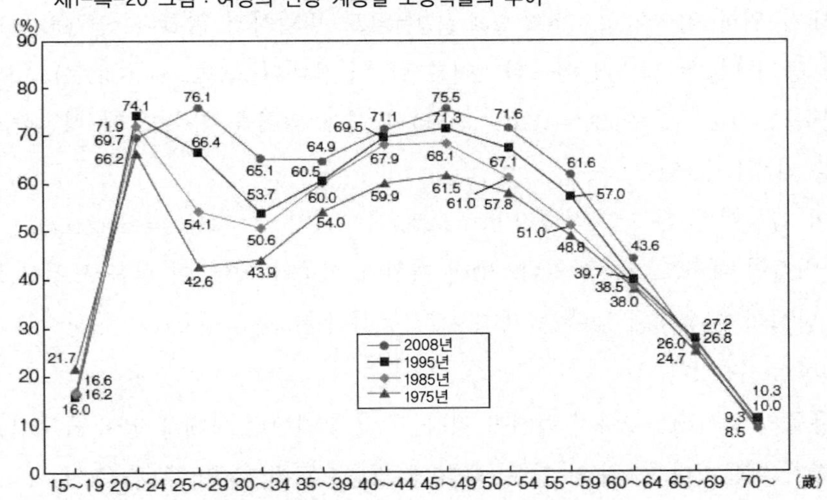

1. 총무성 「노동력 조사」 참조/
2. 「노동력률」 15세 이상 인구에서 차지하는 노동력 인구(취업자+완전 실업자)의 비율

그림 16-6 30대 여성의 직업률

주부로서 여성의 귀속 계층은 기본적으로 배우자에 따라서 규정되지만, 과거(결혼 전)의 집안, 학력, 직업 등에 따라서도 영향을 받는다. 이와 같은 배경에 대한 정

보가 없는 경우에는 행동, 복장 등으로 꾸미는 것도 가능하며, 말 특히 경어가 이때 유효하다(경어는 무료 화장품이 된다.). 이것이 30대 주부가 「오(お)」를 많이 사용하는 사회 심리적인 설명이다.[3] 또한 경어를 계층의 지표로 사용한다면(그 자리에 없는) 제3자의 경어나 (「이랏샤루(いらっしゃる)」, 「우카가우(うかがう)」 등) 대체 경어를 잘 사용하는 것이 유효하다. 그러나 경우에 따라 바르게 사용하는 것이 어렵다.[4]

「주부」를 직업의 일종이라고 보면, 다른 직종과 달리 특유의 전문어나 술어 또는 집단 특수어(jargon), 속어(slang)가 발달하지 않은 점이 특징적이다. 육아 용어와 가사 용어가 주부의 전문어에 가까운 성격을 띠지만, 유치원이나 보육원 관계자나 가사 대행업 등에서 사용하는 것에 비하면, 일반적으로 통용되는 어휘가 대부분이다. 「공원 데뷔」 등을 통해서, 상대나 무리와의 연대감이나 연대 의식을 나타내기 위한 집단어(젊은 층의 말에 상당하는)도 발달하지 않았다. 연령층을 보면 「젊은 층의 말」의 세대가 아니라 「어른 말」의 세대이다(이토이(糸井) 2003). 「오(お)」를 붙이는 것은 「주부」(혹은 young mama)의 연대 의식을 키우는 데 적절한 표지(marker)가 될 수 있다.

경어 습득이 늦다고 지적했지만, 「오(お)」는 성인 후 채용(late adoption)된 표현의 전형적인 예라고 할 수 있다. 30대 여성이 선두가 되어 이 말을 도입하고, 그 후에 남성이 여성에게 맞추는 과정으로, 동화작용(Accommodation) 이론으로 이것을 설명할 수 있다.

사용률의 증가에는 2가지 측면이 있다. 우선 ①언어적 확대로 언어 습득이 평생 계속되기 때문이다. 주위(의 같은 세대)에 맞춤으로써, 성인 후 습득(late adoption)과 연령 계제(age grading)도 비슷한 패턴을 보인다. 가령(加齢) 변화의 일부도 이에

[3] 여성의 경어 사용 기준이 손위・손아래 문제보다도, 친소에 영향을 받는 경향이 있는 것도, 이러한 귀속 계층의 불안정함에 의한다.

[4] 이들도 국민 전체로 보면 성인 후 채용의 패턴을 보인다고 할 수 있다. 대자경어를 잘 사용하는 것이 경어의 기본이지만, 거의 동등하게 대하는 주부끼리라면 상대에게 「いらっしゃる」나 오용인 「いらっしゃられる」 등을 쓸 기회가 적다.

해당한다(오자키(尾崎) 2009).

다음으로 ②비언어적(사회적) 확대가 있다. 경년 조사에서 노년층은 사라지고, 그 대신 젊은 세대가 등장한다. 이에 따라 「오(お)」가 계속 증가하는 것이다.

10. 경어와 영어의 사회적 이미지

이상과 같이 「오(お)」의 습득이 늦어져서 성인 후 채용(late adoption)의 전형적인 예가 되는 데는 사회적인 이유가 있음에 틀림없다. 이것은 경어 일반의 사용자 이미지에 대한 조사 결과와 조합해서 설명할 수 있다. 다음의 데이터는 대학생을 대상으로 한 소규모 설문 조사인데,[5] 아마도 일반 시민을 대상으로 해도 (큰 경향을 보면) 비슷한 결과가 되었을 것으로 생각된다.

조사표에는 「동북 방언, 공통어, 경어, 영어」에 대해서(그림 8-8, 그림 8-9), 각각을 말할 수 있는 사람의 이미지 및 그 사람에게 어울리는 직업을 물었다. 여기에서는 경어와 영어에 대해서만 논하겠다.

5 메이카이(明海)대학 일본어학과(2008), HT학부(2009.5.), 죠치(上智)대학 외국어학부(2009.4.), 계 100명(결손치 데이터는 제외). 하야노(早野 2008)의 조사 기법을 발전시켰다.

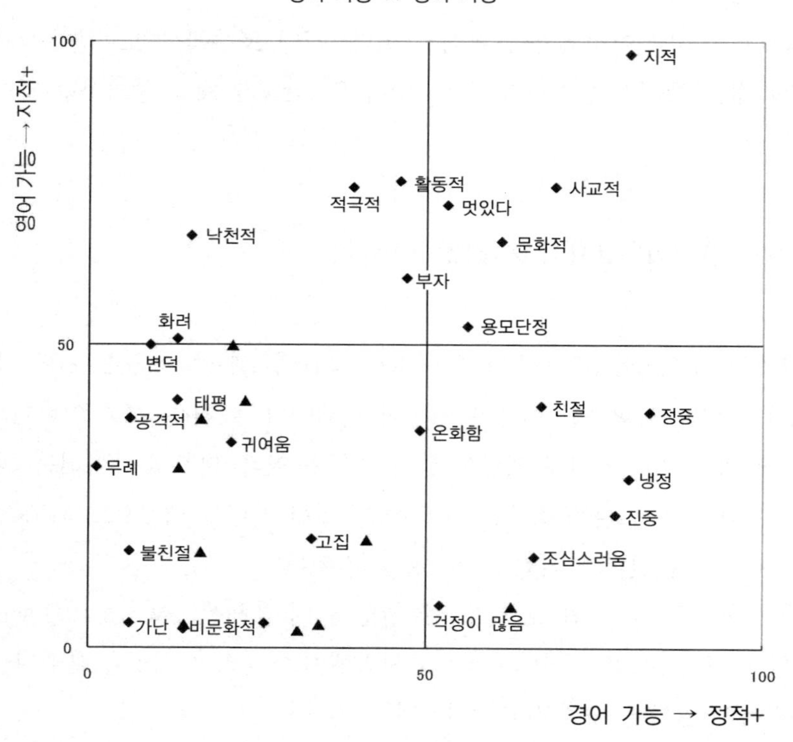

그림 16-7 경어와 영어의 사용자 이미지

그 결과, 성격 이미지의 평균점에서 차이가 났다. 그림 16-7의 산포도에 경어와 영어의 사용자 이미지를 나타냈다. 「경어를 할 수 있다.」, 「영어를 할 수 있다.」에는 차이가 있다. 가로축의 경어를 할 수 있는 사람은 정적 평가가 높고, 세로축의 영어를 할 수 있는 사람은 지적 평가가 높다. 오른쪽 위의 영어와 경어를 할 수 있는 사람은, 높은 지적 · 정적 플러스 이미지와 결부된다. 왼쪽 아래의 영어와 경어를 할 수 없는 사람은 낮은 지적 · 정적 이미지와 결부된다. 영어는 학교 등의 조직적 교육으로 익히지만, 경어는 실제로 사회에 나와서 흉내 내면서 습득할 수 있다. 영어를 못해도 경어를 잘 쓸 수 있으면, 그림 오른쪽 아래의 정적 플

러스 이미지를 가지는 인물로 받아들여진다. 이것이 「오(お)」를 성인이 된 이후에 습득하게 되는 배후의 요인일 것이다.

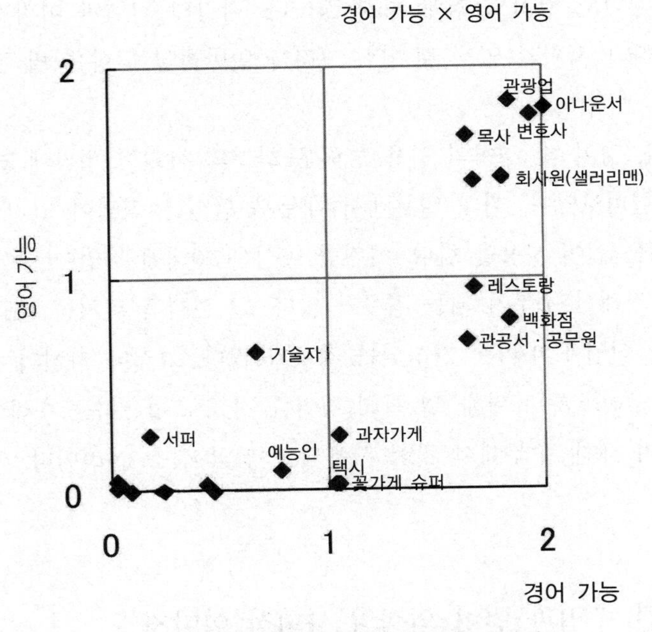

그림 16-8 경어와 영어의 직종 이미지

또한 경어와 영어의 사용 능력은 직종 이미지와도 결부된다. 그림 16-8의 산포도에 경어와 영어의 직종 이미지를 나타내었다. 화이트칼라라고 불리는 직업에는 ○표시를 하였다. 이 직업군은 오른쪽 위에 분포하며, 영어와 경어를 할 수 있을 것이라고 기대한다. 오른쪽 아래는 영어를 못하고 경어를 할 수 있는 사람의 직업으로 판매업이 많다. 왼쪽 아래는 영어와 경어 모두 잘 못하는 사람으로, 소위 말하는 블루칼라이다. 왼쪽 위의 영어를 할 수 있고 경어를 못하는 사람은, 설문지에는 없었지만 원어민 영어 교사(의 일부) 및 (직업은 아니지만) 해외에서 태어나서 자란 일본인이나 귀국 자녀의 일부가 여기에 해당한다(제18장 6절 참조).

직업을 3종류로 나누어서 평균점을 계산하면(그래프는 생략), 큰 차이가 난다. 화이트칼라는 경어를 잘 할 것으로 기대하고 영어도 어느 정도 할 것으로 기대한다. 판매업은 경어를 조금 할 것으로 기대하고 영어는 기대하지 않는다. 그 밖의 다른 직업은 경어도 영어도 기대 하지 않는다. 각각의 직업과 이미지의 결부는 조사 대상에 따라 차이가 있을 것이다. 그러나 일반적인 경향은 별 차이가 없을 것이다.

이상에 따라, 영어 및 경어의 사용 능력은 화자의 사회적 평가에 크게 관련이 있다는 것을 살펴보았다. 현대 일본에서 대부분 남성은 직업이 있기 때문에 그 직업에 어울리는 언어 사용을 한다. 하지만 여성은 20대에 직업이 있어도 30대에는 결혼 후 퇴직해서 주부가 되는 경우가 많다. 그 사회적 위치는 본인의 직업이 아니라 남편의 직업에 따라서 결정되는 경우가 많다. 그러나 자신의 사회계층을 높게 유지하기(보이게 하기) 위해, 말 특히 경어를 지표로 활용하는 수단이 있다. 이것이 「오(お)」가 30대 주부에서 많이 사용되는 것의 심층 심리이다.

11. 연간 수입과 언어 의식의 사회적 이미지

이상에서 다룬 직종 이미지는 고정관념에 근거하여 주관적으로 결정한 것에 불과하다. 그러나 학생의 의식은 취직을 염두에 두고 있어서 그런지 현실 사회의 구조를 꽤 잘 알고 있는 것 같다. 다른 기회에 수도권에 있는 모 대학에서 실시한 설문 조사 데이터에 의하면 연간 수입은 말의 혼란에 대한 의식과 관련이 있다고 인식되고 있다(그림 16-9). 이것은 아래에서 개략적으로 논하겠다.

설문 조사에서는 우선 「말의 혼란에 대한 의식(C)」에 대해서, 다음과 같은 질문을 하였다.

「다음 직업의 사람은 일본어의 혼란에 대한 의식(또는, 바른 일본어를 지키려는 의식)

이 어느 정도 높을 것이라고 생각하십니까? 3단계 중에서 선택해 주세요. ≪높음/중간 정도/낮음≫. 생각이 나지 않을 때는 TV 드라마 등의 등장 인물의 설정을 떠올려 주세요.」

다음으로 「노력(D)」에 대해서 다음과 같은 질문을 하였다.

「다음 직업을 얻기 위해서는 어느 정도의 노력이 필요하다고 생각하십니까? 3단계 중에서 선택해 주세요. ≪한정된 사람이 고도의 노력(의) 끝에 될 수 있음/보통(의) 사람이 중간 정도의 노력으로 될 수 있음/누구라도 적은 노력으로 될 수 있음≫」

마지막으로 「수입(E)」에 대해서 다음과 같은 질문을 하였다.

「다음 직업의 사람은 수입(연간 소득)이 어느 정도라고 생각하십니까? 3단계 중에서 선택해 주세요. ≪고수입/중수입/저수입≫ 평균적인 사람, 본인의 연간 수입입니다. 부업이나 아르바이트 등의 부수입도 고려해 주세요.」

이 세 개의 결과를 수입과 연간 수입(E)을 기준으로 두 개의 산포도로 나타내었다.

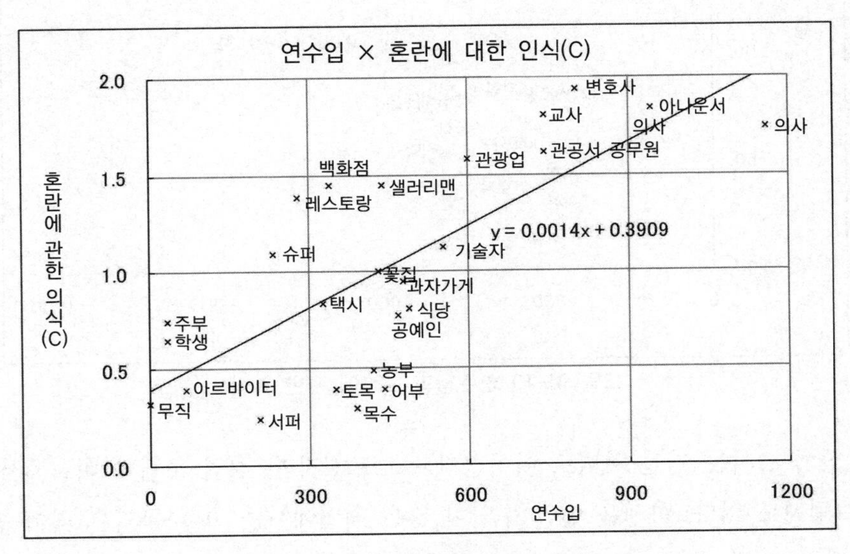

그림 16-9 연수입과 혼란에 대한 의식

그림 16-9에서 알 수 있듯이, 가로축의 연간 수입과 세로축의 말의 혼란에 대한 의식은 높은 상관관계를 보인다. 근사 직선은 거의 대각선과 평행이 된다. 오른쪽 위의 전문직 · 화이트칼라는 연간 수입이 많다고 생각되며, 더불어 말의 혼란에 대해서도 민감하다고 볼 수 있다. 왼쪽 위의 샐러리맨이나 판매업 점원은 연간 수입이 조금 낮지만, 말의 혼란에 대한 의식은 높다고 할 수 있다. 왼쪽 아래의 블루칼라는 연간 수입이 조금 낮고, 말의 혼란에 대한 의식은 낮다고 볼 수 있다.

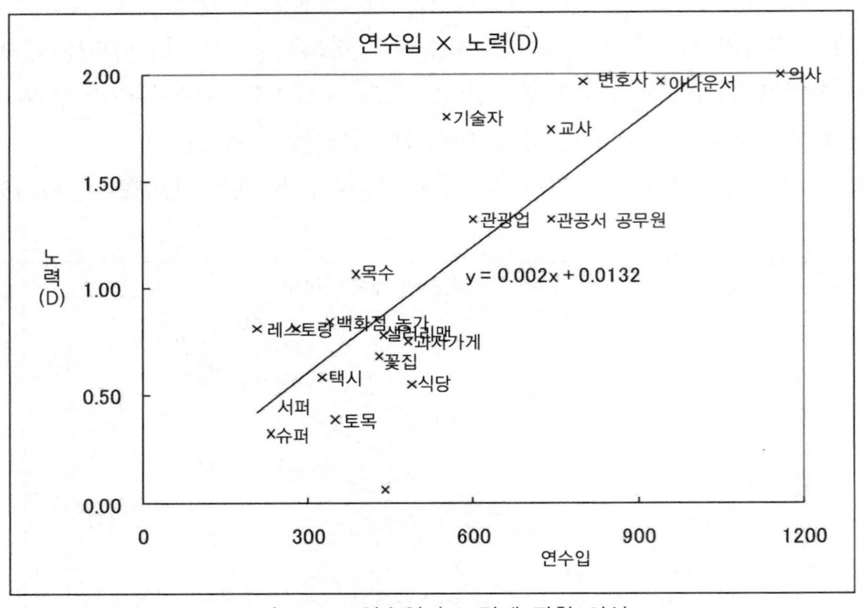

그림 16-10 연수입과 노력에 관한 의식

이상의 결과는 직업 차별로 이어질지도 모르겠지만, 취업 노력과 비교해서 보면 그렇지도 않다. 학생은 연간 수입이 많은 직업에서는 그 나름의 노력이 필요하다고 생각할 수 있다. 그림 16-10에 나타내었듯이, 오른쪽 위에는 화이트칼라 · 전문직이 분포하고, 고수입인 사람은 노력이 동반된다고 생각되고 있다. 왼쪽 아래의 수입이 낮은 직종은 노력하지 않아도 취업할 수 있는 것으로 여겨지고 있다. 근사 직선은 경사가 급하다. 편하게 돈을 벌 수 있는 직업은 (프리 아르바이터를 제외하면) 그렇게 많지 않다.

이것은 개강 후 바로 실시한 설문 조사인데, 「강의 개요」에 사회와 언어와의 관계에 대해서 기술했기 때문에, 질문을 심각하게 해석한 학생들의 경향이 영향을 끼쳤을 가능성도 있다. 단, 세상의 경향에 위반된 응답이 아니라, 오히려 일반인들의 의식으로 질문에 응답한 것이라고 볼 수 있다.

이상의 인과 관계 및 수치의 신뢰도에 대해서, 의심을 하는 사람들도 있을 수 있다. 대학생과 사회인이 다를 것이며, 연령이나 출신 지역에 따른 차이도 생각할 수 있다. 이 설문 조사에서는 다행히 많은 직종에 대해서 물었기 때문에, 신뢰도를 높이기 위해서는 직종을 크게 나누어서 그 평균으로 논하면 된다. 그림 16-11에 직종을 화이트칼라, 그레이칼라, 블루칼라로 3분류한 결과를 나타내었다. 좌우의 축에는 「노력」의 정도를 수치화해서 나타내었다. 상하에는 말의 혼란에 대한 의식의 강한 정도와 수입의 두 가지를 나타내었다. 노력과 연간 수입과 말의 혼란에 대한 의식은 높은 상관관계를 보이고 있다. 근사 직선은 생략했지만, 거의 대각선에 일치한다. 노력과 수입의 상관 쪽이 조금 더 높다. 그러나 말의 혼란에 대한 의식도 높은 상관관계를 보인다.

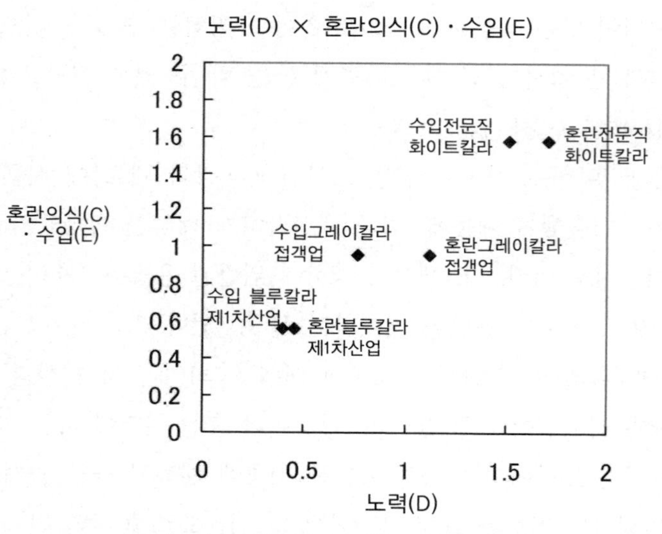

그림 16-11 연수입과 노력과 혼란 의식

이상의 설문 조사를 통해서 알 수 있는 것은, 말에 대한 구사 능력이나 말의 혼란에 대한 의식이 모두 비언어적 요인과 관련이 있다는 것이다. 언어 의식은 직종과 관련지어서 판단되고 있으며, 그 직종은 수입과 관련되며, 또한 본인의 노력과도 관련된다.

또한 학력도 수입과 관련이 있어서, 어떤 데이터에 의하면 생애 임금이 학력별로 표 16-3과 같다고 한다.[6] 중졸과 대졸은 2대 3의 차이가 나고, 재학 기간의 차이(적어도 7년)를 생각해도 학력이 높을수록 유리하다고 할 수 있다. 대졸자는 재학 기간에 수업료를 내고, 중졸자는 그 시기에 월급을 받기 때문에, 연간 수 백만의 차이가 난다. 하지만 대졸자가 취직하면 그 차이를 바로 메워 버린다. 대졸자의 직업의 차이, 일의 전문성의 차이, 노력의 차이 등이 월급에 영향을 끼친다고 할 수 있다.

6 출전 : 2005년 독립 행정 법인 노동 정책 연구 · 연수 기구 『useful노동 통계—노동 통계 가공 지표집』, 2008.

표 16-3 학력별 생애 임금 남성 · 퇴직금 등 포함

중졸	2억 2,410만엔
고졸	2억 5,320만엔
대학 · 대학원졸	3억 4,620억엔

사회 조사의 결과에 따르면, 수입(소득, 자산), 직종(업종, 기업 규모), 학력(자격) 등은 서로 밀접한 상관관계를 보이는데, 이 망 속에 말(외국어 · 공통어 · 경어의 사용 능력, 어휘 지식 · 문자 지식, 말의 혼란에 대한 의식 등)을 짜 넣어도 된다. 이상과 같이 말은 개인에게 있어서도 경제와 깊은 관련을 가진다.

12. 경어와 마음

이와 같이 말을 선택하는 배후에는 마음이 있다. 말은 단순한 의사소통을 위한 기호 체계가 아니다. 화자에 대한 다양한 정보도 제공한다. 또한 말을 조절함에 따라 상대의 마음도 움직일 수 있다. 경어는 그 주요 수단이다. 변론술이나 수사법 이전에 일본어에서는 광의의 경어 사용법이 우선 가장 효과적인 수단이 되는 것이다.

17 경어 용법의 근대화

❖ 이 장에서는 현대 경어에 있어서 용법의 변화를 보고자 한다. 각각의 표현이 아니라 경어의 장면에 따른 사용법 전체를 보았다. 뒤스브르그(Duisburg)대학에서의 집중 강의의 일부를 발췌하여, 내용을 수정하고 추가하였다. 이 장에서는, 거의 가정, 학교, 직장의 순으로 경어 변화의 단서에 대해서 언급하고자 한다. 그 후에 일본어 경어의 장기적 변화에 대해서 정리하였다. 경어를 습득한 계기를 여론조사에서 물으면 가정, 학교, 직장의 세 가지를 거론한다. 이는 라이프 스테이지(life stage)에서 체험한 3개의 주요 단계, 사회 집단(지역 집단)의 확대에 대응한다. 본 장에서도 이 3개에 대응시켜서 기술할 것이다. 현대 사회에서는 가정 내에서의 경어 사용(과 예절 교육)은 쇠퇴하였다. 학교에서 이론은 가르쳐도 실천의 기회는 적다. 경어 사용 유예(moratorium)이다. 사회인이 되어 직장에 들어가면 처음으로 본격적으로 경어가 요구되지만 그것도 현대에는 변화의 조짐을 보인다.

1. 가정 내의 경어 미사용

1.1. 부부 간의 경어

먼저 가정 내에서의 경어 사용에 대해서 살펴보자. 개인이 말, 모어를 익히는 최초의 사회집단은 가정이다.

「오(お)」의 남녀 차와 관련지어서 말하면, 부부 간의 경어에 있어서도 변화가 있다. 그러나 이상하게도 그다지 조사가 되지 않았다. 아버지, 어머니를 어떻게 부르는지, 부부가 다른 사람에게 배우자를 어떻게 언급하는지와 관련해서는 여러 가지 조사가 있다. 「우치노 테이슈와(うちの亭主は)」라고 하는지, 「우치노 슈진와(うちの主人は)」라고 하는지, 「우치노 야도로쿠와(うちの宿六は)」라고 하는지의 문제이다. 대외적인 표현은 모두가 어려워하기 때문에 호칭에 대한 조사는 있었다. 그러나 가정 내에서 부인이 남편에게 「타베마스카(食べますか, 드십니까?)」라고 하는지, 「타베루(食べる, 먹어?)」라고 하는지, 「오아가리니나루(お上がりになる, 드실래?)」, 「메시아가루(召しあがる, 드셔?)」라고 하는지 등의 조사는 그다지 없었다.

사실은 「사자에상(サザエさん)」이라는 제2차 세계대전 이후부터 계속 방송되고 있는 만화를 보면, 제2차 세계 대전 이후 얼마 지나지 않았을 때는 부부가 서로 「오아가리니나루(お上がりになる, 드실래?)」와 같이 물었다. 그러나 중간에 그만 사용하게 되었다. 그것은 아마도 세타가야(世田谷)구 인근의 경어 사용을 반영한 것은 아닌가라는 분석이 있다. 그 뒷받침이 되는 자료를 찾아 봤지만, 부부 간의 경어에 대해서 여론조사를 한 사례는 찾을 수 없었다. 국립국어연구소의 연구원도 도쿄에 대해서는 조사된 바가 없다고 한다. 삿포로나 오카자키(岡崎)의 경어 조사는 있지만, 도쿄의 도내에서 조사된 것은 없는 것 같다.

1.2. 시나리오 데이터의 부부 간 경어

그 대신에 시나리오에서 데이터를 모은 적이 있다. 가정 내에서 부부 간에 어떤 호칭을 쓰는지는 시나리오로 대략적인 예상이 가능하지만, 역시 옛날에는 「오아가리니나루(お上がりになる)」라든가, 「타베마스카(食べますか)」와 같이 묻는 여성이 많았다. 그 후, 엔도(遠藤)・사쿠라이(櫻井 2010)가 종전 직후의 영화 시나리오나 DVD 데이터 등을 조사하여 아내와 남편 간의 비대조적인(불평등) 경어 사용의 예를 많이 수집하였다.

지금은 별개가 되어서 부부 간의 경어가 쇠퇴하였다. 친구 부부라는 말이 생긴 시기와 일치한다. 단카이(団塊) 세대라는 것은 1950년 전후에 태어난 사람이다. 제2차 세계대전 이후에 돌아온 병사들이 결혼해서 아이들이 많이 태어났는데, 이 아이들을 단카이(団塊) 세대라고 부른다. 또한 단카이 세대의 아이들, 즉 단카이 주니어(2세)가 성장했을 무렵에 이들을 「친구 부부」라고 불렀다. 예를 들어 애인이었을 때 「사토미 어떻게 할래?(サトミ, どうする？)」 등의 말투를 사용했는데, 결혼해서도 「좋아(いいよ)」라든지 「가자(行こうよ)」 등과 같이 친구 같은 말투를 썼다. 일부의 부부는 잘못을 지적받았다. 부모님이 듣고선 「남편한테 친구 같은 말투는 쓰지 마라. 적어도 「다로(太郎)」라고 하지 말고, 「다로상(太郎さん)」이라고 불러라.」 등으로 교육했던 것이다.

이 호칭이 경어의 잔재였던 것이지만, 이에 해당하는 부부 간의 경어에서 부인이 남편에게 어떤 경어를 사용하는가에 대해서도 역시 변화가 있다.

1.3. 도쿄의 부부 간 경어와 계층 차

단 부부 간의 경어에는 도쿄 내에서도 지역 차, 계층 차가 꽤 있는 것 같다.

사실은 데이터가 하나 더 있다. 일본여자대학교 재학생에게 설문지를 배부하여 경어를 조사했는데, 질문 항목 중에 학생들 부모님의 부부 간 경어가 들어가 있었다. 그에 따르면 반 이상의 여성이 남편에게 경어를 사용하고 있었다. 「이랏샤이마스카(いらっしゃいますか)」, 적어도 「이키마스카(行きますか)」, 「이카레마스카(行かれますか)」이다. 남편의 직업을 보면 부장과 같은 회사의 관리직이다. 그러므로 그러한 층에 한정해 보면, 부부 간에 경어를 쓰는 것은 당연하다. 그러나 시타마치(下町)의 부부로서 가게 등의 자영업을 하거나, 또는 공장에서 일하는 근로자 가정에서 「오토상, 교이랏샤이마스카(お父さん, 今日いらっしゃいますか)」와 같이 말하는 여성을 떠올릴 수는 없다. 그것은 지역의 차이기도 하지만, 사회계층의 차이기도 한 것이다.

그러나 일본 사회는 겉으로는 다들 계층 차가 없다고 한다. 일본 사회의 계층 의식은 중의 중(中의 中)이 굉장히 많다. 상류 계급도 적고, 하층 계급도 적다는 것이 아름다운 표현이다. 하지만 이것도 질문에 따라 달라진다. 상의 상에서, 하의 하까지 9단계로 나누면, 하까지 꽤 많이 나온다. 나오긴 나오지만 중을 그다지 나누지 않으면, 중에 집중하게 되어, 중의 중이 압도적으로 많아진다는 데는 변함이 없다. 대부분이 중의 중이고, 중의 상이 불과 조금, 중의 하가 불과 조금이다. 이전에는 중의 중이라고 응답한 사람에게 추가로 상중하로 나누면 어떻게 되는가라고 물은 적도 있었다. 하지만 「뭐, 그래도 중인데」라고 응답하는 것이었다. 의식으로는 중이 많다. 이쪽 입장에서는 경어의 사용에 맞추어 계층을 묻는 것인데, 결국 경어 사용과의 관련이 보이지 않게 되는 것이다. 이와 같은 현상을 보면, 아이가 가정 내에서 경어 사용의 견본을 보고 들을 기회가 현재는 한정되어 있다.

그러나 경어가 되면, 아무래도 상류의 말을 하는 사람이 일부이다. 일본여자대학교 학생들의 아버지, 어머니는 경어를 꽤 많이 사용하는 쪽으로 편중되어 있다는 것을 이 조사로 알 수 있었다. 조사한 덕분이다.

다음으로 아이가 부모에게 사용하는 경어에 대해서는 후술하는 작문 자료가 있다. 작문 중에서 「오늘은 아버지가 외출하셨습니다(今日お父さんがお出かけになりました).」와 같이 쓴 부분이다. 작문 중에 쓰인 지문의 예이므로, 소재 경어의 예로 작문에 있어 문체의 문제와 관련이 있다. 아이가 아버지에게 「아버지 오늘 가(お父さん, 今日行くの)?」라고 말했는지의 여부는 알 수 없다. 「아버지 오늘 가(お父さん, 今日行くの)?」라고 말하고, 작문에 쓸 때만 「아버지는 오늘 외출하셨습니다(お父さんは今日お出かけになりました).」라고 썼을 가능성은 매우 높다. 아이가 가정에서 실제로 경어를 사용하고 습득하는 기회가 현재는 거의 없다고 해도 과언이 아니다.

이에 대해서 지금은 일본어의 예를 들었지만 유럽 각국어의 조사가 실제로 있다. 독일어의 2인칭 대명사 du, sie라든가 프랑스어의 tu, vous의 사용에 대해서는 가족 간에 호칭이 어떻게 변화하고 있는지를 알 수 있다. 예를 들면, 할아버지와 손자 간에 du를 쓰는지 Sie를 쓰는지의 문제로 경어에 변화가 있었다는 조사가 있다.

2. 학교 경어의 쇠퇴

2.1. 학습원(學習院) 학생들의 작문

그림 17-1의 그래프는 누구에게 경어를 쓰는가에 변화가 있었다는 예이다(스즈키(鈴木) 2000). 학습원은 황족이나 귀족이 들어가곤 했던 전통 있는 상류 계급의 학교였다. 옛날 의미에서의 상류 계급, 획득한 신분이 아닌 애초 신분이 위인 상류 계급들이 들어간 학교였다. 지금은 대중화되었지만, 그 학습원의 학생들의 작문이 70년이 지난 지금 남아 있다. 그것을 읽고 작문 속에서 학생들이 어떤 경어를 사용했는지를 조사한 사람이 있다.

「형님이 말씀하셨습니다(お兄さんがおっしゃいました).」라고 썼는지, 「형님이 말했습니다(お兄さんがいいました).」라고 썼는지. 「선생님이 말씀하셨듯이(先生がおっしゃったように)」라고 썼는지, 「선생님이 말했듯이(先生がいわれたように)」라고 썼는지. 다른 경우도 조사했지만, 형제와 부모, 선생님의 결과가 명확했기 때문에 그래프로 만들었다.

그림 17-1에 따르면 학교에서 사용하는 경어, 선생님에게 사용하는 경어는 꽤 나중에까지 사용되었다. 학습원에서는 「선생님이 말씀하셨습니다(先生がおっしゃいました).」라는 표현을 사용하고 있다. 1926년에서 1996년까지 거슬러 올라가면, 1944년, 전쟁 전까지는 선생님에게는 거의 100% 경어를 사용하였다. 선생님에게 대한 경어는 제2차 세계대전 이후에도 계속 50% 전후로 사용되고 있었다.

가정에서 사용하는 경어는 부모에게는 80～100% 가까이 사용했었지만, 2차 대전 이후 쇠퇴하였다. 형제에 대한 경어는 이미 전쟁 전부터 점점 사용되지 않게 되어, 1956년, 1961년쯤에는 거의 0%가 되었다. 「형님이 말씀하셨습니다(お兄さんがおっしゃいました).」, 「누님이 가셨습니다(お姉さんが行かれました).」 등의 표현이 작문에서 나오지 않게 되었다.

이 자료 이외에 이러한 데이터가 있는지는 잘 모르겠다. 그러나 예를 들어 보통의 시타마치(下町)에 있는 초등학교의 100주년 기념 작문집이 있다면 그것을 살펴보면 어떨까. 제2차 세계대전 이후의 50년간 초등학생들이 선생님에 대한 경어로, 「선생님이 말씀하셨습니다(先生がおっしゃいました).」와 같이 썼을까? 아마 「선생님이 말했듯이(先生が言ったように)」라고 변화한 것은 아닐까 라고 생각된다. 그림 17-1의 사용률은 학습원이기 때문에 나온 사용률이 아닐까 생각된다. 전국 각지에 과거의 작문집이 남아 있으므로, 분석하면 지역 차가 나올 가능성이 있다. 작문이라고는 하지만, 평소의 대화(방언)에서 경어 사용법을 반영하고 있을 가능성이 있다. 현대의 작문에서 전자 파일로 된 것이 있다면 간단하게 검색해서 집계를 낼 수 있다.

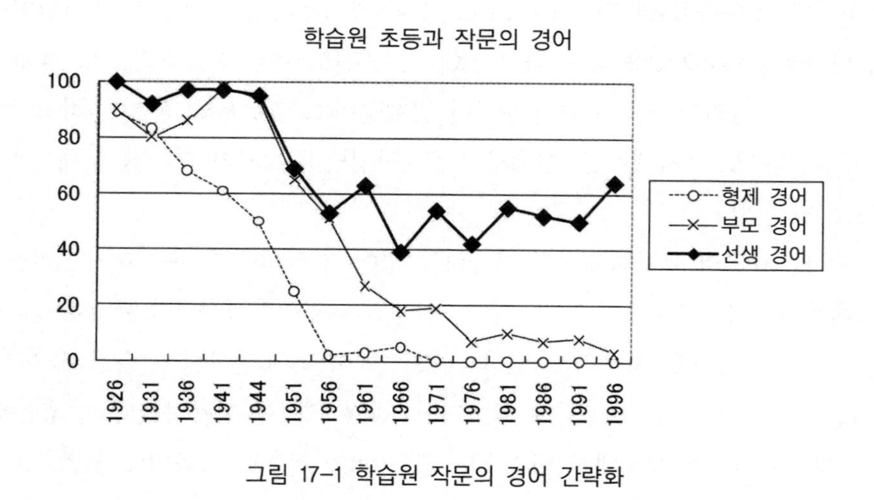

그림 17-1 학습원 작문의 경어 간략화

2.2. 학교 내의 경어

이상은 작문의 예이지만 선생님과 학생이 어떤 말을 사용하면 좋은지에 대한 여론조사도 있고(문화청 국어과 2005, 2008 외), 「학교 내에서의 경어」에 대해서 국립국어연구소(2002a, 2003)에서도 조사하였다. 선생님에게 친구 관계에서 쓰는 말을 사용하는 학생이 늘어서 곤란하다는 사람도 있고, 그래도 된다는 사람도 있다. 「선생님, 가?(先生, 行くの?)」라고 말하는 초등학생이 있는 것이다. 쓰는 경우가 아니라 말하는 경우이다. 선생님을 향해서 적어도 「데스마스(ですます)」를 사용해서 「선생님, 갑니까(先生, 行きますか)?」 정도는 써야 한다는 사람도 있지만, 「학생과 선생님은 친한 편이 좋으므로 경어를 무리하게 사용하지 않게 하는 편이 좋다」라는 사람도 있다. 그렇게 생각하는 사람이 생긴 것도 그렇지만, 일본 사회 전체의 경어 사용을 보면, 신분이나 지위의 차이를 그다지 중요하지 않게 생각하게 되었다고 할 수 있다.

다음 예가 시사하는 바가 크다. 선생님이 오기 전에 발자국 소리가 들렸다고 한다. 그런데 선생님의 발자국 소리에 매우 특징이 있다고 한다. 여기에서, 「아 선생님 오셨다(あ, 先生がいらした), 왔다(来た), 떴다(来やがった)」 중에서 학생들끼리는 어떤 표현을 쓰느냐이다. 대부분의 대학생이라면 「아 선생님 오셨다(あ, 先生がいらした).」라고는 절대로 말하지 않는다. 「선생, 왔다 왔어(先生が来た, 来た).」라고 말한다. 「떴다(来やがった).」는 필자가 들은 범위에서는 아직 없지만, 학생들은 분명히 사용할 것이다. 본래 교수는 학내에서 일단 지위가 높은, 손위 사람으로 취급되고 있으므로, 「선생님이 오셨다(先生がいらした).」라고 말해야 하지만, 그렇게는 말하지 않는다. 즉, 들리지 않는 범위의 사람은 배려하지 않고, 눈앞의 사람을 배려한다. 이것이 새로운 경어의 사용인 것이다.

이런 연유로 학교 내에서 학생이 경어를 사용하는 기회는 줄었다. 교내에 들어오는 어른도 적다. 대학생조차도 경어를 제대로 못 사용해서, 경어 사용 유예

(moratorium)라고 할 수 있다. 경어를 제대로 구사할 수 있는 것은 사회인이 되고 나서이다.

3. 회사 경어의 민주화 · 평등화

3.1. 「~상(さん)」이라고 부르는 회사

사회인으로서 경어를 익힐 기회는 회사에 들어가고 나서 찾아온다. 그러나 경어를 제대로 사용할 수 있는지의 여부는 입사 후의 훈련에 따라서 달라진다. 또한 세상 사람들의 경어에 대한 기대도 직종에 따라서 다르다(그림 16-8). 손님을 상대로 할 때와 사내에서 요구되는 부분이 다른 것이다.

이런 점에서 간부들을 「~상(さん)」이라고 부르는 것은 재미있다. 『労政時報』라는 기관지가 여러 회사를 대상으로 월급이나 대우에 대해서 조사했는데, 그 중에 회사 내에서 「~상(さん)」이라고 부르고 있는지 여부를 1997년까지 5회에 걸쳐서 조사한 데이터가 있다. 1999년에도 당연히 조사할 것으로 예상하고 연락해 봤더니, 올해는 하지 않는다고 하는 것이었다. 그 후, 2004년의 추적 조사도 있는데, 수치가 늘어서 30%가 되었다. 1989년부터 15년간에 2배가 된 것이다.

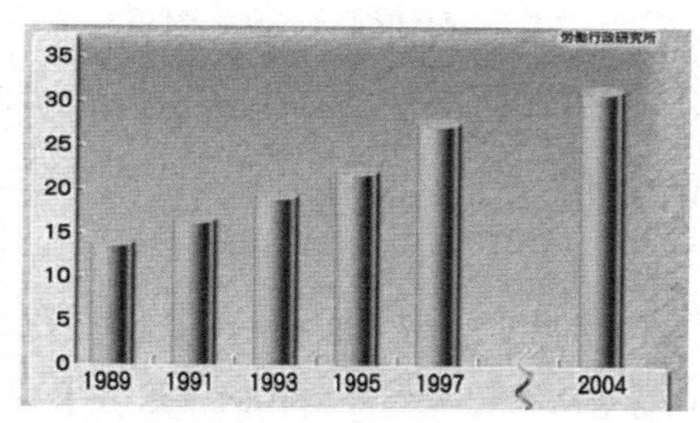

그림 17-2 「~상(씨)」로 부르는 회사의 증가

「~상(さん)」이라고 부르는 회사의 비율은, 1991년, 1993년은 전체 숫자밖에 몰랐다. 95년, 97년에 대해서는 규모 별로 종업원 3,000명 이상, 3,000명~1,000명, 1,000명 이하로 집계한 것이 공표되어 있다. 그것을 보면, 3,000명 이상의 대기업에서 1995년 설문 조사에 응답한 회사의 33%가 간부들을 「~상(さん)」이라고 부르게 되었다. 1997년에는 반 이상이 되었다. 그러나 중소기업에서는 이런 경우가 그다지 많지 않다.

3.2. 경어의 민주화·평등화

이노우에(井上 1999.5.)에 경어의 민주화·평등화, 정중어화라는 것이 쓰여 있다. 「~상(さん)」이라고 부르는 것은 기업 내에서의 경어의 민주화·평등화의 흐름이라고 할 수 있다. 예를 들면, 「스즈키(鈴木) 부장」이라고 늘 말하는 것은 발언할 때마다 신분 관계를 의식하게 되는 것이다. 鈴木孝夫가 岩波新書에서 논하고 있다(스즈키(鈴木) 1973). 그 대신에 「스즈키 씨(鈴木さん)」라고 하면 스즈키 씨가 현재 부장인지 과장인지를 그다지 의식하지 않아도 된다. 이 조사의 자유 응답 중에 「~상(さん)」이라고 부르는 것에 대한 플러스 평가가 적혀 있었다. 이렇게 부를 경우에 「사내의 분위기가 좋아졌다.」라거나, 「의견을 자유롭게 말할 수 있게 되었다.」라는 회사가 있었다. 일본의 회사에서는 의견함을 만들어 의견이나 아이디어를 모으는 경우가 있다. 그것은 신분의 차이나 지위의 차이를 의식해서, 평사원이 윗사람에게 자유롭게 의견을 말할 수 없는 현실을 반영한 것이라고 할 수 있다. 자유롭게 「스즈키 씨, 이건 이렇게 하면 어떻습니까?(鈴木さん, これをこうしたらどうですか)」라고 말할 수 있는 환경이라면, 굳이 의견함을 둘 필요가 없는 것이다. 현실은 경어를 늘 의식하지 않으면 안 되므로 투서의 형태를 빌리는 것이다.

「~상(さん)」이라고 부르는 회사는 외국계 기업에 많다거나 업종에 따라서도 다르지만, 꾸준히 늘고 있다. 경어를 익히는 절호의 찬스인 회사에서조차 부분적

이긴 하지만 경어 사용, 경어 습득의 기회가 계속 감소하고 있는 것이다.

3.3. 회사 경어의 매뉴얼화

최근에 사회적으로 논란이 되고 있는 매뉴얼 경어는 아르바이트 경어라는 별명으로도 알 수 있듯이, 정식 사회인인 회사원이 되기 전단계의 형식화된 경어 사용이다. 그러나 입사한 이후에도 경어에 대한 훈련이 제대로 이루어지지 않는 직장이 있어서, OJT(On-the-Job Training)의 형태로 선배의 지도를 받는 정도의 훈련이 많다. 일부 직종에서는 접객 용어 등을 철저하게 훈련시킨다. 이것도 매뉴얼 경어의 일종이다. 그런데 매뉴얼 경어는 응용력이 없는 표현인 경우가 많아서, 결국 일본어 경어의 쇠퇴로 이어진다.

이상으로, 가정, 학교, 회사라는 라이프 스테이지(life stage)라는 주요 3개 장면의 경어(의 쇠퇴)를 개략적으로 살펴보았다. 다음에서는 일본어의 역사 속에서 경어의 쇠퇴를 고찰해 보고자 한다.

4. 신분 경어의 쇠퇴

4.1. 에도 시대까지의 신분 경어

경어는 개개인이 어떤 장면에서 사용하고 있는지에 따라 여러 가지 현상이나 변화를 볼 수 있다. 변화가 있어서 재미있다고 결론지어도 좋지만, 좀 더 큰 흐름 속에서 보면 경어 사용의 다양한 변화 경향이 보인다. 민주화 · 평등화라든가, 경어 사용 전체의 정중어화라든가와 같은 다양한 해석이 가능하다.

좀 더 긴 시간 폭(time span) 속에서 경어를 살펴보면, 에도 시대까지의 경어는 신분 경어를 사용하고 있는 것이다. 무사는 절대적인 권한을 가지고 있었기 때문에, 서민은 무사에게 경어를 사용하지 않으면 안 되었다. 무사끼리도 서로 경어를 사용했기 때문에 이때의 경어 사용은 유럽 중세의 2인칭 대명사의 사용과 완전히 같았다.

한편 에도 시대의 시타마치(下町)에는 개념으로서의 여성어가 전혀 없었다. 자주 인용되는 다키자와 바킨(瀧澤馬琴)이나 시키테이 삼바(式亭三馬) 작품의 회화문에서 여성은 시타마치의 남성이 쓰는 말과 같은 말을 사용하고 있다(고바야시(小林) 2007). 그 흐름이 일본의 근대화로 사라져 버려서, 여성어가 이데올로기로 성립되어 경어도 거기에서 발전해 나갔다. 결국 경어도 성별 차도 없었던 서민의 말이 성별화되고 계층화된 말이 되어 경어와 성별 차의 흐름이 계속 진행된 것이다.

메이지 중기 이후에 회사라는 조직이 생기고, 원래 귀족이었다거나 원래 무사였다는 신분의식이 약해져서 새로운 상중하의 사회계층이 생겨났다. 아마 이것은 일본에서 산업혁명의 시기와 일치한다. 그래서 중산 계급, 샐러리맨에 해당하는 사람이 탄생하게 된다. 중산 계급이 확대되고, 따라서 새로운 경어가 도쿄 인근에서부터 만들어지게 된 것이라고 생각된다. 한편 노동자(職人 쇼쿠닌)라는 계층도 생겨났다.

그 때에 곤란한 것이 여성이었다. 예를 들면, 시타마치의 여성이 야마노테의 샐러리맨과 결혼해서 세타가야(世田谷, 역자주 : 고급 주택가)의 주택가에 살게 되었다. 여성은 자신의 귀속, 소속을 원해서 배우자의 중산 계급에 맞추게 된다. 시타마치의 말을 사용해서는 현재 환경에 어울리지 않으므로 사모님과 같은 말을 사용하게 된다. 그렇게 되면 「오(お)」를 많이 사용하게 되고, 「자-마스(ざーます)」말이라고 하는 「사요데고자이마스(さようでございます)」나 「사-자마스(さーざます)」와 같은 말투를 익히게 된다.

그 때에도 여성은 남편에게 경어를 사용하였다. 부부 간의 상하 관계가 있었다는 것이다. 전쟁 전에는 있었고, 2차 대전 이후에도 있었다. 부부 간의 경어가 평

등하게 된 것은 고도 경제 성장의 시기로, 「친구 부부」라는 말이 생겼던 시기라고 생각된다. 지갑은 아내에게 넘겨져 아내가 가계의 경제권을 쥐고 있는 것 같지만, 말의 사용이라는 측면에서 보면, 예전에는 아내가 남편보다 조금 아래에 위치해 있어서, 아내는 남편에게 「이키마스카(行きますか, 갑니까)?」, 「타베마스카(食べますか, 먹습니까)?」와 같이 말하고, 남편은 아내에게 「이쿠(行く, 가?)」라든가 「타베루요(食べるよ, 먹어).」, 「고항 마다카(ご飯まだか, 밥 아직?)」과 같이 말했던 것이다. 최근에는 남편이 「고항 타베사세테 이타다케루데쇼카(ご飯食べさせていただけるでしょうか, 밥 주실 수 있으십니까?)」라고 묻지 않으면 안 될지도 모르지만.

이를 이 책의 논리로 설명하면, 다른 의미로 설명할 수 있다. 경어는 상위 계층에서부터 퍼졌다. 신이나 천왕, 귀족, 상류층의 무가에서부터 퍼져, 에도 시대에는 하급의 무사, 더 나아가 상인들에게까지 퍼졌다. 메이지 시대가 되어서 겨우 샐러리맨에게까지 퍼졌다. 즉, 시타마치의 서민들은 에도 시대에도 경어를 충분히 받아들이지 못했던 것이다. 제2차 세계대전 이후에도 시타마치의 부부들, 사회계층으로 봐서 중의 하 정도에 속하는 사람들은 부부 간의 경어를 사용하지 않았다. 경어를 그다지 사용하지 않는 그와 같은 말투가 친구 부부의 등장에 따라 도쿄 전체로 퍼진 것으로 보인다. 사라져 버릴 것 같았던 것이 에너지원으로 남아 다메구치(タメ口)의 흐름과도 일치하여(제18장 5절), 또 다른 파워의 하나가 된 것이다.

4.2. 아래쪽에서부터 경어를 허물었다

이어지는 제18장의 논리에 따르면, 중세적인 경어 변화는 중앙의 교토에서 각지의 방언으로 퍼졌다. 이바라키(茨城)나 홋카이도에서는 받아들이지 않았는데, 그 후, 근대적인 흐름으로 도쿄로부터의 경어, 미화어가 퍼져 전국으로 보급되었다. 그러나 다른 흐름으로서 다메구치(タメ口, 반말), 경어를 사용하지 않는 말투도 도쿄 속으로 들어왔다. 경어가 제로인 상태가 역류되어 온 것이다. 아래쪽에서부터 경어를 허문 것이라고도 해석할 수 있다. 화살표의 일방통행의 경어 보급이 아니라, 반대의 흐름이 있었던 것이다. 경어가 퍼지는 흐름과 별도로, 경어를 사용하지 않는 말투도 계속 살아남아서, 경어를 사용하지 않는 다메구치(タメ口)가 부활한 것이라고도 할 수 있다. 신방언의 「베(べ)」의 역류와도 닮았다.

지금은 경어의 체계로서만 논했지만, 뭔가 사회적인 배경이 있었던 것은 아닌가한다.

이런 점에서 북한의 경어는 흥미롭다. 북한의 김정일과 관련된 뉴스에 사용된 경어는 완전히 인공적으로 만들어지고 있다. 그것과 비슷한 경어의 개혁, 보급이 가능한 것일까. 일본 사회에서 만약 문부과학성 국어과 등에서 부부 간에 경어를 사용하자고 말했을 때에 과연 부부 간의 경어가 부활할까? 그 때의 권력 관계가 어떻게 될지는 예상이 안 된다. 지금, 친구 부부라는 말로 설명했듯이 경어는 평등화되었다고 할 수 있지만, 다메구치(タメ口)와 같은 제로의 경어는 경어의 시스템 자체가 보급되었는지의 여부는 알 수 없다. 경어의 시스템, 언어의 시스템은 변하지 않는데 부부의 관계가 변화했기 때문에, 부부 간의 말투만이 변화한 것일지도 모른다. 이것은 어떤 형태로든 증명할 수 있을 것으로 생각된다. 앞서 언급한 계층 의식이나 부부 관계는 어때야 할까 등의 의식이다. 그런 여론조사를 하면 경어 사용과의 상관관계를 알 수 있을지도 모른다.

그러나 일본여자대학교 재학생들의 부모님들이 그렇게 많이 경어를 사용하고 있는 것을 보면, 개인의 생각, 즉 부부는 평등해야만 한다는 이데올로기는 경어 사용과 관계가 없는 것일까. 사자에상(サザエさん)의 만화의 어느 한 장면이 경어 사용에 더 설득력이 있다고 생각된다. 아내가 할머니에게 「당신 아들은 지금은 부장이니깐 그런 행동은 하지 마세요(あなたの息子は今は部長なのだから, そんなことをしないでください).」라고 하는 것이다. 부장의 어머니가 그런 행동을 하면 곤란하다고 말하는 것이다. 즉, 부장의 어머니는 계속 보통 여자였지만, 자신의 아들이 부

장이 되었으므로 부장의 부모로서 그에 어울리는 몸가짐이나 말을 할 필요가 생긴 것이다. 계층 귀속 의식과 관련이 있는 것이다. 앞에서 언급한 시타마치의 여성이 야마노테의 부장의 부인이 되었다면 적어도 말만이라도 그에 어울리게 하려는 것과 같은 의식이다. 말만 사용하는 것은 경어의 시스템 자체만으로는 설명할 수 없게 된다. 경어 사용을 설명하기에는 개인적으로 구분 사용하거나 사회나 경제를 배려할 필요가 있다.

4.3. 경어 사용의 계층 차와 지역 차

다시 한 번 정리하면, 경어 사용에는 계층 차가 상당히 크다. 계층이 높을수록, 고풍스러운 경어를 사용한다. 완전히 경어에 따라서 상하 관계가 생겨 난 것이다. 부인이 남편에게 「여보, 지금 갑니까?(お父さん, 今日行きますか)」라고 말하는데, 남편의 대답은 「어, 가(ああ, 行くよ)」이므로. 중간 계층에 속하는 사람들의 경우에는 예전에는 중산 계급이 되면 적어도 여성 쪽은 남편에게 경어를 사용하려고 했다. 그러나 지금은 중산 계급의 기준에서도 부부 간의 경어는 없는 편이 좋다고 생각하게 되었다. 무엇보다 관계가 불평등하므로 친구 부부가 「여보, 오늘 가?(お父さん, 今日行くの)」, 「어, 가(ああ, 行くよ)」라고 한다면, 그것으로 평등하게 되는 것이다. 부부 간의 경어는 민주화・평등화되어 근대화된 것이다. 계층이 낮은 사람은 옛날부터 경어를 사용하지 않았지만, 지금도 사용하지 않는다.

이것에는 사회학과 이동이 관련된다. 사람이 도쿄로 들어온다는 이동과 말의 사용이 바뀐다는 것은 관련이 있다. 1950~60년대의 고도 경제 성장의 시기뿐만 아니라, 실제로는 제2차 세계대전 전부터 에도 시대부터, 도쿄의 내부는 야마노테, 시타마치로 나누어져 있었다. 인구의 유입도 에도성을 중심으로 해서 동북이나 북관동에서 온 사람들은 동쪽 시타마치로 가고, 서일본에서 온 사람들은 야마노테로 가는 흐름이 있었다.

예를 들면, 이동과 관련해서, 도쿄의 시타마치의 말과 관동 방언이 유사하다는 것은 방언 해설서에서 알 수 있다. 그런 예라면 북관동 혹은 동북의 말이 시타마치에서 사용되는 것은, 제2차 세계대전 전후에 경제 발전의 양상, 노동력의 이동 양상이라고 설명할 수 있다. 50년대, 60년대에 젊은 노동력이 대량으로 이동하였다. 그 사람들은 노동자로서 이주해 왔기 때문에, 사회 이동에 따른 계층 이동도 동반되었다. 동북이나 북관동에서 도쿄로 온, 이민의 도쿄 1세대라고 할 수 있다. 그에 따라 이들의 아이들은 1세대의 말과 도쿄에서 섞인 말, 양쪽을 모두 사용할 가능성이 있다.

야마노테에도 서일본에서 들어온 말이 (에도 막부 성립, 메이지 유신 등) 몇 번의 파도를 타고 유입되었지만 야마노테에는 시타마치에 비해 조금 상위의 계층 사람들이 들어왔다. 그러나 처음부터 상층으로서 들어오는 형태는 아니었다. 그 야마노테의 아이들은 서일본의 방언을 사용하는 부모님 밑에서 도쿄의 말과 부모님의 말을 섞은 것과 같은 말을 사용하였다. 야마노테 쪽에 신방언이 들어가고, 시타마치 쪽에도 신방언이 들어가지만, 시타마치 쪽에는 계층으로 따지면 조금 아래쪽 사람들이 많았다. 또한 관동이나 동북 지방과 관련이 있는 사람들이 많은 경향이 있다.

제2차 세계대전 이후에 도쿄의 사회가 그런 식으로 형성되었다면, 도쿄에 원래 살고 있던 사람들 중에도 회사의 관리직으로 있는 사람, 즉 여대 졸업생이 결혼할 것 같은 사람이 있어서, 도쿄 내에 새롭게 계층 차가 생기게 된다. 그렇게 보면, 이동과 계층 간에 관련이 있다. 야마노테 말의 별명이 「자마스 말(ざあますことば)」이고, 시타마치 말의 별명이 「베란메 어투(べらんめえ口調)」인 것은 양쪽 경어와의 관련성의 강약을 상징적으로 나타낸 것이다.

4.4. 유럽의 경어

이와 같은 관점의 조사는 du와 Sie, tu, vous의 연구가 있으므로 유럽에서도 연구가 되어 있을 것이다. 독일어에서도 du와 Sie의 구분 사용이 있지만, 지금은 일본과 달리 계층이 어휘의 구분 사용에 그다지 작용하지 않는다. 신분이 아니라 친소 관계에 의해 사용한다는 것이 알려졌다. 독일어의 du와 Sie가 사회계층과 어떻게 관련되는가를 봤더니, 책을 읽어본 바, 아마도 100년 전에는 관계가 있었을 것으로 생각되지만, 지금은 시대착오로 여겨진다. 유럽 경어에 대한 여론조사 결과가 있었으면 좋겠다.

사회학에 대해 단순화해서 보면, 산업 구조가 발전함에 따라 중간 계층이 증가한다. 일본은 미국, 유럽의 뒤를 쫓고 있다. 그렇다면, 만약에 유럽 쪽에서 전체가 중산 계급화 되었다면 얘기가 맞는데, 이것이 경어의 근대화, 나아가서는 언어의 근대화와 연관된다.

언어학자로서 가장 편한 것은, 말만을 단서로 한다는 것이다. 어떤 경어를 사용하는지를 조사해서, 그 설명 변수로써 계층 의식이 작용한다든가, 어느 정도의 권력을 가지고 있는가가 작용한다든가, 수입이 작용한다든가를 논하는 것이다. 그것이 언어학자로서는 편한 일이다. 후술하는(제19장 7절) 일본과 영국의 경어 사용의 대조 연구가 국제적으로 퍼진다면 얻어지는 성과가 더 클 것이다. 같은 방법을 독일 등에서 적용시켜 보면, 말을 단서로 말의 사용이 어떤 기준에 따르는가를 알 수 있다.

5. 상대에의 배려

5.1. 「쟈 나이데스카(じゃないですか, -가 아닙니까)」와 공손(Politeness)

시대를 앞으로 늘려서 경어를 좀 더 넓힌 범위에서 생각해 보자. 본 장에서 본 것은 전통적인 일본의 경어론과 관련있는 문제였다. 존경어, 겸양어, 정중어가 주체이고, 그 밖에 「오(お)」가 붙는 말이나 「아게루(あげる, 주다)」 등은 미화어로 분류된다.

그 후에 이론을 더 발전시켜 보자. 경어에 대해서, 앞서 살핀 다메구치(タメ口)와 관련지어서 살펴보기로 하자. 현대 일본어의 경어가 변한 것에 대해서 다메구치가 보급된 것은 경어를 사용하지 않게 된 것이라고 생각하기 쉽지만 실제는 그렇지 않다. 심리적 거리의 조절이 다른 형태로 보급된 것이라고 할 수 있다. 그것은 친소 관계라고도 할 수 있다. 공손(Politeness)이라는 학문 용어로 쓰이고 있지만(Brown & Levinson 1987, 다나카(田中) 외 2011), 경어가 아니라 공손(Politeness)으로 해석하는 것이 더 어울리는 사용법이 나온 것이라고 생각된다.

실례로써 문화청(1998)의 조사 항목 중, 「쟈 나이데스카(じゃないですか, -가 아닙니까)」의 용법 3종에 대해서 고찰해 보자. 점원에게 반론하는 「광고에는 50% 할인이라고 쓰여 있잖아요.」 등의 표현에 대한 반응의 수치를 전 연령층의 평균으로 보면, 이 표현을 일반적인 표현이라고 느끼는 사람은 전체의 40%에 가깝다. 한편 이웃 사람과의 대화에서 「연말에는 어느 가게나 복잡하잖아요.」가 일반적이라고 느끼는 사람은 59%이다. 하지만 첫 대면인 사람에게 「전 커피를 좋아하잖아요.」가 일반적이라고 느끼는 사람은 10%에 불과하다. 즉 문맥에 따라서 수용도가 다르다.

「쟈 나이데스카(じゃないですか, -가 아닙니까)」는 젊은 사람들이 너무 많이 사용해서 문제가 되고 있다. 그러나 지나치게 사용해서 문제가 되는 것은 3번째 용례

뿐이라는 것이다. 첫 번째 예인 항의할 때의「50% 할인이라고 쓰여 있잖아요.」는 허용된다. 인토네이션은 여론조사이므로 고려되지 않았지만,「연말에는 어느 가게나 복잡하잖아요.」는 하강 인토네이션으로 옛날부터 있었던 일반적인 표현이다.

「전 커피를 좋아하잖아요.」도 같은 하강 인토네이션으로 말할 수 있지만, 저항이 있다. 왜 저항이 있느냐 하면, 공유의 지식이 있는지 없는지가 문제가 되기 때문이다.「커피를 좋아함.」에는 공유의 지식이 없는 것이다.「전 커피를 좋아하잖아요.」에는「그런 거 몰라.」라는 반응이 나온다. 그러나「연말에는 어느 가게나 복잡하잖아요.」나「1월 1일은 어디나 휴일이잖아요.」는 괜찮은 것이다.「코끼리는 기억력이 좋잖아요.」가 되면「그런 거 몰라.」라는 사람과「아아, 그렇군.」이라는 사람이 있을 것이다.「아무로 나미에는 이혼했잖아요.」가 되면「그런 거 몰라.」라는 사람과 자연스럽게 받아들이는 사람이 있는 것이다. 공유 지식이라는 점에서 보면 일본의 경어는 소극적 공손(Negative Politeness)이 기본이므로, 상대의 얼굴, 면목, 낯(체면)을 깨트리지 않게 말하는 것이 좋다. 그러므로 아무로 나미에에 대해서 모르는 사람에게「했잖아요.」라고 말하면 실례가 된다. 왜냐하면 어쩌면 모를지도 모르기 때문이다. 그렇다면 이런 말은 그 사람에게는 사용하지 않는 편이 좋다. 그런데 서양풍이라고 말해지는 적극적 공손(Positive Politeness)의 관점에서 말하면,「당신과 나는 친하죠. 뭐든 알고 있죠. 연예계에 대해서 잘 아네.」등을 전제로 해서「아무로 나미에는 이혼했잖아요.」라고 말하면「응 그렇지.」라고 이야기가 계속 이어진다.

그림 17-3에는 같은 문화청의 조사에서「친밀감을 느낀다.」라는 긍정적 응답과「강요하는 느낌이 든다.」,「당돌하다.」라는 부정적 응답만을 연령별로 선으로 나타내었다. 많은 반응부터 보면,「전 커피를 좋아하잖아요.」의 당돌함과 강요,「광고에는 50% 할인이라고 쓰여 있잖아요.」의 강요와 당돌하다 또는 강요하는 느낌이 든다는 반응은 장년층에 많다.

검정색 굵은 선으로 눈에 띄게 나타낸「친밀감이 있다.」라는 긍정적 해석은 전체적으로 그래프 아래 부분에 있어서 비율은 낮지만 10대, 20대에 많다. 특히 「연말에는 어느 가게나 복잡하잖아요.」라는 공유 지식에 대해서 눈에 띈다. 「전 커피를 좋아하잖아요.」도 그에 뒤따른다. 「광고에는 50% 할인이라고 쓰여 있잖아요.」는 당연히 「친밀감이 있다.」는 많지 않다. 같은 표현에 대해서 해석이나 느끼는 양상에 세대 차가 있으므로, 「지뢰어(地雷語)」로 취급되는 것일 것이다.(*역자주 : 지뢰어–사회인이 절대 해서는 안 되는 말)

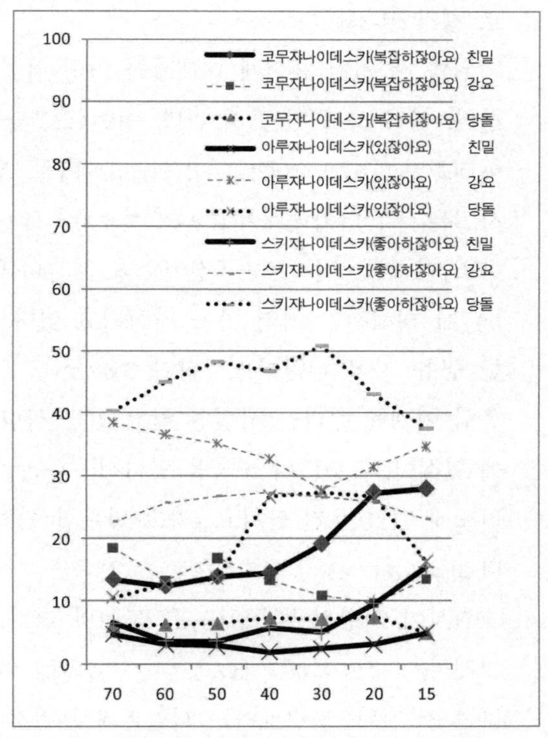

그림 17–8 「쟈나이데스카」의 용법

또한 문화청 여론조사(1997)의 「자기 전에 이를 닦잖아요, 그 때에……」는 문맥이 애매하지만, 자기 자신만 아는 것에 대해서 말하고 있다. 『일본어 관찰하기(日本語 Watching)』(이노우에(井上) 1998.1.) p.151의 그래프와 같이 당시의 20대와 10대가 꽤 사용하고 있다. 30대 이상과의 세대 차가 큰데, 이 전국적인 변화가 젊은 층(의 일부 집단)의 언행에 의한 것이라는 것에는 납득이 가지 않는다. 「쟈 아리마센카(じゃありませんか, –가 아닙니까)?」와의 세력 교대, 구어적 표현에서의 「쟝(じゃん), 양(やん)」의 공유 지식의 유무에 대한 조건의 차이 등이 영향을 끼쳤다고 생각된다. 『일본어 관찰하기(日本語 Watching)』에서 썼듯이, 「쟝(じゃん)」을 사용하는 지역에서는 용법을 확대해 상대가 모르는 것에도 「쟝(じゃん)」을 사용하게 되었다. 이것이 「쟝(じゃん)」의 데스마스체인 「쟈 나이데스카(じゃないですか, –가 아닙니까)?」로도 퍼졌을 것으로 생각된다(제11장).

위의 세 가지 표현에 대해서는 연령 차의 그래프도 있는데, 10대, 20대가 사용한다. 지역 차도 있는 것 같다. 방언으로 말하면 느낌이 바로 전달되지만, 「쟈 나이데스카(じゃないですか, -가 아닙니까)?」로 생각하면 어려운 느낌이 드는 것이다. 사실은 「쟈 나이데스카(じゃないですか, -가 아닙니까)?」는 「데스마스」체이다. 「데스마스」가 없는 말투로는 「쟝카(じゃんか)」나 「양카(やんか)」가 된다. 그 「쟝카(じゃんか)」에 대해서는 지역 차가 지적되고 있다. 시즈오카(静岡), 아이치(愛知) 인근에서는 공유 지식이 없어도 「쟝카(じゃんか)」, 「쟝(じゃん)」이 사용된다. 예를 들어서, 유럽 여행을 갔다는 사실만 알고 있는 사람과 이야기를 하다가 「그 뒤에 밀라노에 갔잖아, 그랬더니 도둑을 만나서…….」 이렇게 말하면 도쿄의 사람이라면 「밀라노에 갔었던 건 몰라요.」라고 반론할 법하지만, 아이치에서는 일반적이라고 한다(미네다(嶺田) 2001).

간사이 지방의 「양(やん)」은 도쿄와 같다고 생각했지만, 역시 다르다. 「갔잖아, 그래서(行ったやんかー, ほんでね…….)」처럼 이야기의 전제로 「양카(やんか)」를 사용하는 것 같다. 도쿄보다는 서일본에서 먼저 지금의 변화를 일으켰을 가능성이 있다. 「양카(やんか)」의 용법에서 공유지식이 무너져 내리면 「쟈 나이데스카(じゃないですか, 가 아닙니까)?」에도 영향이 있을 것이다. 「쟝카(じゃんか)」는 친구들끼리 사용하는 말이라서 괜찮지만 「쟈 나이데스카(じゃないですか, 가 아닙니까)?」는 「데스마스」체를 사용하는 관계이므로 부장에게 「아무로 나미에는 이혼했잖아요.」라고 말하면 「왜 나에게 그런 걸 말하지?」라는 반응이 나오는 것이다.

「쟈 나이데스카(じゃないですか, 가 아닙니까)?」는 문화청에서 다룰 정도의 사회적 문제가 되고 있다. 그러나 새로운 경어의 새싹이 아닐까라고 생각된다.

소극적 공손(Negative Politeness)의 관점에서 보면, 상대와의 공유 지식이 없을지도 모른다고 배려해서 「쟈 나이데스카(じゃないですか, 가 아닙니까)?」라는 표현을 사용하는 것은 바람직하지 않다. 그러나 적극적 공손(Positive Politeness)라는 관점

에서 보면, 상대와 같다는 것을 강조하기 위해서 「이혼했잖아요.」라고 말하는 편이 좋다. 그것을 확대해서 「전 커피를 좋아하잖아요.」라고 말해서 「응, 알고 있어, 알고 있어, 그렇지.」가 되고 거기에서 이야기가 탄력을 받는 편이 좋다. 그런 식으로 생각하면, 이런 사용법은 젊은 사람들에게는 저항이 없는 것이 된다. 「커피 좋아하잖아요.」, 「응, 그렇지, 전부터 알고 있었어.」. 또는 「지금 알았지만 맞출 수 있어.」가 되는 것이다. 「전 커피를 좋아하잖아요.」의 선택지에서 친밀감이 있다고 느끼는 비율이 5.8%였다. 매우 적지만, 플러스의 해석인 것이다.

유럽의 경어 사용의 변화, 적극적 공손(Positive Politeness)의 진출 경향을 보면, 상기의 표현은 더 퍼질 가능성이 있다. 일본의 경어에서는 상대를 상처 주지 않도록, 안면(face)을 상하지 않게 하는 것에 중점을 두고 있었지만, 젊은 사람들 중에는 친하다는 것에 중점을 두는 사람도 나왔다는 것이다.

5.2. 여고생의 남성어

단, 경어의 새로운 표현은, 여자 고등학생(이하 여고생)이 사용하는 남자 말과 같이 어느 정도 세월이 지나면 사라질 가능성도 있다. 경어에 대해서는 성인 후 채용이라는 현상도 있는 것이다(제22, 23장). 여고생이 「보쿠(僕, 역주 : 남성이 사용하는 1인칭 대명사)」나 「오레(おれ, 역주 : 남성이 사용하는 1인칭 대명사)」, 「이카네요(行かねーよ, 안 가).」라고 말하는 것인데, 어떤 사람의 관찰에 의하면(고바야시(小林) 2007), 남자 친구가 생기면 남자 친구 앞에서는 남자 말을 사용하지 않게 된다고 한다. 그 후, 회사에 들어가면 당연히 안 쓰게 된다. 회사에서는 기존의 경어인 소극적 공손(Negative Politeness)의 경어가 사용되고 있기 때문에, 적극적 공손(Positive Politeness)의 「쟈 나이데스카(じゃないですか, -가 아닙니까)?」라는 표현은 회사에 들어가면 사용할 수 없게 된다.

5.3. 인토네이션

이 밖에, 공손(Politeness)과 시리아가리 억양(尻上がり의 인토네이션, 역자주 : 의문문이 아닌 데도 끝을 살짝 올리는 말투)과의 관계에 대해서는 자세한 설명을 생략하기로 한다. 예를 들면, 「소레데(それでえ↗↘, 그래서), 내가(あたしがあ↗↘, 아타시가)」라는 소위 말하는 시리아가리 인토네이션은 역시 적극적 공손(Positive Politeness)과 관련이 있다고 생각된다(이노우에(井上) 2008.5a).

또 다른 일례는 「깨↑가 들어 있죠(ごま↑, が入っているのですよね).」라는 표현이다. 바른 답인지 아닌지 잘 모를 때에 끝을 올려서 상대에게 확인하는 방법이다. 「자기가 하는 말↑, 을 잘 모를 때, 확인↑, 하는 것 같은 형태로 시리아가리(尻上がり)↑, 로 얘기한다.」처럼 하나하나의 단어 끝을 올리는 말투로, 주로 젊은 여성들 사이에서 사용되고 있다. 유사(疑似)의문이나 반의문(半疑問) 인토네이션이라고 불리고 있다. 이것도 공손(Politeness)과 관련이 있을 것으로 생각된다. 자신이 이야기를 계속 하고 있다는 점, 그러면서 상대의 이해도를 확인하면서 얘기하고 있다는 것을 나타내는 것이다.

다음은 좀 전에 기술한 것과 관련이 있는데, 다음과 같은 표현을 하면 실례가 된다. 「아무로 나미에, 이혼했는데 알고 있어요?」와 같은 표현이다. 이것은 상대의 지식을 확인하는 것이 된다. 아무로 나미에는 그나마 다행으로, 「카이 제곱 검정은 알고 있어요?」라고 물으면, 지식의 테스트가 되는 것으로, 이것도 실례가 된다. 상대의 지식을 묻는 것은 실례가 되므로 다른 형태로 확인하고 싶다. 그래서 「카이 제곱 검정↑, 뭐–」나, 「아무로 나미에의 이혼↑」이라고 말해서, 상대가 응해주면 바로 말을 이어가는 것이다. 「이혼」이라고 말했을 때에, 「에(え)?」라고 한다면, 「아니, 지난 2월에 이혼했는데, 해외에 있었기 때문에 모르는구나. 하지만 그게 이렇다 저렇다…….」처럼 조정할 수 있는 것이다.

이 반의문, 유사 의문 인토네이션이나 앞서 언급한 시리아가리(반의문) 억양은 비난 받고 있지만 편리하므로 계속 퍼지고 있다. 왜 비난 받느냐 하면, 윗사람이 끼어들 수 없기 때문이다. 권력을 쥐고 있는 사람은 평사원이 말하고 있는 사이에 「하지만, 지금 것은」이라며 끼어들 수 있는 법인데, 「그래서↑, 내가↑, 그 회사에 갔더니, 부장이↑」라고 말하면, 말하고 싶지만 끼어들 수 없는 것이다. 그러나 「그래서, 내가, 그 회사에 갔더니」라고 말하면, 그 틈에 「왜 갔어?」라든가 「늦지 않았어?」라고 말할 수 있다. 그러므로 인토네이션 문제도 광의의 경어와 관련이 있다고 해석할 수 있다.

좀 더 넓게 보면, 종래의 에도 시대 이전의 경어는 귀족인지 무사인지 등의 신분과 관련되어 사용되었고, 번개신(雷様)이나 천왕, 그 자리에 없는 사람 등을 배려하였다. 그러나 최근의 경어는 눈앞에 있는 사람만을 배려하게 되었다.

그것을 확대하면, 인토네이션도 눈앞의 사람만을 배려하고 있는 것이다. 눈앞의 사람이 아무로 나미에에 대해서 알고 있는지 모르는지. 그것을 배려해서 여러 가지 인토네이션을 개발하고 있는 것이다. 예전에는 천왕이 화제에 올랐을 때에, 눈앞의 사람과 관계없이 「폐하께서는(陛下におかれましては)」이라고 말했는지 여부, 격식 차린 말투인지, 직립 부동의 자세인지 등이 문제가 되었지만, 지금은 문제가 되지 않는다. 천왕 폐하를 비롯한 황족에게는 경어를 사용하지 않는 경향이 생겼다(Lestari 2008). 눈앞의 사람에게까지 배려가 미치게 된 것이다.

이상의 움직임을 경어 용법의 대인화, 근대화로 해석할 수도 있다. 이것에 대해서는 다음 장에서 상세하게 다루겠다.

18 방언 경어의 시대성과 사회

❖ 이 장의 테마는 경어와 방언과의 관계이다. 현대 경어의 변화의 메커니즘 중의 하나로 방언 경어의 도쿄 침입이라는 흐름이 있는데, 그 기반을 설명하였다. 지리적 변이는 역사적 변화의 반영이라는 견해를 바탕으로 일본어 방언의 경어를 크게 유형별로 나누어, 일본어사와 관련지어서 설명하였다. 경어사와 방언 분포로 확실한 주권론적인 대응을 볼 수 있다. 이는 전파 속도가 연속 1km라는 가설에도 모순되지 않는다. 전국적인 방언 차, 지역 차를 다루는 화제는 별도의 장으로 하였다. 시대적인 변천을 기준으로 해서 기술의 순서를 바꾸었다.

1. 고대적 방언 경어

일본어의 경어 표현의 방언 차, 즉 지리적 분류와 배열을 고려하는 데에 이하의 일본 지도가 단서가 된다. 여기서는 현대 일본어의 각 방언의 경어를 역사적으로 고찰할 수 있다는 견해를 취하였다. 경어도 단계적으로 생각해 보았다. 고대의 경어와 중세의 경어, 그리고 현대의 경어, 더 나아가 포스트 근대의 경어를 생각하였다.

결론을 먼저 말하겠다. 그림 18-1, 방언 경어의 시대성이라고 적혀 있는 일본 지도에 따라 내용을 간단하게 정리하면 다음과 같다. 고대의 경어는 일본의 변경에 남아 있다. 중세적인 용법은 긴키(近畿)지방에 남아 있다. 현대적인 새로운 경어는 도쿄 부근에서 사용되고 있었다. 최근의 초현대적 경어는 홋카이도나 해외의 이민 사회와 관련이 있다.

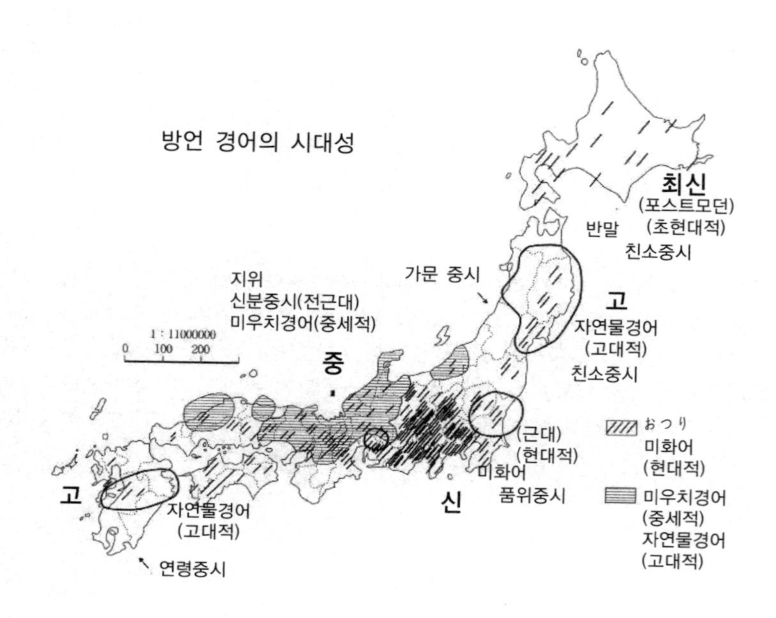

그림 18-1 일본어 경어의 역사와 방언

그림 18-1의 전체에서 나타낸 것은 경어의 사용으로, 어떤 표현을 어떤 식으로 사용하는가에 대한 것이다. 말할 때에 어떤 인물을 중시하는가를 보면, 변화가 있다. 옛날에는 자연물이나 신, 천왕을 중시했었다. 그 후 공가(公家), 귀족 등의 가문(家柄)을 중시하였다. 그 후에는 농촌에서 예부터 오래 이어져 내려온 집의 가족은 가난해도 경어를 사용하였다. 새로 온 사람은 부자라도 경어를 사용하지 않는 경우가 있었다. 이것은 가문이다. 한편 규슈 등에서는 개인의 연령을 중시하였다. 그 후에 자신을 아름답게 보이도록 하기 위해 말을 아름답게 하는 말투를 썼는데 이것을 도쿄 사람들이 채용하였다.

또한 이 지도를 보면, 일본의 방언을 3(~4)단계로 나눌 수 있다. 「고(古)」의 기호는 규슈와 도호쿠(東北)에 있다. 이 일본 지도를 보면 일본의 양쪽 끝에는 고대의 방언이 남아 있다. 「해님이 오르셨다(お日さまがお昇りになった).」나 「번개님이 떨어지셨다(雷様が落ちられた).」에 해당하는 경어 표현을 쓰던 지역이다. 인간이 아닌데 경어를 사용했던 것이다. 이것이 자연물 경어라는 것으로 가장 오래된 경어이다. 아주 옛날에는 「달이 지셨다(月が沈まれた).」 등이라고 말했지만, 그 후, 천왕도 신과 마찬가지로 위대한 존재라서 천왕에게도 이 표현을 사용하게 되었고, 그것이 후에 귀족에게까지 퍼졌다.

2. 중세적 방언 경어

귀족 사회에서 퍼진 경어는, 긴키 지방의 「중(中)」이라고 적힌 것이다. 마우치가족(身内, 그래서) 경어라고 쓰여 있는데, 외부 사람과 얘기하면서 자신의 가족(身内)을 화제로 삼을 때에 미우치(身内) 경어를 사용하는 중세적인 경어이다. 간사이(關西)지역에 방언 조사를 갔을 때의 일인데, 「이 집에 할아버지가 계신 것 같은데, 말에 대해서 여쭙고 싶습니다만.」이라고 물었다. 그랬더니 며느리가 「오지짱, 오라하라시마헹(おじいちゃん, おらはらしまへん, 할아버지는 안 계십니다).」(おじいちゃんはいらっしゃいません)이라고 말하는 것이었다. 도쿄라면 (할아버지는 지금) 「오리마셍(おりません, 없습니다).」, 「이마셍(いません, 없습니다).」처럼, 겸양어를 사용하거나 적어도 중립적인 말투를 사용하는데, 간사이에서는 「안 계십니다(いらっしゃいません).」에 해당하는 경어를 쓴다. 그 자리에 없어도 며느리에게 있어서는 할아버지는 경의를 표해야 하는 상대이므로, 손님 앞에서도 「안 계십니다(おらはらしまへん).」(いらっしゃいません)와 같이 말하는 것이다.

이런 사용법은 중세에는 좀 더 왕성해서, 농담(희화어, 狂言) 등에 용례가 있다.

긴키(近畿) 지방 주변에는 지금도 남아 있지만(이토요(飯豊) 1987), 도쿄 인근에서는 사용하지 않게 되었다. 회사에서 제일 먼저 샐러리맨들이 훈련을 받는 것은 회사 밖의 사람과 이야기할 때에 부장 등의 사내의 손위 사람에 대한 경어를 사용하지 않는 것이다. 그 자리에 없는 상사를 언급할 때에 겸양어를 사용한다. 즉 화제의 인물과 눈앞의 청자 모두를 상대적으로 판단해서 경어를 사용한다. 이것이 상대경어의 전형적인 예이다.

예전에는 구체적인 인물로서 천왕이나 가문이 높은 사람에게 어떤 경어를 쓰는지가 문제가 되었다. 하지만 미래의 경어에서는 자신에게 있어서 친한지의 여부를 중시하는 움직임이 있다. 이에 대해서는 다른 논문에서 논하였다(이노우에(井上) 1999.5.).

3. 현대적 미화어와 방언

다음의 현대적 경어의 단서는 「오(お)」를 붙이는가의 여부이다. 그림 18-1의 수도권의 사선은 근대적, 도쿄적인 새로운 경어이다. 수도권에는 「오(お)」를 빈번하게 붙여서 자신의 말을 아름답게 하는, 새로운 사용이 늘어나고 있다(제22~23장).

「오반차(お番茶, 엽차)」 등은 남성은 사용하지 않겠지만, 일본의 젊은 여성은 자주 「오(お)」를 붙인다. 그래서 학생들을 대상으로 설문 조사를 실시하였다. 의외로 「오(お)」를 빈번하게 붙이는 것은 관동 지방의 여성이었다. 간사이 사람들은 「오마메상(おまめさん)」이나 「오쿠도항(おくどはん)」 등 콩이나 아궁이에까지 경어를 붙인다. 「아궁이가 부서져서(おくどはんが壊れましてなあ)」나 「이 콩, 맛있네(このおまめさん, おいしいおまんなあ).」라고 말하는 것이다. 그런 식으로 「상(さん)」을 붙일 정도이므로 간사이 사람들이 「오(お)」를 더 자주 붙일 것이라고 예상했지만 결과는 달랐다.

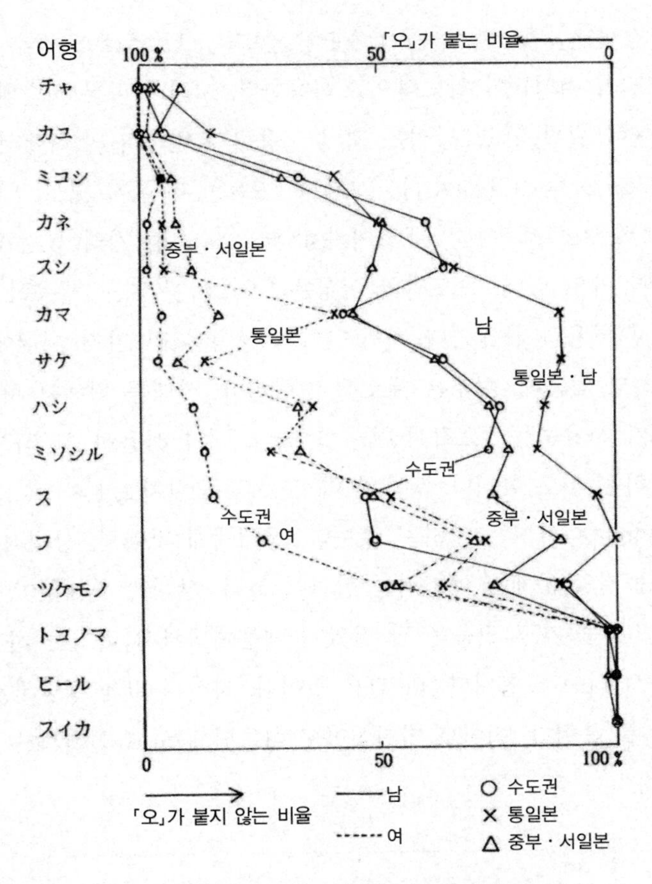

그림 18-2 「오(お)」의 지역차 · 성별차 설문조사

그림 18-2의 대학생 설문 조사의 그래프를 보면(이노우에(井上) 1986.3.), 어휘에 따라서 「오(お)」를 붙이는 방법이 다르다. 거의 대각선 형태로 후술하는(그림 23-2) 렌즈 모델의 패턴을 보인다. 또한 남녀 차가 크다. 위가 「오(お)」가 붙는 어휘로, 「오차(お茶, 차)」, 「오카유(おかゆ, 죽)」는 남녀 모두 「오(お)」를 붙인다. 「오미코시(おみこし, 가마)」, 「오카네(お金, 돈)」, 「오스시(おすし, 초밥)」, 「오카마(お釜, 솥)」, 「오사케(お酒, 술)」 등은 여성은 거의 모두가 「오(お)」를 붙이지만 남성은 붙이는 경우가 적다.

「오하시(お箸, 젓가락)」, 「오미소시루(おみそ汁, 된장국)」, 「오스(お酢, 식초)」, 「오멘(お麩, 국수)」은 수도권의 여성들이 압도적으로 사용한다. 그러나 다른 지방의 여성은 「오(お)」의 사용률이 훨씬 낮고, 남성은 거의 사용하지 않는다. 이하에서는 남녀차가 줄어, 「쯔케모노(つけもの, 장아찌)」는 그다지 「오(お)」가 붙지 않고, 「도코노마(床の間, 이발소)」, 「비루(ビール, 맥주)」, 「스이카(すいか, 수박)」는 거의 붙지 않는다.

여성의 지역 차도 있다. 수도권의 여성은 「오(お)」를 자주 사용하고, 동일본의 여성은 그다지 사용하지 않는다. 수도권의 여성이 여러 가지 어휘에 「오(お)」를 붙이기 시작하고 있는데, 이것은 새로운 경향이다. 상대를 위해서 사용하는 것이 아니며, 상대가 사용하는 「오하시(お箸, 젓가락)」, 내가 사용하는 「하시(箸, 젓가락)」라는 구분을 하는 것도 아니다. 상대가 마시므로 「오반차(お番茶, 엽차)」, 내가 마시는 것은 「반차(番茶)」라고는 말하지 않는다. 상대에게 맞춰서, 상대적으로 경어를 쓰는지 안 쓰는지의 문제는 여기서는 상관이 없다. 상대에 관계없이 자신이 사용하는 것이다. 「저는 가정 교육을 잘 받았기 때문에 「하시」라고는 하지 않습니다. 언제나 「오하시」라고 말합니다.」와 같은 것이다. 자신의 말을 정중하게 하기 위해서 늘 「오(お)」를 붙인다. 적어도 말만이라도 아름답게 하고 싶어 하는 사람이 「오(お)」를 붙인다.

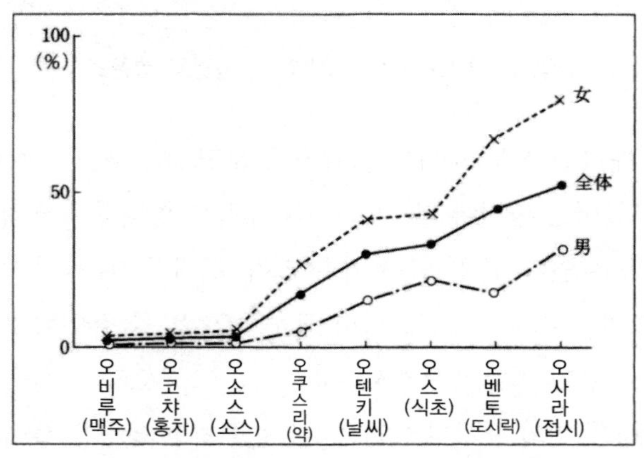

그림 18-3 「오(お)」의 성별차 (문화청 1997)

「오(お)」를 붙이는 방법에 대해서는, 좀 더 신뢰할 수 있는 데이터가 생겼다. 이것은 문화청의 조사(1997)로 제21장 이하에서 논하겠지만, 여기서는 그림 18-3의 그래프로 개관해 보자(이노우에(井上) 1999.5.). 어느 정도로 「오(お)」를 붙이는지를 전국민의 평균치와 성별로 나타내었다. 수치는 연속적이어서, 이 어휘에는 「오(お)」를 붙인다, 안 붙인다고 규정짓는 것은 무리이다. 즉, 「오(お)」에 대한 사전은 만들 수 없다. 조사에서의 수치는 예를 들 수 있다. 「오사라(お皿, 접시)」는 여성의 80%가 붙이고, 남성의 40%가 붙인다. 「오벤토(お弁当, 도시락)」는 여성의 70%, 남성의 20%. 「오스(お酢, 식초)」는 50%와 30%, 「오텡키(お天氣, 날씨)」는 50%와 25%, 「오쿠스리(お薬, 약)」는 30%와 5%. 「오소스(おソース, 소스)」, 「오코차(お紅茶, 홍차)」, 「오비루(おビール, 맥주)」는 붙이는 사람도 있지만 굉장히 적다. 「오차(お茶, 차)」는 그림 18-2에 의하면 거의 100%가 사용하기 때문에, 「차(茶)」라고 말하는 것은 이상하다고 해도 무방할 것 같다. 그러나 「오사라(お皿, 접시)」, 「오벤토(お弁当, 도시락)」, 「오스(お酢, 식초)」, 「오텡키(お天氣, 날씨)」, 「오쿠스리(お薬, 약)」는 곤란하다. 필자 본인은 「오쿠스리(お薬, 약)」라고 말한 적은 전혀 없다고 생각한다. 그러나 남자 의사는 「약(오쿠스리)을 처방하겠습니다(お薬を出しましょうね).」라고 말한다. 「오(お)」를 붙이는지 안 붙이는지는 사전에도 참고서에도 간단하게는 쓸 수 없다.

이상의 「오(お)」의 지역 차는 일본어 경어의 역사의 첨단(先端) 부분, 제3단계를 반영한다.

4. 방언 경어의 3지역과 사회 경제적 발전 단계

이상의 방언 경어의 역사적 3단계는 현재의 경어 사용에도 반영되어 있다. 예를 들면, 요시오카(吉岡 2000), 국립국어연구소(2000)에서는 일본을 경어 사용의 관점에서 3분할해서 문화청 여론조사의 결과를 재고찰하고 있는데, 그 분할의 방법은 사회 경제적 발전 단계와도 대응한다. 경어 역사적 전개 순으로 배열하면,[1] 이 3개는 각각 고대적 절대 경어, 중세적 반 상대 경어, 현대적 상대 경어를 반영하는 것이다.

(1) 간소 지역(방언 경어 간소 지역)은 주로 동북이나 북관동으로 종래의 방언학에서 말하는 「변경」에 해당된다. 여론조사의 간소 지역은 존경어를 사용하지 않고, 인간에 대한 경어가 미발달한, 오래된 단계에 해당한다. 변경은 **절대 경어적**인 고대 경어(신에 대한 경어)를 사용하며, 사회계층에 따른 차이가 미발달한 지역이다(이노우에(井上) 1989.10.). 경어의 「동저(東低)」에 해당한다.

(2) 복잡 지역(방언 경어 발달 지역)은 주로 서일본, 특히 긴키(近畿)로 종래의 방언학에서 말하는 「중앙」에 해당한다. 이는 경어의 「서고(西高)」에 상당한다. 존경어를 사용하며, (라)레루((ラ)レル) 경어를 사용한다. 긴키(近畿)는 예부터 계층 분리가 진행되어, 사회계층에 따른 차이가 발달해 있었는데, 인간에 대한 경어가 고정적인 중세 경어에서, 생득(生得)적(귀속적) 지위(ascribed status)가 중시되는 지역이라고 할 수 있다. 특히 교토에서는 천왕에서 최하층의 사회계층까지가 하나의 지역 사회에 공존한다는 점이 다른 지역들과 다르다. 이는 교토 중심의 주권론적 언어 전파와 관련이 있다.

(3) 수도권(공통어 경어 발달지역)에서는 존경의 레벨이 높은 이중 경어가 많다는 경향이 있고, 급속하게 발달한 근대적 경어의 전형이라고 할 수 있다. 현대적 **상대 경어**(정중어화, 미화어화)의 지역으로 유동적인 계층 의식, 평등 의식이 있고, 획득적 지위(acquired status)가 중시되는 지역이다. 이는 도쿄 중심의 전파와 관련이 있다.

이러한 요시오카(吉岡)의 3분류는 앞서 살펴본 경어의 역사적 3전형의 분류나 분포도와 거의 일치한다. 거기에서 이용한 것은 아래의 지표였다.

---

[1] 일본의 표준어형 보급의 역사적 3단계와도 관련지을 수 있다. ①고대 이후 교토로부터의 보급이 중앙과 변경에서의 차이와 관련 있다. ②근대 도쿄로부터의 급속한 보급이 수도권의 경어와 관련된다. ③현대의 젊은 세대에 매스컴을 경유하여 보급된 「신(형)경어」 또는 「경어의 혼란」과 관련이 있다(이노우에(井上) 2007.2.).

(1) 자연물 경어(신도)

(2) 미우치(身內) 경어

(3) 미화어「오(お)」의 사용률(LAJ)

단, 단계(3)에 대해서는 이노우에(井上 2004.11.)에서 많은 지도를 제시하였는데, 현 별 지도를 보면 차이가 커서 기대했던 명확한 분포는 볼 수 없었다. 그 후, 「오(お)」의 사용에 대한 지역 차를 관찰했더니, 「오(お)」의 사용이 수도권과 긴키에 많다는 작은 지역 차가 보였다(제23장, 그림 23-5～그림 23-12).

이상의 3단계는 표준어 사용의 3단계와도 관련지을 수 있다. 우산 모델의 개정판(그림 14-5)에서는 근세 이전의 교토 중심의 우산과 근대의 도쿄 중심의 우산을 두 개 설정하였다. 이것은 경어 사용의 제2단계, 제3단계와 대응한다. 이들 우산의 가장자리에 해당하는 것이 경어에 대한 제 1단계에 해당한다. 이는 평균 연속 1킬로로 언어 현상이 보급된다는 가설(제14장, 이노우에(井上) 2003.7)에 모순되지 않는 분포 양상이다.

이상으로 일본의 경어의 방언차를 사회 경제적 발전, 더 나아가 계층 분해와 관련지어서 설명했는데, 세계의 경어의 언어 차에 대해서도 마찬가지의 설명이 가능하다(제19장 참조).

5. 다메구치(タメ口, 반말)의 방언적 배경

현대의 젊은 여성은 유니섹스화되고 있다고 하는데, 유니섹스는 다메구치와 관련이 있는 것이 아닌가 생각된다. 다메구치는 경어를 사용하지 않는 말투이다. 그림 18-1에는 홋카이도 부근에 적혀 있지만, 이바라키(茨城)현 인근에서도 이 말을 쓰고 있다. 다메구치, 초현대적이고 포스트모던, 친소 중시 등이라고 적혀 있다.

요즘 젊은 사람들 중에는 경어를 사용하지 않는, 또는 사용할 수 없는 사람이 있는 것이다. 듣는 입장에서 보면, 「데스마스(ですます)」로 말해줬으면 하는데, 그렇게 사용하지 않는다. 경어를 사용하면 거리감을 조금 느끼기 때문에, 적극적, 호의적으로 친소를 중시하고 친한 느낌을 표현하기 위해서 경어를 사용하지 않고 다메구치를 쓴다는 발상이다.

원래 이바라키(茨城)도 무경어 지대라고 말한다. 그것이 어떻게 해서 초현대적으로 범주화되었는가 하면, 도쿄에서 다메구치가 사용되고 있는 것이 이바라키나 홋카이도와 같은 경어를 사용하지 않는 말투가 도쿄로 역류되어 온 것이라고 보는 것이다. 원래 있었던 무경어가 도쿄로 들어온 단계에서 초현대적이 된 것이다. 무경어는 매우 오래된 것이라고 말하고 싶지만, 이바라키는 자연물 경어를 사용하는 지역이다. 이바라키 사람들은 인간에게는 무경어이지만, 「번개님이 떨어지셨다(雷様が落ちられた).」와 같은 고대적인 경어가 있었다. 그 「번개님이 떨어지셨다(雷様が落ちられた).」가 노인들에게만 한정되어, 이바라키현은 무경어라고 말해지게 된 것이다. 경어를 사용하지 않는 말투가 이바라키 출신의 부모님 등을 거쳐서 도쿄로 들어왔다. 이는 지금 조금씩 다메구치라는 형태로 도쿄로 유입되고 있는 것으로 보인다. 경어를 사용하지 않는 다메구치는 실제로는 이바라키 인근으로부터 들어온 것이라고 여겨지고 있다. 이를 말하기 위해서는, 조금 더 증명이 필요하기에 새로운 조사도 가능하지만, 십수 년 전에 도쿄 내에서 실시한 조사자료 중에 경어 항목이 있었기 때문에 그것을 재고하는 것은 가능하다.

이것은 제12장 등에서 다룬 도쿄 신방언의 개념과 같다. 도쿄의 젊은 사람들이 사용하기 시작한 표현 중에는, 지방 출신인 것이 있다. 각각의 표현, 「우잣타이(うざったい)」, 「……장(じゃん)」, 「치가캇타(違かった)」, 「～칫타(ちった)」가 들어왔다고 증거를 들면서 제시했는데, 경어의 사용에 있어서도 마찬가지라고 생각하였다.

비슷한 과정은 해외에서도 볼 수 있다. 특히 프랑스가 앞서 있는데, 프랑스에서는 프랑스어의 vous를 사용하면 거리감을 느끼게 되므로, 처음부터 프랑스어의

tu(독일어라면 Sie에 대한 du에 해당하는 대명사)를 사용한다. 젊은 사람들이 상사에게도 tu로 말을 걸기 때문에 어떤 회사에서는 모든 사람들이 tu라고 부르게 하려고 했다고 한다. 그렇게 하면 젊은 사람에게 일일이 화를 내지 않아도 된다. 이전에는 「중역을 향해서 tu라고 하다니 있을 수 없는 일이다.」라며 화를 냈지만, 이 회사에서는 이제 tu면 된다고 했다고 한다. 이것은 컴퓨터 관련 회사의 예인데, 거기까지 변화가 진행된 것이다.

6. 초현대적 다메구치 해외 방언의 무경어

앞서 고대 경어의 부분에서, 다메구치에 대한 의문이 힌트가 된다. 다메구치, 초현대적인 곳은 이바라키현 이외에 홋카이도라고 말해지고 있다. 그 이유로는 이민 사회이기 때문이라고 여겨지고 있다. 동북 지방이나 서일본에서 메이지 시대 이후에 이주한 사람들이 홋카이도에 살면서 거기에서 말을 섞은 것인데, 그리스어의 koin(공통어)에 해당하는 말을 만들었다고 이야기되고 있다. 표준어 또는 공통어에 가깝다고 말해지는 것이다. 그런데 경어에 대해서는 표준어 또는 공통어와 가깝지 않아서, 단순화해 버렸다고 한다. 하와이 일본계 이민자들을 대상으로 조사해 보면, 하와이도 마찬가지이다. 브라질도 비슷하다(야마시타(山下) 2007).

홋카이도에서는 왜 경어를 쓰지 않게 되었는지를 물을 수 있었다. 필자는 야마가타현의 쓰루오카(鶴岡) 출신인데, 쓰루오카는 죠카마치(城下町)로 메이지 유신 때에 규슈의 군대에 패배해서 쓰루오카의 일부 사무라이가 홋카이도로 갔다. 그 자손들을 만나서 이야기를 들었던 것이다. 「쓰루오카의 가정에서는 사족(士族)이므로 경어를 잘 썼을 것이다. 부모님들도 썼을 것이다. 그런데 당신들은 홋카이도에 이주해서 경어를 사용하고 있지 않은데, 어떻게 된 것일까요?」라고 물었더니 「부모님은 분명 사무라이였으므로 경어를 사용했었다. 그러나 우리들은 홋카이도로 이주해서 모두 같은 입장이 되었다. 그래서 경어를 사용하지 않게 되었다.」라고 말하는 것이었다.

하와이에서는 그 정도의 조사가 불가능했지만, 하와이 일본계 사람들도 경어를 사용하고 있지 않았다. 그것은 미국 영어의 영향이라고도 할 수 있다. 참고로 옛날 캐나다의 일본인 사회에서도 경어가 없어졌다. 아직까지도 일본어를 할 수 있는 사람들이 남아 있지만, 그 사람들도 경어는 사용하지 않는다. 경어가 없는 일본어는 현재 해외에 남아 있는 것이다. 그래서 일본어를 새롭게 가르치려고 하면, 우선 경어를 가르치지 않으면 안 된다. 「경어라는 것이 있다. 「데스마스(ですます)」를 사용하는 장면이 필요하다.」라는 것을 가르치지 않으면 안 되는 것이다.

그런데 독일의 뒤셀도르프에 살고 있는 일본인 아이들 중에도 경어를 할 수 없는 아이가 있다. 가정에서만 일본어를 사용하므로, 그 일본어만 외워서 선생님에게도 경어 없이 말을 걸거나 한다. 그리고 뒤셀도르프의 서점에 갔더니, 「일본어를 못하는 젊은 사람이 있어서 괘씸하다.」라고 말하는 것이다. 또한, 「독일인도 곤란하다. 독일인 손님 중에는 「책 왔어(本来たか).」라고 경어 없이 서툰 일본어로 말하는 경우가 있다.」라고 한다. 「화가 치민다.」라고는 말하지 않았지만, 「곤란하다.」라고 말하였다. 뒤셀도르프는 일본인 수가 상당히 많으니 소규모의 하와이, 소규모의 홋카이도라고 볼 수 없을까? 사정은 조금 다를 수도 있지만, 이민 사회의 일종이라고 생각할 수 있다. 이 경우는 홋카이도의 이민과 달리, 부모가 가정 내에서 일본어를 사용하지 않을 지도 모르지만, 새로운 세대들이 경어를 쓰지 않는다는 점은 공통적이다. 다메구치가 보급되고 있다. 초현대적, 포스트 모던이라는 것이다. 도쿄의 젊은 세대들에게 다메구치가 퍼지고 있는 것은 앞으로 더 퍼질 것이라는 예측과 관련이 있지만, 뒤셀도르프의 일본인 사회 쪽이 좀 더 앞서 있다. 이민 사회에서 경어를 단순화하는 것은 여기저기에서 지금까지도 일어났었고, 앞으로도 일어날 것이다. 수도권도 일종의 이민 사회이므로 도쿄에서도 비슷하게 퍼질지도 모른다. 아직 증명은 할 수 없지만, 앞으로 해외 사회에서 어떻게 되는지를 주목해 보고 싶다.

이것이 앞서 말한 테마의 발전이다. 일본의 경어, 방언의 경어를 여러 가지 거론했는데, 그 속에 이민 사회도 대입해 보려는 시도이다.

7. 「~테이타다쿠(ていただく)」

다음의 그림 18-4의 지도도 현대 경어의 움직임을 반영한 것이다(국립국어연구소 1989~2006). 최근 「~테이타다쿠(ていただく)」라는 표현이 퍼지고 있다. 「설명하다(說明する)」가 아니라, 「설명하겠습니다. 설명하도록 하겠습니다(說明させていただく).」와 같은 표현이 새로운 사용의 전형이다. 이것은 상대에 대한 배려이다. 「제가 설명하겠습니다(わたしが說明します).」라고 말하면 되는데, 「설명하도록 하겠습니다(說明させていただきます).」라고 말한다. 상대로부터 은혜를 받는 것처럼 표현하는 것으로, 입으로 상대를 높이고 있는 것이다. 화제에 오르는 천왕 폐하나 손위 등은 관계가 없다. 그러나 눈앞의 상대를 소중히 하고 싶다는 의식이 표출인 것이다. 그림 18-4의 ●표시 「~테이타다쿠(ていただく)」를 보면 알 수 있듯이 이것도 간사이 기원이다(이노우에(井上) 1999.5.). 또한 △는 「~테모라우(てもらう)」로, 이것도 역시 긴키 중심으로 퍼지고 있으며, 한 단계 더 오래된 표현이다(제14장 1절, Bartoli의 넓은 지역의 기준). 간사이 사람들은 여러 가지 새로운 표현 방법을 개발하였다. 예전에는 「이와세테모라우(いわせてもらう)」, 지금은 「이와세테이타다쿠(いわせていただく)」 등의 새로운 표현 수단을 만들어서 주위로 퍼뜨리고 있다.

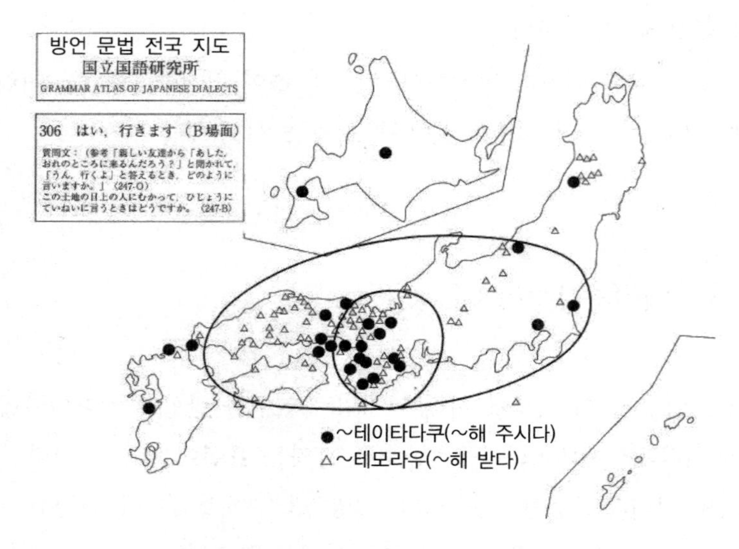

그림 18-4 관서 기원의 「～테이타다쿠」 ~해주시다

이 「～테이타다쿠(ていただく)」라는 표현은 장기간에 걸쳐서 퍼지고 있다. 학습원 초등과의 작문이, 이 표현이 퍼지는 것을 확인할 수 있는 단서가 된다(스즈키(鈴木) 2000). 그림 18-5의 그래프에서는 실수(절대수)를 제시하면 경향을 파악하기 힘들므로 작문의 편수로 나누어 비율을 제시하였다. 「～테이타다쿠(ていただく)」 겸양어도 그 수는 줄고 있다. 특히 겸양어의 감소가 눈에 띈다. 문맥적인 제약이 있어서 사용하기 어려운 탓도 있다. 「테이타다쿠(ていただく)」를 겸양어로 나누어 계산을 하면, 「테이타다쿠(ていただく)」는 늘고 있다. 총리의 연설에서 「테이타다쿠(ていただく)」가 극적인 증가 추세를 보이고 있는데(NHK 2010), 국회회의록을 보면(마쓰다(松田) 2008) 제2차 세계대전 이후의 큰 흐름을 알 수 있을 것이다.

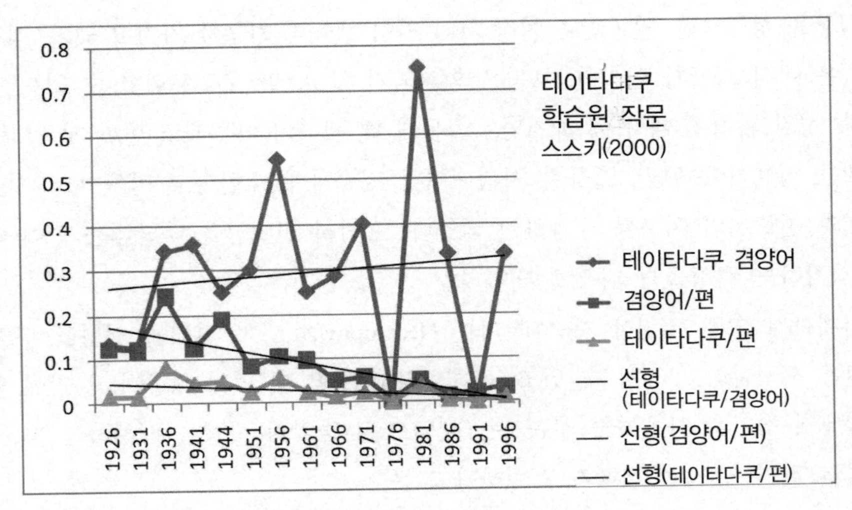

그림 18-5 작문의「테이타다쿠(ていただく)」

8. 거리와 경제를 통주저음(通奏低音)으로

사고를 더 깊게 하여, 경어와 관련지어 일본어의 난이도를 살펴보았다. 언어의 습득 연령으로 세계 언어의 난이도를 매길 수 있다고 본다(이노우에(井上) 2001.8.). 초등학교까지의 지식으로 완벽하게 구사할 수 있는 언어가 있다면 쉬운 언어인 것이다. 대학을 졸업해도 아직 완벽하게 구사할 수 없는, 성인이 되어도 구사할 수 없고, 잘 틀리는, 그런 언어 현상이 있는 언어는 어려운 언어가 되는 것이다.

일본어는 어렵다. 경어에 대해서는 대학생도 문제가 있고 성인도 자신이 없다. 그러므로 경어는 가능한 한 간결하게 되었으면 하는 바람이다.「여쭙다(うかがう)」를 사용할 수 있는 것은 고학의 노년층이라는 조사 결과(국립국어연구소 1981, 이노우에(井上) 1999.5.)에서 지적하는 것은 일본어가 어렵다는 것을 나타내는 것이라고 해도 무방하다. 문자도 어렵지만, 경어도 세계에서 으뜸가는 난이도이다.

이상을 정리하면, 일본인은 여러 가지 언어 행동의 기준을 가지고 있다. 각각의 현상은 여러 가지가 있지만, 보통은 의식되지 않고, 말로도 표현할 수 없는 것이 많다. 성장 과정 중에 몸에 배지만, 그 몸에 밴 지식이 아무래도 변한 것 같다. 옛날에는 상대가 손위의, 훌륭한 사람이어서 정중하게 대한다고 말했지만, 지금은 상대와 친한지의 여부를 생각하게 되었다. 오히려 친밀감을 나타내는 편이 좋다고 생각하는 사람들이 나오게 되었다.

이제까지 그런 설명을 했는데 이는 Neustupny(2003)의 견해에 영향을 받았다. 이것은 서구화라고도 할 수 있고, 근대화라고도 할 수 있지 않을까. 눈앞에 없는 사람에게 경어를 사용하는 것은 전근대적으로, 눈앞의 사람을 배려하는 것은 근대적인 것이다. 그런 견해가 가능하다고 본다.

한 번 더 정리하면, 돈이나 거리 등을 통주저음(通奏低音)으로 해서, Neustupny의 생각이지만, 근대화, 서구화의 방향을 향하고 있다는 것을 적용하면, 상당한 언어 현상이 그 틀에 들어맞을 것처럼 보였다. 조금 무리해서 관련지은 부분도 있을지도 모르겠다. 그것은 나중에 조금 더 이론적으로 보강을 하고 싶다.

19 세계 경어의 경제성

❖ 경어는 다양한 형태로 경제와 관련이 있다. 이 장에서는 경어 사용의 기본적인 메커니즘에 중점을 두었다. 앞 장에서는 일본어 내부의 변이를 다루었지만, 여기에서는 세계의 여러 언어를 경어라는 관점에서 특징지어 보려고 시도하였다. 경어와 관련된 세계지도를 본문에 제시하였다. 일본어의 경어를 출발점으로 하면 결국 아시아의 경어를 다루는 것이 된다. 언어적, 즉 문법적 제약 하에서, 경제언어학적으로 효율적인 시스템을 만든 것이라고 할 수 있다. 또한 사회, 경제적 발전 단계와의 관계도 볼 수 있었다. 경어라는 좁은 시야에서 끝나 버리는 것을 막기 위해, 이데(井出)・오기노(荻野)의 미국과 일본의 경어 표현 대조 연구의 성과도 소개하고, 공통점과 차이점을 지적하였다. 그 발전적 분석은 다음 장인 제20장에서도 살펴볼 것이다.

1. 세계의 경어와 언어유형론적 제약

이 장에서는 언어 내적인 경제성에 주목하여, 경어 체계의 비용 대비 효과에 대해서 살펴보도록 하겠다. 예전에 Martinet(1955) 등이 주장한 「기능언어학」의 발상을 이용하여, 세계의 경어를 재고해 보자. 또한, 「경제」에는 다음과 같은 두 가지 용법이 있다. ①상품이나 돈의 유통이라는 관점에서 본, 사회의 기본 활동. ②싸게 먹힌다는 점과 적어도 된다는 점이다. 언어 내적인 경제라고 할 때는 주로 ②를 가리키는 경우가 많고, 언어 외적인 경제라고 할 때는 ①을 가리키는 경우가 많다. 그러나 ①의 기본 원리로 ②의 싸게 먹힌다는 것(바꿔 말하면 경제 합리성)이 작용할 것으로 판단되기 때문에, 근본적으로는 공통적이다.

예전에 경어의 세계적 분포 지도를 그린 적이 있는데(이노우에(井上) 1974.6.), 개정할 필요가 있었다(이노우에(井上) 2009.8., 이노우에(井上) 예정).[1] 2인칭 대명사의 경어적 구별에 대한 세계적 분포 지도(Helmbrecht 2001)는 문법적 경어 체계의 분포와 많이 닮았다. 일본어의 경어를 세계 여러 언어의 경어와 대우 표현의 지리적 분포 속에서 살펴 보면, 동아시아 유형(문법적 경어가 정비되어 있고, 2인칭 대명사 사용을 회피하는 유형)이라고 할 수 있다. 경어의 발생・전파・분포에 언어 내적과 언어 외적이라는 2가지 요인이 얽혀 있다는 것(즉 언어・비언어의 경제성으로 설명이 가능하다는 것)은 이러한 지구 규모의 언어 분포로 알 수 있다.

2. 세계의 경어 분포의 규정 요인

2.1. 세계의 경어 분포의 피라미드

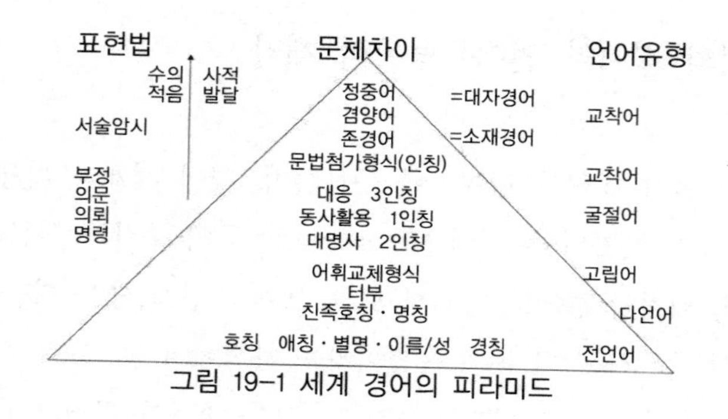

그림 19-1 세계 경어의 피라미드

[1] 우선 1492년(Reconquista와 미국 대륙 발견) 이전의 언어 분포도에 그 후의 현상을 분포 영역으로 기입하는 모순이 있다. 최근의 세계 언어지도처럼 점으로 나타내는 것도 생각할 수 있지만, 그렇게 하면 지리적 전파나 접촉 현상은 나타내기 어렵다.

2.2. 언어 내적인 요인 : 언어 유형

경어 발달의 요인은 언어 내적 요인과 언어 외적 요인으로 나눠진다. 우선, 언어 내적인 요인으로서 경제언어학적 조건이 작용한다(이노우에(井上) 1989.10.).

그림 19-1의 오른쪽 끝에 언어 유형에 대해서 교착어, 굴절어, 고립어, 그리고 다언어라고 적혀 있다. 유형론적으로 보면, 교착어는 일본어나 터키어, 몽골어 등을 가리킨다. 굴절어는 유럽의 여러 언어, 예를 들면 독일어, 러시아어, 라틴어나 그리스어와 같이, 동사의 활용이나 명사의 격 변화가 복잡한 언어이다. 고립어는 중국어가 전형적이며, 문법적인 활용이 없는 언어이다. 그 아래의 다언어는 여러 가지 언어가 있다는 의미이다.

언어의 4가지 유형 중의 하나인 교착어에 속하는 언어에서는 각각의 언어 요소(조동사나 조사 등의 접사)에 각각의 문법 기능이 있기 때문에 경어형을 경제적으로 만들 수 있다. 일본어와 같은 교착어는 경어를 만들기 쉽다. 경어 요소의 조동사를 만들어 버리면, 그 조동사를 거의 모든 동사에 규칙적으로 붙일 수 있다. 「라레루(られる)」라는 경어의 조동사를 자유롭게 붙일 수 있다. 그리고 조동사가 아니더라도, 「오(お～)」, 「오～나사루(お～なさる)」와 같은 것을 동사에 붙일 수도 있다. 또한 경어를 위한 특별한 말을 만들어 그 말은 거의 모든 것에 붙일 수 있다는 장점이 있다.

이에 반해 굴절어에서는 경어를 만들기 어렵다. 라틴어에서 경어 요소를 만들려고 하면, 「사랑하다」라는 동사의 활용형으로 amo, amabis … 등이 있다. 그러나 그 활용형 중의 모음을 하나 바꾸고 자음을 하나 붙여서 경어가 된다고 한다면 어려울 것이다. 그것을 1인칭 · 2인칭 · 3인칭의, 단수 · 복수로 6종류를 만들어 외울 필요가 있다. 현재형 이외에 과거형을 만들면, 활용형을 6의 몇 배 정도로 상당히 많이 외우지 않으면 안 되기 때문에 이것은 불가능에 가깝다. 독일어도 그와 비슷한 굴절어적인 성격을 가지고 있지만, 독일어나 영어는 might 등의 조동사를 나중에 발달시켰기 때문에 일본어와 조금 비슷한 교착어적인 형태의 경어 표현이 어느 정도 가능하게 되었다.

언어에 따라서는 「만약 -라면」, 「만약 내가 새였다면 날 수 있었을 텐데.」와 같은 영어의 가정법이나 독일어의 조건법을 사용하였다. 「만약 이렇게 해 주신다면 저는 기쁘겠습니다만.」이라고 말하기도 한다. 영어로도 독일어로도 그런 표현을 하면 조금 정중하게 들린다. 그것은 형태로서 일본어에서 조동사를 발달시킨 것과 유사하다. 조동사 「레루(れる)」, 「라레루(られる)」, 보조동사 「나사루(なさる)」를 발달시킨 것과 마찬가지로 이전부터 있었던 가정법과 조건법을 쓰고 있는 것이다. 그렇게 보면, 일본어는 피라미드의 맨 꼭대기에 위치한다. 조동사가 있는 덕분에 정중어의 조동사, 겸양어의 조동사, 존경어의 조동사를 만들 수 있는 것이다. 굴절어라면 동사의 활용을 사용하며, 피라미드의 중간 정도에 위치하게 된다.

인도유럽어 등의 굴절어 유형이나 인디언의 제 언어 등과 같은 포합(複總合)어 유형에서는 경어 요소를 독립시키기 어렵다. 인도유럽어 등에서, 가정법과 조건법 등을 전용(轉用)해서 경어적으로 사용하는 것은 문법적인 경제성을 위한 것이다. 또한 2인칭 대명사의 구분도 발달시켰다. 만약 경어 전용의 활용형을 만든다면 (인칭과 수에 따른) 활용 암기 항목이 늘어날 것이다.

이에 반해 중국어와 같은 고립어에서는 문법적인 경어형을 만드는 것은 어려워서 각각의 어휘에 「어(御), 옥(玉), 용(龍), 려(麗), 령(令)」 등의 요소를 붙일 필요가 있다.

이상과 같이 세계 언어들의 경어와 관련해 다양한 표현을 정리하면, 이들이 계층 관계를 이룬다고 볼 수 있다. 이는 그림 19-1과 같이 피라미드의 형태로도 나타낼 수 있다. 여기서 경어의 함의 규칙(implicational rule)을 지적할 수 있다. 즉 피라미드의 위쪽의 현상을 가지는 언어는 아래쪽의 현상도 가진다고 할 수 있다. 아래에서 예를 들겠다.

일본어에서 볼 수 있는 대자 경어(정중어)는 소재 경어(존경어, 겸양어)의 용법의 변화로 생겨났다. 즉 대자 경어가 있는 언어에는 소재 경어가 있고, 지역 한정적이며 경어의 피라미드의 정점 가까이에 위치한다. 또한 소재 경어, 즉 화제 경어가 있는 언어는 동아시아 특유의 경향이 있는데, 그 언어에는 대명사의 경어적 구분이 있다. 대명사 구분은 3종류인지, 2종류인지, 3인칭에도 있는지, 2인칭에도 있는지의 순서로, 언어 수가 늘어난다. 대명사의 구분이 있는 언어에는 친족 호칭 등의 구분이 있다. 인명에 대한 애칭이나 경칭 회피의 현상이나 공손(Politeness)과 관련된 여러 현상은 많은 언어에 분포한다. 이상이 함의 규칙이다.

이상으로 언어 내적인 조건에 대해서 살펴보았다. 이 피라미드의 배경에는 언어 유형이 있다. 또한 각 언어를 담당하는 사회계층의 분화 정도가 있다.

2.3. 언어 외적 요인 : 사회계층 분화

경어 발달의 언어 외적 요인은 사회계층의 분화와 관련이 있으며, 그 배경에는 경제 발전이 있다. 역사적으로도 지리적으로도 왕후 귀족의 발생이 경어의 발달과 관련이 있는 경우가 많다. 2인칭 대명사의 경어의 세계 분포 지도(Helmbrecht 2001, 그림 19-2)에서, (왕제, 황국, 봉건 제도 등을 경험했던) 구미나 아시아에 경어적 구별이 있는 언어가 분포하며(부족 사회가 주체였던) 아프리카나 남북아메리카에 그다지 분포하지 않는다는 것이 시사적이다.

일본 국내에서도 크게 보면 경제 발전과 경어가 관련이 있다. 가토(加藤 1973) 이후의 경어의 지리적 분포는 『방언 문법 전국 지도(GAJ)』(국립국어연구소 1989～2006)로 재검토해 봐야 하지만, 이제까지 문제 삼은 이중 주변론이라고도 할 수 있는 큰 분포 경향은 유효하다. 하나는 국토 전체에 대한 「경어의 서고동저(西高東低)」로(이노우에(井上) 2008.5a), 경어 사용이 서일본 방언(특히 교토 부근)에서 발달했고, 동일본 방언(특히 북관동과 동북 지방)에서 발달하지 않은 상황이다(그림 18-1). 또 다른 하나는 좀 더 좁은 지역 차로, (옛날부터의) 도시화의 영향으로 에도 시대의 죠카마치(城下町) 등에는 경어가 발달했고, 주위의 농촌에서는 경어를 사용하지 않았다는 경향이다.

제18장에서 일본 경어의 방언 차를 사회 경제적 발전, 나아가서는 계층 분해와 관련지어서 설명했는데, 세계 경어의 언어 차이에 있어서도 이와 비슷한 설명이 가능하다.

3. 인칭대명사의 경어

또한 인칭대명사를 1인칭, 2인칭 등으로 나누어 봤더니, 많은 언어에서 2인칭의 경어를 발달시키고 있는 것 같다. 예전에 일본 방언에서 인칭대명사의 경어를 조사했을 때, 이상하다고 생각하였다. 2인칭대명사에서 2종류의 구별이 있으면, 1인칭에도 구별이 있을 법하며, 3인칭에서도 2종류가 있을 법하다고 생각하였다. 실제로 조사해 봤더니, 2인칭에는 구별이 있는데 1인칭은 1종류, 3인칭도 1종류였다. 구조언어학적 관점에서 봤을 때 이상하다고 생각했지만, 생각해 보면 독일어나 유럽 언어들에서는 당연한 것이다. 2인칭 상대에 대해서는 소중한 사람인지 아닌지, 두 가지로 구별할 필요가 있지만, 1인칭인 자신에 대해서는 그런 구별을 할 필요가 없는 것이다. 3인칭으로 여기에 없는 사람이라면 어떻게 말하든 들리지 않으므로 발달하지 않은 것이다. 피라미드의 아래쪽에 쓰여 있지만, 2인칭 대명사의 구별은 상당히 많은 언어에 존재한다.

경어의 세계적 분포에 대한 정보 부족은, WALS(World Atlas of Language Structures Online)[2]를 통해 그 후에 부분적으로 보충할 수 있었다. 그림 19-2의 WALS의 대명사(의) 세계 분포도는 체계로서의 경어(의) 분포(그림 19-3)와 상당한

2 http://wals.info/feature/111?tg_format=ma

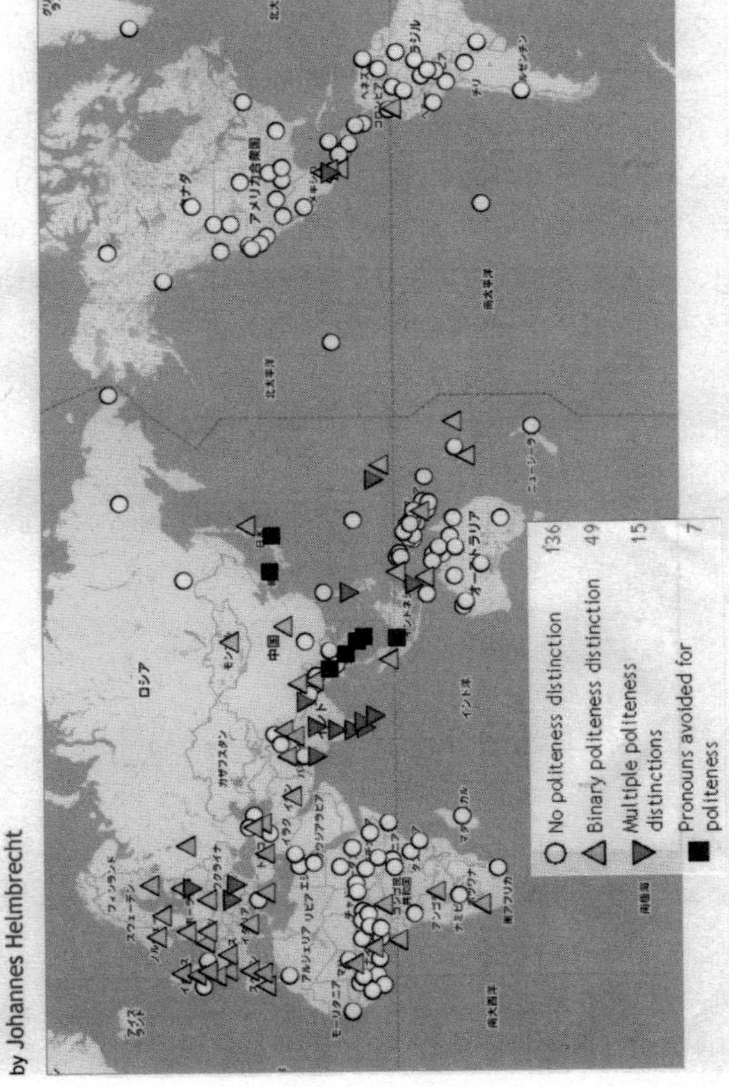

그림 19-2 2인칭 대명사의 세계 지도(WALS)

공통점을 보인다(Helmbrecht 2001). WALS에서는 대명사 사용을 회피하는 언어(■)는 아시아에만 분포한다. 일본어처럼 「아나타(あなた), 키미(きみ)」와 같은 대명사가 어휘(사전 항목)로 존재하지만, 실제 회화 장면에서는 실례가 될 수도 있기 때문에 그다지 사용되지 않고, 「선생님(先生), 아버지(おとうさん)」와 같은 지위 명칭이나 친족 호칭이 사용되는 언어이다. 그 대부분은 그림 19-3에서 문법적 경어 체계의 존재가 보고된 언어이다. 또한 2인칭대명사에 3종류 이상의 경어적 구별이 있는 언어(▼)는 카스트 제도가 엄격한 인도와 오세아니아, 동유럽 등에 분포한다. 2인칭 대명사에 2종류의 구별이 있는 언어(△)는 유럽 대부분과 그 밖에 거의 전 세계에 산재해 있다. 계층 분류가 앞선 사회로, 국가나 왕제(王制)가 옛날부터 있었던 지역이다. 아마도 상대에 대한 직접적 지시를 피한다는 보편적 심리에 의해 발생한 것일 것이다. 2인칭 대명사의 경어적 구별을 가지지 않는 언어(○)는 예전의 신대륙(아프리카, 남북아메리카, 호주 등)에 분포한다. 후술하는 바와 같이 계층 분리가 발달하지 않았던 사회인 부족 사회와 관련이 있다.

4. 어휘 교체 형식

그림 19-1의 피라미드에서 대명사 아래의 어휘 교체 형식은, 하나 하나의 말투로 다른 표현이 있다. 여러 언어에서 「죽다(死ぬ)」의 경우, 개가 「죽다」와 총리가 「죽다」는 다른 동사를 쓴다. 독일어로도 개가 죽어도 총리가 죽어도 마찬가지로 “sterben”을 쓰지 않고 용법을 구별하고 있다. 그것이 어휘 교체 형식인 것이다. 식사와 관련된 말도 마찬가지이다. 일본의 경우, 개는 「구우(食う)」라고 하지만 사람은 「타베루(食べる)」, 「메시아가루(召し上がる)」라고 한다. 「댁의 집의 개는 잘 드시네요.」라고 하면 지나치게 정중하다. 독일어로도 개가 「먹다」와 총리가 「먹다」의 동사는 다르다. 화장실 용어와 섹스와 관련된 말과 「죽다」는 터부에 따라 계

속 변한다. 그런 것이 어휘 교체 형식이다. 대개의 언어의 어휘 교체 형식은 경어와는 관계가 없다고 여겨지고 있지만, 하나 하나의 말에 있어서는 경어적 교체가 있을 수 있다.

5. 친족 호칭

그 다음으로 발달한 것은 친족 호칭이나 명칭인 것 같다. 할아버지를 가리키는 어휘로 「오지이사마(おじいさま)」나 「지짱(じいちゃん)」, 「지이지(じいじ)」, 「지지(じじい)」 등과 같은 부류가 있는 것이다. 이것도 일본어에 많이 있지만, 다른 많은 언어에서도 노인을 부를 때는 다양한 호칭이 사용되는 것 같다.

거의 모든 언어에 있을 것 같은 것은, 호칭, 애칭, 별명과 같은 부류이다. 다양한 호칭, 별명이 있고, 사람에 따라 장면에 따라 달라진다. 윌리엄 씨를 언제나 윌리엄이라고 부르는지, 가족은 빌이라고 부르는지. 윌리엄 씨가 걷고 있을 때, 뒤에서 어떤 여성이, 예를 들어 빌리라고 불렀을 때, 빌리라고 불렀던 것은 옛날에 그 여자 친구뿐이라고 생각하고 뒤돌아보는지 등이다. 매우 친한 사람에게만 좀 더 친밀한 애칭을 허용하는 경우가 있는 것이다.

일본의 적군파로 나쁜 짓을 한 사람을 체포할 때, 형사가 뒤에서 다가가 초등학교 동기들만 알고 있는 애칭으로 불렀는데 그때 뒤돌아봤기 때문에 그 사람이 범인이라고 생각하며 검거했다고 한다. 애칭은 그런 식으로 쓰인다. 초등학교 동기들만이 알고 있는 애칭을 가지고 있다. 그런 것은 거의 모든 언어에 있는 것 같다. 6,000개 혹은 8,000개라고 말해지는 모든 언어에 있어서 그와 같은 구체적인 보고가 있는 것은 아니다. 그러나 상당히 많은 언어에서 이와 같은 구별이 있는 것 같다.

이런 것을 고려하면, 일본어를 가르칠 때 경어의 교수법이 달라진다. 일본어의 독특한 현상이라든가, 일본인의 사고방식을 외우지 않으면 안 된다고 말할 필요도 없다.「독일어에도 있다. 모 언어에도 있다. 독일어에서는 모 언어에서는 이런 구별이 있지만, 일본어의 경어는 조금 형태가 다르다. 복잡하게 되어 있다.」라고 말하는 편이 낫다.

6. 세계 경어의 분포

그림 19-3의 세계 지도는 Neustupny(1974)에 의한 경어의 분포도이다. 일본의 경어가 결코 특별하지 않다는 것을 나타내기 위해서 이 그림을 제시하였다. 경어와 관련된 몇 가지 현상 중에서, 2인칭 대명사의 구분은 그림 19-2에 제시했기 때문에 생략하였다. Neustupny에 따르면「등장인물=2인칭」의 경어이다. 눈 앞에 있는 상대에게 사용하는 경어 중에서, 2인칭 대명사에는 경어적 구분이 있다. 독일어와 프랑스어의 2인칭 대명사의 du나 Sie 등의 구분은 그 자리에 있는 사람에 대해서는 가능하지만, 없는 사람을 향해서는 불가능하다. 그림 19-2에 나타냈듯이, 유럽에 꽤 많고 전 세계적으로 분포하고 있다.

그림 19-3의 ▲표시는 등장인물 경어, 지시체 경어(referent honorifics)만 가지는 언어이다. 일본의 경어론에서 말하는 소재 경어로 언급하는 경어, 그 자리에 없는 사람을 화제로 삼을 때의 경어이다. 눈 앞에 있는 상대를 화제로 삼을 때도 당연히 사용된다. 동아시아 부근의 각지에 이런 경어가 있다고 보고되고 있다.

★표시는 등장인물 경어 이외에 상대 경어를 가지는 언어로 즉, 화제에 등장하는 인물에 대한 경어 이외에, 눈앞에 있는 상대를 향한 전용의 경어를 가지는 언어이다. 상대 경어란 눈앞의 이야기 상대, 청자에게 말할 때의 상대 경어(address honorifics)로, 일본의 경어론에서 말하는 대자경어, 정중어를 가리킨다. 그 자리에 없는 사람과는 관계가 없다. 청자에 대한 경어로, 이것이 발달한 언어는 일본어와

한국어, 자바어 등이다.

그림 19-3 세계경어분포도

상대 경어(address honorifics)와 등장인물(지시체) 경어(referent honorifics), 양쪽이 존재하는 것은 아시아에 분포한다. 방언 차가 있지만, 일본어의 대부분이 이에 속한다.

예를 들면, 화제에 오른 천왕 폐하가 「갔다」고 말할 때, 「이랏샤이마시타(いらっしゃいました, 가셨습니다)」나 「오이데니나리마시타(おいでになりました, 가셨습니다)」라고 말하는지 「잇타(行った, 갔다)」라고 말하는지의 문제이다. 어떤 유학생이 흥미를 가지고 이것에 대해 인터넷으로 알아보았다. 구글에서 「덴노가(天皇が)」의 뒤에 어떤 동사가 사용되는지를 검색한 것이다. 말로는 「잇따(行った)」라고 말해 버리지만, 홈페이지나 어딘가에 쓸 때는 「이랏샷다(いらっしゃった, 가셨다)」로 바꿀 것 같다. 일반인이 홈페이지에 이 말을 쓰는 것은 자유지만, 여러 사람들이 읽으므로 천왕폐하가 「이랏샷타(いらっしゃった, 가셨다)」라고 쓸 것 같다. 그러나 용례를 많이 모아봤더니 경어는 그다지 사용되지 않았다. 천왕 「기타(来た, 왔다)」라든지 「잇타(行った, 갔다)」가 많았다. 황실 경어도 현재는 쇠퇴하였다(Lestari 2008). 또한 황실 이외의 멤버도 조사했는데, 더 더욱 경어가 사용되지 않았다. 황실에서의

지위와 경어가 연동되고 있다고 할 수 있다.

1945년 이전에는 이런 식의 경어가 허용되지 않았다. 「천황 폐하께서는(天皇陛下におかれましては)」이라고 말하며, 최고도의 경어를 사용할 필요가 있었던 것으로 그 자리에 있을 리가 없는 사람에게 경어를 사용할 필요가 있었던 것이다. 이것이 전형적인 등장인물 경어・지시체 경어(referent honorifics)의 예로, 일본어와 한국어에서 발달해 있다는 것이다. 추가로 자바어와 티벳어에서도 발달해 있다.

인도네시아에서 독립 후 공용어로서 인도네시아어를 채용하고 자바어를 채용하지 않았던 것은 그 때문이다. 자바어를 채용하면 경어가 번거로워지기 때문이다. 옛 귀족이 화제 인물이 되었을 때, 귀족을 위해서 동사를 사용하지 않으면 안 된다는 것은 귀찮은 일이고, 불평등하며 비민주적이다. 그래서 경어가 거의 없는 말레이어를 공용어로 채택했다.

7. 일본어와 영어의 대조 연구

세계 경어의 또 다른 해석으로 일본어와 영어를 대조한 연구가 있다.(이데(井出) 외 1986). 이 연구에서는 바둑판 같은 그림 두 장으로 결과를 제시하고 있다. 펜을 빌릴 때에 어떻게 묻느냐에 대한 조사이다. 그림 19-4가 일본어로, 위에서 아래로 일본어의 다양한 표현이 배열되어 있다. 이를 숫자로 나타내고 있는데, 위에는 「빌려도 괜찮을까요?(お借りしてもよろしいでしょうか)」, 「빌려 주실 수 있습니까?(貸していただけませんか)」, 「빌려 받고 싶습니다만(貸していただきたいんですけれど)」, 「빌릴 수 있습니까?(お借りできますか)」 등이 있고, 제일 아래로 가면 「있어?(ある？)」, 「빌려줘(貸して)」, 「빌린다(借りるよ)」, 「펜?(ペン？)」, 「괜찮아?(いい？)」, 「빌려줘(貸してよ)」 등이 있다.

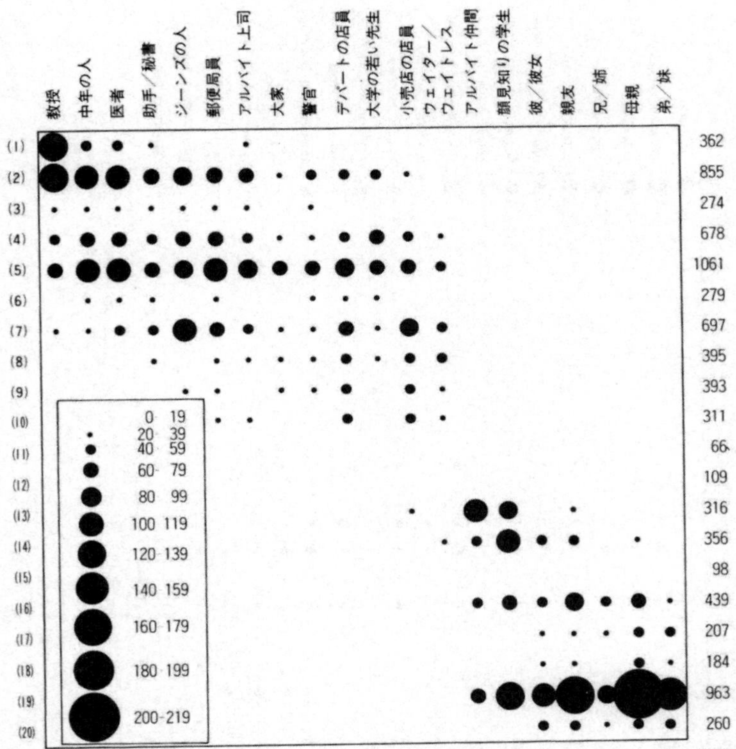

주 : (1)~(21)은 다음의 표현을 의미한다

(1)お借りしてもよろしいでしょうか　(2)貸していただけませんか　(3)貸していただきたいんですけど　(4)お借りできますか　(5)貸していただけますか　(6)貸してくださいませんか　(7)貸してもらえませんか　(8)貸してください　(9)貸してくれませんか　(10)いいですか　(11)貸してほしいんだけど　(12)使っていい　(13)借りていい　(14)貸してくれる　(15)貸してよ　(16)いい　(17)ペン　(18)借りるよ　(19)貸して　(20)ある

그림 19-4 일본어 경어 사용(상대에 따른 사용 · 일본 · 실수)

위쪽의 왼쪽에서 오른쪽으로 배열되어 있는 것은 이야기 상대이다. 교수가 가장 위이고, 중년의 인물, 의사, 비서 등이 이어진다. 가장 아래로 가면 엄마, 연상의 형제, 친한 친구가 모여 있다.

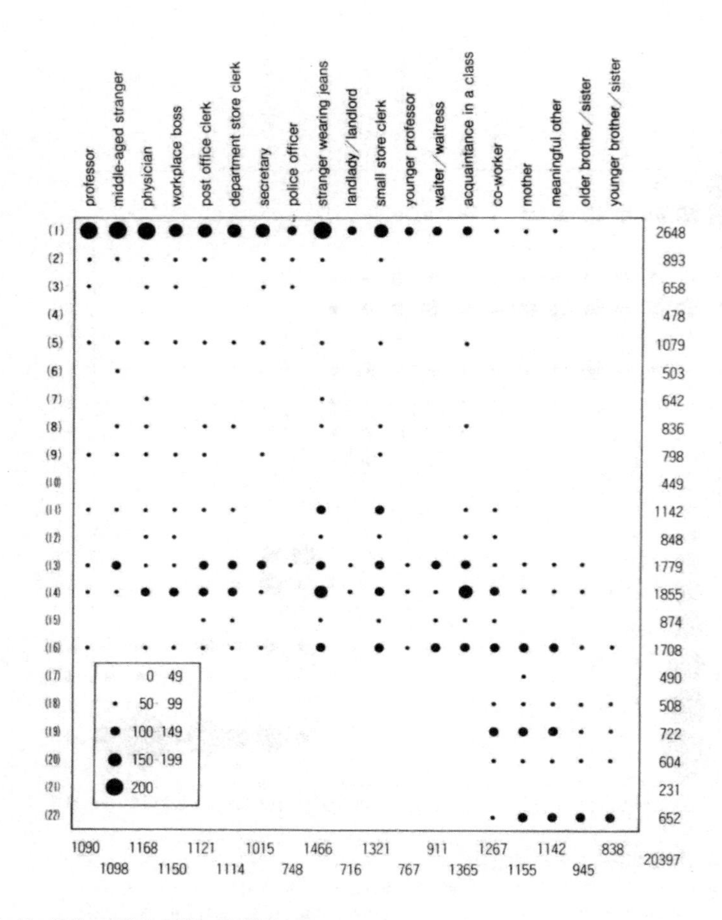

주 : (1)~(22)는 다음의 표현을 의미한다

(1) May I borrow (2) Would you mind if I borrowed (3) Would it be all right if I borrowed (4) I wonder if I could borrow (5) Do you mind if I borrow (6) I was wondering if I could borrow (7) Do you think I might borrow (8) Do you have a pen I can use (9) Is it all right if I borrow (10) Can I bother you for a pen (11) Could you lend me (12) Would you lend me (13) Could I borrow (14) Can I borrow (15) Can you lend me (16) Can I use (17) Got a pen I can use (18) Can I steal (19) Let me borrow (20) Lend me (21) A pen (22) Gimme

그림 19-5 영어의 경어 사용(상대에 따른 사용, 미국, 실수)

그림 19-5는 영어의 결과로, 일본어와 같은 순서로 배열되어 있고, 왼쪽에 있는 것이 "May I borrow……?"라든가 "Would you mind if I borrowed……?", "Would it be all right if I borrowed……?". 아래를 보면 give me의 줄임말인 "Gimme"라든가, "A pen", "Lend me", "Let me borrow" 그리고 "Can I steal……?" 이런 표현이다.

위쪽에서 왼쪽에서 오른쪽으로 배열되어 있는 것은 이야기 상대이다. 교수가 가장 위이고, 중년의 인물, 의사 등이 이어진다. 가장 아래로 가면 연하의 형제, 연상의 형제, 애인 등이 이어진다.

영어의 순서도 일본어와 비슷하다. 교수가 가장 위이고, 낯선 중년의 인물, 의사, 회사 상사, 우체국 직원, 훨씬 아래로 가면, 연하의 형제, 연상의 형제, 가족이다. 그리고 애인, 엄마, 동료로 순서는 조금씩 다르지만 전체적으로는 비슷하다고 해도 무방하다. 권력을 가진 사람이 위이고 권력이 없는 "solidarity"(연대감), 친밀감을 나타내고 싶은 사람들이 아래가 되는 것이다.

이것은 일본인과 미국인 학생을 대상으로 한 조사이다. 그러므로 교수가 위에 오는 것이다. 학생이 아닌 일반인에게 물으면 교수는 훨씬 아래에 올 것이다.

이 조사는 모두 3,000명 정도에게 시행되었는데, 한 학생이 기입할 때, 어머니에 대해서 쓰는 표현이 있으면 몇 개든지 동그라미를 치는 형식이다. 그렇기 때문에 응답 수가 늘어난다. 일본인이라면 실제로 어머니에게 두 가지 정도밖에 쓰지 않지만, 미국인의 경우는 어머니에 대해서 다양한 표현에 표시를 했기 때문에, 수가 어느 정도 늘어난다. 그러나 수의 차이는 그다지 없다. 가장 위의 "May I borrow……?"가 아주 많고, 다섯 번째의 "Do you mind if I borrowed……?"도 많지만, 다른 것은 그다지 많지 않다. 그다지 많지 않지만, 여러 사람이 사용한다. 일본어의 경우는 「빌려 주시지 않겠습니까?(貸してくださいませんか)」에 집중되어 있고, 가장 적은 「빌리고 싶은데(貸してほしいんだけど)」가 66명밖에 없어서 차이가 꽤 크다. 복수 응답으로 했기 때문에 이와 같은 결과가 된 것이다.

이 그림을 보고, 두 가지 방향의 해석이 가능하다. 우선, 유사점을 강조할 수 있다. 일본어도 영어도 마찬가지라는 해석이 그것이다. 일본인 학생도 미국인 학생도 경어 표현을 위에서 아래로 배열하고 있고, 그 경어 표현을 어느 정도로 사용하는가에 따라 상대를 배열시키고 있다. 그 점은 공통된다. 이 후에, 중국어와 스웨덴어로 비슷한 방법을 이용한 연구가 나왔다. 독일어는 영어와도 비슷했고, 스웨덴어와도 비슷한 결과가 나왔다.

다음으로 상이점을 강조할 수 있다. 일본어의 경우는 가로 세로로 2개의 선을 그으면 깨끗하게 왼쪽 위, 오른쪽 아래로 나뉜다. 선명한 형태이다. 하지만 미국 영어의 경우에는 그다지 명확하게 선을 그을 수 없다. 단, 어형 상으로는 가로 선을 한 개 그을 수 있다. 오른쪽 아래의 5명 정도의 상대에게밖에 사용하지 않는 듯하다. 다른 윗사람들에게는 다양한 표현이 섞여 있다. 사람도 마찬가지다. 사람도 아래의 5명과 5개의 표현은 영어의 경우에는 모여 있다. 즉 가족이나 애인에게만 사용하는 표현이 영어에 있는 것이다. 그러나 영어는 다른 사람들에게는 애매모호해서, 흐릿한 형태이다.

8. 일본어에서 경어 사용의 경계선

일본어에서 경계선이 어디일까? 선을 그을 수 있다면 어디가 경계선이 될까? 세로 경계선과 가로 경계선을 생각해 보자.

그림 19-4에서 일본어에서 가로 세로의 경계선의 의미는 한마디로 설명할 수 있다. 세로 선은 가족(身内)인지 아닌지로 나뉜다. 상대를 보면, 안(内)과 밖(外)의 차이이다. 표현 쪽의 가로선을 긋는 것은, 「이다(だ)」와 「입니다(です)」이다. 즉, 「정중체(ですます体)」인지 아닌지의 문제이다. 이 표를 보고난 후, 다양한 집계표를 볼 때, 이런 관점으로 보게 되었다. 담화 분석 등도 다양한 집계가 있지만, 「정중체(ですます)」를 사용하는지 사용하지 않는지에 따라서 표현이 깨끗하게 나뉘며, 상대와의 친밀도를 판정하면 「정중체(ですます)」의 구분과 결국 일치하는 것이다.

그렇다면 일본인은 이 사람과는 언제나 「정중체(ですます)」로 이야기한다거나, 이 사람과는 「다메구치」·「비정중체(だ体)」로 말하는 사람이라고 구별하는 것은 아닐까 라는 생각이 들었다(제11장 9절).

일본인의 경우는 아무래도 의식이 다르다. 「빌려줘(貸して)」라고 말할 수 있는 사람과, 「빌려 받을 수 없을까요?(貸してもらえないでしょうか)」와 같이 「정중체(ですます)」를 사용하는 사람이 원래 발상이 다른 것인지, 어떤 경어를 사용하는지의 규칙이 다르다. 「정중체(ですます)」를 사용해야만 하는 상황에서, 어느 것을 선택할지 고민한다. 또한 「비정중체(だ体)」로 얘기할 수 있지만, 그 중에서 어느 것을 선택할지 고민하는 것이다. 앞의 그림 16-3에서 Sapir-Whorf가설(개정안)의 삼각형을 소개했는데, 경어 덕분에 일본어 화자는 바깥 세계를 양분해서 파악하고 있다고 할 수 있다.

이는 다른 언어에도 적용해 볼 만하다. 독일어나 스웨덴어의 결과를 보면, 2인칭 대명사로 du를 쓰는 상대와 Sie를 쓰는 상대에 따라 언어 의식이 다른지를 확인해 볼 가치가 있어 보인다. 독일인은 du를 쓰는 사람, Sie를 쓰는 사람으로 구별하는 경우가 있을까. 이 펜을 빌린다는 표현을 사용해서 du형인지 Sie형인지 조사해 보면, 비슷한 조사가 가능할 것이다. 만약 독일어에서 상대에 따라 언어 의식이 다른 것이 확실하게 구분이 된다면 재미있을 것이다. 영어의 경우, 2인칭 대명사로는 실제로 you밖에 사용하지 않기 때문에 일본어와는 차이가 너무 크다. 미국인보다 조금이라도 더 확실한 결과가 나온다면 재미있을 것이다.

9. 신분 경어를 배열하는 것은 보편적

한편, 앞으로 볼 일본어에서는 자신과 친한지의 여부를 중시하는 경향이 있다. 친한 사람에게는 경어를 사용하지 않고, 친하지 않은 사람에게는 경어를 사용하게 된다. 하지만 예전에는 구체적인 인물로서 천왕을 어떻게 언급했는지, 고위직의 사람을 어떻게 언급했는지가 문제였던 것이다. 그 시대에 경찰관을 그 속에 넣는다면, 경찰관의 경우에 지위나 가문의 시스템을 생각하면 훨씬 위쪽이다. 마을이라고 보면, 선생님과 경찰관은 경어에 있어서는 지주(地主)의 위 정도로 대우받았다. 그러나 품위나 인품, 역할을 중시한다면, 현재 경찰관은 훨씬 더 아래가 되어 버렸다. 한편 친소 관계를 보면, 경찰관과 그다지 친해지고 싶지 않을 것이므로, 경어를 사용하지 않는 쪽에 들어갈 가능성이 높다.

그랬더니 경어 용법에 전체에 변화가 생기는 것이다. 전통적인, 전근대적인 가문이나 신분을 중시하는지, 아니면 근대적인 역할을 중시하는지, 자신과 친한지의 여부를 중시하는지 등, 경어의 시스템은 점점 변하고 있다. 거기에 경찰관을 넣으면 여러 가지로 변하기도 한다. 오히려 애매하게 말할지도 모르겠다. 안타깝게도 예를 들어 일본의 경찰관과 미국, 독일의 경찰관이 동일하지 않다. 이러한 것을 확실하게 언급하기에는 같은 것을 비교한 것이 아니라는 단점이 있다. 재미있는 연구이지만, 비교할 수 있는 것인지는 의문이 든다. 독일은 또 다른 사회 체제를 가진다. 그렇기 때문에 여기에서 구체적인 인물을 예로 들어, 경찰관이 어느 정도에 위치하는지에 대해 일본과 미국을 비교하면 서로 달라진다. 여기에 독일을 넣으면 또 달라진다. 이렇게 다르긴 하지만, 독일의 시스템 중에 역할 중시라는 시스템이 있기 때문에 경찰관이 여기에 들어간 것이라고 설명할 수 있다. 미국에서는 역할이 아니라 친소를 중시한다고 하면, 경찰관이 여기가 된다. 일본에서는 신분을 중시하므로, 경찰관은 여기가 된다고 할 수 있다. 그러므로 구체적인 배열 순서는 다르다.

보편적인 것은 좀 더 추상적인 것이다. 언어 표현이 일정한 순서로 배열된다는 것과 같이 인간도 일정한 순서로 배열된다는 것이다. 배열할 때의 원칙은 국가나 문화, 사회에 따라서 조금씩 달라진다, 그 때문에 구체적으로 경찰관을 보면, 여러 가지로 변하는 것이다. 그렇게 생각하면, 배열한다는 것 자체가 보편적인 것이라고 말할 수 있을 것 같다.

예를 들어서 이것을 좀 더 보편적이게 하려면, 사회학 중에 직업적 위신 점수(occupational prestige score)라는 것을 직업을 배열하는 데에 이용할 수 있다. 이것을 이용하면, 경찰관의 순서는 달라지겠지만, 비교하는 것은 어느 정도 가능할 것이다. 순서는 달라질지도 모른다. 교수는 일본에서 조금 더 낮은 곳에 위치할지도 모르지만, 일단 10점에서 0점까지로 배열할 수가 있다. 그렇게 하면, 일본은 이 그림 19-4의 순서로 되겠지만, 직업적 위신 점수의 순서로 배열하면 미국의 점수가 조금 달라질 것이다. 그랬더니 비주얼적인 이미지로 비슷하게 비교할 수 있는 가능성이 생기게 된다.

직업의 위신 등은 좋은 지표이지만, 옛날 일본에서는 문제가 되었다. 초등학교 학생을 대상으로 조사했더니, 부모가 「직업에 귀천은 없는데 이런 걸 조사하는 것은 이상하다.」라고 항의했다고 한다. 사회학자는 연구자들끼리는 직업의 위신에 대해서 말하지만, 아마 학부모 앞에서나 공개 강연을 할 때에도 말하지 않기로 한 것은 아닐까 생각된다. 그런 지표가 있다는 것을 연구자는 알고 있어야 한다. 독일에서도 아마 비슷한 연구가 가능할 것이다.

이데 외(井出 他 1986)의 경우는, 사람에 대한 태도의 정중도를 따로 조사해서, 그것과 비교한 것이다. 그랬더니 일본의 경우는 태도의 정중함의 점수와「정중체(ですます)」의 사용 여부의 점수가 대응하였다. 즉 태도의 정중함으로 둘로 나뉘어졌다.「정중체(ですます)」를 사용하는지의 여부가 중요해서, 즉 경어는 태도의 정중함과 관련이 있을 것이라는 것을 전제로 한 것이다.

보편적인 주제에서 조금 주제가 넓어졌는데, 다시 한 번 말하면 일본과 미국의 경어 사용에도 공통점이 있다. 경찰관에 대한 평가가 다른 것은 직업의 위신과 관련시켜 봐도 좋겠지만, 각각의 순서가 다를 뿐으로 전체를 투시하면 일본의 순서와 미국의 순서에는 뭔가 논리가 있는 것이다. 대학생을 대상으로 한 조사이지만, 일본의 지방을 조사했더니 지방의 노인들은 전혀 다른 결과를 보였다. 지방의 경우에 경찰관과 선생은 훨씬 더 위쪽이다. 그러나 번개신은 훨씬 더 위이다.

필자는 언어의 데이터도 모으고 있지만, 그것을 언어 외적인 요인으로 설명하고 싶다. 방언 분포가 철도 거리와 관련이 있다는 것을 발견했을 때 기뻤고, 경어와 직업의 위신이 관련이 있다는 것을 알았을 때 더 기뻤던 것이다.

20 경어의 사회학과 경제학

❖ 이 장에서는 사회언어학적 관점에서 경어와 경제의 관계에 대한 분석을 시도하고자 한다. 그리고 언어의 경제성을 언어 내적과 언어 외적이라는 두 가지 관점에서 살펴보았다. 양층 언어(diglossia)에서의 기본 개념(Ferguson 1959), High-Low의 스케일이, 사회언어학에서 다루는 많은 분야에 공통적으로 작용한다는 것을 살펴보았다.
언어 내적인 경제에 대해서, 경어 표현의 길이와 경의(敬意)의 정도를 분석하여 상관관계를 산출하였다. 경의 저감의 법칙과 공손(Politeness)이론에 대해서도 논하였다. 또한 현대 경어가 일정한 방향으로 계속 변화하고 있다는 것을 지적하였으며, 경어 3분류가 경제라는 것을 논하였다. 언어 외적인 경제에 대해서는 여론조사 결과를 분석하여 직업, 소득과 경어와의 관련성을 논하였으며, 이것을 중간항(中間項)으로 경어와 경제의 관계에 대해서 살펴보았다. 언어 외적인 조건에도 High-Low의 스케일이 작용한다는 것을 살펴보았다. 또한 언어 내적인 경제에 대해서 세계의 경어를 언어유형론과 경제 발전론에서 재고한 부분은 제19장으로 옮겨서 통합하였다.

1. 언어의 H-L 스케일과 경어

1.1. 경어의 경제 원리에 대한 전망

이 장의 목표는 이제까지의 경어론을 경제언어학의 관점에서 재정리하는 것이다. 언어의 경제성은 언어 내적, 언어 외적의 두 가지로 나눠서 생각할 수 있다.

언어 내적의 경제를 다룬 주목할 만한 움직임은 일찍이 Martinet(1955)에서 볼 수 있으며, 「기능 언어학」으로서 연구가 진행되어 온 이래 반세기 이상이 흘렀다. 최근에는 유형론적인 관점에서의 세계 언어지도의 시도도 있고(WALS), 세계의 여러 언어를 시야에 넣은 고찰도 가능하게 되었다.

한편, 언어 외적의 경제를 다룬 분야로서의 경제언어학은 영어 제국주의와 소멸 위기 언어의 문제를 계기로 경관언어학이라는 분야를 파생시키면서 왕성하게 되었다. 21세기에 들어와서 경제언어학의 연구는 더욱 왕성하게 되었다.

일본어의 경어론도 보편적인 공손(Politeness) 이론의 자극을 받아 재평가의 시기에 접어들었다(다키우라(瀧浦) 2005). 광의의 경어, 경의 표현, 대우 표현 속에서 이것이 논의되었다. 또한 세계 규모의 대조 연구가 가능하게 되었고, 국어 정책의 일부로 경어와 경의 표현이 문화심의회에서 논의되었다(문화심의회 2007).

단, 경제언어학의 연구가 정면으로 경어를 취급한 적은 없었다. 공손(Politeness) 이론은 경제언어학과 비슷한 발상이지만, 심리 언어학적 고찰이 주류이다.

사회언어학의 연구 분야는 표 20-1과 같이 4분류로 나눠지며(이노우에(井上) 2008.5a), 경어는 각 분야와 관련이 있다. 제1분야는 언어 구조의 기술로, 사회와 언어와의 관계를 살펴보는 분야이다. 제18장, 제22장에서 언급한 것처럼 경어 발달의 언어 외적 요인으로 사회적 배경을 관찰한 것은 이 분야에 해당한다. 제2분야는 장면에 따른 말의 사용이 주된 테마로, 언어 변종, 변이와 관련된 현상을 다룬다. 지표상의 분포의 넓이에 따라 세분할 수 있으며, 언어・방언・집단어・경어・대우 표현・문체(정중한 말투, 거친 말투, 속어적인 말투) 등의 순서로 기술할 수 있다. 경어는 이 제2 분야 속에 위치한다. 또한, 경어는 담화를 다루는 제3 분야와도 밀접한 관련이 있다. 공손(Politeness)이론이 그 전형적인 예이다. 또한 언어 변이와 담화의 종합적인 원리를 다루는 제4 분야에서도 경어는 중요한 역할을 한다.

표 20-1 사회언어학의 4분야

	simplex 단일(순)지향 단일구조(규칙)에 주목	complex 복수(잡)지향 복수 변종의 병존(並存)에 주목
구조(현실 모습)의 기술 언어 그 자체(Competence) 랑그(Langue)	제1분야 사회와 언어 언어구조의 기술 (언어와 문화)	제2분야 언어의 변이 언어 변종의 기술 (paradigmatic)
운용의 기술 언어의 사용(Performance) 파롤(Parole)	제3분야 담화의 규칙 언어(체계)의 운용 (syntagmatic)	제4분야 종합적 원리 언어 변종의 운용

1.2. 언어의 H-L 스케일(8차원)

우선 경어를 사회언어학의 전체 틀 속에서 살펴보자. 경어론에서 「경의, 배려, 고려」 등 다양하게 불려지는 현상은 연속적인 스케일로 표현할 수 있는데, 광의의 대우 표현에서 다루는 여러 현상에 넣으면, 여러 현상과 함께 좀 더 범용성이 있는 H-L의 스케일로 표현할 수 있다.

양층 언어(diglossia)의 이론에서 이용된 H와 L(High-Low)의 관계는, 언어에서만이 아니라 언어 내적인 차이인 표준어와 방언의 관계에까지도 확대 적용할 수 있으며, 집단어, 나아가 경어의 사용 여부에도 적용시킬 수 있다. 이러한 다양한 수준의 H와 L이 관계하는 배후에 다양한 의미의 경제 원리가 공통적으로 작용하고 있다고 가정한다면, 언어와 관련된 여러 현상을 하나로 고찰할 수 있을 것이다.[1] 그림 20-1에서는 4장, 총8차원으로 분해해서 제시하였다. 역사와 지리의 그림, 사회계층과 사회적 장면(도메인)의 그림, 심리적 거리와 언어 변종의 그림, 담화와 표기의 그림이다.

1 배후의 원리를 「가치」라고 바꿔 말해도 된다. 표준어와 방언에 대해서, High와 Low는 노골적이므로 Distant와 Near로 바꾸는 것도 생각했지만, 사회언어학 또는 경제언어학의 여러 개념을 통일적으로 다루려면, H와 L이라는 스케일을 채용하는 편이 낫다.

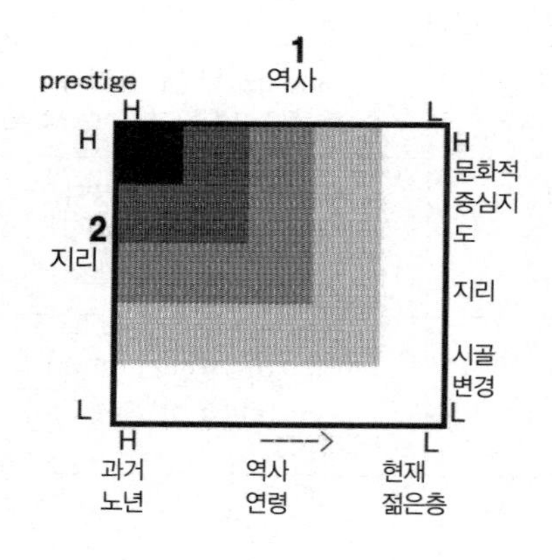

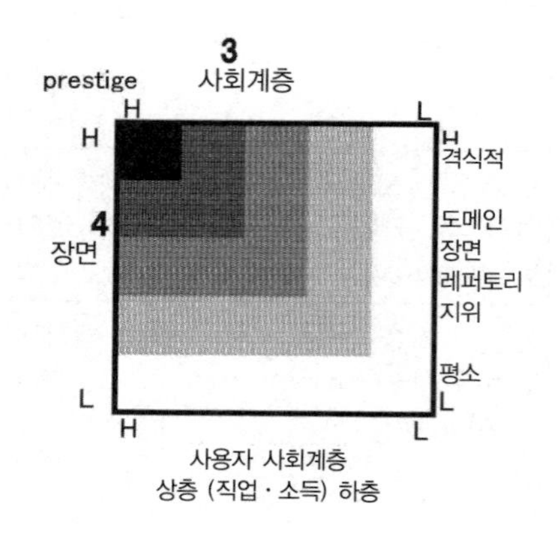

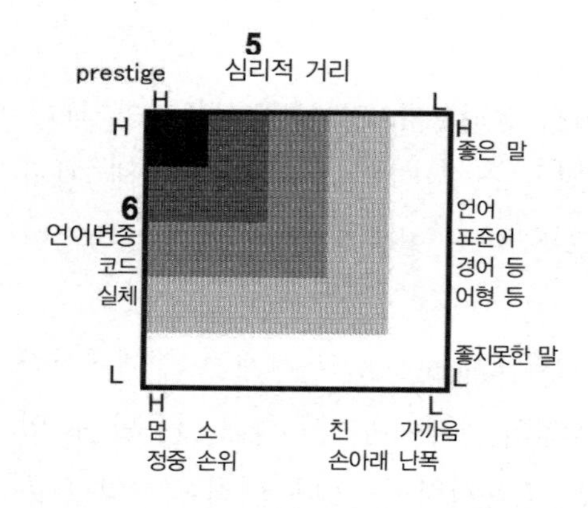

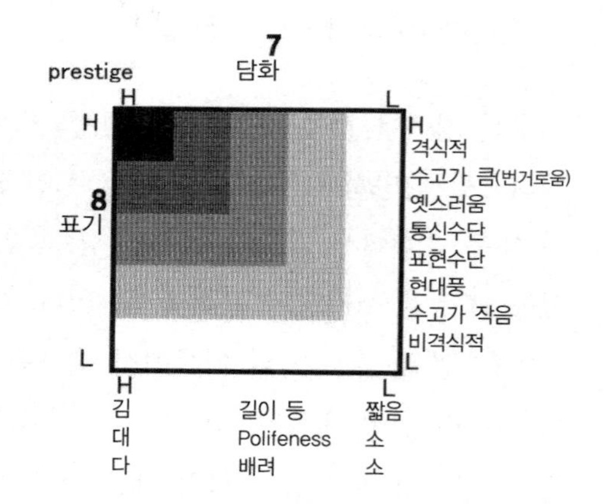

그림 20-1 사회언어학적 H-L 관계의 사각형(8차원)

그림 20-1에서는 왼쪽 위가 H가 되도록 배치하였다. 또한 왼쪽 위쪽에서 오른쪽 아래로 색의 농도를 바꾸어, 왼쪽 위의 H의 표현이 오른쪽 아래로 퍼진다는 것을 나타냈다.[2] 또한 이것의 공통 원리는 위신(prestige)이라고 여겨져 왔다.[3] 이

[2] 대신에 직선의 대각선으로 변화 방향을 나타내는 것은 소위 말하는 단순 모델이다. 보급 과정에서는 S자 커브를 이루는 것으로 여겨져, 표준어나 공통어의 보급에서는 확인할 수 있었다. 또한 두 개의 변종이 도중 단계에서는 병존, 병용되는 것을 고려하여 凸렌즈와 같은 병용 단계의 영역을 나타내는 것도 가능하다(그림 23-2). 또한 1언어라고 생각되는 경우라도 음운 체계, 그

하에서 각 차원에 대해 설명하겠다.

제1차원인 역사의 축은 시대의 변화, 언어 보급의 메커니즘을 설명한다. 연령차도 역사 축의 반영으로 취급할 수 있다. 이는 통시론(通時論)에도 속하는 것으로, 이 차원을 제외하면 남은 제2～8차원은 공시론(共時論)에 속한다.

제2차원, 즉 지리의 축은 방언지리학에서 바로 다룬다. 이것은 언어사를 재구성하고, 추정(推定)하는 기초가 되며, 방언 구획을 시도할 수 있다. 방언 주권론에서 중앙에서 주변으로 변화가 일어난다고 보는 것이 전형적이지만, 역주권론이나 다원 발생론도 있다. 이 차원을 제외하면, 남은 제3～8차원은 단일 언어 공동체(집단)의 공시적 기술이며, 언어 · 사회 · 심리의 공시태(共時態) 기술에 해당한다.

사회의 축은 더 많은 차원으로 구성된다. 우선 제3차원, 사회계층을 비롯한 인간(말의 사용자, 화자)의 분류가 있어서, 이것이 사회언어학의 주요 관심을 불러일으켰다. 1지역 집단(지역 사회)의 내부의 차를 보는 분야로 계층 차이 외에 성별 차이, 사회 집단 차이 등도 포함된다. 이상은 복수의 인간에 대한 차이를 다룬다.

사회의 축은 제4차원, 장면(도메인)이라는 사용자 한 개인 내의 차이를 포함한다.[4] 실제 담화 행동에서는 개인의 레퍼토리 중에서 적절한 코드를 채용하는 것이 요구된다. 이것은 사회 습관으로서 고정적인 것을 다루지만, 장면의 분위기를 잘 파악하느냐의 여부는 개별적이고 동태(動態)적인 현상이다.

이들 사회와 관련된 차원을 제외하면, 제5차원은 한 공동체 내, 한 화자 내의 심리적 연구가 된다. 심리의 축은 화자 개인 내의 사용법을 다룬다. 여기에는 장

자체에 이중 체계가 병존할 수 있는 것은, 차용어에서도 일어나고 공통어화의 과정에서도 일어난다(이노우에(井上) 2000.2., 2008.5a).

3 단 후술하는 신방언에서는 「아래로부터의 변화」로서 은밀한 위신(covert prestige)에 의해, 역방향의 변화가 일어난다. 제8차원의 표기나 통신 수단에 대해서도, 수고스럽지 않은 방법(이노우에(井上) 외 2007)이 역사적으로 보급되어 왔기 때문에, 이를 위신(prestige)만으로는 설명할 수 없다.

4 제4차원의 장면을 제3차원의 화자와 다른 축으로 고찰한 결과, 사회계층과 밀접한 상관관계를 보인다는 것을 알 수 있었다. 즉, 그림 20－2에서 시도했듯이 한 개 축에 정리해도 좋다. 또한 후술하는 그림 20-3의 신방언과 같은 반대의 전파를 보이는 예도 생각할 수 있다.

면(도메인)과도 연동하는 다양한 요인이 작용하는데, 손위・손아래, 친소 등의 「심리적 거리」로 통합하고 단순화해서 다룰 수 있다.

이상은 언어 외적인 요인의 분류에 해당한다. 제6차원은 언어 내적인 언어 변종의 구분을 다룬다. 사회언어학의 분야를 나눌 때, 지표상을 세분하면(이노우에(井上) 2008.5a), 언어, 표준어와 방언, 집단어, 경어의 순으로 배치된다. 통일적인 배열이 가능하며, 경어는 지표상에 퍼지지 않는 한 개인의 머리 속에서의 구분으로서 말미에 위치한다고 할 수 있다. 이러한 다양한 언어 현상은 일반적으로 「좋은 말」에서 「나쁜 말」의 순으로 배열된다. 언어 간에 H-L의 관계가 성립한다는 것이 출발점인데, 표준어와 방언에서도 H-L의 관계가 성립한다. 집단어, 경어와 비경어에도 이것이 성립하기 때문에, 제6차원은 더 세분할 수 있다(이노우에(井上) 2008.5a). 제6차원은 한 시점에 있어서의 언어 변종의 선택(paradigma)과 관련된다.

제7차원은 발화의 시간 축에 있어서의 구조・배치(syntagma)와 관련된 담화의 축이다. 담화 공손(Discourse Politeness) 연구는(우사미(宇佐美) 2002) 이 제7차원도 고려한다. 일련의 발화 속에서의 경어 사용의 조정이나 관리도 여기에 들어간다. 후술하는 그림 20-6에서 보듯이 경어의 정중도의 정도는 표현 요소의 개수에 비례하는 경향이 있는데, 반대로 과도한 사용은 발화 전체에서 조정된다(미나미(南) 1987). 이는 경어 연구에 공손(Politeness)이론이 도움이 된다는 점을 시사한다.

제8차원으로서 음성 언어를 문자 표기로 했을 경우(및 그 통신 수단)를 별도로 다룰 수 있다. 이에 대해서도 정중함의 정도가 있기 때문에 번거로운지 고풍스러운지 등으로, H-L의 관계가 성립한다(미나미(南) 1987, 이노우에(井上) 외 2007). 이들은 경어에는 들어가지 않지만 넓은 의미의 대우 표현에는 들어간다.

이상으로 H-L에 대해서, 적어도 8개의 차원(축)을 생각할 수 있다. 정리하면, 화자는 말과 관련하여 다양한 관점에서 등급을 정해, 말을 좋은 말(H), 나쁜 말(L)로 평가하고 있다. 일반적으로는 좋다고 평가되는 현상이 퍼지는 경향이 있다.

제1차원에서 제8차원까지를 동시에 나타내는 것은 어렵다. 보통 2차원의 종이에 그릴 수 있는 것은 겨우 3차원의 입체와 같은 그림이다. 네 번째 차원을 나타내려면 모양을 바꾸거나 (예를 들어 시간 축에 따른 변화를 나타낸다고 한다면) 몇 개의 입체를 늘어놓은 것과 같은 방법을 쓸 수밖에 없다. 그림 20-1에는 4개의 사각형을 논리적인 순으로 배열했지만, 목적에 따라서 8개의 차원(축)의 조합을 바꾸면, 다양한 관련성을 나타낼 수 있다.

1.3. 언어의 H-L 스케일의 조합

이제까지 H와 L의 관계를 다양하게 살펴보고, 여러 가지 형태로 그림을 그렸다. 경어 이외에는 2차원의 다양한 그림을 제시했다(이노우에(井上) 2008.5a). 이들은 H와 L이라는 단순한 관점을 통해 통일적으로 다룰 수 있다.

방언 지도나 언어 지도는 제2차원(지리)에 따라 제6차원(언어변종)을 기호나 모양으로 나타냈다(그림 10-3, 그림 12-4, 그림 12-5, 그림 14-2, 그림 19-2 외). 중앙에서 주변으로의 주권론적인 전파를 다룬다면, 철도의 거리에 따라서 지리적 평면을 1차원화해서 어형 사용률과의 상관관계를 볼 수도 있다(그림 13-5, 이노우에(井上) 2004.10.). 언어사의 추정도는 제1차원(역사)과 제6차원(언어 변종)의 조합이다. 글로토그램(지리×연령도)(그림 11-9, 그림 14-3, 이노우에(井上) 2000.2., 2008.5a)은 제 1차원인 역사와 제2차원인 지리의 축의 조합에 해당되며, 기호로 언어 변종의 차이를 나타내었다. 표준어와 방언이라는 변종(제6차원)의 장면(제4차원)에 의한 구분과 지리적인 차이(제2차원)를 그래프화한 적도 있다(이노우에(井上) 2008.5a. 그림 11-2). 언어 간의 변종 즉 여러 언어(제6차원)의 장면(제4차원) 별 수비 범위도 그릴 수 있다(그림 2-3 외, 이노우에(井上) 2001.8.).

경어에 대해서도 일본어는 절대 경어에서 상대 경어화(정중어화)라는 역사적 변화 경향이 일관되게 진행되고 있다. 그리고 경어라는 변종(제6차원)에 대해서 역사(제1차원)와 지리(제2차원), 사회계층(제3차원)과의 각각의 대응 관계를 나타낼 수 있다. 역사와 지리, 사회계층의 종합적인 관계를 3차원의 수조(水槽) 모델로 나타낸 적이 있다(이노우에(井上) 1994.4., 1989.10. p.48 그림 1). 또한, 장면의 정중도의 스케일(제4차원)이나 심리적 거리(제5차원)와 관련지을 수도 있다(이노우에(井上) 2008.5a 그림 4-1, 그림 12-2). 일련의 담화에서 처음과 마지막에 경의도가 높은 표현이 사용된다는 관찰(미나미(南) 1987)은, 담화의 구조(제7차원)와 관련지은 것이다. 또한 문자 표기나 통신 수단(제8차원)에도 경어는 밀접한 관련이 있다(미나미(南) 1987, 이노우에(井上) 외 2007).

후술하는 그림 20-5, 20-6에서는 경어 표현(제6차원)과 대화 상대에 대해서 오기노(荻野)의 수량화를 적용시킨 결과를 나타내었는데, 이것은 사회계층(제3차원)과 심리적 거리(제4차원)의 분석에 해당한다. 다른 다변량 해석법(인자 분석이나 하야시(林)의 수량화)에서도 행과 열로 나눠서 분석하지만, 다른 요인으로서 제1차원에서 제8차원까지 모든 것을 다룰 수 있다.

1.4. 언어의 H-L 스케일(4차원)

이상에서 언급한 것 중에서, 사회나 심리와 관련된 현상은 그림 20-1의 제3차원(사회계층), 제4차원(장면), 제5차원(심리적 거리)과 같이 상세하게 나눠서 상관관계를 보려고 하였다. 그 조사 결과를 보면, 각 차원이 상호 간에 강한 상관관계를 보이기 때문에, 그림 20-2의 제3차원「사회 심리」와 같이 사회 현상과 심리 현상을 하나로 묶어서 제시할 수도 있다. 또한 제7차원 담화와 제8차원 표기는 언어체계의 공시(共時)적 기술에서 뺄 수가 있다. 그림 20-2에서는 이를 간략화하여 제 1차원 역사와 제2차원 지리의 그림, 제3차원 사회 심리와 제4차원 언어 변종의 두 장의 그림으로 나눠서 제시하였다. 이 4차원의 마지막의 언어 변종을 모양으로 나타내면, 두 개의 사각(四角)을 조합해서 역사・지리・사회의 3차원으로 단순화할 수 있다. 이는 예전에 일본어 경어의 역사와 관련하여 제시했던 것으로

치즈 또는 두부와 같은 형태의 「수조(水槽) 모델」의 그림이 만들어진다(이노우에(井上) 1989. 10. p.48 그림 1, 2008.5a. 그림 11-2).

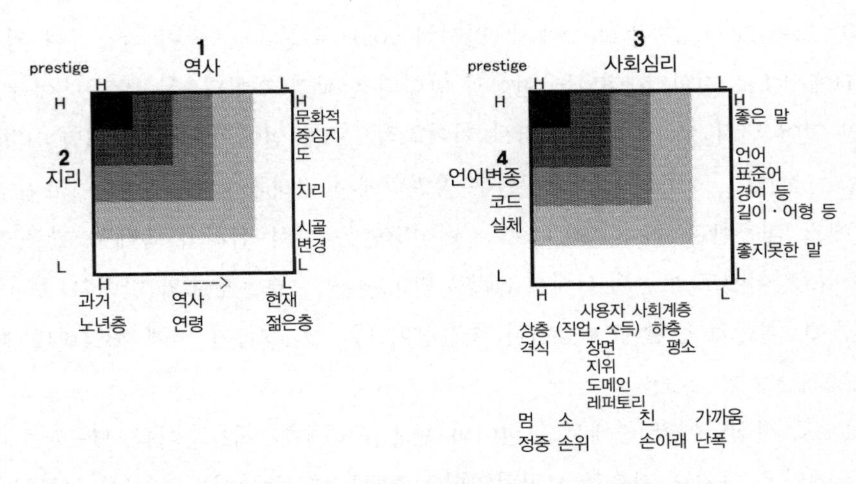

그림 20-2 사회언어학적 H-L관계의 사각형(4차원)

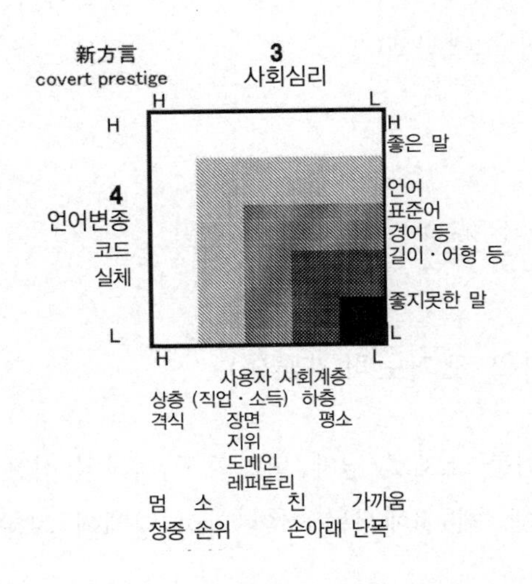

그림 20-3 신방언의 역H-L관계를 나타내는 사각형(2차원)

이상의 그림에서 나타나는 공통점은 위신(prestige)이 작용하여, 그림의 왼쪽 위에서부터 말이 퍼진다는 것이다. 하지만 예외가 있다. 그림 20-3의 「신방언」은 숨겨진 위신(covert prestige)이 작용한 것으로, 오른쪽 아래에서 위쪽, 또는 왼쪽으로 퍼졌다. 그림 20-1, 그림 20-2에서 (명시적 overt) 위신(prestige)이 작용하여 왼쪽 위의 H에서 L로 전파, 확대되는 현상과 반대의 변화인 것이다. 신방언은 「아래로부터의 언어 변화」에 해당되며, 역사 언어학적으로는 언어의 분기에 해당한다(이노우에(井上) 2000. 2., 2008. 5a). 또한 일본 방언학에서 말하는 「역주권론」, 「고립 변천론」에도 대응한다(이노우에(井上) 1994.4.). 신방언은 사회 심리의 축에서 봤을 때 예외이다. 경어에도 보통의 H에서 L로의 변화(정중한 말투의 보급)와 반대의 움직임이 있는데, 최근의 반말의 보급이나 중간경어 「ㅅ스(っす)」가 이에 해당한다(제16장, 이노우에(井上) 2008.5a).

이상으로 사회언어학 중에서도 변이와 변종을 다루는 제2 분야를, H—L의 다양한 스케일을 가지는 것으로 고찰하였다.[5] 경어는 그 중에서도 개인이 구분하는 현상이라고 평가할 수 있다. 이하에서는 경어의 경제 원리에 대해서, 언어 내적과 언어 외적으로 나누어 고찰하겠다.

2. 언어 내적인 경제

2.1. 경어의 길이와 오기노치(荻野値)

이하, 일본어의 경어를 소재로 경제 원리의 구체적인 작용을 살펴보자. 제2절에서는 언어 내적 경제, 제3절에서는 언어 외적 경제에 대해서 논한다.

---

[5] 표 20-1에서 나타낸 사회언어학의 제2 분야(변이)는 그림 20-1의 제3, 4(및 제5, 6) 차원을 포함한다. 또 담화를 다루는 제3분야는 제7차원에 상당한다.

일본어의 경어에 대해서는 경제 원리(절약, 합리성)가 작용하여, 경어형의 경우 그렇지 않은 형에 비해 길어지는 경향이 있다. 긴 표현이 정중하다고 생각되기 때문에 길이와 정중도는 비례관계를 보이는 경우가 많다.[6] 그 이유로는 두 가지를 예로 들 수 있다.

1. 교착어는 언어 유형적으로 경어 표현을 다른 말로 논리적으로 부가하는 경우가 많다.
2. 사용 빈도가 많은 어휘는 짧아지는 일반적인 경향(지프의 법칙, Zipf's law)이 있기 때문에, 사용 빈도가 적은 경어형은 긴 채로 유지되는 경우가 많다.

정중도와 길이의 상관관계를 실증하는 연구에는 오기노(荻野 1980)가 있으며, 그 후에 이데 외(井出 他 1986)가 나왔다. 후자는 정중도가 오기노치(荻野値)[7]로 연속적인 수치로 표현되기 때문에, 가공해서 객관적으로 검증할 수 있다.

여기에서는 후자의 「펜을 빌릴 때」의 표현의 데이터를 이용해서, 우선 응답한 표현의 길이를 음절 수(모라 수)로 센다. 또한 모든 표현이 상세하게 공개된 것은 아니기 때문에, 그래프에 나와 있는 대표적인 어형을 단서로 한다(그림 19-4, 19-5). 참고로 가장 정중하다고 여겨지는 표현은 「빌려도 괜찮겠습니까?(お借りしてもよろしいでしょうか)」(14모라)이다.

모라 수와 정중도의 오기노치(荻野値)는 그림 20-4의 산포도와 같이 표시된다. 그 상관관계를 근사 직선과 2차 곡선으로 표현해 보았다. 가로축에서 모라 수가 10을 넘으면, 세로축에서 정중도가 최댓값인 오기노치 0에 가까워진다는 것을 알 수 있다(작은 수치가 위가 되도록 그래프를 그렸다. 수치의 크기가 상식적인 정중도와 반대가 된다는 점에 주의해야 한다.). 2차 곡선 상단의 급경사를 보면, 어느 한도를 넘어서면 단순히 모라 수가 많은 것만으로는 정중도를 높이는 효과가 없다는 것을 알 수 있다.

6 또한 「정중(丁寧)」의 의미에 「길다」는 함의가 들어있는 것도 관련한다.

7 오기노(荻野)의 수량화에 의한 값. 최근 「교호 평균법(交互 平均法)」이라는 이름이 붙여졌다.

한편, 조사에서 얻어진 표현은 하위의 구성 요소(표현)로 이루어진다고 볼 수 있다. 이하의 12가지 요소를 사용했는지의 여부로 그림 20-5의 산포도를 그렸다. 최대치는 12가 된다. 우선 말로 표현하지 않고 바로 펜을 잡으면 경의가 제로라고 판단하고, 모든 언어 표현에 최저 1점을 부여하였다.[8] 또한 이하의 현상을 한 번 사용하면 1점을 부여하였다. 일람표를 제시한다.

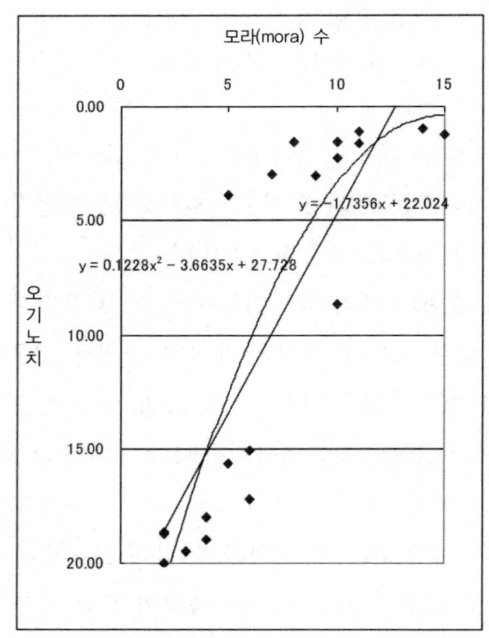

그림 20-5 오기노치와 모라(mora) 수의 관계

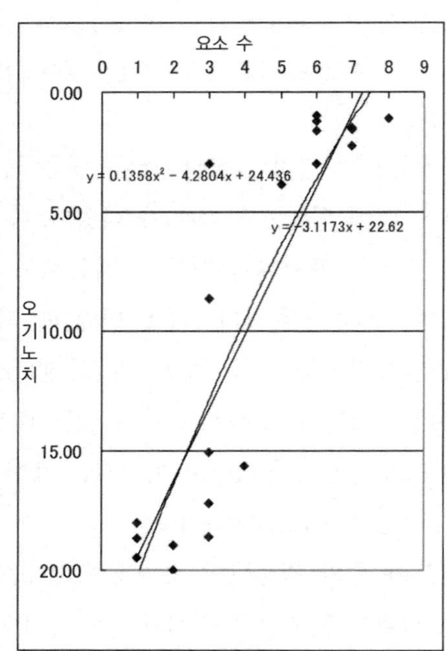

그림 20-6 오기노치와 요소 수의 관계

「빌리다(借りる)」, 「하고 싶다(ほしい, たい)」, 「좋다(よろしい, いい)」, 「정중체(ですます)」, 겸양표현의 「오(お)」, 수수(授受)표현, 수수(授受)경어형, 가능표현, 부정, 「그렇지만(けれども)」, 의문조사, 의문음조.

---

[8] 제스처로 빌리고 싶은 것을 나타내는 것은 제로 이상이겠지만, 여기서는 말의 유무만을 고려했다.

산포도에 표시하여 상관관계를 근사 직선과 2차 곡선으로 나타냈는데, 이 두 선은 많이 닮았다. 즉 가로축에서 요소의 수가 많아지면, 세로축의 오기노치가 가장 정중한 표현인 0에 가까워져, 정중도가 더 높아진다고 판단할 수 있다. 즉 「경의 표현」, 「배려 표현」의 요소가 다양하게 더해지면, 그만큼 정중하게 된다(이데(井出) 2006). 표현이 복잡하게 얽히거나 추가 사항이 많으면 효과가 더 커지게 된다. 일반론으로 보면, 「새로운 요소가 추가될 때마다 정중도가 높아진다.」라는 법칙성이 성립한다.[9] 의뢰를 할 때에 미리 한마디의 양해를 구하면 정중하게 들린다거나(국립국어연구소 2005), 접객 용어로써 「쿠션 표현」을 사용하면 효과적이라는 것은, 이러한 요소 개수의 역할을 나타낸다.

그림 20-5와 그림 20-6을 비교하면, 정중한 표현에 해당하는 상단의 0, 1부근에서, 그림 20-5의 모라 수의 근사 곡선은 최대치가 되는데, 그림 20-6의 요소 개수의 근사 곡선은 위로 뻗는다는 것이 중요하다. 즉 요소의 개수가 많으면 많을수록 정중도를 높인다고 해석할 수 있다. 이는 교착어로서, 개개의 요소에 개별 기능을 부여하기 때문이다.[10] 후술하는 공손(Politeness)와 관련될 것 같은 담화의 특징을 잘 구사해도 정중도는 높아진다.[11] 하지만 그림 20-5, 그림 20-6 모두 표

---

9 현실에서는 길면 길수록(요소가 많을수록) 좋은 것만은 아니다. 「行きますか」대 「行きませんか」(또는 이상에 「절대로」)와 같은 개개의 요소가 더해짐으로써, 정중도가 높아지는지에 대해서는, 장면에 따라서 해석이 다를 가능성이 있다. 「카 탈락(カ抜き)」의문문과 같이, 의문을 나타내는 조사 카(カ)를 생략함으로써 상대의 face 침해를 피할 수 있는 것은, 오히려 요소 수의 감소가 정중도를 높이는 것이 된다(이노우에(井上) 2008.5a). 「네(ね)」 등의 종조사는 적극적(positive) 공손(Politeness)를 높이는 작용을 하고, 협의의 경어(존경어와 겸양어)가 소극적(negative) 공손(Politeness)를 높이는 작용을 하므로, 정중도에 대해서 반대의 작용을 한다고 할 수 있지만(이데(井出) 2006), 이 통계에서는 전체적으로 오기노치(荻野値)를 높이는 작용을 한다고 읽을 수 있다. 정중도는 다차원적으로 계량되어야만 한다.

10 포합(복종합)어 또는 굴절어를 살펴보면 많은 요소를 짧은 것 안에 넣기 때문에, 표현의 길이가 비례하는 것만은 아니다.

11 이데(井出) 외(1986)에서 일본어와 대조되고 있는 영어의 경우는, 그래프에서도 음절수는 약한 상관관계 밖에 보이지 않는다(요소 수로는 조금 강한 상관관계를 보일 것 같지만). 사용법이 일본어는 확실한 형이고, 영어는 애매한 형이었던 것과 관련이 있다. 공동 연구의 과정에도 영어 화자로부터, 「개인에 따라, 경우에 따라 다양한 표현을 구별해서 사용한다.」라는 응답이 나

시된 점이 상하로 2개 그룹으로 크게 나눠져, 정중체의 유무에 좌우되는 것도 무시할 수 없다. 문법적 경어 체계를 가지는 일본어에서는 기본적으로는 정중어의 사용이 영향을 끼친다고 할 수 있다(제16장 2절).

2.2. 경의 저감(敬意低減)의 법칙과 한계 효용 체감의 법칙

위 그림 20-5의 현상은 경제학에서 말하는 「한계 효용 체감의 법칙」(이노우에(井上) 2008.3a)과 일치한다. 빵을 한 조각만 가지고 있는 사람에게 조각을 더 주면 효과가 크지만, 열 조각을 가지고 있는 사람에게 한 조각을 더 줘도 그 효용은 작다는 것이 한계 효용 체감의 법칙의 예이지만 이 법칙은 경어에도 꼭 들어맞는다. 충분히 경의 표현이 들어간 경우에는 긴 표현을 단순히 더 길게 한다고 해도 새로운 효과는 생기지 않는 것이다.

이와 같은 경우에 새로운 효과를 내기 위해서는 더 신선한 표현을 만들어내서 추가할 필요가 있다. 한편 이것이 보급되면 종래의 표현은 그 아래에 위치하게 된다. 즉 「경의 저감의 법칙」(사쿠마(佐久間) 1959)이 작용하게 되는 것이다.

앞에서 언급한 바와 같이, 거절(사정 설명)의 표현을 넣으면 정중하게 들린다. 井出・荻野의 조사표에서는 정형적인 표현밖에 다루지 않았지만 「정말 조금이면 되니까(ほんのちょっとでいいから)」라든가 「감사하게 생각할 테니깐(恩に着るから)」, 「반드시 돌려 줄 테니깐(かならず返すから)」, 「정말 도움이 되었어(ほんとに助かるよ)」 등을 추가하면, 그에 따라 정중도가 높아질 것으로 기대된다. 또한 최근의 연구에 의하면 이들 표현을 사용하는지의 여부에 지역차와 방언차가 있는 것 같아서, 긴키(近畿) 사람들은 다양한 표현을 하고 난 후 행동을 하고, 동북이나 규슈에서는 그다지 말로 표현하지 않는 경향이 있다고 한다(시노자키(篠崎)・고바야시(小林) 1997, 고바야시(小林)・사와무라(澤村) 2010). 경어론의 새로운 전개, 방언 연구의 착안점의 확대

왔다고 한다. 따라서 이 책에서는 영어의 분석은 생략하기로 한다.

에 해당된다.

이상의 논의는 언어 체계가 아니라 언어 사용에 대한 경제성과 관련된다. 넓은 의미에서의 경어를 유효하게 사용함으로써, 화자는 자신의 의도를 경제적인 형태로 실현할 수 있다.

2.3. 공손(Politeness)이론의 비용 대 효과

정중도와 길이와 관련된 위와 같은 현상은 공손(Politeness)이론과도 관련이 있다(Brown & Levinson 1987, 다나카(田中) 외 2011). 공손(Politeness)이론에서는 화자(Speaker, Hearer)간의 사회적 거리(Distance), 화자 간의 힘의 관계(Power), 용건의 부하도(負荷度 Ranking)에 따라서 무게(Weightiness)가 달라져, 언어 표현도 바뀐다는 설정이다(Brown&Levinson 1987 p.76, 도시마(戸嶋)・미나카와(皆川) 2008). 적절한 조사 기법을 사용한다면 수치화가 가능할 것이다.

$$W x = D(S, H) + P(S, H) + Rx$$

여러 조건에 맞추어 배려 표현을 추가하는 것은 범언어적이고 유니버셜한 현상으로 외국인 학습자에게도 쉽게 이해시킬 수 있다.[12] 이에 반해, 경어형의 예를 들면「마이루(まいる, 오다의 겸양어)」,「우카가우(うかがう, 듣다의 겸양어)」,「이랏샤루(いらっしゃる, 오다의 존경어)」 등의 차이나,「오-스루(お~する, 겸양 구문)」나「오-니나루(お~になる, 존경 구문)」의 추가는 어형과 용법을 기억해야 하기 때문에 다른 언어의 화자에게는 이해시키기 어렵다. 일본어의 경어는 특수한 데 반해, 공손(Politeness) 이론이 다루는, 상대방의 페이스(면목)를 세우려고 하는 언어 행동은 언

12 공손(Politeness)의 현상은 기본적으로는 인류 공통일 뿐만 아니라, 또한 동물 습성학의 분야와도 공통의 요소를 가진다.

어 보편적인 것이다(이데(井出) 2006). 언어 학습이나 외국어 습득에 있어서는 적용 가능성이 커서, (습득의) 비용 대 (사용의) 효과, 경제 효율이 크다.

한편, 공손(Politeness)이론에서는 주로 대면한 사람들 간의 관계를 다루며, 제3자에의 소재 경어(존경어, 겸양어)는 공손(Politeness)이론에서는 다루기 어렵다(다키우라(瀧浦) 2005). 이와 관련해서 소재 경어 사용의 비용 대 효과를 재고할 필요가 있다. 야마가타현(山形縣) 오키타마(置賜)지방의 경어 조사에서는 (정중어라는) 대자경어가 발달하지 않아서 소재 경어로 사용되는 표현이 나타났다(이노우에(井上) 1989.10.). 눈앞의 상대에게는 경어를 사용하지 않고 화제의 인물만 소재 경어로 높이는 표현(「도노사마고잣타요(殿様ござったよ)」 등)은 요즘에는 눈 앞에 있는 상대방에게 실례가 된다. 존경어가 대자경어와 연동해서 사용되는 현대 공통어의 경어에서는 보통 사용되지 않는 고풍스러운 경어 표현이다. 이야기 상대의 체면을 상하게 할 가능성이 있기 때문으로 어떤 의미에서는 비경제적인 경어 사용이라고 할 수 있다. 눈앞에 있는 사람에게 직접 공손(Politeness)를 조정할 수 있는 언어 표현, 즉 정중어의 사용이나 2인칭 대명사의 구분이 효과적이며 경제적이라고 할 수 있다.

2.4. 경어의 3분류와 경어 변화의 경제

경어의 경제성에 대해서, 문화심의회(2007)의 『경어의 지침』에서 제시한 경어 5분류는 재고의 여지가 있다. 겸양어를 Ⅰ과 Ⅱ로 나누고 미화어를 독립시킨 5분류는 종류가 많고, 또한 일부의 차이는 너무 작아서 기억하기가 어렵다. 또한 사용하는지, 바른 표현이라고 인정하는지에 대한 개인차도 크다. 겸양어의 사용법을 (존경어와) 헷갈려하는 사람들이 많은 현실에서 겸양어의 세분(정중어(丁重語))을 가르치는 것은 학교 교육을 더 성가시게 한다. 5분류를 암기해도 차이가 작고 효과가 적기 때문에, 기존의 3분류를 사용하는 편이 더 경제적이고 현실적이다.

표 20-2 현대 경어의 6분류

이론 분류	종래의 경어	신경어 · 혼란
자신측 1인칭	겸양어 I	겸양어 II (정중어)
상대측 2인칭	존경어	(신) 존경어(과다) 제3자 경어 소유자 경어
상대 사물 외계	정중어	미화어
		메뉴얼 경어

이론적으로 보면, 현대 경어는 6종류로 분류되는 방향으로 바람직하게 변화하고 있다. 표 20-2에서처럼, 이노우에(井上 2007.5.)는 존경어에 「신존경어」(존경어 과다)를 추가한 6종류로 나누는 분류법을 제안하였다. 「애완견이 재주를 부린다(愛犬が芸を なさる)」, 「넥타이가 비뚤어져 있으셨다(ネクタイが曲がっていらっしゃる)」 등의 소유자 경어에 경어를 과잉으로 사용하는 경향을, 미래의 경어상이라고 인정한 점이 새롭다. 다양한 상업 시설에서의 경어의 남용은 이것으로 설명이 된다.[13] 어느 범위에까지 존경 표현을 사용할 수 있는가의 판단의 혼란에 대해서는 쓰노다(角田 1991)의 「소유 경사(所有傾斜)」라는 개념이 적용 가능하다. 이는 소유자와 물건과의 관계를 분리 가능한 소유와 분리 불가능한 소유로 이분하지 않고, 경사(cline)로 해석하는 방법으로, 천왕에 대한 보도에서 다음 순서로 존경어 사용의 수용 여부에 차이가 보였다(쓰노다(角田) 1991).

13 「화분 손실하는 것도 날짜가 가까워지시면 연락드릴 테니깐(植木(の手入れ)のほうも(行く日が)お近づきになったところでご連絡いたしますので)」모 인재센터(20대? 여성)2007.9.25.

신체부분>속성>의류>(친족>)애완동물>작품>그 외 소유물

신경어를 고려해서 6개로 분류하면, 현대 경어의 변화 방향을 설명할 수 있지만, 너무 복잡하다. 종래의 기본적인 3분류로 되돌아가, 각각에 새로운 경향과 오용이 있다고 설명하는 편이 더 경제적이다. 경어의 오용은 미숙함 때문이기도 하지만, 현대 경어의 성격이 변화한 것이라고 해석할 수도 있다. 이야기 상대에 대한 경의를 높이기 위해서, 가능한 부분에 경어를 사용하는 경향으로 경어 용법의 단순화(경제적 사용)의 흐름의 하나이기도 하다.

이상을 정리하면, 3분류는 그대로 두고 표 20-2 전체적으로는 현대 경어는 오른쪽 아래로 움직이는, 즉 매뉴얼 경어의 방향으로 변화한다고 할 수 있다.

2.5. 매뉴얼 경어의 경제성

패밀리 레스토랑이나 편의점에서 사용되는 매뉴얼 대로의 경어를 「매뉴얼 경어」 또는 「바이트 경어」 등이라고 부르는 경우가 있다(제16장 3절). 패밀리 레스토랑이나 편의점의 획일적인 경어는 종래에 없었던 표현을 포함하기 때문에, 틀린 경어라고 비난받고 있다. 「○○쪽(○○의 ほう)」「○○엔이 됩니다(○○円になります)」와 같은, 귀에 익숙하지 않은 새로운 표현이 표적이 된다. 그러나 매뉴얼 경어에는 그 나름의 경제성이 있어서 그것 때문에 퍼지고 있다고 볼 수가 있다. 매뉴얼 경어는 사회적으로는 비판을 받고 있지만, 경어를 습득하지 못한 대학 졸업생이나 임시 아르바이트생을 훈련시키기에는 효율적이다. 현장에서 실제로 필요한 최소한의 경어 표현을 가르치는 것으로 처음에는 기본적인 틀부터 몸에 익히게 한 후에 장면을 넓혀서 응용시킨다는 구조이다.

3. 언어 외적인 경제

이상으로 언어 내적인 여러 분야에 있어서의 경어의 경제성에 대해서 살펴보았다. 이하에서는 언어 외적인 경제성에 대해 고찰해 보도록 하자. 경어의 경제성은 언어 외적인 현상, 즉 사회계층 등과의 상관관계에서도 나타난다. 단 결론부터 말하면, 언어 외적인 경제는 경어에 직결되지 않는다. 표면적으로 일치한다고 하더라도, 사실은 경어 이외의 요소가 지배하는 경우가 많다. 이 절에서는 우선 단도 직입적으로 개인의 소득과 경어에 관련이 있는지를 확인하고 그 후에 이를 이론적으로 정리하고자 한다.

3.1. 경어 지식과 직업과 소득

문화청의 여론조사에서는 다양한 항목을 반복해서 다루고 있고, 경어 항목도 많다. 개인의 속성으로 직업을 조사하고 있으며, 이전의 보고서에는 상세한 집계표도 공개되었다. 직업은 소득, 즉 경제 상황과 밀접하게 관련된다고 여겨지기 때문에 분석의 가치가 있다. 그럼에도 불구하고 이제까지 경어 항목과 직업과의 관련에 대해서는 부분적인 지적밖에 이루어지지 않았다.

이하에서는 이제까지의 여론조사 중에서 경어, 특히 겸양어의 정오(正誤) 판단 등과 관련한 현상을 이용한다. 보고서에 직업별 집계가 실려 있는 3회분의 조사를 골랐다(문화청 국어과 1996, 1998, 2001). 여기에서는 현재의 판단으로 봤을 때 명백하게 오용이라고 할 수 있는 항목 7개만을 그림으로 나타냈다. 결국 겸양어의 존경 용법에 대한 것이 되었다.[14] 그 결과, 「틀렸다고 생각한다.」거나 「신경 쓰인다.」가 총 평균 5할 내외로 비슷하게 나타났다.

[14] 생략한 항목으로 예를 들어 「오라레루(おられる)」의 용법이 있다. 「신경이 쓰인다.」의 항목은 비율이 낮지만, 동서 방언차라는 지역차가 관련되기 때문이다.

직업별 수치를 순서대로 배열하기 위해, 7개 항목의 평균을 계산한 후 그 값에 따라 직업을 재배열하였다.[15] 그림 20-6에서 최고점인 사무직과 최저점인 농림어업 종사자의 가족과의 차이를 보면, 평균 72% 대 37%로, 거의 2대 1이다. 이 결과를 보면 경어에서도 직업차가 크다는 것을 알 수 있다. 연령차나 지역차가 큰 것은 집계표에 거의 순서대로 배열되어 있기 때문에 알아채기 쉽지만, 직업별 배열은 경어 사용에서 기대되는 것과 관계가 없는, 사회학이나 경제학의 직업 분류(또는 산업 분류)의 순서로 되어 있기 때문에(또한 보고서의 그래프에도 제시되어 있지 않기 때문에) 놓쳤던 것 같다. 또한 직업 차별과 관련되기 때문에 기피되었던 주제이기도 하다.

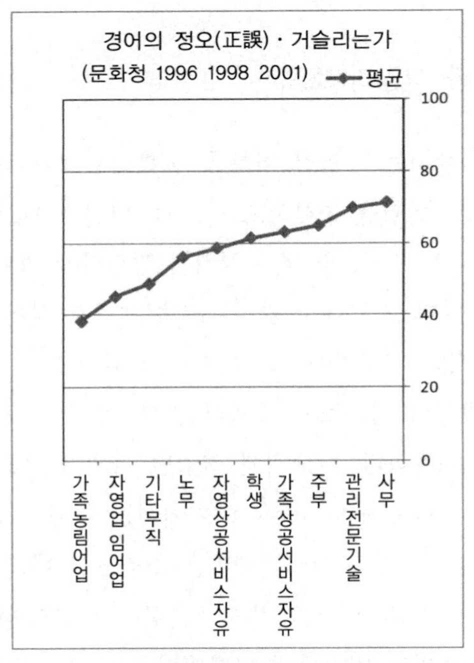

그림 20-7 경어의 정오(正誤)・거슬리는가(문화청) 평균

15 연령이나 지역과 같이, 언어 외적인 기준을 이용하여 배열할 수는 없으므로, 조사 결과를 이용하여 직업을 배열한 것이다.

그림 20-7에서 얻어진 직업 배열을 이용해서 항목마다 그래프를 그려보자. 각 항목의 평균점을 계산해서, 그림 20-8의 범례도 「오용 · 신경 쓰인다.」가 많은 순으로 배열하였다.

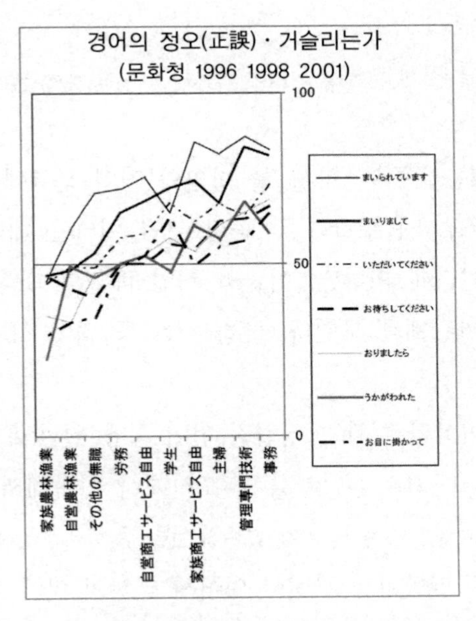

그림 20-8 경어의 정오(正誤) · 거슬리는가(문화청) 평균

「틀렸다고 생각한다.」거나 「신경 쓰인다.」가 가장 많은 것은 겸양어 「마이루(まいる, 오다)」의 존경 용법으로, 그 아래로 「이타다쿠(いただく, 받다)」, 「오마치스루(お待ちする, 가지다)」, 「오루(おる, 있다)」, 「우카가우(うかがう, 묻다)」, 「오메니카카루(お目にかかる, 뵙다)」가 이어진다. 각 항목 전체의 패턴은 비슷하지만, 요철(凹凸)이 있어서 깨끗하게 오른쪽으로 상승하는 항목은 없다. 직업에 따른 수용도(또는 저항감)가 항목에 따라 다르다는 것을 의미한다. 세 개의 연도에 걸쳐 있기 때문에, 질문문이나 조사 대상이 다르다는 것도 원인이겠지만, 그러나 동일 연도의 항목을 비교해 봐도 요철(凹凸)이 있다. 이는 항목마다의 성격의 차이가 반영된 것이

라고도 볼 수 있지만, 지역차와 연령차가 큰 전국 조사이기 때문에 조심할 필요가 있다. 그러나 대략적으로는 오른쪽으로 상승한다는 것을 중시해야만 한다.

보고서의 직업 10분류는 그림 20-7 및 그림 20-8에서처럼 수치가 가까운 인접한 2종류를 묶어서 5분류로 할 수 있다. 이하와 같이 이름을 붙여도 좋다.

「화이트칼라」, 「주부, 학생」, 「상공 서비스 자유업」, 「노무(勞務) 그 밖의 무직」, 「농림어업」

소득과 직결되지 않는 「주부, 학생」을 협의의 직업 분류에서 제외하면, 「화이트칼라」, 「상공 서비스」, 「블루칼라」, 「농림 어업」이라는 대략적인 직업 분류와 대응한다. 다양한 데이터에 의하면, 이들의 직업 배열과 소득, 자산이라는 경제 요인은 크게 보면 상관관계를 보인다(제16장 11절). 즉 경어 사용과 소득은 대응한다고 할 수 있다.

경어 의식에 대한 이상의 결과는 직업별 언어 사용 일반(외국어능력, 공통어사용능력 / 방언사용률, 외래어지식 · 사용, 문맹률 등)의 조사에서 반복해서 등장하는 큰 경향과 모순되지 않는다(제8장 그림 8-8, 8-9, 제16장 그림 16-7～16-11에서 전술). 이상의 직업 계층차는 언어 사용 일반과도 관련이 있어서 일상의 언어 행동에서도 설명 가능하다. 교육 훈련에는 외국어 지식이 요구되는 경우가 있다. 또한 방언 화자는 교육이나 취직, 독서 등을 위해 표준어와 공통어의 지식이 요구된다. 계층적으로 상위의 직업, 특히 화이트칼라의 대부분은 일상적으로 읽고 쓰는 능력이 요구되고, 경어 사용도 또한 요구된다. 또한 상공 서비스업도 일상적인 경어 사용이 필요하다.

이와 같은 언어 · 방언 · 경어의 사용에는 평행성이 있어서, 직업을 매개로 하였을 때 소득이나 수입과 같은 경제 조건과 상관관계를 보인다. 즉, 언어 외적인 현상, 사회계층(그림 20-1의 제3차원)에 대해서도 H-L(High-Low)이라는 스케일은 분명하게 확대하여 사용하는 것이 가능하다.

4. 경어의 경제언어학

이상으로 경어와 관련된 사회적, 경제적 요인에 대해서 몇 가지 실례를 들면서, 법칙성을 지적하고, 모델화를 시도하였다. 이들 각종 모델 중, 어느 것이 적절한지는 실제로 사용 상황이나 사용률을 안다면 수식을 만들어 증명할 수 있다. 인문 현상은 랜덤한 과정을 취하는 것이 많지만, 대수(大數)의 법칙이 작용하므로 많은 예를 살펴보면 대체적으로는 일정한 경향을 보인다고 기대할 수 있다.

경제학은 「가치(value)」를 다룬다고 할 수 있다. 「가치」는 다의적이어서, 언어학에서 말하는 「의미」와 마찬가지이다. 경제학에서는 현상을 수치화함으로써, 수식이나 법칙으로 현상을 표현할 수 있게 되었다. 사회언어학의 세계에서도 다루는 대상을 숫자로 표현하려는 노력을 해서, 일반 법칙을 도출하는 방향으로 연구가 진행된다면 더욱 더 발전할 것이다.

또한, 말의 변종의 전환으로서 공통 원리(이 경우는 H-L이라는 스케일)가 작용한다고 보는 편이 이론적 사정(射程)이 크게 될 것으로 기대된다. 경어의 용법에 대해서도 경제의 시점을 도입해서 재고찰함으로써, 좀 더 넓은 사회언어학적 이론 하에서 논의할 수 있을 것이다. 경어의 경제언어학의 미래를 기대해 본다.

21 경어의 지리 · 경제 · 사회
—「어머니(はは)」와「주다(あげる)」와 접두어「오(お)」

❖ 이번 장에서는 일본어 경어에 영향을 주는 지리적 · 경제적 요소와 경어 변화에 대해 논하겠다. 또한 이와 관련하여 경어 변화의 일반론에 대해서도 언급하겠다. 앞 장의 논문에서 매수 제한으로 생략한 부분을 중심으로 되살려 더욱 발전시킨 형태이다. 후반에「어머니(はは)」와「주다(あげる)」와 접두어「오(お)」에 관한 실례를 다른 논고로부터 원용하여 이번 절의 순서를 대폭 수정했다. 다음 장 이후에 접두어「오(お)」의 사용 증가에 대한 도입의 역할도 담당한다. 연구사 및 연구의 자리매김에 관한 부분은 이 책의 20장에서 다루었다.

1. 경어의 경제

1.1 경어와 경제(소득 등)의 상관관계

경제와 경어의 관계를 단적으로 보여주는 언어 외적인 현상으로는 개인 또는 가족의 소득 · 자산과 경어와의 관계가 관심을 끌지만, 이것을 직접 나타내는 조사 집계 데이터는 아직까지 없는 것 같다.

국립국어연구소(2007)의 쓰루오카 조사에서(묻기 어려웠지만) 소득에 대해 물었으며, 또한 경어 항목도 조사했지만 상관 그래프는 미공개 상태이다. 실제로 면접 조사를 진행해 본 인상으로는(가족 단위로 물었기 때문에) 예외가 많고, 가구 소득이 경어에 영향을 주고 있는 것 같지는 않았다.[1] 그러나 모든 데이터를 다루어 보고 일부 관련 항목을 통합해 처리해 보면 경어와 개인의 경제적 속성과 상관관계가 드러날 가능성이 있다.

다양한 언어 현상에 경제 여건이 작용하는 것은 부정할 수 없지만, 개인의 소득이 그대로 경어 사용에 영향을 주는 현상은 관찰하기 어렵다. 그러나 대략적인 경향과 힌트는 얻을 수 있다. 경제와 사회적 속성(소득・자산・학력・직업)의 높은 상관관계는 예를 들어 국립국어연구소(1982)에서도 기업 내의 경어에 관해서 찾아볼 수 있다. 직급・연령・재직 연수・학력 간의 완벽한 상관관계가 그래프를 통해 나타났다. 직급의 관계는 급여와의 상관을 나타내는 것이고, 그 배경에는 급여와의 관계가 예상된다. 본인에게 직접 물어 확인하지 않더라도 알 수 있을 정도의 명백한(또는 노골적인) 경제 규정 관계이다. 조사 당시 회사의 급여 체계와 평균 급여를 이제부터 조사해 경어 항목의 전체적인 결과와 대조해 보면 상관관계가 보일 것이라고 기대된다.

이에 비해 단순한 소득 등의 경제 조건이 아니라 학력이 경어 사용에 반영된다는 사례가 보고되어 있다. 국립국어연구소(1981)의 「방문하다의 겸사말(うかがう)」에 대한 그래프(이노우에 1999.5에서도 인용)에서 경어 교체 형식(특정 형태)의 「방문하다의 겸사말(うかがう)」을 자유자재로 사용하는 것은 고학력 장년층이다. 경어는 「교양의 척도」라고도 불리며 「경어를 보면 태생을 알 수 있다.」라고도 하는데, 그와 관련되어 어느 정도 사정을 파악할 수 있다. 소득만 갑자기 늘어난 경우에 「갑자기 출세」 혹은 「벼락 부자」라고 불리는 것, 그런 사람들이 사용하는 경어가 비난이나 조롱의 대상이 되기 쉬운 것도 하나의 증거인 셈이다.

결국, 언어 이외의 현상, 사회계층(이 책 그림 20-1의 3차원)에 대해서도 H-L (High-Low)이라는 스케일은 확대 적용이 확실히 가능하다. 게다가 경제와 밀접한

[1] 「장남의 15세는 가장 가난한 시기이며 막내의 15세는 가장 부유한 시기다.(總領の十五は貧乏世盛り 仕舞子の十五は身上世盛り)」라는 관용구(히라이 1982)가 의미하는 것처럼 아이들의 성장이 세대의 수입에 영향을 준다.

관련이 있다.

1.2. 경어와 직종의 이미지

경어가 경제적 조건과 관계 있다는 것을 나타내는 주관적인 데이터로서 최근에 얻은 조사 자료가 있다. 하야노(早野 2008)의 방언과 직종 이미지의 관계에 대한 조사표를 확대하여 경어나 영어도 동시에 조사한 것이다. 수도권 대학의 적은 인원의 데이터이지만 명백하게(노골적인) 차이가 났다. 자세한 내용은 그림 8-8, 그림 8-9, 그림 16-7, 그림 16-8을 참조하기 바란다.

1.3. 언어 외의 H-L 스케일의 상관관계

이 책의 그림 20-1의 제3차원의, 사회에 관한 H-L의 스케일은 경제적 요소와 연결시켜보면 소득이나 자산과의 상관관계가 나타날 것으로 예상된다. 그러나 문화청 여론조사와 같은 분류로 직업과 소득・자산 등의 관계를 나타내는 수치 데이터는 여론조사 데이터의 형태로는 아직 찾아 볼 수 없다. 다만 다른 많은 조사 자료를 참고하면 큰 경향으로, 이 책의 그림 20-7, 그림 20-8의 순서와 경제적 요소는 일치한다. 그러나 화이트칼라 중에서 관리 전문기술직과 사무직의 경향이 반대였다. 문화청 여론조사에서 그레이칼라로서의 「기술」이 화이트칼라인 「관리 전문」으로 분류되었기 때문이라고 생각된다.

소득・수입・자산이라는 경제 요인이 사회의 계층 구조 전체와 관련되는 것은 다음과 같이 설명할 수 있다. 직업에 따라 훈련 기간이 달라, 의사나 변호사처럼 장기간 교육 훈련이 필요하고 자격이 필요한 직업에서는 훈련을 위해 투자한 학비 등을 회수하기 위해 높은 수입이 필요하게 된다. 또한 이들은 실수가 용납되지 않는 직업이기 때문에 위험이 수반되므로 지적인 엘리트가 취직하도록 장려해야 한다. 이에 비해 사전 훈련 없이 현장에서 배울 수 있는 단순 작업의 직종에서는 선행 투자 비용이 적기 때문에 수입이 적어도 취업 희망자가 있다.

현재는 취업 빙하기 후, 직업의 격차 의식이 희미해진 것처럼 보이지만 이와 같은 구조가 남아 있어서, 오히려 소득과 고용 안정성에 따른 격차 확대, 「격차사회」가 문제가 되어 계층 상승적 지향이 막히고 있다.

1.4. 경어의 사회지리 경어와 공통어화와 도시화

경어가 도시화와 관련된다는 것은 이미 지적되고 있어서 야마가타 현 쓰루오카 시와 그 근교 농촌 지역인 야마조에의 경어 항목에서는 큰 지역의 차이를 보였다(이노우에 1989.10 그림 1). 에도(江戸) 시대부터 성곽이 있었던 도시와 농촌의 차이를 반영한 것이며 동시에 근대 공통어화 정도의 지역 차이를 나타내는 것이다. 그런데 20대의 경어 사용량에 대해서만은 쓰루오카 시내와 일치하며 딱 맞아 떨어지는 결과를 보였다. 다만 농촌의 젊은이가 일하는 장소가 쓰루오카 시내로 바뀌었기 때문이라고도 설명할 수 있어서, 소득 변화에 따라 경어가 변화했다고는 해석할 수 없다.

그 밖에 SF 조사의 다변량 분석 결과에서도 경어와 다른 언어 현상의 공통어화 관계가 나타났다(다하라, 田原 1988). 경어는 공통어화의 최전선이라고 할 수 있다.

또한 후술(제4절)하는 미화어 「주다(あげる)」의 전국분포는 가사이(河西) 데이터 등의 공통어화의 지리적 경향과 유사하다(이노우에 2007.5). 지금까지의 방언학에서는 전통적 방언의 지역 차이를 다룰 때에 동서 차이 등을 관심의 대상으로 했지만 지금은 단순한 지역 차이를 떠나 사회계층 간의 관계를 살펴볼 필요가 있다.

이상을 근거로 하면 문화청의 전국 여론조사의 평가도 바뀐다. LAJ, GAJ를 비롯한 대규모 방언 조사는 지역 및 취락을 거의 같은 밀도로 샘플링한다는 사고를 가지고 있고 그곳에 살고 있는 사람을 대상으로 삼기 때문에 인구 밀도가 높은 도시 지역을 과소 평가하게 된 것이다. 전체적으로는 제1차 산업 종사자(농림 어업 종사자)를 과대하게 다루게 된다. 제2차 세계대전 이후 얼마 되지 않았을 때까지 농민이 70~80%를 차지하는 인구 구성의 시기까지는 좋았지만, 현재의 산업별 인구 구성과는 맞지 않는다. 방언 차이 · 사회계층에 따른 차이라는 관점에서 LAJ, GAJ의 경어 사용의 응답과 비교하면, 문화청의 여론조사는 조사원으로부터 질문을 받아 방언 사용자가 평소 사용하지 않는 경어를 무리하게 대답한 것처럼 해석된다.

그러나 실제로는 경어를 완벽하게 구사하는 사람이 현대 일본에 다수 존재한다. 인구 밀도나 인구 집적의 정도를 보면 도시의 제2차, 제3차 산업 종사자의 비율이 현대 일본에서는 압도적으로 많다. 그 주민 층은 공통어와 함께 경어(심지어 영어)를 잘 구사하는 층이며, 옛 방언에서는 점점 멀어지고 있다. 사회계층의 「상하」를 지도상의 등고선으로 나타내면 지리적 등고선과 반대로 평지의 도시 부에는 언덕 · 고원이 발달하고 산간 지역은 낮게 나타난다.

문화청의 조사는 일본 국민 · 모든 주민을 대표하는 층화 2단 샘플링 기법을 이용하여 먼저 조사 지점을 샘플링하는 형태를 취한다. 이 때문에 지역 단위로 살펴 봐도 연도에 따라, 언어 항목에 따라 편차가 생긴다. 뒤에서 언급(제21장 제5절 제22~23장)하는 접두어 「오(お)」의 반복 조사 결과의 신뢰도를 측정하기 위해서도 이것은 유효하였다. 지역 차이에서 보면 도쿄로부터 떨어진 지역의 경어 사용 비율이 낮은 것은 국토의 동서라고 하는 광역 방언 차이가 아니라 각 지역의 주민 전체의 사회계층, 도시화의 정도를 반영하였다고 해석할 수 있다. 이중(二重) 주권론(周圈論) 중 지역적 차이는 사회 · 경제적 격차의 반영이라고 해석할 수 있다. 또한 이 책 제20장에서 설명했듯이, 경어는 직업과 대응하고 상관관계를 보인다. 이것은 그 배경에 지역 사회 성원의 경제(소득과 자산)가 깔려있다는 것을 암시한다. 직업과 거주 지역 도시화도 또한 강한 상관관계를 보인다. 문화청 여론조사

의 도시 규모별 집계 결과가 지역별 집계 결과에 필적할 정도로 경어 사용과 대응하는 것이 증거가 된다.

2. 경어의 패러독스(역설)

이상에서 언급한 것은 「경어와 경제가 관계가 있지만 세상의 모든 현상을 돈으로 설명할 수 없다.」라는 것이다. 이를 감안하여 경어에는 몇 가지 역설이 성립한다는 것을 지적해 두겠다.

2.1. 경어의 경제언어학적 역설

먼저 기본적으로 경어 습득이 공통어화의 정점에 있다는 것을 확인해두고 싶다. 지금까지 공통어화 조사, 방언 조사 분석에 따르면, 사회적 활약층(시바타 1978), 나아가 고학력 화이트칼라 층이 공통어 사용의 정점을 이루는 경우가 있다. 이는 이러한 층이 실제로 공통어 사용을 강요당하는 경우가 일상적으로 많다는 것을 반영한다. 또한 귀속 사회계층 의식, 나아가 교양, 예절 교육이 경어 사용의 능숙함을 불러 일으킨다고도 설명할 수 있다. 최고의 공통어 사용자는 더욱 더 경어를 자유자재로 사용하도록 요구되는 것이다. 즉, 경어 사용은 개인의 경제 조건(소득 · 재산)과 직접적으로 관련되지 않는다.

2.2. 경어의 언어 연령학적 역설

경어 사용의 연령 차이에 대하여 또 하나 사회인으로서 언어 습득의 지연, 즉 경어 사용 유예 세대인 대학생에 대해 생각할 필요가 있다. 이것은 경어 변화와 습득의 역설이라고도 말할 수 있는 것으로 여론조사 등의 연령 차이를 근거로 젊은 세대의 경어가 그대로 미래의 경어 변화에 결부된다고는 말할 수 없게 된다. 또 언어 변화를 살펴보기 위하여 연령 차이라는 명백한 겉보기 시간의 상대적 연대를 이용할 때의 위험함을 의미한다. 오카자키(국립국어연구소 1983),[2] 쓰루오카(국립국어 연구소 2007), 그 교외인 야마조에(이노우에 2005.12a) 등에서, 또 문화청 등의 여론조사에서 10대에게 어떠한 경향이 보여도 미래의 경어 변화를 가리키는 것이 아니라, 단순히 기존 경어의 미습득을 나타낼 가능성이 있다. 즉 이론적 보류로 경어 습득 연령이 현상에 따라 느리다는 것을 고려할 필요가 있다(다만 언어 현상에 따라 사용 피크, 습득 시기에 차이가 있다. 제22, 23장에서 성인이 된 이후의 습득에 대한 논의는 음운에 있어 유아기의 습득, 신방언에 있어 젊은 층의 습득을 부정하는 것은 아니다).

습득과 변화의 역행 관계를 그림 21-1의 원뿔 모양에 왼쪽 두 개의 화살표로 표시했다. 경어의 전형이라고도 할 수 있는 존경어・겸양어(소재 경어)는 역사적으로 고대부터 사용되고 있으며, 정중어(대자 경어)는 거의 중세 이후에 발달했다. 그러나 개인의 언어 습득 순서로 말하면, 정중어는 학령기 이전에도 습득할 수 있지만, 존경어・겸양어는 대학생 세대 또는 사회인이 되어서 습득하는 경우가 있으며 특히 제3자에게 「올바르다」고 여겨지는 경어는 좀 더 나중에 습득된다. 대학생까지는 경어 사용에서 면제되는(사회인으로서 비로소 제대로 된 경어가 요구

---

2 오카자키에서는 1953, 1972, 2009년의 3회 조사에서 「오쿠루마(자동차)」 「오야사이(야채)」가 경어인지 어떤지를 물었다. CD로 배포된 데이터를 그래프화한 결과 조사 횟수가 거듭됨에 따라 「접두어 お(오)」가 붙는 단어를 경어로 인식하는 비율이 줄어들고 있다. 동일 출생 집단(코호트)의 그래프에서는 같은 세대가 19년, 37년 간격으로 비율이 줄어드는 경향이 보였다. 젊은 세대가 경어라고 인식하는 경우가 많았다. 제2회 조사에서 30대가 피크를 이루지만 일시적인 것이었다. 「오쿠루마(자동차)」에서도 비슷한 결과를 보였다. 접두어 「오(お)」가 자주 사용되게 되었기 때문에 경의를 느낄 수 없게 되었다는 경의 감소의 법칙에 의한 것이라고 이해하는 것이 가능하다. 3회 조사를 통해 동일 출생 집단에서 90년 정도에 걸쳐 (10-20%에서 80% 전후로) 「이카레타(가셨다)」를 경어로 인식하는 비율이 순조롭게 늘고 있는 경향과는 다르다.

된다)「경어 사용 유예」가 전형적이다. 방언 화자의 공통어 습득의 지연도 마찬가지로 사회언어학에서 말하는 연령 계제(年齡階梯 age grading)의 전형이라고도 할 수 있다. 이것은 일본어에 있어 난이도(어려움)의 지표가 되기도 한다(이노우에 2001.8).

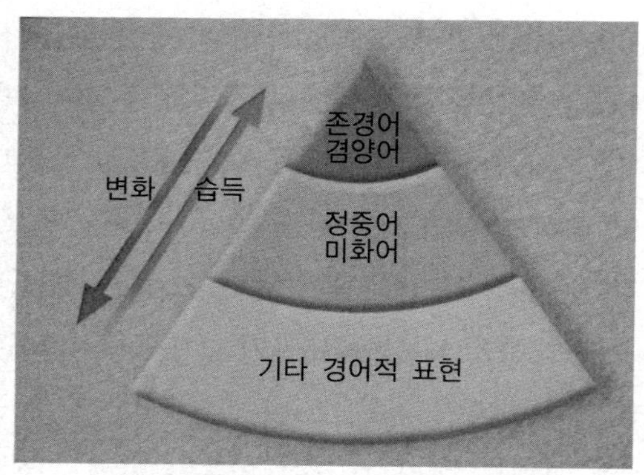

그림 21-1 경어 습득과 변화의 양상

습득 초기의 구체적인 예로는 제3절에서 자신의 가족을 언급할 때「하하(はは, 어머니)」라는 표현의 사용(도시 지역에서는 고등학생 정도)이 전형적인 예이다(Sibata 1998). 즉 연령 차이의 반영은 언어 변화에 한정된 것은 아니다.

2.3. 경어의 전형과 주변

그런데 기존 학교 수업에서는 경어를 단순히 3분류로 나눈 적이 있다. 틀린 것은 아니지만 3분류는 같은 선상의 것은 아니다. 경어론에서는 우선 2개로 나눈다. 하나는 화제에 등장한 사람에 대한 경어(소재 경어, 등장인물 경어, 화제 경어, 지시체 경어)로 존경어와 겸양어가 포함된다. 두 번째는 청자에 대한 경어(대자 경어, 상대 경어, 호칭 경어)로 정중어이기 때문에 성격이 다르다(표 20-2, 그림 19-3 참조).

존경어는 「주인공 경어」라고 불리며 동작주를 높이는 기능을 한다. 「옷샤루(おっしゃる 말씀하시다), 이랏샤루(いらっしゃる 가시다, 오시다, 계시다), 오 ~니나루(お~になる 존경어 표현법) ~ (라)레루((ら)れる 존경어 표현법)」 등이 그 예이다. 겸양어는 「받아들이는 사람 경어」라고도 불리며 동작주를 낮추는 겸양 기능을 하고 겸손한 말투가 된다. 「말씀드리다(申し上げる), 듣다, 묻다의 겸양어(うかがう), 오 ~스루(お~する 겸양어 표현법)」 등이 그 예이다.

정중어는 「청자 경어」라고도 하며 대화 장면에서 사용된다. 「(야마)데스(山です (산) 입니다), (요비)마스((呼び)ます (호칭)습니다)」 등이 그 예로 「데스마스(ですます)체」를 형성하여 회화 전체의 정중함을 결정한다. 「데스마스체」(정중체・경어체)는 지금 「보통체 상(常)체」 일명 「다메구치(タメ口, 반말)・다메언어(タメ語, 반말언어)」와 대비된다. 이 밖에 「오야사이(お野菜, 야채) 오야스미(お休み, 휴가), 아게루(あげる, 주다)」 등을 미화어라고 부르기도 하지만, 경어 주변에 위치한다. 또는 경어의 바깥쪽에 위치시킬 수 있다.

일반인이 경어를 받아들이는 방식은 학교에서 배우는 대로라고 생각했지만 다르다는 것을 깨달았다. 문화청(1997)의 전국 조사에서 예문을 보여주며 밑줄 친 부분이 경어인지를 물었다. 다음에 질문 문장과 그 해설을 올려두었다. 그림 21-2의 순으로 올린다. 상위 두 개, 존경어와 겸양어는 경어의 전형이라고 했지만 정중어를 비롯하여 다른 현상은 경어라고 생각하고 있지 않았다.

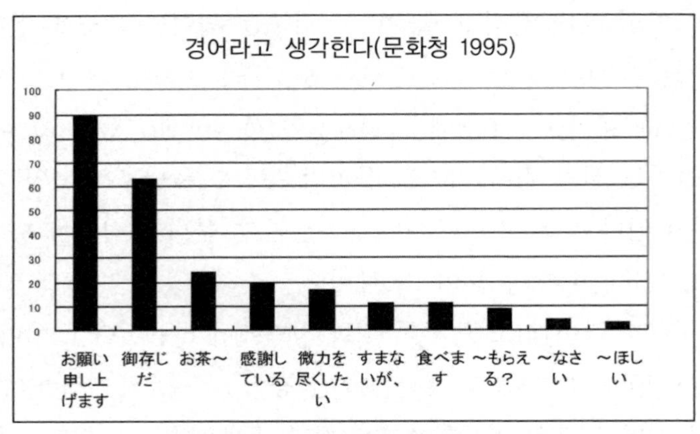

그림 21-2 경어의 전형적인 형태 조사

「요로시쿠 오네가이 모우시아게마스(よろしくお願い申し上げます, 잘 부탁드립니다)」 겸양어 + 정중어

「아노카타와 난데모 고존지다(あの方は何でも御存じだ, 저 분은 무엇이든 다 아신다)」 존경어(제3자 주어)

「오챠오 노미마쇼(お茶を飲みましょう, 차를 마시죠)」 미화어

「아노카타니와 토테모 간샤시테이루(あの方にはとても感謝している, 저 분에게는 매우 감사하고 있다)」 (단순한 서술)

「샤카이노타메니 비료쿠오 쓰쿠시타이(社會のために微力を盡くしたい, 사회를 위해 미력하나마 힘을 다하겠다)」 (겸손 표현)

「스마나이가 소코노엔피쯔오 톳테쿠레나이카(すまないが、そこの鉛筆を取ってくれないか, 미안하지만, 거기 연필을 집어 주지 않을래)」 (부연 설명)

「와타시와 야사이오 타베마스(私は野菜を食べます, 나는 야채를 먹습니다)」 정중어

「소코니 스왓테 모라에루?(そこに座ってもらえる?, 거기 앉아줄 수 있어?)」 은혜 표현의 보조 동사

「소코니 스와리나사이(そこに座りなさい, 거기 앉으십시오)」 존경어 어원의 명령형

「아시타와 하레테호시이(あしたは晴れてほしい, 내일은 맑았으면 좋겠다)」 희망 표현의 보조 형용사

그림 21-2에 따르면 일반인은 존경어와 겸양어를 전형적인 경어로 받아들이는 것 같고, 정중어인 「마스(ます, 습니다)」조차도 경어로 인정하지 않는 사람이 많다. 경어 여론조사의 해석에 주의해야 한다.

3. 겸양어 「하하(はは, 어머니)」의 습득 시기

다음 절에서는 현대 경어의 구체적인 예에 대해서 논하겠다. 제22장 이후에 접두어 「오(お)」에 대한 분석을 전제로 하여 도입부 역할도 겸하겠다.

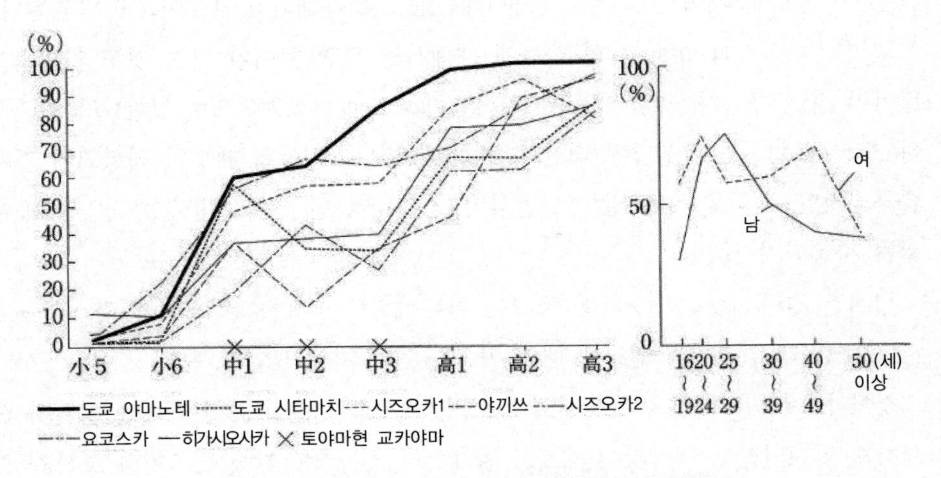

그림 21-3 「하하(はは, 어머니)」의 사용률 증가(연령별)

경어 습득 시기의 지연은 겸양 표현 「하하(はは, 어머니)」의 습득에 대한 시바타 다케시의 연구(시바타 1978, Sibata 1998)에서 전형적으로 나타났다. 그림 21-3 참조.

도쿄 야마노테 지역의 고교생은 거의 100%가 학교 장면에서 「하하(はは, 어머니)」라고 말한다. 다른 문법적인 경어의 습득도 사회인이 되어서 이루어진다고 보아도 좋다. 이는 연령 계제(age grading)의 전형이며, 성년 채용(late adoption)의 예이기도 하다. 즉 신조어나 신방언 등과 달리 젊은 세대의 경어 사용 동향은 반드시 미래 변화의 선구자라고만은 볼 수 없다. 언어 연령학의 과제로서 세대 차이 · 겉보기 시간의 재검토가 필요하다. 그림 21-3에서는 도야마 현 고카야마(五箇山)의 데이터(× 표시)를 적어 넣었다. 여기에서는 마을 전체에서 호칭이 정해져 있어서 가정 내에서의 개인 관계는 반영되지 않았다. 그렇기 때문에 「하하(はは, 어머니)」라는 호칭은 사용되지 않는다.

또한 성인이 된 이후의 사용에 대해서는 그림 21-3에 오른쪽의 NHK 조사(이시노(石野) 외 1990)가 있다. 「하하(はは, 어머니)」가 중년 이후에 사용되지 않게 되는 것은 결혼하고 아이가 태어나면 아이중심(child centered)의 호칭이 되어 「오지이상(おじいさん, 할아버지), 지이상(じいさん, 할아버지)」 등으로 대체되기 때문이라고 생각된다.

한편, 「하하(はは, 어머니)」의 습득에 대해서는 장면 차이가 나는 것도 간과하지 말아야 할 부분이다. 그림 21-4와 같이(호리(堀) 2000) 검은색으로 칠한 부분인 「하하(はは, 어머니)」는 선생님에 대한 장면(위)이라고 고등학교 때부터 대학교에 걸쳐 습득되지만, 격식을 차린 말투로 인식되고 있어서, 친구를 상대로 한 장면(아래)에서는 사용되지 않는다.

실시간 경년(계속 · 반복 · 추적) 조사는 이론적으로 중요하지만 드물었다(Chambers 2003). 그런데 일본어의 변화에 대한 귀중한 연구 자료가 있다. 문화청 여론조사가 그것이다. 이것은 매년 이루어지고 있으며, 구체적인 언어 표현에 대해 성과가 신속하게 발표되었고 데이터 집계표도 공개된다. 「아게루(주다)」는 3번의 조사가 있다. 다음 장 이후에서 다루는 접두어 「오(お)」의 사용법에 대해서는 거의 10년 후의 실시간 변화를 전국 규모로 알 수 있다. (또한 여기에서는 접두어 「오(お)」의 예만을 다루지만 접두어 「오(お)」와 「접두어 고(ご)」는 평행적으로 다룰 수 있겠다).

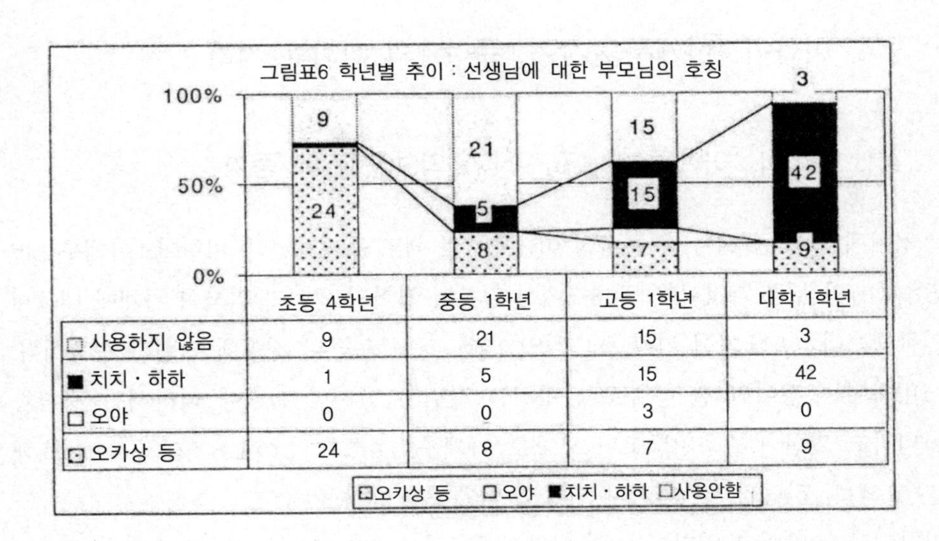

	초등 4학년	중등 1학년	고등 1학년	대학 1학년
□ 사용하지 않음	9	21	15	3
■ 치치 · 하하	1	5	15	42
□ 오야	0	0	3	0
□ 오카상 등	24	8	7	9

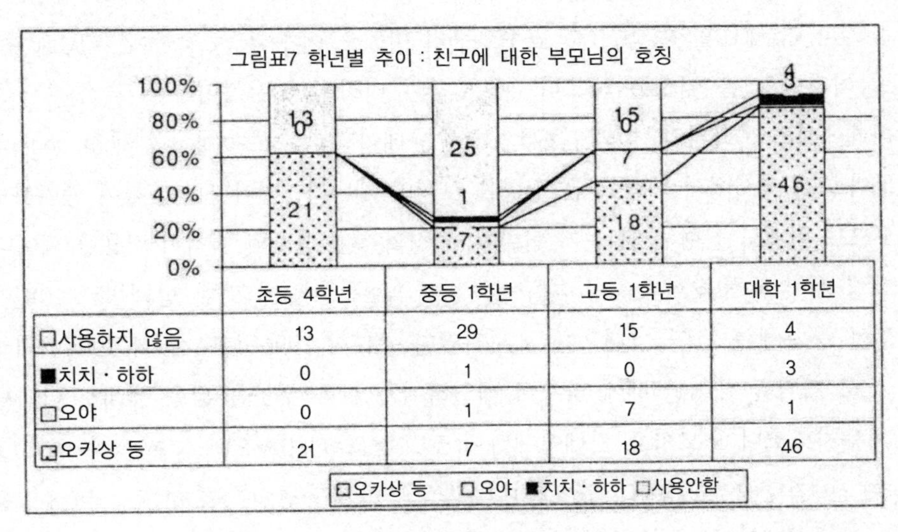

	초등 4학년	중등 1학년	고등 1학년	대학 1학년
□사용하지 않음	13	29	15	4
■치치 · 하하	0	1	0	3
□오야	0	1	7	1
□오카상 등	21	7	18	46

그림 21-4 「하하」의 사용

4. 미화어 「아게루(あげる, 주다)」의 사회와 지리

4.1. 미화어 「아게루(あげる, 주다)」의 10년간에 증가

경어에 관해 좀 더 다른 문화청 여론조사의 예도 들어보겠다. 미화어 「아게루(あげる, 주다)」의 보급 과정이다. 제18장에서 일본어 경어의 방언과 역사의 관계에 대해서 언급했는데, 그 중에서 가장 근대적인 경어, 도쿄 부근의 경어에 관련된 현상이다.

미화어는 경어의 한 종류로 간주하는 사람도 있지만 사람에 따라서는 경어가 아니라고 말한다. 「우치노코니 모노오 아게루(うちの子にものをあげる, 우리 아이에게 물건을 주다)」라던가 「우에키니 미즈오 아게루(植木に水をあげる, 나무에 물을 주다)」는 미화어라고 말하고 있다. 장년층이라면 「우치노코니 모노오 야루(うちの子にものをやる, 우리 아이에게 물건을 주다)」「쇼쿠모쿠니 미즈오 야루(植木に水をやる, 나무에 물을 주다)」이지만 젊은 여성은 다르다. 이런 것이 미화어의 전형이다.

아래에서는 문화청의 「아게루(あげる, 주다)」 데이터(문화청 국어과 1996, 2001, 2006)를 다룬다. 3회 조사에서 거의 같은 경향을 보이며 게다가 5년마다 사용률이 증가하고 있으므로 현재도 진행 중인 언어 변화이다. 경의(敬意) 감소의 법칙이 작용한 예이다.

그림 21-5에 코호트(cohort : 동일 출생 집단, 동일한 세대)에 의한 남녀별로 10년간 꾸준한 증가세를 보인 그래프를 제시하였다. 제1회 1996년과 제3회 2006년의 2개 조사 결과를 태어난 해에 맞추어 배열하여 오른쪽 부분을 젊은 세대로 나타냈다. 「우치노코니 오모챠오 캇테아게타이(うちの子におもちゃを買ってあげたい, 우리 아이에게 장난감을 사주고 싶다)」「우에키니 미즈오 아게루(植木に水をあげる, 나무에 물을 주다)」「아이테 치무니와 모우 잇텐오 아게라레나이(相手チームにはもう1点をあげられない, 상대 팀에게는 더 이상 1점을 줄 수 없다)」의 3항목으로 사용률이 높은 항목을 오른쪽에 두었다. 「가미다나니 아게루(神棚にあげる, 집안에 신을 모셔 놓은 감실(龕室)에 주다)」「히토니 모노오 아게루(사람에게 물건을 주다)」와 같은 예도 조사해서 이 그래

프의 오른쪽에 덧붙이면 사용률이 거의 100%인 선이 오른쪽으로 그어질 것으로, 전체적으로 S자 곡선(이 책 제15장 그림 15-7)이 되는 것처럼 보인다. 즉 사용률이 어느 정도까지 도달하게 되면 갑자기 많은 사람에게 퍼진다.

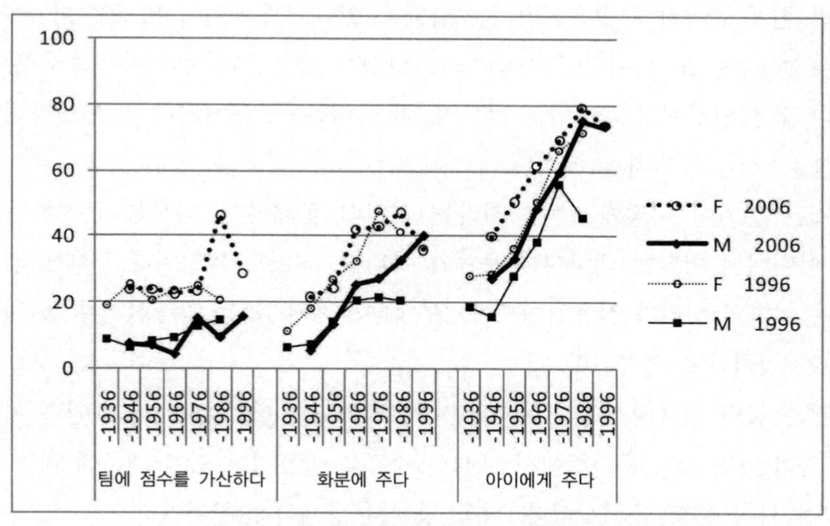

그림 21-5 「아게루(あげる)」의 증가 코호트 · 성별(문화청 1996-2000)

큰 기호로 나타낸 10년 후, 대부분의 경우 사용량이 증가했다. 특히 사용률이 국민의 절반 정도가 되는 「우치노코니 아게루(うちの子にあげる, 우리 아이에게 주다)」의 증가가 현저하게 나타났다. 3항목 모두 20대, 10대 후반과 오른쪽의 젊은 세대에게서 「아게루(あげる, 주다)」를 많이 사용한다.

또한 남녀 차이가 크다. 어떤 문맥에서도 점선인 F 여성이 실선인 M 남성보다 사용률이 높다. 10대 여성은 80% 정도가 「우치노코니 아게루(우리 아이에게 주다)」를 사용하고 있다. 남성에 있어 급격한 보급이 눈에 띈다. 남성은 10대보다는 20대 쪽이 많이 사용한다. 이와 같은 것은 20대 남성이 여성과 친하게 교제하므로 여성에 맞추어 동화작용(Accommodation)을 실시한다. 10대 남성은 고교생 등의 사

회집단을 만들기 때문에 「우치노코니 아게루(우리 아이에게 주다)」라고 말하면 「오메에 난다 다레토 쯔키앗테룬다(おめえ、何だー、だれとつきあってるんだ, 너 뭐야 누구랑 사귀고 있는거냐)」라고 놀림 받기 때문에 그다지 사용하지 않는다고 생각된다. 「우치노코니 아게루(우리 아이에게 주다)」는 오용으로써 오랫동안 시끄러웠고 비난 받아왔지만 현재 급속하게 수용되면서 보급되고 있다. 「우에키니 미즈오 아게루(나무에 물을 주다)」는 20대 여성이 가장 높고, 남성은 20%정도 밖에 사용하지 않는다. 그러나 젊은 남성에서 급증하고 있으며, 이 상태라면 「우에키니 미즈오 아게루(식목에 물을 주다)」도 뒤따를 것이다.

이것은 본인이 어떻게 말하는지라는 의식의 문제이다. 나무를 존경한다든지, 우리 아이에게 어떻게 대하지의 문제가 아니라, 적어도 말만이라도 예쁘게 사용하자는 여자의 심리가 작용하여 「아게루(あげる, 주다)」라는 정중한 말투를 사용하고 있는 것이라고 생각된다.

이것은 국민 전체의 그래프이지만 지역 차이도 크다. 여기에서는 연령 차이와 성별 차이만 봤지만, 문화청에서 세세한 자료를 발표하고 있기 때문에 지역 차이와 직업 차이 등도 볼 수 있다. 다음 항에서 상세히 고찰하겠다.

「아게루(あげる, 주다)」의 사용률은 지금까지 3번 조사되었다. 예전에 히메노 외(姫野他 2005)에서 나타낸 것은 제1회 및 제2회 조사 결과이다. 그림 21-6에는 3회 연령대별 결과를 산포도의 형태로 나타내었다. 그림 21-5보다 많은 정보를 담았다. 좌우 축이 남성 사용률, 상하의 축이 여성 사용률을 나타낸다. 전체적으로 대각선보다 왼쪽 위편에 있으므로 여성의 사용 비율이 높은 것으로 나타났다. 단 뒤에서 언급하는 그림 22-6의 접두어 「오(お)」 사용률의 성별 차이에 비하면 크지 않다.

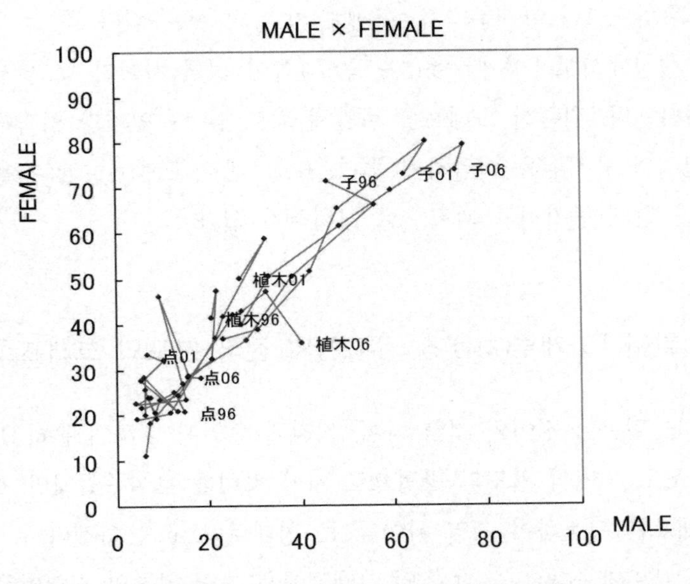

그림 21-6「아게루(あげる)」의 증가 산포도(문화청 1996-2001-2006)

3항목 3회 조사의 연령 차이를 선으로 연결해 나타내었다. 캡션은 3항목 3회 조사의 10대에게만 붙였다. 이것을 단서로 연령 차이를 고찰할 수 있다. 3개 항목 중 가장 위(많이 사용됨)의 것이「우치노코니 아게루(우리 아이에게 주다)」로 그 아래가「우에키니 미즈오 아게루(나무에 물을 주다)」 가장 아래가「아이테 치무니 텐오 아게루(상대 팀에 점수를 주다)」이다.「우치노코니 아게루(우리 아이에게 주다)」는 선으로 연결한 3개 조사를 통틀어 20대가 사용률이 가장 높고 60대의 사용률 그래프를 향해 긴 선이 그어진다. 10년의 간격을 둔 3개의 조사 차이보다 1회 조사(60년)의 연령 차이가 더 크다는 것을 보여준다. 오른쪽 위편을 향해 전체의 사용률이 증가하고 있다. 이러한 경향을 연장하면 오른쪽 상단 구석의 사용률이 100%로 치닫는다. 다른 2항목은 연령 차이가 그다지 크지 않다.

접두어「오(お)」에 대한 성별 차이를 나타낸 그림 22-6, 그림 24-17 및 그것을 세분화한 그림 24-20과 비교하면 그림 21-6에서는 대각선에서 멀어지는 것이 적다. 한편 「우치노코니 아게루(우리 아이에게 주다)」의 선은 길다. 즉 같은 미화어라고 불리는 현상에서도 「아게루(あげる, 주다)」쪽이 성별 차이가 적고 세대 차이가 큰 것을 나타낸다. 꺾은선 그래프를 관찰해 봐도 알 수 있지만 익숙해지면 산포도 쪽이 전체의 움직임을 파악하기 쉽다. 또한 렌즈 모델(그림 23-2)을 그리면서 오른쪽 위를 향해 증가하는 과정으로 이해하기 쉽다.

4.2. 미화어 「아게루(あげる, 주다)」의 전국 분포의 그래프화

아래에서는 일본어 경어의 지역 차이, 지리적 요인에 대하여 논하겠다. 지금까지 방언 분포도나 언어 지도의 방법으로 지역 차이를 보여주었지만, 여기에서는 지역별 그래프를 사용하여 지역 차이를 큰 형태로 보고 논하겠다.

그림 21-7 「아게루(あげる, 주다)」의 그래프에서 그림 왼쪽의 지역별로 살펴보면 3회 조사를 통해 모든 지방에서 「아게루(あげる, 주다)」가 늘고 있다. 간토 지방이 가장 높고 홋카이도에서 긴키 지방에 걸쳐 30%대가 늘어서 있고 츄고쿠 지방 이하 서쪽은 낮다. 도쿄 중심의 전파를 보인다. 3회 조사에서 비슷한 경향을 보이기 때문에 신뢰할 수 있다. 그림에서 오른쪽의 인구 규모별로 살펴보면 2회 조사(문화청 2006의 보고서에는 숫자 도표 없음)에서 증가하고 있고, 도쿄를 필두로 인구 규모별로 깔끔하게 정렬된다. 또한 만약 조사 결과의 현 별 집계표 또는 원 데이터를 입수할 수 있다면 수도권의 보급률이 높게 나타날 가능성이 있다.

「아게루(あげる, 주다)」는 미화어의 전형으로 이전부터 논란이 있었던 것이다. 자신의 아이는 가족이므로 우치(안)와 소토(밖)라는 기준에서 말하면 경어를 절대 사용해서는 안 되는 것이다. 「우치노코니 야리마스(우리 아이에게 주겠습니다)」라고 말해야 하기 때문에 그 아이에게 「아게루(あげる, 주다)」라고 하는 것은 이상하다.

모모타로의 노래 2절에 「야리마쇼 야리마쇼 고레카라 오니노 세이바쓰니 쓰이테 이쿠나라 야리마쇼(やりましょう やりましょう これから鬼の征伐に ついていくなら や

りましょう, 줍시다 줍시다 앞으로 도깨비 정벌에 따라 가려면 줍시다)」라는 가사가 있다. 최근에 나온 유치원 노래책에 실려있는 가사도 「야리마쇼(やりましょう, 줍시다)」이었다고 한다. 이것은 가사의 저작권 문제가 있기 때문에 바꿀 수는 없다. 하지만 입에서 입으로 노래가 전달되는 경우에는 평소의 말에 맞춰 변화하는 경우가 있다. 요즘 어린이와 부모는 「아게마쇼 아게마쇼(줍시다 줍시다)」라고 부르고 있다. 여성을 가르치는지 남성을 가르치는지에 따라 다르다는 것도 곤란하다. 그러나 원래는 모모타로가 원숭이나 개에게 수수경단(기비탄고)을 절대로 「야루(やる, 주다)」인 것이다. 마찬가지로 동요에서 「폿폿포 하토폿포 마메가 호시이카 소레 야루조(ぽっぽっぽ 鳩ぽっぽ 豆がほしいか それやるぞ, 구구구 비둘기 콩 원하니 그거 줄게)」에서 이것은 「야루(やる, 주다)」이다. 음률 관계상 바꿔 말하기가 어려웠을 것이다.

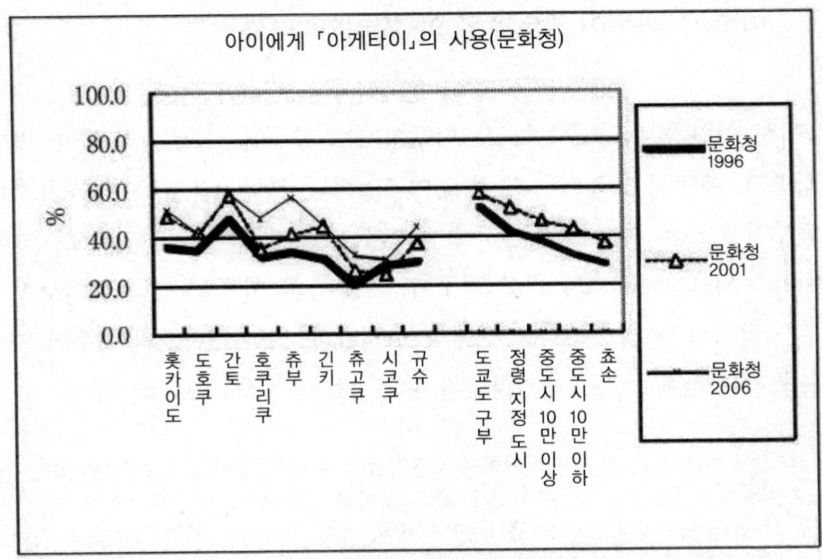

그림 21-7 「아게루(あげる)」의 증가 산포도(문화청 1996-2001-2006)

지식인의 범주 규범(norm)으로는 「아게루(あげる, 주다)」는 이상한 것으로 되어 있기 때문에 그 가사대로 개나 원숭이에게는 「야루(やる, 주다)」로 괜찮은 것이다. 「아게루(あげる, 주다)」는 이상하다고 설명할 수 있다. 그러나 「아게루(あげる, 주다)」의 사용 비율은 높아지고 있고 앞으로 몇 년 지나면 「우치노코니 아게루(우리 아이에게 주다)」는 당연시 될 것이며, 개나 원숭이에 대해서도 「야루(やる, 주다)」는 더럽거나 난폭하다는 평가가 나올지도 모르겠다. 인터넷에서는 이미 그러한 의견이 올라와 있다(2010년 8월). 그 변화는 조금씩 진행되기 때문에 누가 사용하는지, 누가 말하는지, 누구에게 어떤 장면에서 말하는지 판단에 곤란을 겪는다. 양쪽 모두 어느 쪽도 괜찮다고 하는 시기가 상당히 있을 것이고 그 후 어느 한쪽으로 굳어질 것이다.

5. 미화어 접두어 「오(お)」의 지리와 역사

다음에서 마찬가지로 미화어로서 다루어지는 접두어 「오(お)」가 붙는 말에 대해 논하겠다. 예전에 발표했던 방언 경어 3전형의 분류·분포도 중에서 소위 미화어 접두어 「오(お)」의 사용률(LAJ)에 대해서는[3] 그래프와 지도 형태로 공개했다(그림 18-1). LAJ(일본 언어 지도)에서 접두어 「오(お)」의 지역 차이를 살펴보면 간토와 츄부 지방에서 많이 사용되는 것이 눈에 띄었다. 또한 대학생의 접두어 「오(お)」도 수도권 여학생에게 두드러졌다(그림 18-1, 그림 18-2 이노우에 1986.3).

[3] 또 여기서는 「미화어」라는 용어를 편의상 사용하겠다. 원래의 경어의 기능을 잃어버린 것으로 자기 표현의 수단이라고도 할 수 있겠다. 좁은 의미의 「폴라이트니스」의 기능도 가지지 않는다. 뒤에서 언급하는 것처럼 연령 차이, 남녀 차이, 지역 차이(방언 차이, 도시화의 차이, 직업 차이)가 있다. 지금까지 문화청의 여론조사를 비롯한 많은 조사에서는 시바타(1978) 이후의 전통으로(이노우에 역시) 「붙일지 말지」의 양자택일로 조사를 진행해 왔다. 내성(內省)과 참여관찰에 따르면 접두어 「오(お)」를 붙이는 방법 등은 상대와 장면에 따라 변하기(상대가 젊은 여성이라면 「오텐키(날씨)」라고 하는 등) 때문에 한 개인 내의 사용 구분, 장면 차이 등도 살펴봐야 하지만 아직까지 조사는 충분하지 않다. 이 책 제22-25장 참고.

이것으로 18장에서 언급한 경어사의 제3단계는 도쿄 중심으로 주로 동일본의 도시 지역에서 발달한 것이 대략적인 지역 차이로 파악된 셈이다. 이상 3전형의 지리적 분포는 일본어사를 반영하는 것으로 또 요시오카(吉岡 2000)의 3분류와도 거의 대응한다. 지리는 역사를, 공간은 시간을 반영한다는 법칙성이 보기 좋게 맞아 떨어졌다. 그 후에도 근대 경어의 동향을 나타내는 지표로서 더욱 더 신뢰성 있는 데이터를 찾고 있었다. 문화청의 여론조사에서는 지금까지의 전국 데이터가 숫자 도표의 형태로 공개되어 있다. 이를 그래프화해서 경향을 확인하고 싶다(현별 지도는 그림 23-5~그림 23-12참조. 이노우에 2004.11에 일부 수록).

먼저 문화청(2006)의 조사로 전체의 경향을 파악해보자.

8개 항목 중 「오사라(お皿, 접시)・오벤토(お弁当, 도시락)・오스(お酢, 식초)・오텐키(お天氣, 날씨)・오쿠스리(お薬, 약)」의 5개 항목, 즉 사용률이 10~60%인 단어의 총 평균을 지역별로 그림 21-8에 나타냈다(「오코차(お紅茶, 홍차)・오비루(おビール, 맥주)・오소스(おソース, 소스)」의 3개 항목은 뒤에 실은 것처럼 사용률이 낮기 때문에 지역 차이를 보는 것은 위험하다). 지리적으로 북쪽에서부터 배열하는 것이 아니라 평균이 높은 지방 순으로 정렬하면 긴키 지방이 가장 높고 간토와 시코쿠 지방이 뒤를 잇는다. 하위부터 살펴보면 츄고쿠・규슈・홋카이도・도호쿠 지방 순으로 정렬되어 거의 기존의 전통적인 방언학에서 말하는 중앙과 변방의 차이로 보인다.

지방의 배열을 그림 21-8상태로 하고 「오사라・오벤토・오스・오텐키・오쿠스리(접시・도시락・식초・날씨・약)」의 5개 항목(이 순서대로 사용률이 높음)을 각각 그림 21-9에서 살펴보면 (전체 중 하위의) 「오쿠스리(약)」의 사용률이 긴키 지방에서 눈에 띄게 높다는 것을 알 수 있다. 한편(전체 중 상위의) 「오벤토(도시락)・오스(식초)」는 간토 지방이 가장 높다. 단어의 성격에 따라 접두어 「오(お)」의 보급에 차이가 있었다는 것을 알 수 있다.

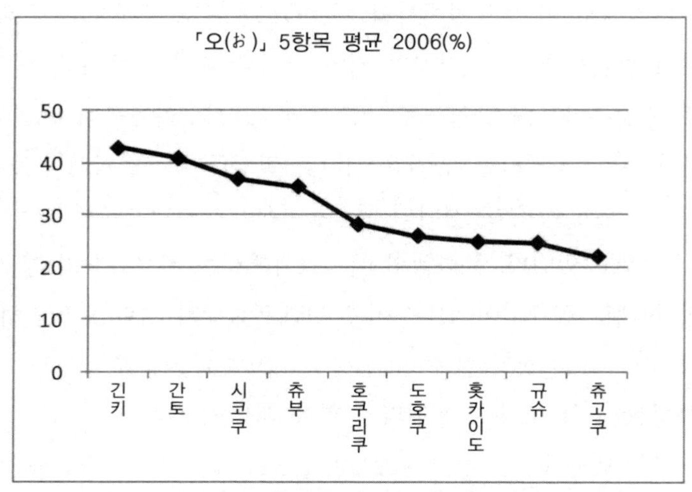

그림 21-8 「오(お)」 사용의 지역차 항목 평균(문화청 2006)

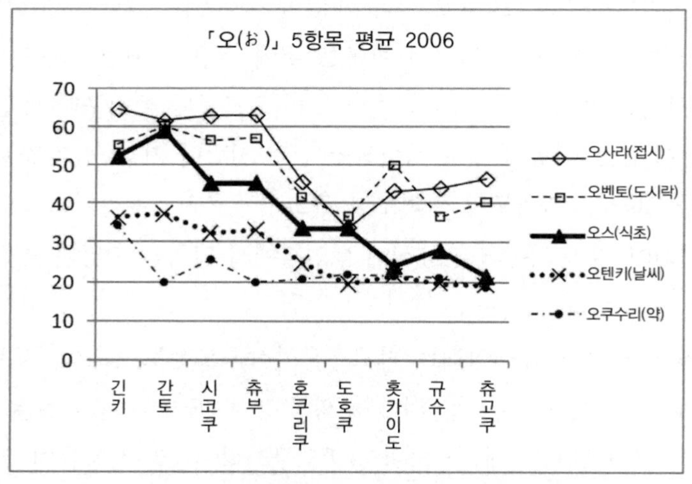

그림 21-9 「오(お)」 사용의 변동(문화청 1997-2006)

다음으로 이전 조사 결과와 비교해 문화청(1997)과 문화청(2006)의 약 10년 변화의 전체 동향을 파악하겠다. 전국 평균을 보면 그림 21-10에 나타낸 것처럼 8개 항목 중 「오벤토(도시락) · 오스(식초) · 오쿠스리(약)」이 약간 증가세를 보이고 있지만 나머지는 변동이 적다.

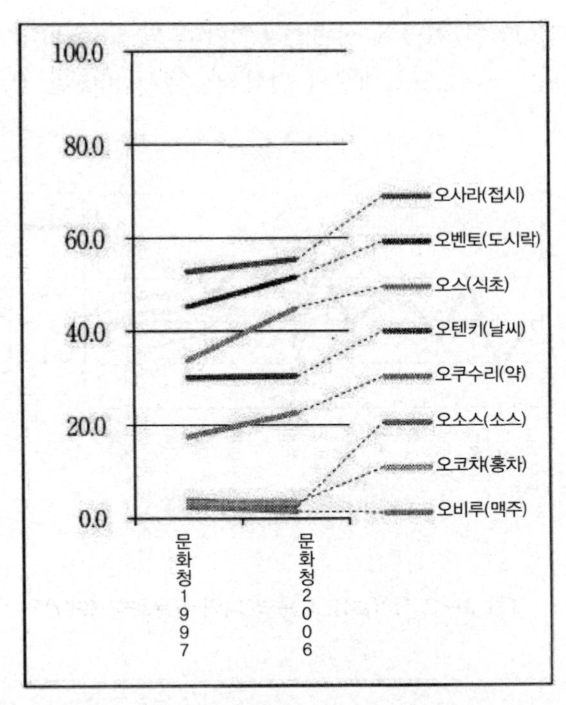

그림 21-10 「오(お)」 사용의 변동(문화청 1997-2006)

더욱이 문화청(1997)과 문화청(2006)에서 2회의 동일한 항목 「오벤토(도시락) · 오사라(접시) · 오텐키(날씨)」의 사용률을 지역별로 비교해 보자(그 밖의 항목도 있지만, 사용률이 작거나 해서 지역 차이가 적음).

문화청(1997)에서는 지역별 집계 이외에 도시 규모별 집계가 실려 있는데 보기 좋게 인구 규모와 접두어 「오(お)」의 사용률이 분명하게 대응된다. 그림 21-7 「아게루(あげる, 주다)」와도 매우 닮아있다. 도시화는 공통어화와 대응되는 경향이 있으며 도쿄 중심의 전국 공통어화의 물결을 나타내는 것으로 생각된다. 그림 21-11에서 지역별로 검토해 보면 최대치와 최소치의 차이는 도시 규모별보다 크

므로 공통어화 이전의 전국적인 지역 차이를 나타내는 것으로 파악할 수 있다. 낮은 곳은 도호쿠 · 호쿠리쿠 · 츄고쿠 · 규슈 지방으로 이른바 오모테(앞쪽) 일본(도카이도 메갈로폴리스)에서 떨어진 지역(변방)이라고 할 수 있다. 시코쿠 지방이 높은 수치를 나타내는 것은 조사 대상의 편향(여성)에서 비롯된 것이라고 생각된다.

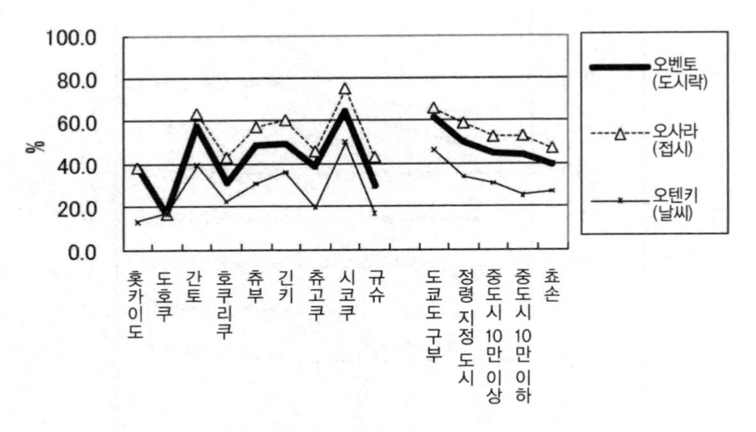

그림 21-11 「오(お)」 사용의 지역사(문화청 1997)

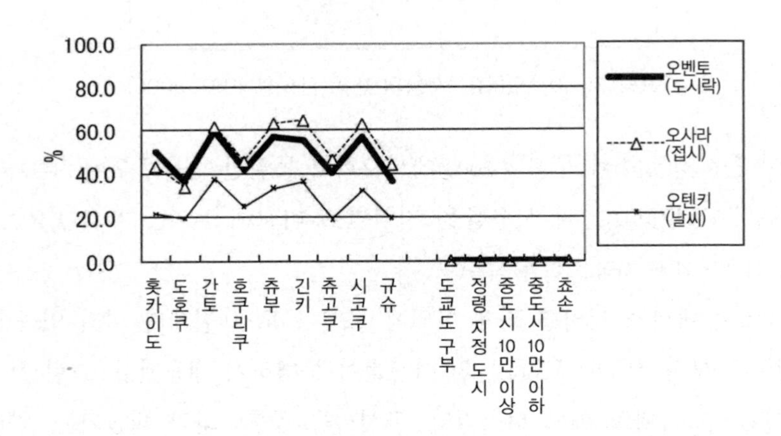

그림 21-12 「오(お)」 사용의 지역사(문화청 2006)

그림 21-12의 문화청(2006) 조사에서는 도시 규모별 집계가 공개되지 않았다. 그러나 동일한 경향을 가리키는 것으로 추측된다. 지역별로 보면 시코쿠 지방의 높이가 눈에 띄지 않는다. 낮은 곳은 역시 도호쿠・호쿠리쿠・츄고쿠・규슈 지방이다. 지방을 지리적으로 정렬한 그래프에서 거의 하나 띄고 하나씩 낮아지고 있기 때문에 알기 어렵지만 중앙에서 떨어진 지방이다.

그림 21-11, 그림 21-12를 비교해보면 약 10년의 변화도 파악할 수 있다. 전국 평균을 살펴 보면 그림 21-10에 나타낸 것처럼 「오벤토(도시락)」만 약간 증가하는 경향을 보이지만 나머지는 변동이 적다. 지역별로 두 그래프를 비교해 보면 시코쿠 지방이 2006년에 감소하고 있다는 점이 눈에 띈다. 이에 비해 츄부・긴키 지방에서는 접두어 「오(お)」의 증가가 보인다. 앞서 언급한 것처럼 샘플의 변동에 의한 것일 것이다.

이와 같은 경향으로 볼 때 근대 경어의 전형으로서 미화어인 접두어 「오(お)」는 현재 도쿄 중심으로 도시지역에 전파・보급되고 있다고 생각된다. 전술한 것처럼(제19장 2절 3항), 동서 차이와 도시화의 차이라는 이중(二重) 주권론(周圏論)을 형성한다. 도쿄 중심으로 도시지역에 전파되고 있다는 점은 「아게루(あげる, 주다)」와 마찬가지이지만, 접두어 「오(お)」에 관해서는 서일본에서도 상당히 사용률이 높다는 점에서 차이가 있으며 「경의(敬意) 감소의 법칙」의 작용 상태가 다르다는 것을 시사한다.

이상이 성인이 된 이후의 어휘 채용 및 미화어에 대한 예비적 고찰이었다. 접두어 「오(お)」의 증가에 대한 역사적인 흐름에 대해서는 다음 장 이하에서 더욱 자세히 논의하겠다.

22 언어 변화의 성인 후 채용
—문화청 여론조사에 의한 「오(お)」의 계보

❖ 이하의 22장과 23장에서는 미화어 접사 「오(お)」를 살펴보기 위해 문화청 여론조사의 데이터를 분석하고자 한다. 「오(お)」의 증가 과정은 일본어 경어의 발전을 다른 형태로 제시한 것으로, 경어사 연구에 깊은 암시를 준다.
이 장은 진행 중인 언어 변화를 현장에서 관찰하기 위해 문화청의 여론조사라는 중요하고 유용한 데이터를 분석하였다. 그 결과, 경어에는 미화어 접사인 「오(お)」가 붙는 어휘가 많은데, 이 「오(お)」가 붙은 어휘가 9년 후에 증가했다는 것을 알 수 있었다. 이 경향은 존경어 접사가 기능을 바꾸어 미화어의 기능을 가지는 과정을 시사한다. 전체 데이터를 사용 빈도에 따라 분류해서 배열했더니, 「오(お)」가 연속체를 이루고 있었다. 남녀차는 예상대로 컸다. 또한 「오(お)」는 30대 주부의 사용률이 높은 형태로 성인 후 채용되는 경향을 보였으며 연령 계제도 보였다. 미화어 「오(お)」의 역사적 증가 과정을 알기 위해서는 연구가 더 필요하다.
이 장은 사회언어학의 변이 이론을 위한 하나의 과정으로 계획되었다. 여기에서는 사회적 변이를 진행 중인 언어 변화의 현상으로 해석했지만, 이 경우에는 연령차를 단순하게 언어 변화의 표현으로 해석할 수는 없다. 「실시간」과 「겉보기 시간」의 구별이 중요하다. 또한 연령 계제 현상에도 주의를 요할 필요가 있다.

1. 「오(お)」 증가의 연구사

1.1. 실시간과 겉보기 시간

본 장의 연구의 출발점은 사회적 계층 분화를 진행 중인 언어 변화의 한 국면으로 파악하는 W. Labov(1972)의 발상에서이다. 사회적 변이가 언어 변화의 반영이라고 한다면, 언어 변화의 현장을 파악하면 진행 중인 변화도 파악할 수 있는 것이다. 단 언어 변화를 현장에서 관찰할 수는 있지만 이론상의 문제가 있다. Labov가 지적하는 「실시간(real time)」과 「겉보기 시간(apparent time)」의 구별이 그 문제이다. 한 시점에 있어서의 연령차 데이터는 겉보기 시간을 나타내는 것에 불과하므로 이는 언어 변화의 단순한 직접적인 반영이 아니다. 언어 변화를 실제로, 구체적으로 관찰하기 위해서는 반복 조사(경년 조사)라는 실시간 연구가 필요하다.

언어의 실시간의 변화를 보기 위해서는 동일 조사를 반복하는 것이 이상적으로 일본은 그 점에 있어서 경년 조사의 데이터가 많이 있다. 쓰루오카(鶴岡)의 공통어화나 오카자키(岡崎)의 경어 사용에 대한 대규모 조사가 바로 그것이다. 단, 엄격하게 따지면 모집단의 연령 구성 등의 변화가 있어서, 단순한 비교는 곤란하다. 단카이(団塊) 세대(베이비부머 세대)의 동향이 조사 결과를 좌우한다. 고도의 경제성장에 따른 지방 인구의 유출이나 소자(少子) 고령화에 따른 인구 구성의 변화 때문에 샘플 전체의 숫자의 변화를 직접적으로 언어 변화라고 볼 수만은 없다(제15장 그림 15-4, 15-5).

만약 실시간에서의 증가를 알 수 있다면, 언어 변화에 S자 커브 모델이 적용되는지도 알 수 있다. slow — quick — quick — slow라는 사교 댄스의 스텝과 같은 진행이 언어 변화에 들어맞는다고 가정하면, 변화의 소요 연수도 추정할 수 있다(제15장).

단 언어 변화의 연구에는 또 다른 이론적 문제가 관련된다. 음운은 초기에 습득되지만, 어휘는 성인 이후에도 습득이 이어진다. 연령차와의 대응을 보려면, 연령 계제(age grading)와 성인 후 채용(late adoption)의 판별이 필요하다. 연령 계제는 음운 변화와 관련지어서 논의되는 경우가 많았다(Labov 1994, Chambers 2002, 2003, Coupland 2004). 논의되는 실례는 파나마의 스페인어나 캐나다의 Z를 부르는 방법, Glasgow의 후두폐쇄음 등으로 어렸을 때 또는 젊었을 때에 발음이 성장함에 따라 적어진다는 현상이었다. 사실 여기서 성인 이후의 언어 습득은 적다고 여겨졌다 (Chambers 2003). 한편 문법이나 어휘의 현상에서는 성인 후 채용(late adoption)의 가능성이 시사되어,[1] 연령차에 따른 겉보기 시간이 언어 변화를 충실하게 반영한다고만은 볼 수 없다고 지적되었다(Boberg 2004).

1.2. 나무의 예

문화청의 경년 변화 데이터의 지식에 근거하면, 이하의 어휘들의 조사 결과도 과거에서 현재까지의 연속성을 보인다고 할 수 있다. 이는 공시태(共時態)가 통시태(通時態)를 반영한다고 해석하는 것으로 한 시점에서 연속체로서의 변이는 과거의 변화의 과정을 암시한다. 비유하자면 한 시점에서 관찰되는 원생림의 나무들이 유목(幼木), 약목(若木), 성목(成木), 노목(老木)으로, 과거의 (및 미래의) 성장의 여러 단계를 나타내는 것과 같은 것이다. 나무 높이를 근거로 배열하면, 명확하게 성장 단계와 대응할 것 같지만, 도중에 꺾인 나무가 섞이면 순서가 뒤엉킨다. 그 대신에 줄기 길이를 이용하면 좋을 것 같긴 하지만, 햇빛이나 영양이 나빠서 성장이 느린 나무는 실제와 어긋난다. 그러므로 양자를 조합한 산포도를 그리면 예외적인 나무가 그래프 위에서 멀어지게 되어, 정상적인 나무들의 성장 단계를 명확하게 선상에 나타낼 수 있는 것이다. 즉 적절한 연구 수단을 사용하여 어느 한 시점의 예를 많이 모은다면, 공시(共時)적인 데이터에서 통시(通時)적인 과정을 읽어 낼 수가 있는 것이다. 그러나 상기의 방법 이외에 같은 나무의 수년 후, 수십 년 후의 수치(또는 같은 삼림 전체의 수년 후, 수십 년 후의 모습)를 비교할 수 있으면, 통시적인 과정을 더욱 확실하게 알 수 있다. 위의 비유 중에서 한 시기의 나무를 높

[1] Late adoption 은 보급학(innovation diffusion)의 용어로는 「후기 채용」이라고도 번역할 수 있지만, 이 경우는 공동체 내의 채용 시기의 구분이 아니라, 개인의 인생 내에서의 후기 채용이므로, 「성인 후 채용」으로 한다.

이와 줄기의 길이로 배열하는 것이 겉보기 시간의 응용이고, 해를 거듭하면서 같은 나무(또는 숲 전체)를 비교하는 것이 실시간의 관찰에 해당한다.

심리 언어학 연구에 따르면, 어떤 시기의 숲(또는 같은 정도의 성장 단계의 나무)을 다수 동시에 관찰하는 것은 횡단(공시)적 수법에 해당하고, 같은 나무를 계속적으로 관찰하는 수법은 종단(공시)적 수법에 해당한다.

제15장의 음운 공통어화 및 22장, 23장의 문화청 데이터의 「오(お)」의 분석은 다행스럽게도 실시간과 겉보기 시간, 양쪽 정보 모두를 분석할 수 있었다.

제24장, 제25장의 졸업논문의 「오(お) 구분 사용」 데이터는 공시적인 정보만 포함하고 있지만, 다수의 어휘를 분석하였기 때문에 원생림의 수많은 나무들과 마찬가지로 통시적인 여러 단계를 나타내는 것이라고 해석할 수 있다.

1.3. 미화어 「오(お)」의 연구사

「오(お)」의 증가에 대한 이제까지의 연구를 되돌아보자. 쓰지무라(辻村 1968)는 어원으로서 「오호미(おほみ, 大御)」에서 「오(お)」가 생겼으며, 옛날에는 존경어나 겸양어로서의 용법이었고, 근세가 되어 정중어로서의 용법이 출현했다고 지적하고 있다. 이는 무로마치 시대의 「뇨보시(女房詞, 역주 : 궁녀들의 은어)」가 계기로, 수백 년에 걸쳐서 증가의 경향에 있다. 동사에 있어서의 경어 용법의 변천과 병행성(並行性)을 보인다.

「오(お)」의 사용과 남용에 대해서는 경어사 연구에서 많은 지적이 있었다(고바야시(小林) 2007). 교겐(狂言, 역주 : 일본 전통 예능의 하나로, 대화 위주로 일상을 해학적으로 표현), 「나라자케(奈良酒)」를 비롯하여, 에도시대의 재담이나 민화 등에 ≪「오(お)」를 지나치게 붙이는 것에 주의해서 뗄 수 없는 「오(お)」까지 뗐다≫라는 류의 이야기가 등장한다. 「오야지(おやじ, 아버지) · 오토가이(おとがい, 아래턱)」, 「오케노 나카노 오마메(桶の中のお豆, 나무통 속의 콩」라는 예가 있고, 「우키요부로(浮世風呂, 에도시대 대중 목욕탕)」에도 「오샤모지(おしゃもじ, 국자)」에 대한 오해가 언급되어 있다. 이들은 여성의 사용 예로, 사회 집단에 따른 언어의 차이가 농담(우스개)의 배경이 되고 있는 것이다. 또한 2차 대전 이후 「오비루(おビール, 맥주)」 등, 「오(お)」의 남용이 언어에 대한 논의에서 화제가 되는 경우가 많았다. 현대는 말의 남녀차가 감소하고 있으며, 이 속에 「오(お)」가 자리매김 되어, 남성에 의한 여성어 사용으로 「오(お)」를 예로 들고 있다.

「오(お)」의 용법 변화에는 문화청의 국어 정책과도 관련이 있다. 이는 국어심의회(1952)의 「앞으로의 경어」에도 언급되어 있기 때문에, 그 일부를 간단하게 기술한다. 여기에 언급되어 있는 몇 가지 어휘의 예가 후술하는 문화청의 여론조사에서 다루어졌다(* 印).

4 「오(お)」, 「고(ご)」의 정리

(1) 붙여도 되는 경우

1 상대의 물건을 나타내는 「오(お)」「고(ご)」로, 번역하면 「당신의-」라는 의미가 되는 경우. 「오보시(お帽子, 모자)」

2 진심으로 존경의 마음을 나타내는 경우. 「선생님의 말씀(先生のお話)」

3 관용이 고정되어 있는 경우. 「오카즈(おかず, 반찬)」

4 자신의 물건이지만, 상대에 대한 물건이라는 점에서 「오(お)」를 관용적으로 붙이는 경우. 「오테가미(お手紙, 편지) * 」

(2) 생략하려면 생략할 수 있는 경우

여성어로서. 「오코메(お米, 쌀) * ・오카시(お菓子, 과자) * ・오챠완(お茶わん, 그릇) * ・오히루(お昼, 낮)」

(3) 생략하는 편이 나은 경우

예 「오쵸키(おチョッキ, 가위)・오쿠쓰시타(おくつした, 양말) * ・오비루(おビール, 맥주) * 」 외

또한 아래와 같이 「오(お)」의 용법은 다양하다고 지적되고 있으며, 이것이 문화심의회(2007)의 「경어의 지침」에도 반영되어 있다. 기쿠치(菊地 1994)는 「오(お)／고(ご)」를 ①존경어, ②겸양어A, ③정중어, ④미화어, ⑤이미 미화어라고 하기 어려운 것, ⑥야유나 놀림 표현으로 고정화된 것으로 분류하였다. 그 밖에 같은 어형으로 복수의 기능을 가지는 것을 예로 들었다. (예, 오테가미(お手紙, 편지).)

그러나 현대의 경어론의 동향을 보면, 「오(お)」는 별로 대접을 못 받고 있다(Miyake 1999). 현대 경어의 성격이 변화해서, 경어론에서도 「오(お)」가 문법적 활용어가 아니라는 점, 상대나 장면에 따른 구분 사용이 아니라는 점에서 별개의 취급을 받았다.

이론적인 면에서도 좋은 대접을 받지 못하였다. 서양의 이론에 대해서는 공손(Politeness)이론과 같은 도입이 있고, Discourse 공손(Politeness)이론과 같은 발전과 시야의 확대가 있었다(Usami 2003). 또한 담화의 시점을 도입한 공시(共時)적 연구도 왕성하게 되었다. 그러나 장기적 시점을 도입하면 수백 년 역사가 반영된 일본어의 변화를 알 수 있을 것 같은 데도 변화의 시점을 도입한 통시(通時)적인 논고는 많지 않다.

Miyake(1999)는 일본어사 전체의 흐름이 「오(お)」가 많이 사용되는 경향이고, 「오(お)」가 「붙지 않는 말(o-resistant)」이 「붙을 수 있는 말(optional-o)」을 지나 「언제나 붙는 말(obligatory-o)」이 된다고 도식화하였다. 이 책에서도 같은 현상을 찾아냈다(그림 23-16).

「오(お)」의 용법에도 일본어의 경어 변화의 일반성이 작용할 것이라는 예상이 다른 데이터로 확인되었다(이노우에(井上) 1999.5.). 「경의 저감의 법칙」이 「오(お)」의 사용 장면의 확대, 사용자층의 확대, 어휘의 증가 등과 같은 많은 착안점으로 실증되었다. 「경어의 정중어화」는 미화어의 용법에서 관찰되었다. 「경어의 민주화・평등화」는 상하관계에서 좌우(친소)관계로의 변화로 존경어로부터의 이탈로 관찰되었다. 이들 경어 변화의 일반적인 경향을 문화청 조사의 「오(お)」에서도 확인할 수 있다.

2. 문화청 데이터「오(お)」의 기본적인 분석

이하에서는 문화청 조사 보고서의 수치 데이터를 통계 프로그램에 입력하여 집계한 결과를 분석하였다. 우선 데이터를 개관하고, 전체적인 양상을 파악한 후 개개의 현상을 살펴보겠다. 많은 항목의 평균치를 계산한 후 이를 재배열해서 그래프를 만듦으로써 새로운 해석이 가능해져, 역사적 변화의 일환으로서의 연속체가 떠올랐다.

문화청 여론조사(문화청 국어과 1997, 2006)를 통해서 거의 10년 후의「오(お)」의 실시간 변화를 전국 규모로 알 수 있다. 이것은 전국의 변화를 보기에 충분한 샘플로 국민 전체의 경년 변화를 알 수 있다. 실제 조사는 1997년 1월과 2006년 2월에 실시되었으므로 9년 간격의 조사이다. 또한 지역차에 대해서는 보고서의 데이터를 이용한 국어연구소 공동연구(국립국어연구소 2000)의 데이터에 의한 현별 지도(CD-ROM)도 있다. 지도에 의하면, 수도권과 긴키권(近畿圈)에「오(お)」가 짙게 분포하고, 동북이나 규슈는 사용률이 낮다(이노우에(井上) 2004.11., 그림 23-5〜그림 23-12).

질문문은 2회 모두「당신은 평소에 지금부터 읽어 드리는 어휘에「오(お)」를 붙여서 말하십니까? 아니면 붙이지 않고 말하십니까?」이다.[2] 이는 평소에 해당 어휘에「오(お)」를 붙이는지를 물은 것으로 존경어(와 겸양어, 즉 소재 경어) 용법으로써의 사용이나, 상대나 장면에 따라서「오테가미(お手紙, 편지)」라고도 말하는 등에 대해서는 조사하지 않았다. 다른 조사(니시카와(西川) 2000)와 비교해서「오(お)」의 사용률이 조금 낮은 것은 그 때문일 가능성이 있어서 주의해야 한다.

이 문화청 데이터는 현재까지도 다양한 연구에서 활용되고 있다. 활용된 연구로는「오(お)」의 남녀차(이노우에(井上) 1999.5.), 지역차와 2회의 조사의 차(제18, 21, 22장), 현별 지도(이노우에(井上) 2004.11.)가 있다.

[2] 단 1997년 조사에서는 처음 부분에서, 2006년 조사에서는 중간 부분에서 물었기 때문에 순서 효과가 작용했을 가능성이 있다.

2.1. 「오(お)」 증가의 메커니즘(문화청 데이터)

문화청 여론조사(문화청 국어과 1997, 2006)에서는 거의 10년 후 「오(お)」의 실시간 사용 변화를 전국 규모로 알 수 있다. 우선 전체의 평균치와 남녀별 평균치를 그림 22-1에 꺾은 선 그래프로 나타내었다. 2회에서 조사된 8개와 여기에 추가 7개로 연어 수 23개분이다. 이 결과는 전체 평균치에 따라 재배열하였다. 단 경년 변화를 알 수 있는 8개 어휘는 순서를 바꿔서 바로 옆에 배치하여 굵은 실선으로 이었고, 2006년에 ＊표를 하였다. 사용률이 낮은 「오비루(おビール, 맥주)」, 「오소스(おソース, 소스)」를 제외하면 전 항목이 9년 후에 증가했다[3](「오비루(おビール, 맥주)」는 지나치게 논란이 된 탓인지 차이가 아주 적었다).

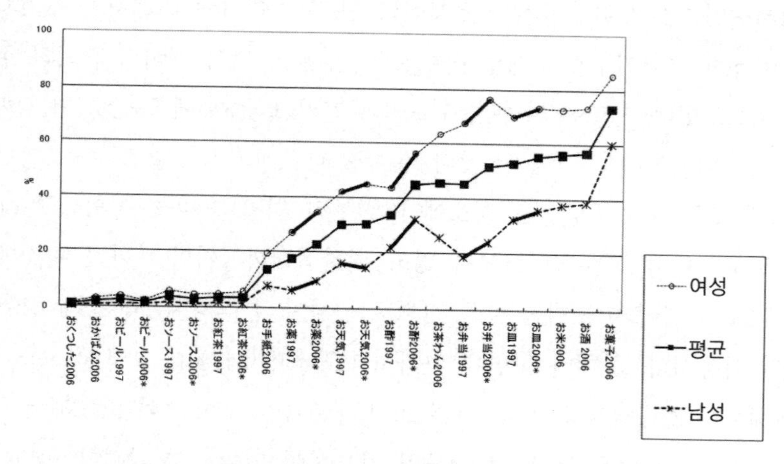

그림 22-1 「오(お)」의 증가 남녀별 평균치(15개)

조사 어휘는 크게 2개 그룹으로 나뉜다. (a)왼쪽 끝의 5개 어휘(연어 수 8개)는 거의 「오(お)」가 붙지 않고 9년 후에도 늘지 않는다. 이 중에서 「오쿠쓰시타(おくつ

3 2회의 조사에서 사용률이 낮은 어휘는 소수의 응답자의 응답에 좌우되기 때문에 9년간의 추이를 나타내서 해석하는 것은 위험하다.

した, 양말), 오비루(おビール, 맥주)」는 예전에 「앞으로의 경어」에서 「생략하는 편이 좋다.」라고 지적한 예이다. (b)오른쪽의 10개(연어 수 15개)는 남녀차가 크고 이 차이는 9년 후에 증가하였다. 이 중에서 「오테가미(お手紙, 편지)」는 「앞으로의 경어」의 「붙여도 좋은 경우」이지만, 사용률은 낮다. 또한 「오코메(お米, 쌀)・오챠완(お茶わん, 그릇)・오카시(お菓子, 과자)」는 「앞으로의 경어」에서 「생략할 수 있으면 생략하는 편이 좋은 경우」로 예를 든 어휘인데, 반 이상이 사용한다. 이 그래프는 반세기 전의 「앞으로의 경어」의 기대나 규제와는 일치하지 않는다. 이는 오히려 과거 수 세기에 걸친 「오(お)」의 증가라는 언어 변화의 최근의 상황을 나타낸다.

이상의 결과는 연속적으로 「오(お)」가 붙는 3단계인 「언제나 붙음」, 「붙는 경우도 있음」, 「절대로 붙지 않음」(이노우에(井上) 1999.5.) 중에서 중간 단계에 해당하는 예이다. 이 조사 결과로 어휘들을 그룹으로 나눌 수 있을 듯하지만, 다른 조사 결과에서는 연속체를 이루는 것이 많다(이노우에(井上) 1986.3., 그림 18–2).

그림 22–1에서는 국민 전체의 경년 변화 데이터를 근거로 「오(お)」의 증가를 실증할 수 있었다. 여기에서 추론해 보면, 앞으로 10년 후에는 수치가 더 증가해서 우측으로 이동할 것으로 예상된다. 즉 전체적으로 「오(お)」의 남용이 진행될 것이다. 방증으로써 과거의 조사 결과가 있으면 좋지만, 다른 조사와 비교해 보면 개개의 어휘의 사용률에 큰 차이가 있다. 시기나, 장소, 남녀, 세대, 조사법에 따른 것일 것이다.[4] 또한 이노우에(井上 1986.3.)의 대학생 조사(그림 18–2)도 기입자가 한정되어 있어서, 직접 비교하는 것은 무리이다. 단 이노우에(井上 그림 18–2, 1986.3.)와 니시카와(西川 2000)에서는 「오(お)」가 붙기 어려운 어휘부터 자주 붙는

4 시바타(柴田)(1978)의 도쿄의 여성의 사용률은 매우 높다. 문화청의 7＋8항목은 그 후의 몇 가지 조사와 공통이어서 사용률의 비교가 가능하다. 다나카(田中)・야마시타(山下)(2009)의 NHK 조사란 「오사케(お酒, 술), 오스(お酢, 식초), 오텐키(お天氣, 날씨), 오소스(おソース, 소스), 오비루(おビール, 맥주)」가 공통으로, 모두 NHK 조사의 사용률이 조금 높다. 또 니시카와(西川 2000)에서는 「오카시(お菓子), 오챠완(お茶わん), 오테가미(お手紙), 오코챠(お紅茶), 오비루(おビール)」가 공통되며, 모두 西川 설문 조사의 사용률이 훨씬 높다. 조사 대상이나 조사문의 차이에 따른 것일 것이다.

어휘까지를 조사했기 때문에, 그림의 대각선을 따라서, 「오(お)」의 사용률이 거의 0%에서 100%까지가 늘어서는 형태가 되었다. 같은 기법에 의한 야마시타(山下 2000, 2003, 2007)의 이바라키현의 해외 귀국 동포의 조사에서도 그림의 대각선을 따라서 어휘가 늘어선다. 즉 변화과정의 연속체를 이룬다. 그림 22-1에도 예를 들어 「오챠(お茶, 차)」, 「오카유(おかゆ, 죽)」를 추가하면 극소에서 극대까지 늘어서게 된다(단, 여론조사에서는 일반적으로 대부분이 같은 응답을 할 것 같은 질문은 묻지 않기 때문에, 문화청 조사에 이것까지 요구하는 것은 무리이다).

2.2. 「오(お)」가 붙는 변화의 소요 연수

이것은 미래에 투영시켜 볼 수 있다. 이 9년간의 증가를 근거로 변화 소요 연수를 추정할 수 있다. 어휘에 따라 증가 양상이 다르지만, 9년 동안에 평균 10% 이하의 증가이므로, 직선적으로 증가한다고 해도 0%에서 100%에 도달하는 데 100년 이상이 걸린다는 계산이다. 개별로 항목을 보면, 25%에서 75% 사이에서는 화살표가 길고 증가율이 크다. 또한 왼쪽 아래쪽 어휘들은 9년간의 변화가 거의 없다. 이것은 이 변화에는 변화의 S자 커브 모델이 적절하고, 직선 모델은 부적절하다는 것을 의미한다(제15장). 즉 개개의 어휘에 「오(お)」가 붙는 비율을 보면, slow — quick — quick — slow의 스텝이 들어맞아서, (「오(お)」가 붙지 않는 단계에서 남녀가 모두 붙이는 단계까지) 수백 년이 걸리는 변화가 되는 것이다. 이것은 과거에 투영시켜서 확인할 수도 있다. 무로마치시대부터 「오(お)」의 미화어 용법이 발생해서 에도 시대에 퍼져, 현재에도 진행 중이라는 장기간의 언어 변화에 해당한다(쓰지무라(辻村) 1968). 과거의 보급 과정은 앞으로의 보급 과정과 (함께 S자 커브를 계속 그리면서) 연속한다는 가설이 성립될 수 있다. 단 예전의 신형이 공통어화로 인해 중홍 방언 또는 고방언으로 되는 경우는 들어맞지 않는다(그림 10-1).

2.3. 경년 변화를 알 수 있는 8개 어휘의 세대 차

이상으로 전체적인 경향을 살폈는데, 전 항목이 같은 패턴을 나타내는 것은 아니다. 그림 22-2에서 경년 변화를 알 수 있는 8개 어휘의 세대 차를 개별로 고찰하였다. 코호트(Cohort)에 따라 2회의 조사 결과를 배열하고, 2회의 구별을 위해서 1회 조사(1997)의 마크를 작게 하였다. 우선 전체를 볼 때, 남녀차가 크다는 것을 그래프의 좌우 비교로 알 수 있다. 오른쪽의 여성에서는 사용률이 높은 항목과 낮은 항목으로 이분되지만, 왼쪽의 남성에서는 연속적이다. 세대 차에서는 그림 22-5, 그림 22-10과 같이(일부의 어휘에 예외는 있지만), 10대에서 30대에 걸쳐서 사용률이 높아진다. 이 결과에서는 성인 후 채용 또는 연령 계제가 전형적으로 관찰된다.

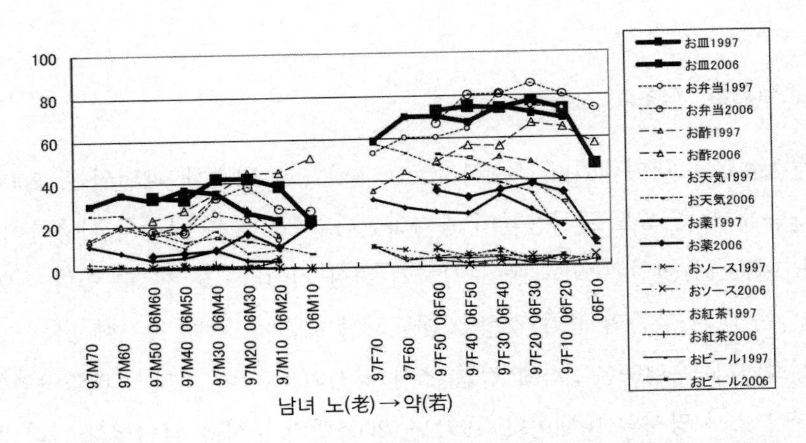

그림 22-2 「오(お)」의 증가 1997-2006 세대 차의 경년 변화(8개 어휘별)

1) 오사라(お皿, 접시)

다음으로 사용률이 높은 어휘부터, 그림 22-2의 범례 순으로, 해설을 추가하겠

다. 상위 3개는 식사와 관련된 어휘로 이전부터 「오(お)」가 붙기 쉽다고 지적되던 의미 분야이다.

「오사라(お皿, 접시)」는 굵은 선으로 나타내었다. 여성에서는 30대가 피크이지만, 2006년의 증가가 두드러지지 않다. 남성의 피크는 40대이다. 2006년의 40대 이하에서 사용률이 대폭으로 증가하였다. 남녀 모두 10대의 사용률이 낮다는 점이 주목할 만하다. 이는 성인 후에 사용률이 증가한다는 것을 의미한다.

2) 오벤토(お弁当, 도시락)

점선으로 나타내었다. 「오사라(お皿, 접시)」와 비슷한 패턴으로 사용률이 남성이 조금 더 낮고, 젊은 여성이 조금 더 높을 뿐이다. 오(お)＋한어라는 예외인데 고유어처럼 취급한 것이다.

3) 오스(お酢, 식초)

쇄선(鎖線)으로 나타내었다. 「오사라(お皿, 접시)」와 비슷한 패턴인데, 2006년에 전 연령층에서 큰 폭으로 사용률이 증가하였다. 특히 젊은 남성의 사용률이 두드러진다. 이는 1음절인 「스(酢)」를 보강하기 위한 것이라고도 할 수 있다. 「오스(お酢, 식초)」는 다른 항목의 증가 경향을 대표하기 때문에, 그림 22-3에 다른 그래프를 제시하였다. 수평축은 2회에 걸친 조사 당시의 연령에 따라서 배열하였다. 오른쪽 끝이 조사 당시의 10대이다. 1997년, 2006년의 조사를 남녀별로 나타내었다. 흰 마크의 점선은 2006년의 조사인데, 굵은 실선인 1997년 조사에 비해서 모든 연령층에서 사용률이 증가하고 있다. 특히 젊은 남성의 사용률이 큰 폭으로 증가하였다.

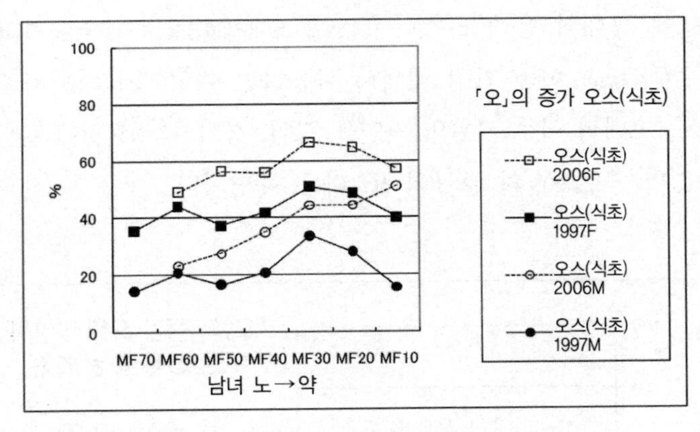

그림 22-3 「오(お)」의 증가　오스(식초)

4) 오텐키(お天氣, 날씨)

「오텐키(お天氣, 날씨)」는 예외적인 패턴으로, 남녀 모두 전 연령층에 있어 10대의 방향으로 사용률이 낮아지고 있다. 젊은 세대에서 사용률이 낮아진 데도 불구하고 9년 후의 총계(總計)에서는 줄지 않았다. 이는 사용률이 성인 후에 늘어났다는 것으로, 성인 후 채용(late adoption) 또는 연령 계제(age grading)를 보이는 어휘이다.

오텐키의 사용률은 다른 항목의 증가 경향과 다르기 때문에, 여기에서도 다른 그래프를 그림 22-4에 제시하였다. 조사 당시의 연령으로 배열하면, 점선의 2006년 조사와, 굵은 실선의 1997년 조사는 거의 모든 연령층에 있어 겹쳐져 있다. 사용률이 오른쪽 끝의 10대를 향해서 줄어 들고 있기 때문에 연령차가 쇠퇴의 경향을 보인다. 그러나 9년이 경과해도 같은 연령 집단은 같은 사용률이라는, 언어 변화로서는 독특한 패턴으로 성인 후 채용에 따른 연령 계제를 전형적으로 보여주는 그래프이다. 또한 전 연령층의 합계에서는 그림 22-1(또한 후술하는 그림 22-6)에서 알 수 있듯이 여성의 사용률이 증가하고 남성에서는 감소하고 있다.

오(お)＋한어라는 예외이지만, 문화청의 15개 조사 어휘 중에서 유일하게 쓰지무라(辻村 1991)에 근대의 용례가 있다[5](나쓰메 소세키(夏目漱石)・무로 사이세(室生犀星)・가와바타 야스나리(川端康成)). 이는 가정 내에서 사용하는 여성어가 아니라 자연 현상과 관련된 것으로, 고대의 터부 기원의 자연물 경어, 경외시되던 것에 붙이던 「오(お)」라고 할 수 있다. 「오(お)」의 보급의 또 다른 유형이다.

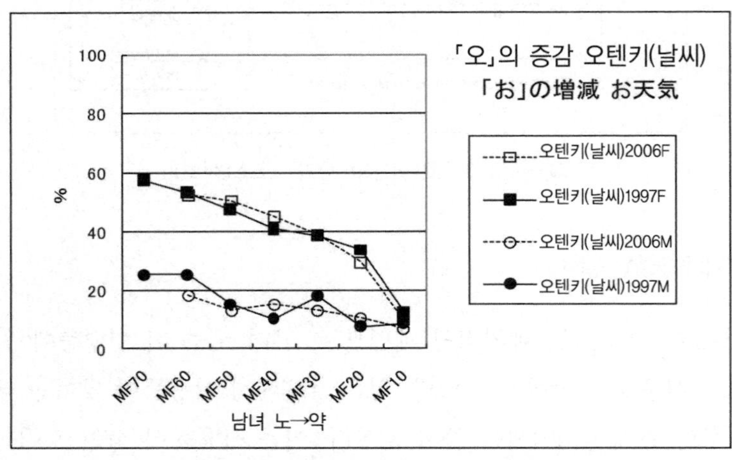

그림 22-4 「오(お)」의 정체 오텐키(날씨)

5) 오쿠스리(お薬, 약)

다시 그림 22-2로 설명하겠다. 이것은 실선으로 나타내었는데, 남녀차가 있어서, 젊은 남성에서 2006년에 사용률이 증가하였다. 여성은 2006년에 전 연령층에서 사용률이 증가했지만, 10대의 사용률이 낮다는 점이 눈에 띈다. 이것도 성인 후 채용의 패턴이다.

5 그 밖에 「오차완(お茶わん)」에 대한 작성 예가 실려 있다.

6~8) 오소스(おソース, 소스), 오코차(お紅茶, 홍차), 오비루(おビール, 맥주)

사용률이 낮은 3개를 같이 살펴보자. 외래어 · 한어이다. 여기에는 제시하지 않았지만, 확대 그래프로 고찰하면 「오소스(おソース, 소스), 오코차(お紅茶, 홍차), 오비루(おビール, 맥주)」 모두 남녀차가 있어서 여성의 비율이 조금 더 높다. 단 2006년에 걸쳐서, 전 연령층에서 증감은 눈에 띄지 않는다. 여성은 연령에 비례해서 젊은 사람은 이 말들을 그다지 사용하지 않는다. 남성의 경우도 연령차가 눈에 띄지 않고, 9년 후에도 사용률이 늘지 않았다. 가끔 「오(お)」를 붙이는 사람이 있어서 화제가 되지만 실제로는 극히 일부분만이 이 말들을 사용한다고 응답하였다.

2.4. 2006년 추가 7개 어휘의 세대 차

9)~12) 오카시(お菓子, 과자), 오사케(お酒, 술), 오코메(お米, 쌀), 오챠완(お茶わん, 그릇)

그림 22-5에서 2006년에 추가된 7개 항목을 살펴 보자. 그래프 오른쪽 끝에 선으로 나타내었듯이, 남녀차가 크다(앞서 그림 22-2에서는 너무 복잡하기 때문에 남녀차를 생략했음). 그래프에서 2개 그룹으로 나눠진다. 「오카시(お菓子, 과자)」는 특히 사용률이 높다. 『일본국어대사전(제2판)』에서 「우키요도코(浮世床, 에도시대 희극작가)」(1813~1823)의 용례를 든 것을 보면 역사는 오래된 편이다. 「오사케(お酒, 술), 오코메(お米, 쌀)」는 패턴이 비슷하다. 「오코메(お米, 쌀)」의 사용률이 40대에서 정점을 이루는 점은 앞의 「오쿠스리(お薬, 약)」나 「오텐키(お天氣, 날씨)」와 비슷하다. 「오챠완(お茶わん, 그릇)」은 남녀 모두 40대가 정점을 이루고 있으므로 이는 성인 후 채용이 더 늦어질 수 있다는 것을 나타낸다.

13~15) 오테가미(お手紙, 편지), 오카방(おかばん, 가방), 오쿠쓰시타(おくつした, 양말)

「오테가미(お手紙, 편지)」는 남녀차가 거의 없다. 존경어와 겸양어의 구분 사용이 있고, 용법이 넓다는 것이 응답에 영향을 끼쳤을 가능성이 있다. 「오카방(おかばん, 가방), 오쿠쓰시타(おくつした, 양말)」는 사용률이 낮고 남녀차도 거의 없다.

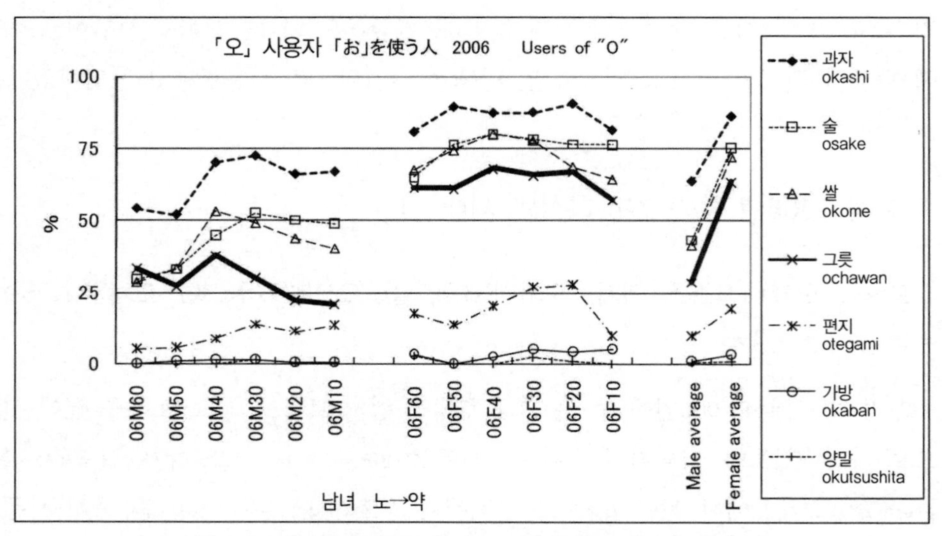

그림 22-5 「오(お)」의 증가 2006년 추가 7단어의 세대 차

2.5. 15개 어휘의 전체적인 경향

상기의 2회에 걸쳐 조사된 8개 어휘와 추가된 7개 어휘를 전체적으로 봤을 때, 그림 22-1의 전체 평균치에서 본 것과 거의 같은 경향이 관찰되었다. 어휘에 따라서 보급률이 다르고, 남녀차가 크고, 세대 차는 항목에 따라 다르다. 지방별 사용률에 대해서도 1997년과 2006년을 비교했더니, 시코쿠(四國)를 제외한 모든 지

역에서 사용률의 증가 경향을 보여서 결과의 신뢰성이 높다는 것을 나타냈다.[6] 그러나 젊은 사람일수록 이 말들을 많이 사용한다는 것이 아니라는 점이 일반적인 언어 변화와 달랐다. 음성이나 음운은 젊을 때, 어릴 때에 습득되지만, 경어 관계는 성장 후, 성인 후에 익히는 경우가 많기 때문일 것이다.

이 연속체를 역사적 변화의 과정으로 해석하는 것은 가능하다. 그러나 젊은 세대에서 일방적으로 느는 것이 아니라는 점이 다른 언어 현상과 다르다. 야마가타(山形)현 쓰루오카(鶴岡)시의 음운이나 악센트의 현상에 대해서는(제15장), 젊은 세대의 수치가 크고, 3회에 걸친 조사 결과를 겹쳐 보면 S자 커브를 이룬다고 해석했는데, 「오(お)」의 전국 조사는 이에 해당되지 않는다.

3. 문화청 데이터 산포도에 의한 변화의 경향

3.1. 문화청 데이터 산포도 2회의 남녀차

상기에서는 결과를 나타내기 위해 일반적으로 많이 사용하는 꺾은 선 그래프를 이용하였다. 이하에서는 같은 데이터를 산포도로 나타내었다. 두 개 이상의 변수를 조합함으로써, 새로운 해석이 가능하게 된다. 우선 전체를 개관해 보자.

남녀의 값에 따라 2차원으로 표시하였다. 그림 22-6은 그림 22-1에 대응한다. 가로축은 왼쪽 아래의 원점에서부터 오른쪽으로 남성의 사용률을 나타내고, 세로축은 원점에서부터 위쪽으로 여성의 사용률을 나타낸다. 남녀차가 없는 표현이 증가하는 경우는, 왼쪽 아래의 원점에서 오른쪽 위로, 대각선을 따라서 비스듬하게 표시된다. 남성어(오이라(おいら), ～제(ぜ), ～(조)ぞ)라면 아래쪽 변 근처에 표시되

6 시코쿠(四國)는 고령자와 여성이 많기 때문에 가끔 샘플링의 오차가 생긴다.

고, 여성어(아타이(あたい), 이야요(いやよ), ～와요(わよ))라면 왼쪽 변 근처에 표시된다. 이하의 「오(お)」에 대해서는 대각선의 왼쪽 위 반 정도의 대부분에 산재해서, 여성어에 가깝다는 것을 의미한다. 또한 「아게루(あげる, 주다)」의 증가에 대한 산포도(그림 21-6)에서는 그림의 왼쪽 위이긴 있지만, 대각선에 가까운 곳에 분포한다. 「아게루(あげる)」의 남녀차보다는 「오(お)」의 남녀차가 크다는 것을 의미한다.

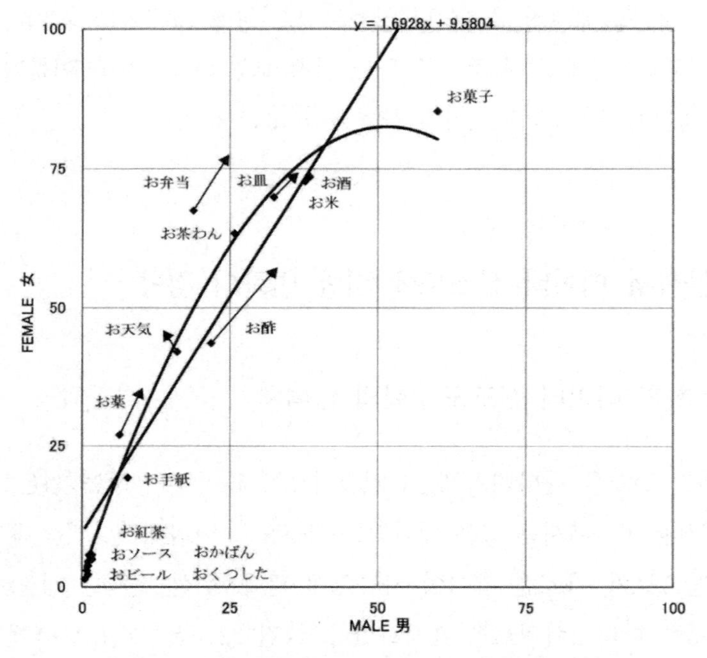

그림 22-6 「오(お)」의 증가 남녀별 산포도(15단어)

대각선보다 왼쪽 위는 여성에게 많은 표현으로, 전 항목이 여기에 해당한다. 9년 간격의 조사를 화살표로 이었다. 거의 모두가 오른쪽 위를 향한다. 즉 여성이 사용을 늘리고 남성이 뒤쫓는 패턴이다. 많은 항목에 공통되므로, 이러한 경향은 변화의 연속체로서의 일반적인 경향이라고 해석할 수 있다. 앞으로 10년 후에는

화살표가 더 오른쪽 위 방향으로 뻗을 것이라고 추정할 수 있다. 예외는 「오텐키(お天氣, 날씨)」로 (남성 사용률이 낮아지기 때문에) 약간 왼쪽 위 방향으로 향한다. 좀 더 많은 어휘가 2회에 걸쳐 조사되었다면, 전체적으로 화살표가 체인처럼 왼쪽 아래에서 오른쪽 위로 연결된 것처럼 보일 가능성이 있다. 앞으로 있을 제3회 추적 조사에서는 어휘 수가 늘고, 개개 어휘의 화살표도 길어지기 때문에 과연 예측이 맞을 것인지 기대가 된다.

(1차의) 근사 직선은 오른쪽 위 방향으로 뻗는다. 사용률이 남성 50%와 여성 100%의 위치에 모이는 것처럼 보인다. 그러나 2차원의 근사 곡선은 위쪽에서 오른쪽으로 구부러져, 더 뻗는다. 최종적인 도달점에서는 남녀차가 없어져서 전원 100% 사용하는 상황, 즉 그림의 오른쪽 위의 끝이 예상된다. 현대어에서 남녀차가 없이, 「오(お)」가 거의 늘 붙는 어휘(「오야쓰(おやつ, 간식)」처럼 「오(お)」뗄 수 없는 어휘, 그림 18-2의 「오차(お茶), 오카유(おかゆ, 죽)」처럼 보급이 완전히 끝난 어휘)가 도달점일 것이다. 전체 사용률이 높아질수록 남녀차가 적어지는 것은 렌즈 모델에 들어맞는다(그림 23-2). 이는 또한 근대·현대의 남녀차가 작아지는 것과도 일치한다. 이상적인 패턴으로는 왼쪽 아래가 출발점으로 왼쪽 위를 돌아서 오른쪽 위 방향으로 진행해서, 출발과 도달이 선(線) 대조가 될 것이라고 기대해 본다.[7]

3.2. 문화청 데이터 산포도-세대별

이번에는 세대별로, 남녀의 값에 따라 2차원 산포도에 사용률을 표시해 보자.

언어 변화에 대응하는 연령차나 세대 차는 음운 등에 대해서는 젊은 세대일수록 신형을 많이 사용하는 경향이 있었다. 산포도에 표시하면, 젊은 세대가 오른쪽

7 사용한 통계 프로그램에서는 선 대조가 되는 근사 곡선을 넣을 수 없었기 때문에, 2차원의 근사 곡선을 이용했다.

위에, 고령자가 왼쪽 아래가 되어서, 젊은 세대를 출발점으로 화살표를 넣으면 역사적인 변화와 반대 방향을 향하게 되어 있다(젊은 사람을 향해서 화살표를 넣으면, 역사적 변화와 일치하는 방향이 됨). 그러나 그림 22-7 이하의 그림에서, 10대를 출발점으로 윗세대를 향해서 화살표를 넣었더니 역사적 변화의 방향과 같이 왼쪽 위로 향하는 선이 많았다. 이는 10대(20대)의 젊은 층은 「오(お)」를 사용하지 않고 성장하면서 많이 사용하게 되어, 「오(お)」의 증가라는 언어 변화를 받아들이는(또는 좇는) 것을 의미한다. 또 실제로는 사회인 여성이(30대 주부가 전형) 「오(お)」를 다용하게 된다고 해석할 수 있다(그림 23-13). 이와 같이 언어 변화는 세대 차에 직접 대응하는 것이 아니라, 성인 후 채용(late adoption), 또는 연령 계제(age grading)의 패턴을 보인다(Bober 2004).

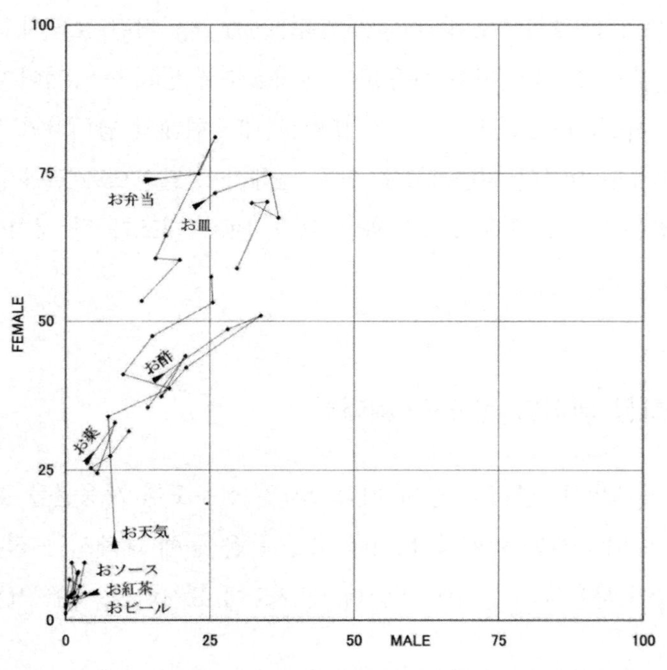

그림 22-7 「오(お)」의 증가 1997년의 세대 차(8개 단어)

그림 22-7은 1997년 조사의 어휘별 세대 차로, 그림 22-2(의 반)에 대응한다. 「오사라(お皿, 접시), 오벤토(お弁当, 도시락), 오스(お酢, 식초), 오텐키(お天氣, 날씨), 오쿠스리(お薬, 약)」의 5개 항목은 좌측에 위치한다. 즉 남녀차가 크고, 여성이 많이 사용한다. 젊은 세대는 왼쪽 아래에서 위로 길게 뻗는다. 「오텐키(お天氣, 날씨)」는 특히 세대 차가 크다. 10대에서는 사용자가 적고, 중년 이상이 되면 반 이상이 되어, 「오사라(お皿, 접시), 오벤토(お弁当, 도시락)」 등과 같은 정도의 사용률이 된다. 이 세대 차(겉보기 시간)를 실시간의 언어 변화라고 생각하면, 변화의 초기에서 후기에 이르는 과정에 해당한다. 변화의 S자 커브 모델을 적용시키면, slow — quick — quick — slow라는 스텝 중에서 quick — quick 단계를 시사한다. 꺾은 선 그래프로는 여기까지 알 수 없었다. 여성이 사용을 주도하고, 나이를 먹을수록 많이 사용한다(또는 젊은 세대일수록 사용하지 않음). 이는 보통의 언어 변화와 반대로, 이제까지의 기술이나 조사에서 주부층이 탁월하다고 여겨졌던 것에 대응한다.

「오소스(おソース), 오코차(お紅茶), 오비루(おビール)」의 3개 항목은 왼쪽 아래에 굳어져, 세대에 따른 움직임이 눈에 띄지 않는다.

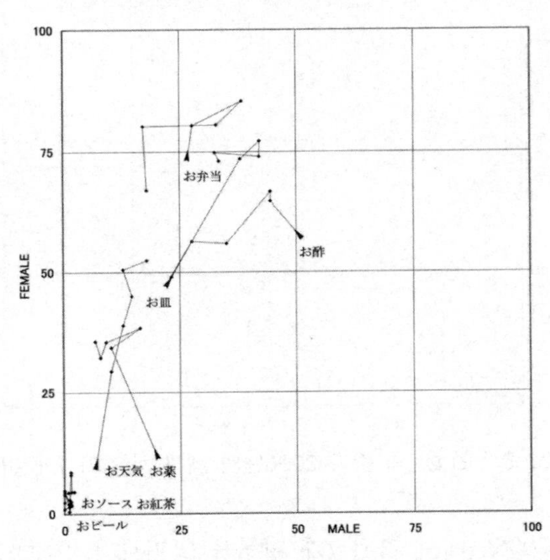

그림 22-8 「오(お)」의 증가 2006년의 세대 차(8개 어휘)

그림 22-8은 9년 후인 2006년의 어휘별 세대 차로 그림 22-2(의 반)에 해당한다. 전체적인 패턴이 왼쪽 위에 위치한다는 점에서 그림 22-7과 많이 비슷하다. 「오사라(お皿), 오벤토(お弁当), 오스(お酢), 오텐키(お天氣), 오쿠스리(お藥)」의 5개 항목은 좌측에 있어서 여성이 주도하고 있지만, 9년 전에 비해서 조금 오른쪽으로 모였다. 즉 9년 후에 남성도 사용하는 경향이 생겨서 남녀차가 적어진 것이다. 「오텐키(お天氣)」는 세대 차가 크고, 「오쿠스리(お藥)」도 조금 크다. 젊은 세대는 왼쪽 아래에서 위로 길게 뻗어 있는데, 역시 일반적인 언어 변화에 있어서의 세대 차와 반대이다.

「오소스(おソース), 오코차(お紅茶), 오비루(おビール)」의 3개 항목은 왼쪽 아래로 큰 움직임은 없다.

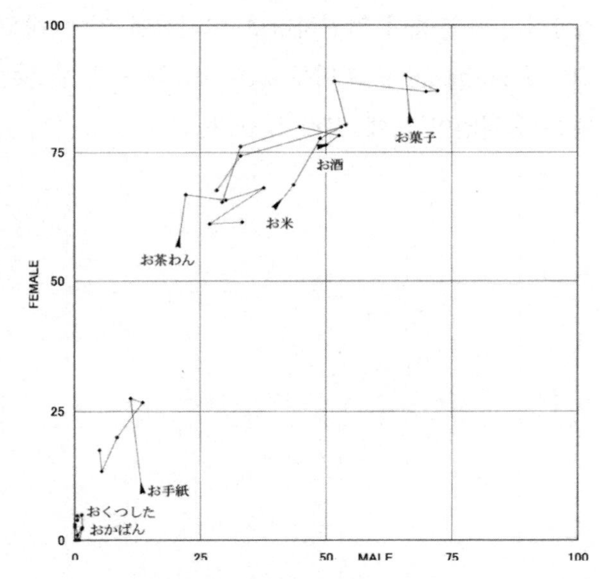

그림 22-9 「오(お)」의 증가 2006년의 세대 차(추가 7개 어휘별)

그림 22-9에서 2006년에 추가된 7개 항목을 살펴보자. 이는 그림 22-5에 대응

하며, 왼쪽 아래와 위로 나뉘어져 분포한다. 사용률이 낮은 어휘와 사용률이 높으면서 남성도 사용하는 어휘를 추가한 것이다. 남녀차는 그림 22-7, 그림 22-8에 비하면 작다. 미화어로 논란이 되었지만, 이제 슬슬 지위를 확립할 것으로 예상해도 된다. 세대 차는 10대의 왼쪽 아래에서 오른쪽 위 방향을 향하고 있고, 「오(お)」의 사용이 늘 것이라는 역사적 변화와 역방향이다. 「오테가미(お手紙)」는 20대가 정점으로 사용률이 낮다. 존경어와 겸양어로서의 사용이라고 생각할 수도 있지만, 문화청 조사에서는 장면차가 고려되어 있지 않았기 때문일 것으로 보인다.

3.3. 문화청 데이터 산포도–종합

그림 22-10에 총정리의 개념으로, 전체 어휘와 전 세대의 산포도를 나타내었다. 1회의 조사에서의 동일 어휘의 세대 차를 선으로 이었는데, 항목 수가 많아서 판별이 어렵다. 그림 22-7, 8, 9에 분할한 것과 조합해 보면, 개개의 항목의 선을 구별할 수 있다. 전체적으로 왼쪽 아래에서 오른쪽 위를 향해서 선이 겹쳐지면서 연속하는 것처럼 보인다. 15개 어휘에 대해서, 10대를 출발점으로 해서 20대를 향해서 화살표를 넣었는데, 모두 위를 향하고 있다. 즉 10대보다도 20대 이상 여성의 사용률이 높다.

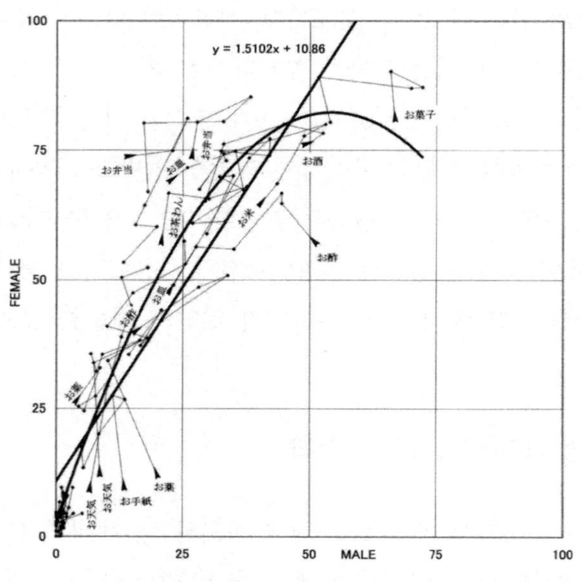

그림 22-10 「오(お)」의 증가 전체 단어의 세대 차

그래프 위쪽 반, 즉 보급률이 높은 어휘는 10대와 위 세대와의 사용률 수치의 차가 작다. 그러나 왼쪽 아래의 4개의 선은 10대에서 20대(나아가 그 위)에 걸친 선이 길고, 수치의 차가 크다. 「오텐키(お天氣) 1997, 2006, 오테가미(お手紙), 오쿠스리(お藥)」이다. 「오(お)」의 사용이 적은 어휘는 젊은 여성들이 원래 「오(お)」가 붙는 예를 모르고 있기 때문에 사용도 늦어지는 것일 것이다. 「오(お)」의 성인 후 채용을 나타내며, 언어 변화에 있어서의 S자 커브 모델에서 slow — quick — quick — slow이라는 사교댄스의 스텝과 같은 진행의 slow단계를 시사한다.

그래프에 근사 직선과 근사 곡선을 보충했는데, 이것은 그림 22-6과 비슷하다. 오른쪽 위 방향으로의 변화를 보이며, 위쪽 끝에는 분포하지 않는다. 전체 사용률이 높아짐에 따라, 처음에는 남녀차가 크게 되지만 나중에는 남녀차가 작아진다는 것을 의미한다. 이는 근사 곡선이 앞으로, 더 오른쪽 위쪽 구석으로 변화할 것을 암시한다. 즉 이후에는 남녀 모두에서 「오(お)」를 붙이는 세력이 더 증대할 것이다.

지금까지 산포도의 고찰로 「오(お)」의 사용이 약 10년을 사이에 두고 늘었다는 것을 알게 되었다. 또 붙이는 방법에 있어서 세대 차가 있으며, 종래의 단순한 예측과 달리 젊은 사람일수록 많이 사용하지 않는다는 것을 알았다. 이것은 경어의 습득이 늦어진다는 경향의 반영이다.

음운이나 악센트에 대해서, S자 커브를 계속 그리면서 순조롭게 증가하거나, 급격한 증가 현상을 나타내면서 일제히 증가하기도 한다는 메커니즘이 지금까지 실증적으로 관찰되었다(제15장). 「오(お)」의 증가 경향은 여기에 또 다른 패턴을 추가한 것이다. 이상의 검토로 볼 때, 「언어 연령학」이라는 연구 분야가 성립될 수 있다.

23 미화어 「오(お)」의 변화와 성인 후 채용
—문화청 데이터의 해석

❖ 이 장에서는 미화어 「오(お)」를 소재로, 이론과 실태와의 관계에 대해서 살펴보고자 한다. 22장에 이어 문화청에서 수행한 2회의 여론조사 데이터를 분석하였다. 「오(お)」의 사용에 대해서는 남녀 차가 크다는 점, 30대가 사용률의 정점을 이룬다는 것을 알게 되었다. 도시의 30대 주부가 「미화어 수요층」으로 미화어 「오(お)」의 남용을 이끌었고 남성이 그 뒤를 쫒는 패턴의 변화라고 해석할 수 있다. 이것은 언어 변화에 있어서의 성인 후 채용을 전형적인 형태로 실증한 것이다. 나아가 9년 후의 실시간 조사와 비교하여 변화 소요 연수를 계산한 결과, 수백 년이 걸려서 변화가 진행되었다고 예측되었다. 「오(お)」의 증가는 근세 이후의 장기간의 역사적 변천 과정 속에서 고찰할 수 있는 것으로 미래에도 장기에 걸쳐서 변화가 계속될 것으로 예상된다. 또한 일본어의 사회계층에 따른 차이에 대해서 살펴볼 것이다. 언어 변화의 실시간과 겉보기 시간에 대한 이론과 관련지어, 습득이 인생의 어느 시기에 어떤 메커니즘으로 일어나는가를 살펴보았다. 또한 경년 조사(経年調査)에 있어서의 연령차가 나타내는 다양한 패턴에 대해서 이론적으로 정리해서 성인 후 채용이라는 현상을 고찰하였다.

1. 문화청 여론조사 데이터의 분석

이 장에서는 제22장에 이어 문화청 여론조사의 데이터를 다룬다. 실시간과 겉보기 시간에 관한 것으로 구체적인 어휘의 사용률을 제시하기 어려운 데이터이다. 매년 조사 결과가 바로 공표될 뿐만 아니라, 수치 데이터도 공개되어 있어서 자세한 분석도 가능하다. 매스컴의 여론조사 데이터가 보도되고 나면 자세한 분

석 없이 버려지는 경우가 많은데 그에 비교하면, 귀중한 데이터로 그 유효성은 크다. 보고서의 수치 데이터를 통계 프로그램에 입력해서, 많은 항목의 평균치를 계산해서 재배열하고 이를 바탕으로 그래프를 만듦으로써 새로운 해석이 가능하게 되었다. 이를 통해 이제까지 놓쳤던 경향을 찾아내고, 이론적 문제점과 결부시켜서 논의할 수 있었다. 이하에서는 「오(お)」를 붙이는 방법을 장기에 걸친 역사적인 변화의 일환으로서의 연속체로 볼 수 있다.

1.1. 남녀별의 평균치 증가 개별 예와 렌즈 모델

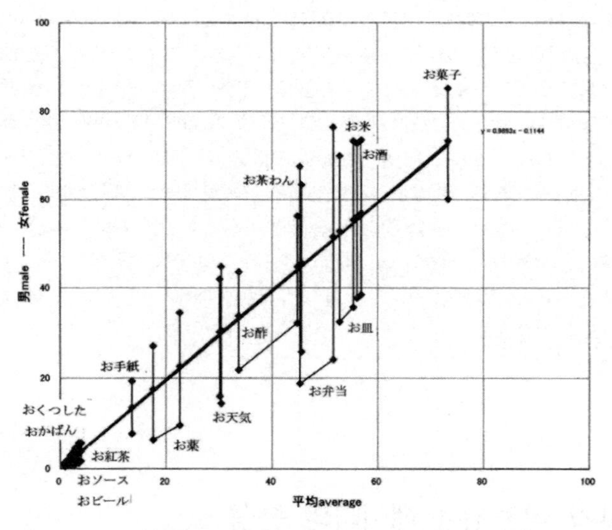

그림 23-1 「오(お)」의 증가 1997-2006 남녀별 평균치(15개)

우선 데이터를 개관하고, 전체적인 양상을 살펴보자. 「오(お)」의 사용에 대해서 거의 10년 후의 실시간의 변화를 전국 규모로 알 수 있다. 전국의 변화를 보기에 충분한 샘플로 실시간(real time)에 의한 경년 변화를 알 수 있다. 1997년과 2006년에 「오(お)」에 대해서 총 15개 어휘가 조사되었다(문화청 국어과 1997, 2006). 이는 약

10년의 간격을 둔 조사로 10살 간격의 사용률을 알 수 있다.

그림 23-1에서는 전체 15개 항목의 사용 상황을 대각선 위에 배열해서 나타내었다. 그림 22-1과 같은 데이터를 사용률에 의한 산포도로 바꾼 것이다. 가로축에는 전원의 평균치를 세로축에는 남녀별 평균치를 나타내어 선으로 이었다.[1] 전원의 사용률의 평균치에 따라 순서를 바꾼 것이 된다. 1997년과 2006년에 조사된 8개 어휘와 2006년에 추가된 7개 어휘, 총 15개 어휘, 연어 수 23개의 어휘분이다. 1997년과 2006년의 경년 변화를 알 수 있는 8개 어휘는 대각선(근사 직선)의 아래에 어휘의 라벨을 붙이고, 왼쪽 끝(남성 사용률)을 선으로 연결하였다. 2006년에 추가된 7개 어휘는 대각선(근사 직선)의 위에 어휘의 라벨을 붙였다.

이 그래프를 보면 실시간과 겉보기 시간과의 관련을 알 수 있다. 경년 변화를 알 수 있는 8개 어휘는 사용률의 높고 낮음에 따라 2개의 어휘군으로 나눌 수 있다. 왼쪽 끝의 3개 어휘는 거의 「오(お)」가 붙지 않고, 9년 후에도 늘지 않았다.[2] 그 오른쪽의 5개 어휘는 9년 후에 증가하였다. 아래쪽 끝을 연결한 선의 좌우의 거리(증가율)의 크기로는 「오스(お酢, 식초)」가 눈에 띈다. 「오텐키(お天氣, 날씨)」는 전체적으로 변화가 없다. 이것은 「오(お)」가 오래된 유형의 경어(자연물 경어)에서 유래한 것이기 때문인지 의문이다.

대각선(근사직선) 위에 라벨을 붙인 2006년에 추가된 7개 중에서, 왼쪽 아래의 「오카방(おかばん, 가방)」 「오쿠쓰시타(おくつした, 양말)」는 거의 사용되지 않고 남녀차도 적다. 오른쪽 위의 5개는 남녀차가 크다. 「오테가미(お手紙, 편지)」는 존경어뿐만 아니라 겸양어로도 사용되며, 여성어·미화어로서의 용법도 계속 퍼지고 있다. 1957년의 국어심의회 답신(答申)에서 예를 든 「여성어로 생략할 수 있다.」라고 했던 「오카시(お菓子, 과자)」는 짓궂게도 지금은 두드러지게 많이 사용되고 있다.

조사가 반복된 8개 어휘로 추론해 보면, 앞으로 더욱 더 사용 수치가 증가하여

1 엑셀로도 전체의 평균치와 조합해서 산포도를 그려보면, 사용률의 순서로 데이터가 대각선상에 늘어선다.

2 「오비루(おビール, 맥주)」는 지나치게 논란이 되었는지 9년 후에 조금 감소되었다.

우측으로 이동할 것이다. 전체적으로 「오(お)」의 남용이 진행될 것이다. 이 그림 23-1에서는 중간 단계의 사용률에서 남녀차가 커지는데,[3] 왼쪽 아래의 사용률 소(小)와 오른쪽 위의 사용률 대(大)에서는 남녀차가 없다.

1.2. 변화의 연속체를 이루는 렌즈 모델

언어 변화는 일반적인 보급 현상과 마찬가지로 S자 커브를 그리는 경우가 많다(제15장, 이노우에(井上) 외 2009). 한편 여기에서 이용하는 것과 같은 산포도로 변이의 크기를 조사하는 경우에는, 중간 단계에서 변이의 폭이 커진다. 이것은 그림 23-2와 같은 렌즈 모델로 설명할 수 있다.[4] 두 가지 요소로 산포도를 그리면, 왼쪽 아래의 사용률 제로의 단계에서 오른쪽 위의 사용률 100%의 단계에 도달하는 도중에 변이가 큰 중간 단계가 있다.[5] 문화청의 10년의 경년 변화를 보이는 것과 같은 다수 항목의 데이터에서도, 아래의 「오(お)」의 산포도에서도, 왼쪽 아래의 사용률이 낮은 단계에서는 2개 요소의 차가 적고 도중에 차가 크게 되어, 마지막 사용률이 큰 단계에서는 다시 차가 작아진다.

---

3 다른 예라면, 「아타이(あたい)」 등의 여성어는 남녀차가 크다.

4 다른 모양의 렌즈 모델은 이노우에(井上 2000.2.)에서 오키나와(沖縄)에 있어서의 공통어화를 설명하기 위해 이용했다.

5 이노우에(井上 2000.2.) p.329, 529f에서는 시모키타(下北)반도의 신방언을 논하며, S자 커브의 초기에 사회 조건에 따른 변종이 큰 단계가 있다고 했는데, 중기로 정정할 필요가 있다. 또한 보급의 S자 커브와 관련지으면, 이노우에(井上 2000.2.) p.554 그림 27-5의 점선으로 나타내는 것과 같은 변종이 큰 단계이다.

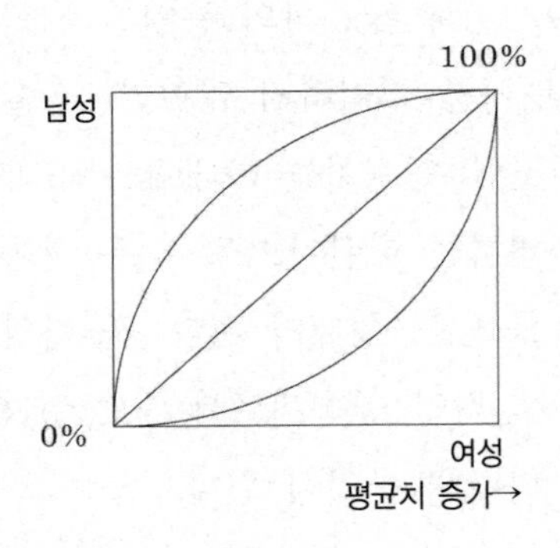

그림 23-2 렌즈 모델

그림 23-2의 렌즈 모델에 의하면, 「오(お)」의 사용은 한가운데의 대각선을 따라서 왼쪽 아래에서 오른쪽 위로 이동할 것이다. 구체적으로 설명하면, 「오(お)」의 남용은 처음에는 일부의 여성이 사용하기 때문에 남녀차가 적다. 그 후에 큰 폭으로 여성에게 보급되는 단계에서 남녀차가 커진다. 또한 더 나아가 남성에게도 보급되게 되면, 남녀차가 적어진다. ≪사용률이 낮은 어휘에서 여성이 이 어휘를 앞장서서 사용하고, 남성이 동화작용(Accommodation)에 따라서 맞추면, 그에 따라서 「오(お)」가 남성에게도 퍼져, 결국 전체 사용률이 올라가게 되어 남녀차가 축소된다.≫라는 역사적 변화과정을 보인다. 이론적인 가능성으로는 남녀차 이외의 요인, 예를 들어 지역차 · 연령차 · 사회계층에 따른 차이도 작용하기 때문에 전체 사용률이 50%이고 남녀차가 없는 항목도 있을 수 있다.[6]

문화청의 9년 간격을 둔 조사에서는 아주 적은 변화밖에 볼 수 없었다. 쓰루오카(鶴岡)나 오카자키(岡崎)의 경년 조사처럼 40년 가까운 시간 폭(time span)이 있다면, 그림의 상당 부분을 커버하는 변화를 관찰할 수 있을 것이다. 렌즈 모델이 들어맞는다면, 문화청 데이터 이외에 NHK 데이터(다나카(田中) · 야마시타(山下) 2009)나

6 이노우에(井上 2000.2.) p.329에서는 S자 커브의 아래 부분(초기)에서 사회 조건에 따른 변종이 큰 것처럼 기술했다. 그러나 렌즈 모델을 적용시키면, 계층차도 장면차도 이론적으로는 S자 커브의 중간(중기)으로 변동이 커진다.

다른 조사 데이터(니시카와(西川) 2000)와의 통일된 해석이 가능하게 된다.

또한 여기에서는 연령차를 고려하지 않았다. 후술하는 바와 같이 (또한 그림 22-7 ~ 그림 22-10에서처럼) 연령차는 10대에서 30대까지는 언어 변화 전체와 마찬가지로 오른쪽 위로 변하는 패턴이므로, 많은 항목의 연령차를 겹쳐보면 그림의 대각선 방향의 모두를 덮는 형태가 된다. 즉 다양한 어휘의 다양한 연령층에서 사용 상황은 공시(共時)적인 연속체로서, 「오(お)」의 증가라는 긴 통시(通時)적 변화 과정의 일부분을 나타내는 것이 된다.

1.3. 「오(お)」의 증가 경년 변화의 평균과 소요 연수

그림 23-1에서는 2회의 조사의 전체 어휘를 개별적으로 나타내었다. 전체적인 변화 경향을 크게 파악하기 위해서 그림 23-3에 어휘 그룹별로 평균점을 나타냈다. 반복 조사가 있는 8개 어휘를 사용률이 하위인 3개와 상위인 5개로 나누어서 계산하였다. 상위 3개 「오소스(おソース, 소스), 오코차(お紅茶, 홍차), 오비루(おビール, 맥주)」는 9년간의 변화가 적어서, 평균 2.6%에서 3.3%로 증가하였다. 9년 동안 0.7%라면 10년이라면 0.8 %의 증가에 해당한다. 1997년에 상위 5개 「오사라(お皿, 접시), 오벤토(お弁当, 도시락), 오스(お酢, 식초), 오텐키(お天氣, 날씨), 오쿠스리(お藥, 약)」의 평균치는 2006년에 조사된 신규 항목인 「오카시(お菓子, 과자), 오사케(お酒, 술), 오코메(お米, 쌀), 오챠완(お茶わん, 그릇), 오테가미(お手紙, 편지), 오쿠쓰시타(おくつした, 양말), 오카방(おかばん, 가방)」의 평균치와 거의 겹치는 수치가 되었다. 평균적으로 35.9%에서 41.0%의 증가로 9년 동안 5.1%, 10년이라면 5.7%의 증가이다.

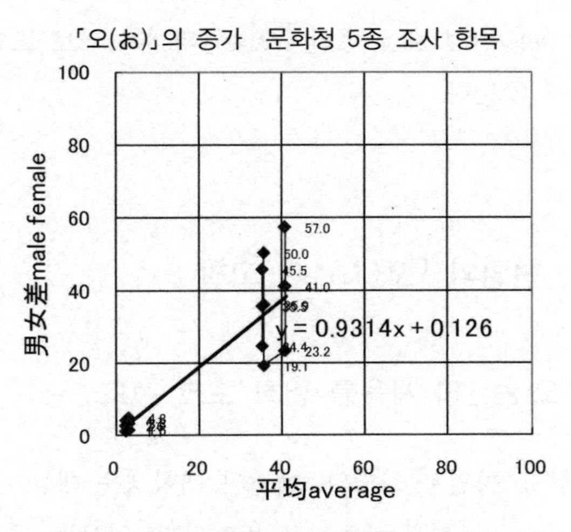

그림 23-3 「오(お)」의 증가 문화청 5종 항목 평균

이 9년간의 실시간의 사용률 증가 경향을 근거로 시간을 전후로 연장해서 장기간의 역사적 변화의 일부로 고찰할 수 있다. 사용률이 높은 곳에서는 9년간의 변화가 크고 사용률이 낮은 곳에서는 변화가 작다는 것에 근거하면, 직선적 변화라고 볼 수만은 없다. 변화의 S자 커브 모델(제15장)의 slow－quick－quick－slow의 패턴에 들어맞는다.

조사 대상의 대부분은 지금 한 가운데의 quick의 단계의 어휘로 9년분의 증가를 단순하게 10배하면 90년 동안에 51% 증가가 되고, 20배하면 180년 동안에 102%의 증가가 되기 때문에 약 200년 동안의 변화가 완성되게 된다. 그러나 이 직선적인 변화가 진행될 것으로는 보이지 않는다.

slow 단계의 하위 3개 어휘는 9년간의 변화가 0.7%에 불과하다. 이를 10배하면 90년 동안에 7%의 변화가 되고, 30배하면 270년이 걸려서 21%가 된다. 처음의 slow 단계의 270년, 중간의 quick 단계의 90년, 그 후 slow 단계의 270년을 더하면, 합이 630년으로 총 93% 정도의 변화 과정이 된다. 「오(お)」는 근세(무로마치시대, 약600년 전) 이후의 뇨보시(女房詞)가 기원인 것으로 여겨지고 있으므로(쓰지무라(辻村)

1968, 스기모토(杉本) 1998), 현재 보급 중인 「오(お)」와 S자 커브 모델에 의한 변화 소요 연수는 모순되지 않는다.

2. 지역별 · 현별의 「오(お)」의 고찰

2.1. 지방별 「오(お)」의 사용률 변화 도쿄 선도

「오(お)」의 사용에는 방언차도 있다. 예전의 대학생을 대상으로 한 조사에서도 동서차가 컸다(그림 18-2). 「시간은 공간을 반영하고, 역사는 지리에 반영된다.」라는 기본을 바탕으로 이를 고찰해 보자.

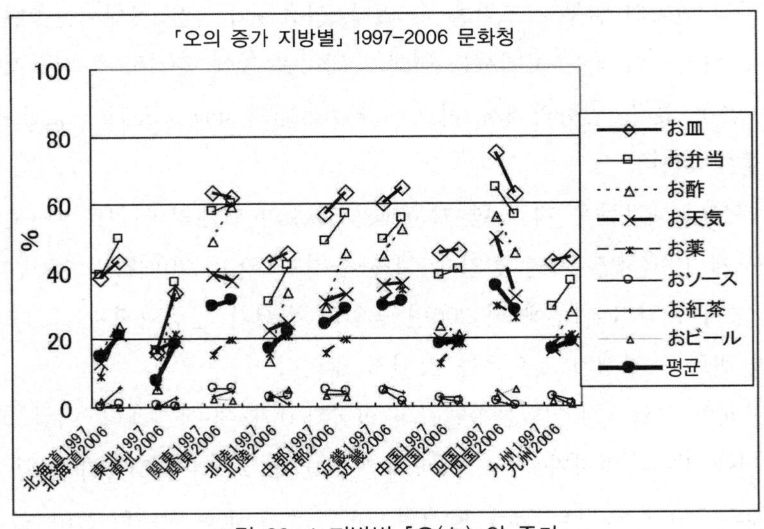

그림 23-4 지방별 「오(お)」의 증가

그림 23-4에 지방별 경년 변화를 나타내었다. 이것으로 다양한 경향을 읽을 수

있다. 우선 굵은 선으로 나타낸 8개 어휘의 평균치를 보면, 관동과 긴키·시코쿠가 높고, 홋카이도·동북·중국·규슈가 낮다. 동북은 관동의 반 정도에 불과하다. 문화적 중심지와 변경의 차이에 해당해서, 주권론적 분포라고 할 수 있다.

이 그림에서 어휘별 차이도 알 수 있다. 거의 모든 어휘에서 8개 어휘의 평균치로 본 증가 경향이 반복되고 있지만, 지방차도 있어서, 특히 상위의 「오사라(お皿), 오벤토(お弁当), 오스(お酢)」의 사용률에 차이가 있다. 그러나 순서가 바뀔 정도의 지역차는 적다.

다음으로 2회의 조사의 차이를 살펴보자. 8개 어휘의 평균치를 보면, 시코쿠(四國)[7] 이외의 지방에서는 2회째의 조사에서 「오(お)」가 늘고 있다. 8개를 개별적으로 보면, 관동의 「오텐키(お天氣)」와 같이 감소하는 것도 있다. 「오텐키(お天氣)」는 고풍스러운 자연물 경어에 유래하기 때문이라고 설명할 수 있다.

그래프를 생략했지만, 문화청(1997)의 표에 의하면 도시 규모별로도 사용률에 현저한 차이가 있어서, 대도시(도쿄도구부(都區部) / 정령(政令) 지정 도시)·중도시(인구 10만 이상)·중도시(인구 10만 미만)·쵸손(町村)의 순으로 「오(お)」의 사용률이 낮아진다. 도쿄도구부(都區部)는 가장 「오(お)」를 많이 사용하는 관동 중에서 골랐기 때문에, 당연히 거의 모든 항목에서 다른 어느 지방의 평균치보다도 높은 값을 나타낸다. 즉 이 언어 변화는 도쿄가 앞장서는 언어 변화라고 볼 수 있다.[8]

7 시코쿠(四國)는 특별하다. 층화 2단 샘플링으로 조사 지역을 선택하는 단계에서, 해에 따라 도시적인 곳이 많이 들어가는가에 따라 경향이 바뀐다. 또 조사 지역 중에서 샘플에 어느 정도로 집요하게 조사를 의뢰했는가에 따라서도 달성된 세대나 남녀의 편중이 생긴다. 시코쿠나 동북은 주민 구성이 비도시적이고 인구도 적기 때문에 여론조사에서 해에 따라서 편중된 경향이 나온다. 그림 23-5 이하의 현별 분포도도 주의해서 읽어야 해서, 전체를 개략적으로 해석하는 편이 좋다.

8 시바타(柴田)가 실시한 2차 대전 직후에 동경의 주부들을 대상으로 한 조사에서 「오(お)」가 붙는 비율이 높았던 것은 지역과 사회층의 요인과 관련지었기 때문이라고 설명할 수 있다.

2.2. 도도부현(都道府縣)별 「오(お)」의 분포지도

「오스(お酢)」 등 8개 어휘에 대해서, 그림 23-5～그림 23-12에 1997년의 현별 사용률의 분포도를 나타내었다. 국립국어연구소 공동 연구의 데이터에 따른 현별 지도로 야리미즈(鑓水兼貴)가 만든 약 20단계의 지도이다. 현별로 차이가 커서, 도쿄 부근의 현과 교토 부근, 시코쿠 등이 높아서 70%대에서 50%대이다. 한편 아오모리(青森)・야마가타(山形)・토야마(富山)・돗토리(鳥取) 등은 사용률이 낮아서 1% 이하이다. 다른 어휘도 구체적인 사용률은 다르지만, 관동과 긴키가 높다. 대략적으로는 지리적 분포가 비슷해서, 거의 주권론적인 분포를 보인다.[9] 개개의 어휘를 현별로 보면, 전체적인 경향을 흐트리는 경우도 있지만, 여론조사의 샘플을 47개 도도부현으로 나누었기 때문에 남녀차나 세대 차 등이 영향을 끼친 것으로 생각된다.

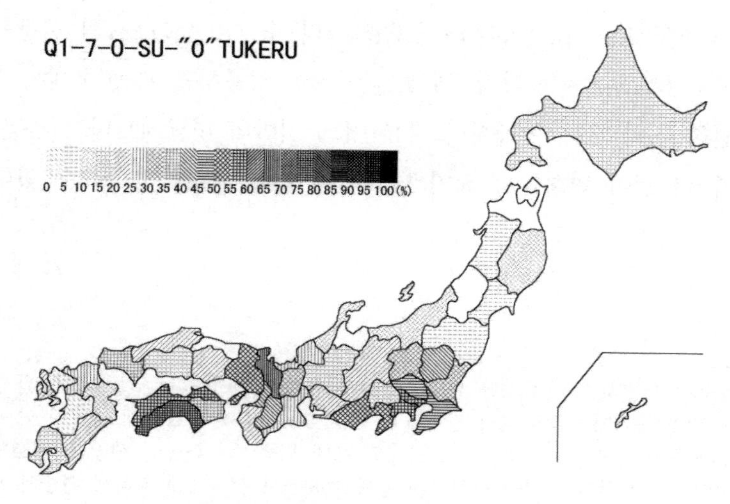

그림 23-5 현별 「오스(식초)」의 사용률

[9] 대략적으로 보면 2009년의 신형 인플루엔자 A형(H1N1)의 유행 패턴과 유사성을 보인다(시코쿠를 제외).

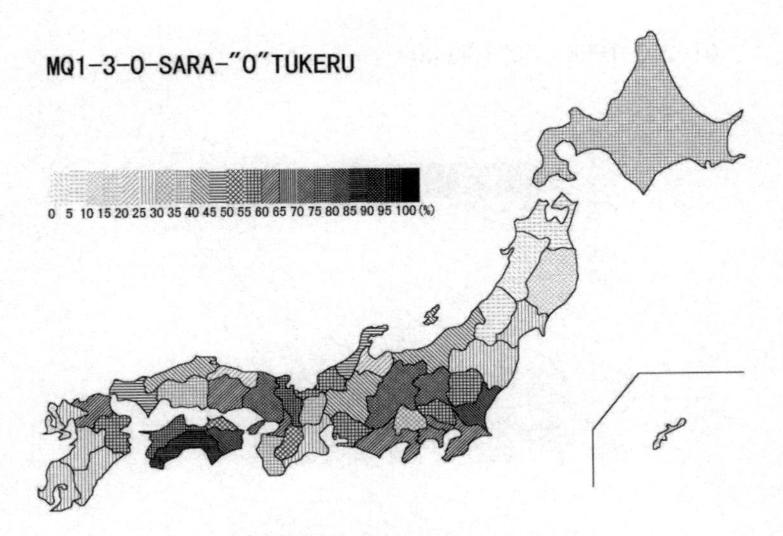

그림 23-6 현별 「오사라(접시)」의 사용률

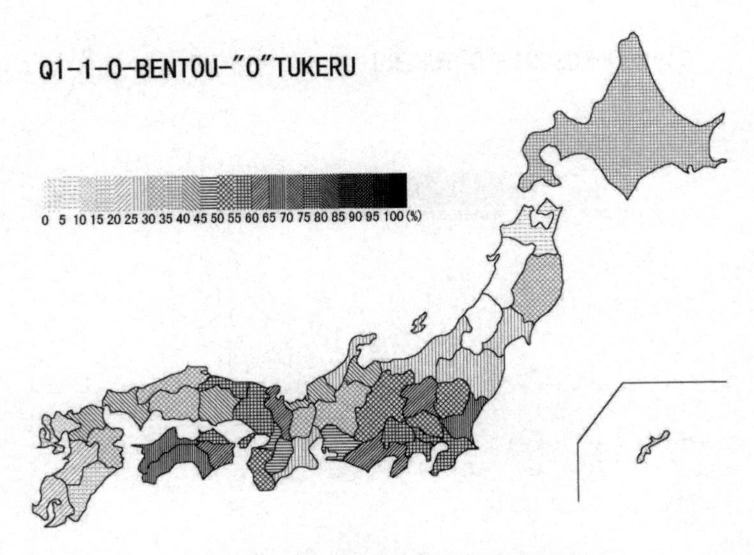

그림 23-7 현별 「오벤토(도시락)」의 사용률

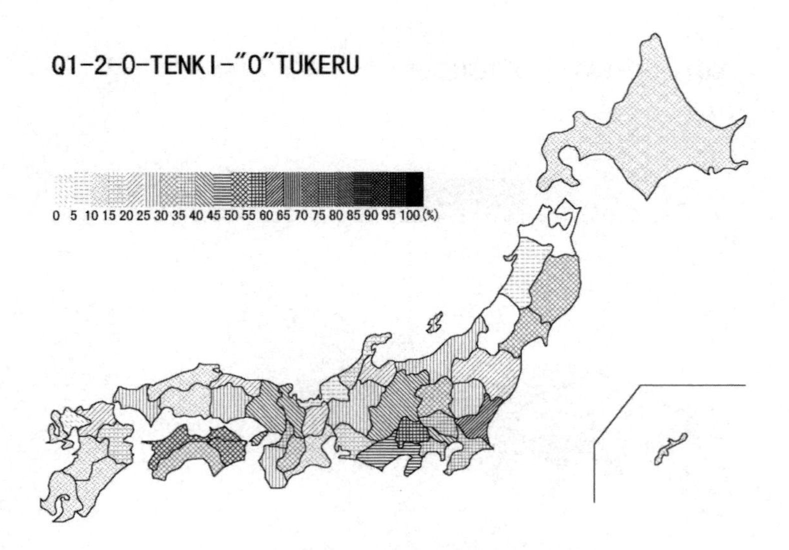

그림 23-8 현별 「오텐키(날씨)」의 사용률

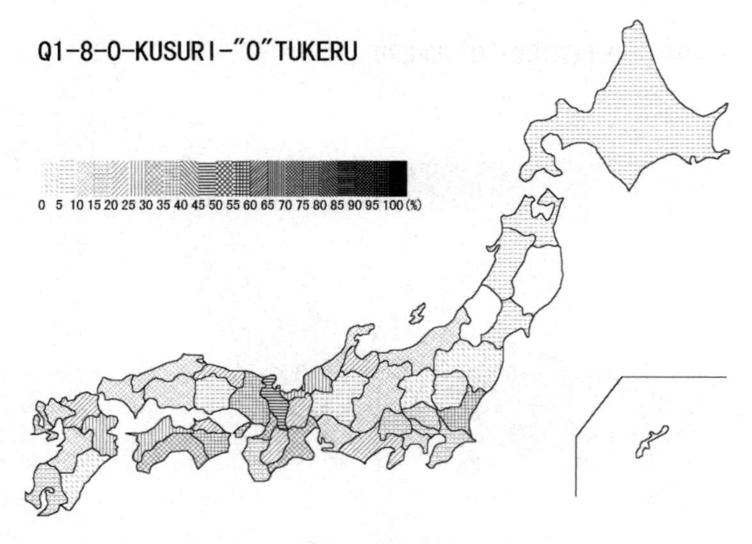

그림 23-9 현별 「오쿠스리(약)」의 사용률

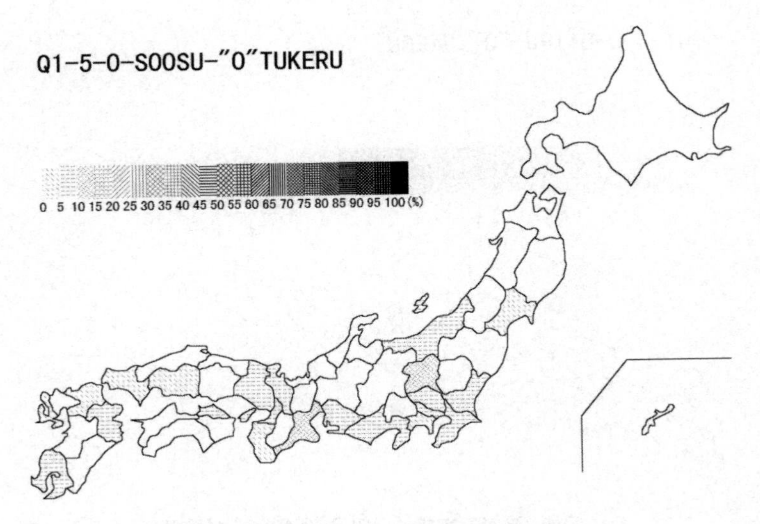

그림 23-10 현별 「오소스(소스)」의 사용률

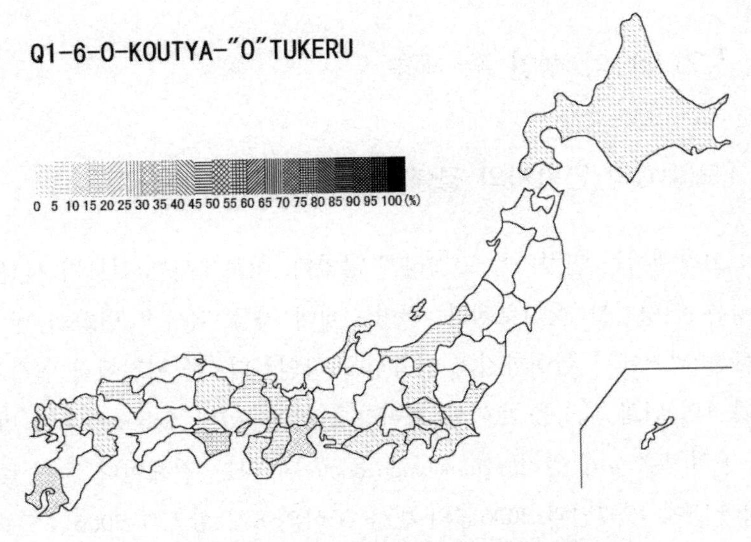

그림 23-11 현별 「오코챠(홍차)」의 사용률

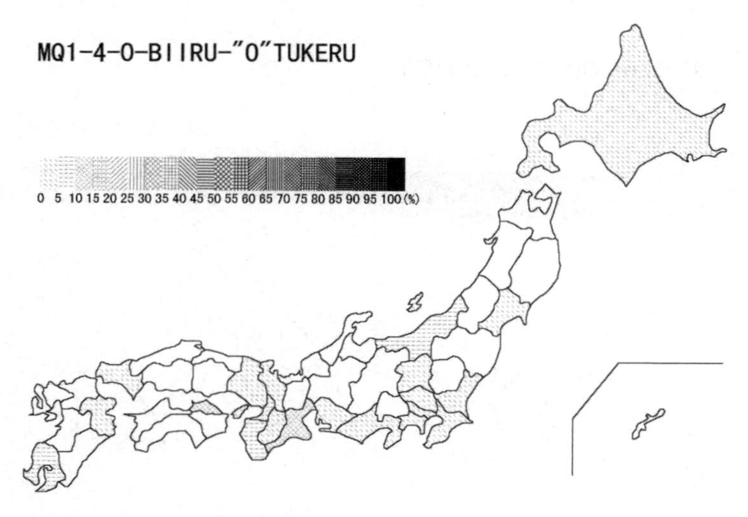

그림 23-12 현별 「오비루(맥주)」의 사용률

3. 「오(お)」의 성인 후 채용

3.1. 「오(お)」의 연령차의 경년 변화 – 성인 후 채용

이상의 고찰에서는 연령차를 고려하지 않았다. 이하에서는 겉보기 시간(apparent time)에 따른 연령차를 살펴보겠다. 변이 · 세대 차를 역사적 변화의 반영이라고 보는 견해는 과거에서 현대까지의 연속성을 함의한다. 한 시점에서 연속체로서의 변이는 과거의 변화 과정을 보이는 것이라고 할 수 있다. Labov(1972)가 말하는 지질학의 「동일성(齊一)의 원리(uniformitarian doctrine)」라는 견해이다.

그림 23-13에 1997년과 2006년의 반복 조사의 8개 항목과 2006년 추가된 7개 항목의 사용률을 코호트(cohort)별로 나타내었다(반복 조사의 8항목만의 그래프는 그림 16-4 참조). 「오(お)」 증가의 수백 년이 걸리는 변화의 일부분이라고 생각하고, 코

호트(cohort)의 60～70년간을 좌우를 줄여서 표시하였다.

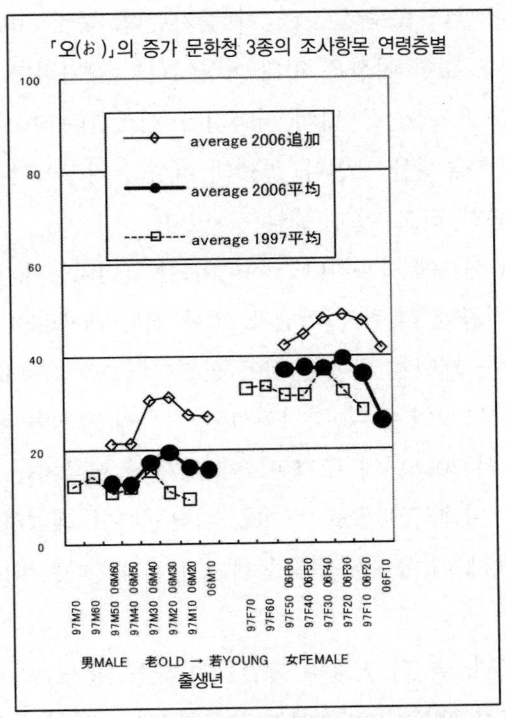

그림 23-13 「오(お)」의 연령차와 경년 변화

이하에서 코호트(cohort)에 따라 분석해 보자. 「오(お)」의 사용 증가에 대해서 그림 23-13에서 알 수 있는 것은 우선 남녀차가 크다는 점이다. 또한 남녀 모두 6개 선 모두에서 30대가 최대치를 보인다. 보통 생각할 수 있는 언어 변화라면 증가 경향에 있는 어휘는 가장 젊은 세대에서 많이 사용될 것으로 기대된다. 통상의 언어 변화의 패턴으로 음운이나 신어(어휘) 등에서 자주 관찰된다. 그런데, 그림 23-13에서는 6개 모두의 선에서 10대는 적고, 30대가 피크이다. 연령 커브의 이 부분만을 보면, 최근에는 줄어드는 경향이라고 해석할 수 있다.

그런데 그림 23-13에서 2회에 걸친 조사의 코호트(cohort)를 비교해서, 9년 후의 「오(お)」의 사용률 증가(점선□에서 실선●으로의 추이)에 주목하면, 동일 코호트(cohort)의 9년 후에, 남녀 모두 「오(お)」가 증가한다. 특히 30대 이하의 세대는 9년 후에 꽤 증가한다. 또한 여성은 40대 이상에서도 증가한다. 즉, 같은 사람들이 나이를 먹음에 따라 「오(お)」를 많이 사용하기 시작한다. 10대에서 30대에 걸쳐서, 성인 후 채용의 가능성을 보인다.[10] 30대 여성이 피크이기 때문에 「30대 여성 선도(先導)의 언어 변화」라고 이름 붙일 수 있다.

세대 차는 겉보기 시간에 불과하다는 지적이 잘 들어맞는다. 조사 연대의 차이가 실시간(real time)의 변화를 더 잘 나타낸다. 또한 연령 계제라면 9년 후 2번째 조사에서 늘지 않고, 같은 패턴을 반복할 것이 분명하다(그림 22-4의 「오텐키(お天氣)」).

단 문화청의 조사는 9년 후의 것이어서 장기적인 경향을 읽어내기는 어렵다. 그러나 그림 23-13의 2006년에 추가된 7개 항목의 평균치는 높기 때문에, 1997년 조사 항목의 더 미래의 보급률 단계를 나타낸다고 해석하며, 미래를 예측할 수 있다. 원생림의 나무에 유목에서 노목까지가 혼재한다는 비유를 참조하라(22장 1, 2절).

개개의 항목을 보면, 좀 더 전체의 보급률이 높은 항목(그림 18-2의 오차(お茶), 오카유(おかゆ) 등)이 있기 때문에, 미래에는 그 패턴에 가까워질 것이라고도 생각된다. 「오(お)」가 증가 경향에 있다면, 공시태(共時態)로서의 보급률의 연속체가 통시태(通時態)로서의 변화의 과정을 시계열(時系列)로 반영한다고 해석할 수 있다. 쓰루오카(鶴岡)조사의 40년이라는 실시간의 차이와 60세 전후의 연령차라는 겉보기 시간의 차이를 조합해서, 전체로 100년 이상의 변화를 파악했는데(제15장), 이는 그러한 발상의 응용이다.

---

10 성인 후 채용과 연령 계제의 판별은 한 시점의 조사에서는 곤란해서, 경년 조사가 필요하다. 성인 후 채용과 연령 계제의 양쪽이 작용했을 가능성도 부정할 수 없다.

3.2. 직업별－주부 선도로 진행되는 「오(お)」의 변화

문화청 보고서에는 직업별의 도표도 포함되어 있다. 그러나 표의 배열, 순서가 언어 사용의 경향과 일치하지 않는 경우도 있어서, 해석이 어렵다. 이를 통계 프로그램에 입력한 후, 소트(sort) 기법을 이용하여 그래프로 만든 후에 새로운 해석이 가능하게 되었다.

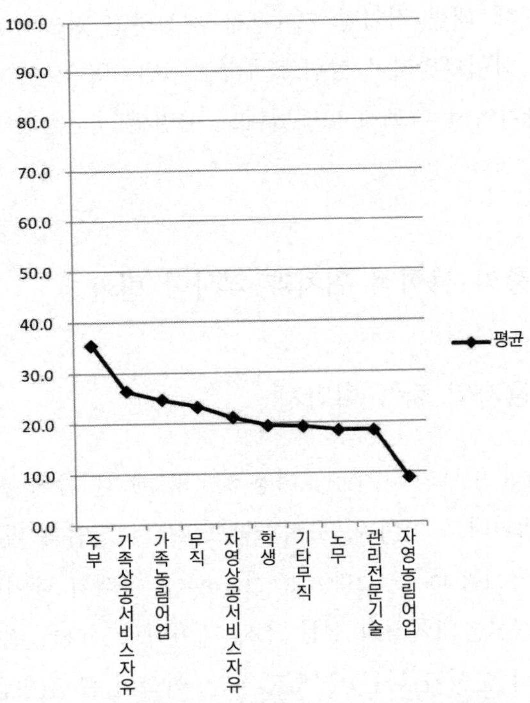

그림 23-14 주부가 진행시키는 「오(お)」의 변화

그림 23-14에서 경년 변화를 알 수 있는 8개 어휘의 평균치를 직업별로 보면, 주부가 최고점이다. 또한 각 직업의 성별이나 평균 연령을 보면 그림의 왼쪽은

여성에 많은 직업이다. 여성, 특히 주부가 변화를 선도하고 있다고 해석할 수 있다. 앞서 게재한 그림 23-13의 30대의 연령차와 대응하며, 30대 주부가 진행시키는 언어 변화라고 해도 좋다. 또한 그림 23-14 오른쪽 끝의 자영업, 농림어업은 대부분이 남성으로 지금은 사람 수가 적고, 지역도 편중되어 있다. 예전의 방언 조사의 주된 조사 대상이었지만, 「오(お)」의 사용에 대해서는 꽤 제한된 사람의 말을 기록한 것이 된다.

또한 이노우에(井上 2008.8.) 제20장의 그림 20-7에는 문화청 조사 중에서 경어의 정오(正誤) 판단에 대한 직업별 그래프를 제시하고 있는데, 그 순서와는 일부 일치하지 않는다. 화이트칼라가 상위로 주부는 3번째였다. 이는 개개의 항목(경어 표현)에 대한 판단이어서 다르게 나타났다고 설명할 수 있다.

4. 사용자층의 사회적 위치와 역사적 변화

4.1. 경어 사용자의 직종 이미지

제4절에서는 30대 주부의 「오(お)」 다용(多用)의 메커니즘에 관하여 설명하겠다. 이를 위한 참고 데이터로 이미지, 고정관념으로서의 직업과 말의 관련에 대해서 살펴보자(그림 16-7~그림 16-10, 그림 8-8, 그림 8-9). 아래의 데이터는 도쿄 인근의 어학 관련 수업을 듣는 대학생의 설문 조사 데이터로[11] 다른 전공의 학생이나 성인은 상세한 수치나 순서가 다를 수 있겠지만, 이하의 큰 경향은 다르지 않을 것이다. 적어도 크게 나눈 직종, 나아가서는 사회계층과 경어 사용 능력과의 관련은

---

11 하야노(早野 2008)의 방언·공통어와 직업의 이미지 조사로 촉발되어, 경어와 영어의 능력과 직업에 대해서도 설문 조사를 시도했다. 인원수가 적은 데이터에서의 그래프는 이노우에(井上 2009.3a, 제21장)에 실었다.

누구나 암묵적으로 가지고 있는 의식・이미지일 것이다. 영어 능력이나 공통어 능력(거꾸로 말해서 방언 능력)에 대해서도 대략적으로는 일치할 것으로 기대한다.

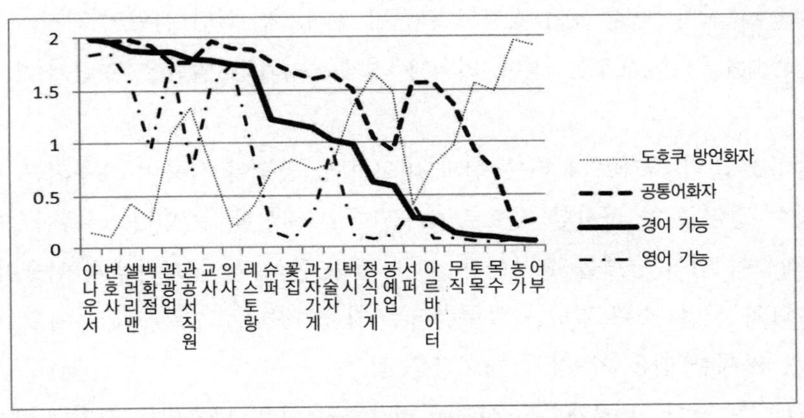

그림 23-15 경어 사용자의 직종 이미지 신

세상 사람들은 직업에 맞는 언어 능력을 기대한다. 그림 23-15에 나타내었듯이, 경어를 잘 구사할 수 있는 능력과 직종의 3분류는 꽤 일치한다.[12] 이는 그림의 기호와 관련시켜 나타내었다. 그림 23-15처럼 굵은 선「경어를 잘 구사할 수 있는 사람」에 어울리는 직종은 화이트칼라에 집중된다. 직종명에 ○표를 붙였다. 표시가 없는 것은 판매업 등으로 경어 능력에 관해서는 중간 정도이다. (또한 백화점 점원이 경어 사용 능력에서 높은 수치를 보이는 것은 조사표의 리스트에서 슈퍼 등과 나란히 대비시켜서 이를 의식했기 때문일 것이다. 순서 효과가 작용한 것이다.) 직종명의 —표는 거의 블루칼라에 대응하며, 경어 능력에 대한 기대는 적다. 또한 그림 23-15의 데이터는 산포도의 형태로 그림 8-8, 그림 16-8에서도 예를 들었다.

12 단 여기에서의 직종 3구분은 주관적이다. 공식적인 구분은 없었다. 직종으로서 주부가 들어가 있지 않다. 조야(早野) 조사표를 확대해서 개량했지만 불충분했다.

이 그래프에서의 순서는 확실히 경어를 자주 사용할 것 같은 직종을 나타내지만, 직종별의 상식적인 소득과는 일치하지 않는다. 3K(기쓰이(きつい, 힘들고), 기타나이(汚い, 더럽고), 기켄(危険, 위험함))라고 불리는, 직종의 시급이 높은(단, 연간 수입이 많은 것과는 직접적인 관련은 없음) 것과도 관련이 있다. 즉, 일반 사람의 감각(이미지, 고정관념 스테레오 타입)으로는 경어 의식과 경제(소득)와는 일단은 관련이 있다(그림 16-9).

그림 23-15의 그래프의 다른 선과 비교하면, 공통어 사용이 요구되는 직종의 일부분이 경어를 잘 구사할 것으로 요구된다고 해석할 수 있다. 더욱이 그 일부분의 직종이 영어 능력을 요구한다. 이에 반해 동북 방언 화자에게 어울리는 직종은 제1차 산업, 소위 말하는 블루칼라로 기울어진다(단 일부의 제3차 산업과도 관련이 있음). 자세한 것은 제8장과 제16장을 참조.

「오(お)」는 경어 그 자체와는 성격이 다르므로 다용, 남용되는 심리적 메커니즘에서 보면 공통성이 있다.

4.2. 경어와 사회계층에 따른 차이

이상과 같이, 적어도 잠재의식에서는 경어와 직종은 깊은 관련이 있다. 그러나 일본의 사회학, 나아가서는 사회언어학에서는 사회계층의 차이를 추궁하지 않는 경향이 있었다. 2차 대전 이후 민주주의의 영향, 평등 의식과 국민 총 중류 의식의 반영으로 사회계층에 따른 차이는 무시, 혹은 터부의 대상이 되었다.

실제 여론조사에서도 계층 귀속의 중요한 단서인 자산・수입은 묻기 어려워졌고, 학력도 질문 항목에서 제외되는 경향이 있다. 직업・직종을 겨우 질문 항목에 남겨두고 있다. 이 작은 단서를 이용해도 경어와의 노골적인 상관관계를 볼 수 있다. 이하에서 논하는 것과 같은 경어와 연령의 관계를 고찰할 때에도 사회계층에 따른 차이는 유용한 개념이며 앞으로의 사회언어학에서 다시 밝혀야 할 과제라고 할 수 있다.

일본은 예전에는 국민 전체가 중류인 것처럼 여겨졌었지만, 실제로는 격차가 크다. 「격차 사회」라는 말이 그 후 생겨났는데, 이전부터 격차는 존재해서, 자손들에게까지 계승, 보존되는 경향이 있었다(와타나베(渡辺) 1994). 2차 대전 이후, 특히 고도 경제 성장의 시기에 산업 구조가 변화하고, 계층 이동(대개는 상승)이 현저했기 때문에, 중류 의식이 겉으로 드러난 것에 불과하다. 말, 특히 경어는 사회계층과의 관련이 깊다. 계층 구분의 기준이 되는 학력 · 직업 · 수입 · 자산 등과 교했을 때, 말도 큰 단서가 될 수 있다. 특히 전업 주부, 육아 세대의 여성을 보면 경어를 구사하는 것만으로도, 실제 가족의 생업보다는 더 높은 계층에 속하는 것처럼 행동할 수가 있다. 「적어도 말만이라도 아름답게」라는 행동이다. 또한 「무료 화장품」으로 경어를 사용하는 경향도 있다.

4.3. 경어적 불안정층 · 미화어 수요층과 합리성

제3절에서는 문화청 여론조사 데이터로 그래프를 만들어 「오(お)」의 사용자의 속성 · 성격을 분석하였다. 거기에서 부상된 것은 전형적인 사용자인 도시의 30대 주부이다. 30대가 피크가 되는 것은 1997년과 2006년의 남녀에서 공통되는 현상이다. 이하에서는 왜 이 계층이 피크가 되는지에 대해서 고찰해 보고자 한다.

결론부터 말하면, 이 계층을 「경어적 불안정층」 「경어 불안층」 또는 「미화어 수요층」으로 규정할 수 있다. Labov(1966)의 뉴욕 중산계급(중하층)에서 관찰된 과다 수정(hypercorrection)과 같은 메커니즘이 작용한다고 보면 된다.

30대 주부(와 남성)의 경어 사용의 불안정성은 상기의 그림 16-6의 여성 유식률(有識律)의 낮음으로 설명할 수 있다. 주부 본인이 무직이기 때문에 가족(남편)의 직종에 따라서 경어 사용 능력에 대한 주위의 기대가 달라진다.

개인의 생애 무대(life stage)에서 봤을 때, 20대인 대학생까지는 사회언어학적인

사용 유예(moratorium) 상태에 있으므로 완전한 경어 사용을 요구받지 않았다. 사회인이 되어도 20대까지는 「손아래」 취급으로, 사회계층 의식으로 봐서도 중류(중의 하)로 인식되는 경우가 많다. 현대 사회에서는 남녀 모두 부모의 사회계층이 자식 대에까지도 답습되는 경향이 있어서(와타나베(渡辺) 1994), 말을 갑자기 바꿀 필요성을 못 느끼는 경우가 많다. 단 여성의 경우는 결혼에 따라서 하룻밤 만에 귀속 사회계층의 변동(대개는 상승)이 일어나게 된다. 30대가 되어 육아를 통해 이웃과의 교제(소위 말하는 공원 데뷔)가 시작되어, 유치원, 초등학교 등의 활동을 통해서 이웃의 동년배 여성들과의 교제도 늘고 새로운 언어 선택을 하지 않으면 안 되게 된다. 이때 자기표현의 일종으로써 또한 자기의 계층 귀속의 지표로써 경어나 「오(お)」의 사용이 마커로 작용한다. 의식하기 쉽고 주위 사람들에게 동화작용(Accommodation)을 일으키지만, 어느 정도 규칙성이 있는 현상이어서 연쇄 반응・상승 작용에 의해 과잉 경어(이중 경어)나 「오(お)」의 남용 등이 발생한다.[13] 협의의 경어는 잘 구사하는 것이 어렵다. 그러나 「오(お)」의 규칙 자체는 단순하다. 언어경제의 발상에서 보면, 합리성(단순성)이 작용해서 습득・사용의 비용 대 성능 비율이 높은 표현이다. 이것이 「미화어 수요층」을 양산한 언어적 요인이다.

이 배경에는 (30대) 주부의 귀속 계층의 불안정성이 있다. 주부가 속하는 가정을 살펴보자. 배우자(인 30대 남성)가 샐러리맨이라면 평사원에서 부하를 거느리는 직책으로 옮기는 시기이기도 하다. 직종도 정해졌고, 계층 귀속 의식이 표면화되어, 가정의 육아와도 관련이 있다. 아내 본인의 학력이나 부모님의 자산 등이 아이의 학력이나 계층 형성에 영향을 미친다는 연구가 있지만(와타나베(渡辺) 1994), 결혼 후에는 배우자의 학력・수입・직업이 관련된다. 소위 말하는 「3고」[14]를 희

13 근세 이후의 재담・농담에서의 「오(お)」의 남용의 대부분의 예가, 사회계층에 따른 사용도의 차이를 기반으로 한 것이다. 또 근대의 식자들의 비난도, 「나리킨(成金, 벼락부자)」, 「나리아가리(成り上がり, 갑자기 출세한 사람」의 「오(お)」의 남용과 관련된 것이 있어서, 사회계층에 따른 차이에 대한 암묵적인 전제를 나타낸다.

14 「고학력」, 「고수입」, 「고신장」의 남성.

망하여, 시집을 잘 간 경우는 귀속 의식의 변혁이 필요하여 경어의 선택에도 영향을 미친다.

또한 이 메커니즘을 근거로, 여성의 경어・미화어에의 사회적 요청이 있고, 여성에게는 보다 정중한 표현을 요구하는 경향이 있다(스기모토(杉本) 1975, 쥬가쿠(壽岳) 1979, Coates 1990, 레이놀즈 아키바라(秋葉) 1993, 나카무라(中村) 2007). 그 배경에 여성의 계층 상승 지향, 결혼 등에 의한 계층 상승의 가능성이 있다.

옛날부터 지금까지 이러한 말의 과다 수정, 과잉 사용의 경향은 사회적으로 불안정한 계층 특유의 언어 행동이라고 할 수 있다. 미화어 수요층의 배후에는 경어 사용과 경제적 배경과의 관련 의식이 있다. 언어 사용에의 경제 요인의 간접적 작용인 것이다.

또한 경어적 불안정층을 「단카이(団塊) 주니어(단카이 세대 2세)」의 제2차 베이비붐 세대에 한정시키자는 의견이 있을 수 있다. 확실히 수도권 근교의 신구 주민이 섞여 사는 지역에서는 부모의 말이 그대로 자식에게 계승되는 것은 아니다. 여기서는 뉴 타운의 말이 형성되는데(아사히(朝日) 2008), 아이가 결혼, 출산을 계기로 다른 지역으로 옮기는 경우도 많아서, 계속 사용할 수만은 없다. 말의 기준이 불안정하고, 그 때문에 「오(お)」가 특히 현재의 30대의 남녀에게 보급된 것이라고 생각할 수도 있다. 그러나 이런 생각은 긴 역사적 과정과 맞지 않다. 이것은 일본어의 근대 전체를 통한 경향이라고 해석해야 할 것이다.

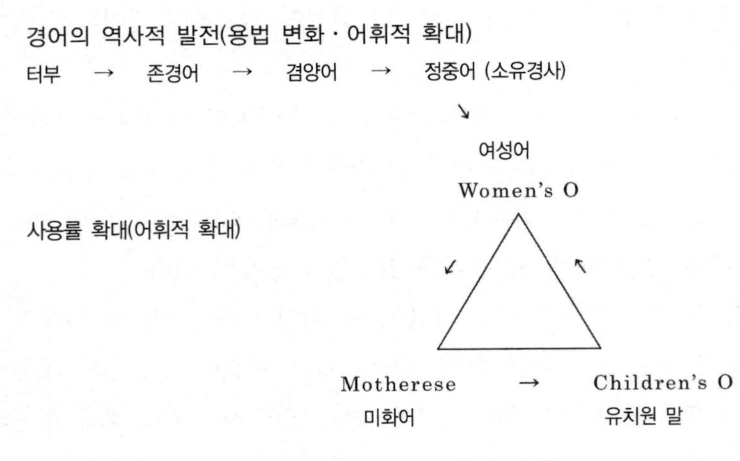

그림 23-16 「오(お)」의 확대 재생산

4.4. 「오(お)」의 확대 재생산과 경어의 역사적 발전

또한 30대 주부는 육아와 관련해서 「오(お)」를 다용(남용)할 가능성이 있다. Miyake(1999)는 「오(お)」의 사용 확대에는 어머니로부터 아이에게의 계승도 있어서, 육아에 있어서 삼자 견제의 관계를 주장하였다.

그림 23-16의 아래쪽 반에 나타낸 것은, 삼자 견제의 관계, 순환 과정, 또는 나선 모양 의 확대 재생산이다. 「오(お)」는 여성어(Women)와 관계된다. 육아를 할 때에도 미화어 · 모성어(Motherese)로 사용되어 그 세력을 확대시켰다. 이것이 유치원 말(Children)로, 육아 관계자와 아이들에 의해 사용된다. 그리고 아이가 성장함에 따라, 여성어를 더 강화하게 된다.

일본어사에 입각하여 그 확대 모델을 생각해 볼 수 있다. 그림 23-16의 위쪽 반에 나타낸 것은 일본어 전체에서 나타나는 경어 변화의 흐름이다. 터부를 출발점으로 해서 존경어와 겸양어에서, 정중어나 미화어, 여성어가 발달한 것은 근세 이후이다(쓰지무라(辻村) 1968). 「오(お)」의 사용에 대해서도 마찬가지의 흐름을 상정할 수 있다. 근세・근대에 대자경어로서의 정중어가 발달했는데, 「오(お)」도 그 연장으로 볼 수 있다.

미화어는 에도 시대의 「유모 말」의 흐름에 따라, 메이지 이후의 보모・유치원 교사에게도 사용되어 「유치원 말」이 되었다. 근대의 보모와 교사는 학력・직업의 유형에서 볼 때, 고학력의 교육직(관리전문기술직)으로 경어와 말에 대한 규범의식이 강하다. 따라서 다른 직업과의 관계에서 보면 「오(お)」를 다용(남용)하지 않을 법하다. 그러나 경어 연구서에 의하면, 육아어로서의 「오(お)」의 사용이 보고되어 있다. 이에 대해서는, 모성어로서의 육아어・유아어・유치원 말의 상호 영향을 생각할 수 있다. 즉 「오(お)」를 과다 사용하는 것에 주부가 앞장서서, 이것이 아이를 맡는 보모・교사에게도 영향을 끼쳤을 것으로 생각된다. 어머니・여성스러움에 대한 요구가 그 배경에 있다. 이 밖에 어머니・보육사의 상승 작용도 고려해야만 한다.[15] 후술하는 바와 같이, 육아어라고 불러야 할 만한 몇 개의 어휘에 여성이 특히 「오(お)」를 많이 붙이는 경향이 보였다(그림 23-17). 즉 어휘 특성상의 고찰도 필요하다.

그림 23-16 아래 부분의 삼각형으로 나타낸 것과 같은 확대 재생산(또는 삼자 견제)의 관계가 육아의 시기에 성립하면 「오(お)」는 더 힘 있게 증가할 것이다. 그러나 성장에 따른 채용의 과정은 단순하지만은 않다. Miyake(1999)는 학령기의 「오(お)」 사용의 조사 결과를 제시하였다. 초등학교 2학년에서 6학년까지 여학생은 「오(お)」가 미묘하게 증가하지만, 남학생은 처음에는 여학생과 같은 비율이었지만 학년이 올라갈수록 비율이 낮아진다. 초등학교 2학년 때는 어머니나 보육자의 영향을 받았던 것이 6학년이 되어서는 주위의 친구에게 맞춰서 남자다움을 나타내기 위해 「오(お)」를 버렸기 때문에 발생한 변화라고 해석할 수 있다. 즉 주위의 놀이 친구들의 남자다운 말투에 맞추는 것일 것이다.

---

15 원아 주변에서의 경어나 「오(お)」의 사용에 대한 조사 결과를 구하지 못했기 때문에 이 상승 작용설은 지금은 언급하지 않겠다.

이 고학년 남자 학생의「오(お)」의 감소를 문화청 조사의 10대 후반 이후의 여론조사와 접목시키면, 같은 인간이 성장해서 결혼하고 30대가 되면 다시「오(お)」를 사용하게 된다.「오(お)」를 많이 사용하는 연령 집단(젊은 엄마(young mama)로서의 어머니들)과 접촉하면, 동화작용(Accommodation)을 일으키는 형태로「오(お)」가 증가한다는 메커니즘을 나타낸다. 확대 재생산의 과정은 직선적이 아니다.

「오(お)」를 과다하게 붙이는 것은「경의 저감의 법칙」에 들어맞으며, 근세 이후 수백 년에 걸쳐서 이어진 언어 변화이다.「경의 저감의 법칙」은 세계 여러 언어의 보편적인 현상으로 인류 일반, 또는 동물 일반에 들어맞는 자극·반응의 둔화와도 상통되는 것이다(요코야마(横山) 2006). 따라서 만약 일시적으로 일부의 어휘에 대해서「오(お)」의 규제가 성공한다 하더라도, 장기적인 움직임은 바뀌지 않을 것이다. 이미 표준적인 표현으로 확립된「오카유(おかゆ)·오차(お茶)·오미야(お宮)」등의「오(お)」는 지금은 뗄 수 없을 것이며,「오카시(お菓子)·오카네(お金)·오미세(お店)」등도 그러한 과정에 있다(이노우에(井上) 1999.5.).

여기에서는 장기적인 사용률의 증가 과정으로「오(お)」를 재고하였다. 그러나「오(お)」의 과다 사용은 때로는 사람들 사이에서 화제가 되는 경우가 있고, 비난받는 경우도 있다. 외래어의 경우는, 이해하기 어렵다는 사람들의 비판도 있어서, 정부 주도의 형태로 다시 한어·고유어로 대체하는 형태의, 시계추처럼 원래 위치로 되돌아오려는 움직임이 있었다. 경어에 대해서도 모 레스토랑 체인점에서도 소위 말하는 아르바이트 경어를 금지시키는 조치를 취한 적이 있다. 백화점 등에서는 사원의 훈련을 통해 고풍스런 경어 사용을 유지하려고 한다.「오(お)」에 대해서는 이와 같이 일부 기관에서 규제하는 것은 가능하겠지만, 국민 전체의 말의 규제는 어렵다. 차별 용어·불쾌 용어 등에 대해서,「위에서의 언어 변화」로서 정책적으로 추진시켜, 매스컴 등을 움직이게 한 경우는 가능하겠지만 많은 어휘를 일반 규칙에 의해 규제하는 것은 어렵다.

「오(お)」의 증가가 긴 역사적 변화인 것은 의심할 여지가 없다. 한편, 일반적인 젊은 층 주도의 언어 변화와 달리, 사용의 정점을 이루는 연령대와 성별이 30대 주부이다. 이들을 「미화어의 수요층」이라고 생각해도 좋다. 이것은 2차 대전 직후에 일본에서 관찰된 「사회적 활약층」이 사용의 정점을 보였던 공통어화(시바타(柴田) 1978)와 비슷한 점이 있다. 공통어화에 대해서는 쓰루오카의 20년 후, 40년 후의 경년 조사에서 밝혀졌듯이(국립국어연구소 1974, 2007), 나중에 변화가 진행되면 10대가 먼저 채용하는 패턴으로 바뀐다. 이런 것이 「오(お)」에 대해서도 가능할지 궁금하다.[16] 문화청 데이터에서 「오(お)」의 사용 패턴의 연령차를 각각의 어휘별로 관찰해서, 「오카시(お菓子)」와 같이 전체의 사용률이 높은 어휘에 대해서, 이후에 10대가 주도할지를 살펴보았지만, 경향이 확실하게 나타나지 않았다. 좀 더 「오(お)」의 사용률이 높은(「오(お)」가 확립된) 어휘의 연령차가 어떤지를 확인해야만 한다. 어릴 때, 젊었을 때부터 이 말을 들었기 때문에, 젊은 세대의 사용률이 최고가 될 가능성이 있다.

「오(お)」를 사용하지 않는 집단・개인보다는 「오(お)」를 사용하는 집단・개인 쪽이 사회적으로(또한 경제적으로) 더 높게 평가받는 풍조를 보면, 「오(お)」의 사용은 더 늘어날 것이다. 무로마치시대, 에도시대에 「오(お)」가 붙기 시작한 어휘 중에는 현재 거의 100%의 사용률에 달한 것도 있다. 현재 급속하게 「오(お)」가 증가하고 있는 어휘도 있다. 또한 일부 사람들이 사용하기 시작해서, 증가 양상이 느린 어휘도 있다(니시카와(西川) 2000). 어찌 되었건 전 국민에게 보급되는 데는 수백 년이 걸린다. 한 지역사회의 한 어휘에 한정해서 고찰해도, 신물신어(新物新語) 등의 보급과 달리, 음운이나 어휘의 공통어화와 마찬가지로 빨라도 3세대, 즉 100년 정도가 필요할 것이다. 많은 어휘를 그룹으로 나누어 분석하면, 이론상의 변화 소요 연수는 더 길어져 수백 년이 된다.

---

16 쓰루오카(鶴岡) 조사, 야마조에(山添) 조사, 모두 「오(お)」를 다루지 않았다. 그러나 미화어 「아게루(あげる, 주다)」는 「수수 표현」이라는 관점에서만 조사되었다. 또한 오카자키(岡崎)경어 조사와의 비교를 위해 경어 항목도 들어가 있다. 단 예비적 고찰에 의하면, 경어에 있어서의 성인 후 채용은 「오(お)」만큼은 심하지 않다.

5. 「오(お)」의 과거와 미래

5.1. 변화 경향의 전체상

그림 22-6, 그림 23-1과 같은 산포도가 나타내는 것은 오른쪽 위 방향으로의 이동으로, 이로써 일본 국민 전체에 대해 9년간의 「오(お)」의 사용 확대가 실증되었다. 게다가 이는 그림 23-13에 나타냈듯이 젊은 세대의 「오(お)」의 사용이 적고 성인 후에 사용이 늘어난다는, 연령 계제가 들어맞는 형태로 언어 변화가 진행중이다. 좀 더 긴 시간 폭(time span)의 연구가 가능하다면, 이 현상을 좀 더 구체적으로 실증할 수 있다. 「오(お)」의 증가는 연속체로서 역사적 변화를 구현하며, 공시태(共時態)에 통시태(通時態)가 반영된다고 해석할 수 있다. 현재의 사용 상황은 미래의 일본어를 가리키는 것이며 과거의 상황을 암시한다. 어찌 되었건 성인 후 채용(30대 여성 주도의 변화)을 보이며, 사회언어학의 변이 이론의 공헌이 크다.

「오(お)」의 증가는 근대 일본에서 발전한 것으로 붙는 어휘가 증가하고 있고, 같은 어휘에 붙는 비율(사용자)이 증가한다는 양면에서 고찰할 수 있다. 또한 뗄 수 있는 「오(お)」에서 늘 붙이는 「오(お)」로의 변화 과정은 소위 말하는 미화어의 변화로 협의의 경어에서는 벗어나지만 널리 경어 변화 이론 속에서 고찰할 수 있다. 경의 저감의 법칙을 적용할 수 있어서, 현대 경어는 고대 이후의 변화 경향을 이어받아 성격을 바꾸려고 하고 있다. 「오(お)」의 용법 변화도 그 일환이다.

이상으로 문화청의 조사 데이터를 「오(お)」의 증가를 나타내는 연속체로서 해석하였다. 긴 시간 폭(time span)으로 보면, 변화는 S자 커브를 이루는 경우가 많다고 여겨지며, 최초의 (그리고 마지막의) slow단계는 연수가 길다. 이 데이터에서 「오(お)」가 붙는 비율이 10% 이하로 낮은 몇 개의 어휘는 변화의 S자 커브의 이론에서 말하면 slow의 단계에 있기 때문일 것이다. 나중에 어느 정도의 사용률이 되면, 급속도로 사용자가 늘어날 가능성이 있다. 「오비루(おビール, 맥주)」에 대해서는 「오사케(お酒, 술)」[17], 「오쿠쓰시타(お靴下, 양말)」에 대해서는 「오하키모노(お履き物, 신발)」 등의 의미가 유사한 예가 있기 때문이다. 그러나 일본어의 모든 어휘에 「오(お)」가 붙는다고는 예측할 수 없다. 시바타(柴田 1978)의 주장처럼 의미 분야 등과 관련된 어떤 종류의 규칙성이 작용하고 있다. 존경어의 수용도에 대한 「소유경사」(쓰노다(角田) 1991, 이노우에(井上 1999.5)와 같은 일반 원칙이 「오(お)」에도 작용하고 있다. 이미 지적되고 있듯이, 미화어에 대해서는 여성이 가정 내에서 사용하는 어휘, 특히 식품과 관련된 어휘가 전형적이고, 의미적으로 주변으로 갈수록 사용률이 낮아지는 것과 같은 경향성을 생각할 수 있다. 앞으로 「오(お)」가 더욱 더 보급되면, 명사의 분류사(辭)와 같은 취급을 받을 가능성도 있다.

5.2. 「오(お)」의 통시적 · 공시적 연속체

제5절에서는 구체적 언어 변화로써 「오(お)」를 과다 사용하는 현상을 살펴보고자 한다. 이 변화는 역사적으로 볼 때, 근세 이후에 계속 이어져 온 장기적인 변화이다(쓰지무라(辻村) 1968, 스기모토(杉本) 1998, 스즈키(鈴木) 2003). 현대어의 「오(お)」는 고대어의 「오호미(おほみ)」에서 유래한 것으로 어형의 단축으로 생겨났다. 고대의 용법은 자연물이나 신 등, 경외 시 되던 것에 대한 터부에 근거한 경어 회피 표현과 관련되는 경우가 많아서, 그 후 대인 존경 표현에 해당하는 어휘가 늘어났다. 「오(お)」는 근세(무로마치) 이후의 뇨보시(女房詞, 여방사)가 기원이라고 말해지고 있다(쓰지무라(辻村) 1968, 스기모토(杉本) 1998). 단 뇨보시(女房詞)는 은어적인 용법에서 발달했다고 여겨져(이노구치(井之口) 외 1974), 어휘 구성도 「오～모지(お～もじ)」를 다용하는 등의 특징이 있다. 현재의 미화어로 여겨지는 것은 「오(お)～」의 형태를 취하며, 대부분은 「오(お)」를 떼면 의미가 투명한 일상의 어휘가 되어 은어적인 기

17 작은 따개 고리(Pull-top : 캔 따위에 부착된 잡아 당겨 여는) 캔음료 옆에 적힌 문자는 「오사케(お酒 : 한자로 표기)」이고 위에 적혀 있는 점자는 「오사케(オサケ : 가타카나 표기)」이다

능은 가지지 않는다.

근세 이후의 뇨보시(女房詞) 문헌과 근대까지 구두로 전해져 온 「교쇼고토바(御所ことば, 역주 : 귀족의 말)」의 어휘집(약 1400개) 중에서, 「오(お)」를 떼면 보통의 어형이 되는 예는, 「오이모(おいも, 감자), 오우리(おうり, 오이), 오카부(おかぶ, 무), 오카유(おかゆ, 죽), 오사카나(おさかな, 생선), 오시루(おしる, 국), 오마메(おまめ, 콩)」 등 극히 일부이다(이노구치(井之口) 외 1965, 1974). 게다가 당시의 일상어로는 다른 어형을 사용했거나 다른 의미였을 가능성도 있다. 스기모토(杉本 1998)에 의하면, 「일포사전(日葡辭書)」(1603)의 「뇨보고토바(女房ことば)」 120개 중에서 「오(お)」로 시작하는 말은 24개인데, 「오(お)」를 떼서 보통의 어휘가 되는 예는 없다. 또한 에도시대의 「여중보기(女重宝記)」(1692)를 비롯한 10종의 어휘집에서도 「오(お)」를 떼서 보통 어휘가 되는 예는 몇 개에 불과하다. 이것은 해당 어휘집에는 은어적인 것만을 싣는다는 방침에 따른 것일 것이다.

즉, 「오(お)」가 붙는 과정의 3단계 「늘 붙음」, 「붙는 경우도 있음」, 「절대로 붙지 않음」(이노우에(井上) 1999.5.) 중에서 뗄 수 있는 「오(お)」의 보급은 의외로 느리다.

쓰지무라(辻村 1991)에 있는 문학 작품 등의 실례를 보면, 「오테라(お寺, 절) · 오하나시(お話, 얘기)」 등과 같은 경어 회피어나 존경어적인 용법의 어휘는 교겐(狂言)을 비롯하여 근세 이전부터 사용되고 있었다. 에도시대 후기의 샤레본(洒落本, 유머집)에는 「오헨지(お返事, 대답) · 오하나(お花, 꽃)」와 같은 미화어적인 용법도 있었다. 메이지 이후의 근대 문학에서는 뗄 수 있는 「오(お)」의 용례가 많아졌고, 미화어로서의 용례도 풍부해졌다.

근대 구어에 영향을 끼쳤다고 생각되는 「국정독본(國定讀本)」의 색인에는(국립국어연구소 1997) 전술한 문화청 조사의 15개(8+7개)에 「오(お)」가 붙는 예가 많이 실려 있었다. 용례가 없는 것은 「오스(お酢), 오소스(おソース), 오코차(お紅茶), 오비루(おビール)」의 4개이다. 문맥은 확인하지 않았지만, 그림 22-1, 그림 23-1에서 보듯이 현재에도 남녀를 합친 사용률 평균이 반을 넘을까 말까하는 정도의 어휘에

「오(お)」가 붙어 있는 것이 인상적이다. 단 「국정독본(國定讀本)」이 국민의 「오(お)」의 사용에 영향을 끼쳤다고 한다면, 2차 대전 이전 세대의 사용률이 높게 나왔을 법한데, 여론조사의 결과와는 일치하지 않았다.

「오(お)」에 대해서는 오히려 2차 대전 이전의 「예의」교육에서 의식적으로 다루어졌을 가능성이 있다. 도쿠가와(德川 1939)는 『예법요강(礼法要綱)』의 해설을 의도로 「「어(御)」라는 글자를 함부로 붙여서는 안 된다.」라는 절에서 6페이지에 걸쳐서 구체적인 예를 들면서 논의하고 있다.

쇼와시대가 되어서 <젊은 사람이 「오모치(おもち, 떡)」라고 말하는 것을 메이지 시대에 태어난 여성이 「오카칭(おかちん)」이라고 고친다.>라는 예가 기록되어 있다(스기모토(杉本) 1998). 현재도 「오구시(おぐし, 빗)」를 사용하지 않고 「오카미(お髮, 머리카락)」라고 말하는 여성이 많다. 이상으로 생각해 보면, 단순하게 「오(お)～」의 형태를 취하는 존경어・미화어, 즉 뗄 수 있는 「오(お)」는 근세에서부터 서서히 증가한 것 같다.

5.3. 현대 일본어의 「오(お)」의 연속체

현대에도 사람에 따라 어휘에 따라, 「오(お)～」의 사용 상황은 다양하다(미야타(宮田) 2005). 이노우에(井上 1986.3.)에서 대학생의 설문 조사 결과를 제시하였다(그림 18-2). 많은 어휘를 사용률의 순으로 재배열해서 그래프로 그렸더니, 대각선을 따라서 늘어서는 형태가 되었다. 특히 남녀차와 지역차가 현저해서, 어떤 어휘에 「오(お)」를 붙여야 하는지를 단순하게 구분할 수는 없다.

그 후 현대의 용법을 알기 위해서 새롭게 설문 조사를 했다. 설문 조사에 참가한 유학생의 응답 중에는 오답이라고 할 만한 것도 있어서, 패턴이 완전히 달랐다. 이런 결과는 어쩔 수 없는 것으로 일본어 학습자에게는 학습의 적절한 단서가 없다. 「오(お)」의 사용에 대한 공시적 기술이 부족하고, 문화심의회(2007)의 『경어의 지침』도 불충분하다. 어떤 문헌에 NHK의 방침으로서의 예가 제시되어 있지만(다나카(田中)・야마시타(山下) 2009), 전부를 언급한 것은 아니다. 일본어 교육을 위한 교과서나 참고서, 경어 지도서와 같은 데서도「오(お)」의 사용에 대한 기본 원리는 설명하고 있지만, 그 예가 적고 포괄적이지 않다. 또한 어휘를 분류하고 있지도 않으며, 용법의 차이를 모르는 등 외국인 학습자에 대한 배려가 없다.

후술하는 바와 같이 일본인 사이에도 남녀차・세대 차・지역차가 있고, 구체적으로 어떤 어휘에「오(お)」를 붙여야 하는지 망설이는 경우가 많다. 각각의 어휘에「오(お)」가 붙을 수 있는지를 지시해 놓은 일반 사전은 없기 때문에 도움이 안 된다.

기본적으로는 연속체로서의 인식이 부족하다. 남녀차・세대 차를 동반하면서 연속체를 이루는 현상에 대해서,「오(お)」가 붙는지 붙지 않는지를 2단계로 나타내는 것은 곤란하다. 역사적 변화 과정에 있다고 보고, 프로토 타입과 주변이라는 인식을 근거로 몇 가지 유형으로 나누어 기술할 수 있는 것이다. 단, (미)사용자의 이미지 조사를 하면 알게 되겠지만, 실제 의사소통을 할 때에는「오(お)」를 붙이는지의 판단에 있어 차이가 있다고 하더라도 지장은 적다.[18] 사용자의 인상을 관대하게 받아들이는 경우가 많은 것이다.「오(お)」의 사용 차이에 따른 오해의 예는 이노우에(井上 1999.5.)에 예를 든 경어 살인 사건이나 언어 살인 사건처럼 생명과 관련될 정도의 중대한 문제는 아니다.

5.4. 앞으로의 연구 과제

이상에서 고찰한 것은 불과 9년의 실시간의 변화이다. 많은 사람들이 갖고 싶어할 만한 보고서의 집계표를 입력하고, 그래프를 만들 때 여러 가지 아이디어를

[18]「오(お)」를 잘못 붙이면,「남자 같다, 거칠다.」라고 해석되기도 한다. 대부분의 경우에 주의를 기울이지 않는 것은 협의의 경어와 비슷하다.

가미함으로써 새로운 해석이 가능했으며, 그 결과를 이론적으로 고찰할 수 있었다. 다른 데이터를 활용하면, 좀 더 긴 시간 폭(time span)의 연구가 가능하게 될 것이다.

「오(お)」의 변천에 대해서는 각각의 문헌을 살피는 방법도 있지만(Miyake 1999), 어휘 색인을 이용하는 것이 편리하다. 많은 색인을 이용하면 문헌이 처음 출현한 연도를 알 수 있고, 증가의 경향도 알 수 있을 것이다.

2차 대전 이후의 교과서에서 이 「오(お)」가 어떻게 다루어졌는지도 볼 필요가 있지만, 교과서들의 경어 해설은 불충분하다. 「오(お)」에 대한 예조차 부족하다. 주변에서 사용의 다양성을 눈치 채기에 좋은 소재임에 틀림없지만 취급은 무성의한 것이다.

대량의 전자 데이터로 인터넷 검색이 가능하게 된 「국회회의록」(마쓰다(松田) 2008)이 유망하다. 공적인 장소이지만, 구어체를 반영한 것이다. 2차 대전 이후 60년 이상의 변화를 알 수 있으며, 세대 차도 알 수 있다. 또한 앞뒤 문맥을 보면 용법도 분석 가능하며, 존경어와 겸양어에서 미화어로의 확대 사용도 알 수 있을 가능성이 있다.

많은 데이터의 평균치로 분석한다면, 각본이나 시나리오와 같은 것을 분석할 수도 있다(Miyake 1999). 작문이나 소설, 사설과 같은 문장어 중에도 마찬가지로 「오(お)」의 증가가 있으며(Miyake 1999), 초중고, 사회인의 작문도 참고가 된다(스즈키(鈴木) 2004).

이상은 실시간에서의 「오(お)」의 증가를 확인하는 데 도움이 될 만한 데이터인데, 인터넷 검색을 통해 홈페이지의 성격 차이를 이용할 수 있다. 오기노의 기법(오기노(荻野) 2006)으로 검색어 뒤에 「site:go.jp」처럼 부가 입력함으로써, 정부(회사, 학술 단체, 2채널) 등의 사용 상황을 비교할 수 있다. 또한 「"덴키(天氣)" -"오텐키(お天氣)"」처럼 (반각으로) 입력해서 검색하면, 「오(お)」가 붙지 않는 예도 검색할 수 있다. 과연 「오(お)」가 붙는 예와 역방향의 사용 상황을 보일 것인가.

지역차에 대해서는 문화청 데이터의 지도화(국립국어연구소 2000의 부산물인 CD-ROM)로 명확하게 알 수 있으며(그림 23-5~그림 23-12), 경어의 시대성도 읽을 수 있다. 또한 지방의회의 회의록이나 지방자치단체의 홈페이지를 꼼꼼하게 비교하면 지역차를 알 수 있다. 야마시타(山下 2003)는 이바라키(茨城)현에서 미토(水戸)시와 쥬오마치(十王町)의 도시화의 차이를 보았다. 작은 지역 사회에서 보면 「오(お)」의 사용은 몇 가지 그룹으로 나뉘어져, 연속체로는 보이지 않는다.

설문 조사의 기법이라면 세대를 비교하고, 사용 장면을 컨트롤할 수 있다. 존경어로서의 용법 등을 판별하기 위해서는 장면차를 볼 필요가 있고, 상대에 따라 다르게 사용하고 있는지를 확인할 필요가 있다. 그러나 조사의 수고가 2배, 4배가 되기 때문에 많은 어휘를 조사하는 것은 어렵다. 야마시타(山下 2003)는 이바라키현에서 선생님을 상대로 했을 때와 친구를 상대로 했을 때의 차이를 보았다. 니시카와(西川 2000)는 이야기 상대의 상하친소의 차이를 봤으며, 미야타(宮田 2005)는 장면차를 보았다.

성인 후 채용, 또는 연령 계제를 확인하기 위해서라면, 개인의 생애에서의 습득・사용을 시사할 것 같은 데이터도 있다. 음운현상과 달리 어휘나 문법 현상은 문자로 기록할 수 있기 때문에 유리하다. 동일 개인의 경년 변화를 종단적으로 보기에는 장시간에 걸친 일기가 이상적인 자료이다.[19] 편지의 경우는 받는 사람이 다르면 비교가 어렵다. 동일 사람에게 보낸 장기간의 편지가 문자화되어 전자 데이터화되어 있다면, 작업은 간단하다.

그 밖에 자신의 역사(추억) 설문 조사라는 방법이 있는데, 아저씨 말투인 「데스나아(ですなあ)」로 적용되었다(오자키(尾崎) 1999). 개인의 생애에 있어서의 습득은 연령 계제의 작용을 나타내는 것으로 말에 흥미가 있어서 기억을 잘 하는 사람이라면 가능하다. 젊었을 때에 「오(お)」를 쓴 기억이 있는지, 언제쯤부터 어떤 어휘에 「오(お)」를 붙이기 시작했는지 등을 묻는 것도 가능하다. 인생 후기에도 「오(お)」

[19] 단, 문장어에 편중될 우려가 있다.

가 증가할 경향이 있다면, 언어의 절대적 난이도의 측정에도 영향을 끼칠 것이다.

난이도에 대해서는 일본어 학습자의 위치도 감안해야만 한다. 학부 학생을 대상으로 한 설문 조사에서는 유학생의 어휘 사용 양상이 모어 화자와 완전히 달랐다. 「오(お)」의 용법에 대해서는 습득의 단서가 적고, 교과서에서도 어휘의 구체적인 예가 부족하다. 어휘를 각각 암기할 수밖에 없기에 실제의 회화 장면에서 이 말을 들었다고 해도, 자신이 응용할 수 없다는 난점이 있다. 따라서 이 「오(お)」는 일본어 습득의 난관 중의 하나가 되어 있다.

이상으로 「오(お)」에 대한 문화청 여론조사 데이터를 근거로 30대를 정점으로 한 연령 패턴을 찾아내어, 「미화어 수요층」의 성인 후 채용에 따른 언어 변화의 전형적인 예로 「오(お)」의 사용률을 해석하였다. 한편으로 경년 조사에 의한 9년 후의 증가라고 판단하고, 수백 년 걸린 증가의 경향 속에서 「오(お)」의 사용을 고찰하였다. 집계표로 공개되어 있는 데이터를 그래프로 만들어 이론적 문제와 관련지어 새롭게 해석할 수 있었다.

「오(お)」는 문법적인 (동사의) 경어에서 떨어진 위치에 있기 때문에 지금까지 연구가 소홀했던 면이 있다. 그러나 역사적인 변천을 거슬러 살펴보면, 다양한 규칙성이 있을 것 같으며, 사회언어학의 변이이론, 언어 변화이론에의 공헌도 크다. 또한, 경어, 담화, 언어 행동 등에서 공통되는 현상이 발견될 가능성도 크다. 각각의 어휘를 통해서 실증적으로 확인할 수 있는 것이 유리하다. 앞으로의 발전된 연구를 기대해 본다.

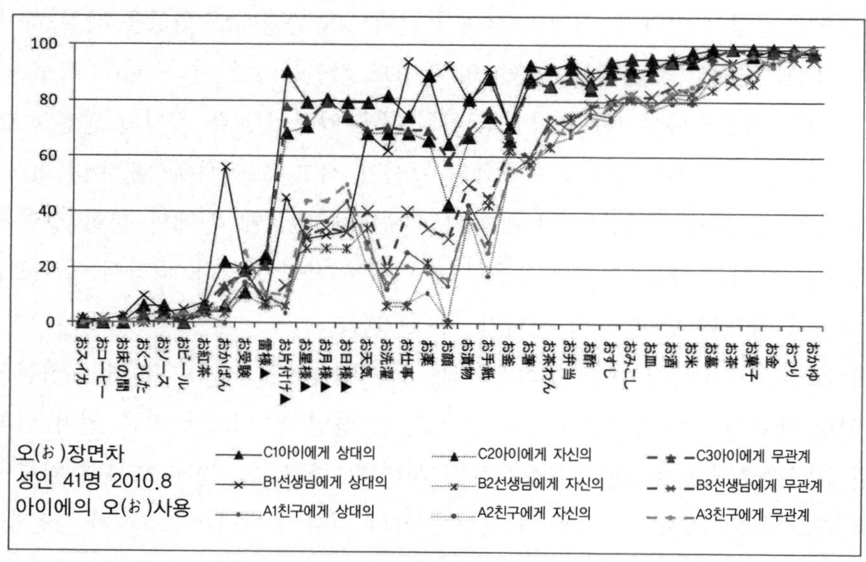

그림 23-17 청자별 · 관계별 「오(お)」의 사용률

6. 장면차 조사에 따른 아동어 사용

6.1. 청자별 · 관계별 「오(お)」 사용률

이후에 30대 여성이 「오(お)」를 많이 사용한다는 것을 설명할 수 있는 데이터를 입수하였다. 「오(お) 장면차」 데이터라고 이름 붙인 설문 조사이다. 그런데 이들은 언어학 강좌의 수강생으로 말에 관심이 있는, 학력이 높은 집단이므로 주의할 필요가 있다. 생육지(태어나서 산 곳)는 전국 각지로 여성의 비율이 조금 높다. 일본어 모어 화자 41명의 집계 결과를 살펴보자. 외국인을 넣어도, 전체적인 패턴에는 변화가 없었다. 일본어 능력이 뛰어난 외국인이 기입했기 때문일 것이다. 상세한 속성에 따른 분석도 하였지만, 전체의 그래프를 제시하겠다. 조사된 37개 어

휘는 그림 22-1, 23-1에 나타낸 문화청 여론조사의 15개와, 그림 18-2의 어휘의 대부분, 그리고 니시카와(西川 2000)의 어휘 중의 일부이다. 또한 유아어, 아동어에 해당하는 몇 개 어휘를 새롭게 추가하였다. 조사표에서는 오십음도 순으로 배열했지만, 그래프에는 사용률이 극소인 것에서 극대인 것으로 순서를 배려하였다.

그림 23-17에 각 어휘의 사용률을 나타내었다. 전체의 사용률의 순으로 항목을 재배열해서, 그 후 아이를 상대로 했을 때와 선생님을 상대로 했을 때의 사용률의 산포도를 그려서, 아이를 상대로 했을 때 많이 사용되는 5개를 모았다. 거의 오른쪽 위에 보인다.

조사 장면은 다음의 3종의 상대로 나눌 수 있다. 그래프에서는 모양을 바꾸었다.

●A 동성의 가장 친한 친구와 이야기할 때
× B 대학의 선생님에게 편지를 쓸 때
▲C 2, 3살 정도의 아이에게 이야기할 때

또한 물건과의 관계를 기준으로 아래의 3종을 나누었다. 그래프에서는 선의 모양을 바꾸었다.

실선 1 물건이 이야기 상대와 관련이 있을 때
　소유하다 or 이용하다 or 먹다 · 마시다 · 쓰다
점선 2 물건이 자신과 관련이 있을 때
　소유하다 or 이용하다 or 먹다 · 마시다 · 쓰다
쇄선 3 물건이 이야기 상대와도 자신과도 관련이 없을 때

이 그래프를 근거로 어휘는 임시로 4종으로 나뉘어졌다. 왼쪽 끝의 10개 정도는 어떤 조건에서도 「오(お)」가 붙기 어렵다. 「오(お)」의 「남용」이라고 여겨지는 어휘이다. 다음의 ▲표의 5개는 아동어라고 해야 하며, 「C 2, 3살 정도의 아이에

게 이야기할 때」만 「오(お)」를 붙인다. 기입자의 남녀차는 아주 적었다. 한 가운데의 5～7개는 「B 대학의 선생님에게 편지를 쓸 때」에 「1 물건이 이야기 상대와 관련이 있을 때」에 특히 「오(お)」가 사용된다. 즉 존경어의 용법이다. 오른쪽의 약 20개는 어떤 조건에서도 「오(お)」가 붙는다. 단, 사용자의 남녀차를 보면, 여성에게 많은 여성어와 오른쪽 끝의 미화어의 몇 개(사용률이 100% 가깝고 남녀차가 없음)로 나눌 수 있다.

그림 23-17을 보면 ▲표시의 3개의 선이 아동어 「오히사마(お日様, 해)」, 「오카타쓰케(お片付け, 정리)」 등에서 높은 사용률을 보인다. 또한 그 오른쪽의 존경어와 여성어도 다른 것보다 높다. 이제까지 주목받지 못했던 현상으로 2, 3살 정도의 아이에게 이야기할 때는 「오(お)」가 왕성하게 사용된다. 남녀차도 있지만, 크지는 않다. 이 말은 「유모 말」 「보모 말」 「유치원 말」 등이라고 불리며 이전부터 주목되었는데, 일반인에게도 용법이 퍼지고 있는 것이다. 이미 「우키요부로(浮世風呂, 에도 시대 대중목욕탕)」에 젊은 아버지가 아이에게 어머니와 같이 여자처럼 말을 하고 있는 예가 기록되어 있으므로, 이는 예부터의 전통이라고 할 수 있을 것 같다.

6.2. 성별에 따른 「오(お)」 사용률

그림 23-18에는 같은 데이터로 각 어휘별로 성별에 따른 「오(お)」의 사용률을 제시하였다(외국인 포함). 이 사용률은 9개 장면(3장면, 3종류의 관계)의 총 평균이다. 거의 모든 어휘에서 여성의 사용률이 높다. 거의 오른쪽 위쪽이지만 ▲아동어로 여성의 사용률이 특히 높다는 것이 눈에 띈다. 또한 앞서 존경어, 여성어라고 불렀던 항목에서도 남녀차가 크다.

이상의 조사어의 일부는 문화청의 「국어에 대한 여론조사」에서 전 국민의 사용률이 (2번에 걸쳐서) 조사되었다. 남녀로 나누어 비교해도 거의 모든 항목에서 이번 조사의 비율이 높다. 연령, 학력, 생육지 등의 조건이 복합해서 「오(お)」를 많이 사용하는 경향이 생긴 것일 것이다. 문화청 여론조사 데이터에서 「도쿄의 30대 여성」이 「오(お)」를 많이 붙인다는 식견과 모순되지 않는다(이노우에(井上) 2009. 12., 제22장).

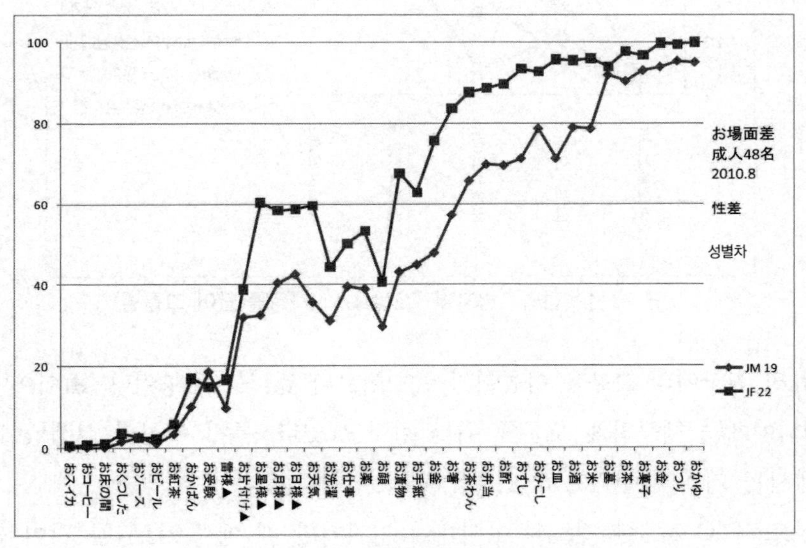

그림 23-18 성별 「오(お)」의 사용률

6.3. 어휘 그룹별 「오(お)」 사용률

그림 23-19에는 어휘를 그룹으로 나누었다. 청자를 「아이, 선생님, 친구」로 나누어 성별에 따른 「오(お)」의 사용률을 나타내었다. 어휘의 분류 방법은 임시적인 것으로, 조사한 37개를 거의 등분되게 나누었다. 각각의 어휘의 소속은 선행 연구와 다른 점이 있다. 전체적으로 오른쪽 위로 상승하고 있을 때에 예외적인 움직임을 보이는 어휘군이 있다는 것을 나타내는 데에 주안점을 두었다.

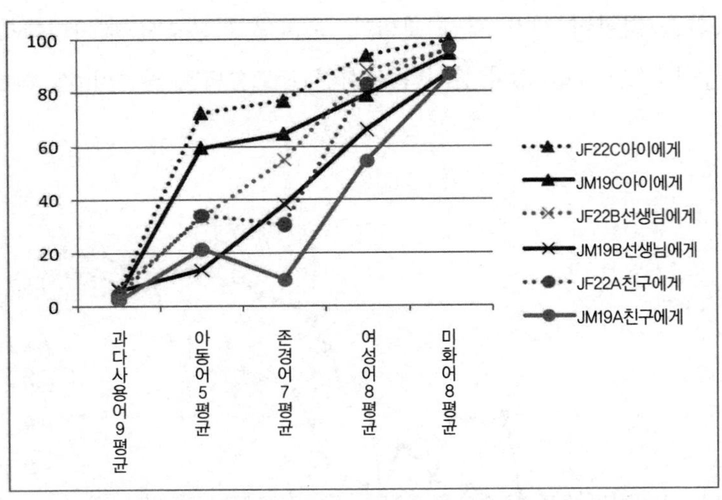

그림 23-19 성별 · 청자별 「오(お)」의 사용률(단어 그룹별)

●표의 친구에의 사용은 아동어가 존경어보다 많다는 경향이다. ▲아이에게와 ×선생님에게는 깨끗하게 오른쪽 위를 향하고 있다. 특히 여성의 선생님에 대한 용법에서는 거의 직선적으로 오른쪽 위를 향한다.

이상으로 「C 2, 3살 정도의 아이에게 이야기할 때」에 「오(お)」를 많이 붙이는 현상이 관찰되었다. 특히 「오히사마(お日様, 해)」, 「오쓰키사마(お月様, 달)」, 「오호시사마(お星様, 별)」, 「라이사마(雷様, 번개)」 등의 자연물 경어와 관련이 있는 아동어 및 「오카타쓰케(お片付け, 정리)」 등의 유치원 말에서 높은 사용률을 보이지만, 일반적으로 존경어, 여성어로서 「오(お)」가 나타나는 어휘의 경우도 아이에게 「오(お)」를 많이 붙인다. 남녀차가 있어서 여성이 많이 사용한다. 이 결과는 문화청의 여론조사에서의 30대 여성이 「오(お)」를 많이 사용하는 메커니즘을 설명할 수 있다. 육아 행동으로서 아이에게 「상냥하게」 행동하려는 의도가 「오(お)」의 사용과 관련이 있을 것이다. 바꿔 말하면 「유모 말」, 「보모 말」, 「유치원 말」이라고 불리는 현상이 일종의 직업어 · 전문어로서 주부층에 퍼지는 것이 「오(お)」 확대 사용의 하나의 메커니즘이라고 할 수 있다.

육아를 하는 사람의 「오(お)」의 사용이 포인트가 될 것 같다. 앞으로는 육아 관련 직업 종사들의 데이터를 분석해야 한다는 과제가 부과되게 되었다.

24 「오(お)」의 구분 사용 패턴
-「오(お)의 구분 사용」 데이터 분석

❖ 이번 장과 다음 장에서는 소위 말하는 미화어인 접사 「오(お)」의 확대 과정에 대하여 설문 조사를 바탕으로 분석하겠다. 여성어나 미화어로서의 「오(お)」를 장면에 따라 구분해서 사용하는지를 알아본 졸업논문의 설문 자료를 재분석한 결과, 「오(お)」의 사용에서 성별의 차이가 크다는 점 외에도 장면 차이나 문체 차이도 크다는 것을 확인하였다. 이러한 현상은 지금까지의 「오(お)」에 대한 연구에서 충분히 다루어지지 않았던 현상이다. 또한 장면 차이가 큰 어휘군과 사용자의 성별 차이가 큰 어휘군, 성별 차이가 작은 어휘군 등으로 나누어 「오(お)」의 사용 양상을 배열할 수도 있었다. 22장과 23장에서 다루었던 문화청의 여론조사 결과는 이것을 근거로 하여 들어갈 위치를 다시 매기도록 고려한 것이다.

1. 「오(お) 사용」 데이터의 의의와 개요

1.1. 연구사 : 장면 차이와 상대 차이에 대한 착안

현대어의 「오(お)」의 용법에 대해서 일본어 화자들은 간단한 것으로 생각하기 쉽지만, 실제로는 변이가 크다. 과거의 연구사를 보면 우선 2차 세계대전 직후 시바타 다케시(柴田武)의 조사가 있다(시바타(柴田) 1978, 제6-7장). 시바타 다케시는 언어 내적(어휘적) 요인으로서 언중들이 「오(お)」를 어떻게 붙이는지를 의미론적으로 설명하였다. 또한 언어 외적(사회적) 요인으로는 사회계층의 차이와 지역의 차이를 지적하였다. 이 후 계층 차이는 죠시가쿠슈인(女子學習院)의 작문에서도 관찰되었다(스즈키(鈴木) 2003). 그러나 문체나 장면에 따라 「오(お)를 구분하여 사용하는 것에 대해서는 아직 밝혀지지 않았다. 「오캉가에(お考え, 생각)」와 같은 존경어는 상대나 장면에 따른 개인 내의 구분이 있었다. 그러나 소위 말하는 미화어는 예를 들어 「오쿠스리(お薬, 약)」를 상대가 사용하는지 자신이 사용하는지에 따라 구분해서 사용하는지와 같은 사용자(여성)의 심리를 알 수 없었다. 많은 경어 해설서에서 미화어 「오(お)」는 여성이 자신의 말투를 품위 있게 표현하기 위해 사용한다고 해설하고 있지만, 장면에 따라 「오(お)를 다르게 사용하는지에 대한 기술은 찾아볼 수 없다.

Miyake(1999)는 「오(お)」의 확대 과정에 대하여 역사적 관점을 도입해 논의하였지만, 장면에 따른 사용에 대해서는 논의하지 않았다. 야마시타(山下 2000, 2003, 2007)는 무경어 지대로 알려진 이바라키(茨城)현의 미토(水戸)시와 쥬오마치(十王町), 일본계 외국인을 대상으로 「오(お)」의 사용 양상에 대해 장면별로 조사하였다. 상대가 선생님과 친구라는 장면 중에서는 선생님에게 「오(お)」를 많이 사용한다는 결과가 나왔으나, 이것이 공통어화의 결과인지 경어적으로 다르게 「오(お)」를 사용한 것인지는 구분이 곤란하다.[1] 이 후에도 (여성이) 「오(お)」를 장면에 따라 구별해서 사용하는지에 대한 본격적인 실태 조사 자료는 찾아볼 수 없었다. 장면이나 상대에 따른 「오(お)」 사용의 차이를 알기 위해서는 동일 항목을 반복해서 조사해야 하므로 조사에 따르는 수고가 2배, 4배가 드는 것이 조사의 걸림돌이었다. 이와 같은 의문을 설문 조사로 확인할 필요가 있다고 느끼고 있었을 때, 다수의 어휘를 대상으로 「오(お)」의 사용을 조사한 졸업논문(니시카와(西川) 2000)을 입수하게 되었다.

[1] 경어적 용법과 공통어적 용법이 장면(의 격식성)으로 연동하는 것은 확실하다.

1.2. 「오(お) 구분 사용」의 4개 어휘군과 조사표

이번 절부터는 니시카와(西川)의 졸업논문(2000) 데이터를 재분석하겠다.[2] 이 데이터는 이하에서 「오(お) 구분 사용」 데이터라고 칭하겠다. 데이터를 재분석한 결과, 상대에 따라 문체적인 「오(お)」 사용의 차이가 있다는 것을 확인할 수 있었다. 이러한 결과는 소위 말하는 미화어의 실태 조사가 일보 전진한 것이라고 할 수 있겠다.

「오(お) 구분 사용」 데이터는 (상하×친소)라는 4종류의 상대에 따라 다수의 어휘에 「오(お)」를 어떻게 붙이는지를 조사한 것이다. 조사 어휘는 46개이다. 이노우에(1999.5.)의 분류를 이용하여 4개 어휘군으로 어휘를 10개씩 나누고, 또한 시바타(柴田 1978, 제6-7장)와의 비교를 위하여 6개 어휘를 추가하였다. 이 4개 어휘군의 개념 분류는 이 조사 결과를 봤을 때 타당한 것으로 판단된다. 조사 시에는 46개 어휘를 23개씩 2개로 분류해서 조사표 A와 B로 나누었다. 기입자도 둘로 나누어서 조사표 A와 B를 계통적으로 할당하였다.[3]

니시카와(西川)의 졸업논문(2000)에서는 아래와 같이 다섯으로 데이터를 분류하여 집계하였다. 이번 장의 일부에서는 이 분류를 사용하지 않고 실제 사용률과 사용 상황에 따라 분류 방식을 바꾸었다. 이번 장에서의 분류를 ＝의 뒤에 덧붙였다.

Ⅰ 붙이지 않는 것이 일반적인 경우(10개) : 오아소비(お遊び, 놀이), 오촛키(おチョッキ, 조끼), 오코히(おコーヒー, 커피), 오쥬켄(お受験, 수험), 오코차(お紅茶, 홍차), 오

2 오오야마(大山(구성(舊姓) 니시카와) 야스코 씨는 졸업논문 데이터의 재활용을 흔쾌히 승낙해 주었고 또 설문 조사 협력자의 정보도 알려 주었다. 진심으로 감사의 인사를 드리고 싶다.

3 졸업논문에서는 (Ⅰ에서 Ⅴ로 나뉘는) 46개 어휘를 2등분해서 조사표A와 조사표B로 배분하였다. 또한 (성별과 세대에 따른 4종류의) 기입자를 2개 군으로 더 나누어, 조사표A 또는 조사표B에 기입을 의뢰하였다. 4종의 상대를 설정하였기 때문에 이러한 기법으로 「상정한 각각의 상대에게 23개 어휘, 1인당 총계 92개어(이어수(異なり語數) 46개어)에 대하여 응답 받았다. 최종적인 집계표에서는 조사표A와 조사표B의 결과가 바둑판 모양 또는 체스보드처럼 메워져 2종류의 조사표로 나눈 것에 따른 소수 인원의 편중이 평균화된다.

비루(おビール, 맥주), 오자부톤(お座布団, 방석), 오니카이(お二階, 2층), 오소토(お外, 밖), 오카타즈케(お片付け, 뒷정리)＝「ab과다 사용」

Ⅱ 붙이는 것이 일반적(10개)인 경우 : 오카시(お菓子, 과자), 오후다(おふだ, 뚜껑), 오토소(おとそ, 도소주), 오소시키(お葬式, 장례식), 오미코시(おみこし, 가마), 오하카(お墓, 묘), 오카유(おかゆ, 죽), 오테라(お寺, 절), 오차(お茶, 차), 오카네(お金, 돈)＝「e미화어」

Ⅲ 대인 존경어・겸양어(10개) : 오쿠루마(お車, 자동차), 오뎅와(お電話, 전화), 오카오(お顔, 얼굴), 오카라다(お体, 몸), 오쥬쇼(ご住所, 주소), 오미오쿠리(お見送り, 배웅), 오헨지(お返事, 답장), 고아이사츠(ごあいさつ, 인사), 오보시(お帽子, 모자), 오테가미(お手紙, 편지)＝「c존경어」

Ⅳ 여성어(10개) : 오료리(お料理, 요리), 오쇼유(おしょうゆ, 간장), 오사이후(お財布, 지갑), 오소지(おそうじ, 청소), 오토후(おとうふ, 두부), 오케쇼(お化粧, 화장), 오나베(お鍋), 오센타쿠(お洗濯, 세탁), 오사츠(お さつ(紙幣, 지폐)), 오챠완(お茶碗, 그릇)＝「d여성어」

Ⅴ 시바타 다케시(柴田武)의 조사 항목(6개) : 오조킨(おぞうきん, 걸레), 오즈본(おズボン, 바지), 오카리모노(お借り物, 빌린 것), 오소데타케(お袖丈, 소매 길이), 오아지즈케(お味付け, 간 맞추기), 오뎅와구치(お電話口, 수화구)＝「ab과다 사용」

이번 장에서는 사용률의 순으로 알파벳을 붙여서 「ab과다 사용」[4](ⅠⅤ), 「c존경어」(Ⅲ), 「d여성어」(Ⅳ), 「e미화어」(Ⅱ)라고 부르기로 하겠다. 분석 과정에서 4개 어휘군의 이름을 바꾸었다. 또한 향후의(타 지역에서의) 분석에 따라 각각의 어휘의 소속도 변화할 가능성이 있다. 이노우에(1999.5.)에서는 「c존경어」가 「d여성어」보다 사용률이 높다고 고찰했지만, 「오(お) 구분 사용」 데이터에서는 반대라는 것을 알 수 있었다. 존경어, 여성어, 미화어는 모두 지금까지의 경어론이나 사회언어학

4 여기에서의 「ab과다 사용」에는 구분 사용 데이터의 Ⅰ 붙이지 않는 것이 일반적인 것(10개)과 Ⅴ 시바타 타케시(柴田武) 조사 항목(6개어)의 양쪽에 포함된다.

에서 사용되고 있었던 개념이자 용어로 이번 장에서 또한 사용 상황에 따라 지금까지 사용되어 온 술어의 정의나 성격을 바꿔야 하는 것은 아니었다.

질문은 다음과 같다.

「당신은 다음의 단어를 친한 손윗사람에게 어느 정도 사용합니까. 해당하는 것에 ○를 하세요.」

이 외에도 밑줄 친 부분은 3종류(친하지 않은 손윗사람, 친한 손아래 사람, 친하지 않은 손아래 사람)를 더 준비하였다. 이하에서는 「친소・상하」라는 약어를 조합하여 표시하겠다.

답변은 「전혀 사용하지 않는다」, 「가끔 사용한다」, 「비교적 자주 사용한다」, 「매우 자주 사용한다」의 4단계로 기입하도록 하였다. 이 답변 방식은 문화청의 여론조사(문화청 국어과 1997, 2006) 등에서 「평소에」 사용하는지를 묻는 방식과는 차이가 있으므로 주의할 필요가 있다.

1.3. 「오(お) 구분 사용」 기입자의 지역 차이의 문제점

이 조사 데이터에는 지역 차이라는 문제점이 있다. 젊은 층은 히로시마(廣島)대학의 대학생들(18~24세, 남성 50명, 여성 53명)이지만, 중장년층은 효고(兵庫)현 오노(小野)시의 주민들(45~75세, 남성 51명, 여성 51명)이다. 이와 관련하여 니시카와(西川)의 졸업논문(2000)의 저자는 개인적으로 다음과 같이 말하였다.

「논문의 조사 대상자인 학생은 모두 히로시마 대학에 재학 중인 남녀이고, 중장년층은 주로 제 고향인 주택지(효고현 오노시)에 거주하는 남녀가 중심이 되었습니다.」, 「미화어가 비교적 방언에 따른 영향이 적을 것이라는 가설 하에, 계획…….」, 「조사 대상자 개인의 출신지까지는 묻지 않아서…….」, 「히로시마 대학의 학생들의 출신지는 비교적 광범위할 것으로 예측됩니다. 츄고쿠(中國)지방 및 긴키(近畿), 시코쿠(四國), 규슈(九州)지방을 중심으로 한 서일본 출신자가 다수를 차지하고 있을 것으로 추측합니다」,「오노시의 중장년층은 오노시 토박이 및 긴키 지방을 중심으로 한 서일본 각지 출신의 신주민…….」입니다.[5]

「오(お) 구분 사용」 데이터 중에서 5개 항목은 문화청(2006)의 여론조사와 중복된다.「오(お)」의 사용에는 지방의 차이가 있으므로,「오(お)」를 많이 사용하는 긴키지방의 사용률과 이 데이터를 비교할 수도 있다.

표 24-1 문화청 데이터와「오(お) 구분 사용」데이터의 비교

	오비루 (おビール, 맥주)	오챠 (お紅茶, 차)	오테가미 (お手紙, 편지)	오챠완 (お茶碗, 그릇)	오카시 (お菓子, 과자)
문화청(긴키지방)	0.9	4.0	15.1	62.2	80.6%
「오(お) 구분 사용」데이터	4.8	6.1	30.5	61.9	80.3%

표 24-1과 같이「오(お) 구분 사용」 데이터 쪽이「오(お)」의 사용률보다 약간 더 높다. 문화청의 질문은「당신은 평소에 다음 어휘에「오(お)」를 붙여서 말합니까?, 아니면 붙이지 않고 말합니까?」로, 장면과 문체의 차이를 고려하지 않았다는 점이 조사 결과에 영향을 끼쳤을 것으로 보인다.

특히「오테가미(お手紙, 편지)」의 차이가 눈에 띈다. 이것은 아마도 다른 항목과 달리 존경어로 사용하는 경우가 많기 때문일 것이다.「오(お)」의 사용률에는 사회계층(직업, 학력)도 영향을 끼치기 때문에, 중장년층이 효고현의 주택지 주민이고, 젊은 층이 히로시마 대학의 학생인 것도 영향을 끼쳤을 것이다. 그러나 2종류의 데이터의 수치와 순서에 극단적인 차이가 없기 때문에 니시카와의「오(お) 구분 사용」 데이터는 신뢰할 수 있다고 할 수 있다.

5 아사히(朝日2008)의 뉴타운의 조사 대상과 공통점이 있다.

1.4. 「오(お) 구분 사용」의 견본

니시카와는 졸업논문에서 조사 데이터를 4단계로 나누어서 그래프로 나타냈다. 원 데이터의 양상을 나타내기 위하여 4개 어휘군에서 대표적인 것을 하나씩 골라 4개 어휘를 그림 24-1～그림 24-4에 집단별 막대그래프로 나타내었다. 46개 어휘를 조사했기 때문에 전체를 나타내려면 1장의 그래프에 4개의 막대가 아니라 46개의 막대가 늘어서게 된다. 여기에서는 기입자의 4개 집단(학생과 중장년, 남녀)을 4장의 그래프로 제시하였다. 4장 모두 「친한 손윗사람에 대한」 사용률이다. 모두 4개의 장면을 조사했기 때문에 이것의 4배수에 해당하는 그래프가 있다. 즉 1장에 46개의 사용 양상이 늘어선 막대그래프가 16장이다.

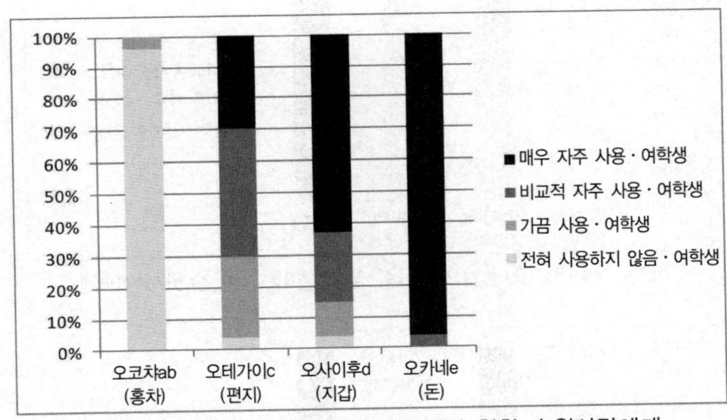

그림 24-1 「오(お)」의 사용　여학생이 친한 손윗사람에게

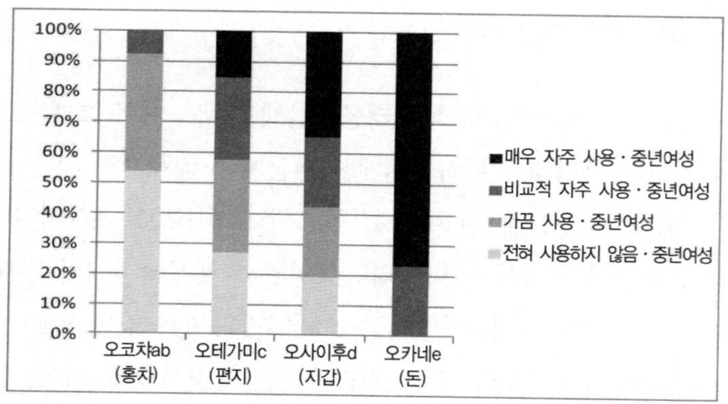

그림 24-2 「오(お)」의 사용　중·노년 여성이 친한 손윗사람에게

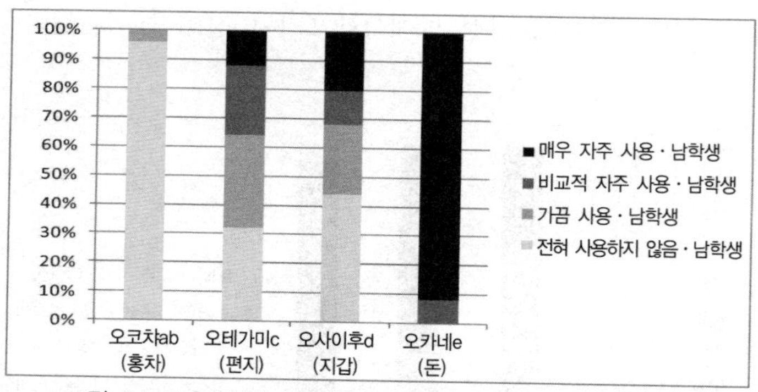

그림 24-3 「오(お)」의 사용　남학생이 친한 손윗사람에게

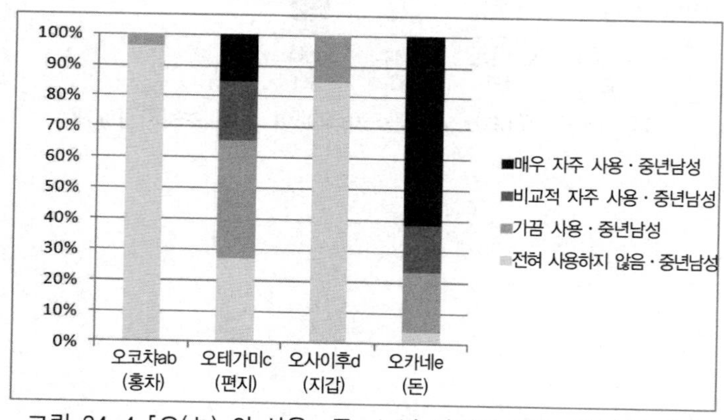

그림 24-4 「오(お)」의 사용　중·노년 남성이 친한 손윗사람에게

사용 정도는 4단계로 나누어서 기입하게 했다. 위의 4개의 막대그래프를 보아도 대표적인 4개 어휘가 거의 연속적인 단계를 보이고 있다. 특히 여학생(그림 24-1)과 중장년층 여성(그림 24-2)의 2장의 그래프는 오른쪽이 더 진해서 사용률의 추이가 명확하게 드러났다. 중장년층 남성(그림 24-4)은 「오테가미(お手紙)」와 「오사이후(お財布)」의 사용률의 순서가 다른 3개 그룹과 다르다.

이와 같은 상황을 자세히 나타내는데 그래프의 매수가 지나치게 많아지면, 전체적인 상황을 파악할 수 없게 된다. 이하에서는 사용도를 점수화했기 때문에 그래프의 막대 하나가 하나의 수치로 표현되면서 단순화되어, 다수의 그래프를 통합하여 고찰할 수 있다.

1.5. 「오(お) 구분 사용」 데이터 재입력의 목표

니시카와(2000)의 분석은 4개 어휘군의 단어들을 각각 합쳐서 집계했기 때문에 각 단어의 양상을 알 수 없었으며, 또한 전체적인 양상도 알기 어려웠다.[6] 그래서 앞에서 언급한 문화청 데이터의 분석에 근거하여, 데이터를 각각의 단어로 나눈 다음, 46개의 전체 양상을 보려고 생각하였다. 니시카와(西川, 2000)의 부표(付表)의 수치를 통계 프로그램에 입력해서, 개인이나 단어의 어휘군에 따른 사용 도수의 평균점을 계산하였다. 「전혀 사용하지 않는다」는 0점, 「가끔 사용한다」는 1점, 「비교적 자주 사용한다」는 2점, 「매우 자주 사용한다」는 3점으로 계산하였다. 이제부터는 이 수치를 이용하여 전체 단어를 한꺼번에 고찰하겠다. 이렇게 하면 그림

6 입수한 구분 사용 데이터에서는 사용 정도(전혀 사용하지 않음, 가끔 사용, 비교적 자주 사용, 매우 자주 사용)의 비율을 막대 그래프로 제시하였기 때문에 다양한 데이터를 대비시키기 어려웠다. 본 논문에서는 부록의 숫자 도표를 새로 입력하여 사용 정도에 따라 0점에서 3점까지의 점수를 부여하여, 각각의 개인과 단어의 평균점을 산출하였다. 개인이나 단어가 1개의 점선이므로 꺾은선 그래프와 산포도를 만들어 여러가지 사실을 밝혀낼 수 있었다. 또한 「구분 사용」 데이터는 성별 차이, 세대 차이, 장면 차이에 따라 정한 ⅠⅡⅢⅣⅤ의 어휘 그룹으로 나누어 집계하였기 때문에 46개 어휘의 각각에 대한 경향을 알 수 없었다.

24-1에서 그림 24-4의 각 그래프의 4개의 막대를 4개의 평균점으로 바꾼 것이 된다. 많은 항목의 평균치를 계산해서 재정렬하고 그래프를 다양하게 작성함으로써 데이터에 대한 새로운 해석이 가능하였다.

2. 「오(お) 구분 사용」 데이터의 4개 어휘군의 요약

2.0. 전체 장면의 꺾은선 그래프-46개 어휘

우선 「오(お) 구분 사용」 데이터의 전체적인 양상을 개관해 보자. 그림 24-5에 전체 46개의 질문 항목의 원래의 수치를 꺾은선 그래프로 나타내었다. 2개 연령층의 남녀 4개 집단, (상하×친소)의 4개 장면을 조합하면 16개의 선이 그어진다. 항목의 배열은 전체 항목의 총 평균에 따라, 왼쪽에서부터 4개 어휘군(ab과다 사용, c존경어, d여성어, e미화어)으로 나누어 배열하고 어휘군들 사이에 공백을 넣었다.

전체적인 패턴을 보면, 왼쪽 부분의 사용률이 낮은 어휘는 16개 장면의 차이(변이)가 작다. 한가운데에서 차이(변이)가 커지고, 오른쪽의 사용률이 높은 어휘에서 16개 장면의 차이(변이)가 또 작아진다. 이것은 렌즈 모델(그림 23-2)로 설명할 수 있다. 중간 과정 단계의 차이는 크지만, 특히 「상소학녀(上疎學女, 손위 친하지 않은 학생 여자)」대 「하친학남(下親學男, 손아래 친한 학생 남자)」이 극단적인 값을 보이는 경향이 있다. 이는 젊은 세대 남녀들이 상하관계를 구별해서 「오(お)」를 사용하고 있는 것으로 당연하게 거의 사용하지 않는 경우와 당연하게 사용하는 경우는 10% 대 70%라는 차이가 있었다.

왼쪽 끝의 「ab과다 사용」에서 상소중녀(上疎中女, 손위 친하지 않은 중장년 여자)가 눈에 띈다. 이는 문화청 여론조사에서 30대 여성이 「오(お)」를 가장 많이 사용했던 것과 관계가 있을 것이다. 왼쪽에서 2번째 그룹인 「c존경어」는 위의 실선과

아래의 점선의 차이가 크다. 오른쪽에서 2번째의 「d여성어」는 위가 동그라미 표시(○)이고 아래가 가위표(×)로, 여성과 남성이 차이를 보인다. 「e미화어」도 마찬가지인데, 분산 정도가 적다. 그러나 이 그림은 선이 너무 많아서 해석하기가 어렵다.

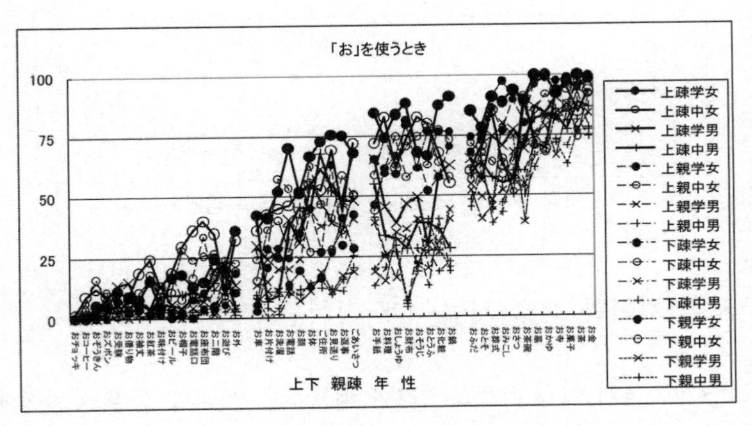

그림 24-5 「오(お)」를 사용할 때 46개 어휘의 세대 차. 지역화와 성별차 · 4장면차

2.1. 전체 장면의 평균치

큰 경향을 파악하기 위하여 그림 24-6으로 4개 어휘군의 총 평균치를 살펴보도록 하겠다. 1개 어휘에 대한 4개의 수치(친소와 상하)의 평균에 대해서, 각 어휘군의 전체 단어의 평균을 계산하였다. 이것은 그림 24-5의 많은 수치를 과감하게 정리해서 단순화시켜 나타낸 것이다. 여기에 평균치를 덧붙였다. 그림에서 4개의 점은 오른쪽 위로 명확하게 상승하는 경향을 보인다. 「오(お)」가 증가하는 경향은 근세 이후 현대에도 끊임없이 지적되고 있기 때문에 이러한 경향은 왼쪽 아래에서 오른쪽 위로의 변화를 반영하고 있다고 해석할 수 있다.

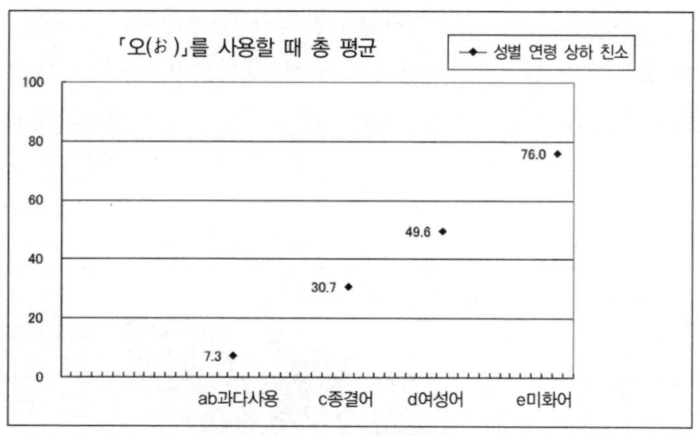

그림 24-6 「오(お)」를 사용할 때의 평균치

2.2. 지역 차이와 성별 차이-4개 어휘군

그림 24-7에는 4개 어휘군으로 정리한 평균값을 세대와 성별의 차이에 따라 4종류로 분류해서 나타냈다(후술하는 산포도 24-17에 대응함). 실선과 점선으로 나타낸 성별 차이는 「d여성어」에서 큰 것으로 나타난다. 한편 동성 간을 비교했을 때, 학생과 중장년층이라는 2세대 간의 차이는 작아서 평행적이다. 「e미화어」는 여학생과 중장년층의 여성 간에 차이가 있다. 일반적으로 「오(お)」를 붙이는 단어는 여학생이 먼저 (또는 안심하고) 많이 사용한다고 해석할 수 있다. 「오(お)」가 적은 ab와 c에서 중장년층 여성의 「오(お)」의 사용률이 높은 것과 대조적이다. 전체 사용률은 오른쪽으로 갈수록 높아지며, 여성은 같은 각도로 상승하고, 남성은 오른쪽 반과 왼쪽 반으로 나뉜다. 남성은 「c존경어」와 「d여성어」의 사용률의 차이가 작고, 「e미화어」에서 여성과 비슷해진다고 해석할 수 있다.

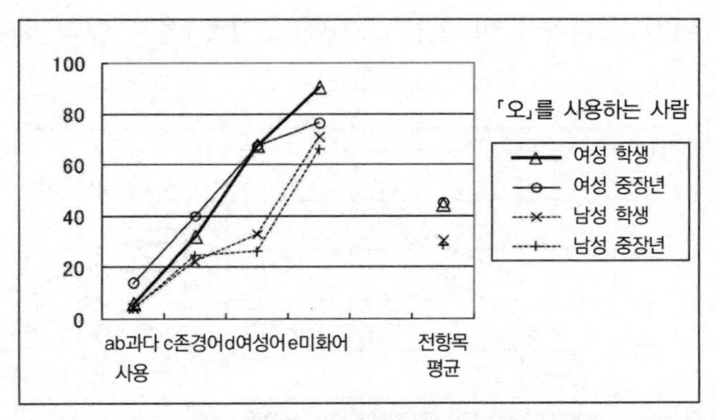

그림 24-7 「오(お)」를 사용하는 사람 : 세대 차=지역차와 성별차

「오(お) 구분 사용」 데이터의 최대의 문제점은 조사 지역의 차이로 젊은 세대는 히로시마 대학의 학생이고, 중장년층은 효고현의 주민이라는 점이다. 양쪽 모두 출신지가 다양해서 서일본에 광범위하게 출신지가 걸쳐 있을 것으로 예측된다. 그러나 효고현의 중장년층과 히로시마대학의 학생들의 차이는 작다(제24장 1.3항 참조). 이러한 결과는 앞에서 살펴본 문화청의 전국 데이터를 근거로 한 전체적인 경향과 모순되지 않기 때문에 이하에서는 전체 데이터를 합쳐서 고찰하겠다.

2.3. 상대에 따른 구분 사용-4개 어휘군

그림 24-8에서는 효고현의 중장년층과 히로시마의 대학생을 합쳐서 평균값을 계산하였다. 그 결과를 바탕으로 대화 상대에 따른 4개 장면의 차이를 4개의 선으로 나타내었다. 4개 어휘군의 거의 모두에서 「손위 친하지 않은」이 가장 높고, 다음이 「손위 친한」, 「손아래 친하지 않은」이며 「손아래 친한」이 최저이다. 예외는 여성의 「d여성어」로 아주 작은 차이이다. 이 결과도 렌즈 모델로 설명할 수 있지만, 단 일그러짐이 있다. 장면 차이(상대에 따른 차이)는 「c존경어」(와 「d여성어」) 에서 특히 크다. 이와 같은 상대의 차이는 지금까지의 조사에서는 명확하지 않았

었다. 따라서 이러한 결과가 이 설문 조사에서 얻은 성과 중의 하나이다.

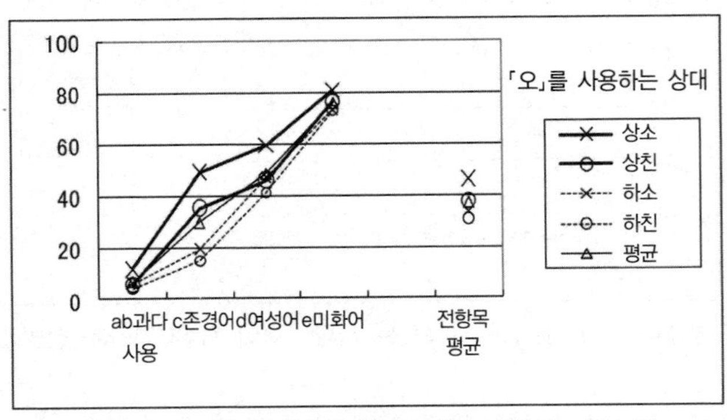

그림 24-8 「오(お)」의 사용 상대 : 상하차 · 친소차

2.4. 전체 장면의 꺾은선 그래프-4개 어휘군

그림 24-6~그림 24-8은 한편으로는 너무 개략적이어서 자세한 경향을 알기가 어렵다. 중간 정도의 상세함을 목표로 각 단어의 차이를 무시하고 46개 어휘를 4개 어휘군으로 정리하여 그 평균값을 그림 24-9에 나타내었다. 대신에 4종류의 대화 상대와 4개 그룹의 기입자, 16개 장면을 그대로 나타냈다.

그림 24-9의 가로축의 4개 어휘군의 배열은 지금까지와 같다. 오른쪽 끝에 전체 항목의 총평균치를 추가하였다. 또한 굵은 선으로 전체 장면의 총 평균값을 나타냈다.

오른쪽 끝의 전체 항목의 평균치를 제외하면, 렌즈 모델이 그래프상에서 선명하게 표현되었다고 볼 수 있다. 만약 f어휘군으로 「오야츠(おやつ, 간식), 오후쿠로(おふくろ, 어머니), 오히야(おひや, 냉수), 오니기리(おにぎり, 삼각 김밥)」 등과 같이 떼어낼 수 없는 「오(お)」의 예를 (헛수고가 될 것을 각오하고) 조사해서 그래프 오른쪽에 넣었더라면 훨씬 명확한 렌즈 모델이 되었을 것이다. 또한 「형광등(螢光灯),

원소(元素), 철학(哲學)」과 같이 「오(お)」가 붙지 않는 어휘도 조사해서 그래프 왼쪽 끝에 넣었더라면 더 명확한 렌즈 모델이 된다. 바로 그림 18-2에서 표현되었던 패턴이다.

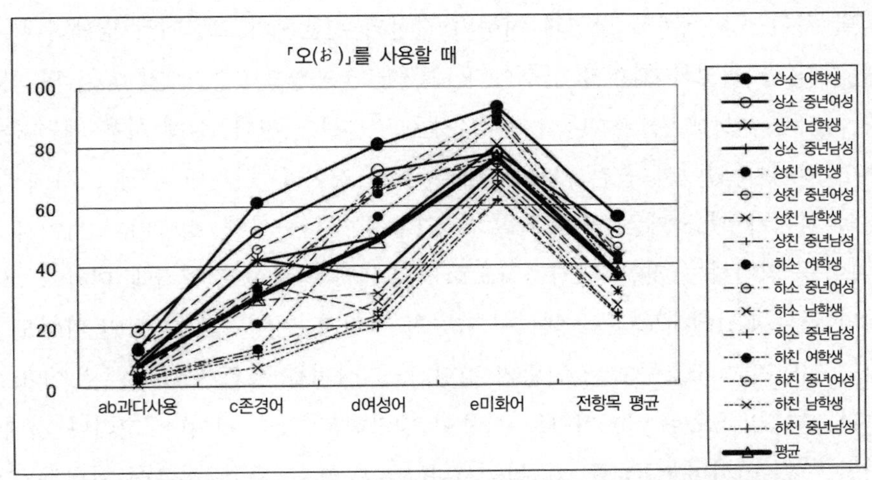

그림 24-9 「오(お)」를 사용할 때 세대 차=지역차와 성별차 · 4장면차

어휘군 별로 보면 다음과 같은 경향이 있지만 중간 장면에서 교체가 보인다.

「ab과다 사용」에서는 차이가 작고, 다음의 「c존경어」와 비슷한 순서이다. 또한 가장 많이 사용하는 것은 중장년층 여성으로 손아래의 친하지 않은 사람에게 사용한다.

「c존경어」에서는 실선과 파선(破線)이 윗부분으로 「손위 친하지 않은」과 「손위 친한」, 즉 손위 사람에게 많이 사용되고 있다.

「d여성어」에서는 ○표시 계통(여성)이 윗부분으로 여성 사용자와 관련이 있다. × 표시 계통(남성)은 아래가 된다.

「e미화어」도 마찬가지이지만, 차이가 줄어든다.

장면과 상대에 따른 6개의 선을 보면, 「상소학녀(上疎學女, 손위 친하지 않은 학생 여

자)」가 c, d, e어휘군에서 가장 높다. 여학생이 격식을 차린 장면에서 「오(お)」를 사용하는 것이다. 또한 「하친학남(下親學男, 손아래 친한 학생 남자)과 하친중남(下親中男, 손아래 친한 중장년 남자)」이 늘 「오(お)」사용률이 가장 낮다. 남성은 친한 사람과 이야기할 때에는 「오(お)」를 사용하지 않는 것이다.

성별 차이는 이제까지 남성과 여성의 각각의 평균치의 그림에서 명백하다. 그러나 거의 늘 최고와 최저가 상소학녀(上疎學女, 손위 친하지 않은 학생 여자)」와 하친중남(下親中男, 손아래 친한 중장년 남자)」인 것은 주목할 만하다. 실제 사용 예는 듣는 장면의 차이가 있어서 중간 부분은 다른 것일 것이다. 하지만 다른 조사에서도 남녀의 차이가 있을 때 이처럼 말할 수 있을지는 의문이다. 평균치의 차이가 문체 차이를 의미하는 것인지, 경어적으로 구별해서 사용한 것인지에 대하여 고려해야만 한다. LAJ에서도 같은 해석이 가능한 것인지, 지역 차이나 방언 차이도 의미하는 것인지는 도호쿠(東北) 지방의 경향 등을 살펴볼 필요가 있다. 「오츠리(おつり, 거스름돈)」의 「오(お)」는 아마도 사용이 증가하고 있을 것이다. 그러나 자연물 경어인 「오츠키사마(お月さま, 달), 라이사마(雷さま, 번개)」 등은 사용이 쇠퇴하고 있을 가능성이 있다.

2.5. 4개 장면의 차이–4개 어휘군

그림 24-10에서는 효고의 중장년층과 히로시마의 대학생 및 성별로 좌우를 나누어 평균값을 나타내었다(후술하는 산포도24-20에 대응함). 사용자에 따라 남성은 왼쪽에 여성은 오른쪽에 나타내었다. 4개 어휘군(과 총 평균값)을 5개의 선으로 표현하였다. 4개 장면을 선으로 이었기 때문에 선의 경사로 장면에 따른 구별 사용의 정도를 알 수 있다.

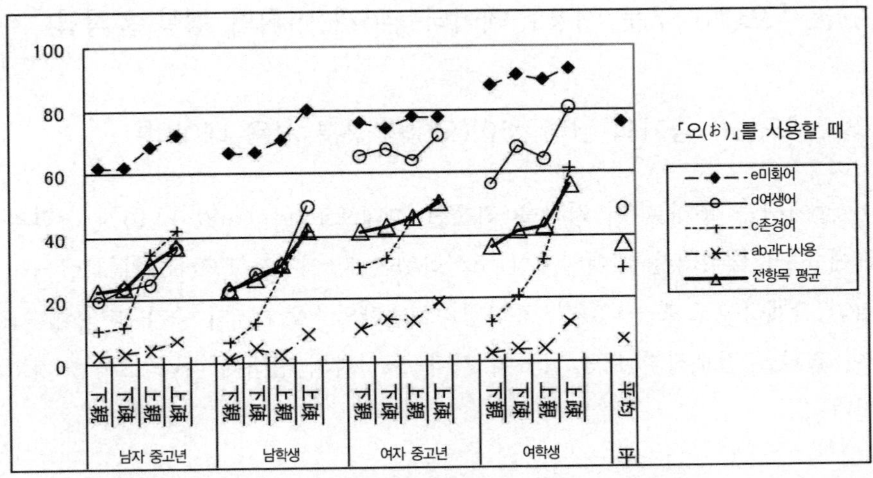

그림 24-10 「오(お)」를 사용할 때 성별차 · 4장면차

전체적으로 오른쪽으로 올라가는 경향으로 점선 「c존경어」의 경사가 크다. 특히 남학생과 여학생에서 (히로시마의) 젊은 세대의 상대에 따른 차이가 크다. 중장년층 여성은 존경어에서도 다른 어휘군에서도 구분해서 사용하는 경우가 작고, 특히 미화어에서 사용 양상이 눈에 띈다. 이것은 여성의 경어 구분 사용(의 적음)에 대한 긴다이치(金田一)설(긴다이치 1988)로 설명할 수 있다. 이는 후술하는 산포도에서는 읽어낼 수 없는 경향이다. 그러나 남성의 「c존경어」와 「d여성어」의 구분 사용은 사용률에 비해서 큰데, 이것은 「d여성어」를 남성이 사용하지 않기 때문이다.

이상과 같이 46개 단어를 4개 어휘군으로 나누어 평균 사용률을 그래프화한 결과, 대략적인 사용 경향을 파악할 수 있었다.

3. 「오(お) 구분 사용」 데이터—46개 어휘의 경향(움직임)

3.1. 「오(お)」증가의 남녀 차이(오(お) 구분 사용 데이터)

이 절에서는 46개 단어 각각을 꺾은선 그래프로 나타내었다. 16개 장면의 총 평균에 따라 데이터를 재배열해서 도식화했는데, 이것은 「오(お)」가 보급되는 연속적인 단계라고도 볼 수 있다. 문화청의 9년간의 「오(お)」의 증가 경향(제22, 23장)과 이 결과를 결부시켜 보면 납득이 간다. 도식화의 방법에 따라 보이는 것이 달라진다.

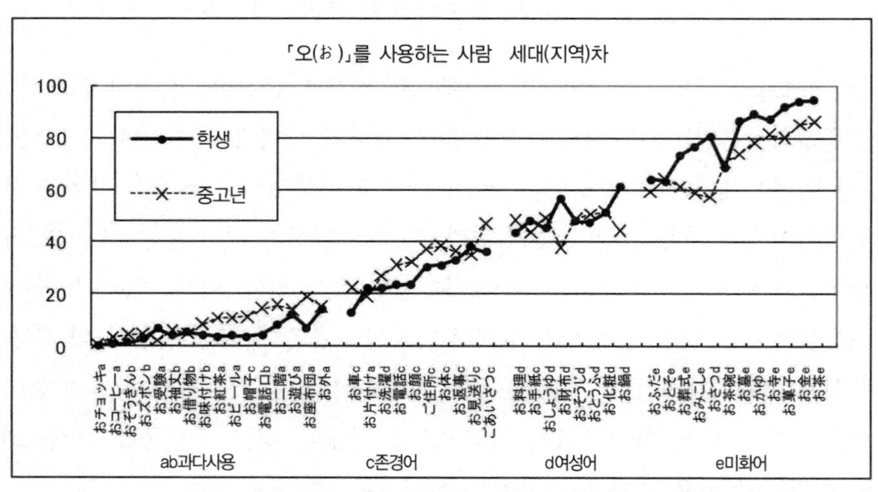

그림 24-11 「오(お)」를 사용하는 사람 세대 차 · 지역차

그림 24-11에서는 효고현의 중장년층과 히로시마의 대학생으로 데이터를 나누어 16개 장면의 평균치를 나타내었다. 전체를 종합해서 그림 24-5의 16개의 선을 8개씩 평균해 2개의 선으로 요약한 것이다(후술하는 산포도 25-1에 대응함).

그래프를 보면, 4개 어휘군에 따라 결과가 다르다.[7] 「오(お)」가 그다지 붙지 않는 좌측의 「ab과다 사용」과 「c존경어」는 효고현의 중장년층이 위가 되고, 「오(お)」가 자주 붙는 우측의 「d여성어」와 「e미화어」는 히로시마의 대학생이 위가 된다. 이것은 지역 차이라기보다는 연령 차이로 설명이 가능하며, 이하의 성별 차이에 비하면 작다고 볼 수 있다. 세대 차이와 지역 차이를 분리하는 것은 곤란하다.

이 그래프에 따르면, 히로시마의 대학생과 효고현의 중장년층이라는 지역 차이가 있는 세대 차이를 정면에서 다룰 필요는 없다. 성인 후 채용(제23장)이라는 관점에서 보면, 어느 정도 나이가 있는 사람이 대담하게 「오(お)」를 붙이기 시작한다. 젊은 세대는 일반적으로 「오(お)」가 퍼진 단계의 어휘에 안심하고 「오(お)」를 많이 붙인다는 기제다(그림 22-10).

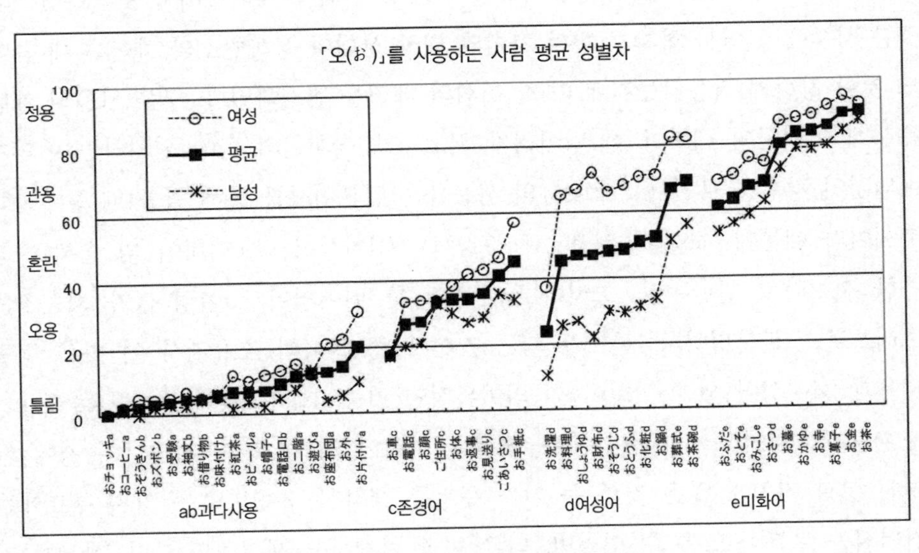

그림 24-12 「오(お)」를 사용하는 사람 성별차

---

7 예외적인 어휘는 총 평균값으로 재배열한 것과 일치하지는 않는다. 후술하는 그림 25-5로 어휘의 소속을 바꾸어 재집계하였다. 여기에서는 일시적인 편의를 위해서 다른 분류로 결과를 살펴보겠다.

그림 24-12에서는 남녀로 나누어 평균을 나타내었다(후술하는 산포도 25-2에 대응함). 성별 차이가 크다고 알려져 있기 때문에 항목의 배열을 변경하였다. 각 어휘군의 끝에 위치하는 어휘가 예외적이라는 것을 알 수 있다. 또한 「ab과다 사용」과 「c존경어」는 「d여성어」와 불연속적이고, 「d여성어」와 「e미화어」는 연속적이라고 볼 수 있다. 어휘군을 (ABCDE로) 재정리하면 기제가 자세하게 보일 가능성이 있다.

3.2. 두 가지 경로

그림 24-13에서는 「오(お)」의 사용률에 따라 어휘를 재배열해서 도식화했는데, 구분 사용에 있어서 화자 성별의 차이와 대화 상대의 상하친소의 차이 중에서 어느 것이 강하게 작용하는지에 따라, 어휘의 배열을 변경하였다. 구분 사용의 패턴은 4개 어휘군의 내부가 한 덩어리가 되고 4개 어휘군의 끝에 위치하는 어휘가 예외적인 경향을 보인다. 「오(お)」의 사용률은 일본어사를 통해 봤을 때 증가하는 추세이기 때문에 「ab과다 사용」, 「c존경어」, 「d여성어」, 「e미화어」의 순서로 증가한 것이라고 판단된다. 그러나 「c존경어」를 뛰어넘어 「d여성어」가 되는지는 그래프로는 불분명하다. 힌트가 되는 것은 「c존경어」의 소유경사[8]에 따른 구별 사용과 「d여성어」와 「e미화어」의 의미론적인 편중(여성이 사용하는 가정 내의 식사 등과 관련된 단어)이다. 「ab과다 사용」에서 「e미화어」에 이르기까지는 「c존경어」를 거친 것과 거치지 않은 것의 두 가지 루트를 생각할 수 있다. 두 가지 루트에는 겹쳐지는 부분이 있을 수 있지만, 다른 변화 기제라고 생각해도 좋다. 상세한 것은 제25장에서 논하겠다(그림 25-6).

---

8 소유자와 사물과의 관계를 분리 가능 소유와 분리 불가능 소유로 나누는 것이 아니라, 경사(cline) 또는 연속체로 해석하는 방법이다(쓰노다(角田) 1991). 일왕 보도 등에서 존경어 사용의 수용도(자연스러움, 적격성)에 다음과 같은 차이가 있었던 것이 예이다. 신체 부분＞속성＞의류＞(친족＞)애완동물＞작품＞기타 소유물.

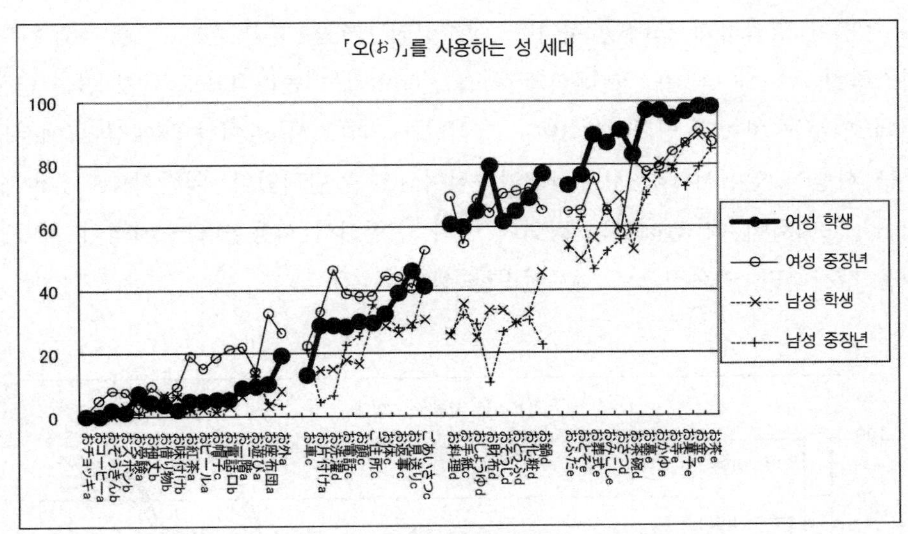

그림 24-13 「오(お)」를 사용하는 사람　성별차 세대 차

그림 24-13에서는 남녀 차이와 세대 차이=지역 차이를 조합해서 나타내었다. 그림을 보면 남녀 차이가 크고, 세대 차이=지역 차이는 비교적 작다. 어휘군의 배열은 구 분류에 의하며, 「ab과다 사용」 어휘군에서는 중장년층 여성의 다용(多用)이 선명하게 드러났다. 남성의 세대 차이=지역 차이는 무질서한 양상을 보이며, 지역 차이는 편의상 무시해도 좋다.

3.3. 「오(お)」 증가의 청자의 차이

그림 24-14 이하에서는 상대의 차이=장면 차이를 다루겠다(후술하는 산포도 25-3에 대응함). 이하에서는 화자의 남녀 차이와 세대 차이=지역 차이를 무시하겠다. 전원의 평균값으로 4개 장면(상하친소, 상대의 차이, 청자의 차이)을 고찰하게 된다. 신분류에 따라 어휘군 배열을 바꾸었다.

장면 차이가 「c존경어」에서 크다는 것은 앞뒤가 맞다. 말 그대로 「존경어」로서의 용법이 명확하게 드러난 것이다. 상소상친(上疎上親, 손위 친하지 않음 손위 친함), 하소하친(下疎下親, 손아래 친하지 않음 손아래 친함)이라는 논리적으로 알기 쉬운 순서인데, 일부는 차이가 명확하지 않다. 그러나 「ab과다 사용」이나 「d여성어」에서도 구분 사용이 있어서 「c존경어」와 연속적이라고 판단되었다. 일반적으로 「d여성어」나 「e미화어」에 관해서는 장면에 따라 구별해서 사용한다는 지적이 적다는 것을 생각하면, 자료적으로 일보전진한 셈이다.

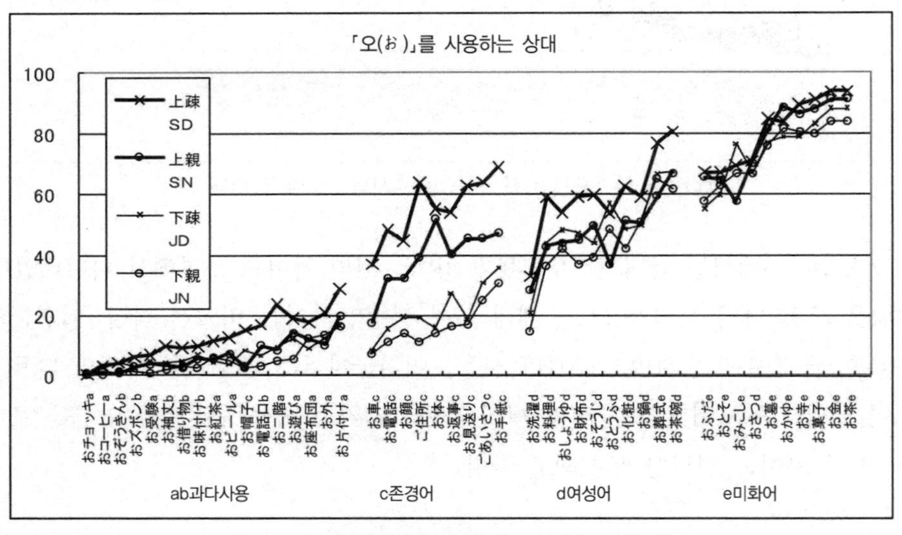

그림 24-14 「오(お)」를 사용하는 상대 상하친소

3.4. 「오(お)」 증가의 사용자의 성별 차이

그림 24-15와 그림 24-16은 화자(기입자)의 남녀 구분에 따라 2장으로 나눈 별도의 그래프인데, 이 그래프를 통해서 상대의 차이=장면 차이를 다루겠다. 이때 세대 차이=지역 차이는 무시하였다. 결과를 보면 남녀의 경향성이 완전히 다르다.

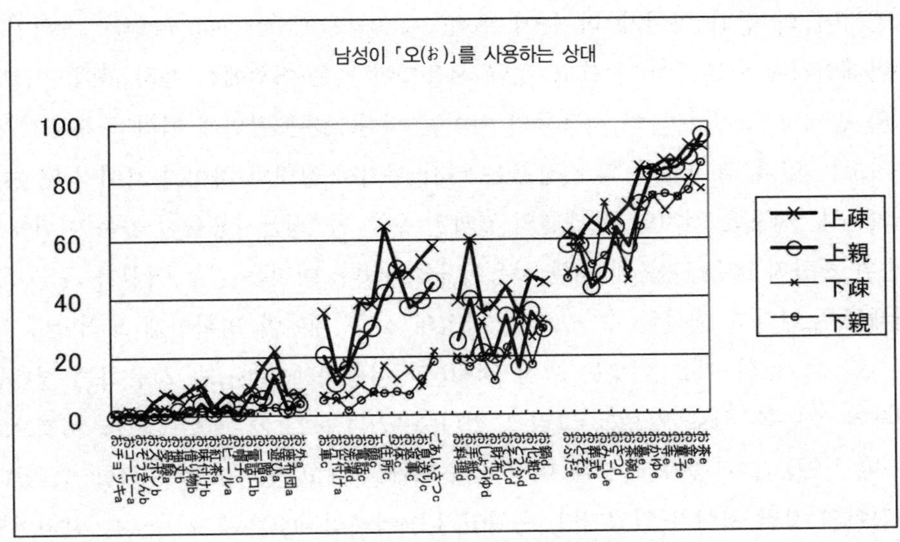

그림 24-15 남성이 「오(お)」를 사용하는 상대

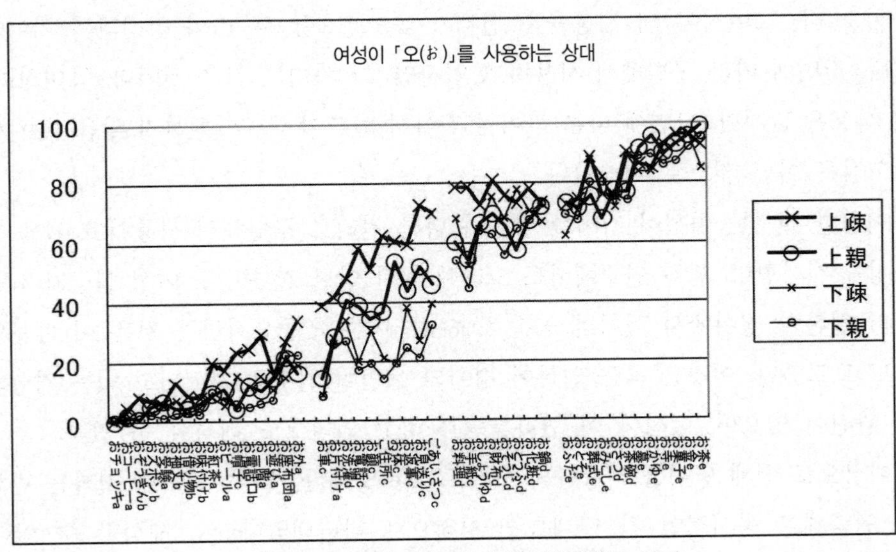

그림 24-16 여성이 「오(お)」를 사용하는 상대

그림 24-15의 남성이 「오(お)」를 사용하는 상대를 살펴보면 그림 24-10에서의

「c존경어」의 장면 차이가 더 눈에 띈다(후술하는 산포도 24-18에 대응함). 손위인지 손아래인지에 따른 차이가 크고, 평균 사용률이 높은 어휘에서 특히 차이가 크다. 이와 반대로 「d여성어」의 사용률의 차이는 작다. 물론 장면에 따라 구분해서 사용하고는 있다. 「e미화어」의 사용률은 커서 여기서 장면의 차이가 보이지 않는다. ab의 구분 사용은 적지만, 재배열의 결과인 우측 즉, 평균사용률이 높은 어휘에서 「손위 친하지 않은(上疎)」에 대한 사용이 눈에 띈다. 이것은 일부 어휘가 존경어적 색채를 보인다고 해석할 수 있으며, 남성의 사용 패턴이 명확하게 드러났다.

그림 24-15와 짝을 이루는 그림 24-16의 여성이 「오(お)」를 사용하는 상대는 전체가 오른쪽 위로 커브를 그리고 있다(후술하는 산포도24-19에 대응함). 이것으로 볼 때 「오(お)」의 증가 과정은 여성이 주도권을 쥐고 있다고도 해석할 수 있다. 존경어의 장면 차이가 있었지만, 손위인지 손아래인지(굵은 선 대 가는 선)의 차이와 함께 친소의 차이(○ 대 ×)가 크다. 이러한 차이는 평균 사용률이 높은 어휘에서 특히 크다. 「d여성어」의 사용률은 전체가 높고, 그림 24-15의 남성과의 차이가 크다. 장면에 따라 구별해서 사용하고 있지만, 그 차이는 작은 것이다. 「e미화어」의 사용은 많지만, 장면에 따른 차이는 작아서 반드시 「손위 친하지 않음(上疎)」이 최고점은 아닌 것으로 나타났다.

이러한 결과는 여성이 경어를 남성과 다른 원리로 구별해서 사용하고 있을 가능성을 시사한다. 담화 연구에서도 고려해야 할 만한 결과이다. 여성 연구자가 종래의 일본어 경어에서 벗어나 공손(Politeness)이론을 중요시하는 것은 이 때문일지도 모르겠다. 이것은 최근 일본어 경어의 용법이 친소에 지배되고 있는 경향과도 관련이 있으며, 여성이 이 변화를 선도하고 있다고도 해석할 수 있다.

이상으로 전체 단어를 사용률의 순서로 재배열해 본 결과, 이러한 결과는 변화의 연속체로 통시적인 각 단계를 공시적으로 나타내었다고도 해석할 수 있다. abcde에 따른 분류를 ABCDE로 재분류하면, 「C존경어」가 변화의 중간 단계에서 반드시 필요한 것은 아니다. 즉 두 가지 루트(순환 과정)를 생각할 수 있다(그림

25-6).

4. 산포도에 의한 「오(お) 구분 사용」 데이터의 고찰

이하의 절에서는 「오(お) 구분 사용」 데이터를 산포도를 통해 논의하도록 한다. 그래프의 수를 한정하여 중요한 것만 제시하겠다. 이제까지 제시한 꺾은선 그래프에서는 항목을 어떤 기준에서 1차원으로 배열해서, 분류해야 했기 때문에 변화의 연속체를 적절하게 표현할 수 없었다. 이하에서는 16개 장면의 총 평균값에 따라 데이터를 크게 다룰 것이다. 이것은 이 장의 제3절과 같은 현상을 다른 형태로 도식화한 것이다. 이로써 읽어낼 수 있는 내용이 달라진다. 또한 제25장에서는 변화의 중간 단계를 연속적일 것으로 판단하여, 46개 단어를 개별적으로 산포도로 나타내었다.

4.1. 「오(お)」 증가의 남녀 차이와 세대 차이

그림 24-17에서는 가로축에 남성, 세로축에 여성의 사용률을 조합하여, 효고현의 중장년층과 히로시마의 대학생을 나누어 표시하였다. 중장년층과 학생을 선으로 이어, 중장년층은 ■로, 학생은 ▲로 나타냈다(꺾은선 그래프인 그림 24-7에 해당함). 전체 사용률의 총 평균값도 제시하였지만, 거의 세대 차이가 없다. 효고현의 중장년층과 히로시마의 대학생은 지역은 다르지만, 총체적으로는 「오(お)」의 용법이 비슷하다고 해석할 수 있다. 전체 사용률의 역사적 증가의 추이는 왼쪽 아래의 「ab과다 사용」에서 출발하여 중간의 「c존경어」와 「d여성어」를 거쳐 「e미화어」로의 추이로 나타났다.

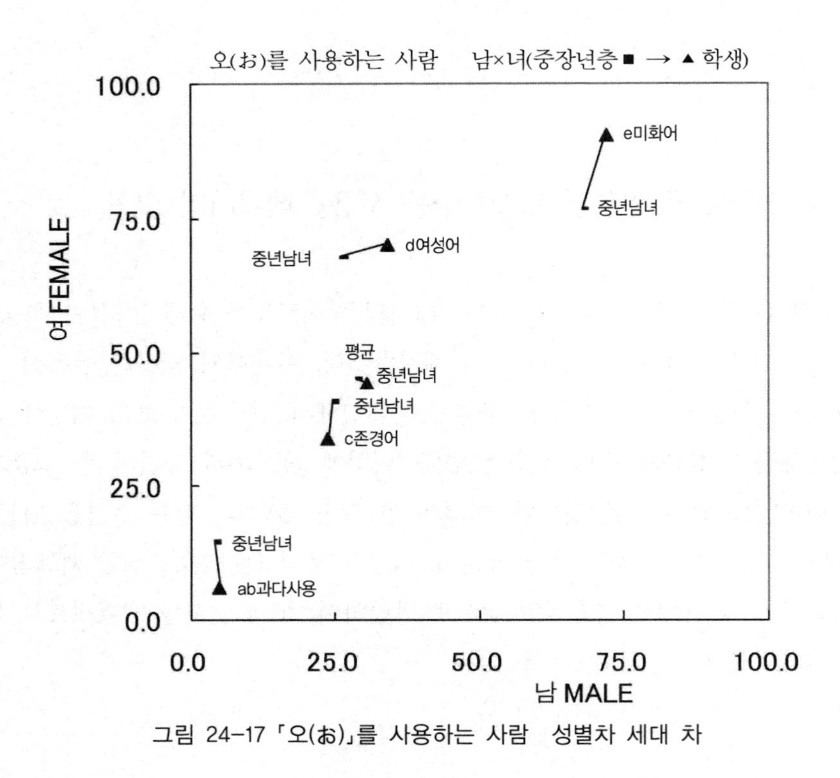

그림 24-17 「오(お)」를 사용하는 사람 성별차 세대 차

그래프에서는 「중장년층■ → ▲학생」으로 변화 방향을 나타내었다. 연령 차이를 겉보기 시간으로 보는 일반적인 견해에 따르면, 젊은 세대는 새로운 현상을 많이 채용하므로, 중장년층에서 젊은 층으로의 화살표는 역사적인 증가를 보여주는 방향과 일치해야 할 것이다. 분명히 그림 24-17에서는 윗부분의 「d여성어」와 「e미화어」에서는 화살표가 위를 향하고 있어서, 젊은 세대의 사용이 많다. 그러나 아래 부분의 「ab과다 사용」과 「c존경어」에서는 방향이 아래를 향하고 있어서, 젊은 세대의 사용이 적다. 젊은 세대(학생)는 「오(お)」를 사용하지 않는 어휘와 사용하는 어휘가 극단적인 사용률을 보인다. 이것은 일본어 전체의 움직임을 잘 나타낸 것이라고 할 수 있다. 또한 제25장에서 논의하듯이, 젊은 층은 「오(お)」의 사

용이 적을 때는 「오(お)」를 붙인다는 것을 눈치채지 못하고 느리다가, 사용이 많아지면 적극적으로 「오(お)」를 붙이는 경향이 있다고도 설명할 수 있다. 즉 젊은 학생은 중장년층보다도 극단적인 형태로 어휘군 사용률의 차이를 보인 것이다.

4.2. 장면적 구분 사용의 남녀 차이-46개 어휘

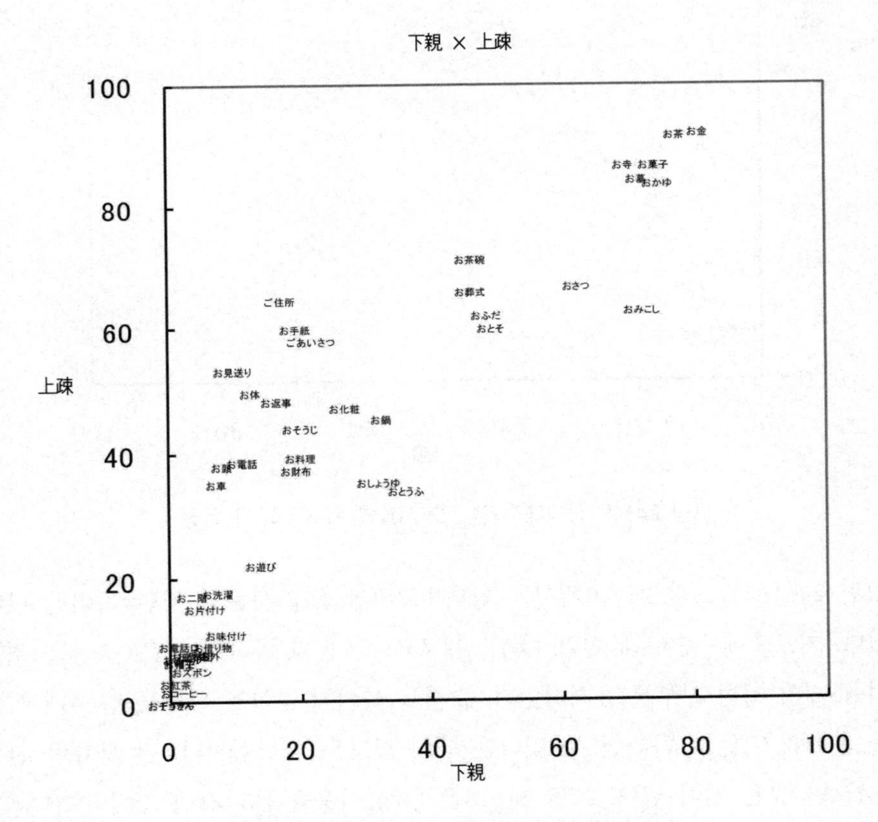

그림 24-18 상대에 따른 「오(お)」의 사용 46개 남성

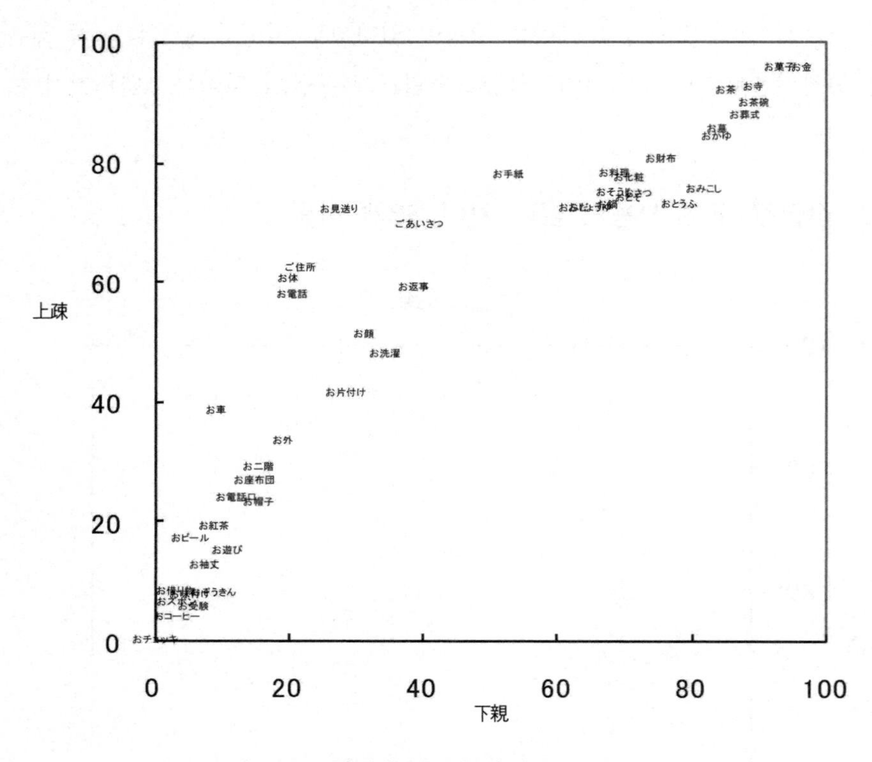

그림 24-19 상대에 따른 「오(お)」의 사용 46개 여성

그림 24-18과 그림 24-19에서는 남녀별로 「오(お)」 사용의 장면 차이를 나타내었다. 가로축에 「손아래 친한(下親)」, 세로축에 「손위 친하지 않은(上疎)」을 조합하여 46개의 어휘 전부를 표시하였다. 순서를 붙이지 않아도 된다는 점, 4개 어휘군을 분류하지 않고 나타낼 수 있다는 것이 산포도의 장점이다. 단 분류를 선으로 묶으면 같은 것이 된다. 그림 24-18은 남성 사용률을 나타낸 것이다(꺾은선 그래프의 그림 24-15에 대응함). 대각선보다 왼쪽 위에 떨어져 있는 어휘는 「손위 친하지 않은(上疎)」에 대해 많이 사용한다는 것을 의미한다. 좌측의 「c존경어」가 특히 떨어져 있다. 꺾은선 그래프인 그림 24-15에서 보았듯이, 남성은 「c존경어」의 용

법에서 특히 눈에 띈다. 이것을 제외하면, 「ab과다 사용」에서 「d여성어」를 거쳐 「e미화어」로 향하는 루트는 연속적으로 보인다. 「오미코시(おみこし, 가마)」가 대각선 아래에 있어서 예외적이다. 단 「ab과다 사용」과 「c존경어」, 「d여성어」 사이에는 공백이 있어서, 어휘군의 차이가 명료하다.

그림 24-19는 여성의 「오(お)」 사용률을 나타낸 것이다(꺾은선 그래프의 그림 24-16에 대응함). 대각선보다 왼쪽 위에 떨어져 있는 어휘는 「손위 친하지 않은(上疎)」에 대해 많이 사용한다는 것을 의미한다. 어휘군의 차이가 눈에 띄지 않고 연속적이다. 이것은 여성이 변화를 이끌고 있기 때문이라고도 해석할 수 있다. 「c존경어」가 대각선에서 약간 떨어져 있지만, 그림 24-18의 남성 정도는 아니다. 오히려 「d여성어」와 「e미화어」가 오른쪽 위에 모여 있는 것이 눈에 띈다. 「d여성어」와 「e미화어」의 장면에 따른 구분 사용이 눈에 띄지 않는다는 것을 의미한다. 「오센타쿠(お洗濯, 세탁)」는 오히려 c에 넣는 편이 좋을 것 같다. 꺾은선 그래프인 그림 24-16에서 보았듯이 여성은 「d여성어」를 많이 사용한다.

4.3. 남녀 차이와 세대 차이 4개 어휘군의 평균치

그림 24-20에서는 다시 가로축에 남성, 세로축에 여성을 조합하여, 4개 장면의 세대 차이=지역 차이를 살펴보겠다. 46개 어휘를 4개 어휘군으로 나누어 평균치를 표시하였다. 즉 화자로서의 4종류(성(性)MALE FEMALE, 세대O Y)와 대화 상대의 4종류(상(上)S 하(下)J, 친(親)N소(疎)D)의 모두를 담은 것이 된다. 그림 24-17을 세분해서 나타낸 것에 해당한다(꺾은선 그래프 그림 24-10에 대응함). 이제까지의 상세한 고찰을 종합하여, 결론을 내기에 충분한 그림이다.

그림 24-17에서 살펴본 것과 마찬가지로 4개 어휘군의 4개씩의 선은 왼쪽 아래에서 오른쪽 위를 향해서 늘어선다. 「ab과다 사용」은 왼쪽 아래에 모여 있다. 「c존경어」는 왼쪽 오른쪽으로 퍼져 있는 것이 특징적이다. J는 손아래에 대한 용

법이 적기 때문에 「ab과다 사용」에 가깝고, S는 손위에 대한 용법이 많으므로 「d여성어」에 가깝다. 「d여성어」의 4개는 그 위에 퍼진다. 「e미화어」의 4개는 오른쪽 위에 모여 있다.

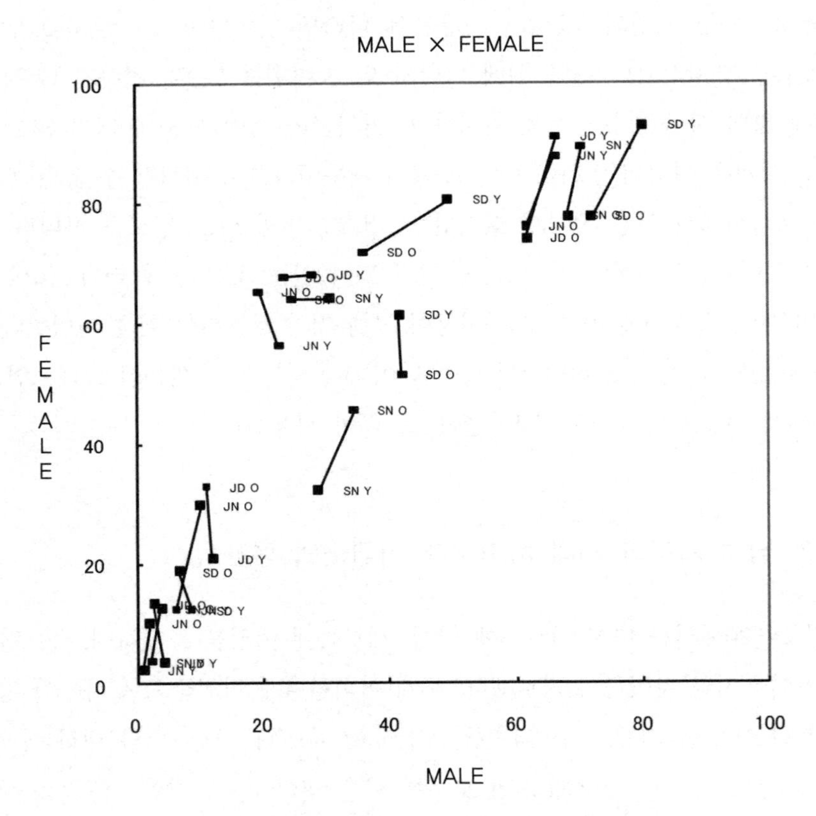

그림 24-20 「오(お)」의 사용 4어군 세대의 추이 남녀별

선으로 이은 젊은 세대 Y(큰 ■)에서 중장년층 O(작은 ■)으로의 방향은 왼쪽 아래의 사용률이 낮은 것이 위를 향하고 있다. 이것은 중장년층이 변화에 앞장서고 있다는 것을 의미한다. 오른쪽 위의 사용률이 높은 것은 아래 방향으로 향하는데

이것은 학생이 변화에 앞장 서고 있다는 것을 의미한다. 중간의 여성어에서는 방향이 일정하지 않다. 앞서 언급한 바와 같이, 용법이 보급되지 않은 어휘는 중장년층이 적극적으로 또는 대담하게 「오(お)」를 붙인다. 용법이 보급되면 학생이 뒤를 따르는 형태로 「오(お)」를 붙인다. 23장에서 언급한 문화청 조사에서 나타난 30대 여성의 선과 궤를 같이한다.

이상 「오(お) 구분 사용」 데이터에 관하여 방법을 바꿔가면서 각종 분석을 시도하였다. 각각의 그래프에 따라서 해석할 수 있는 사실이 달라졌다. 전체적으로는 「오(お)」의 사용에 성별 차이가 있다는 점, 장면에 따라 「오(お)」를 구분해서 사용한다는 점, 또한 단어에 따라 「오(お)」 사용에 차이가 있다는 점을 알 수 있었다. 「d여성어」와 「e미화어」에 관해서도 장면에 따라 「오(お)」를 구별해서 사용한다는 점은 이론적으로 중요하다. 이러한 공시적인 변이는 통시적인 변화 과정의 반영이라고 볼 수 있다. 또한 중장년층 여성은 종래에 「오(お)」를 붙이지 않았던 어휘에도 「오(お)」를 대담하게 사용하기 시작하고, 여학생은 이미 확립한 어휘에 「오(お)」를 빈번하게 붙이는 경향이 있었다. 즉 중장년층 여성은 전문가 입장에서 보면 「오(お)」의 오용과 과다 사용을 선도하고 있다. 이것은 문화청 조사에서 나온 성인 후 채용의 현상과 근본적으로는 동일하다. 일본어의 역사적인 관점에서 보면 뇨보시(女房詞, 궁녀들이 쓰던 은어적인 말)와 근본이 같다고 여겨지던 것과도 부합한다.

다음 장에서는 이상의 결과를 더 추상화한 형태의 산포도를 이용하여 전체적인 경향을 살펴보겠다.

25 「오(お)」의 구분 사용으로 본 미화어의 순환 과정

―「오(お) 구분 사용」 데이터의 해석

❖ 이번 장에서는 미화어 접사인 「오(お)」의 확대 과정에 관한 졸업논문의 설문 조사에 근거하여 분석하겠다. 앞 장과 마찬가지로 「오(お)」를 장면에 따라 구별해서 사용하였는지를 알아보기 위한 설문 자료인 「오(お) 구분 사용」 데이터를 분석하여, 성별 차이가 큰 어휘와 장면 차이, 문체 차이가 큰 어휘가 있다는 것을 확인하였다.
더 나아가, 사용자의 세대 차이, 성별 차이와 대화 상대(상하, 친소)의 2가지 요소를 조합한 산포도를 분석함으로써 조사 어휘 전체를 언어 변화의 연속체로 해석하였다. 「오(お)」의 사용률이 낮은 어휘에서 사용률이 높은 어휘를 향하여 연속적으로 분포한다는 것을 근거로 「오(お)」가 붙는 어휘가 증가하고 있는 역사적인 과정을 공시적으로 반영한다고 간주하였다. 남성이 원래 「존경어」로 「오(お)」를 사용하는데 비해 여성은 주위의 어휘에 「오(お)」를 「과다」하게 붙이기 시작하여 사용률을 서서히 높인 다음 이것을 「여성어」로 퍼트린다. 그 결과, 결국에는 남성까지 끌어들여 「오(お)」가 붙은 어휘를 「미화어」로 확립시킨다. 이것은 성별 차이와 문체 차이가 다시 약해지는 과정이다. 이 과정을 고려했을 때, 어떤 어휘에 「오(お), ご(고)」가 붙는 것이 당연하게 되면, 이중으로 (과다하게) 붙인다는 변화도 설명할 수 있다. 「오(お)」의 증가에 순환적인 과정을 도입하고, 또한 변화 도중에 변이가 늘어나는 과정은 「렌즈 모델」로 설명하였다.

1. 문화청 경년(経年) 조사 데이터에 의한 연속체

「오(お)」의 사용에 관해서는 전 국민의 귀중한 데이터가 공표되었다. 문화청의 두 번에 걸친 여론조사(문화청 국어과 1997, 2006)의 데이터를 그래프화함으로써 이

하의 두 가지 경향을 밝혀낼 수 있었다(이 책 제22장, 23장).

(1) 「오(お)」의 증가 경향

사회언어학에서 변이의 세대 차이를 언어 변화의 반영으로 볼 때, 문제가 되는 것은 실시간(real time)과 겉보기 시간(apparent time)의 차이이다. 문화청의 9년 간격의 조사는 이 문제를 해결할 수 있는 적절한 실증 데이터로 「오(お)」의 사용률과 보급률의 증가를 알 수 있었다. 실시간 조사로 거의 모든 어휘에서 「오(お)」가 증가 경향을 보였다는 것을 근거로 조사된 어휘가 장기간의 언어 변화의 여러 단계를 반영한 것이라고 해석할 수 있다(제22장 1.1 참조).

(2) 성인 후 채용(late adoption)

문화청의 경년 변화 데이터의 세대 차이에서는 이 외에도 사회언어학의 언어 변화론에서 최근 논의가 되고 있는 성인 후 채용(late adoption)이 명확하게 드러났다. 「오(お)」에 대해서는 30대 주부가 가장 앞장서서 사용한다는 것을 알게 되었다. 그러나 일반적인 언어 변화와 달리 가장 젊은 세대가 사용하는 말이 미래의 일본어를 그대로 반영하는 것은 아니다.

2. 「오(お) 구분 사용」 데이터의 재검토

2.1. 세대 차이=지역 차이의 재검토

우선 데이터를 개관하여 전체상을 파악한 후에 개별적인 현상을 살펴보겠다. 「오(お) 구분 사용」 데이터의 최대의 문제점은 조사 지역이 다르다는 점으로 젊은 세대는 히로시마 대학의 학생이고, 중장년층은 효고현의 주민이다. 양쪽 모두 태생이 다양해서 서일본에 광범위하게 출신지가 분포되어 있을 것으로 예측된다. 세대 차이와 지역 차이가 어느 정도 관련되어 있을지는 데이터만으로는 불분명하다.

그러나 다행스럽게도 두 번에 걸친 문화청의 경년 조사로(문화청 국어과 1997, 2006) 일본 전체의 세대 차이와 지역 차이를 알 수 있기 때문에 「오(お) 구분 사용」 데이터와 비교할 수 있다. 세대 차이의 경우, 문화청의 데이터에서 국민 전체를 보면, 10대는 「오(お)」를 그다지 사용하지 않고, 30대(주부)가 정점이 되는 「성인 후 채용」이라는 경향이 있었다. 대학생과 중장년층은 모두 정점에서 멀어진다. 중장년층은 30대보다 조금 낮아지는 정도이므로(이노우에 2009.12., 이 책 제22장), 20대 전후의 학생보다도 「오(お)」의 사용률이 높다.

지역 차이에 대해서는 문화청 조사의 원 데이터에 근거한 「오(お)」의 현별 지도(이 책 그림 23-5~그림 23-12)가 있다. 많은 어휘에서 주권 분포와 대략적으로 비슷한 양상을 보이는데, 관동 지방과 긴키 지방에서는 많이 사용하고, 도호쿠 지방과 규슈 지방에서는 적다. 효고현과 히로시마현은 같은 서일본이지만, 전체적으로는 효고현이 「오(お)」를 더 많이 사용하는 경향이 있다. 즉 문화청 데이터를 근거로 살펴보면, 히로시마 대학의 학생은 (일반적으로 기대되는 것과는 달리) 효고현의 중장년층보다 「오(お)」를 적게 사용할 것으로 기대된다. 또한 후술하는 그림 25-2에 따르면, 여성이 「오(お)」를 많이 사용하기 때문에 그림 25-1의 세대 차이=지역 차이에서도 여학생과 중장년층 여성의 차이가 크게 반영된다. 그러나 차

이의 기제나 변화의 동향을 논하기에는 문제가 없다.

2.2. 세대 차이=지역 차이의 적음

그림 25-1에 46개 어휘의 세대별 사용률을 산포도로 나타냈다(꺾은선 그래프 그림 24-11에 대응함). 가로축은 효고현 중장년층의 사용률을 의미하고, 세로축은 히로시마 대학생의 사용률을 의미한다. 2차 근사 곡선을 넣었더니 거의 직선에 가깝고, 대각선보다 조금 왼쪽 위로 벗어난다. 보급률이 낮은 왼쪽 아래에서는 효고현의 중장년층의 사용률이 약간 높고, 보급률이 높은 오른쪽 위에서는 히로시마의 대학생의 사용률이 높다는 것을 의미한다. 이것은 제24장에서 반복적으로 나온 현상이다. 후술하는 그림 25-2와 그림 25-3에서는 근사 곡선이 대각선에서 크게 벗어나 렌즈 모델이 적용되며, 성별 차이나 상하 차이, 친소 차이가 크다는 것을 의미한다. 이에 비하면 세대 차이=지역 차이는 작기 때문에 이하에서는 전체 데이터를 합산해서 다루겠다.[1]

조사 어휘의 4개 어휘군의 분류(제24장 1.2절)는 사용률과 명확하게 연동하는 경향을 보였다(어휘군은 조사 어휘의 말미에 알파벳 ab, c, d, e를 붙여서 표시하였다). 그림 25-1의 사용률은 가로축의 중장년층이나 세로축의 학생도 비슷하다. 그림 24-11에 따르면 왼쪽 아래에서 오른쪽 위를 향하며, 「ab과다 사용」은 사용률이 10% 전후이고, 「c존경어」는 20~40% 전후, 「d여성어」는 40~60% 전후, 「e미화어」는 60~90% 전후로 이러한 순서로 나열되었다.

1 세대 차이=지역 차이가 클 경우에는 히로시마의 젊은 층과 효고현의 중장년층을 별도의 테이터로 독립적으로 분석하면 된다. 실제로 많은 그래프를 세대별로 만들어 고찰하였지만, 큰 차이는 없었다. 여기에서는 오히려 양쪽을 종합해서 고찰하는 것이 신뢰할 수 있는 결과를 얻을 수 있을 것으로 판단하였다.

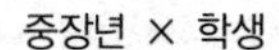

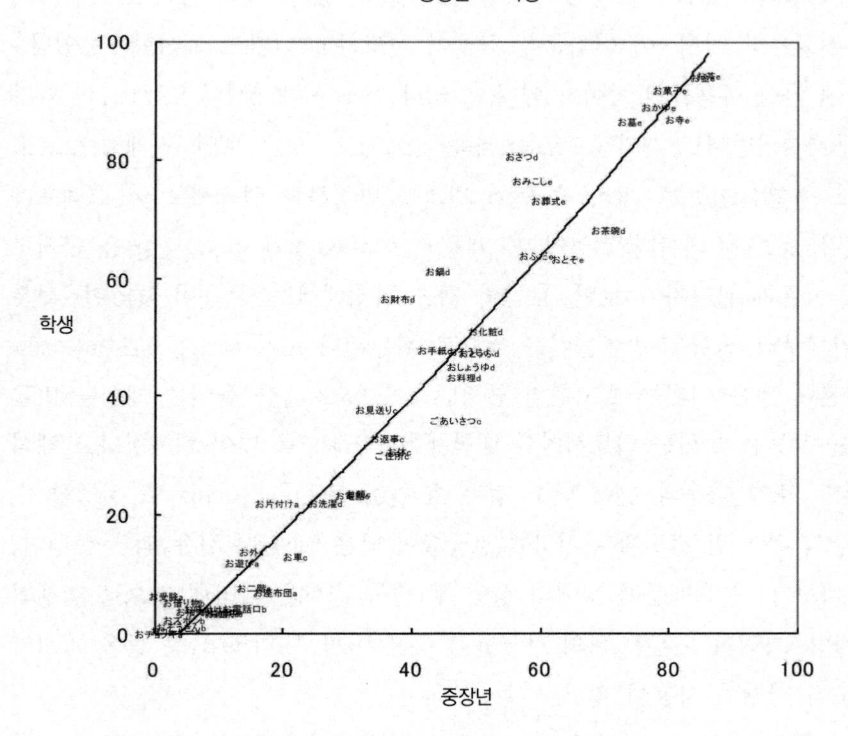

그림 25-1 「오(お)」를 사용하는 사람 : 46개 어휘의 세대 차=지역차

한편 단어에 따라 지역 차이의 양상이 다르다(언어지리학에서 말하듯이 단어는 각각 독자적인 역사를 가진다). 그림 25-1에서 세대 차이=지역 차이의 정도가 다른 것도 그에 따른 것이라고 해석할 수 있다.

그림 25-1의 왼쪽 아래의 「ab과다 사용」과 「c존경어」는 대각선의 오른쪽 아래에 위치해서, 효고현의 중장년층에서 「오(お)」 사용률이 약간 높다는 것을 의미한다. 그림 한가운데의 「d여성어」는 어휘에 따라 차이가 있다. 대각선의 왼쪽 위에 있는 몇 개 어휘는 히로시마의 대학생의 「오(お)」 사용률이 특히 높다는 것을 의미한다. 그림 오른쪽 위의 「e미화어」는 모두 대각선의 왼쪽 위에 위치해서 히로

시마의 대학생이 「오(お)」를 많이 사용한다고 할 수 있다. 세대 차이=지역 차이가 다른 어휘보다 커서, 이 어휘군은 학생이 선도하고 있다고 해석할 수 있다.

어휘군에 따라 사용률의 차이가 있다. 그러나 어느 시대에서나 「오(お)」의 과다 사용이 문제시되면서도 결과적으로는 계속 늘고 있는 것을 보면, 전체적으로 오른쪽 위로 이행(移行)하는 과정, 즉 언어 변화를 반영하는 연속체로 이 그래프를 볼 수 있다. 문화청 데이터의 성인 후 채용(도쿄 부근의 30대 주부의 선행)을 근거로 S자 커브 이론과 관련지어 보면, 보급의 최종 과정에서는 (채용이 늦었던) 젊은 세대도 일찍부터 신형을 받아들이는 것으로 판단된다(이 책 제22장, 이노우에 2009. 12.). 보급률이 낮은 어휘는 효고현의 중장년층이 「오(お)」를 붙이는 계기를 만들고, 보급률이 높은 어휘는 히로시마의 대학생이 「오(お)」를 많이 채용한다고 해석할 수 있다. 또한 다음과 같이 단순 접촉 효과(요코야마(橫山) 2006)로도 설명할 수 있다. 그림의 왼쪽 반 정도에 위치하는 보급률이 낮은 「ab과다 사용」과 「c존경어」는 들을 기회가 적기 때문에 경어의 성인 후 습득 경향을 나타낸 것으로 학생의 사용이 적다. 그림의 오른쪽 위의 보급률이 높은 어휘, 「e미화어」는 들을 기회가 많기 때문에 학생의 사용이 많다.

이상과 같이 효고현의 중장년층과 히로시마 대학생의 차이는 문화청의 전국 데이터를 근거로 한 전체적인 경향과 모순되지 않게 설명할 수 있다.

3. 「오(お) 구분 사용」 데이터의 연속체

3.1. 성별 차이(사용자 차이)가 큰 여성어

다음으로는 마찬가지로 화자(기입자)에 따른 차이 중에서 성별 차이를 살펴보겠다.

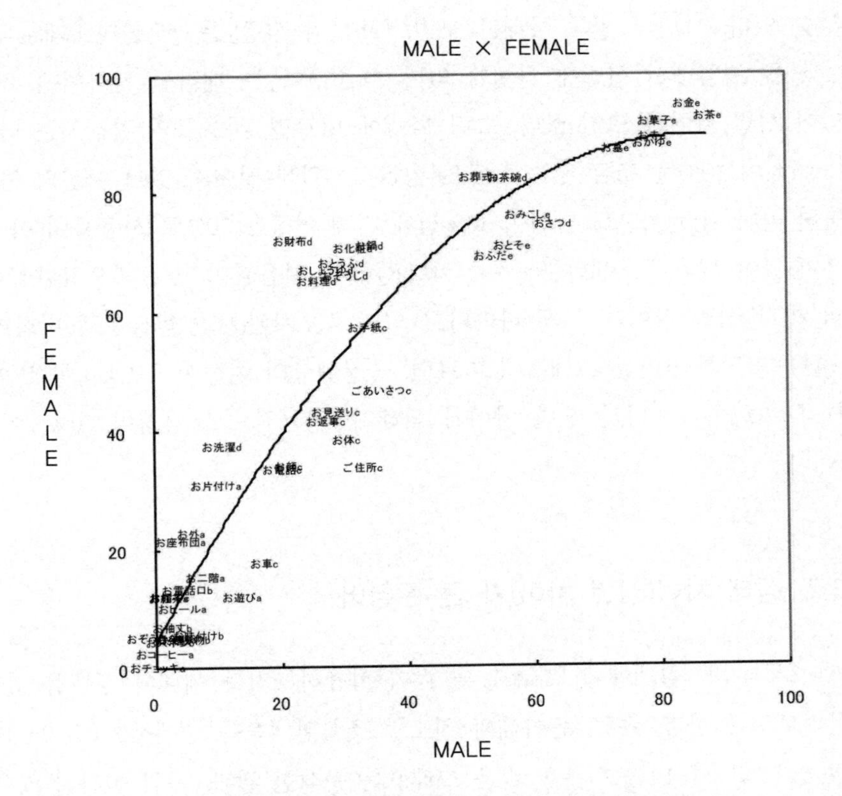

그림 25-2 「오(お)」를 사용하는 사람 : 46개 어휘의 성별차

그림 25-2의 가로축은 남성(Male)의 사용률, 세로축은 여성(Female)의 사용률을 나타낸 것이다(꺾은선 그래프 그림 24-12에 대응함). 그래프에는 2차 근사 곡선을 보충적으로 넣었다. 대각선의 왼쪽 위에 분포하는 것은 여성이 많이 사용한다는 것을 의미한다. 대각선에서 떨어져 있는 어휘가 특히 성별 차이가 크다(여성에 많음). 원래 왼쪽 아래의 사용률이 낮은 「ab과다 사용」과 오른쪽 위의 사용률이 높은 「e미화어」는 성별 차이가 있기 어렵다. 사용률이 중간 단계에서 성별 차이가 커지는 것은 그림 23-2의 렌즈 모델로 설명하는 것이 가능하다.

여기서 4개 어휘군의 사용률의 차이가 눈에 띈다. 그림 24-7, 그림 24-12와 비

교할 수 있다. 그림의 왼쪽 아래를 보면, 「ab과다 사용」은 「오카타츠케(お片づけ, 뒷정리)a」를 포함해서 성별에 차이가 있다. 「c존경어」는 대각선 가까이에 표시되어 있어 성별 차이가 크지 않다. 그림 24-7에 따르면, 사용률의 평균치는 남성이 20%, 여성이 30%을 조금 넘는다. 「d여성어」는 위에 떨어져 있어 여성의 사용률이 특히 높다. 평균적으로 남성이 30%인데 비해 여성은 70%로 사용률이 아주 높다. 사용률이 낮은 「오센타쿠(お洗濯, 세탁)d」에서 사용률이 높은 「오챠완(お 茶碗, 그릇)d」까지 성별 차이가 크게 나타나고 있다. 「오챠완(お 茶碗)d」은 「e미화어」의 사용률에 필적한다(다른 그래프에 따르면, 중장년층의 여성이 「오(お)」를 많이 붙인다). 「e미화어」는 다시 성별 차이가 약해져, 평균적으로 남성이 70%, 여성이 90%이다.

3.2. 상대 차이(장면 차이)가 큰 존경어

다음으로 어떤 상대에게 「오(お)」를 많이 사용하는지를 세대와 성별을 통합해서 살펴보도록 한다. 손위, 손아래와 친소를 조합한 4분류 중에서 그림 24-8, 그림 24-9, 그림 24-14를 비롯한 많은 그래프를 분석한 결과, 손위 친하지 않은 사람과 손아래 친한 사람과의 차이가 크다는 것을 알았으므로 이 두 개를 조합하였다. 그림 25-3의 가로축은 손아래 친한 사람(Junior Near)에 대한 사용률이고, 세로축은 손위 친하지 않은 사람(Senior Distant)에 대한 사용률을 나타낸 것이다(꺾은선 그래프 그림 24-14에 대응함). 2차 근사 곡선은 보충적으로 넣었다. 이는 대각선에서 왼쪽 위에 떨어져 있어, 손위 친하지 않은 사람에게 「오(お)」를 많이 사용한다는 것을 의미한다.[2]

대각선으로부터 떨어져 있는 어휘가 상대에 따른 사용의 차이가 큰 것이다. 왼

[2] 또한 학생 남녀의 움직임에 주목해 보면, 손아래 친한 사람에게는 「c존경어」와 같은 방향의 세대 차이가 있어서 젊은 세대가 사용하지 않게 되는 경향이 있고, 손위 친하지 않은 사람에게는 「e미화어」와 같은 방향의 세대 차이가 작용하여 학생이 사용하는 경향을 볼 수 있었다.

쪽 아래의 「ab과다 사용」은 손아래 친한 사람과 손위 친하지 않은 사람의 차이가 (그림 24-14에 의하면) 10% 전후로, 그림 24-8의 평균치의 차이도 10% 이하이다. 「c존경어」는 대각선에서 떨어져 있어서 상대에 따른 차이가 10~70% 전후로 차이가 특히 크다. 평균치를 보더라도 손아래 친한 사람과 손위 친하지 않은 사람의 차이가 30% 가까이에 이른다. 「존경어」라고 이름을 붙인 근거이다. 「d여성어」의 분산은 50~80% 전후로, 평균치도 손아래 친한 사람과 손위 친하지 않은 사람의 차이가 20% 정도이다. 「e미화어」의 분산은 (그림 24-14에 따르면) 60~90% 전후로 대각선에서 그다지 떨어져 있지 않다. 평균치의 차이도 10% 정도이다.

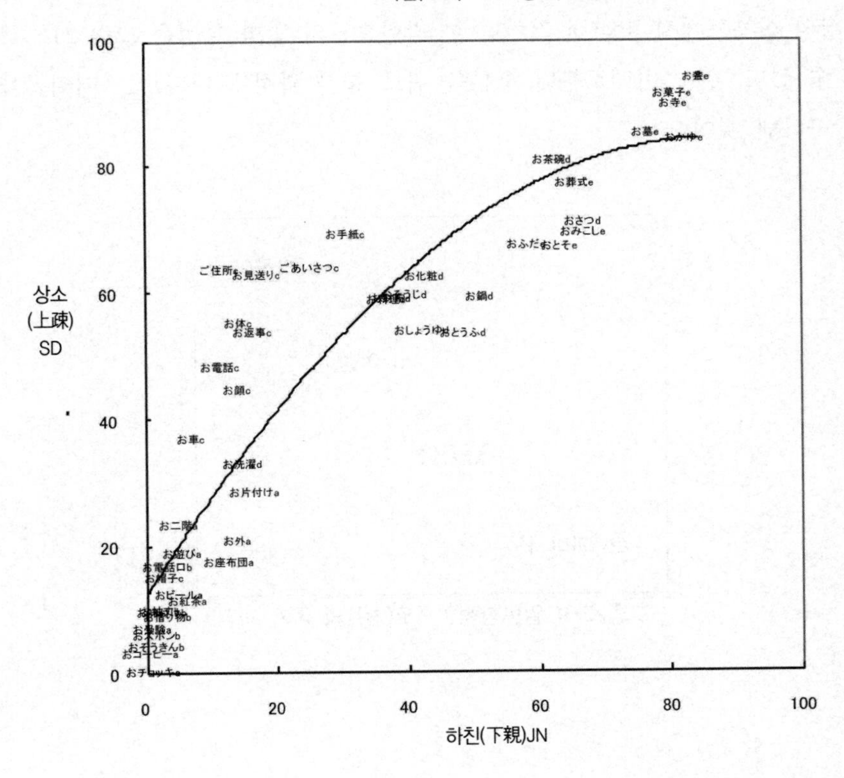

그림 25-3 「오(お)」를 사용하는 상대 : 46개 어휘의 상하차 · 친소차

그림 25-2와 그림 25-3을 비교해 보면, 그림 25-2에서는 한가운데에 몰려있던 「d여성어」가 위로 뻗어 있어, 성별 차이가 크다는 것을 알 수 있다. 그림 25-3에서는 왼쪽 끝의 「c존경어」가 위로 뻗어 있어, 상대에 따른 구분 사용이 크다는 것을 의미한다. 사용률이 역사적으로 증가하는 (그림 25-2, 3의 왼쪽 아래에서 오른쪽 위를 향하는) 경향이라고 보면, 우선 「c존경어」가 상대에 따라 구별해서 사용하다가, 다음으로 「d여성어」로 보급되는 과정을 생각할 수 있다. 「ab과다 사용」은 출발점 부근이고, 「e미화어」는 도달점 부근이다.

그림 24-8와 그림 24-9의 꺾은선 그래프에서 나온 경향을 산포도로 나타냄으로써 네 가지 모두에 대하여 렌즈 모델(그림 23-2)이 적용 가능하다는 것을 시사한다.

이상의 산포도에서 밝혀낸 것처럼 한 방향으로의 변화 과정은 그림 25-4로 나타낼 수 있다. 왼쪽 아래로부터 오른쪽 위로 증가 과정에 다다르는 어휘군을 선으로 나타낸 것이다.

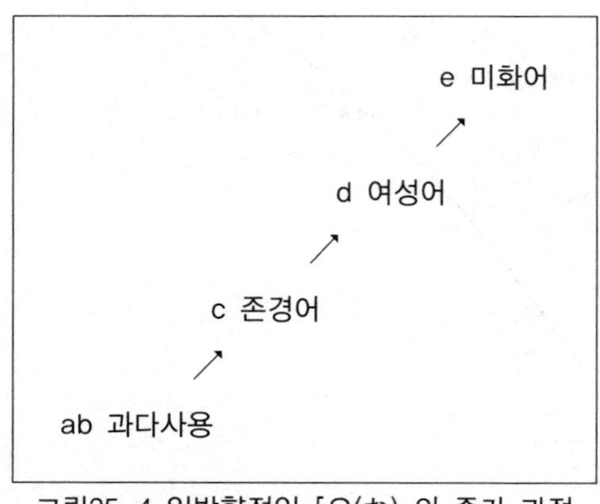

그림25-4 일방향적인 「오(お)」의 증가 과정

4. 성별 차이, 상대 차이의 산포도 어휘군의 분포

그림 25-2와 그림 25-3을 분석하는 과정에서, 대화 상대(상하×친소의 4개 장면)에 따라 차이가 큰 어휘(c존경어)와 화자(세대 차이 · 성별 차이의 4개 집단)에 따른 차이가 큰 어휘(d여성어)를 그래프로 밝혀낼 수 있었다. 그러나 전체의 양상을 파악하고, 또 각각의 어휘에 대해서 좀 더 정확하게 분리하고 싶어졌다. 그래서 화자의 4개 집단(세대×남녀)과 4개 장면(상하×친소)의 평균점으로 46개 어휘를 나누는 것을 시도하였다. 화자와 상대별 사용률을 합친 1장의 산포도로 이를 고찰하겠다.

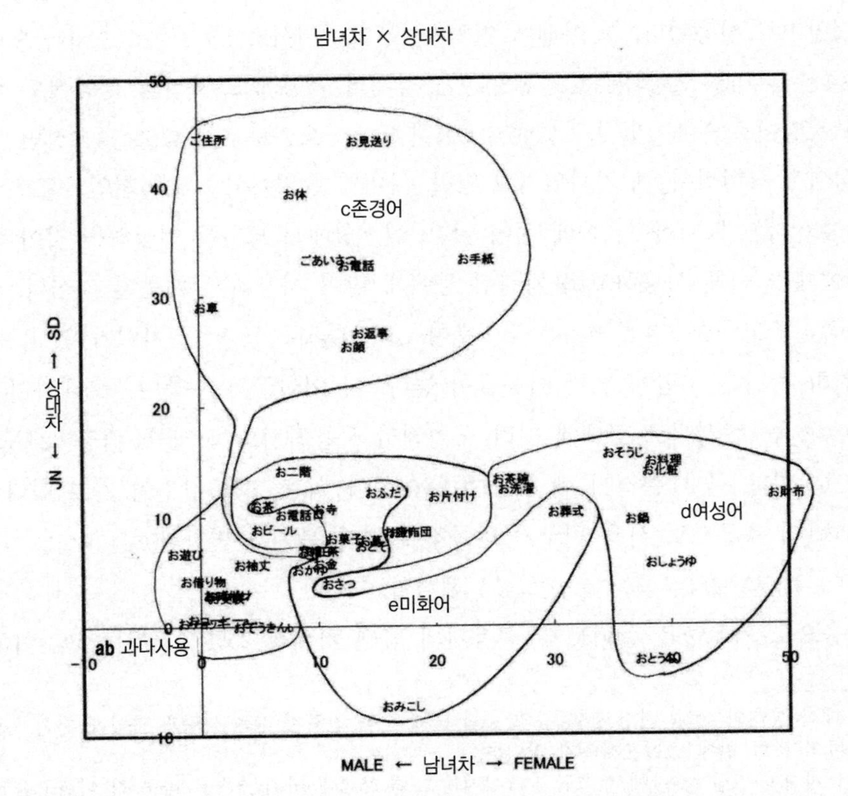

그림 25-5 「오(お)」를 사용하는 사람과 상대 : 46개 어휘의 성별차와 상대차

그림 25-5의 가로축은 사용자의 남녀 차이(그림 25-2)의 수치를 나타낸 것이며, 세로축은 화자의 상하친소 차이를 수치(그림 25-3)로 나타낸 것이다. 즉 세대 차이(지역 차이)(그림 25-1) 이외의 요소를 1장의 그림에 실은 것이다.[3] 그래프에서는 「오(お) 구분 사용」 데이터의 4개 어휘군을 선으로 둘러쌌다. 몇 개의 어휘는 다른 어휘군 안에 위치한다.[4]

우선 세로축을 살펴보자. 상대의 차이 25%를 경계로 당초에 「c존경어」에 분류되었던 9개 어휘가 그림의 상반부에 따로 분리되었다. 「c존경어」 중에서도 성격에 차이가 있어서 위에 위치하는 것이다 「고쥬쇼(ご住所, 주소)c, 오카라다(お体, 몸)c」 등이 전형적인 존경어라고 할 수 있다. 「오미오쿠리(お見送り, 배웅)c」는 일반적으로 겸양어로 사용된다. 그 아래에 위치하는 「고아이사츠(ごあいさつ, 인사)c, 오테가미(お手紙, 편지)c, 오뎅와(お電話, 전화)c」는 상대의 행동에도 자신의 행동에도 존경어와 겸양어로 쓸 수 있다. 「오헨지(お返事, 답장)c, 오카오(お顔, 얼굴)c」는 장면 차이가 적어서 「e미화어」에 가까워지고 있다. 나머지 존경어의 1개 어휘인 「오보시(お帽子, 모자)c」는 「e미화어」 속에 섞여 있다. 실생활에서 모자를 언급하는 것이 손윗사람에게는 적게 사용하고 유치원생 등에게 많이 사용하기 때문일 것이다.

좌측의 「고쥬쇼(ご住所, 주소)c, 오쿠루마(お車, 자동차)c」는 남녀 차이가 없고, 손위의 친하지 않은 사람에 대한 사용률이 높다. 이 어휘군의 우측의 「오테카미(お手紙, 편지)c」는 존경어로 상대에 따라 구별해서 사용하기도 하지만, 겸양어로도 사용할 수 있다. 즉 「c존경어」에 덧붙여 「d여성어」의 성격을 갖추어 가고 있다. 그림 25-1의 추론으로 사용 빈도가 많아짐에 따라 분류가 변한다(또는 용법을 바꿈으로써 「오(お)」를 붙이는 것이 늘어간다.)고 해석할 수 있다.

다음으로 가로축을 살펴보자. 사용자의 남녀 차이를 25% 이상과 25% 이하로

[3] 단, 대화 상대의 상하, 친소의 4종류의 조합 중에 손위 친하지 않은 사람과 손아래 친한 사람의 2종류의 조합 밖에 그래프화하지 않았다.

[4] 앞서 게재한 그림 24-11에서 그림 24-1까지는 그림 25-5에 의해 소속을 바꾼 각 어휘군별로 배열을 바꿔서 그래프화 하였다.

나누면, 남녀 차 25% 이상의 어휘의 대부분은 「d여성어」로 말 그대로 남녀 차가 커서, 여성이 친하지 않은 사람에게 사용한다. 최대는 오른쪽 끝의 「오사이후(お財布, 지갑)d」로 남녀 차가 50%이다. 왼쪽의 「오챠완(お茶碗, 그릇)d, 오센타쿠(お洗濯, 세탁)d」도 차이가 25%이다. 아래 끝의 「오토후(おとうふ, 두부)d」는 손아래 친한 사람에게 많이 사용한다는 점이 다른 것과 다르다. 「오사츠(おさつ, 지폐)d」 하나만이 「e미화어」에 섞여 있다. 그림 25-1로 되돌아가 보면, 「오센타쿠(お洗濯, 세탁)d」는 사용률이 낮고, 「오소지(おそうじ, 청소)d, 오토후(おとうふ, 두부)d」는 중간 정도, 「오챠완(お茶碗, 그릇)d」은 사용률이 높다. 이들 어휘는 예전에는 상대에 속할(관계할) 때에 존경어로서 「오(お)」가 붙은 것일 것이다. 변화의 중간에 「오테가미(お手紙, 편지)c, 오뎅와(お電話, 전화)c」와 같이 자신의 동작이라도 상대와 관련이 있다는 (겸양어)의식에서 「오(お)」를 사용하는 단계를 상정할 수 있다. 여성이 그것을 더욱 더 확대시켜, 인간관계와 상관없이 거의 모든 경우에 사용하는 것이 「d여성어」라고 해석할 수 있다. 이것은 그림 25-4처럼 한쪽 방향으로의 증가 과정을 보인다.

사용자의 남녀 차이가 25% 이하(동시에 상대 차이도 25% 이하)인 어휘는 「e미화어」와 「ab과다 사용」이다. 「e미화어」는 「ab과다 사용」과 뒤얽힌 분포를 보인다. 「오소시키(お葬式, 장례식)e」의 남녀 차이는 「d여성어」에 가깝다. 「오미코시(おみこし, 가마)e」는 아래의 끝 쪽에 위치하여 손아래의 친한 사람에게 많이 사용된다. 그 밖의 것은 여성에 많고, 손위의 친하지 않은 사람에게 많이 사용된다.

「ab과다 사용」은 가로로 길게 뻗어 두 개로 나뉜다. (1)원점 부근의 다수의 어휘는 상대의 차이도 남녀 차이도 눈에 띄지 않는다. 「오비루(おビール맥주)a, 오소데타케(お袖丈, 소매길이)b」 등, 여성이 손위의 친하지 않은 사람에게 많이 사용하는 경향이 있지만 구분해서 사용하는 경우는 적다. (2)또 다른 하나는 그 오른쪽 위에 분포하는 「오니카이(お二階, 2층)a, 오카타츠케(お片付け, 뒷정리)a」 등의 남녀 차이가 큰 어휘로 「e미화어」와 「d여성어」에 가깝다.

가로축에서 「d여성어」가 분리되어, 「e미화어」와 「ab과다 사용」이 혼재하는 것은 흥미롭다. 「ab과다 사용」과 「e미화어」는 그림 25-1의 보급률에서는 10%대와 80%로 양쪽 끝으로 나뉘지만, 그림 25-5의 사용률 차이에서는 분리하기 어렵다. 즉, 상대에 따라서도 성별에 따라서도 구분해서 사용하는 경우가 적다. 이것은 렌즈 모델(그림 23-2)로 설명할 수 있다.

사용률이 높은 「e미화어」와 사용률이 낮은 「ab과다 사용」의 경계가 불분명한 것은, 「오미코시(おみこし, 가마)e, 오미쿠지(おみくじ, 점괘), 오미키(おみき, 신전에 올리는 술), 오미야(おみや, 신사)」나 「오미아시(おみあし, 발), 오미오비(おみおび, 띠), 오미오오키(おみ大きい, 크다)」, 「오고치소(おご馳走, 진수성찬), 오고한(おごはん, 밥)」과 같이 어원이 잊혀져 「오(お), 고(ご), 미(み)」가 겹쳐진 어형의 설명에 도움이 된다. 「오(お), 고(ご), 미(み)」가 붙은 어형의 보급이 다 끝나면, 그것이 경의를 나타내는 접사였다는 사실이 잊혀져, 다른 어휘와 마찬가지로 과다 사용으로 「오(お)」가 사용되기 시작하는 것이다. 또한 이제까지 여러 가지 설이 있는 「오미오츠케(おみおつけ, 국(역자 주 : 경의를 나타내는 접사가 세 개나 붙어 있음))」의 어원에 대한 재고도 환기시킨다. 이 「오(お)」와 「미(み)」는 역시 경의를 나타내는 접사였을 것이다. 또한 「e미화어」에서 「ab과다 사용」으로의 변화 방향도 있을 수 있다.[5]

그림 25-5에서 다시 한번 주목해야 할 것은 「d여성어」에서도 「e미화어」에서도 장면이나 상대에 따라 구분하여 사용(상하의 값의 차이)하는 경우가 있다는 점이다. 이제까지의 경어론에서는 「d여성어」와 「e미화어」에 해당하는 어휘는 화자의 품위 유지를 위한 용법이라고 해석해서, 장면이나 상대에 따른 구분이 없는 것처럼 기술하는 경우가 많았다. 그렇게 기술한 사람의 대부분이 남성으로, 여성의 구분 사용 상황이나 심리를 파악하기 어려웠기 때문이었을지도 모르겠다. 단, 그림 25-5에 따르면 「c존경어」와의 차이는 크지만, 여성어나 미화어라는 명칭은 바꿀 필요가 없다.

---

[5] 논의가 끊이지 않는 이중 경어와 메커니즘은 같다.

5. 성별 차이와 상대 차이의 산포도에 근거한 순환 과정

제22, 23장의 문화청 조사 분석에서 「오(お)」가 증가하는 경향이라는 것을 알았기 때문에, 그림 25-5에서 왼쪽 아래에서부터 「오(お)」가 붙는 변화가 시작되어, 위 또는 오른쪽으로 진행한다고 보면 된다. 또한 렌즈 모델로 보면, 변화가 도착하면 또 다시 그림 25-5의 왼쪽 아래로 되돌아온다. 그림 25-2와 그림 25-3의 사용률의 추이로부터 귀납되는 방향은 시계 방향의 순환 과정으로 왼쪽 아래에서 위로 가서, 오른쪽 아래로 내려와, 왼쪽 아래로 되돌아간다. 「오테가미(お手紙, 편지)c」 등은 「c존경어」의 단계를 지나서 겸양어 용법도 있다는 것을 근거로 보면, 「d여성어」를 향하려 하고 있다고 할 수 있다. 그러나 「ab과다 사용」인 「오카타즈케(お片付け, 뒷정리)a, 오자부톤(お座布団, 방석)a」과 같이 전형적인 「c존경어」의 과정을 거치지 않고 직접 오른쪽으로 옮겨서 「d여성어」가 되는 예도 있다.[6] 현재 「d여성어」와 「e미화어」에 속하는 모든 어휘가 예전에 「c존경어」의 용법을 가졌다고는 보지 않는다. 한편 「c존경어」가 더욱 더 용법을 발전시켜 「오(お)」의 사용률을 높이는 루트는 모든 화자가 상대나 장면에 따라 구분하여 사용하는 상황이다. 즉 「오(お)」의 사용률 차이가 100%가 되는 것이다. 그러나 실제로 경어 용법에는 성인된 후의 습득도 있기 때문에 실현 불가능하다. 이에 반해서, 청자가 구분 사용의 원리를 확대 해석해서 「c존경어」가 아닌, 「d여성어」나 「e미화어」라고 해석하는 사태도 생각할 수 있는데 이것이 「오(お)」의 순환적 확대 과정의 기제 중의 하나일 것이다.

구체적으로 「데가미(手紙, 편지)」와 「뎅와(電話, 전화)」, 「구스리(薬, 약)」의 예를 살펴보자. 처음에는 상대방과 관련되는 것에 「오테가미(お手紙, 편지)」, 「오뎅와(お電

---

6 「오(お)」는 증가하는 방향으로 그림 25-1, 25-2, 25-3을 보면 연속적이다. 그러나 그림 25-5에서는 「c존경어」가 다른 것과 불연속적이고, 증가하는 방향이 「c존경어」와 「e미화어」로 이분화할 가능성이 있다.

話, 전화)」,「오구스리(お薬, 약)」의「존경어」 용법이 성립한다. 그 후 상대방에게 가는(또는 상대방이 처방한) 것에「겸양어」로서의 용법이 퍼진다. 이로써 상대와의「소유경사」(쓰노다(角田) 1991, 이노우에 1999.5.)에 의한 구분 사용의 원리가 애매하게 되어, 언제든지「오(お)」가 붙는 것이라고 생각하게 되는 것이다. 이것을 여성이 확대 해석해서, 모든 경우에「여성어」로서「오(お)」를 붙인다. 나아가 사용 빈도수가 많아지면,「오(お)」가 당연시되어「미화어」로 확립된다. 이 과정을 실증하려면 중간항인「겸양어」의 용법을 확인해야 하지만, 이제까지 조사된 것은 본 적이 없다. 이러한 통시적인 과정을 고찰하는 데 있어, 제22장 1.3의 기쿠치(菊地 1994)의「오(お) ／고(ご)」의 공시적인 정리가 참고가 된다.

또 한편으로「오카타즈케(お片付け, 뒷정리)a」,「오바스케(おバスケ, 바구니)」,「오마마고토(おままごと, 소꿉놀이)」 류의 유치원 용어가「ab과다 사용」에서 직접「d여성어」에 이르는 루트를 취했을 가능성이 있다. 이것에 대해서는 앞에서 실태를 살펴보았다(제23장 6절).

그림 25-5를 예로 들면 시계 방향으로 순환하여 ab, c, d, e의 순서로 전체 사용률이 증가한다. 또한 렌즈 모델의 중간에서 변이가 큰 부분은「c존경어」와「d여성어」에 해당한다.

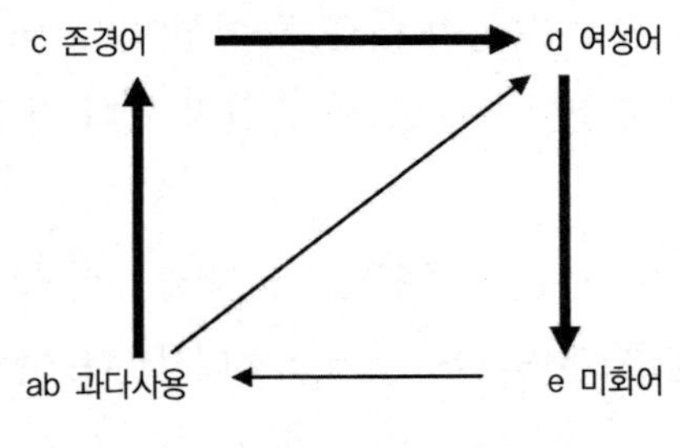

그림 25-6「오(お)」 증가의 순환 과정

여기에서 얻어진 순환 과정에 의한 증가 과정은 그림 25-6으로 나타낼 수 있

다. 「오(お)」가 거의 사용되지 않는 「ab과다 사용」으로부터의 증가는 「c존경어」를 거치는 루트와 「d여성어」로 직접 향하는 루트, 2가지 방향이 있다. 그림 25-5의 산포도에서는 「c존경어」가 다른 것과 떨어져 있다. 「c존경어」는 겸양어, 정중어로서의 용법에 따라, 여성이 많이 사용하게 되면 여성 전용어의 양상을 띠게 된다. 「d여성어」로서의 「오(お)」는 더욱 더 다용(남용)되어, 「e미화어」가 된다. 「e미화어」의 일부는 더 나아가 「ab과다 사용」을 향하는 경우가 있다.

6. 「오(お)」의 과거와 미래 : 「오(お) 구분 사용」의 역사적 변화 과정

6.1. 「오(お) 구분 사용」 데이터의 변화 연속체

이상으로 「오(お) 구분 사용」 데이터를 이용하여 「오(お)」의 사용 증가의 경향과 존경어 용법을 거쳐 여성어, 미화어로 향하는 순환 과정에 대해서 논하였다. 니시카와(西川 2000)에서 개념을 채용한 4개 어휘군의 어휘 분류가 사용률에 상당히 대응한다는 것을 알 수 있었다. 또한 이 책 제22장과 23장에서 제시한 문화청 데이터에 대해서는 어휘에 따른 「오(お)」의 사용 차이를 시계열의 변화를 반영한 것으로 볼 수 있었다.[7] 이번 장에서 다룬 「오(お) 구분 사용」 데이터도 문화청 데이터를 근거로 시계열의 변화의 반영이라고 볼 수 있다. 사용률이 낮은 어휘에서 사용률이 높은 쪽으로 서서히 이행한 결과로 볼 수 있을 것이다.

이 순서로 변화 과정을 복습해 보자. 「오(お)」의 사용률이 낮은 어휘는 최근에 퍼지기 시작한 것이고 사용률이 높은 어휘는 옛날부터 사용되었던 것이라고 해석

7 문화청 조사의 「오(お)」의 고찰 결과에서는 「성인 후 채용」이 관찰되었다. 경년 변화에서는 「오(お)」가 증가하지만, 각 조사의 세대 차이를 보면 30대 여성이 정점이 된다. 이것은 일반적인 경어 현상의 습득 시기가 느린 것과 관련이 있다. 10대는 경어 습득이 완전하지 않아 성장에 따라 제대로 된 경어를 익힌다.

할 수 있다.

「ab과다 사용」은 중장년층 여성이 앞장섰다. 신흥 주택지의 주부층이 사용하기 시작했을 것이다. 구체적인 항목은 「오코차(お紅茶, 홍차)a, 오소토(お外, 밖)a, 오카타츠케(お片付け, 뒷정리)a」 등으로, 「오(お)」가 드물게 사용되었던 것에 처음으로 붙이기 시작했다.

한편 「c존경어」는 남성이 상대와의 상하 관계에 따라 구별해서 사용하기 시작했다. 동사 존경어의 「소유경사」와 같은 원리가 작용하여, 상대에 속하는지, 상대와 관련이 있는지에 따라 구별해서 사용하는 어휘에 이러한 구별 사용이 받아들여지게 된다. 구체적인 예로는 「오쿠루마(お車, 자동차)c」와 같이 사용률이 낮은 어휘에서부터 「오뎅와(お電話, 전화)c, 고쥬쇼(ご住所, 주소)c」, 나아가서는 「오테가미(お手紙, 편지)c」와 같이 사용률이 높은 것이 있다. 일반적으로 남성의 경어에서는 상하관계가 중시되어, 손위와 손아래의 세계에서 제도화(institutionalized)된 경어 사용이 지배한다. 장면적인 제약의 엄격함과 더불어, 소유경사라고 하는 어휘적인 제약도 작용한다. 남성 우선이므로 이론적으로는 전체 사용률이 50% 이하이다.

이에 반해, 「d여성어」는 여성 세계의 친소 관계가 중시되어, 동사의 경어 용법과 다른 원리가 이용된다. 또한, 교양있는 말로 자신을 꾸미기 위하여 「오(お)」가 사용된다. 「c존경어」를 발전시켜서 겸양어 용법으로 사용하고, 여성어의 단계를 거친 「오(お)」는 여성이 사용자에 더해지기 때문에 전체 사용률이 50% 이상이 된다. 「오료리(お料理)d, 오케쇼(お化粧, 화장)d」 등이 그 예이다.

「e미화어」는 위의 여성의 「오(お)」의 사용 상황과 범용 경향에 남성이 합쳐지는 형태로 보급된다. 이것은 동화작용(Accommodation) 이론(Giles et al. 1979)으로 설명할 수 있다. 구체적인 예는 「오후다(おふだ, 부적)e」와 같이 사용률이 낮은 어휘, 「오토소(おとそ, 도소주)e」와 같이 사용률이 중간인 어휘, 「오카네(お金, 돈)e, 오차(お茶, 차)e」와 같이, 생략하면 이제는 부자연스럽게 들리는 어휘 등이 예이다.(그림 18-2 참조). 문화청 데이터를 살펴본 개인적인 의견으로는 「오(お)」사용의 피크는

30대 여성이었다(그림 23-13). 10대 등, 더 젊은 세대의 사용자가 가세하면 전체 사용률이 급격히 증가한다. 즉 「e미화어」의 단계에서 여학생이 중장년층을 추월하여, 전체 사용률이 증대하는 것이다.[8]

이러한 변화의 근본 원리는 동사의 문법적인 경어 등에서도 공통적으로 관찰할 수 있다. 경어의 용법, 경어 사용 기준의 성별 차이, 나아가서는 인간관계의 파악이 남성 세계와 여성 세계에서 다르다는 것에 대해서는 일찍부터 지적이 있었으며(긴다이치(金田一) 1988), 실태 조사로도 이를 확인할 수 있었다(오기노(荻野) 1989). 경어 사용의 와키마에(わきまえ, 역자주 : 상대에 따른 구별 사용)와 하타라키카케(働きかけ, 역자주 : 상대의 행동을 유발하는 언어 사용)의 차이는 동서의 차이(미국과 일본의 차이)라고 지적되었지만(이데(井出) 2006), 소규모의 차이는 일본어 경어 사용의 남녀 차이에서도 관찰된다. 「오(お)」는 담화 패턴이나 문법 형식의 용법과 달리, 개개의 단어에 화석화(고정화)된 형태로 이 기제(경어의 남녀 차이)를 반영한다.

6.2. 「오(お)」의 증가와 경어의 경제

이번 장에서 「오(お)」의 사용 상황에 대해서, 4개의 각 어휘군의 큰 경향과, 46개 어휘의 상세한 차이를 알 수 있었다. 제22장, 23장에서 문화청의 9년 간격 조사의 결과로 「오(お)」가 착실하게 세력을 키워가고 있다는 것을 알 수 있었다. 「오(お) 구분 사용」 데이터도 그림 24-12와 같은 꺾은선 그래프를 따라 사용률이 높아짐에 따라 연속적으로 용법이 변화할 가능성이 있다.

이번 장에서는 각각 어휘의 소속을 결정하는 단서를 찾아, 여성어나 미화어로 향하는 순환 과정에 대하여 논하였다. 「오(お)」가 증가하고 있는 일본어 역사 속

8 문화청 데이터의 연령 차이 그래프에서는(이노우에 2009.12.), 보급률이 낮은 어휘는 중년 이상이 많이 사용하고, 중간 정도의 어휘는 30대가 많이 사용하고, 보급률이 높은 어휘는 20대가 많이 사용하는 경향을 볼 수 있었다. 이것은 「오(お)구분 사용」 데이터의 보급률과 세대 차이=지역 차이의 관계와 대응한다.

에서 장기간에 걸쳐 일어나고 있는 (그리고 앞으로도 일어날) 변화의 근본에는 「경어 감소의 법칙」이 있다(이노우에 1999.5.). 세계 각 언어의 경어에 작용하는 보편적 경향이지만, 또한 인간 심리 일반에서 유래하는 것으로 동물 습성학 등에서도 관찰이 가능한 것이다. 기본적으로는 단순 접촉 효과를 생각할 수 있다. 그림 23-2의 렌즈 모델에서 제시한 왼쪽 아래에서 오른쪽 위로의 변화도 많은 인문 현상에서 공통되는 것일 것이다. 「오(お)」의 고찰에서 얻어진 결론은 넓은 범위의 연구와 결부된다.

제23장 4.3에서 언급한 것처럼, 「오(お)」의 사용은 언어적으로는 단순한 규칙이어서 적용하기 쉽고 경제적이다. 또한 사회적인 계층 귀속(경제적 위치)의 지표(maker)로 유효하게 작용한다. 그 때문에 장기간에 걸쳐 증가하고 있는 것이다. 이상과 같이 「오(お)」는 경제언어학의 유효한 지표 중의 하나로 역할하며 연구의 단서가 된다.

参考文献（五十音順）

＊：井上の英語論文の大部分は、以下のホームページにあり、自由にダウンロードし、印刷できる。
http://dictionary.sanseido-publ.co.jp/affil/person/inoue_fumio/
「三省堂、井上史雄、英語論文」などのキーワードでも検索できる。

ア行

アイディ（1998）『あなたも翻訳家になれます』（かんき出版）

青山融（1986）『岡山弁会話入門講座』（月刊タウン情報おかやま別冊）

浅野建二（1966）『日本の民謡』（岩波新書）

朝日祥之（2008）『ニュータウン言葉の形成過程に関する社会言語学的研究』（ひつじ書房）

アジェージュ，クロード（2004）『絶滅していく言語を救うために』（白水社）

安部清哉（1997）「〈禿頭〉の言語地理学的解釈と地方方言史との対照」（佐藤喜代治編『国語論究』明治書院）

———（2001）『日本語の歴史地理的研究』（私家版）

アモン，ウルリヒ／檜枝陽一郎＋山下仁訳（1992）『言語とその地位—ドイツ語の内と外—』（三元社）

Ammon, Ulrich (ed.) (2001) *The Dominance of English as a Language of Science: Effects on other Languags and Language Communities*. Berlin: Mouton de Gruyter.

新井藤次郎（1987）『東京博覧図』全３巻（湘南堂書店）

イ ハンソップ（2002）「韓国における日本語教育の現状及び学習動機について」（国立国語研究所 2002b 所収）

飯豊毅一（1987）「対外身内待遇表現の調査」『学苑日本文学紀要』565

———・日野資純・佐藤亮一（1982～）『講座方言学』１～10巻（国書刊行会）

池末寿美子（1985）「長崎県福江市方言の研究—家中（城下町）方言—」『熊本女子大学国文研究』31（井上他編『日本列島方言叢書 25　九州方言考３　長崎県』（ゆまに書房）所収）

石野博史・丸田実・土屋健（1990）「ことば意識の諸相」『放送研究と調査』1990-8

磯貝英夫他（1981）「近代文学に現れた全国方言」『藤原与一先生古稀記念論集　方言学論叢Ⅱ』（三省堂）

井出祥子（2006）『わきまえの語用論』（大修館書店）

———・荻野綱男・川崎晶子・生田少子（1986）『日本人とアメリカ人の敬語行動』（南雲堂）

糸井重里（2003）『オトナ語の謎。』（糸井重里事務所）
井上史雄（1973）「言語地理学」『ブリタニカ国際大百科辞典』（ブリタニカ・ジャパン）
————（1974.6）「敬語研究文献解説（外国）」（林四郎・南不二男編『敬語講座 10』明治書院）
————（1975.6）「地理的伝播の調査規模」『国語学』101 集 pp.17-28.
————（1979.12）「昔話の方言学的研究」『日本昔話大成 12』（角川書店）pp.177-197.
————（1980.3）「方言イメージの評価語」『東京外国語大学論集』30 号 pp.85-97.
————（1985.2）『新しい日本語—《新方言》の分布と変化—』（明治書院）
————（1985.3）『関東・東北方言の地域差・年齢差（SF グロットグラム）』（東京外国語大学語学研究所）
————（1986.3）『敬語用法変化に関する計量社会言語学的研究』（科学研究費報告書）
————編（1988.2）『東京・神奈川言語地図』（自家版、東京都立大学・国際基督教大学学生作成）（東京外国語大学）
————（1988.5）「若者語」金田一春彦他『日本語百科大辞典』（大修館書店）pp.562-569.
————（1989.4）「方言産業地図」『月刊日本語』2-4
————（1989.5）「マスコミの方言」『月刊日本語』2-5
————（1989.10）『言葉づかい新風景—敬語・方言—』（秋山書店）
————（1991.3）『東海道沿線方言の地域差・年齢差』（東京外国語大学）
————（1993.11）「新方言辞典稿」『東京外国語大学論集』47 号 pp.185-212. インターネットで公開。http://triaez.kaisei.org/~yari/Newdialect/nddic.txt
————（1993.12）「ことばの知的価値と情的価値」『言語』22-12 pp.24-31.
————（1994.3）『庄内のサ行音と新方言—庄内四高校アンケート調査報告—』（科学研究費報告書）
————（1994.4）『方言学の新地平』（明治書院）
————（1995.6）「共通語化の所要年数—鶴岡・山添実時間調査—」『国語学』181（井上 2000.2 に再録）
————（1995.9）「日本語の市場価値の変動」『言語』24-9 pp.68-75.
————（1997.2）「現代日本の言語市場」（新プロ「日本語」総括班+言語政策研究会『世界の言語問題 3』）pp.21-41.
————（1997.3）『社会方言学資料図集—全国中学校言語使用調査（1993-1996）—』（東京外国語大学語学研究所）

Inoue, Fumio (1997.10) "Market value of languages in Japan", *Japanese Linguistics* (日本語科学) 2 pp.40-60. *
———— (1997.12) "S-shaped curves of language standardization" Alan R. Thomas (ed.) *Issues and Methods in Dialectology*. pp.79-93. University of Wales Bangor. *
井上史雄 (1998.1)『日本語ウォッチング』(岩波新書)
———— (1998.2)「情報化と言語問題—日本語の国際化をめぐって—」『情報通信学会誌』56号15-3. pp.112-115.
Inoue, Fumio (1998.10) "Language market and its basic mechanisms", *Area and Culture Studies* (東京外国語大学論集) 57 pp.83-103. *
井上史雄 (1999.5)『敬語はこわくない—最新用例と基礎知識—』(講談社現代新書)
Inoue, Fumio (1999.8) "Classification of dialects by image — English and Japanese", Dennis Preston (ed.) *Handbook of Perceptual Dialectology* Vol.1 pp.147-159. (John Benjamins) *
井上史雄 (2000.2)『東北方言の変遷—庄内方言の歴史言語学的貢献—』(秋山書店)
———— (2000.4)「方言」『日本民俗大事典 下』(吉川弘文館)
———— (2000.10)『日本語の値段』(大修館書店)
———— (2001.2)『計量的方言区画』(明治書院)
———— (2001.8)『日本語は生き残れるか—経済言語学の視点から—』(PHP新書)
Inoue, Fumio (2001.11) "English as a language of science in Japan" in Ammon (2001) pp.447-469. *
井上史雄 (2002.1)「公用語化の必要経費」(中公新書ラクレ編集部+鈴木義里編『論争・英語が公用語になる日』中公新書ラクレ) pp.209-222. (井上2000.8の再録)【本書第5章】
———— (2002.11)「標準語化の直線モデル」『東京外国語大学論集』64
———— (2003.3)「日本語の値段—ハンガリー編—」『東京外国語大学論集』65
———— (2003.7)『日本語は年速1キロで動く』(講談社現代新書)
———— (2004.9a)「「隣のことば」の近接効果—社会言語学における距離—」『言語』33-9 pp.24-30.
———— (2004.9b)「標準語使用率と鉄道距離にみるコミュニケーションの地理的要因」『社会言語科学』7-1 pp.19-29.
———— (2004.10)「鉄道距離重心と初出年—鉄道距離・使用率・初出年の3D散布図—」『日本語科学』16
———— (2004.11)「近ごろ気になる敬語のはなし」『日本語なるほど塾』11月 (NHK教育テレビテキスト)
———— (2004.12)「標準語形普及の3段階—鉄道距離と4クラスター別標準語形使用率—」『言語研究』126 pp.39-68.

――――（2005.10）「外国語産業、方言産業」（真田信治・庄司博史編『事典　日本の多言語社会』岩波書店）
――――（2005.12a）『鶴岡市山添地区の共通語化と新方言』（科学研究費報告書）
Inoue, Fumio (2005.12b) Econolinguistic aspects of multilingual signs in Japan, *Changing Language Regimes in Globalizing Environments: Japan and Europe, IJSL* 175/176 *
――――（2006.5）"Geographical distance center and rate of diffusion of Standard Japanese", *Proceedings of the 4th International Congress of Dialectologists and Geolinguists*. Riga. pp.239-247. *
――――（2007.1）Changing economic values of German and Japanese, *Contributions to the Sociology of Language* 93 (edited by Florian Coulmas) pp.95-113. *
井上史雄（2007.2）『変わる方言　動く日本語』（筑摩新書）
――――（2007.5）『その敬語では恥をかく!』（PHP 新書）
――――（2007.10）「方言の経済価値」（『岩波シリーズ方言学 3　方言の機能』岩波書店）pp.67-104.
――――（2008.3a）「言語変化と高齢化の限界効用低減」『明海大学外国語学部紀要』20　pp.1-13.
――――（2008.3b）「ドイツ語・日本語の経済言語学的価値変動」『応用言語学研究』10【本書第 6 章】
――――（2008.3c）『日本海沿岸地域方言の地理的・年齢的分布（日本海グロットグラム）』（科学研究費報告書）
――――（2008.5a）『社会方言学論考―新方言の基盤―』（明治書院）
Inoue, Fumio (2008.5b) "Population ageing and language change." Coulmas, F. et al. *The Demographic Challenge: Handbook of Demographic Change* (Lijden) pp.473-490.
井上史雄（2008.8）「敬語の社会学と経済学」『社会言語科学』11-1　pp.51-63.【本書第 20 章】
――――（2008.12）「古株じゃん　新米じゃね」地域語の経済と社会―方言みやげ・グッズとその周辺―第 27 回
http://dictionary.sanseido-publ.co.jp/wp/2008/12/13/%e5%9c%b0%e5%9f%9f%e8%aa%9e%e3%81%ae%e7%b5%8c%e6%b8%88%e3%81%a8%e7%a4%be%e4%bc%9a-%e7%ac%ac27%e5%9b%9e/
――――（2009.3a）「敬語の地理・経済・社会」『明海大学外国語学部論集』21　pp.1-11.【本書第 21 章】
――――（2009.3b）『鶴岡市山添地区の音声共通語化』（明海大学）
――――（2009.8）「日本語敬語の変化とアジアの敬語」『社会言語科学』12-1

pp.184-185.
———— (2009.10)「方言の多様性をさぐる」(大津由紀雄編『はじめて学ぶ言語学』第14章 ミネルヴァ書房) pp.269-287.
———— (2009.12)「成人後採用による敬語変化―文化庁世論調査による「お」の系譜―」『計量国語学』27-3 pp.81-103.【本書第22章】
———— (2010.3)「敬語の心―敬語変化の社会的背景―」『明海大学応用言語学研究』12 pp.59-70.【本書第16章】
———— (2010.11)「言語接触の経済言語学―絶滅危機言語と日本語―」『日本語学』29-14 臨時増刊号
———— (2011.1)「日本語景観の地理と歴史にみる言語接触―戦前・戦後の日本語領域―」(山下暁美編 (2011)『多言語社会の日本語教育に関する社会言語学的総合研究』) pp.1-10
———— (2011.2)「Google言語地理学入門」『明海日本語』16 pp.43-52.
———— (予定)「日本語敬語の変化とアジアの敬語」くろしお出版
Inoue, Fumio (in press) "S-shaped curve of phonological standardization — Six surveys in tsuruoka and Yamazoe areas —". *SIDG Maribor proceedings*
井上史雄・荻野綱男 (1984)『新しい日本語・資料図集』(科学研究費「言語の標準化」資料集)
————・鑓水兼貴編著 (2002)『辞典〈新しい日本語〉』(東洋書林)
————・江川清・佐藤亮一・米田正人 (2009)「音韻共通語化のS字カーブ―鶴岡・山添6回の調査から―」『計量国語学』26-8 pp.269-289.【本書第15章】
————・荻野綱男・秋月高太郎 (2007)『デジタル社会の日本語作法』(岩波書店)
井上史雄・加藤和夫・中井精一・半沢康・山下暁美 (2011)『北陸方言の地理的・年齢的分布 (北陸グロットグラム)』科学研究費報告書 (明海大学)
井之口有一・堀井令以知 (1974)『御所ことば』(雄山閣)
井之口有一・堀井令以知・中井和子 (1965)『尼門跡の言語生活の調査研究』(風間書房)
上村幸雄 (1975)「日本語の方言、共通語、標準語」(大石初太郎・上村幸雄『方言と標準語』筑摩書房)
———— (1977)「琉球方言研究の現代の課題―とくにその比較歴史方言学的研究について―」『新沖縄文学』35
宇佐美まゆみ (2002)「ポライトネス理論の展開 (1) ～ (12)」(連載)『言語』31-1～12
Usami, Mayumi (2003) *Discourse Politeness in Japanese Conversation: Some Implications for a Universal Theory of Politeness* (ひつじ研究叢書)
Aitchison, J. (1981) *Language Change: Progress or Decay?* (Fontana)

江川清（1973）「最近二十年間の言語生活の変容—鶴岡市における共通語化について—」『言語生活』257
NHK 放送研究部（1995）『語学講座番組に関する調査報告』（NHK 放送文化研究所放送研究部）
NHK 放送世論研究所（1979a）『日本人の県民性』（日本放送出版協会）
———（1979b）『全国県民意識調査』（日本放送出版協会）
NHK 放送文化研究所（1997a）『現代の県民気質』（日本放送出版協会）
———（1997b）『データブック全国県民意識調査 1996』（日本放送出版協会）
———監修（2005）『NHK21 世紀に残したいふるさと日本のことば』（学研）
NHK「みんなでニホン GO！」制作班（2010）『みんなでニホン GO！　オフィシャルブック』（祥伝社）
江端義夫（1999）「『ジャン』の現代史」『木坂基先生退官記念論文集　日本語表現法論攷』（渓水社）
———（2001）「日本の社会地理言語学のために」『山形方言』33　pp.1-8.
———（2006）「尊敬敬語法助動詞「～ラレー」の言語地図年代学的研究」『広島大学大学院教育学研究科紀要第 2 部』55　pp.125-132.
遠藤織枝・桜井隆（2010）『日本語は美しいか—若者の母語意識と言語観が語るもの—』（三元社）
大西拓一郎（1995）『日本語方言活用の通時論的研究序説』（科学研究費報告書）
大原穰子（1990）『ローカル色のパレット』（光陽出版社）
岡本真一郎（2006）『ことばの社会心理学［第 3 版］』（ナカニシヤ出版）
沖裕子（1992）「気づかれにくい方言」『言語』21-11
沖裕子（2003）「長野県」『言語』32-1
沖縄県学務課編（1880）『沖縄對話』（沖縄県）
荻野綱男（1980）「敬語表現の長さと丁寧さ—札幌における敬語調査から（3）—」『計量国語学』12-6
———（1989）「聞き手に対する敬語行動の理論」『国語学』158 集
———（2006）「WWW による単語の文体差の研究」『日本語学会 2006 年度秋季大会予稿集』
尾崎喜光（1999）『日本語社会における言語行動の多様性』（文部省科学研究費報告書）
———（2009）『加齢による社会活動の変化に伴う言語使用の変化に関する研究』（科学研究費報告書）
オバタ・ライマン，エツコ（2005）「表記法から観察するビジネス・アイデンティティー：表参道商店街の店名（1）」『麗澤学際ジャーナル RJIS』13-1　pp.39-67.

カ行

Gardner, R. C. (1985) *Social psychology and second language learning: the role of attitudes and motivation*. Edward Arnold.

河西秀早子（1981）「標準語形の全国的分布」『言語生活』354 号　pp.52-55.

加藤正信（1973）「全国方言の敬語概観」（林四郎・南不二男編『敬語講座 6』明治書院）

Kachru, B. B. (1985) "Standards, codification and sociolinguistic realism: the English language in the outer circle". in R. Quirk and H. G. Widdowson (eds.) *English in the World*. Cambridge University Press.

上村孝二（1970）「五島列島方言の表現文法」『文学科論集』6（井上他編『日本列島方言叢書 25　九州方言考 3　長崎県』（ゆまに書房）所収）

葛駿鋒（2002）「多民族社会シンガポールにおける日本語学習」（国立国語研究所 2002b 所収）

川崎洋（1998）『日本方言詩集』（思潮社）

河原俊昭（2004）『自治体の言語サービス―多言語社会への扉をひらく―』（春風社）

菊地康人（1994）『敬語』（角川書店）

木越勉（2004）「地理的距離からみた言語の使用価値」『言語』33-9　pp.80-83.

木部暢子（1995）「方言から「からいも普通語」へ」『言語』24-12（別冊「変容する日本の方言」）

金美善（2005）「言語景観にみえる在日コリアンの言語使用―新来者の登場がもたらしたもの―」（真田信治他編『在日コリアンの言語相』和泉書院）pp.195-224.

――――（2009）「言語景観における移民言語のあらわれかた」（庄司博史『日本の言語景観』三元社）

金水敏（2003）『ヴァーチャル日本語―役割語の謎―』（岩波書店）

金田一京助（1959）『日本の敬語』角川新書（『金田一京助全集 3』（三省堂）に再録）

金田一春彦（1977）『日本語方言の研究』（東京堂）

――――（1980）「味噌よりは新しく茶よりは古い―アクセントから見た日本祖語と字音語―」『言語』9-4

――――（1988）『日本語（上下）』（岩波新書）

熊谷滋子（2009）「方言が亡びるとき―新聞投書から読み取る方言観の変遷を追う―」『静岡大学人文学部人文論集』60-1　pp.75-94.

Kumagai, Yasuo (1993) "The S&K network method: processing procedures for dividing dialect areas". *Verhandlungen des Internationalen Dialectologenkongress* Bamberg 1990 Band 1. ZDL-Beiheft 74　pp.458-495.

グラッドル，デイヴィッド（1999）『英語の未来』（研究社）

クリスタル，デイヴィッド（1999）『地球語としての英語』（みすず書房）

クルマス，フロリアン（1993）『ことばの経済学』（大修館書店）
黒川友恭（1891）『庄内方言考』（黒川友恭）
江源（2008）「言語景観に見られる東京多言語化の実態―商業集積地域を調査対象に―」『社会言語科学会　第22回大会発表論文集』pp.86-89.
――（2009）「言語景観の成因に関する社会言語学的考察―東京と上海の比較研究を通して―」（『日本研究文集』 9　華東理工大学出版社）pp.298-303.
Gooskens, Charlotte（2005）"Travel time as a predictor of linguistic distance", *Dialectologia et Geolinguistica* 13 pp.38-62.
Coupland, Nikolas（2004）"Age in social and sociolinguistic theory".（in Nussbaum, Jon F. and Justine Coupland（ed）（2004）*Handbook of Communication and Aging Research*（Lawrence Erlbaum Assoc Inc））
コーツ，ジェニファー（1990）『女と男とことば』（研究社）
国語審議会（1952）『これからの敬語』（『新しい国語表記ハンドブック【第四版】』三省堂編集所）（原敏夫（1952）『これからの敬語解説』東洋館出版社）
国語調査委員会（1906）『口語法分布図』（復刻国書刊行会 1986）
国際交流基金（2008）『海外の日本語教育の現状 2006年版』（凡人社）
――――日本語国際センター（1995,2000）『日本語能力試験分析評価に関する報告書』（国際交流基金）
http://www.jpf.go.jp/j/learn_j/jedu_j/pro-test_j.html
国立国語研究所（1974）『地域社会の言語生活―鶴岡における二〇年前との比較―』（秀英出版）
――――（1981）『大都市の言語生活』（三省堂）
――――（1982）『企業の中の敬語』（三省堂）
――――（1983）『敬語と敬語意識―岡崎における20年前との比較―』（三省堂）
――――（1989～2006）『方言文法全国地図（GAJ）Ⅰ～Ⅵ』（大蔵省印刷局）
――――（1997）『国定読本用語総覧 12 総集編』（三省堂）
――――（2000）『「国語に関する世論調査」問題別分析報告書』（国立国語研究所）
――――（2002a）『学校の中の敬語 1―アンケート調査編―』（三省堂）
――――（2002b）『東アジアにおける日本語観国際センサス』（国立国語研究所）
――――（2003）『学校の中の敬語 2―面接調査編―』（三省堂）
――――（2005）『日本語社会における配慮の言語行動』（国立国語研究所）
――――（2007）『地域社会の言語生活―鶴岡における20年間隔3回の継続調査―』（国立国語研究所）
コセリウ，E.（1981）『言語地理学入門』（三修社）
小平さち子・高橋佳恵（2001）「教育現場にみるメディア利用の新展開」『放送研究と調査』51-4

小沼民江・真田信治（1978）「大都市東京の北辺における方言分布の実態」『日本方言研究会第 26 回発表原稿集』
小林隆（1982）「文献と方言分布からみた〈くるぶし（踝）〉の語史」『国語学研究』22
――――（1996）「現代方言の特質」（小林他編『方言の現在』明治書院）
――――（2004）『方言学的日本語史の方法』（ひつじ書房）
――――・澤村美幸（2010）「言語的発想法の地域差と社会的背景」『東北大学文学研究科研究年報』59 pp.71-106.
――――・篠崎晃一・大西拓一郎（1996）『方言の現在』（明治書院）
小林千草（2007）『女ことばはどこへ消えたか？』（光文社新書）

サ行

桜井隆（2010）「方言絵葉書について」『応用言語学研究』12
佐久間鼎（1959）『日本語の言語理論』（厚生閣）
迫野虔徳（1998）『文献方言史研究』（清文堂）
佐藤和之（2004）「覇権―方言と言文一致政策―」『言語』33-9
佐藤桂子（2003）「看板の文字」『山形方言』35 pp.1-21.
佐藤巨巨呂（2006）「学びやすいアジアの言語―外国語研修レポートより―」（砂岡他 2006）
佐藤高司（1992）「グロットグラム―地域差と年齢差―」（『地域言語と文化―玉造のことば―』茨城県玉造町教育委員会）
――――（1994）「北関東西部における新方言の伝播の特徴」『語学と文学』30 pp.35-50.
佐藤亮一（2006）「方言の復活と方言大会」『日本語学』25-1
――――監修（2002）『方言の地図帳』（小学館）
真田信治・友定賢治（2007）『地方別方言語源辞典』（東京堂出版）
篠崎晃一・小林隆（1997）「買物における挨拶行動の地域差と世代差」『日本語科学』2 pp.81-101.
篠崎晃一他（2008）『出身地イナカがわかる！気づかない方言』（毎日新聞社）
柴田武（1958）『日本の方言』（岩波新書）
――――（1959）「方言の音韻」（『日本民俗学大系 10』平凡社）
――――（1969）『言語地理学の方法』（筑摩書房）
――――（1978）『社会言語学の課題』（三省堂）
――――（1988a）『生きている日本語―方言探索―』（講談社学術文庫）
――――（1988b）『方言論』（平凡社）
Sibata, Takesi (1998) *Sociolinguistics in Japanese Contexts*, edited by Tetsuya

Kunihiro, Fumio Inoue, Daniel Long (Mouton de Gruyter)
柴田実（2001）「「21世紀に残したいふるさとのことば」の記録」『NHK放送文化研究所年報』46
清水りょう子（1996）「千葉県民も使うっしょ（言語空間）」『言語』25-8
Giles, H. (1970) Evaluative reactions to accents. *Educational Review* 22 pp.211-227.
――― & R. N. St. Clair (eds.) (1979) *Language and Social Psychology* (Oxford & Baltimore)
寿岳章子（1979）『日本語と女』（岩波新書）
庄司博史編（2007）『まちかど多言語表示調査報告書』（多言語化現象研究会）
庄司博史他編（2009）『日本の言語景観』（三元社）
白岩広之（2005）「郡山市方言のバイについて―〈確認要求〉の視点から新しい変化を見る―」『日本方言研究会発表原稿集』81
陣内正敬（1998）『日本語の現在（いま）』（アルク新書）
―――・友定賢治（2005）『関西方言の広がりとコミュニケーションの行方』（和泉書院）
新プロ「日本語」総括班編（1999）『日本語観国際センサス　単純集計表（暫定速報版）』（国立国語研究所）
杉本つとむ（1975）『女のことば誌』（雄山閣）
――― （1998）『近代日本語の成立と展開』（八坂書房）
鈴木孝夫（1973）『ことばと文化』（岩波新書）
鈴木智映子（2000）「小学生作文にみられることばの変化―特に敬語の変遷をめぐって―」『学習院大学国語国文学会誌』43 pp.14-25.
――― （2003）「現代における接頭辞「お」「ご」の変遷」『学習院大学人文科学論集』12 pp.85-101.
――― （2004）「大正・昭和前期における女学生の言語生活―女子学習院の作文資料をもとに―」『言語文化研究』3
砂岡和子・池田雅之（2006）『アジア世界のことばと文化』（成文堂）

タ行

大学英語教育学会JACET（2000）『日本の地方自治体における言語サービスに関する研究』（大学英語教育学会）
滝浦真人（2005）『日本の敬語論』（大修館書店）
田中明彦（2009）「ポストクライシスの国際政治に向けて」『学士会会報』878
田中浩史・山下洋子（2009）「放送で使われる敬語と視聴者の意識」『放送研究と調査』59-6 pp.50-70.

田中典子他（2011）『ポライトネス』（研究社）
田中ゆかり（2006）『デパートの多言語化調査結果報告』私家版（日本大学）
———（2010）『首都圏における言語動態の研究』（笠間書院）
———・上倉牧子・秋山智美・須藤央（2007）「東京圏の言語的多様性—東京圏デパート言語景観調査から—」『社会言語科学』10-1　pp.5-17.
谷峯蔵（1989）『日本屋外広告史』（岩崎美術社）
谷川健一（1970）『わが沖縄　下 方言論争』（木耳社）
田原広史（1988）「北関東における共通語化の状況—地域・年齢・言語意識—」『大阪大学日本学報』7
玉井宏児他（2001）「意識の中の標準語と方言」『日本方言研究会発表原稿集第72回』
田村舞（2003）『日本語の表記とそのイメージ』（平成15年度東京外国語大学卒業論文）
Chambers, J.K.（2002）Patterns of variation including change, Chambers, J.K. et al (ed) *The Handbook of Language Variation and Change* (Blackwell)
———（2003）*Sociolinguistic Theory — Linguistic Variation and its Social Significance (Second Edition)* (Blackwell)
——— and P. Trudgill (1980) *Dialectology*. Cambridge University Press
——— et al. (2002) *The Handbook of Language Variation and Change* (Blackwell)
千野栄一（1987）「一番難しい言語」『図書』1987-1
Cichocky, Wladyslaw (1993) A dual scaling representation of phonetic distances in Acadian French, In: Wolfgang Viereck (ed.) *Proceedings of the International Congress of Dialectologists* Vol. 1. pp.340-355. Franz Steiner.
陳鵬（2009）「2008年の各言語別の国内総生産の割合」（明海大学大学院レポート）
辻村敏樹（1968）『敬語の史的研究』（東京堂）
———編（1991）『敬語の用法』（角川書店）
津田幸男（2005）『言語・情報・文化の英語支配』（明石書店）
土屋信一（1981）「江戸語資料としての式亭三馬滑稽本—助動詞「べい」を中心に—」（『馬渕和夫博士退官記念　国語学論集』大修館書店）
———（2009）『江戸・東京語研究』（勉誠出版）
Tsunoda, Minoru (1993) Les langues des publications scientifiques au 20e siecle. *Proceedings of the XVth International Congress of Linguists* (Quebec 1992) 4 pp.43-46.
角田太作（1991）『世界の言語と日本語』（くろしお出版）
Denison, D. (2003) "Log(ist)ic and simplistic S-curves." R. Hickey (ed.) *Motives for Language Change*. pp.54-70. (Cambridge University Press)
東京外国語大学外国語学部将来計画検討委員会（1998）『卒業生の見た東京外国語大

学』（東京外国語大学）
ドーザ，A．(1958)『フランス言語地理学』（大学書林）
時見隆一（1996）「方言語形「行かんくなる」の形成について」『山口国文』19
徳川宗賢（1972）「ことばの地理的伝播速度など」（『服部四郎先生定年退官記念論文集　現代言語学』三省堂）（徳川 1993 に再録）
――――（1979）「わたしのコレクション・方言みやげ」『言語生活』328
――――編（1979）『日本の方言地図』（中公新書）
――――（1981）『日本語の世界 8 ―言葉・西と東―』（中央公論社）
――――（1993）『方言地理学の展開』（ひつじ書房）
徳川義親（1939）『日常礼法の心得』（実業の日本社）
戸嶋祐介・皆川直凡（2008）「依頼コストと依頼の相手による依頼表現の変動」『計量国語学』26-5　pp.158-164.
友定賢治編（1997）『全国幼児語辞典』（東京堂出版）
Trudgill, Peter (2004) *New-dialect Formation: The Inevitability of Colonial Englishes*. Oxford University Press

ナ行

内閣府（2009）『平成 21 年版　男女共同参画白書』
http://www.gender.go.jp/whitepaper/h21/zentai/pdf/index.html
中村桃子（2007）『〈性〉と日本語』（NHK ブックス）
中本正智（1983）『琉球語彙史の研究』（三一書房）
西川康子（2000）『美化語をめぐる若い世代の言葉づかい』（広島大学日本専攻卒業論文）
日本方言研究会（1990）『日本方言研究の歩み』（角川書店）
――――（2005）『20 世紀方言研究の軌跡』（国書刊行会）
ネウストプニー ,J.V.（1974）「世界の敬語―敬語は日本語だけのものではない―」『敬語講座 8 世界の敬語』（明治書院）
――――（2003）「日本人の言語行動の過去と未来」『朝倉日本語講座 9　言語行動』（朝倉書店）
Nerbonne, John, Ilse van Gemert, and Wilbert Heeringa (2005) "A dialectometric view of linguistic "gravity"", *Alfa-informatica*, University of Grooningen. Also in
http://odur.let.rug.nl/~nerbonne/papers/gravity2004.pdf -html
Nomoto, Kikuo (1975) "How much has been standardized over the past twenty years" (Fred C. C. Peng (ed.) *Language in Japanese Society* (Univ. of Tokyo Press))

ハ行

橋本行洋（2005）「「気づかない～」という術語について：新語研究の立場から」日本語の研究 1(4)，105-108
橋本和佳（2006）「Logistic 曲線による外来語増加過程のモデル化」『計量国語学』25-7　pp.293-308.
Backhaus, Peter（2005）*Signs of Multilingualism in Tokyo — A Linguistic Landscape Approach*（Doctor Dissertation, U. Duisburg-Essen）
———（2007）*Linguistic Landscapes*（Multilingual Matters）
バックハウス，ペート（2009）「日本の多言語景観の行政的背景」（庄司博史『日本の言語景観』三元社）
林大監修（1982）『図説日本語』（角川書店）
早野慎吾（2008）「宮崎語話者と東京語話者のイメージ（１）—宮崎県都城市の調査から—」『宮崎大学教育文化学部紀要人文科学』18
原聖（2004）「地域語発展のために」『ことばと社会』８（三元社）
Hard, Gerhard（1966）*Zur Mundartgeographie — Ergebnisse, Methoden, Perspectiven*（Duesseldorf）第７章（邦訳 日本方言研究会発表原稿集）
ハルド，G（1972）「言語地理学の方法—その業績・方法・原理（３）—」『日本方言研究会発表原稿集』15
Beal, Joan C.（2009）Enregisterment, commodification, and historical context: "Geordie" versus "Sheffieldish" *American Speech* 84-2: 138-156
彦坂佳宣（2006）『方言文法事象の伝播類型についての地理的・文献学的研究』（科学研究費報告書）
日高貢一郎（1986）「マスコミにおける方言の実態」（『講座方言学１方言概説』国書刊行会）
———（1996a）「方言の有効活用」（小林隆他編『方言の現在』明治書院）
———（1996b）「「～されてください」考—大分県での実態を中心に—」（『日本語研究諸領域の視点』平山輝男博士米寿記念論集）
———（2004）「「方言絵はがき」の研究（１）」『大分大学教育福祉学部紀要』
———（2005）「方言によるネーミング」『日本語学』24-12
日高水穂（2011）『秋田県民は本当に<ええふりこぎ>か』（無明舎）
姫野昌子・上野田鶴子・井上史雄（2005）『言語文化研究Ⅲ　現代日本語の様相』（放送大学教育振興会）pp.126-185.
平井英次（1982）『多摩の方言と人情　第二編』（教育報道社）
平山輝男（1961）「東部方言概説」（『方言学講座２』東京堂）
Ferguson, C. A.（1959）"Diglossia" *Word* 15
福田滋美（1994）「お国ことば番組は今（１）（２）」『放送研究と調査』44-8，9

札埜和男（1999）『大阪弁看板考』（葉文社）
Brown, P. and S. C. Levinson (1987) *Politeness — Some Universals in Language Use*, (Cambridge University Press) 田中典子監訳 (2011)『ポライトネス』(研究社)
Britain, David (2002) Space and spatial diffusion. Chambers, J.K., Trudgill, P., Schilling-Estes, N. (Eds.), *The Handbook of Language Variation and Change*. pp.603-637. (Blackwell).
——— (2004) Geolinguistic diffusion of language. Ulrich Ammon, et al. (eds.) *Sociolinguistics: International Handbook of the Science of Language and Society*, pp.34-48. (Mouton De Gruyter).
——— (in press) Language and space: the variationist approach. P. Auer and J. Schmidt (eds.), *Language and Space: an International Handbook of Linguistic Variation*. (Mouton de Gruyter).
ブルトン，ロラン（1988）『言語の地理学』（クセジュ）
Preston, Dennis R. (ed.) (1999) *Handbook of Perceptual Dialectology* (John Benjamins)
文化審議会（2007）『敬語の指針（PDF）』
www.bunka.go.jp/1 kokugo/pdf/keigo_tousin.pdf
文化庁国語課（1996）『国語に関する世論調査（平成7年4月調査)』（文化庁国語課）
———（1997）『国語に関する世論調査（平成9年1月調査)』（文化庁国語課）
———（1998）『国語に関する世論調査（平成9年12月調査)』（文化庁国語課）
———（2001）『国語に関する世論調査―家庭や職場での言葉遣い―（平成13年1月調査)』（財務省印刷局）
———（2005）『平成16度国語に関する世論調査（平成17年1月調査）敬語・漢字・言葉の使い方』（国立印刷局）
———（2006）『平成17度国語に関する世論調査（平成18年2月調査）日本人の敬語意識』（国立印刷局）
———（2008）『平成19度国語に関する世論調査（平成20年3月調査）―日本人の国語力と言葉遣い―』（ぎょうせい）
Haegerstrand, Torsten (1967) *Innovation Diffusion as a Spatial Process* (Chicago)
Hoenigswald, H. M. (1960) *Language Change and Linguistic Reconstruction* (Chicago)
Herrgen, Joachim (2003) "Sprachgeographie und Optimalitätstheorie — Am Beispiel der t-Tilgung in Auslautclustern —" *IGDD-Kongress*
Helmbrecht, Johannes (2001) Politeness distinctions in personal pronouns, Matthew Dryer et al. (ed.) *World Atlas of Language Structures* (Oxford Univ. Press)

Boberg, Charles (2004) Real and apparent time in language change: late adoption of changes in Montreal English, *American Speech* 79-3 pp.250-269.
外間守善（1981）『日本語の世界 9 ―沖縄の言葉―』（中央公論社）
堀恵子（2000）「〈お〉の使用について」麗澤大学大学院レポート
堀季雄（1767）『(庄内) 浜荻』（三矢重松（1930）『荘内語及語釈』（刀江書院）所収、佐藤武義他（2000）『近世方言辞書』（港の人）所収）
Honna, Nobuyuki (1999) International understanding education and English language teaching in Japan 『21 世紀の国際コミュニケーション』（三省堂）

マ行

MacGregor, Laura (2003) "The language of shop signs in Tokyo," *English today 73*, Vol.19-1, pp.18-23.
正井泰夫（1969）「言語別・文字別にみた新宿における諸設営物の名称と看板広告」『史苑』29-2 pp.44-55.
――――（1983）「新宿の喫茶店名―言語景観の文化地理―」『筑波大学地域研究 (*Area Studies Tsukuba*)』1 pp.49-61.
馬瀬良雄（1971）『信州の方言』（東京第一法規）
松江崇（1999）『楊雄《方言》逐条地図集』（科学研究費報告書）
松田謙次郎（2008）『国会会議録を使った日本語研究』（ひつじ書房）
丸善（2002）『本朝写真事始』（CD-ROM 版写真図録　丸善）
Martinet, A. (1955) *Economie des changements phonétiques* (Bern)
三田村玄龍（1905）「甲斐方言考（中の八）」『風俗画報』326
蓑川真理子（2008）「商品名の命名メカニズムと再命名―家電製品名の場合―」『計量国語学』26-7
南不二男（1987）『敬語』（岩波新書）
嶺田明美（2001）「愛知県東部方言における文末詞についての研究（2）―文末詞ジャンの首都圏における用法との比較―」『学苑』729
Miyake, Yoshimi (1999) *The Japanese "Deferential" Prefix O: A Natural History* (Doctoral Dissertation, University of Michigan)
宮崎国際大学地域言語研究会（1997）『延岡市～鹿児島市間方言グロットグラム調査報告』（岸江信介）
宮島達夫（1977）「単語の文体的特徴」（『松村明教授還暦記念 国語学と国語史』明治書院）
――――（1993）「言語の経済力」『言語』22-12
――――（1995）「多言語社会への対応：大阪：1994 年」『阪大日本語研究』7 pp.1-21.

宮田剛章（2005）「「お」か「ご」か？日本語母語話者による名詞の敬語化—日本語能力試験の語彙から—」『計量国語学』25-3 pp.103-122.
文部（科学）省（2002-2008）「大学における教育内容等の改革状況について」『大学資料』153, 156, 163, 167

ヤ行

柳田国男・丸山久子（1997）『改訂分類児童語彙』（国書刊行会）
山浦玄嗣（2004）『ヨハネによる福音書』（E-PIX）
山下暁美（2000）『海外の日本語の新しい言語秩序—日系ブラジル人の待遇表現の新生—』（科学研究費報告書）
———（2003）『日本人の待遇表現に関する科学的・総合的研究—茨城県をフィールドとして—』（私家版）
———（2007）『海外の日本語の新しい言語秩序—日系ブラジル・日系アメリカ人社会における日本語による待遇表現—』（三元社）
山城完治（2009）「視覚障害者にとっての言語景観」（庄司他編所収）
横山詔一（2006）「異体字選好における単純接触効果と一般対応法則の関係」『計量国語学』25-5 pp.199-214.
———・真田治子（2007）「多変量S字カーブによる言語変化の解析—仮想方言データのシミュレーション—」『計量国語学』26-3
———・朝日祥之・真田治子（2008）「記憶モデルによる敬語意識の変化予測」『社会言語科学』11-1
吉岡泰夫（2000）「敬語使用と規範意識の社会差・地域差」『計量国語学』22-6 pp.239-251.
米川明彦（1996）『現代若者ことば考』（丸善ライブラリー）
Yoneda, Masato（1997）"Survey of standardization in Tsuruoka, Japan"『日本語科学』2
米原万里（1997）『不実な美女か貞淑な醜女（ブス）か』（新潮文庫）

ラ行

Labov, William（1966）*The Social Stratification of English in New York City*. CAL.
———（1972）*Sociolinguistic Patterns*（Philadelphia）
———（1994）*Principles of Linguistic Change Vol.1 Internal Factors*（Blackwell）
———（2002）"Pursuing the cascade model"
www.ling.upenn.edu/~wlabov/Papers/PCM.html
林英熙リンヨンヒ（1996）『韓日多言語表記の研究』（平成８年度東京外国語大学修士論文）

れいのるず＝秋葉かつえ（1993）『おんなと日本語』（有信堂高文社）
レスタリ，スリブディ（2008）「マス・メディアにみられる皇室敬語―新聞と週刊誌を中心に―」『東京外国語大学言語・地域文化研究』第 14 号
レンフルー，コリン（1993）『ことばの考古学』（青土社）
ロジャーズ，E．M．（1971）『イノベーション普及学入門』（産業能率大学出版部）

ワ行

渡辺雅男（1994）「現代日本における階級格差とその固定化：その二～社会の階層性とその文化的条件～」『--橋大学研究年報　社会学研究』32　pp.47-153.
Wang, W. S-Y. (1979) “Language change — a lexical perspective” *Annual Review of Anthropology* Vol.8 pp.353-71.

후기

이 책은 메이지쇼인(明治書院)의 권유로 세상에 나왔다. 지금까지 쓴 논문 중에서 말과 경제와 관련해서는 비슷한 종류로 된 서적의 수가 적다는 것에 착안하여 한 권의 책으로 정리하게 된 것이다. 강연이나 심포지움에서의 강의 내용을 녹음한 것을 문자화한 것을 포함하였고 다양한 주제를 다루었다. 이 내용들을 책으로 정리하면서 중복된 부분은 생략하거나 또는 이 책 내의 관계 부분과의 상호 참조 및 다른 책에 대해 언급하는 내용을 대폭적으로 늘렸다. 이는 참조(각주) 부분을 위해서이다.

이 책을 완성하는 데 있어서 지금까지와 마찬가지의 과정이 반복되었다. 각각의 논문의 집필에서 늘 지면의 제한으로 버려야만 했던 부분이 컴퓨터에 남았다. 이 책에 그 내용을 재수록하면서 그때 생략한 부분을 본문에 넣기도 하고 별도의 장을 마련하기도 하였다. 그런 의미에서는 존분론(存分論, 역자주 : 마음껏 집필하며 이론)을 전개할 수 있었다. 그러나 책의 적정한 쪽수를 고려해서 일부 논문은 수록을 미루었다. 바로 「언어 연령학」과 관련된 논고이다. 앞서 저서를 정리할 때에 새로운 주제로 생각했던 것이다. 이 주제는 언어의 경제라는 기둥과는 관련성이 약하기 때문에 이번에는 생략했지만, 앞으로 이에 대한 고찰을 진행시킬 수 있었으면 한다.

또한 경제언어학의 분야는 언어 경관 연구사와도 관련이 있다. 이 책에 정리할 때에 각각의 단어의 지리적 분포를 일본지도, 세계지도에 손쉽게 표시할 수 있는 인터넷의 기능(Google maps, Google insights)을 알게 되었다. 구글 맵스(Google maps), 구글 인사이트(Google insights)를 이용하면 이 책 제Ⅰ부 뿐만 아니라, 제Ⅱ부의 방언, 제Ⅲ부의 경어에 관해서도 지리적 분포의 관점에서 고찰할 수 있다.

이제까지 해 왔던 언어 경관의 연구에도 도움이 된다. 이제는 전 세계가 다언어화하고 있다. 경관에도 나타나지만 동시에 언어(외국어)의 학습자 수의 증가에서도 나타난다. 일본인은 일본어 학습자 수가 착실하게 늘었다고 기뻐하고 있지만, 이와 같은 현상은 세계 여러 나라의 언어에서도 일어나고 있다. 물론 영어가 압도적이지만, 다른 언어에도 이러한 영향이 미치고 있다.

또 방언에 대해서는 의문문의 억양 등에 대해서 종래 주목되지 못했던 신방언이 발견되었다. 경어에 대해서는 「오(お)」의 용법에 대한 다른 조사를 추가하여 주목할 만한 결과가 얻어졌다.

이상의 연구들은 최근 주목을 받고 있다. 앞으로 더 발전될 것이다. 이 책이 이런 연구의 기초가 되기를 기대한다.

교정본을 통독하면서 새삼 깨달았지만, 방언의 역사 나아가서 일본어의 역사는 크게 2단계에서 4단계로 단순화해서 정리할 수 있을 것 같다. 「표 8-2 방언의 사회적 유형」과 「그림 14-5 방언 전파의 우산 모델 개정판」과 「그림 18-1 일본어 경어의 역사와 방언」은 통합해서 설명할 수 있다. 음운이나 문법의 변화 등도 함께 설명할 수 있을 것 같다. 그러한 변화의 기제도 언어 내적 요인과 언어 외적 요인으로 단순화해서 보편적인 것을 상정(想定)할 수 있다. 앞으로의 연구 발전을 기대해 보고 싶다.

이 책은 보조금 신청을 위해서 2010년 가을에 거의 원고를 완성했기 때문에 그 후의 추가적인 보완은 곤란하였다. 추가적인 내용은 앞으로 개별 논문으로 발표할 계획이다.

이 책은 일본학술진흥회의 2011년도 연구 성과 공개 촉진비(학술 도서235082)의 지급을 받아 간행되었다. 학술서의 출판 사정은 심각하다. 학생은 책을 사지 않고 읽지도 않는다. 「전자사전」에 대해 「종이 사전」이라는 표현이 생겨난 것과 평행하여 「전자출판」에 대해 「종이 출판」이라는 표현도 있다. 활자라는 것은 단어로 존재해도 실용적으로 제공되는 기회는 거의 없다. 그러한 상황 속에서 출판의 기회가 주어진 것은 감사한 일이다. 연구자를 위해서 가능한 한 저렴한 가격으로 유통시키고 싶다.

메이지쇼인의 사하쿠 마사미(佐伯正美) 씨에게는 출판 준비 등으로 신세를 많이 졌다. 진심으로 감사의 말씀을 전하고 싶다.

2011년 4월 11일

(동일본 대지진으로) 액상화(液状化)된 우라야스(浦安)에서

찾아보기

ㄱ ▸ ▸ ▸

ㅂ ▸ ▸ ▸

ㅇ ▸▸▸

ㅊ ▸▸▸

ㅋ ▸▸▸

ㅌ ▸▸▸

ㅍ ▸▸▸

ㅎ ▸ ▸ ▸

A ▸ ▸ ▸

C ▸ ▸ ▸

H ▸ ▸ ▸

K ▸ ▸ ▸

L ▸ ▸ ▸

M ▸ ▸ ▸

N ▸ ▸ ▸

O ▸▸▸

P ▸▸▸

R ▸▸▸

S ▸▸▸

W ▸▸▸

Z ▸▸▸

저자 소개 ▸ ▸ ▸

이노우에 후미오

현재 일본 국립국어연구소 객원교수.
1942년 야마가타 현 출생
도쿄대학 문학부 졸업, 동 대학원 박사 졸업(문학박사)
도쿄외국어대학 교수와 메이카이대학 교수를 역임
사회언어학, 방언학 전공. NHK 방송용어 위원.
저서 : 계량적 언어구획, 새로운 일본어, 방언학의 신지평, 언어학 산책, 사회방언학논고–신방언 기반, 일본어 관찰하기, 경어는 두렵지 않다, 일본어는 연속 1km로 움직인다, 변화하는 방언, 움직이는 표준어, 일본어의 가격, 도호쿠방언의 변천 외 다수

역자 소개 ▸ ▸ ▸

김덕호

현재 경북대학교 인문대학 국어국문학과 교수
경북대학교 인문대학 국어국문학과 졸업, 동 대학원 석사 및 박사 졸업(문학박사)
방언학 및 사회언어학, 한국어 문화론 전공.
저서 : 경북방언의 지리언어학(월인; 2002년 대한민국 학술원 우수도서), 언어지도의 미래(한국문화사; 2006년 문화체육관광부 우수도서), 지리언어학의 동향과 활용(역락), 한국 언어문화 디지털 아카이브 구축론(역락), 사회언어학 사전(소통), 현대국어 정책의 동향(역락) 외 다수

김순임

현재 일본여자대학, 간다외대, 아토미학원여자대학 시간강사
경북대학교 일어일문학과 졸업, 도쿄외국어대학 대학원 석사, 동대학원 박사 졸업(학술박사)
일한대조사회언어학 전공
저서 : 한국어와 일본어의 제3자경어의 대조 연구(박이정), 한국인에 의한 일본사회언어학 연구(일본), 즐거운 언어학 산보(번역서), 일본어는 연속 1킬로미터로 움직인다(번역서)

양민호

현재 성결대학교 동아시아물류학부 조교수
전주대학교 일어교육과 졸업, 동국대학교 일어일문학과 석사, 도쿄외국어대학 대학원 언어학 석사, 도호쿠대학 대학원 박사 졸업(문학박사)
사회언어학, 외래어 및 언어경관 전공, 국립국어원 공공용어 번역 표준화 위원회 자문위원
저서 : 일본어 어휘로의 어프로치(일본), 외래어 연구의 신전개(일본), 일본어학연구의 최전선(한국), 3.11 쓰나미로 무엇이 일어났는가– 피해조사와 감재전략(번역서), 한일 언어경관 연구의 현재와 향후 모델에 대한 연구 외 다수

안미애

현재 동국대학교 경주캠퍼스 파라미타칼리지 조교수
경북대학교 국어국문학과/영어영문학과 졸업, 동 대학원 석사 및 박사 졸업(문학 박사)
음성학 및 음운론, 사회 언어학, 국어 쓰기 교육 전공
저서 : 한국어 음운론(태학사), 글쓰기1(보명), 글쓰기2(동국대 출판부)

경제언어학－언어, 방언, 경어

초판1쇄 인쇄 2015년 8월 17일
초판1쇄 발행 2015년 8월 27일
저 자 이노우에 후미오
역 자 김덕호 김순임 양민호 안미애
펴낸이 이대현
편 집 권분옥 이소희 오정대
디자인 이홍주
펴낸곳 도서출판 역락
서울시 서초구 동광로 46길 6-6(문창빌딩 2F)
전화 02-3409-2058(영업부), 2060(편집부)
팩시밀리 02-3409-2059
이메일 youkrack@hanmail.net
역락블로그 http://blog.naver.com/youkrack3888
등록 1999년 4월 19일 제303-2002-000014호
ISBN 979-11-5686-210-9 93700

정 가 48,000원
• 파본은 구입처에서 교환해 드립니다.